Kurzlehrbücher
für das juristische Studium

Lettl
Handelsrecht

Handelsrecht

Ein Studienbuch

von

Dr. Tobias Lettl, LL.M.
o. Professor an der Universität Potsdam

5., neubearbeitete Auflage, 2021

C.H.BECK

Zitiervorschlag: Lettl HandelsR § ... Rn ...

www.beck.de

ISBN Print 978 3 406 75292 6
ISBN E-Book 978 3 406 75948 2

© 2021 Verlag C. H. Beck oHG
Wilhelmstraße 9, 80801 München
Druck und Bindung: Druckerei C. H. Beck Nördlingen
(Adresse wie Verlag)

Satz: Jung Crossmedia Publishing GmbH
Gewerbestraße 17, 35633 Lahnau

Umschlaggestaltung: Martina Busch, Grafikdesign, Homburg Saar

CO_2
neutral
chbeck.de/nachhaltig

Gedruckt auf säurefreiem, alterungsbeständigem Papier
(hergestellt aus chlorfrei gebleichtem Zellstoff)

Vorwort

Dieses Werk vermittelt die Grundzüge insbesondere des Ersten, Dritten und Vierten Buches des Handelsgesetzbuches. Die Schwerpunktsetzung ist in erster Linie an der Prüfungsrelevanz orientiert. Zahlreiche Beispiele, Fälle, Übersichten und Schemata für besonders prüfungsrelevante Bereiche vertiefen und veranschaulichen den Lehrinhalt. Als Ergänzung zu diesem Lehrbuch sei auf die Fallsammlung zum Handelsrecht aus der Reihe Juristische Fall-Lösungen aufmerksam gemacht, die wesentlich zur weiteren Vertiefung des Lehrinhalts auch und gerade im Hinblick auf die höchst prüfungsrelevanten Zusammenhänge zwischen Bürgerlichem Recht und Handelsrecht beiträgt.

Die Auswahl der Literatur vor jedem Abschnitt ist in erster Linie an der didaktischen Darstellung des jeweiligen Themas für Studierende orientiert. Für umfassende Schrifttumsnachweise sei auf die Kommentare zum Handelsgesetzbuch sowie auf die großen Lehrbücher zum Handelsrecht von *Canaris* und *K. Schmidt* verwiesen.

Die Neuauflage bringt das Werk auf den neuesten Stand von Gesetzgebung, Rechtsprechung und Schrifttum. Eingearbeitet sind insbesondere die Grundlagenentscheidungen des BGH zum Eingriff in den eingerichteten und ausgeübten Gewerbebetrieb durch das Zusenden von Werbe-E-Mails ohne Einwilligung des Empfängers (BGH VI ZR 721/15), zum Ausgleichsanspruch des Handelsvertreters nach § 89b I 1 Nr. 1 HGB (BGH VII ZR 328/12), zur schlüssigen Darlegung eines Handelsbrauchs nach § 346 HGB (BGH VIII ZR 246/16), zur Rügeobliegenheit nach § 377 HGB sowie ihrer Modifizierung durch AGB (BGH VIII ZR 246/16).

Meiner Mitarbeiterin Frau *Ines Belitz* und meinem Mitarbeiter Herrn *Jonathan Beel* gilt mein besonderer Dank für die tatkräftige Unterstützung bei der redaktionellen Bearbeitung des Manuskripts.

Potsdam, im März 2021   *Tobias Lettl*

Inhaltsverzeichnis

Abkürzungsverzeichnis

a. A. . . . . anderer Ansicht
a. a. O. . . . . am angegebenen Ort
ABl. . . . . Amtsblatt
ABl. EG . . . . . . Amtsblatt der Europäischen Gemeinschaften (bis 31.1.2003)
ABl. EU . . . . . . Amtsblatt der Europäischen Union (seit 1.2.2003)
Abs. . . . . Absatz
AEUV . . . . Vertrag über die Arbeitsweise der Europäischen Union
a. F. . . . . alte Fassung
AG . . . . Aktiengesellschaft
AktG . . . . Aktiengesetz
Alt. . . . . Alternative
Anm. . . . . Anmerkung
Art. . . . . Artikel
Aufl. . . . . Auflage

BB . . . . Betriebs-Berater (Jahr und Seite)
Bd. . . . . Band
Begr. . . . . Begründung
Begr. RegE . . . . . Begründung des Regierungsentwurfes
BGB . . . . Bürgerliches Gesetzbuch
BGBl. . . . . Bundesgesetzblatt (Jahr und Seite)
BGH . . . . Bundesgerichtshof
BGHZ . . . . Entscheidungen des BGH in Zivilsachen (Band und Seite)
BKartA . . . . Bundeskartellamt
BKR . . . . Zeitschrift für Bank- und Kapitalmarktrecht (Jahr und Seite)
Bl. . . . . Blatt
BMWi . . . . Bundesministerium für Wirtschaft und Technologie
BörsG . . . . Börsengesetz
BT-Drs. . . . . . . Bundestags-Drucksache
BVerfG . . . . Bundesverfassungsgericht
BVerfGE . . . . . . Entscheidungen des Bundesverfassungsgerichts (Band und Seite)
bzw. . . . . beziehungsweise

DB . . . . Der Betrieb (Jahr und Seite)
Denkschrift . . . . Denkschrift zu dem Entwurf eines Handelsgesetzbuchs, Reichstagsvorlage 1897
d. h. . . . . das heißt

EG . . . . Europäische Gemeinschaft
eG . . . . eingetragene Genossenschaft
Einf. . . . . Einführung
EnWG . . . . Energiewirtschaftsgesetz
etc. . . . . et cetera
EU . . . . Europäische Union
EuG . . . . Gericht der Europäischen Union, auch „das Gericht"
EuGH . . . . Gerichtshof der Europäischen Union
EuGH Slg. . . . . . Sammlung der Rechtsprechung des Gerichtshofs der Europäischen Union (Jahr und Seite)
EuZW . . . . Europäische Zeitschrift für Wirtschaftsrecht (Jahr und Seite)
EWG . . . . Europäische Wirtschaftsgemeinschaft
EWIV . . . . Europäische wirtschaftliche Interessenvereinigung
EWIVAG . . . . . . Gesetz zur Ausführung der EWG-Verordnung über die Europäische wirtschaftliche Interessenvereinigung

f., ff. . . . . folgende, fortfolgende
FamFG . . . . Gesetz über das Verfahren in Familiensachen und in den Angelegenheiten der freiwilligen Gerichtsbarkeit
Fn. . . . . Fußnote
FS . . . . Festschrift

GG . . . . Grundgesetz
ggf. . . . . gegebenenfalls
GmbH . . . . Gesellschaft mit beschränkter Haftung
GmbHG . . . . Gesetz betreffend die Gesellschaften mit beschränkter Haftung
Großkomm . . . . . Großkommentar
GRUR . . . . Gewerblicher Rechtsschutz und Urheberrecht (Jahr und Seite)
GRUR Int. . . . . . Gewerblicher Rechtsschutz und Urheberrecht, Internationaler Teil (Jahr und Seite)
GS . . . . Großer Senat
GWB . . . . Gesetz gegen Wettbewerbsbeschränkungen

Heidelberger-
Komm. . . . . Heidelberger Kommentar
HGB . . . . Handelsgesetzbuch
h. L. . . . . herrschende Lehre
Hrsg. . . . . Herausgeber
HS . . . . Halbsatz

i. d. F. . . . . in der Fassung
i. E. . . . . im Ergebnis
i. S. d. . . . . im Sinne des
i. V. m. . . . . in Verbindung mit

JA . . . . Juristische Arbeitsblätter (Jahr und Seite)
Jura . . . . Juristische Ausbildung (Jahr und Seite)
JuS . . . . Juristische Schulung (Jahr und Seite)
JZ . . . . Juristenzeitung (Jahr und Seite)

KG . . . . Kammergericht/Kommanditgesellschaft
KGaA . . . . Kommanditgesellschaft auf Aktien
KOMM./Komm. . Europäische Kommission
krit. . . . . kritisch
KWG . . . . Gesetz über das Kreditwesen

LG . . . . Landgericht
lit. . . . . litera

MarkenG . . . . . . Gesetz über den Schutz von Marken und sonstigen Kennzeichen
MünchKomm . . . Münchener Kommentar
m. w. N. . . . . mit weiteren Nachweisen

NJW . . . . Neue Juristische Wochenschrift (Jahr und Seite)
NJW-RR . . . . . . NJW-Rechtsprechungs-Report Zivilrecht (Jahr und Seite)
Nr., Nrn. . . . . . . Nummer(n)

oHG . . . . offene Handelsgesellschaft
OLG . . . . Oberlandesgericht
OWiG . . . . Gesetz über Ordnungswidrigkeiten

PartGG . . . . Gesetz über Partnerschaftsgesellschaften Angehöriger Freier Berufe
ppa. . . . . per procura

RegE . . . . Regierungsentwurf
RiL . . . . Richtlinie
Rn. . . . . Randnummer(n)
Rpfleger . . . . . . Der Deutsche Rechtspfleger (Jahr und Seite)
RPflG . . . . Rechtspflegergesetz
Rspr. . . . . Rechtsprechung

S. . . . . siehe/Seite
SE . . . . Societas Europaea, Europäische (Aktien)Gesellschaft
SEEG . . . . Gesetz zur Einführung der Europäischen Gesellschaft
Staudinger . . . . . . Staudinger, Kommentar zum BGB
StGB . . . . Strafgesetzbuch
str. . . . . strittig

TransportR . . . . . Transportrecht (Jahr und Seite)

u. . . . . und
u. a. . . . . unter anderem
UmwG . . . . Umwandlungsgesetz
u. U. . . . . unter Umständen
UWG . . . . Gesetz gegen den unlauteren Wettbewerb

vgl. . . . . vergleiche
VO . . . . Verordnung

WG . . . . Wechselgesetz
WM . . . . Wertpapier-Mitteilungen (Jahr und Seite)
WRP . . . . Wettbewerb in Recht und Praxis (Jahr und Seite)
WuW . . . . Wirtschaft und Wettbewerb (Jahr und Seite)

z. B. . . . . zum Beispiel
Ziff. . . . . Ziffer
ZGR . . . . Zeitschrift für Unternehmens- und Gesellschaftsrecht (Jahr und Seite)
ZHR . . . . Zeitschrift für das gesamte Handels- und Wirtschaftsrecht (Jahr und Seite)
ZIP . . . . Zeitschrift für Wirtschaftsrecht (Jahr und Seite)
ZPO . . . . Zivilprozessordnung

Schrifttumsverzeichnis

Lehrbücher und systematische Darstellungen zum Handelsrecht

Bitter/Schumacher, Handelsrecht, 3. Aufl., 2018

Brox/Henssler, Handelsrecht, 23. Aufl., 2020

Bülow/Artz, Handelsrecht, 7. Aufl., 2015

Canaris, Handelsrecht, 24. Aufl., 2006

Gruber, Handelsrecht, 6. Aufl., 2019

Jung, Handelsrecht, 12. Aufl., 2019

Kindler, Grundkurs Handels- und Gesellschaftsrecht, 9. Aufl., 2019

Maties/Wank, Handels- und Gesellschaftsrecht, 5. Aufl., 2020

Oetker, Handelsrecht, 8. Aufl., 2019

Petersen, Examinatorium Allgemeiner Teil des BGB und Handelsrecht, 2013

K. Schmidt, Handelsrecht, 6. Aufl., 2014

Steinbeck, Handelsrecht, 4. Aufl., 2017

Weller/Prütting, Handels- und Gesellschaftsrecht, 10. Aufl., 2020

Wörlen/Kokemoor, Handelsrecht mit Gesellschaftsrecht, 13. Aufl., 2018

Kommentare zum HGB

Baumbach/Hopt, Handelsgesetzbuch, 40. Aufl., 2021 (zitiert: Baumbach/Hopt/*Bearbeiter*)

Canaris/Schilling/Ulmer, Großkommentar zum Handelsgesetzbuch, begründet von *Staub,* weitergeführt von Mitgliedern des Reichsgerichts, 4. Aufl., 1995 ff. u. herausgegeben von *Canaris/Habersack/Schäfer,* Band 1–3, 5. Aufl. 2008/2009 (zitiert: Großkomm/*Bearbeiter*)

Ebenroth/Boujong/Joost/Strohn, herausgegeben von *Joost* und *Strohn,* Handelsgesetzbuch, 4. Aufl., 2020

Ensthaler, Gemeinschaftskommentar zum Handelsgesetzbuch, 8. Aufl., 2015 (zitiert: GK/*Bearbeiter*)

Glanegger/Kirnberger/Kusterer, Heidelberger Kommentar zum Handelsgesetzbuch, 7. Aufl., 2007 (zitiert: Heidelberger-Komm/*Bearbeiter*)

Koller/Kindler/Roth/Drüen, Handelsgesetzbuch, 9. Aufl., 2019 (zitiert: Koller/Kindler/Roth/Drüen/*Bearbeiter*)

Oetker, Handelsgesetzbuch, 6. Aufl., 2019 (zitiert: Oetker/*Bearbeiter*)

Röhricht/v. Westphalen/Haas (Hrsg.), Handelsgesetzbuch, 5. Aufl., 2019

K. Schmidt/Ebke (Hrsg.), Münchener Kommentar zum Handelsgesetzbuch, 3. Aufl., 2010 ff., teilweise 5. Aufl. 2021 (zitiert: MünchKomm/*Bearbeiter*)

Fallsammlungen

Fezer, Klausurenkurs im Handelsrecht, 6. Aufl., 2013

Fleischer/Wedemann, Handelsrecht einschließlich Bilanzrecht, Prüfe dein Wissen, 9. Aufl., 2015

Lettl, Fälle zum Handelsrecht, 4. Aufl., 2019

Müller-Laube, 20 Probleme aus dem Handels-, Gesellschafts- und Wirtschaftsrecht, 4. Aufl., 2017

Schöne, Fälle zum Handels- und Gesellschaftsrecht, Band I: 10. Aufl., 2018, Band II: 9. Aufl., 2019

Sonstiges Schrifttum

Köhler, BGB – Allgemeiner Teil, 44. Aufl., 2020

Krüger/Rauscher (Hrsg.), Münchener Kommentar zur ZPO, 6. Aufl., 2020 (zitiert: MünchKomm-ZPO/*Bearbeiter*)

Larenz/Canaris, Lehrbuch des Schuldrechts, Band II, Besonderer Teil, 2. Halbbd., 13. Aufl., 1994

Medicus/Lorenz, Schuldrecht II, Besonderer Teil, 18. Aufl., 2017 (zitiert: *Medicus/Lorenz,* SchR II).

Medicus/Petersen, Bürgerliches Recht, 27. Aufl., 2019 (zitiert: *Medicus/Petersen,* BR)

Neuner, Allgemeiner Teil des Bürgerlichen Rechts, 12. Aufl., 2020

Palandt, Bürgerliches Gesetzbuch, 80. Aufl., 2021 (zitiert: Palandt/*Bearbeiter*)

Säcker/Rixecker/Oetker/Limpberg (Hrsg.), Münchener Kommentar zum BGB, 8. Aufl., 2018 (zitiert: MünchKomm-BGB/*Bearbeiter*)

Staudinger, Kommentar zum Bürgerlichen Gesetzbuch, 8. Aufl., 2019 (zitiert: Staudinger/*Bearbeiter*)

§ 1. Quellen, Geschichte, Begriff und Funktion des Handelsrechts

A. Quellen des Handelsrechts

I. Unionsrecht

Das Unionsrecht beeinflusst die nationalen Rechtsordnungen der Mitgliedstaaten immer stärker auch im Bereich des Handelsrechts.[1]   **1**

Beispiele: Die EU-Gesellschaftsrechtsrichtlinie 2017/1132/EU[2] beeinflusst das Handelsregisterrecht (§§ 8–16 HGB). – Das Handelsvertreterrecht des HGB (§§ 84–92 c HGB) ist nahezu vollständig durch die Handelsvertreter-Richtlinie 86/653/EWG[3] überlagert.

Es gilt das Gebot unionsrechtskonformer Auslegung.   **2**

II. Deutsche Gesetze

Das Handelsrecht hat sich aus den zwischen Kaufleuten geübten Sitten und dem Gewohnheitsrecht entwickelt. Es ist in erster Linie im ersten und vierten Buch des HGB geregelt. Das erste Buch hat Regelungen über den Handelsstand (§§ 1–104 a HGB),[4] das vierte Buch Regelungen über Handelsgeschäfte (§§ 343–475 h HGB) zum Gegenstand. Aber auch außerhalb des HGB ist Handelsrecht im engeren Sinne enthalten (z. B. §§ 29 II, 38 I ZPO; § 95 I Nr. 1 GVG). §§ 105–236 HGB betreffen hingegen nicht das Handelsrecht im engeren Sinne, sondern das Gesellschaftsrecht.   **3**

III. Handelsgewohnheitsrecht

Zum HGB als geschriebenem Recht tritt das Handelsgewohnheitsrecht hinzu.   **4**

Beispiel: Die Lehre vom Scheinkaufmann kraft Auftretens.[5]

IV. Handelsbräuche

Für die Auslegung der Willenserklärungen von Kaufleuten sind Handelsbräuche zu beachten. Es sind die Verkehrssitten (§ 157 BGB) des Handels (§ 346 HGB).   **5**

Beispiel: Im Schweigen auf ein kaufmännisches Bestätigungsschreiben kann eine konkludente Zustimmung liegen; im Übrigen wird bei widerspruchsloser Hinnahme eines kaufmännischen Bestätigungsschreibens unter bestimmten Voraussetzungen die Zustimmung fingiert. Der Vertrag kommt mit dem Inhalt des Bestätigungsschreibens zu Stande oder der Inhalt eines bereits geschlossenen Vertrags wird entsprechend dem kaufmännischen Bestätigungsschreiben abgeändert.[6]

---

[1] Teilweise wird sogar bereits von einem europäischen Handelsrecht gesprochen; vgl. Baumbach/Hopt/*Merkt*, Einl. v. § 1 Rn. 30; *Grundmann*, ZHR 163 (1999), 635.
[2] ABl. EU v. 30.06.2017, Nr. L 221, S. 13.
[3] ABl. EG v. 31.12.1986, Nr. L 382, S. 17.
[4] §§ 59–83 HGB sind jedoch dem Arbeitsrecht zuzuordnen.
[5] Vgl. dazu im Einzelnen § 2 Rn. 66 ff.
[6] Vgl. dazu im Einzelnen § 10 Rn. 39 ff.

B. Geschichte des Handelsrechts

6   Das Handelsrecht entstand im 19. Jahrhundert, da das damals geltende Bürgerliche Recht den Bedürfnissen des Wirtschaftsverkehrs nicht genügte und außerdem zersplittert war. Die erste Kodifikation des Handelsrechts erfolgte in dem Allgemeinen Deutschen Handelsgesetzbuch (ADHGB) von 1861. Vorbild für diese Regelung war der französische *Code de commerce* aus dem Jahr 1807. Das ADHGB wurde auf Empfehlung der Bundesversammlung des Deutschen Bundes im Jahr 1861 in den meisten deutschen Staaten im Wege der Parallelgesetzgebung als Einzelgesetz erlassen. Ab 1869 war es für den gesamten Norddeutschen Bund und 1871 für das ganze Deutsche Reich verbindlich. Im Zuge der Kodifikation des Bürgerlichen Rechts wurde auch das Handelsrecht neugestaltet. Dieses HGB trat neben dem BGB am 1.1.1900 in Kraft. Von einigen Änderungen abgesehen gilt es noch heute. Eine weit reichende Änderung erfolgte durch die Ausgliederung und gesonderte Kodifikation des Aktienrechts im Jahre 1937, neu gestaltet im Jahre 1965.[7] Das Handelsrechtsreformgesetz von 1998 hat den Kaufmannsbegriff reformiert und das Firmenrecht liberalisiert. Das Gesetz über elektronische Handelsregister und Genossenschaftsregister sowie das Unternehmensregister (EHUG), in Kraft seit 1.1.2007, reformierte das Registerrecht. Es sieht u. a. die Verpflichtung der Registergerichte vor, das Handelsregister im Hinblick auf Einreichung, Führung und Abruf der Daten elektronisch zu führen.

C. Handelsrecht und Bürgerliches Recht

7   Das Bürgerliche Recht als allgemeines Privatrecht regelt die wichtigsten allgemeinen Rechtsbeziehungen zwischen Privatpersonen.[8] Es ist im BGB und in Nebengesetzen (z. B. WEG) enthalten.

Beispiele: Das BGB enthält Regelungen über den Beginn der Rechtsfähigkeit (§ 1 BGB), den Eintritt der Volljährigkeit (§ 2 BGB), die Gründung von Vereinigungen (§§ 21 ff. BGB), Rechtsgeschäfte (§§ 104 ff. BGB), die Haftung auf Schadensersatz für unerlaubte Handlungen (§§ 823 ff. BGB) und den Erwerb von Eigentum (§§ 925, 929 ff. BGB).

8   Die Regelungen des BGB – wie §§ 433 ff. BGB über den Kaufvertrag – gelten teilweise für jedermann, teilweise – wie §§ 474 ff. BGB über den Verbrauchsgüterkauf – nur im Verhältnis zwischen Unternehmer (§ 14 I BGB) und Verbraucher (§ 13 BGB).

9   Demgegenüber sind Normadressaten des Handelsrechts allein Kaufleute, für die das Handelsrecht Sonderregeln enthält. Es gilt deshalb:

10   Das Handelsrecht ist das Sonderprivatrecht für Kaufleute.[9]

11   Bürgerliches Recht und Handelsrecht stehen demnach im Verhältnis von allgemeiner und besonderer Regelung. Die Rechtsbeziehungen, die ein Kaufmann eingeht, beurteilen sich nämlich in erster Linie nach Handelsrecht. Nur soweit sich im (spezielle-

---

[7]   Das GmbH-Recht war schon vorher in einem besonderen Gesetz, dem GmbH-Gesetz, geregelt.
[8]   *Köhler*, AT, § 2 Rn. 8.
[9]   Großkomm/*Oetker*, Einl. Vor § 1 Rn. 27; *Canaris*, § 1 Rn. 1; *K. Schmidt*, § 1 I 1.

ren) Handelsrecht keine Regelung findet, ist auf das Bürgerliche Recht zurückzugreifen. Das Bürgerliche Recht gilt daher auch für Kaufleute, soweit das Handelsrecht keine Regelung enthält. Ein Rückgriff auf das Bürgerliche Recht ist deshalb notwendig, weil das Handelsrecht keine umfassende Regelung für Kaufleute enthält, sondern die Vorschriften des Bürgerlichen Rechts voraussetzt (vgl. auch Art. 2 EGHGB).

Zum einen ergänzt das Handelsrecht das Bürgerliche Recht.   12

Beispiel: Nach § 932 BGB ist ein gutgläubiger Eigentumserwerb nur möglich, wenn der Erwerber gutgläubig im Hinblick darauf ist, dass die zu übereignende Sache im Eigentum des Übereignenden steht. Nach § 366 HGB ist ein gutgläubiger Eigentumserwerb darüber hinaus auch dann möglich, wenn der Erwerber gutgläubig im Hinblick darauf ist, dass der Übereignende zur Übereignung – etwa auf Grund einer Ermächtigung des Eigentümers – berechtigt ist.[10]

Zum anderen ändert das Handelsrecht das Bürgerliche Recht ab.   13

Beispiel: Kaufmann A gibt gegenüber Bank B mündlich eine Bürgschaftserklärung zu Gunsten seines Lieferanten C ab. Die Wirksamkeit der Bürgschaftserklärung beurteilt sich, da im HGB hierfür Regelungen fehlen, nach dem BGB (§§ 104 ff., 116 ff. BGB). An sich würde auch die Formvorschrift des § 766 S. 1 BGB i. V. m. § 125 S. 1 BGB eingreifen, sie wird jedoch durchbrochen durch § 350 HGB (zum Begriff des Handelsgeschäfts vgl. § 343 HGB).[11]

Teilweise wirkt das Handelsrecht auf das Bürgerliche Recht auch in der Weise ein, dass   14
es das Bürgerliche Recht sowohl formal ergänzt als auch inhaltlich abändert.

Beispiel: Die bürgerlich-rechtlichen Regelungen über den Kaufvertrag nach §§ 433 ff. BGB gelten grundsätzlich auch für einen Kaufvertrag zwischen Kaufleuten. Doch ergänzen die insoweit vorrangigen Regelungen des HGB über den Handelskauf (§§ 373 ff. HGB) die §§ 433 ff. BGB. So ergänzt § 377 HGB die §§ 434 ff. BGB. Denn das HGB enthält keine Regelungen über die Mängelgewährleistung als solche, so dass §§ 434 ff. BGB auch auf Kaufverträge von Kaufleuten anwendbar sind. Diese modifiziert das HGB jedoch im Hinblick auf das Erfordernis der Mängelrüge durch § 377 HGB. Während bei einem Kaufvertrag, der kein Handelsgeschäft ist, der Käufer einen Mangel innerhalb der Verjährungsfrist (bei beweglichen Sachen innerhalb von zwei Jahren seit Übergabe; vgl. § 438 I Nr. 3, II BGB) geltend machen kann, muss der Käufer beim beiderseitigen Handelskauf die Ware unverzüglich nach Ablieferung durch den Verkäufer untersuchen und, wenn sich ein Mangel zeigt, dem Verkäufer unverzüglich Anzeige machen (§ 377 I HGB). Unterlässt der Käufer die Anzeige, gilt die Ware als genehmigt, es sei denn, dass es sich um einen Mangel handelt, der bei der Untersuchung nicht erkennbar war (§ 377 II HGB).[12] Insoweit ist also ein anderes bestimmt i. S. d. § 437 BGB. § 377 HGB ergänzt die Mängelgewährleistung nach BGB formal insoweit, als sich Mängelrechte des Käufers weiterhin allein aus dem BGB ergeben und § 377 HGB für deren Bestehen lediglich eine weitere Voraussetzung (Unverzügliche Mängelrüge) schafft. § 377 HGB ändert die Mängelgewährleistung nach BGB insoweit ab, als bei Fehlen dieser weiteren Voraussetzung keine Mängelrechte des Käufers bestehen. Es ist daher in einem ersten Schritt zu prüfen, ob dem Käufer überhaupt Mängelrechte i. S. d. § 437 BGB – etwa ein Anspruch auf Nacherfüllung nach § 439 I BGB i. V. m. § 437 Nr. 1 BGB – zustehen. Ist dies der Fall, ist weiter zu untersuchen, ob diese Mängelrechte wegen nicht unverzüglicher Mängelrüge nach § 377 II HGB ausgeschlossen sind.

D. Normadressaten des Handelsrechts

Das Handelsrecht gilt grundsätzlich nur für Kaufleute. So knüpfen insbesondere die   15
Regelungen über den Handelsstand (§§ 1–104a HGB) und über Handelsgeschäfte

---

[10] Vgl. dazu im Einzelnen § 13 Rn. 1 ff.
[11] Vgl. dazu im Einzelnen § 10 Rn. 68 ff.
[12] Vgl. dazu im Einzelnen § 12 Rn. 49 ff.

(§§ 343–475 h HGB) an die Kaufmannseigenschaft an. Der Begriff des Kaufmanns ist daher ein Zentralbegriff des HGB. Auf Grund der Bestimmung des Anwendungsbereichs des Handelsrechts durch die Eigenschaft einer Person handelt es sich um ein subjektives System. Das Handelsrecht gilt nicht nur für die Gewerbetreibenden, die im Handel tätig sind, sondern auch für die Industrie. Es gilt also auch für die Hersteller von Produkten. Handelsrecht ist daher das allgemeine Recht der Gewerbetreibenden.

16 Ansätze, das Handelsrecht in der Weise zu einem Unternehmensrecht zu erweitern, dass Normadressaten nicht nur Kaufleute, sondern Unternehmer (§ 14 I BGB) sind, haben sich bisher nicht durchgesetzt.[13] *De lege lata* steht einer solchen Fortentwicklung die gesetzliche Regelung (vgl. etwa §§ 1 ff. HGB und § 343 I HGB), die ausdrücklich an die Kaufmannseigenschaft anknüpft, entgegen. Das Handelsrecht gilt daher insbesondere nicht für freiberuflich tätige Personen wie Architekten, Ärzte, Rechtsanwälte oder Steuerberater.[14] Das HGB versteht vielmehr den Begriff des Unternehmens (vgl. § 1 II HGB) als Oberbegriff, der weiter ist als der Begriff des Kaufmanns.[15] Deshalb ist jeder Kaufmann zugleich Unternehmer (§ 14 I BGB), aber nicht jeder Unternehmer zugleich Kaufmann (vgl. § 2 HGB: gewerbliches Unternehmen). Denn § 14 I BGB bezieht sich – anders als § 1 HGB, der lediglich auf ein Gewerbe abstellt – sowohl auf eine gewerbliche als auch auf eine selbständige berufliche Tätigkeit und daher ausdrücklich auch auf freiberuflich tätige Personen.

E. Funktionen des Handelsrechts

17 Die Schaffung eines Sonderprivatrechts für Kaufleute ist notwendig, weil das Bürgerliche Recht nicht ausreicht, den besonderen Bedürfnissen des Handelsverkehrs zu entsprechen. Diese Bedürfnisse ergeben sich vor allem daraus, dass Kaufleute eine Vielzahl von Rechtsgeschäften abschließen und durchführen. Daher bedarf der Handelsverkehr insbesondere erhöhter Schnelligkeit, Einfachheit, Rechtssicherheit und Klarheit bei Abschluss und Durchführung von Rechtsgeschäften.[16] Außerdem sind Kaufleute auf Grund ihrer regelmäßig vorhandenen Geschäftserfahrung nicht in gleicher Weise wie Normalbürger schutzbedürftig. Schließlich ist vor allem der Handelsverkehr bei Abschluss und Durchführung von Rechtsgeschäften auf ergänzendes Recht – insbesondere im Hinblick auf weitere, im BGB nicht vorgesehene Vertragstypen – sowie auf Praxisnähe und Internationalität angewiesen. Aus diesen besonderen Bedürfnissen des Handelsverkehrs ergeben sich einige häufig wiederkehrende Charakteristika des Handelsrechts, wobei diese meist nicht isoliert zu sehen sind, sondern zusammenwirken.

I. Schnelligkeit und Einfachheit

18 Der Geschäftsverkehr zwischen Kaufleuten ist in hohem Maße auf schnelle und einfache Abwicklung von Geschäften angewiesen. Denn im Geschäftsverkehr zwischen

---

[13] Vgl. dazu z. B. *K. Schmidt,* § 1 II 2.
[14] Vgl. dazu im Einzelnen § 2 Rn. 14 ff.
[15] Dazu etwa *K. Schmidt,* BB 2005, 837 ff.
[16] *Canaris,* § 1 Rn. 16.

Kaufleuten ist regelmäßig eine Vielzahl von Geschäften durchzuführen. Außerdem ergeben sich nach längeren Zeiträumen erhebliche Beweisschwierigkeiten etwa im Hinblick auf etwaige Mängel der Kaufsache. Deshalb begründet das HGB besondere **Sorgfaltspflichten** und **Obliegenheiten** für Kaufleute.

Beispiele: Im Schweigen eines Kaufmanns auf Erklärungen der anderen Partei kann eine vertragsbegründende Zustimmung liegen, wohingegen nach Bürgerlichen Recht allenfalls eine Haftung auf Ersatz des Vertrauensschadens in Betracht kommt (vgl. § 362 HGB[17] im Gegensatz zu § 663 BGB). Bei einem Kaufvertrag kann der Käufer Mängel binnen zwei Jahren nach Ablieferung der Sache geltend machen (§ 438 I Nr. 3, II BGB). Beim beiderseitigen Handelskauf besteht hingegen die Pflicht zur unverzüglichen Untersuchung und Anzeige etwaiger Mängel, da andernfalls die Ware als genehmigt gilt (§ 377 I, II HGB) und die Geltendmachung von Mängelrechten durch den Käufer ausgeschlossen ist.[18]

II. Rechtssicherheit und Klarheit des Rechtsverkehrs

Erhöhte Schnelligkeit und Einfachheit bei der Durchführung von Rechtsgeschäften   19
erfordern zugleich erhöhte Rechtssicherheit und Klarheit des Rechtsverkehrs. Der Kaufmann soll sich bei seinen – häufig in einer Vielzahl vorzunehmenden – geschäftlichen Dispositionen nach Möglichkeit auf das äußere Bild, das ihm sein Gegner und dessen Verhalten bieten, verlassen können, ohne lange Nachforschungen anstellen zu müssen. Infolgedessen besteht im Handelsverkehr ein besonderes Bedürfnis nach **Verkehrs- und Vertrauensschutz.** Daher ist das Rechtsscheinprinzip im Handelsrecht besonders ausgeprägt.

Beispiele: Bestimmte Tatsachen sind in ein öffentliches Register (Handelsregister) einzutragen, damit sich jedermann darüber unterrichten kann. Der gute Glaube an die Registereintragung ist in weitem Umfang geschützt (vgl. § 5 HGB[19] und § 15 HGB[20]). – § 49 HGB legt zwingend den Umfang der Vertretungsmacht eines Prokuristen fest.[21] – § 366 HGB erweitert den Gutglaubensschutz nach § 932 BGB im Hinblick auf den guten Glauben an die Verfügungsbefugnis des Kaufmanns.[22]

III. Selbstverantwortlichkeit von Kaufleuten

Da Kaufleute auf Grund ihrer regelmäßig vorhandenen Geschäftserfahrung nicht in   20
gleicher Weise wie Normalbürger schutzbedürftig sind, betont das Handelsrecht die Selbstverantwortlichkeit von Kaufleuten.

Beispiel: § 350 HGB schließt das Formerfordernis des § 766 S. 1 BGB aus und erweitert damit den Gestaltungsspielraum eines Kaufmanns bei der Abgabe einer Bürgschaftserklärung.[23]

Dies dient dem Ziel, solche Einschränkungen der Privatautonomie zu vermeiden, de-   21
rer der Handelsverkehr nicht bedarf.

---

[17] Vgl. dazu im Einzelnen § 10 Rn. 23 ff.
[18] Vgl. dazu im Einzelnen § 12 Rn. 49 ff.
[19] Vgl. dazu im Einzelnen § 2 Rn. 53 ff.
[20] Vgl. dazu im Einzelnen § 3 Rn. 23 ff.
[21] Vgl. dazu im Einzelnen § 6 Rn. 42 ff.
[22] Vgl. dazu im Einzelnen § 13 Rn. 1 ff.
[23] Vgl. dazu im Einzelnen § 10 Rn. 68 ff.

IV. Notwendigkeit ergänzenden Rechts

22 Da das BGB bestimmte, im Handelsverkehr häufig begegnende, Fallkonstellationen nur unzureichend regelt, sieht das HGB weitere Vertragstypen vor.

Beispiele: Das HGB sieht Regelungen für die Fallkonstellation vor, dass es jemand gewerbsmäßig übernimmt, Waren oder Wertpapiere für Rechnung eines anderen in eigenem Namen zu kaufen oder zu verkaufen (Kommissionsvertrag i. S. d. § 383 I HGB). – Da ein Kaufmann nach der Lebenserfahrung handelt, um ein Entgelt zu erhalten, kann er für eine Geschäftsbesorgung oder Dienstleistung in Ausübung seines Handelsgewerbes auch ohne Vereinbarung eine Provision nach den ortsüblichen Sätzen fordern (§ 354 I HGB).[24] Für eine Forderung aus einem beiderseitigen Handelsgeschäft kann er Fälligkeitszinsen in Höhe von 5 % verlangen (§§ 353 S. 1, 352 HGB).[25]

23 Die Notwendigkeit ergänzenden Rechts für den Handelsverkehr zeigt sich außerdem an der großen Bedeutung von Handelsbräuchen (§ 346 HGB) und der weiten Verbreitung internationaler Klauselwerke.

---

[24] Vgl. dazu im Einzelnen § 11 Rn. 6.
[25] Vgl. dazu im Einzelnen § 11 Rn. 5.

§ 2. Kaufleute

A. Begriff des Kaufmanns

I. Bedeutung des Kaufmannsbegriffs

Das Handelsrecht gilt grundsätzlich nur für Kaufleute. So knüpfen insbesondere die 1
Regelungen über den Handelsstand (§§ 1–104a HGB) und über Handelsgeschäfte
(§§ 343–475h HGB) an die Kaufmannseigenschaft an. Der Begriff des Kaufmanns
ist daher ein Grundbegriff des HGB (vgl. dazu auch *Lettl,* Fall 1). Nicht zuletzt deshalb stellt das HGB ihn an den Anfang (§§ 1–7 HGB).

II. Systematik des Gesetzes

Die Kaufmannseigenschaft kann auf sechs verschiedenen Gründen beruhen. So kann 2
die Kaufmannseigenschaft in Gestalt **(1)** des Istkaufmanns (§ 1 HGB), **(2)** des Kann-
kaufmanns (§§ 2, 3 HGB), **(3)** des Kaufmanns kraft Eintragung – auch Fiktivkaufmann genannt – (§ 5 HGB), **(4)** des Formkaufmanns (§ 6 II HGB) und **(5)** des
Scheinkaufmanns bestehen. **(6)** Nach § 6 I HGB gelten die Regelungen des HGB, denen Kaufleute unterworfen sind, auch für Handelsgesellschaften.

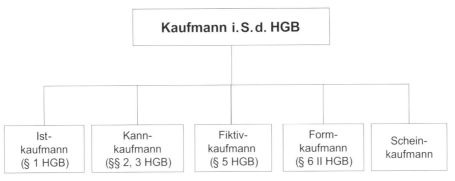

Abbildung 1: Kaufmann i. S. d. HGB

B. Istkaufmann (§ 1 HGB)

I. Normzweck

Kaufmann i. S. d. HGB ist, wer ein Handelsgewerbe betreibt (§ 1 I HGB). Handels- 3
gewerbe ist nach der Legaldefinition des § 1 II HGB

„jeder Gewerbebetrieb, es sei denn, daß das Unternehmen nach Art oder Umfang einen in kaufmännischer
Weise eingerichteten Geschäftsbetrieb nicht erfordert".

4 Kaufmann i. S. d. § 1 HGB ist also – anders gewendet – jeder, der **(1)** ein Gewerbe **(2)** betreibt, das **(3)** nach Art und Umfang einen in kaufmännischer Weise eingerichteten Geschäftsbetrieb erfordert (vgl. dazu auch *Lettl*, Fall 1).[1] Diese drei Merkmale müssen kumulativ erfüllt sein, wobei § 1 II HGB eine widerlegbare Vermutung für den Betrieb eines Handelsgewerbes enthält („jeder Gewerbebetrieb, es sei denn"). Grundsätzlich ist daher davon auszugehen, dass jeder Gewerbetreibende Kaufmann ist. Auf eine Eintragung in das Handelsregister kommt es dann von vornherein nicht an. Entscheidend ist nämlich allein, ob jemand die Voraussetzungen des § 1 HGB erfüllt. Er ist dann *ipso jure* Kaufmann und unterliegt insbesondere den Regelungen über den Handelsstand (§§ 8–104a HGB) und über Handelsgeschäfte (§§ 343–475h HGB). Man spricht deshalb vom Istkaufmann oder Musskaufmann. Die – durch das Registergericht ggf. durch die Festsetzung eines Zwangsgelds zu erzwingende (§ 14 HGB) – Eintragung in das Handelsregister (§ 29 HGB) ist für einen Istkaufmann nur von deklaratorischer Bedeutung. Da sich § 1 II HGB auf das Unternehmen als organisatorische Einheit bezieht, ist ein Kaufmann nach § 1 II HGB für *alle* mit Bezug auf dieses Unternehmen betriebenen handelsgewerblichen Geschäfte Kaufmann. Eine Aufteilung nach bestimmten Geschäften findet daher nicht statt. Man ist also entweder Kaufmann oder Nicht-Kaufmann im Hinblick auf das betriebene Handelsgewerbe.

II. Voraussetzungen

1. Gewerbe

5 Das HGB definiert den Begriff des Gewerbes nicht, sondern setzt ihn voraus. Er ist nicht notwendig im gleichen Sinne zu verstehen wie in anderen Gesetzen (z. B. § 14 I BGB, § 2 I Nr. 6 UWG und § 15 II S. 1 EStG).

6 **Gewerbe** i. S. d. § 1 HGB ist eine selbständige, entgeltliche, auf eine Vielzahl von Geschäften gerichtete, nach außen in Erscheinung tretende Tätigkeit auf wirtschaftlichem Gebiet.[2]

a) Selbständigkeit

7 Ein Gewerbe setzt eine selbständige Tätigkeit voraus. Daran fehlt es insbesondere bei Arbeitnehmern und Beamten. Für die Abgrenzung sind der Regelung für den Handelsvertreter in § 84 I 2 HGB weiterführende Anhaltspunkte zu entnehmen. Danach ist selbständig, wer seine Tätigkeit im Wesentlichen frei gestalten und seine Arbeitszeit bestimmen kann. Hierfür ist die *rechtliche* Freiheit entscheidend, nicht hingegen die *wirtschaftliche* Freiheit, über die auch Kaufleute vielfach nicht verfügen. Selbständig ist daher, wer über die Gestaltung, Einteilung und Dauer der Tätigkeit entscheiden kann, ohne rechtlichen – insbesondere arbeitsvertraglichen – Einschränkungen zu unterliegen. Maßgebend ist die *Möglichkeit* zu eigenständiger Bestimmung[3] nach dem Gesamtbild der vertraglichen Gestaltung und der tatsächlichen Handhabung. Daher kommt es

---

[1] Dem Tatbestandsmerkmal des Unternehmens kommt keine eigenständige Bedeutung zu, da im Falle der Erforderlichkeit eines in kaufmännischer Weise eingerichteten Gewerbebetriebs stets auch ein Unternehmen vorliegt.
[2] Vgl. auch BT-Drs. 13/8444, S. 24; MünchKomm/*K. Schmidt*, § 1 Rn. 26; *Canaris*, § 2 Rn. 16.
[3] *BAG* ZIP 1999, 544, 549.

auf die Umstände des Einzelfalls an. Indizien für Selbständigkeit sind gegeben, wenn kein Arbeitsplan einzuhalten ist, keine Mindestarbeitszeit festgelegt ist, keine Weisungsabhängigkeit besteht und die Kosten und Risiken der Geschäftstätigkeit selbst zu tragen sind (z. B. eigene Geschäftsräume). Gegen Selbständigkeit spricht die Vereinbarung einer festen Vergütung, die Verpflichtung zur Abführung von Lohnsteuern und Sozialabgaben, die Einbindung in eine fremde betriebliche Organisation sowie die Weisungsgebundenheit im Hinblick auf die Gestaltung und Dauer der Tätigkeit.

Beispiel: Gegen Selbständigkeit spricht, wenn ein Unternehmen, das Lebensmittel direkt an Verbraucher liefert, „selbständigen" Fahrern jeweils einen Wochenarbeitsplan mit fest einzuhaltenden Routen und zu beliefernden Kunden vorgibt, ohne dass den Fahrern innerhalb der regelmäßigen Wochenarbeitszeit nennenswerte Zeiträume zur eigenen Gestaltung – etwa zur Durchführung von Büroarbeiten wie der Buchhaltung – verbleiben. Gegen Selbständigkeit spricht insbesondere, wenn die Fahrer rechtlich verpflichtet sind, diesen Arbeitsplan und ggf. daran durch das Unternehmen jeweils vorgenommene Änderungen einzuhalten.

Die Geschäftsführung einer AG oder GmbH ist keine selbständige, sondern eine angestellte berufliche Tätigkeit.[4] **8**

b) Entgeltlichkeit

Ein Gewerbe setzt eine entgeltliche Tätigkeit am Markt voraus.[5] So liegt auch § 354 **9** HGB die Vorstellung zu Grunde, dass ein Kaufmann für seine Leistungen ein Entgelt erhalten will. Ein Handeln in Gewinnerzielungsabsicht ist nicht erforderlich.[6] Ein Unternehmen der öffentlichen Hand, das nach betriebswirtschaftlichen Grundsätzen geführt wird und das mit seinem Marktverhalten in Wettbewerb zu privaten Unternehmen tritt, handelt entgeltlich.[7] An einer entgeltlichen Tätigkeit fehlt es hingegen bei rein karitativen Tätigkeiten.

Beispiel: Verschenken von Altkleidern an Bedürftige.

Die Tätigkeit muss auf eine unbestimmte Vielzahl von Geschäften gerichtet sein.[8] Es **10** muss jedenfalls ein Mindestmaß an Kontinuität bestehen.[9] An einer Vielzahl von Geschäften fehlt es bei einzelnen Geschäften und bloßen Gelegenheitsgeschäften.

Beispiele: Verkauf eines Stuhls auf dem „Flohmarkt" oder Verkauf des jeweiligen Jahreswagens durch Werksangehörige. Bei Angeboten auf Internet-Versteigerungen sind die Umstände des Einzelfalls maßgeblich.

Bloße Unterbrechungen hindern die Annahme einer Vielzahl von Geschäften nicht **11** (z. B. Schließung der Eisdiele im Winter). Dasselbe gilt für eine Begrenzung der geplanten Dauer des Betriebs (z. B. Verkaufsstand bei einer sportlichen Großveranstaltung).

c) Außenbezug

Erforderlich ist eine nach außen, d. h. auf dem Markt in Erscheinung tretende Tätig- **12** keit. Daran fehlt es bei wirtschaftlicher Tätigkeit im Privatbereich.

---

[4] BGHZ 133, 71, 78; 133, 220, 223; *BGH* WM 2006, 380, 390.
[5] Koller/Kindler/Roth/Drüen/*Roth*, § 1 Rn. 10; *Canaris*, § 2 Rn. 3.
[6] Str.; vgl. dazu auch unten Rn. 21.
[7] Baumbach/Hopt/*Merkt*, § 1 Rn. 16.
[8] Vielfach spricht man auch von „auf Dauer angelegter", „planmäßiger" oder „berufsmäßiger" Tätigkeit.
[9] MünchKomm/*K. Schmidt*, § 1 Rn. 30.

Beispiel: Bloße Vermögensverwaltung wie die Spekulation an der Börse durch Kauf und Verkauf von Wertpapieren[10] oder Halten von Gesellschaftsanteilen.[11]

13 Auch beim Erwerb eines Produkts auf Grund ausschließlich nachfragender Tätigkeit etwa durch einen Endverbraucher oder einen Großhändler fehlt es an der Tätigkeit am Markt.[12] Eine Holding-Gesellschaft, die sich nur auf das Halten und die Verwaltung der Anteile einer anderen Gesellschaft beschränkt, handelt ohne Außenbezug. Dasselbe gilt für eine reine Besitzgesellschaft, deren Gegenstand lediglich auf die Einziehung des Pachtzinses ihrer Betriebs-Gesellschaft gerichtet ist.[13]

d) Tätigkeit auf wirtschaftlichem Gebiet

aa) Freiberufliche Tätigkeiten

14 Die Tätigkeit muss auf wirtschaftlichem Gebiet liegen. Daran fehlt es bei freiberuflichen Tätigkeiten (z. B. Architekten, Ärzte, Notare, Rechtsanwälte, Steuerberater, Wirtschaftsprüfer; vgl. auch den Katalog in § 1 II PartGG).[14] § 1 HGB steht mit dem Begriff des Handelsgewerbes in auffälligem Gegensatz zu § 14 I BGB, der sowohl eine gewerbliche als auch eine selbständige berufliche Tätigkeit nennt. Außerdem ist für freiberuflich tätige Personen teilweise ausdrücklich festgelegt, dass sie kein Gewerbe betreiben (vgl. § 1 II BÄO; § 2 S. 3 BNotO; § 2 II BRAO; § 32 II 4 StBerG; § 1 II 2 WPO). Sie können sich deshalb nicht in der – den Betrieb eines Gewerbes voraussetzenden – Rechtsform der oHG (§ 105 I, II HGB) oder KG (§§ 161 II, 105 I, II HGB) zusammenschließen. Freiberufliche Tätigkeiten sind nämlich – jedenfalls nach traditioneller, auf historischen Gründen beruhender, wenn auch durchaus fragwürdiger Auffassung – in erster Linie regelmäßig auf eine individuelle höchstpersönliche Leistung gerichtet.

Beispiele: Das Rechtsverhältnis zwischen einem Rechtsanwalt und seinem Mandanten ist durch die persönliche und eigenverantwortliche anwaltliche Dienstleistung geprägt.[15] Das einem Rechtsanwalt erteilte Mandat ist in besonderem Maße dadurch gekennzeichnet, dass die zu erbringende Dienstleistung an die Person des beauftragten Rechtsanwalts geknüpft ist. Denn der Erfolg der Interessenwahrnehmung hängt auch von den persönlichen Kenntnissen und Fähigkeiten dieser Person ab. Hinzu kommt, dass ein Rechtsuchender für das Gelingen der Interessenwahrnehmung häufig persönliche Umstände offenbaren muss. Diese für das Rechtsverhältnis zwischen einem Rechtsanwalt und seinem Mandanten angestellten Erwägungen gelten in ähnlicher Weise für das Rechtsverhältnis zwischen einem Arzt und seinem Patienten.

15 Die Leistungen von Gewerbetreibenden beruhen hingegen vornehmlich auf einer organisierten Wirtschaftseinheit, also dem Einsatz von Produktionsmitteln und fremder Arbeitskraft. Die Person des Gewerbetreibenden ist hier für die Marktgegenseite regelmäßig weitaus weniger bedeutsam als bei den freien Berufen.

Beispiel: Beim Kauf eines Gegenstands des alltäglichen Gebrauchs wie eines DVD-Players eines bestimmten Typs kommt es den Interessenten weniger auf die Person des Verkäufers als vielmehr auf den angebotenen Preis an.

---

[10] BGHZ 74, 273, 276f.

[11] *BGH* WM 2006, 380, 390.

[12] MünchKomm/*K. Schmidt,* § 1 Rn. 28.

[13] *OLG Hamm* NJW 1994, 392, 393; *Canaris,* § 2 Rn. 5; **a. A.** *Brandmüller,* BB 1976, 641.

[14] MünchKomm/*K. Schmidt,* § 1 Rn. 32; andere Bereiche des Wirtschaftsrechts wie das UWG und das GWB gelten auch für Freiberufler; vgl. BGHZ (GS) 67, 81, 84.

[15] *BVerfG* NJW 2003, 2520, 2521 f.; BGHZ 157, 361, 366 f.

Eine freiberufliche Tätigkeit erstreckt sich nur insoweit nicht auf eine wirtschaftliche **16** Tätigkeit, als der Kernbereich der freiberuflichen Tätigkeit eine höchstpersönliche Leistung betrifft. Tritt die höchstpersönliche Leistung gegenüber dem Einsatz von Produktionsmitteln oder dem An- und Verkauf von Waren zurück, kann insoweit ein Gewerbe gegeben sein.

Beispiel: Bei einem Apotheker steht nicht die höchstpersönliche Leistungserbringung, sondern die wirtschaftliche Tätigkeit des Ankaufs und Verkaufs von Arzneimitteln und anderen Produkten ganz im Vordergrund, so dass ein Gewerbe gegeben ist.[16] Betreibt Arzt A eine Arztpraxis und daneben ein Wellness-Hotel, liegt in der Erbringung ärztlicher Leistungen keine Tätigkeit auf wirtschaftlichem Gebiet. Die im Hinblick auf das Wellness-Hotel von A erbrachten Leistungen wie die Vermietung eines Zimmers und die Versorgung der Gäste mit Speisen und Getränken liegen hingegen auf wirtschaftlichem Gebiet, zumal sie nicht lediglich Nebenleistungen der ärztlichen Leistung sind. Betreibt hingegen ein Arzt lediglich eine Klinik, in der seine Patienten auch untergebracht sind und verpflegt werden, so treten Unterbringung und Verpflegung so sehr hinter die Erbringung ärztlicher Leistungen zurück, dass insoweit keine Tätigkeit auf wirtschaftlichem Gebiet gegeben ist.

Bei gemischten, also teils freiberuflichen, teils gewerblich geführten Unternehmen **17** entscheidet das Gesamtbild.[17]

Beispiel: Bietet Arzt A neben ärztlichen Leistungen einen Kurbetrieb an, ist der Kurbetrieb jedenfalls dann keine Tätigkeit auf wirtschaftlichem Gebiet, wenn die Kur für einen sich bei A in ärztlicher Behandlung befindlichen Patienten aus ärztlicher Sicht notwendig und fachkundige medizinische Beratung durch A während des Kuraufenthaltes erforderlich ist.

bb) Künstlerische und wissenschaftliche Tätigkeiten

Künstlerische und wissenschaftliche Tätigkeiten als solche erfolgen nicht auf wirt- **18** schaftlichem Gebiet. Ein Sänger, Schauspieler, Maler, Bildhauer, Musiker oder forschender Wissenschaftler betreibt daher kein Gewerbe.[18] Das ändert sich aber dann, wenn eine solche Person ihre Werke auf dem Markt gegen Entgelt anbietet.

e) Irrelevante Kriterien

aa) Gesetzes- oder sittenwidrige Tätigkeit

Nach § 7 HGB stehen Vorschriften des öffentlichen Rechts, auf Grund derer die Be- **19** fugnis zum Gewerbebetrieb ausgeschlossen oder von gewissen Voraussetzungen abhängig gemacht ist, der Kaufmannseigenschaft nicht entgegen. Daher ist es unerheblich, ob eine Tätigkeit gesetzes- oder sittenwidrig, insbesondere strafrechtlich verboten ist.[19] Unerheblich ist danach für den Begriff des Gewerbes außerdem, ob die Tätigkeit öffentlich-rechtlich erlaubt ist (z. B. Erteilung einer Gaststättenkonzession).

bb) Rechtswirksamkeit geschlossener Rechtsgeschäfte

Die Rechtswirksamkeit geschlossener Rechtsgeschäfte ist für den Begriff des Gewerbes **20** irrelevant.[20]

---

[16] BGHZ 8, 157, 160; BVerfGE 17, 232, 239.
[17] Koller/Kindler/Roth/Drüen/*Roth,* § 1 Rn. 15.
[18] MünchKomm/*K. Schmidt,* § 1 Rn. 32.
[19] Koller/Kindler/Roth/Drüen/*Roth,* § 1 Rn. 11; **a. A.** BT-Drs. 13/8444, S. 24.
[20] Baumbach/Hopt/*Merkt,* § 1 Rn. 12; *Canaris,* § 2 Rn. 13; *K. Schmidt,* § 9 II 2b cc; **a. A.** BT-Drs. 13/8444, S. 24.

cc) Gewinnerzielungsabsicht

21 Weit gehend, aber nicht vollständig übereinstimmend mit dem Kriterium der Unentgeltlichkeit, ist das insbesondere von der Rspr. verwendete Kriterium der Gewinnerzielungsabsicht.[21] Danach setzt ein Gewerbe die Absicht der Erzielung dauernder Überschüsse der Einnahmen über die Ausgaben voraus.[22] Da eine Gewinnerzielungs-*absicht* genüge, komme es nicht darauf an, ob tatsächlich ein Gewinn erwirtschaftet werde. Gewinnerzielungsabsicht fehle bei Tätigkeiten mit dem Ziel bloßer Kostendeckung oder zu gemeinnützigen Zwecken. Bei privaten Unternehmen bestehe allerdings regelmäßig Gewinnerzielungsabsicht und sei daher zu vermuten. Bei Unternehmen der öffentlichen Hand sei dies eine Frage des Einzelfalls. Mangels Gewinnerzielungsabsicht liege auch dann kein Gewerbe vor, wenn landesrechtliche Bestimmungen oder die Satzung des Unternehmens als Jahresgewinn nicht mehr als eine marktübliche Verzinsung des eingesetzten Kapitals zuließen. Bei freiberuflichen Tätigkeiten trete das Streben nach Gewinn hinter die Erbringung höherer Dienste zurück.[23]

22 Das Erfordernis der Gewinnerzielungsabsicht ist indes ein reines Internum eines Unternehmens, das als rechtssicher handhabbares Abgrenzungskriterium nicht geeignet ist.[24] Gewinnerzielungsabsicht mag ein typisches Merkmal gewerblichen Handelns sein. Ein notwendiges Merkmal ist es deshalb aber nicht. Der Streit um das Erfordernis der Gewinnerzielungsabsicht verliert insoweit an Bedeutung, als bei der Rechtsform von Kapitalgesellschaften (AG, GmbH) kraft Gesetzes (§ 6 II HGB i. V. m. § 3 I AktG oder § 13 III GmbHG) die Kaufmannseigenschaft vorliegt.

2. Handelsgewerbe

a) Zweck

23 Ein Gewerbebetrieb stellt nach § 1 II HGB dann kein Handelsgewerbe dar, wenn das Unternehmen nach Art oder Umfang einen in kaufmännischer Weise eingerichteten Geschäftsbetrieb nicht erfordert. Die Vermutung des § 1 II HGB, wonach jeder Gewerbebetrieb ein Handelsgewerbe ist, ist in diesem Fall widerlegt. Es handelt sich dann um ein so genanntes **Kleingewerbe,** das vom Begriff des Istkaufmanns ausgenommen ist. Die negativ abgrenzende gesetzliche Formulierung enthält eine **Beweislastregelung** (vgl. auch z. B. § 280 I 2 BGB). Wer ein Gewerbe betreibt, aber nicht im Handelsregister eingetragen ist, trägt die Beweislast dafür, dass er kein Kaufmann ist (und damit für ihn das Handelsrecht nicht gilt). Die Prüfung des Ausnahmetatbestands von § 1 II HGB ist nur geboten, wenn eine Widerlegung der Vermutung, wonach jeder Gewerbebetrieb ein Handelsgewerbe ist, nahe liegt. So insbesondere dann, wenn auf Grund konkreter Anhaltspunkte über Art und Umfang des Gewerbebetriebs die Nichterforderlichkeit eines in kaufmännischer Weise eingerichteten Geschäftsbetriebs in Betracht zu ziehen ist.

---

[21] BGHZ 83, 382, 386; 95, 155, 157; *BAG* NJW 1988, 222, 223; offen lassend BGHZ 155, 240, 246.
[22] BGHZ 95, 155, 157 zur damaligen Bundesbahn.
[23] BGHZ 33, 321, 325.
[24] MünchKomm/*K. Schmidt,* § 1 Rn. 26 u. 31; Baumbach/Hopt/*Merkt,* § 1 Rn. 16.

b) Feststellung

aa) In kaufmännischer Weise eingerichteter Geschäftsbetrieb

Das Tatbestandsmerkmal eines in kaufmännischer[25] Weise eingerichteten Geschäfts- 24
betriebs ist auf Grund verschiedener Kriterien zu prüfen. Hierzu zählen insbesondere
die kaufmännische Buchführung, also die systematische Erfassung der Geschäftsvorfälle, die Inventur- und Bilanzaufstellung und die Aufbewahrung der geschäftlichen
Korrespondenz. Hinzu kommen vor allem die Firmenführung, die Beschäftigung
kaufmännisch ausgebildeten Personals und die kaufmännische Vertretung etwa durch
einen Prokuristen oder Handlungsbevollmächtigten.

bb) Erforderlichkeit

Es kommt nicht darauf an, ob der Gewerbetreibende tatsächlich einen kaufmännisch 25
eingerichteten Gewerbebetrieb führt, ob er also z. B. kaufmännisch Buch führt oder
nicht. Maßgeblich ist allein, ob nach Art **und**[26] Umfang des Gewerbebetriebs ein in
kaufmännischer Weise eingerichteter Geschäftsbetrieb *erforderlich* ist. Die Erforderlichkeit bezieht sich also kumulativ auf Art und Umfang. Sie ist auf Grund von Gegenstand und Größe des Unternehmens zu beurteilen. Maßgebend sind die **Umstände
des Einzelfalls,** also das Gesamtbild im gewöhnlichen Geschäftsverlauf.[27] Insbesondere ist zu fragen, ob Gegenstand und Größe des Unternehmens kaufmännische
Buchführung notwendig machen. Von Bedeutung sind insoweit insbesondere

- Umsatz,
- Beschäftigtenzahl,
- Höhe des investierten Kapitals,
- Vielfalt der Produkte,
- Inanspruchnahme von Kredit- oder Teilzahlungen,
- Anzahl und Art der Geschäftsabschlüsse,
- Umfang der Geschäftskorrespondenz sowie die
- Anzahl der Betriebsstätten und deren Größe.

Je vielgestaltiger die Geschäftstätigkeit und je größer die Zahl der Geschäftsabschlüsse, 26
desto eher ist kaufmännische Führung geboten und damit Erforderlichkeit anzunehmen.

Beispiel: Für einen Optikermeister mit einem jährlichen Umsatz von 85 000,– Euro und 2 000 Kunden
ist, insbesondere wenn er gegenüber den Krankenkassen ein kompliziertes Abrechnungsverfahren einzuhalten hat, nach Art und Umfang des Gewerbebetriebs ein in kaufmännischer Weise eingerichteter Geschäftsbetrieb erforderlich.[28]

Anders liegt es bei einfach strukturierten Betrieben trotz hoher Umsätze. 27

Beispiel: Für eine Bundeswehr-Kantine mit 250 000,– Euro Jahresumsatz, in der nur gleichförmige Geschäfte gegen Barzahlung getätigt werden, ist nach Art und Umfang ein in kaufmännischer Weise eingerichteter Geschäftsbetrieb nicht erforderlich.[29]

---

[25] Dieses Tatbestandsmerkmal führt nicht zu einem Zirkelschluss, da es nicht i. S. d. § 1 HGB, sondern
lediglich als Verweisung auf bestimmte im HGB genannte Gegebenheiten der Unternehmensführung
zu verstehen ist.
[26] Die Gesetzesformulierung „oder" beruht auf der Ausnahmeregelung („es sei denn").
[27] BT-Drs. 13/8444, S. 25; *BGH* BB 1960, 917.
[28] *OLG Hamm* DB 1969, 386.
[29] *OLG Celle* BB 1963, 540.

3. Betreiben des Handelsgewerbes

a) Maßgebliche Person

28 Kaufmann ist, wer ein Handelsgewerbe „betreibt". Dieses Tatbestandsmerkmal ordnet ein Gewerbe einer bestimmten Person, dem Träger des Gewerbes, zu. Eine solche Person kann eine natürliche Person, aber auch eine juristische Person oder eine rechtsfähige Gesellschaft (vgl. § 14 II BGB) sein. Ein Gewerbe ist der Person zuzuordnen, in **deren Namen** das Gewerbe betrieben wird. Denn für und gegen diese Person wirken die anlässlich der gewerblichen Tätigkeit vorgenommenen Handlungen, insbesondere die geschlossenen Rechtsgeschäfte. Handelt eine Person in eigenem Namen, ist daher grundsätzlich ihr das Gewerbe zuzuordnen.

Beispiele: Handelt der Pächter eines gewerblichen Unternehmens im eigenen Namen, betreibt er das Gewerbe dieses Unternehmens. Dasselbe gilt für den Nießbraucher und den Treuhänder.

29 Bei Stellvertretung wirkt das geschlossene Rechtsgeschäft für und gegen den Vertretenen, so dass er das Gewerbe betreibt (z. B. AG, GmbH). Wer als Vertreter in fremdem Namen handelt, ist daher nicht Kaufmann i. S. d. § 1 HGB (und nicht Unternehmer i. S. d. § 14 I BGB).

Beispiele: Prokurist; Vorstand einer AG; Geschäftsführer einer GmbH;[30] gesetzlicher Vertreter eines Minderjährigen; Insolvenzverwalter bei Fortführung eines zur Masse gehörenden Unternehmens (Kaufmann ist hier während des Insolvenzverfahrens weiterhin der Gemeinschuldner, wenn auch unter Entziehung der Verwaltungs- und Verfügungsbefugnis nach § 80 I 1 InsO).[31]

30 Unerheblich ist dagegen, ob die betreffende Person das einzelne Geschäft für eigene oder fremde Rechnung tätigt. Daher kann auch ein Handelsvertreter (§ 84 I 1 HGB) oder Kommissionär (§ 383 I HGB) Kaufmann sein. Ohne Bedeutung ist weiter, ob der Inhaber oder ein Vertreter das Unternehmen führt und ob der Handelnde minderjährig ist (§§ 2, 106 BGB). Ob der Minderjährige auf Grund einzelner Geschäfte seines Gewerbes wirksam berechtigt und verpflichtet ist, richtet sich allerdings nach §§ 107 ff. BGB (vgl. insbesondere §§ 112 BGB, 1629a II BGB).

31 Die **Gesellschafter** einer oHG und die persönlich haftenden Gesellschafter einer KG sind Kaufleute.[32] Denn eine Personenhandelsgesellschaft ist trotz der Regelung des § 124 HGB kein Rechtssubjekt, so dass die persönlich haftenden Gesellschafter als vertretungsberechtigte Personen (§§ 125 I, 161 II HGB) das Handelsgewerbe betreiben. Die Gesellschafter einer Kapitalgesellschaft (z. B. Aktionär oder Gesellschafter einer GmbH) sowie Kommanditisten sind dagegen keine Kaufleute (vgl. dazu auch *Lettl*, Fall 12).[33] Denn diese Gesellschafter haften grundsätzlich nicht persönlich für Gesellschaftsverbindlichkeiten und sind darüber hinaus grundsätzlich nicht zur Vertretung der Gesellschaft berechtigt (§§ 76 I AktG, 35 I GmbHG, 170 HGB). Die Gesellschafter einer Kapitalgesellschaft sind selbst dann nicht Kaufleute, wenn sie als Allein- oder Mehrheitsgesellschafter zur Vertretung der Gesellschaft berechtigt sind. Denn auch in

---

[30] BGHZ 104, 95, 98; 132, 119, 122; *BGH* WM 2006, 81, 82; 2006, 380, 390.

[31] *BGH* NJW 1987, 1940, 1941; Großkomm/*Oetker*, § 1 Rn. 79 ff.

[32] BGHZ 45, 282, 284; Großkomm/*Oetker*, § 1 Rn. 65; *Canaris*, § 2 Rn. 20; **a. A.** *K. Schmidt*, § 4 IV 1 b, differenzierend Großkomm/*Schäfer*, § 105 Rn. 79 ff.

[33] BGHZ 45, 282, 285 (für den Kommanditisten); 133, 71, 78 (für den Gesellschafter einer GmbH); 121, 224, 228 u. *BGH* WM 2006, 81, 82 f. (für den Alleingesellschafter-Geschäftsführer).

diesem Fall haften sie – zumindest grundsätzlich – nicht persönlich; die Beteiligung an einer Kapitalgesellschaft gehört zur reinen Vermögensverwaltung. Zwar befürworten Teile des Schrifttums eine Gleichstellung dieser Geschäftsführungsorgane mit Kaufleuten oder kaufmannsähnlichen Personen.[34] Dies entspricht jedoch nicht der Vorstellung des Gesetzgebers und überschreitet die Grenzen zulässiger Rechtsfortbildung.[35]

b) Beginn

Das Betreiben eines Gewerbes beginnt – ebenso wie die Eigenschaft als Unternehmer i. S. d. § 14 I BGB[36] – schon mit Vorbereitungsgeschäften.   **32**

Beispiele: Miete von Geschäftsräumen, Einstellung von Personal, Eröffnung eines Bankkontos oder Abschluss eines Unternehmenskaufvertrags.[37]

III. Ende der Istkaufmannseigenschaft

Gehören zum Beginn des Betreibens eines Handelsgewerbes insbesondere Vorbereitungsgeschäfte,[38] so besteht spiegelbildlich die Kaufmannseigenschaft auch bei den zur Abwicklung des Handelsgewerbes erforderlichen Geschäften.   **33**

Beispiel: Räumungsverkauf.

Die Kaufmannseigenschaft nach § 1 HGB endet erst mit der vollständigen Aufgabe des Geschäftsbetriebs[39] oder mit Absinken zum Kleingewerbe, nicht dagegen mit versehentlicher Löschung im Handelsregister oder mit Insolvenzeröffnung, sofern nur der Gewerbetreibende das Handelsgewerbe weiter betreibt. Ist ein Istkaufmann eingetragen, sein Gewerbebetrieb in der Folgezeit aber zum Kleingewerbe herabgesunken, gelten §§ 2, 5 HGB.   **34**

Prüfungsschema Istkaufmann (§ 1 HGB)

I. Handelsgewerbe
    1. Gewerbe
        a) Selbständigkeit
        b) Entgeltlichkeit
        c) Vielzahl von Geschäften
        d) Außenbezug
        e) Tätigkeit auf wirtschaftlichem Gebiet
    2. Nach Art oder Umfang des Unternehmens in kaufmännischer Weise eingerichteter Geschäftsbetrieb erforderlich (Vermutung)
II. Betreiben

---

[34] So z. B. MünchKomm/*K. Schmidt,* § 350 Rn. 10; *Canaris,* § 24 Rn. 13.
[35] *BGH* WM 2006, 81, 82 f.
[36] *BGH* WM 2005, 755, 756; im Fall von Existenzgründern differenzierend danach, ob die Geschäfte der Vorbereitung der Existenzgründungsentscheidung oder der Existenzgründungstätigkeit dienen *BGH* NJW 2008, 435, 436; MünchKomm-BGB/*Micklitz,* § 13 Rn. 62.
[37] *BGH* NJW 1996, 3217.
[38] Vgl. Rn. 32.
[39] BGHZ 32, 307, 312: keine Betriebsaufgabe bei nur zeitweiliger Stilllegung einer beschlagnahmten Wäscherei.

C. Kannkaufmann (§§ 2, 3 HGB)

I. Kleingewerbetreibende (§ 2 HGB)

1. Normzweck

35   Gewerbetreibende, welche nicht unter den Tatbestand des § 1 II HGB fallen (Kleingewerbetreibende), also nicht wegen des Betreibens eines Handelsgewerbes i. S. d. § 1 HGB Kaufmann sind, können gleichwohl die Kaufmannseigenschaft durch Eintragung der Firma des Unternehmens in das Handelsregister erlangen (§ 2 S. 1 HGB). Dies deshalb, weil auch Kleingewerbetreibende ein berechtigtes Interesse an der Erlangung der Kaufmannseigenschaft haben können, um etwa als Spediteur im internationalen Geschäftsverkehr oder zur Eröffnung eines Bankkontos eine Handelsregistereintragung nachzuweisen.[40]

2. Voraussetzungen

36   Kaufmannseigenschaft nach § 2 S. 1 HGB setzt voraus **(a)** ein gewerbliches Unternehmen, dessen **(b)** Firma in das Handelsregister eingetragen ist **(c)** auf Grund wirksamer Ausübung des Wahlrechts durch den Unternehmensinhaber.

a) Gewerbliches Unternehmen

37   Da die Berechtigung zur Begründung der Kaufmannseigenschaft nach § 2 S. 1 HGB ein gewerbliches Unternehmen voraussetzt, kann eine Person, die – wie Freiberufler – kein solches Unternehmen führt,[41] nicht Kannkaufmann sein.

b) Eintragung der Firma in das Handelsregister

38   Die Eintragung der Firma des Unternehmens – also des Namens des Unternehmens im Handelsverkehr[42] – in das Handelsregister wirkt **konstitutiv.** Denn erst sie begründet die Fiktion des Betreibens eines Handelsgewerbes i. S. d. § 1 HGB („gilt als Handelsgewerbe im Sinne dieses Gesetzbuchs") und damit die Kaufmannseigenschaft mit allen Rechten und Pflichten. Ist die Eintragung erfolgt, aber noch nicht bekannt gemacht, gilt für Dritte § 15 HGB. Lässt sich ein Kleingewerbetreibender nicht in das Handelsregister eintragen, bestimmt sich seine Rechtsstellung grundsätzlich nach Bürgerlichem Recht. Jedoch trifft das HGB einige Sonderbestimmungen (vgl. §§ 84 IV, 93 III, 383 II, 407 III 2, 453 III 2, 467 III 2 HGB).

c) Wirksame Ausübung des Wahlrechts

39   Man spricht deswegen vom Kannkaufmann, weil der Gewerbetreibende zwar berechtigt, aber nicht verpflichtet ist, die Eintragung in das Handelsregister herbeizuführen (§ 2 S. 2 HGB). Er hat daher ein Wahlrecht, wobei es ihm auf Grund seiner Privatautonomie freisteht, sich für oder gegen die Eintragung zu entscheiden. Der Kannkaufmann unterscheidet sich daher insoweit wesentlich vom Istkaufmann, als der Istkaufmann nach § 29 HGB zur (für die Kaufmannseigenschaft lediglich deklaratorischen) Eintragung verpflichtet ist und hierzu vom Registergericht mit der Festsetzung von Zwangsgeld angehalten werden kann (§ 14 HGB). Die Ausübung des Wahlrechts

---

[40]   BT-Drs. 13/8444, S. 31; *Canaris,* § 3 Rn. 17.
[41]   Vgl. dazu Rn. 14.
[42]   Zum Begriff der Firma vgl. im Einzelnen § 4 Rn. 1 ff.

nach § 2 S. 2 HGB erfolgt durch einseitige, amtsempfangsbedürftige, auf Erlangung der Kaufmannseigenschaft gerichtete Willenserklärung, für die die allgemeinen Regeln (insbesondere §§ 104 ff. BGB) gelten.[43] Sie liegt in der Stellung des Eintragungsantrags und ist – zumindest ungeschriebene – **materiellrechtliche Voraussetzung** für die Erlangung der Kaufmannseigenschaft,[44] zumal § 5 HGB andernfalls leer zu laufen droht. Ist eine solche Willenserklärung in Wirklichkeit gar nicht abgegeben (z. B. rechtsirrige Annahme einer Eintragungspflicht nach § 29 HGB) oder ist sie unwirksam, so greift § 5 HGB ein.

3. Vorteile und Nachteile einer Eintragung nach § 2 S. 1 HGB

Gegen die Eintragung in das Handelsregister spricht, dass mit der Kaufmannseigenschaft zahlreiche **Nachteile** gegenüber der Rechtsposition nach Bürgerlichem Recht verbunden sind.   40

Beispiele: Formfreiheit der Bürgschaftserklärung (§ 350 HGB); Schweigen auf Antrag als Annahme des Antrags (§ 362 HGB); umfangreiche Rechnungslegungspflichten (§§ 238 ff. HGB); Verlust von Mängelrechten bei Unterbleiben unverzüglicher Mängelrüge (§ 377 HGB).

Dem stehen nur geringfügige **Vorteile** gegenüber.   41

Beispiele: Provisionsanspruch auch ohne Vereinbarung (§ 354 I HGB); Erhöhung des gesetzlichen Zinssatzes (§ 352 HGB); erweiterter Gutglaubensschutz (§ 366 HGB); erweitertes Zurückbehaltungsrecht (§§ 369 ff. HGB).

Regelmäßig ist Kleingewerbetreibenden daher davon abzuraten, durch die Eintragung nach § 2 HGB die Kaufmannseigenschaft zu begründen.   42

4. Ende der Kaufmannseigenschaft

Die Kaufmannseigenschaft nach § 2 HGB endet, wenn entweder der Gewerbetreibende den Betrieb vollständig einstellt oder das Registergericht – wenn auch zu Unrecht – die Eintragung im Handelsregister löscht. Denn die Löschung führt spiegelbildlich zu § 2 S. 1 HGB dazu, dass ab diesem Zeitpunkt das Gewerbe kein Handelsgewerbe mehr ist. Die Löschung kann auch auf Antrag des Gewerbetreibenden erfolgen, es sei denn, die Voraussetzungen des § 1 II HGB sind eingetreten (§ 2 S. 3 HGB). Die Löschung wirkt *ex nunc*. Der Kleingewerbetreibende gilt also bis zur Löschung als Kaufmann. Bis zum Zeitpunkt der Löschung als Kaufmann begründete Rechte und Pflichten bestehen unverändert fort.   43

II. Land- und Forstwirtschaft (§ 3 HGB)

1. Normzweck

§ 3 HGB befasst sich mit der Land- und Forstwirtschaft. § 3 I HGB nimmt diese Wirtschaftsbereiche von der Anwendung des § 1 HGB aus. Ein land- oder forstwirtschaftliches Unternehmen kann daher nie Istkaufmann i. S. d. § 1 HGB sein. Darin liegt eine **Privilegierung** der Land- und Forstwirtschaft, da Unternehmen mit diesem Gegenstand auch bei Betreiben eines Handelsgewerbes entgegen § 1 HGB nicht *ipso*   44

---

[43] Großkomm/*Oetker*, § 2 Rn. 12.
[44] Koller/Kindler/Roth/Drüen/*Roth*, § 2 Rn. 3; *Canaris*, § 3 Rn. 19; *Lieb*, NJW 1999, 35, 36; **a. A.** *K. Schmidt*, ZHR 163 (1999), 87, 92; *Treber*, AcP 199 (1999), 582 f.

jure Kaufmann sind. Wenn jedoch ein derartiges Unternehmen nach Art und Umfang einen in kaufmännischer Weise eingerichteten Geschäftsbetrieb erfordert, also die Grenze des Kleingewerbes i. S. d. § 1 II HGB überschreitet, so gilt nach § 3 II HGB die Regelung des § 2 HGB.[45] Danach kann ein Land- oder Forstwirt durch die Eintragung seiner Firma in das Handelsregister Kaufmannseigenschaft erlangen (§ 2 S. 1 HGB). Auch der land- oder forstwirtschaftliche Unternehmer hat wegen des Verweises auf § 2 HGB ebenso wie ein Kleingewerbetreibender ein Wahlrecht (§ 2 S. 2 HGB), das er wirksam ausüben muss. Die Eröffnung der Möglichkeit für Land- und Forstwirte, sich in das Handelsregister eintragen lassen zu können, beruht darauf, dass auch ein Land- oder Forstwirt ein berechtigtes Interesse am Nachweis einer Handelsregistereintragung haben kann.

2. Voraussetzungen

45 Die Kaufmannseigenschaft nach § 3 HGB (Kannkaufmann) hat folgende Voraussetzungen: Die **(a)** Firma eines land- oder forstwirtschaftlichen Unternehmens, das **(b)** nach Art und Umfang einen in kaufmännischer Weise eingerichteten Gewerbebetrieb erfordert, ist **(c)** in das Handelsregister eingetragen **(d)** auf Grund wirksamer Ausübung des Wahlrechts durch den Land- oder Forstwirt.

a) Land- oder forstwirtschaftliches Unternehmen

aa) Landwirtschaftliche Tätigkeit

46 Landwirtschaftliche Tätigkeit setzt eine organische Nutzung von Grund und Boden zur Gewinnung von Nutzpflanzen sowie von Nutztieren und deren Erzeugnissen voraus.[46]

Beispiele: Ackerbau, Gemüse- und Obstanbau, Viehzucht mit selbst erzeugtem Futter.

47 Ob der Grund und Boden im Eigentum des Unternehmens steht, ist unerheblich. Gärtnereien und Baumschulen betreiben nur dann Landwirtschaft i. S. d. § 3 I HGB, wenn der Betrieb auf die Gewinnung und die Züchtung von Pflanzen im Eigenanbau gerichtet ist. Keine landwirtschaftliche Tätigkeit ist der Weiterverkauf lediglich angekaufter Produkte.

bb) Forstwirtschaft

48 Forstwirtschaft umfasst die Gewinnung von Waldprodukten durch planmäßiges Auf- und Abforsten sowie deren Verwertung.[47]

Beispiel: Baumschule, sofern sie dem forstlichen Bedarf an Nachwuchs dient.

cc) Nebengewerbe

49 Nach § 3 III HGB findet § 3 I und II HGB auch Anwendung auf ein Unternehmen, das mit dem Betrieb der Land- oder Forstwirtschaft (Hauptgewerbe) in der Weise verbunden ist, dass es nur ein Nebengewerbe des land- oder forstwirtschaftlichen Unternehmens darstellt. Ein solches Unternehmen ist im Hinblick auf § 3 I und II HGB

---

[45] Für gewerbliche Nebenbetriebe eines land- oder forstwirtschaftlichen Unternehmens gilt § 3 I und II HGB entsprechend (§ 3 III HGB; vgl. dazu Rn. 49). Auch für sie gilt also § 1 II HGB nicht.

[46] Großkomm/*Oetker,* § 3 Rn. 11 ff.; MünchKomm/*K. Schmidt,* § 3 Rn. 9.

[47] Großkomm/*Oetker,* § 3 Rn. 16.

wie ein selbständiges Unternehmen zu behandeln. Es bestehen jeweils völlig selbständige Eintragungs- und Löschungsoptionen für das Hauptgewerbe und das Nebengewerbe.[48] Das nebengewerblich betriebene Unternehmen muss **(1)** dieselbe wirtschaftliche Grundlage wie das land- oder forstwirtschaftliche Unternehmen (Hauptgewerbe) haben und infolgedessen von dem Hauptbetrieb abhängig sein, **(2)** organisatorisch gegenüber dem Hauptbetrieb in der Weise selbständig sein, dass es vom Hauptbetrieb jederzeit loslösbar ist und **(3)** von demselben Inhaber betrieben werden wie der Hauptbetrieb.[49]

Beispiel: Brauerei (Nebengewerbe) bei landwirtschaftlichem Betrieb (Hauptgewerbe), insbesondere, wenn getrennte Buchführung erfolgt und das Personal jeweils nur für einen Betrieb tätig ist.

b) Erforderlichkeit eines kaufmännisch eingerichteten Geschäftsbetriebs

Für das Merkmal der Erforderlichkeit eines kaufmännisch eingerichteten Geschäfts- 50
betriebs gelten die zu § 1 II HGB angestellten Erwägungen[50] entsprechend. Fehlt es
an diesem Merkmal, steht dem kleingewerbetreibenden Land- oder Forstwirt wegen
des Gleichbehandlungsgrundsatzes das Wahlrecht nach § 2 HGB zu, zumal Land-
und Forstwirtschaft ein Gewerbe darstellen (str.).

c) Eintragung in das Handelsregister

Für das Merkmal der Eintragung in das Handelsregister gelten die zu § 2 HGB an- 51
gestellten Erwägungen[51] entsprechend.

d) Wirksame Ausübung des Wahlrechts

Für die wirksame Ausübung des Wahlrechts gelten die zu § 2 HGB angestellten Er- 52
wägungen[52] entsprechend.

Prüfungsschema Kannkaufmann (§§ 2, 3 HGB)

I. Gewerbliches Unternehmen (§ 2 HGB) oder bei land- und forstwirtschaftlichem Unternehmen Betrieb eines Handelsgewerbes (§ 3 HGB)
II. Eintragung der Firma in das Handelsregister
III. Wirksame Ausübung des Wahlrechts

D. Kaufmann kraft Eintragung (§ 5 HGB)

I. Normzweck

Die Frage, ob jemand Istkaufmann i. S. d. § 1 HGB ist, kann im Einzelfall – insbeson- 53
dere im Hinblick auf das Vorliegen eines Handelsgewerbes – zweifelhaft sein. Der
Rechtsverkehr ist aber auf Gewissheit angewiesen. Diesem Zweck dient das Handelsregister. Es soll dem Rechtsverkehr rechtssicher Aufschluss über die Rechtsverhältnisse

---

[48] Baumbach/Hopt/*Merkt,* § 3 Rn. 11.
[49] Großkomm/*Oetker,* § 3 Rn. 17 ff.
[50] Vgl. dazu Rn. 24 ff.
[51] Vgl. dazu Rn. 38.
[52] Vgl. dazu Rn. 39.

der Gewerbetreibenden geben. Außenstehende sollen sich nach Möglichkeit auf die Registereintragungen verlassen können. Deshalb stellt § 5 HGB für den Fall der Eintragung einer Firma in das Handelsregister außer Streit, dass das unter dieser Firma betriebene Gewerbe ein Handelsgewerbe ist. Die dadurch herbeigeführte Vereinfachung für den Rechtsverkehr dient der objektiven **Rechtssicherheit** und absolutem **Verkehrsschutz**.[53] Auf Gut- oder Bösgläubigkeit kommt es ebenso wenig an wie auf die Bekanntmachung der Eintragung. Die das Gewerbe betreibende Person ist Kaufmann kraft Eintragung. Man spricht in diesem Zusammenhang auch vom Fiktivkaufmann. Denn die betreffende Person muss sich zumindest so behandeln lassen, als betriebe sie ein Handelsgewerbe, ganz gleich, ob sie Kaufmann nach §§ 1–3 HGB ist oder nicht.

54 § 5 HGB schützt – schon seinem Wortlaut nach – nicht nur den Gegner des Eingetragenen, sondern auch ihn selbst. Sinn und Zweck von § 5 HGB, Rechtssicherheit und Verkehrsschutz zu gewährleisten, stehen dem nicht entgegen. Denn auf Grund der Eintragung nach § 5 HGB weiß der Verkehr, dass eine bestimmte Person als Kaufmann zu behandeln ist und ihm dabei auch die durch das HGB eingeräumten Vorteile zukommen.

Beispiel: Der Eingetragene ist berechtigt, Fälligkeitszinsen geltend zu machen (§ 352 HGB).

II. Anwendungsbereich

55 § 5 HGB steht systematisch hinter §§ 1–3 HGB. Seine Anwendung kommt daher nur dann in Betracht, wenn sich die Kaufmannseigenschaft nicht schon nach diesen Regelungen begründen lässt. Angesichts §§ 2 und 3 HGB hat § 5 HGB nur noch **geringe Bedeutung.** Teile des Schrifttums nehmen sogar an, § 5 HGB habe neben §§ 2 und 3 HGB überhaupt keinen eigenen Anwendungsbereich.[54] § 2 HGB greift jedoch nur ein, wenn eine auf die Erlangung der Kaufmannseigenschaft gerichtete Willenserklärung vorliegt.[55] § 5 HGB ist danach in zwei Fällen anwendbar, nämlich wenn **(1)** irrtümlich von einer Eintragungspflicht i. S. d. § 1 II i. V. m. § 29 HGB ausgegangen wird bzw. die Anmeldung zur Eintragung gänzlich fehlt bzw. nichtig ist oder **(2)** nach Eintragung ein Gewerbebetrieb i. S. d. § 1 II HGB zu einem Kleingewerbe i. S. d. § 2 HGB absinkt.[56] Denn in diesen Fällen fehlt es an der für die Eintragung nach § 2 HGB erforderlichen Willenserklärung. Einigkeit besteht darüber, dass § 5 HGB seinem Zweck nach nur im Privatrecht und Zivilprozessrecht, nicht aber im öffentlichen Recht – insbesondere Steuerrecht – und Strafrecht Anwendung findet.[57] Denn öffentliches Recht und Strafrecht lassen keinen Verkehrsschutz zu. So gelten z. B. die Buchführungspflichten nach §§ 238 ff. HGB nicht für den Kaufmann kraft Eintragung i. S. d. § 5 HGB. Da § 5 HGB **nicht zwingend** ist, steht einer vertraglichen Regelung, wonach der Eingetragene nicht als Kaufmann zu behandeln ist, nichts entgegen.[58]

---

[53] BGHZ 32, 307, 314; *BGH* NJW 1982, 45.
[54] *Körber,* Jura 1998, 452, 454; *K. Schmidt,* ZHR 163 (1999), 87, 92 ff.; *Schulz,* JA 1998, 890, 893.
[55] Vgl. Rn. 39.
[56] *Petersen,* Jura 2005, 831, 832; **a. A.** *Schulze-Osterloh,* ZIP 2007, 2390, 2392: Die fortbestehende Eintragung nach § 29 HGB begründe die Kaufmannseigenschaft bereits nach § 2 HGB.
[57] Vgl. nur Baumbach/Hopt/*Merkt,* § 5 Rn. 6; *Canaris,* § 3 Rn. 57.
[58] Baumbach/Hopt/*Merkt,* § 5 Rn. 6.

III. Voraussetzungen

Der Tatbestand des § 5 HGB setzt voraus, dass **(1)** eine Firma in das Handelsregister 56
eingetragen ist und **(2)** unter dieser Firma ein Gewerbe betrieben wird. Als ungeschriebenes Tatbestandsmerkmal kommt hinzu, dass **(3)** der geltend gemachte Anspruch im
Zusammenhang mit dem Rechtsgeschäftsverkehr steht.

1. Eintragung einer Firma in das Handelsregister

Eine Firma – der Name eines Unternehmens im Handelsverkehr[59] – muss in das Han- 57
delsregister eingetragen sein. Worauf diese Eintragung beruht, ist unerheblich. Insbesondere kommt es nicht darauf an, dass eine Anmeldung der Eintragung durch
eine dazu berechtigte Person erfolgt ist. § 5 HGB ist auch anwendbar, wenn ein Ge-
schäftsunfähiger oder ein ohne die Zustimmung seines gesetzlichen Vertreters han-
delnder Minderjähriger die Anmeldung beantragt.[60] Der Geschäftsunfähige oder Minderjährige ist nämlich vor den Folgen der von ihm geschlossenen Rechtsgeschäfte
durch §§ 104 ff. BGB ausreichend geschützt. Da § 5 HGB die objektive Rechtslage
betrifft, ist die Eintragung einer Firma in das Handelsregister bei entsprechendem Vortrag im Zivilprozess von Amts wegen zu berücksichtigen.[61] Der scheinbar entgegenstehende Wortlaut („geltend machen") ist missverständlich.

2. Betreiben eines Gewerbes

Unter der eingetragenen Firma muss ein Gewerbe betrieben werden. § 5 HGB greift 58
daher nicht ein, wenn überhaupt kein Gewerbe (mehr) betrieben wird.[62] Ein Gewerbe
wird nicht (mehr) betrieben, wenn jemand seinen Geschäftsbetrieb aufgegeben hat
oder Eingetragener und Gewerbetreibender nicht identisch sind.[63] § 5 HGB ist auch
dann nicht anwendbar, wenn eine freiberuflich tätige, also kein Gewerbe betreibende[64] Person zu Unrecht in das Handelsregister eingetragen ist.[65] Hierfür spricht bereits der insoweit eindeutige, ein Gewerbe voraussetzende, Wortlaut des § 5 HGB.
Auch ist wegen des Normzwecks von § 5 HGB keine Anwendung dieser Regelung
über ihren Wortlaut hinaus geboten.

Beispiel: Rechtsanwalt S ist ohne sein Wissen durch einen Fehler des Registergerichts als Kaufmann in das
Handelsregister eingetragen worden. Er übernimmt mündlich eine Bürgschaft für seinen Mandanten M
gegenüber der Bank B. B kann S aus Bürgschaftsvertrag i. V. m. § 765 I BGB in Anspruch nehmen, wenn
zwischen S und B ein Bürgschaftsvertrag zu Stande gekommen und dieser Vertrag wirksam ist. Zwischen S
und B ist ein Bürgschaftsvertrag zu Stande gekommen. Dieser Vertrag könnte aber nichtig sein nach § 766
S. 1 BGB i. V. m. § 125 S. 1 BGB, da S die Bürgschaftserklärung nur mündlich abgegeben hat. Das Formerfordernis des § 766 S. 1 BGB gilt jedoch nicht, wenn die Bürgschaft auf der Seite des Bürgen ein Handelsgeschäft i. S. d. § 343 HGB ist (§ 350 HGB). Wäre die Bürgschaft für S ein Handelsgeschäft, wäre
daher die mündliche Bürgschaftserklärung des S wirksam. Ein Handelsgeschäft setzt zunächst voraus, dass
S Kaufmann ist.

---

[59] Zum Begriff der Firma vgl. im Einzelnen § 4 Rn. 1 ff.
[60] Koller/Kindler/Roth/Drüen/*Roth,* § 5 Rn. 8; *Canaris,* § 3 Rn. 53.
[61] Baumbach/Hopt/*Merkt,* § 5 Rn. 4; **a. A.** *Oetker,* Handelsrecht, § 2 Rn. 56.
[62] BGHZ 32, 307, 313 f.
[63] *OLG Düsseldorf* NJW-RR 1995, 93, 94.
[64] BGHZ 32, 307, 313 f.; **a. A.** *K. Schmidt,* § 10 III 2b.
[65] Vgl. dazu auch schon Rn. 14.

S ist kein Istkaufmann nach § 1 HGB, da er als Freiberufler (Rechtsanwalt) kein Gewerbe betreibt. Denn es fehlt an einer Tätigkeit auf wirtschaftlichem Gebiet (vgl. auch § 2 BRAO).[66]

S ist kein Kannkaufmann nach § 2 HGB, da es an der materiellrechtlichen Voraussetzung der wirksamen Ausübung des Wahlrechts nach § 2 S. 2 HGB fehlt.[67] Denn S hat keinen Antrag auf Eintragung gestellt.

§ 5 HGB setzt das Betreiben eines Gewerbes voraus. Daran fehlt es bei einer freiberuflich tätigen Person[68] wie Rechtsanwalt S. Dass S ein Unternehmen betreibt und daher Unternehmer i. S. d. § 14 I BGB ist, genügt nicht.

Da S nicht Kaufmann ist, ist der Bürgschaftsvertrag mit B für ihn kein Handelsgeschäft. § 350 HGB ist daher nicht anwendbar, so dass es bei der Formnichtigkeit der Bürgschaftserklärung des S nach § 766 S. 1 BGB i. V. m. § 125 S. 1 BGB bleibt. Infolgedessen kann B den S nicht aus dem Bürgschaftsvertrag i. V. m. § 765 I BGB in Anspruch nehmen.

3. Zusammenhang zwischen geltend gemachtem Anspruch und Rechtsgeschäftsverkehr

59 Der geltend gemachte Anspruch muss im Zusammenhang mit dem Rechtsgeschäftsverkehr stehen.[69] § 5 HGB ist hingegen nicht auf Ansprüche nach §§ 677 ff. BGB, §§ 812 ff. BGB und §§ 823 ff. BGB anzuwenden, soweit diese in keinerlei Zusammenhang mit dem Rechtsgeschäftsverkehr stehen. Denn die Vorschriften des HGB sollen eine Sonderstellung des Kaufmanns nur im Rechtsgeschäftsverkehr, nicht aber außerhalb desselben begründen.

Prüfungsschema Kaufmann kraft Eintragung (§ 5 HGB)

I. Eintragung einer Firma in das Handelsregister
II. Betreiben eines Gewerbes
III. Zusammenhang zwischen geltend gemachtem Anspruch und Rechtsgeschäftsverkehr

---

E. Formkaufmann (§ 6 II HGB)

I. Normzweck

60 § 6 II HGB bezieht sich auf einen „Verein, dem das Gesetz ohne Rücksicht auf den Gegenstand des Unternehmens die Eigenschaft eines Kaufmanns beilegt". Es kommt also nicht darauf an, ob sie ein Handelsgewerbe betreiben („… auch wenn die Voraussetzungen des § 1 II nicht vorliegen …") oder ob sie überhaupt ein Gewerbe betreiben. Daher bezweckt § 6 II HGB wie § 5 HGB eine Vereinfachung für den Rechtsverkehr.

II. Voraussetzungen

61 Es muss ein „Verein" bestehen, dem das Gesetz, ohne Rücksicht auf den Gegenstand des Unternehmens, die Eigenschaft eines Kaufmanns beilegt. Gemeint sind damit Ka-

---

[66] Vgl. dazu Rn. 14.
[67] Stellte man nicht auf das Fehlen wirksamer Ausübung des Wahlrechts ab, wäre – wie auch sogleich bei § 5 HGB – weiter zu prüfen, ob S ein Gewerbe betreibt.
[68] Vgl. dazu Rn. 14.
[69] Baumbach/Hopt/*Merkt*, § 5 Rn. 6.

pitalgesellschaften und eingetragene Genossenschaften, nicht aber oHG, KG oder GmbH & Co. KG. § 6 II HGB erfasst daher nur die AG (§ 3 I AktG), die KGaA (§ 278 III AktG i.V. m. § 3 I AktG), die GmbH (§ 13 III GmbHG) und die eG (§ 17 II GenG). Sie sind Kaufmann kraft Rechtsform (Formkaufmann). Kaufmann kraft Rechtsform ist aber nur die Kapitalgesellschaft oder eingetragene Genossenschaft als solche. Es sind also nicht etwa die Vorstandsmitglieder und die Aktionäre der AG oder die Geschäftsführer und Gesellschafter einer GmbH Kaufleute, weil allein die Gesellschaft als juristische Person Träger des Unternehmens ist. Da Kapitalgesellschaften als juristische Person ("Vereine") erst mit Eintragung in das Handelsregister entstehen (AG: § 41 I 1 AktG; GmbH: § 11 I GmbHG), sind Vor-Gesellschaften[70] nicht Kaufmann kraft Rechtsform i. S. d. § 6 II HGB.[71] Sie können aber Istkaufmann i. S. d. § 1 HGB oder Handelsgesellschaft i. S. d. § 6 I HGB sein.

F. Anwendbarkeit der Vorschriften über Kaufleute auf Handelsgesellschaften (§ 6 I HGB)

I. Normzweck

Nach § 6 I HGB finden die für Kaufleute geltenden Vorschriften auch auf Handels- 62 gesellschaften Anwendung. Diese Regelung verfolgt wie § 5 HGB und § 6 II HGB den Zweck der Vereinfachung für den Handelsverkehr. Denn ist eine Handelsgesellschaft gegeben, ist ohne weitere Prüfung das für Kaufleute geltende Recht des HGB anwendbar. Eine andere Frage ist es, ob eine Handelsgesellschaft kraft Betreibens eines Handelsgewerbes (§ 1 HGB) oder kraft Rechtsform (§ 6 II HGB) Kaufmann ist.

II. Voraussetzungen

Es muss eine Handelsgesellschaft gegeben sein. Insoweit ist zwischen Kapitalgesell- 63 schaften und Handelsgesellschaften zu unterscheiden. Keine Handelsgesellschaft i. S. d. § 6 I HGB sind der Verein i. S. d. § 21 BGB, die Stiftung i. S. d. § 80 BGB, die eingetragene Genossenschaft, die Partnerschaftsgesellschaft (§ 1 I 2 PartGG) und öffentliche Körperschaften.

1. Kapitalgesellschaften

AG (§ 3 I AktG), KGaA (§ 278 III AktG i.V. m. § 3 I AktG), GmbH (§ 13 III 64 GmbHG) und SE (Art. 9 I c ii SEVO) gelten kraft Gesetzes als Handelsgesellschaften. Ob der Gegenstand der Gesellschaft auf den Betrieb eines Handelsgewerbes gerichtet ist, ist unerheblich. Es kommt nicht einmal darauf an, ob die Gesellschaft überhaupt ein Gewerbe betreibt. Daher gilt für AG, KGaA, GmbH und SE das für Kaufleute geltende Recht des HGB kraft ihrer Rechtsform. Da AG, KGaA und GmbH jedoch bereits Formkaufmann i. S. d. § 6 II HGB sind, ist § 6 I HGB insoweit überflüssig. Für eine Vor-Gesellschaft (Vor-AG oder Vor-GmbH)[72] gilt § 6 I HGB nur, wenn sie Han-

---

[70] Eine Vor-AG oder Vor-GmbH entsteht mit notarieller Beurkundung des Gesellschaftsvertrags, ohne dass die Eintragung in das Handelsregister erfolgt ist.

[71] Baumbach/Hopt/*Hopt,* § 6 Rn. 6.

[72] Vgl. dazu auch Rn. 61.

delsgesellschaft ist. Vor-Gesellschaften können Kaufmann sein, wenn sie ein Handels-gewerbe betreiben (§§ 1, 105 HGB).[73]

2. Personengesellschaften

65 OHG (§ 105 HGB) und KG (§§ 161 II, 105 HGB) sind Handelsgesellschaften. § 6 I HGB hat insoweit lediglich klarstellende Funktion, als schon für die Entstehung einer oHG oder KG das Betreiben eines Handelsgewerbes i. S. d. § 1 II HGB erforderlich ist (§ 105 I HGB ggf. i. V. m. § 161 II HGB). Denn oHG und KG sind dann schon Kaufmann nach § 1 HGB. Nach § 105 II HGB (ggf. i. V. m. § 161 II HGB) können oHG oder KG aber auch als bloß Vermögen verwaltende oder kleingewerbliche Ge-sellschaften Handelsgesellschaften sein, wenn sie in das Handelsregister eingetragen sind. Für eine kleingewerbliche oHG oder KG ergibt sich die Kaufmannseigenschaft dann schon nach § 2 S. 1 HGB i. V. m. § 1 HGB, so dass es auch insoweit keines Rückgriffs auf § 6 I HGB bedarf. § 6 I HGB hat daher nur für Vermögensverwal-tungsgesellschaften Bedeutung, da sie mangels Gewerbebetriebs nicht Kaufmann i. S. d. § 2 HGB oder § 5 HGB sein können. Die deutsche EWIV ist kraft Gesetzes Handelsgesellschaft (§ 1 HS 2 EWIVAG).

G. Scheinkaufmann

I. Zweck und dogmatische Einordnung

66 Neben dem Vertrauensschutz des Handelsregisters nach § 15 HGB gibt es ungeschrie-bene, im Kern gewohnheitsrechtlich anerkannte Rechtssätze zur handelsrechtlichen Vertrauenshaftung. Hierzu zählt die Lehre vom Scheinkaufmann. So ist folgender Rechtssatz anerkannt:[74]

67 Wer durch sein Auftreten im Geschäftsverkehr den Anschein erweckt, er sei Kauf-mann, muss sich gegenüber gutgläubigen Dritten als Kaufmann behandeln lassen.

68 Ein Nichtkaufmann, der im Geschäftsverkehr als Kaufmann auftritt, muss sich da-nach gutgläubigen Dritten gegenüber an diesem Rechtsschein festhalten lassen (vgl. dazu auch *Lettl,* Fall 1). Gutgläubige Dritte sind also in ihrem Vertrauen auf den – einer bestimmten Person zurechenbaren – Rechtsschein, es mit einem Kaufmann zu tun zu haben, geschützt. Der Zweck der Lehre vom Scheinkaufmann liegt daher vor allem darin, im Interesse der Sicherheit des Rechtsverkehrs **Verkehrs-** und **Vertrau-ensschutz** zu gewährleisten. Dogmatisch gesehen handelt es sich deshalb um einen Fall der Rechtsscheinhaftung.[75]

II. Voraussetzungen

69 Die Behandlung einer Person als Scheinkaufmann setzt voraus, dass sie **(1)** den Rechtsschein der Kaufmannseigenschaft setzt (Rechtsscheingrundlage), **(2)** ihr dieser

---

[73] Großkomm/*Oetker,* § 1 Rn. 60.
[74] Vgl. BGHZ 17, 13 (für Auftreten als persönlich haftender Gesellschafter).
[75] *BGH* NJW 1966, 1915, 1916; Baumbach/Hopt/*Merkt,* § 5 Rn. 9; *Canaris,* § 6 Rn. 8.

Rechtsschein zurechenbar ist, **(3)** der Dritte im Vertrauen auf den gesetzten Rechtsschein schutzwürdig ist und **(4)** der Dritte im Vertrauen auf den gesetzten Rechtsschein geschäftliche Dispositionen trifft (Kausalität).

1. Setzen des Rechtsscheins der Kaufmannseigenschaft

Der Rechtsschein der Kaufmannseigenschaft ist gesetzt, wenn ein Auftreten im geschäftlichen Verkehr gegeben ist **(Kundgabe)**, das auf die Kaufmannseigenschaft einer Person (oder Gesellschaft) schließen lässt. Diese Kundgabe als Erklärung gegenüber der Öffentlichkeit muss den Eindruck erwecken, die Voraussetzungen eines die Kaufmannseigenschaft begründenden Tatbestands lägen vor. 70

Die Kundgabe der Kaufmannseigenschaft kann durch unterschiedliche **Mittel** geschehen.

Beispiele: Zeitungsanzeigen; Briefköpfe; mündliche Äußerungen.

Der Rechtsschein der Kaufmannseigenschaft kann **ausdrücklich** gesetzt sein. 71

Beispiele: Ein Nichtkaufmann tut auf seinem Briefkopf kund, er sei Kaufmann, etwa dadurch, dass er seiner Geschäftsbezeichnung den Zusatz „e. K." (= eingetragener Kaufmann; § 19 I Nr. 1 HGB) beifügt. – Ein Nichtkaufmann tritt unter der Bezeichnung „Backwaren-Großhandel Müller" auf, da sie auf ein Handelsgewerbe i. S. d. § 1 II HGB hindeutet.

Der Rechtsschein der Kaufmannseigenschaft kann aber auch **konkludent** gesetzt sein. 72 So, wenn jemand auf eine Weise handelt, die das HGB allein für Kaufleute zulässt.

Beispiele: Ein Nichtkaufmann, der einem Angestellten Prokura (§ 48 I HGB) erteilt, setzt konkludent den Rechtsschein, er sei Kaufmann; denn die Erteilung von Prokura ist Kaufleuten vorbehalten. Die Verwendung Allgemeiner Geschäftsbedingungen steht hingegen auch Nicht-Kaufleuten offen und lässt keinen Schluss auf die Kaufmannseigenschaft des Verwenders zu.

Eine Person kann den Rechtsschein der Kaufmannseigenschaft nicht nur durch positives Tun, sondern auch durch **Unterlassen** setzen. Hierfür bedarf es eines pflichtwidrigen Nichteinschreitens gegen das Entstehen eines solchen Rechtsscheins. 73

Beispiel: Ein Nichtkaufmann weiß, dass sein Angestellter gegenüber Lieferanten als „Prokurist" auftritt, unternimmt aber nichts hiergegen.

2. Zurechenbarkeit des Rechtsscheins

Der gesetzte Rechtsschein, dass eine bestimmte Person Kaufmann ist, muss dieser Person zurechenbar sein. Für die Zurechenbarkeit gilt aus Gründen des Verkehrsschutzes grundsätzlich nicht das Verschuldensprinzip, sondern das **Veranlassungsprinzip.** Wer durch sein Auftreten im Geschäftsverkehr den Eindruck erweckt, Kaufmann zu sein, kann sich daher nicht darauf berufen, er habe schuldlos angenommen, wirklich Kaufmann zu sein. Denn der einer Person zurechenbare Rechtsschein entstammt ihrer Sphäre, so dass es grundsätzlich angemessen erscheint, diese Person und nicht Dritte die damit verbundenen Risiken tragen zu lassen. Verschulden ist nur im Falle des Unterlassens erforderlich. 74

Beispiele: Wenn ein Angestellter mit „ppa." zeichnet und der Geschäftsinhaber dies nicht veranlasst hat, ist der Rechtsschein nur zurechenbar, wenn der Geschäftsinhaber dieses Handeln duldet oder erkennen und verhindern kann.

75 Da die Lehre vom Rechtsscheinkaufmann allein an das Handeln im Rechtsverkehr anknüpft, kann Rechtsscheinkaufmann auch eine freiberufliche Person (z. B. Architekt, Arzt, Notar, Rechtsanwalt, Steuerberater) sein.

76 Demgegenüber ist der Einwand der fehlenden bzw. beschränkten Geschäftsfähigkeit (§§ 104 ff. BGB) zulässig. Eine Zurechnung des Rechtsscheins bei nicht voll Geschäftsfähigen ist daher von vornherein ausgeschlossen, soweit das Verhalten zu Lasten der eigenen Person und nicht zu Lasten eines Dritten geht.

77 Ein zurechenbar gesetzter Rechtsschein kann nach überwiegender Auffassung nicht durch **Anfechtung** nach §§ 119 ff. BGB beseitigt werden. Zumindest ein Irrtum über die Bedeutung des maßgeblichen Verhaltens als Rechtsscheintatbestand berechtige nicht zu einer Anfechtung nach § 119 I BGB.[76] Denn es handele sich hierbei nur um einen Irrtum über kraft Gesetzes, also willensunabhängig eintretende Rechtsfolgen. Dem Scheinkaufmann sei außerdem aus Gründen des Verkehrsschutzes eine Berufung auf § 119 I BGB zu versagen.[77] Andere sprechen sich für eine (analoge) Anwendung der §§ 119 ff. BGB aus, da das Setzen eines Rechtsscheins nicht strenger binden sollte als eine Willenserklärung.[78] Doch könnten besondere Gründe die Berufung auf §§ 119 ff. BGB ausschließen. Die Anfechtung wegen arglistiger Täuschung oder Drohung (§ 123 BGB) ist nach beiden Auffassungen zulässig.

3. Schutzwürdiges Vertrauen des Dritten auf die Kaufmannseigenschaft

78 Der Dritte muss in seinem Vertrauen auf die Kaufmannseigenschaft schutzwürdig sein. Die Lehre vom Scheinkaufmann schützt deshalb nur *gutgläubige* Dritte. Die Wirkung des Rechtsscheins endet nicht schon dann, wenn der Scheinkaufmann sein den Rechtsschein erzeugendes Verhalten beendet, sondern erst dann, wenn der Dritte hiervon Kenntnis erhält oder infolge Zeitablaufs das Fortbestehen des Rechtsscheins zweifelhaft und deshalb dem Dritten eine Nachprüfung der wahren Rechtslage zumutbar ist.[79] Dem Dritten schaden also Kenntnis oder grob fahrlässige Unkenntnis von der Nichtkaufmannseigenschaft (vgl. § 173 BGB). Ob auch normale („leichte") Fahrlässigkeit die fehlende Schutzwürdigkeit des Dritten begründen kann, ist umstritten.[80] Wesentliche Bedeutung kommt dieser Frage aber nicht zu, da den Dritten grundsätzlich keine Nachforschungspflicht trifft.[81] Eine solche Pflicht besteht nur auf Grund besonderer Umstände (z. B. bei größerem Geschäftsumfang oder besonderem Anlass zu Misstrauen).

4. Kausalität des Rechtsscheins für geschäftliche Disposition des Dritten

79 Der gesetzte Rechtsschein muss kausal, d. h. ursächlich für geschäftliche Dispositionen des Dritten sein.

Beispiel: Ein Unternehmen gibt seine Produkte nur an gewerbliche Abnehmer ab und verkauft an eine bestimmte Person nur deshalb, weil sich diese wahrheitswidrig als Kaufmann ausgibt.

---

[76] MünchKomm/*K. Schmidt*, § 5 Anh. Rn. 21.
[77] Baumbach/Hopt/*Merkt*, § 5 Rn. 11.
[78] Koller/Kindler/Roth/Drüen/*Roth*, § 15 Rn. 61.
[79] Vgl. BGHZ 17, 13 (für Auftreten als persönlich haftender Gesellschafter).
[80] Grundsätzlich bejahend etwa Baumbach/Hopt/*Merkt*, § 5 Rn. 12 („in der Regel"); beschränkend auf grobe Fahrlässigkeit *K. Schmidt*, § 10 VIII 3b aa.
[81] *BGH* NJW 1987, 3124, 3126.

Wer sich auf einen Rechtsschein beruft, hat grundsätzlich zu beweisen, dass er durch 80
den Rechtsschein zu einer geschäftlichen Disposition veranlasst wurde.[82] Doch gelten
hierfür keine strengen Anforderungen, da es nach der Lebenserfahrung nahe liegt, dass
eine geschäftliche Disposition, insbesondere ein Rechtsgeschäft, im Vertrauen auf
einen gesetzten Rechtsschein zu Stande gekommen ist.[83]

III. Rechtsfolgen

Der Scheinkaufmann muss sich grundsätzlich so behandeln lassen, als wäre er Kauf- 81
mann. Es gelten also zu seinen Lasten grundsätzlich z. B. §§ 348, 350, 362, 377
HGB und §§ 29 II, 38 I ZPO.

Beispiel: Gibt ein kaufmännisches Unternehmen seine Produkte nur an gewerbliche Abnehmer ab und
verkauft an eine bestimmte Person nur deshalb, weil sich diese wahrheitswidrig als Kaufmann ausgibt, trifft
die als Kaufmann auftretende Person die Untersuchungs- und Rügepflicht nach § 377 HGB.[84]

Bei nicht unternehmerisch tätigen Personen (Privatpersonen) gelten hingegen keine 82
Ausnahmen von den **Schutznormen,** die – wie § 766 S. 1 BGB – für Nichtkaufleute
gelten.[85] Doch können im Einzelfall notwendige Korrekturen auf der Grundlage von
§ 242 BGB – hier insbesondere Rechtsmissbrauch auf Grund arglistigen oder widersprüchlichen Verhaltens – erfolgen.[86]

Nur der Dritte hat die Wahl zwischen der Rechtslage, wie sie sich auf Grund des 83
Rechtsscheins darstellt, und der wirklichen Rechtslage. Ihm steht insoweit ein **Wahlrecht** zu.

Übt der Dritte sein Wahlrecht aus und beruft er sich auf den Rechtsschein, können 84
Reflexwirkungen zu Gunsten des Rechtsscheinkaufmanns entstehen. Denn die Kaufmannseigenschaft ist nicht teilbar.

Beispiel: Der als Scheinkaufmann in Anspruch Genommene beruft sich auf § 354 HGB.

Der Scheinkaufmann selbst kann sich dagegen – anders als bei § 5 HGB – nicht zu 85
seinen Gunsten auf den von ihm erzeugten Rechtsschein berufen.

IV. Subsidiarität der Lehre vom Scheinkaufmann

Der Rechtsscheinhaftung auf Grund Auftretens im geschäftlichen Verkehr als Kauf- 86
mann bedarf es nur, soweit die so auftretende Person nicht schon aus anderen Gründen – etwa nach § 5 HGB – Kaufmann ist.[87] Insoweit ist die Lehre vom Scheinkaufmann subsidiär.

Die Lehre vom Scheinkaufmann unterscheidet sich dadurch von der Kaufmannseigenschaft nach § 5
HGB, als es **(1)** für die Anwendung des absoluten Verkehrsschutz bezweckenden § 5 HGB nicht auf die
Gutgläubigkeit des Dritten ankommt, **(2)** § 5 HGB zu Gunsten und zu Lasten des Eingetragenen gilt, die

---

[82] Vgl. BGHZ 17, 13, 19 (für Auftreten als persönlich haftender Gesellschafter).
[83] BGHZ 17, 13, 19.
[84] Vgl. auch den Fall in *Lettl,* JA 2003, 948.
[85] Koller/Kindler/Roth/Drüen/*Roth,* § 15 Rn. 59; *Canaris,* § 6 Rn. 25; **str.**
[86] *Canaris,* § 6 Rn. 25.
[87] *Petersen,* Jura 2005, 831, 832.

Lehre vom Scheinkaufmann hingegen nur zu Lasten des Scheinkaufmanns und (3) Scheinkaufmann auch freiberuflich tätige Personen sein können, die Kaufmannseigenschaft nach § 5 HGB bei diesen Personen hingegen nicht in Betracht kommt.[88]

87 Dasselbe gilt für § 15 HGB. So ist eine Person, deren Firma in das Handelsregister eingetragen ist, bei Beendigung des Gewerbebetriebs ohne deren Eintragung schon nach § 15 I HGB als Kaufmann zu behandeln.

V. Schein-Nichtkaufmann

88 Ein Kaufmann kann den Rechtsschein setzen, er sei kein Kaufmann. Er muss sich dann so behandeln lassen, als wäre er kein Kaufmann.

Beispiel: Der Geschäftsgegner eines Schein-Nichtkaufmanns unterliegt beim beiderseitigen Handelskauf nicht der Untersuchungs- und Rügepflicht nach § 377 HGB.

89 Das bloße Weglassen des Rechtsformzusatzes (z. B. e. K.) reicht freilich für die Setzung eines solchen Rechtsscheins nicht aus.

Prüfungsschema Scheinkaufmann

I. Setzung des Rechtsscheins der Kaufmannseigenschaft
II. Zurechenbarkeit des Rechtsscheins
III. Schutzwürdiges Vertrauen des Dritten auf die Kaufmannseigenschaft
IV. Kausalität des Rechtsscheins für geschäftliche Disposition des Dritten

---

H. Unternehmer

I. Bedeutung

90 Vom Begriff des Kaufmanns ist der Begriff des Unternehmers zu unterscheiden und abzugrenzen. Für Unternehmer gelten nur vereinzelt auch die für Kaufleute geltenden Grundsätze. So die Grundsätze über das kaufmännische Bestätigungsschreiben (vgl. § 10 Rn. 39 ff.).

II. Voraussetzungen

91 Nach § 14 I BGB ist Unternehmer „eine natürliche oder juristische Person oder eine rechtsfähige Personengesellschaft, die bei Abschluss eines Rechtsgeschäfts in Ausübung ihrer gewerblichen oder selbständigen beruflichen Tätigkeit handelt". Unternehmer kann danach nur sein, wer (1) eine natürliche oder juristische oder rechtsfähige Personengesellschaft ist und (2) eine gewerbliche oder (3) selbständige berufliche Tätigkeit ausübt. Darüber hinaus muss (4) das Geschäft dieser Tätigkeit zuzuordnen sein.

---

[88] Vgl. Rn. 58 mit Beispiel.

1. Rechtssubjekte

Natürliche Person ist der Mensch (vgl. auch § 1 BGB mit Überschrift).　92

Als juristische Personen nennt das BGB Vereine (§§ 21 ff. BGB), Stiftungen (§§ 80 ff.　93
BGB) und juristische Personen des öffentlichen Rechts (§ 89 BGB). Hinzu treten als
Sonderformen juristischer Personen des Privatrechts und insbesondere des Vereins die
Aktiengesellschaft (AG; § 1 I 1 AktG), die Gesellschaft mit beschränkter Haftung
(GmbH; § 13 I GmbHG), die Kommanditgesellschaft auf Aktien (KGaA; § 278
AktG), die eingetragene Genossenschaft (eG; § 17 GenG) und der Versicherungsver-
ein auf Gegenseitigkeit (VVaG; § 171 VAG). Die Bezeichnung dieser Organisationen
als juristische Personen bringt zum Ausdruck, dass diese Organisationen von den hinter ihnen stehenden Personen (Mitgliedern, Stiftern) rechtlich verselbständigt sind
und infolgedessen selbst Träger von Rechten und Pflichten sein können. Sie können
daher selbst am Rechtsverkehr teilnehmen. Außerdem sind sie Träger von Vermögen
und Haftungssubjekt, so dass eine Trennung von Vermögen (z. B. Grundstückseigen-
tum eines Tennisvereins) und Haftung (z. B. Vereinsschulden) zwischen juristischer
Person einerseits und den hinter ihr stehenden Personen andererseits möglich ist.[89]

Von dem Verein als gegenüber den Mitgliedern verselbständigte, auf Dauer angelegte　94
und vom Bestand der Mitglieder unabhängige Organisation ist die Gesellschaft als
ein bloßer Zusammenschluss mehrerer Personen zur Erreichung eines bestimmten
Zwecks zu unterscheiden. Der Begriff der rechtsfähigen Personengesellschaft ist in
§ 14 II BGB legaldefiniert. Er erfasst nicht nur die offene Handelsgesellschaft (oHG;
§ 105 HGB) und die Kommanditgesellschaft (KG; § 161 HGB), sondern auch die
Partnerschaftsgesellschaft (PartGG; § 1 PartG) und die Gesellschaft bürgerlichen
Rechts (GbR; § 705 BGB).

2. Gewerbliche Tätigkeit

Der Begriff des Unternehmers setzt eine gewerbliche Tätigkeit voraus. Ein Gewerbe　95
erfordert eine auf Dauer angelegte, selbständige wirtschaftliche Betätigung, die darauf
gerichtet ist, Produkte gegen Entgelt abzusetzen. Der Begriff des Unternehmers ist
daher weiter als der Begriff des Kaufmanns. Insbesondere kommt es – anders als für
die Istkaufmannseigenschaft nach § 1 HGB – nicht auf den Umfang des betriebenen
Gewerbes an. Es sind daher auch Kleingewerbetreibende erfasst. Auch eine Gewinnerzielungsabsicht ist unerheblich.

3. Selbständige berufliche Tätigkeit

Neben einer gewerblichen Tätigkeit ist auch eine selbständige berufliche Tätigkeit　96
vom Unternehmerbegriff des § 14 I BGB erfasst. Das Tatbestandsmerkmal der Selbständigkeit führt dazu, dass Arbeitnehmer vom Unternehmerbegriff ausgenommen
sind. Unternehmer sind nicht nur die Gewerbetreibenden, sondern auch die freien Berufe (z. B. Architekten, Ärzte, Rechtsanwälte, Steuerberater oder Wirtschaftsprüfer).
Auch daran zeigt sich, dass der Begriff des Unternehmers weiter ist als der Begriff des
Kaufmanns i. S. d. HGB. Darüber hinaus sind auch wissenschaftliche und künstlerische Tätigkeiten sowie die marktbezogene geschäftliche Tätigkeit der öffentlichen
Hand erfasst.

---

[89] *Köhler*, AT, § 21 Rn. 2.

4. Zuordnung des Geschäfts zur gewerblichen oder selbständigen beruflichen Tätigkeit

97 Das Geschäft muss der gewerblichen oder selbständigen beruflichen Tätigkeit zuzuordnen sein („in Ausübung").

Beispiel: Kauft Rechtsanwalt R eine Flasche Wein, um Mandanten in seiner Kanzlei zu bewirten, handelt er als Unternehmer. Kauft Rechtsanwalt R eine Flasche Wein zum privaten Verzehr nach der Arbeit, handelt er hingegen nicht als Unternehmer.

98 Unternehmerhandeln liegt schon bei einem Rechtsgeschäft im Zuge der Aufnahme einer gewerblichen oder selbständigen beruflichen Tätigkeit (Existenzgründung) vor.[90] Dies ergibt sich auch aus einem Umkehrschluss aus § 513 BGB.[91]

Beispiele: Miete von Geschäftsräumen; Abschluss eines Franchisevertrags; Kauf eines Anteils an einer freiberuflichen Gemeinschaftspraxis; Einstellung von Personal.

99 Zwar fordert § 14 I BGB ein Handeln *in Ausübung* einer gewerblichen oder selbständigen beruflichen Tätigkeit. Auch handeln Existenzgründer aus ihrer privaten Sphäre heraus, so dass ihnen jegliche geschäftliche Erfahrung fehlt. Doch ist das Vorhandensein geschäftlicher Erfahrung etwa auf Grund einer bereits ausgeübten gewerblichen oder selbständigen beruflichen Tätigkeit nach § 14 I BGB unerheblich. Vielmehr gibt der Existenzgründer zu erkennen, dass er sich nunmehr dem Recht für Unternehmer unterwerfen und dieses seinerseits in Anspruch nehmen will. Außerdem sind Existenzgründer nach §§ 513, 655e II BGB nur unter besonderen Voraussetzungen Verbrauchern gleichzustellen. Die Formulierung *„in Ausübung"* macht lediglich deutlich, dass die Tätigkeit im Zusammenhang mit einer gewerblichen oder selbständigen beruflichen Tätigkeit stehen muss.

100 Von der Existenzgründung ist ein Handeln im Vorfeld der Existenzgründung zu unterscheiden. Hier liegt kein unternehmerisches, sondern privates Handeln vor.[92]

Beispiel: A will sich selbständig machen und bittet Steuerberater B um die Klärung der steuerlichen Situation mittels eines Existenzgründungsberichts. A handelt in diesem Stadium nicht unternehmerisch, sondern privat. Denn das Rechtsgeschäft zwischen A und B kommt nicht im Zuge der Existenzgründung zu Stande. Vielmehr soll es die Entscheidung, ob es zu einer Existenzgründung kommen soll, lediglich durch die Ermittlung betriebswirtschaftlicher Grundlagen vorbereiten und A die erforderliche Sachkunde vermitteln.

101 Bei Rechtsgeschäften, die sowohl gewerblichen, handwerklichen oder selbständigen beruflichen Zwecken als auch rein privaten Zwecken dienen (*dual use*; z. B. ein Architekt will einen Computer sowohl beruflich als auch privat nutzen), ist danach zu unterscheiden, ob die unternehmerische oder private Zwecksetzung des (potenziellen) Geschäfts überwiegt. Überwiegt die gewerbliche, handwerkliche oder selbständige berufliche Sphäre, handelt eine Person als Unternehmer; überwiegt die Privatsphäre, handelt eine Person als Verbraucher.[93] Insoweit ist auch der Rechtsgedanke des § 344 HGB heranzuziehen, wonach ein Kaufmann im Zweifel zu gewerblichen Zwecken handelt.

---

[90] *BGH* WM 2005, 755, 756; Palandt/*Ellenberger*, § 13 BGB Rn. 3.
[91] *Köhler*, AT, § 5 Rn. 23.
[92] *BGH* WRP 2008, 111 Rn. 7 – „Existenzgründungsbericht".
[93] Köhler/Bornkamm/Feddersen/*Köhler*, UWG, 39. Aufl., 2021, § 2 UWG Rn. 169; vgl. auch Palandt/ *Ellenberger*, § 13 BGB Rn. 4.

Prüfungsschema Unternehmer (§ 14 BGB)

I. Natürliche Person oder juristische Person oder rechtsfähige Personengesellschaft
II. Gewerbliche oder selbständige berufliche Tätigkeit
III. Zuordnung des Geschäfts zu dieser Tätigkeit

III. Zusammenfassung

Die Kaufmannseigenschaft i. S. d. § 1 HGB setzt den Betrieb eines Handelsgewerbes 102
voraus (Istkaufmann). Auch wer tatsächlich kein Handelsgewerbe betreibt, ist nach § 2
S. 1 HGB gleichwohl Kaufmann, wenn er sich in das Handelsregister eintragen lässt
(Kannkaufmann). Denn das Gesetz fingiert dann den Betrieb eines Handelsgewerbes.
Für einen land- oder forstwirtschaftlichen Betrieb ist § 1 HGB nicht anwendbar. Die
Kaufmannseigenschaft des Inhabers eines solchen Betriebs setzt die Erforderlichkeit
kaufmännischer Einrichtungen sowie – wegen des Verweises auf § 2 HGB durch § 3 II
HGB – die Eintragung in das Handelsregister auf Grund wirksamer Ausübung des
Wahlrechts i. S. d. § 2 S. 2 HGB voraus (Kannkaufmann). Wer ein Gewerbe betreibt
und ohne entsprechende Willensbekundung in das Handelsregister eingetragen ist, ist
Kaufmann kraft Eintragung i. S. d. § 5 HGB (Fiktivkaufmann). § 6 II HGB knüpft die
Kaufmannseigenschaft an eine bestimmte Rechtsform (Formkaufmann). Wer zu-
rechenbar den Rechtsschein der Kaufmannseigenschaft setzt, muss sich gegenüber gut-
gläubigen Dritten als Kaufmann behandeln lassen (Scheinkaufmann). Vom Begriff des
Kaufmanns ist der des Unternehmers i. S. d. § 14 BGB zu unterscheiden.

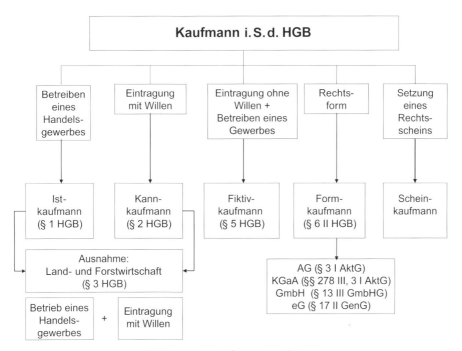

Abbildung 2: Kaufmann i. S. d. HGB

§ 3. Handelsregister und Unternehmensregister

A. Begriffe

I. Handelsregister

1 Das Handelsregister, vom HGB nicht weiter definiert, ist ein **öffentliches Verzeichnis** bestimmter, für den Handelsverkehr wichtiger Rechtstatsachen. Jedermann kann zu Informationszwecken Einsicht in das Handelsregister und in die zum Handelsregister eingereichten Dokumente nehmen (§ 9 I 1 HGB). Dies schränkt das nach Art. 2 I GG gewährleistete Recht auf informationelle Selbstbestimmung ein.

> **Beispiel:** A möchte mit der B-GmbH in Geschäftsverbindung treten. Vorher möchte er aber wissen, wer Gesellschafter der B-GmbH und wie hoch das haftende Kapital (Stammkapital) ist. Diese Tatsachen kann A durch Einsicht in das Handelsregister erfahren.

2 Die Übereinstimmung der übermittelten Daten mit dem Inhalt des Handelsregisters und den zum Handelsregister eingereichten Dokumenten wird auf Verlangen beglaubigt (§ 9 III 1 HGB). Nach § 9 V HGB hat das Gericht auf Verlangen eine Bescheinigung darüber zu erteilen, dass im Hinblick auf einen bestimmten Gegenstand keine weiteren Eintragungen vorhanden sind oder eine bestimmte Eintragung nicht erfolgt ist. Ein Auszug aus dem Handelsregister ist eine öffentliche Urkunde i. S. d. § 415 ZPO und kann in einem Prozess als Beweismittel dienen. Es besteht jedoch keine Vermutung für die Richtigkeit des Registereintrags.

II. Unternehmensregister

3 Nach § 8b I HGB ist neben dem Handelsregister ein Unternehmensregister elektronisch zu führen, um Art. 16 I und II der EU-Gesellschaftsrechtsrichtlinie 2017/1132/EU umzusetzen. Über die Internetseite des Unternehmensregisters sind verschiedene, besonders wichtige Umstände, die ein Unternehmen betreffen, zusammengeführt. Dazu gehören beispielsweise Eintragungen in das Handelsregister und deren Bekanntmachung sowie zum Handelsregister eingereichte Dokumente (§ 8b II Nr. 1 HGB). Auch die Einsichtnahme des Unternehmensregisters ist jedermann zu Informationszwecken gestattet (§ 9 VI 1 HGB i. V. m. § 9 I 1 HGB).

III. Eintragungspflichtige, eintragungsfähige und nicht eintragungsfähige Tatsachen

4 Da in das Handelsregister nicht alle irgendwie bedeutsamen Tatsachen, sondern nur besonders wichtige Tatsachen eingetragen werden können, ist zu unterscheiden zwischen (1) eintragungspflichtigen Tatsachen, (2) eintragungsfähigen Tatsachen und (3) nicht eintragungsfähigen Tatsachen.

1. Eintragungspflichtige Tatsachen

5 Eintragungspflichtig sind vor allem solche Tatsachen, deren Eintragung das Gesetz ausdrücklich vorschreibt. Dies tut das Gesetz für bestimmte Tatsachen (Enumerationsprinzip).

Beispiele: Firma, Ort und inländische Geschäftsanschrift der Handelsniederlassung (§ 29 HGB); Errichtung einer Zweigniederlassung (§ 13 I 1 HGB); Erteilung und Erlöschen der Prokura (§ 53 I und II HGB); Gründung einer GmbH (§ 7 I GmbHG); Abänderung des Gesellschaftsvertrags (§ 54 I 1 GmbH); Befreiung vom Verbot des Selbstkontrahierens (§ 181 BGB) für den Geschäftsführer einer GmbH (§ 10 I 2 GmbHG).[1]

Darüber hinaus sind alle Tatsachen eintragungspflichtig, deren Eintragung über den Anwendungsbereich einer – die Eintragungspflicht begründenden – Norm hinaus unter Berücksichtigung des Enumerationsprinzips auf Grund des mit dem Handelsregister verfolgten Zwecks, die Öffentlichkeit über bestimmte Tatsachen zu informieren, geboten ist.[2] Daher kommt lediglich eine Einzelanalogie zu einer bestimmten Norm in Betracht.   6

Beispiele: Ermächtigung des Prokuristen zur Veräußerung und Belastung von Grundstücken (vgl. § 49 II HGB) in Erweiterung von § 53 I HGB. – Unternehmensverträge und ihre Beendigung bei Beherrschungs- und Gewinnabführungsverträgen zwischen Gesellschaften mit beschränkter Haftung in Erweiterung von § 54 I GmbHG.[3]

Darin liegt eine Erweiterung des Kreises eintragungspflichtiger Tatsachen. Sie kann sich insbesondere auf Grund von EU-Richtlinien ergeben.[4]   7

2. Eintragungsfähige Tatsachen

Eintragungsfähig sind Tatsachen, deren Eintragung gesetzlich nicht geboten, aber **gestattet** ist.   8

Beispiel: Vertraglicher Ausschluss der Haftung für die Verbindlichkeiten des Geschäftsvorgängers bei Geschäftsübernahme (§ 25 II HGB).

Darüber hinaus sind alle Tatsachen eintragungsfähig, für deren Eintragung nach Sinn und Zweck des Handelsregisters auf Grund von Einzelanalogie und richterrechtlicher Rechtsfortbildung ein **sachliches Bedürfnis** besteht.[5]   9

3. Nicht eintragungsfähige Tatsachen

Alle sonstigen Tatsachen sind, wie ein Umkehrschluss ergibt, nicht eintragungsfähig.   10

Beispiele: Handlungsvollmacht (§ 54 HGB); Wegfall der Geschäftsfähigkeit;[6] Höhe des Gesellschaftsvermögens einer oHG oder KG.

B. Zweck

I. Handelsregister

Das Handelsregister soll über die Zugehörigkeit bzw. Nichtzugehörigkeit gewerblicher Unternehmer zum Handelsstand und die wichtigsten Rechtsverhältnisse des Unternehmens zum Zweck der Klarheit, Sicherheit und Leichtigkeit des Rechtsverkehrs in-   11

---

[1] BGHZ 87, 59, 61 (insbesondere unter richtlinienkonformer Auslegung).
[2] BGHZ 105, 324, 343; Koller/Kindler/Roth/Drüen/*Roth,* § 8 Rn. 8; *Canaris,* § 4 Rn. 10.
[3] BGHZ 105, 324, 342 ff.; 116, 37, 43 f.
[4] BGHZ 87, 59, 61.
[5] *BGH* NJW 1992, 1452, 1453.
[6] *BGH* WM 1991, 1466, 1467.

formieren. Dies geschieht im Interesse des Kaufmanns selbst (z. B. § 25 II HGB), seiner Geschäftspartner und der Allgemeinheit. Auf Grund der Prüfung durch das Registergericht ergibt sich zudem eine gerichtliche Rechtskontrolle.

II. Unternehmensregister

12   Über das Unternehmensregister sind die wichtigsten veröffentlichungspflichtigen Unternehmensdaten zentral elektronisch abrufbar. Es besteht eine zentrale Stelle, an der alle wesentlichen Unternehmensdaten, deren Offenlegung von der Rechtsordnung vorgesehen ist, gebündelt zum Online-Abruf zur Verfügung stehen *(one-stop shopping)*. Dies öffnet das Unternehmensregister für alle Interessierten im In- und Ausland. Anmeldungs- oder gar Genehmigungserfordernisse bestehen nicht.

C. Schutz der Bezeichnung „Handelsregister"

13   Andere Datensammlungen dürfen nicht unter Verwendung oder Beifügung der Bezeichnung „Handelsregister" in den Verkehr gebracht werden (§ 8 II HGB). Der Begriff „Handelsregister" ist also geschützt, um die amtlichen Handelsregister von sonstigen – insbesondere privaten – Datensammlungen klar zu unterscheiden. Denn nur mit dem amtlichen Register sind die staatliche Richtigkeitsgewähr und der Gutglaubensschutz des § 15 HGB verbunden.[7] § 8 II HGB ist eine marktverhaltensregelnde Vorschrift i. S. d. § 3a UWG, so dass ein Verstoß gegen § 8 II HGB nicht nur wegen Irreführung (§§ 5, 5a UWG), sondern auch wegen Rechtsbruchs eine unlautere geschäftliche Handlung i. S. d. § 3 I UWG darstellen kann. Damit ist gewährleistet, dass der Begriff zum Schutz der Öffentlichkeit vor Irreführung tatsächlich nur für die historisch gewachsenen Register der öffentlichen Hand verwendet wird.

D. Führung

I. Zuständigkeit

14   Das Handelsregister führen die Gerichte (§ 8 I HGB). Sachlich zuständig sind die Amtsgerichte (§ 23a I 1 Nr. 2, II Nr. 3 GVG i. V. m. § 374 Nr. 1 FamFG). Innerhalb der Amtsgerichte sind die Rechtspfleger funktionell zuständig (§ 3 Nr. 2 Buchst. d RPflG; Ausnahmen: § 17 RPflG). Einzelheiten der Registerführung finden sich in der Handelsregisterverfügung.

15   Das Unternehmensregister führt das Bundesministerium der Justiz (§ 8b I HGB), sofern es diese Aufgabe nicht einer juristischen Person des Privatrechts nach § 9a I 1 HGB überträgt.

II. Prüfungsumfang

16   Das Registergericht ist verpflichtet, die formellen Eintragungsvoraussetzungen (z. B. Zuständigkeit des Gerichts) zu prüfen. Wegen des Grundsatzes der Gesetzmäßigkeit

---

[7] BT-Drs. 16/960, S. 38.

der Verwaltung und des Amtsermittlungsgrundsatzes (§ 26 FamFG) hat es außerdem die materiellen Eintragungsvoraussetzungen wie die Wirksamkeit eines Gesellschaftsvertrags oder die Zulässigkeit einer Firma festzustellen.

III. Form

Auf Grund unionsrechtlicher Vorgaben in Gestalt der EU-Gesellschaftsrechtsrichtlinie 2017/1132/EU ist das Handelsregister elektronisch zu führen (§ 8 I HGB).   17

IV. Anmeldung

Die Eintragung in das Handelsregister erfolgt grundsätzlich nur auf Anmeldung und nicht von Amts wegen (Ausnahme: Insolvenzeröffnung, § 32 HGB). Die Anmeldung ist elektronisch in öffentlich beglaubigter Form einzureichen (§ 12 I 1 HGB).   18

Beispiel: Unternehmer A möchte eine GmbH gründen. Um die erforderliche Handelsregisteranmeldung zu veranlassen, begibt er sich zu Notar N. Liegen die Anmeldung und die mit der Anmeldung einzureichenden Unterlagen nur in Papierform vor, überträgt N die Dokumente zunächst in ein elektronisches Format. Anschließend nimmt er die erforderlichen elektronischen Beglaubigungen vor und übermittelt die Dokumente über das elektronische Gerichtspostfach an das zuständige Registergericht R, wo sie direkt nach Eingang bearbeitet werden können. Nach Prüfung der Anmeldung trägt R die GmbH in das elektronische Handelsregister ein. Die Eintragung löst die elektronische Bekanntmachung aus; zudem sind die Daten für jedermann über das Internet einsehbar.

Die zum Handelsregister einzureichenden Dokumente sowie der Inhalt einer Eintragung können zusätzlich in jeder Amtssprache eines Mitgliedstaats der Europäischen Union übermittelt werden (§ 11 I 1 HGB).   19

Das Registergericht kann auf die Anmeldung ggf. mittels Festsetzung eines Zwangsgelds hinwirken (§ 14 HGB). Verfahrensrechtliche Einzelheiten dieses Registerzwangs sind in §§ 388–392 FamFG geregelt.   20

V. Eintragung

Die Eintragung in das Handelsregister ist wirksam, sobald sie in den für die Handelsregistereintragungen bestimmten Datenspeicher aufgenommen ist und auf Dauer inhaltlich unverändert in lesbarer Form wiedergegeben werden kann (§ 8a I HGB). Ist durch eine rechtskräftige oder vollstreckbare Entscheidung des Prozessgerichts die Verpflichtung zur Mitwirkung bei einer Anmeldung zum Handelsregister oder ein Rechtsverhältnis, bezüglich dessen eine Eintragung zu erfolgen hat, gegen einen von mehreren bei der Vornahme der Anmeldung Beteiligten festgestellt, genügt zur Eintragung die Anmeldung der übrigen Beteiligten (§ 16 I 1 HGB). Die Entscheidung des Prozessgerichts ersetzt also die Mitwirkung eines auf Grund Privatrechts zur Anmeldung Verpflichteten. Ist durch eine rechtskräftige oder vollstreckbare Entscheidung des Prozessgerichts die Vornahme einer Eintragung für unzulässig erklärt, darf die Eintragung nicht gegen den Widerspruch desjenigen erfolgen, welcher die Entscheidung erwirkt hat (§ 16 II HGB).   21

VI. Bekanntmachung

22 Das Gericht hat die Handelsregistereintragungen zusätzlich unverzüglich in dem von der Landesjustizverwaltung bestimmten elektronischen Informations- und Kommunikationsmedium in der zeitlichen Folge ihrer Eintragung nach Tagen geordnet bekannt zu machen (§ 10 HS 1 HGB). Dies verstärkt die Öffentlichkeitswirkung des Handelsregisters.

E. Publizität des Handelsregisters (§ 15 HGB)

23 § 15 HGB regelt die materielle Publizität des Handelsregisters in dreifacher Weise, nämlich **(I)** die Wirkung der Nichteintragung einer Tatsache, also die negative Publizität (§ 15 I HGB), **(II)** die Wirkung der Eintragung und Bekanntmachung einer Tatsache (§ 15 II HGB) und **(III)** die Wirkung der unrichtigen Bekanntmachung einer eingetragenen Tatsache, also die positive Publizität (§ 15 III HGB).

I. Negative Publizität (§ 15 I HGB)

1. Normzweck

24 Nach § 15 I HGB kann eine einzutragende Tatsache, die nicht eingetragen oder bekannt gemacht ist, von demjenigen, in dessen Angelegenheiten sie einzutragen war, einem Dritten nicht entgegengesetzt werden, es sei denn, dass der Dritte sie kannte. Da sich ein gutgläubiger Dritter danach auf das Schweigen des Registers verlassen kann (negative Publizität), schützt § 15 I HGB das Vertrauen auf die **Vollständigkeit** des Handelsregisters. Es handelt sich deshalb um einen Fall der Rechtsscheinhaftung. § 15 I HGB schützt hingegen nicht das Vertrauen auf die Richtigkeit des Handelsregisters.

2. Voraussetzungen

25 § 15 I HGB setzt voraus, dass **(a)** eine einzutragende Tatsache **(b)** nicht eingetragen und bekannt gemacht ist, **(c)** dem Dritten die Tatsache nicht bekannt ist und **(d)** – als ungeschriebenes Tatbestandsmerkmal – für den Dritten die Möglichkeit besteht, sein Handeln auf die Eintragung einzurichten.

a) Einzutragende Tatsache

26 § 15 I HGB bezieht sich auf in das Handelsregister „einzutragende Tatsachen", jedenfalls also auf eintragungspflichtige (und nach § 10 HGB bekannt zu machende) Tatsachen. Eintragungspflichtig ist eine Tatsache vor allem dann, wenn das Gesetz ihre Eintragung anordnet.[8]

aa) Deklaratorische Eintragungen

27 Einzutragende Tatsachen liegen zumindest im Hauptfall des § 15 I HGB, den deklaratorischen Eintragungen, vor. Eine deklaratorische Eintragung ist für die Entstehung einer bestimmten Rechtstatsache ohne Bedeutung; die Rechtstatsache entsteht nämlich bereits auf Grund eines anderen Umstands.

---

[8] Vgl. auch Rn. 5ff.

Beispiele: Eintragung von Prokura nach § 53 I HGB. Es handelt sich deshalb um eine deklaratorische Eintragung, weil die Prokura bereits mit ihrer Erteilung (§ 48 I HGB) und unabhängig von ihrer Eintragung in das Handelsregister wirksam ist. – Erlöschen von Prokura nach § 53 II HGB. Es handelt sich deshalb um eine deklaratorische Eintragung, weil die Prokura bereits mit ihrem Widerruf (§ 52 I HGB) erlischt.

Deklaratorische Eintragungen bilden deshalb den Hauptfall des § 15 I HGB, weil dessen negative Publizität zu einer Veränderung der in Wirklichkeit bestehenden Sach- und Rechtslage führen kann. **28**

Beispiel: Kaufmann A widerruft die seinem Angestellten B erteilte Prokura. Ab diesem Zeitpunkt hat B keine Prokura mehr (§ 52 I HGB). Auf Grund der negativen Publizität des § 15 I HGB kann es aber dazu kommen, dass A wegen fehlender Eintragung des Erlöschens der Prokura – eintragungspflichtig nach § 53 II HGB – die Prokura auch noch nach diesem Zeitpunkt gegen sich gelten lassen muss. – Kaufmann A betreibt ein Handelsgewerbe i. S. d. § 1 II HGB, wobei seine Firma (deklaratorisch) in das Handelsregister eingetragen ist (§ 29 HGB). Stellt A das Handelsgewerbe ein, ohne dass die Löschung der Eintragung erfolgt, ist A weiterhin als Kaufmann zu behandeln.[9]

bb) Konstitutive Eintragungen

Für eintragungspflichtige Tatsachen mit konstitutiver Wirkung passt § 15 I HGB an sich nicht. Denn bei solchen Tatsachen ändert sich die in Wirklichkeit bestehende Sach- und Rechtslage erst mit der Eintragung der Tatsache in das Handelsregister. Erst mit der Eintragung gelangt die jeweilige Rechtstatsache zur Entstehung. **29**

Beispiel: Kaufmannseigenschaft nach § 2 HGB; denn der Gewerbetreibende ist nach § 2 HGB nur auf Grund der Eintragung und der wirksamen Ausübung des Wahlrechts Kaufmann.

Daher kommt als Anknüpfungspunkt für eine Änderung der in Wirklichkeit bestehenden Sach- und Rechtslage auf Grund negativer Publizität des § 15 I HGB nicht die fehlende Eintragung in das Handelsregister in Betracht. Allerdings gilt § 15 I HGB nach teilweise vertretener Auffassung[10] aus Gründen des Verkehrsschutzes auch für Eintragungen mit konstitutiver Wirkung und zwar in diesem Fall für den Zeitraum zwischen Eintragung und Bekanntmachung. Denn der Gesetzeswortlaut enthalte keine weiteren Einschränkungen. Andere[11] hingegen wenden § 15 I HGB auf konstitutiv wirkende Eintragungen nicht an. Denn für diese Tatsachen fordere das Gesetz regelmäßig nur die Eintragung und nicht die Bekanntmachung. Dies würde unterlaufen, wenn sich der Eingetragene gegenüber einem gutgläubigen Dritten auf die bereits eingetretene Rechtsänderung erst nach einer Bekanntmachung berufen könnte. Zur Veranschaulichung der Folgen beider Auffassungen folgendes **30**

Fallbeispiel:

A betreibt allein eine kleine Reparaturwerkstätte und ist als Kaufmann nach § 2 HGB ins Handelsregister eingetragen. Noch vor Bekanntmachung der Eintragung repariert er einen ausschließlich geschäftlich genutzten Pkw des Kaufmanns B. A möchte die ihm zustehende Werklohnforderung mit 5 % ab Fälligkeit verzinst haben. Zu Recht?

---

[9] Vgl. MünchKomm/*K. Schmidt,* § 1 Rn. 84.
[10] Baumbach/Hopt/*Merkt,* § 15 Rn. 5; MünchKomm/*Krebs,* § 15 Rn. 38.
[11] *K. Schmidt,* § 14 III 2 a; *J. Hager,* Jura 1992, 57, 60.

Anspruch des A gegen B auf Verzinsung der Werklohnforderung (§ 631 I BGB) mit 5% ab Fälligkeit nach §§ 353 S. 1, 352 I 1 HGB
I. **Werklohnforderung von A gegen B**
A hat eine Werklohnforderung gegen B (vgl. Sachverhalt).
II. **Verzinsung nach §§ 353 S. 1, 352 I 1 HGB**
A und B müssen Kaufleute sein („Kaufleute untereinander"; vgl. § 353 S. 1 HGB).
1. **Kaufmannseigenschaft des B**
B ist Kaufmann (vgl. Sachverhalt).
2. **Kaufmannseigenschaft des A**
a) **Istkaufmann (§ 1 HGB)**
Die Voraussetzungen des § 1 HGB liegen nicht vor. Denn bei dem Gewerbebetrieb des A handelt es sich um ein Kleingewerbe i. S. d. Ausnahmetatbestands von § 1 II HGB („es sei denn"). A betreibt nämlich „allein" eine „kleine" Reparaturwerkstätte. A könnte aber durch die Eintragung in das Handelsregister Kaufmann geworden sein (§ 2 HGB).
b) **Kannkaufmann (§ 2 HGB)**
Die Eintragung als Kaufmann in das Handelsregister ist für die Kaufmannseigenschaft des A konstitutiv (vgl. § 2 S. 1 HGB oder § 5 HGB). Da der ein Gewerbe betreibende A auf Grund wirksamer Ausübung seines Wahlrechts i. S. d. § 2 S. 2 HGB in das Handelsregister eingetragen ist, ist er ab dem Zeitpunkt der Eintragung Kannkaufmann i. S. d. § 2 S. 1 HGB. Fraglich ist aber, ob B die Kaufmannseigenschaft des A infolge der Eintragung in das Handelsregister gegen sich gelten lassen muss. Die Frage stellt sich deshalb, weil diese (konstitutiv wirkende) Eintragung des A zum Zeitpunkt der Entstehung des Anspruchs noch nicht bekannt gemacht worden war. Möglicherweise kann sich (der gutgläubige) B infolgedessen auf die negative Publizität des § 15 I HGB berufen. Dessen Anwendung setzt zunächst eine einzutragende Tatsache voraus. Einzutragende Tatsachen sind eintragungspflichtige und bekannt zu machende (§ 10 HGB) Tatsachen. Hier ist bisher nur die Eintragung erfolgt, nicht auch die Bekanntmachung. Fraglich ist daher, ob eine „einzutragende Tatsache" auch dann gegeben sein kann, wenn die Eintragung wie hier nach § 2 HGB als solche bereits konstitutive Wirkung hat.

Nach h. M. gilt § 15 I HGB nicht nur für deklaratorische, sondern aus Gründen des Verkehrsschutzes auch für konstitutive Eintragungen und zwar in diesem Fall für den Zeitraum zwischen Eintragung und Bekanntmachung. Danach würde die negative Publizität des Handelsregisters nach § 15 I HGB hier (bei Vorliegen der Voraussetzungen des § 15 I HGB im Übrigen) zu Gunsten des B und zu Lasten des A wirken. Dies hätte zur Folge, dass sich A nicht darauf berufen kann, er sei Kaufmann infolge der Eintragung nach § 2 HGB. Danach könnte A seine Werklohnforderung nicht nach §§ 353 S. 1, 352 I 1 HGB mit 5% verzinst verlangen.
Andere wenden § 15 I HGB hingegen nicht auf konstitutiv wirkende Eintragungen, sondern nur auf deklaratorische Eintragungen an. Danach würde die negative Publizität des § 15 I HGB nicht zu Lasten des A wirken. Es bestünde Kaufmannseigenschaft des A.

III. **Ergebnis**
Sofern die Reparatur des Pkw ein beiderseitiges Handelsgeschäft darstellte (§ 352 I 1 HGB), könnte A danach seine Werklohnforderung nach § 353 S. 1 HGB mit 5% verzinst verlangen.

b) Keine Eintragung und Bekanntmachung

31 § 15 I HGB setzt fehlende Eintragung oder Bekanntmachung voraus. Solange nicht Eintragung und Bekanntmachung erfolgt sind, gilt daher die negative Publizität nach § 15 I HGB.

Beispiel: Die negative Publizität des Handelsregisters nach § 15 I HGB endet erst mit (deklaratorischer) Eintragung und Bekanntmachung des Erlöschens der Prokura (§ 52 I HGB i. V. m. § 53 II HGB). Solange das Erlöschen der Prokura nur eingetragen, aber nicht bekannt gemacht ist, gilt die negative Publizität des § 15 I HGB. Der Kaufmann, der Prokura erteilt hat, muss daher die Prokura während dieses Zeitraums nach § 15 I HGB gegen sich gelten lassen.

Aus welchen Gründen die Eintragung oder Bekanntmachung unterbleibt, ist un- 32
erheblich. Insbesondere kommt es nicht darauf an, dass die Nichteintragung vom Eintragungspflichtigen veranlasst oder gar verschuldet ist. Denn es gilt allein das Rechtsscheinprinzip. Bei Verschulden der mit der Registerführung vertrauten Personen
kommt jedoch ein Amtshaftungsanspruch (§ 839 BGB, Art. 34 GG) in Betracht, der
nicht durch das Spruchrichterprivileg des § 839 II BGB ausgeschlossen ist. Maß-
gebender Zeitpunkt für die Nichteintragung oder Nichtbekanntmachung ist der Zeitpunkt des anspruchsbegründenden Vorgangs (z. B. Vertragsschluss).

c) Keine Kenntnis des Dritten von der Tatsache

Dem Dritten darf die Tatsache nicht bekannt sein. Der Dritte muss also gutgläubig 33
sein. Es schadet ihm aber nur positive Kenntnis („bekannt"), nicht auch grob fahrlässige Unkenntnis (anders z. B. § 932 II BGB). Der Dritte ist mangels evidenter Verdachtsmomente nicht zu Nachforschungen verpflichtet. Die Gutgläubigkeit des Dritten ist widerleglich zu vermuten („es sei denn"), wobei es Sache des Gegners ist, diese
zu Gunsten des Dritten wirkende Vermutung durch den Nachweis von Bösgläubigkeit
zu widerlegen. Kenntnis des Vertreters ist nach § 166 I BGB zuzurechnen.

d) Möglichkeit des Dritten, sein Handeln auf die Eintragung einzurichten

Es ist nicht erforderlich, dass der Dritte gerade im Vertrauen auf das Fehlen der Eintra- 34
gung oder Bekanntmachung handelt. Auf einen kausalen Zusammenhang zwischen
dem Fehlen der Eintragung oder Bekanntmachung und dem Verhalten des gutgläubigen Dritten kommt es danach nicht an. Der Dritte ist also auch dann geschützt, wenn
er nicht in das Handelsregister oder die Bekanntmachungen Einsicht nimmt.[12] Ein
Gegenbeweis ist nicht zulässig, so dass dem Dritten nicht entgegenzuhalten ist, er
hätte die Tatsache auch bei Eintragung und Bekanntmachung nicht erfahren.[13] Es
gilt daher:

§ 15 I HGB schützt abstraktes Vertrauen.[14]   35

§ 15 I HGB ist allerdings nur anwendbar, wenn überhaupt die Möglichkeit besteht, 36
dass der Dritte sein Handeln auf die Registereintragung einrichtet. Die Anwendung
dieser Norm ist daher auf Fälle beschränkt, in denen die Kenntnis der einzutragenden
Tatsache für das Verhalten des Dritten und seine durch dieses Verhalten beeinflussten
Rechte oder Verbindlichkeiten von Bedeutung sein kann. Der Dritte muss sich bei seinem geschäftlichen Verhalten auf den unrichtigen Eintragungsstand wenigstens verlassen haben können.[15] Denn da § 15 I HGB dem Verkehrsschutz Rechnung tragen will,
ist diese Regelung nicht anwendbar, wenn Vertrauensschutz überhaupt nicht eingreifen kann. Daher muss der rechtsbegründende Vorgang im Zusammenhang mit dem
Rechtsgeschäftsverkehr stehen.[16]

---

[12] BGHZ 65, 309, 311.
[13] Baumbach/Hopt/*Merkt,* § 15 Rn. 9.
[14] *K. Schmidt,* § 14 III 2b.
[15] *BGH* WM 2004, 287, 288.
[16] Baumbach/Hopt/*Merkt,* § 15 Rn. 9.

Fallbeispiel:[17]

V verkauft am 1.10. Jahr 0 gegen sofortige Übergabe einen Lkw für 10 000,– Euro an K. K bezahlt nicht. Mit Wirkung zum 1.11. Jahr 0 tritt V seinen Kaufpreisanspruch an die geschäftsführende Gesellschafterin der Komplementär-GmbH der A-GmbH & Co. KG (A), Frau Michaela Mayer (M), ab. Am 1.12. Jahr 0 beschließen die Gesellschafter der A und der Komplementär-GmbH, M von der Beschränkung nach § 181 BGB zu befreien, ohne dies in das Handelsregister eintragen zu lassen. Daraufhin tritt M am 15.12. Jahr 0 die Forderung an A ab und nimmt diese Abtretung zugleich im Namen von A an. Am 1.12. Jahr 3 erhebt A Klage gegen K auf Kaufpreiszahlung aus abgetretenem Recht. In seiner Klageerwiderung vom 4.3. Jahr 4 erhebt K, der zu keinem Zeitpunkt das Handelsregister bzw. die Bekanntmachungen eingesehen hatte, die Einrede der Verjährung. Zu Recht?

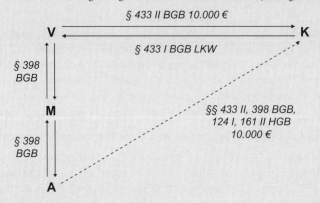

Anspruch von A gegen K auf Kaufpreiszahlung (§§ 433 II, 398 BGB, 124 I, 161 II HGB)

I. Anspruch entstanden in der Person von A

Zunächst besteht ein Anspruch von V gegen K auf Zahlung des Kaufpreises in Höhe von 10 000,– Euro (§ 433 II BGB). Die Abtretung dieser Kaufpreisforderung von V an M (§ 398 BGB) ist wirksam. Die Abtretung der Kaufpreisforderung von M an A, vertreten durch M, (§§ 433 II, 398 BGB, 124 I, 161 II HGB) am 15.12. Jahr 0 ist ebenfalls wirksam, da M vom Verbot des Selbstkontrahierens nach § 181 BGB befreit ist. Zwar kann nur die KG der Geschäftsführung der Komplementär-GmbH gestatten, mit ihr durch In-Sich-Geschäft einen Vertrag abzuschließen.[18] Dies ist hier aber geschehen. Zudem befreit die Komplementär-GmbH ihre Geschäftsführerin M vom Verbot des Selbstkontrahierens. A ist daher materiellrechtlich am 15.12. Jahr 0 Forderungsinhaberin geworden.

II. Einrede der Verjährung durch K (§ 214 I BGB)

1. Verjährungsfrist

Die dreijährige Verjährungsfrist (§§ 195, 199 BGB) beginnt am 31.12. Jahr 0 („Schluss des Jahres"), da in diesem Jahr die Voraussetzungen des § 199 I BGB gegeben sind. Sie endet am 31.12. Jahr 3. Zwar hat A innerhalb der Verjährungsfrist, nämlich am 1.12. Jahr 3, Klage erhoben. Diese Klage hätte aber nur dann die Verjährung gehemmt i.S.d. § 204 I Nr. 1 BGB, wenn A auch forderungsberechtigt ist. Denn die Hemmungswirkung kommt einer Klage nur dann zu, wenn sie der Berechtigte erhebt.[19] Materiellrechtlich erhält A die Kaufpreisforderung des V gegen K auf Grund der Abtretung durch M (s. o.). Fraglich ist aber, ob sich die negative Publizität des § 15 I HGB hier zu Lasten von A auswirkt, weil die Befreiung vom Verbot des Selbstkontrahierens (§ 181 BGB) nicht in das Handelsregister eingetragen und schon gar nicht bekannt gemacht worden ist. Könnte sich K auf die negative Publizität des Handelsregisters i.S.d. § 15 I HGB berufen, wäre er so zu behandeln, als wäre keine Befreiung vom Verbot des Selbstkontrahierens erfolgt. Dies hätte wiederum zur Folge, dass die Forderung we-

---

[17] Der Fall ist dem Sachverhalt von *BGH* WM 2004, 287 nachgebildet; vgl. hierzu *K. Schmidt*, JuS 2004, 348.

[18] *BGH* NJW 1972, 623; *BayObLG* NJW-RR 2000, 1421, 1422.

[19] Palandt/*Ellenberger*, § 204 BGB Rn. 9.

gen des Verbots des Selbstkontrahierens (§ 181 BGB) nicht wirksam von M auf A übergegangen wäre und die Klage von A (als dann nicht forderungsberechtigter Person) nicht die Verjährung gehemmt hätte. Bei Anwendung von § 15 I HGB wäre also am 1.1. Jahr 4 die Verjährung der Forderung eingetreten. Der Anspruch von A gegen K wäre nicht durchsetzbar, weil sich K auch auf Verjährung beruft. Es kommt daher darauf an, ob die Voraussetzungen des § 15 I HGB vorliegen.

2. **Negative Publizität nach § 15 I HGB**

a) **Einzutragende Tatsache**

§ 15 I HGB bezieht sich auf in das Handelsregister einzutragende Tatsachen, jedenfalls also auf eintragungspflichtige (und nach § 10 HGB bekannt zu machende) Tatsachen. Daher müsste die Befreiung von dem in § 181 BGB vorgesehenen Verbot des Selbstkontrahierens eine eintragungspflichtige Tatsache sein. Eintragungspflichtig ist eine Tatsache jedenfalls dann, wenn das Gesetz ihre Eintragung anordnet. Die Vertretung einer GmbH & Co. KG erfolgt in der Weise, dass die KG durch ihre persönlich haftende Gesellschafterin, die GmbH (Komplementär-GmbH), vertreten wird (§§ 125 I, 161 II, 170 HGB). Die GmbH wird ihrerseits durch ihre Geschäftsführer – hier M – vertreten (§ 35 I GmbHG). Bei einer KG ist die Vertretungsmacht der Gesellschafter, bei einer GmbH die Vertretungsmacht der Geschäftsführer in das Handelsregister einzutragen (§§ 106 II Nr. 4, 161 II HGB, 10 I 2 GmbHG). Dasselbe gilt für Änderungen der Vertretungsmacht eines Gesellschafters (§§ 107, 161 II HGB). Eine Änderung der Vertretungsmacht stellt auch die Befreiung von § 181 BGB dar.[20]

b) **Nicht eingetragen und bekannt gemacht**

Die Befreiung vom Verbot des Selbstkontrahierens (§ 181 BGB) ist nicht in das Handelsregister eingetragen und schon gar nicht bekannt gemacht worden.

c) **Keine Kenntnis des Dritten von der Tatsache (Gutgläubigkeit)**

K hatte keine Kenntnis, dass M vom Verbot des Selbstkontrahierens (§ 181 BGB) befreit war. Er ist daher gutgläubig.

d) **Möglichkeit des Dritten, sein Handeln auf die Eintragung einzurichten**

Der Dritte muss sich bei seinem geschäftlichen Verhalten auf den unrichtigen Eintragungsstand wenigstens verlassen haben können. Da § 15 I HGB dem Verkehrsschutz Rechnung tragen will, ist er nicht anwendbar, wenn Verkehrsschutz überhaupt nicht eingreifen kann. So kommt die fehlende Eintragung der Befreiung eines Vertreters von der Beschränkung des § 181 BGB einem Vertragspartner nicht zugute, dem es nicht möglich gewesen wäre, sein Handeln bei Kenntnis der nicht eingetragenen Tatsache anders einzurichten. Dies ist hier der Fall, weil für K keine Möglichkeit bestand, sich in seinem geschäftlichen Verhalten durch die versäumte Registereintragung leiten zu lassen. § 15 I HGB schützt nicht das mögliche Vertrauen des K darauf, wegen Verjährung der Forderung über seine finanziellen Mittel anders disponieren zu können. Daraus folgt, dass sich K nicht auf die negative Publizität des § 15 I HGB im Hinblick auf die fehlende Registereintragung der Befreiung von M vom Verbot des Selbstkontrahierens berufen darf. Er darf daher nicht die Unwirksamkeit der Abtretung der Kaufpreisforderung von M an A geltend machen. A ist also seit 15.12. Jahr 0 gegenüber K forderungsberechtigt, so dass die von A innerhalb der Verjährungsfrist erhobene Klage die Verjährung des Anspruchs nach § 204 I Nr. 1 BGB hemmt. Die von K erhobene Einrede der Verjährung ist unbegründet.

III. Ergebnis

A hat einen durchsetzbaren Anspruch gegen K nach §§ 433 II, 398 BGB, 124 I, 161 II HGB auf Erfüllung der auf sie übergegangenen Kaufpreisforderung in Höhe von 10 000,– Euro.

Die Möglichkeit, dass der Dritte sein Handeln auf die Registereintragung einrichtet, 37 fehlt insbesondere im Unrechtsverkehr, d. h. bei rein deliktischen Ansprüchen, bei denen ein **Zusammenhang mit dem Rechtsgeschäftsverkehr** völlig fehlt. Deshalb gilt

---

[20] Koller/Kindler/Roth/Drüen/*Koller*, § 107 Rn. 1 u. § 106 Rn. 2; die Befreiung der Geschäftsführer einer Komplementär-GmbH von § 181 BGB muss nicht, kann aber eingetragen werden; vgl. *BayObLG* NJW-RR 2000, 562 u. 1421, 1422; **a. A.** *OLG Hamburg* ZIP 1986, 1187.

auch hier § 15 I HGB nicht. Die Anwendung von § 15 I HGB setzt daher voraus, dass der rechtsbegründende Vorgang zum Rechtsgeschäftsverkehr gehört (vgl. auch § 15 IV HGB).[21]

Fallbeispiel:

Der Gesellschafter B der A & B oHG scheidet aus der Gesellschaft aus, ohne dass dies in das Handelsregister eingetragen wird. Kurze Zeit später verursacht der geschäftsführende Gesellschafter A auf einer Geschäftsfahrt einen Unfall, bei dem der Passant P verletzt wird. P will, da die oHG und A in finanziellen Schwierigkeiten stecken, B auf Ersatz der Heilungskosten in Höhe von 5000,– Euro in Anspruch nehmen. Hat dies Aussicht auf Erfolg?

Anspruch von P gegen B auf Zahlung von 5000,– Euro (§ 128 S. 1 HGB i. V. m. §§ 823 I BGB, 124 I HGB)

I. **Verbindlichkeit der Gesellschaft**
    P steht gegen die oHG, der das Verhalten ihres geschäftsführenden Gesellschafters A auf einer Geschäftsfahrt nach § 31 BGB analog zuzurechnen ist, ein Schadensersatzanspruch nach §§ 823 I BGB, 124 I HGB zu.

II. **Haftung des B für die Verbindlichkeit der Gesellschaft (§ 128 S. 1 HGB)**
    Zum Zeitpunkt des Unfalls ist B nicht mehr Gesellschafter der A & B oHG. P kann sich auch nicht auf die negative Publizität des § 15 I HGB berufen. Zwar ist das Ausscheiden des B entgegen § 143 II HGB i. V. m. § 143 I 1 HGB nicht in das Handelsregister eingetragen. Doch darf P nicht darauf vertrauen, dass für eine von A herbeigeführte Verletzung auch B weiterhin haftet. P hatte keine Möglichkeit, sein Verhalten auf die Registereintragung einzurichten. Da sich P nicht auf die negative Publizität des § 15 I HGB im Hinblick auf das Ausscheiden des B aus der Gesellschaft berufen kann, ist B nicht weiterhin als Gesellschafter zu behandeln. B haftet daher nicht nach § 128 S. 1 HGB für die nach seinem Ausscheiden begründete Verbindlichkeit der oHG gegenüber P.

III. **Ergebnis**
    P kann B nicht auf Zahlung von 5000,– Euro nach § 128 S. 1 HGB i. V. m. §§ 823 I BGB, 124 I HGB in Anspruch nehmen.

---

3. Rechtsfolgen

a) Vertrauensschutz für Dritte

38 Sind die Voraussetzungen des § 15 I HGB gegeben, so kann derjenige, in dessen Angelegenheit die Tatsache einzutragen und bekannt zu machen war, diese dem Dritten nicht entgegenhalten. Eine Tatsache ist in dessen Angelegenheit einzutragen, zu dessen Vorteil die Eintragung wirken würde. Dies ist der Träger des Gewerbebetriebs, aber auch dessen Rechtsnachfolger.[22] Nicht entgegenhalten bedeutet die Unerheblichkeit der Tatsache gegenüber Dritten. Dritter ist derjenige, der durch die eintragungspflichtige Tatsache irgendwie entlastet oder begünstigt ist.

Beispiele: Kaufmann K widerruft die seinem Angestellten P erteilte Prokura, ohne das Erlöschen der Prokura nach § 53 II HGB zur Eintragung in das Handelsregister anzumelden. Nimmt P weiterhin Geschäfte als Prokurist vor, sind gutgläubige Dritte, die auf das Fortbestehen der Prokura vertrauen, geschützt. – Istkaufmann K hat sich entgegen § 29 HGB nicht in das Handelsregister eintragen lassen. Er verkauft an Kaufmann D einen Computer. D unterlässt die Mängelrüge, darf jedoch geltend machen, K könne sich nicht auf die Genehmigungsfiktion des § 377 II HGB berufen, da K nicht im Handelsregister eingetragen und ihm, D, die Kaufmannseigenschaft des K nicht bekannt gewesen sei.

---

[21] Baumbach/Hopt/*Merkt*, § 15 Rn. 8.
[22] BGHZ 55, 267, 272 f.

Den Belasteten schützt insoweit auch nicht fehlende oder beschränkte Geschäftsfähig- **39**
keit, weil der Schutz der **Geschäftsunfähigen** und **beschränkt Geschäftsfähigen**
nicht generell Vorrang gegenüber dem Verkehrsschutz hat.[23] Da § 15 I HGB keine
Veranlassung voraussetzt, sondern allein das Rechtsscheinprinzip gilt, muss auch der
Schutz dieser Personen zurücktreten. § 15 I HGB wirkt also auch zu Lasten Geschäfts-
unfähiger und beschränkt Geschäftsfähiger. Eine andere, nach §§ 104 ff. BGB zu be-
urteilende Frage ist es indes, ob die von diesen Personen geschlossenen Rechtsgeschäfte wirksam sind.

b) Vertrauensschutz für Dritte bei fehlender Voreintragung?

Es stellt sich die Frage, ob § 15 I HGB anwendbar ist, wenn die gebotene Voreintra- **40**
gung unterbleibt. Das heißt, dass weder die eintragungspflichtige Tatsache noch die
dazugehörige voreintragungspflichtige Tatsache im Handelsregister eingetragen ist.

Die wohl **herrschende Auffassung**[24] wendet zu Recht auch in diesem Fall § 15 I HGB an. Denn § 15 I
HGB schütze nicht das Vertrauen auf die Richtigkeit des Registers, sondern allein im Hinblick darauf,
dass eine einzutragende Änderung nicht eingetragen ist. Der von § 15 I HGB bezweckte Schutz beziehe
sich (schon seinem Wortlaut nach) allein auf das Schweigen des Handelsregisters, nicht aber auf Voreintra-
gungen. Solche Elemente positiver Publizität seien § 15 I HGB fremd. Wer sich auf § 15 I HGB berufe,
berufe sich nicht auf den Registerinhalt, sondern auf die tatsächliche Sach- und Rechtslage. Von dieser
müsse der Dritte nicht durch das Register, sondern könne der Dritte auch auf andere Weise Kenntnis erlangt haben. § 15 I HGB verwirkliche nämlich abstrakten Vertrauensschutz. Der Dritte müsse also das
Handelsregister nicht eingesehen haben.

Nach **anderer Ansicht**[25] ist stets die Voreintragung für eine Berufung auf § 15 I HGB erforderlich. Denn
§ 15 I HGB verwirkliche Vertrauensschutz, der sich ohne einen potenziell vertrauensbildenden Scheintatbestand nicht begründen lasse.

Nach einem **vermittelnden Ansatz**[26] ist § 15 I HGB zwar grundsätzlich auch bei Nichteintragung der vor-
eintragungspflichtigen Tatsache anzuwenden, jedoch für den Fall teleologisch zu reduzieren, dass die voreintragungspflichtige Tatsache nicht nach außen bekannt geworden sei. Andernfalls käme man zu einer
mit dem Grundgedanken der Vertrauenshaftung unvereinbaren Rechtsscheinhaftung ohne Vertrauenstatbestand.

Die Folgen dieser Ansätze seien verdeutlicht an folgendem

Fallbeispiel:

Die A-Speditions-oHG (A-oHG) erteilt X Prokura, ohne dies in das Handelsregister einzutragen und
bekannt zu machen oder in sonstiger Weise kundzutun. Die Prokuraerteilung bleibt daher ein Internum der A-oHG. Nachdem es zu einem Zerwürfnis zwischen den Gesellschaftern der A-oHG und X
kommt, wird X die Prokura wieder entzogen, wobei auch dies nicht in das Handelsregister eingetragen
und bekannt gemacht wird. Wenig später schließt X aus Ärger über die Gesellschafter der A-oHG namens der A-oHG einen Kaufvertrag mit dem ahnungslosen Y über eine neue Büroeinrichtung zu
einem üblichen Verkaufspreis in Höhe von 12 000,– Euro. Y nimmt daraufhin die A-oHG auf Zahlung des Kaufpreises in Anspruch. Diese weigert sich zu zahlen, weil X nicht mehr für sie habe handeln
dürfen. Zu Recht?

---

[23] BGHZ 115, 78, 80; MünchKomm/*Krebs,* § 15 Rn. 25: Koller/Kindler/Roth/Drüen/*Roth,* § 15 Rn. 11;
 Canaris, § 5 Rn. 21; *K. Schmidt,* § 14 III 2c u. JuS 1990, 517 ff.; *J. Hager,* Jura 1992, 57, 60.
[24] BGHZ 55, 267, 272; Baumbach/Hopt/*Hopt,* § 15 Rn. 11; Großkomm/*Koch,* § 15 Rn. 44; Koller/
 Kindler/Roth/Drüen/*Roth,* § 15 Rn. 9; MünchKomm/*Krebs,* § 15 Rn. 40; *K. Schmidt,* § 14 III 2b.
[25] *Medicus/Petersen,* BR, § 5 III 4b Rn. 105.
[26] Baumbach/Hopt/*Merkt,* § 15 Rn. 11; *Canaris,* § 5 Rn. 12.

Anspruch von Y gegen A-oHG auf Zahlung von 12 000,– Euro nach §§ 433 II BGB, 124 I HGB
Zwischen Y und der A-oHG kommt ein Kaufvertrag zu Stande, wenn X die A-oHG bei dem Vertragsschluss wirksam vertritt (§ 164 I BGB).

I. Handeln in fremdem Namen
X handelt im Namen der A-oHG und daher in fremdem Namen.

II. Vertretungsmacht des X
Die Vertretungsmacht eines Prokuristen ergibt sich aus § 49 I HGB. Der Kauf durch X ist vom Umfang der Prokura gedeckt. Doch ist X zum Zeitpunkt des Vertragsschlusses materiellrechtlich nicht mehr Prokurist, da die Prokura durch Widerruf erloschen ist (§ 52 I HGB). Die Eintragung des Erlöschens der Prokura ist nach § 53 II HGB für das materiellrechtliche Erlöschen unerheblich, also nur deklaratorisch. Daher ist X zum Zeitpunkt des Vertragsschlusses materiellrechtlich nicht mehr zur Vertretung der A-oHG berechtigt. Die A-oHG kann sich aber nicht auf das Erlöschen der Prokura berufen, wenn sie daran wegen der negativen Publizität des § 15 I HGB gehindert ist. Die Voraussetzungen des § 15 I HGB sind erfüllt. Erteilung und Erlöschen der Prokura sind eintragungspflichtige Tatsachen (§ 53 I und II HGB). Wäre also die Erteilung der Prokura in das Handelsregister eingetragen und bekannt gemacht, nicht aber deren Erlöschen, könnte sich ein gutgläubiger Dritter hinsichtlich des Erlöschens der Prokura auf § 15 I HGB berufen mit der Folge, dass er sich deren Erlöschen nicht entgegenhalten lassen müsste. Hier ist aber schon die Erteilung der Prokura zu Gunsten von X nicht eingetragen. Es stellt sich deshalb die Frage nach einer Berufung auf die negative Publizität i. S. d. § 15 I HGB bei fehlender Voreintragung. Wendet man § 15 I HGB auch auf diesen Fall an, kann sich die A-oHG hier – bei Vorliegen der Voraussetzungen des § 15 I HGB im Übrigen – nicht auf das Erlöschen der Prokura des X berufen, so dass X die A-oHG beim Vertragsschluss mit Y wirksam vertreten hätte, weil er Vertretungsmacht besessen hätte. Y könnte danach die A-oHG auf Kaufpreiszahlung in Anspruch nehmen. Lehnt man die Anwendung des § 15 I HGB bei fehlender Voreintragung der eintragungspflichtigen Tatsache ab, kann sich die A-oHG auf das Erlöschen der Prokura des X berufen. Denn die negative Publizität des § 15 I HGB stünde dem nicht entgegen. Danach hätte X die A-oHG beim Vertragsschluss mit Y nicht wirksam vertreten, weil ihm die Vertretungsmacht gefehlt hätte. Y könnte also die A-oHG nicht auf Kaufpreiszahlung in Anspruch nehmen. Dasselbe gilt dann, wenn man § 15 I HGB grundsätzlich auch bei fehlender Voreintragung anwendet, jedoch den Fall ausnimmt, dass die voreintragungspflichtige Tatsache nicht nach außen bekannt geworden war. Denn die Erteilung der Prokura ist hier ein Internum der A-oHG geblieben.

III. Ergebnis
Wendet man § 15 I HGB auch bei fehlender Voreintragung an, steht Y gegen die A-oHG ein Anspruch auf Zahlung von 12 000,– Euro nach §§ 433 II BGB, 124 I HGB zu.

c) Wahlrecht des Dritten

41 Der Dritte hat ein Wahlrecht, ob er sich auf die wirkliche Sach- und Rechtslage beruft oder auf die Sach- und Rechtslage unter Zugrundelegung des Handelsregisterinhalts.[27] Es fragt sich jedoch, ob dieses Wahlrecht so weit geht, dass sich der Dritte im Hinblick auf eine Tatbestandsvoraussetzung einer Anspruchsgrundlage auf die wirkliche (ihm günstige) Sach- und Rechtslage, im Hinblick auf eine andere (ihm ungünstige) Tatsache auf das Schweigen des Registers nach § 15 I HGB berufen darf (vgl. dazu auch *Lettl,* Fall 2).

---

[27] BGHZ 55, 267, 273; 65, 309, 310; *BGH* WM 1990, 638, 639; Großkomm/*Koch,* § 15 Rn. 64; MünchKomm/*Krebs,* § 15 Rn. 57; **a. A.** *K. Schmidt,* § 14 III 4b.

Fallbeispiel:

Der Gesellschafter C der A, B & C oHG scheidet aus der Gesellschaft aus, ohne dass dies in das Handelsregister eingetragen und bekannt gemacht wird. Eingetragen ist aber, dass A, B und C die oHG nur zusammen vertreten dürfen (Gesamtvertretung). Gläubiger G nimmt C wegen einer nach seinem Ausscheiden durch die verbleibenden Gesellschafter A und B im Namen der A, B & C oHG begründeten Kaufpreisschuld der Gesellschaft in Anspruch. Mit Aussicht auf Erfolg?

Anspruch von G gegen C auf Erfüllung der Verbindlichkeit der Gesellschaft (§ 128 S. 1 HGB i. V. m. §§ 433 II BGB, 124 I HGB)

I.   **Verbindlichkeit der Gesellschaft (§§ 433 II BGB, 124 I HGB)**
     Das Entstehen einer Kaufpreisschuld der oHG setzt voraus, dass diese beim Vertragsschluss mit G wirksam vertreten wird (§ 164 I BGB).

   1. **Handeln in fremdem Namen**
      A und B handeln gegenüber G im Namen der oHG (vgl. Sachverhalt).

   2. **Vertretungsmacht von A und B**
      Nach der Registereintragung besteht Gesamtvertretung unter Mitwirkung des C, doch wirkt C nicht am Vertragsschluss mit G mit. Danach sind A und B allein nicht berechtigt, die oHG zu vertreten. Sie hätten bei Zugrundelegung des Registerinhalts ohne Vertretungsmacht gehandelt, zumal das Ausscheiden des C nicht eingetragen ist. Danach wäre kein Vertrag zwischen G und der oHG zu Stande gekommen. Bei Zugrundelegung der wirklichen Sach- und Rechtslage (Ausscheiden des C) vertreten A und B die oHG hingegen wirksam und ist ein Vertrag zwischen G und der oHG zu Stande gekommen.

II. **Haftung des C für die Verbindlichkeit der Gesellschaft (§ 128 S. 1 HGB)**
     An der für die nach § 128 S. 1 HGB erforderlichen Gesellschafterstellung des C fehlt es an sich, weil C zum Zeitpunkt des Vertragsschlusses aus der oHG ausgeschieden ist. Bei Zugrundelegung der wirklichen Sach- und Rechtslage bestünde daher kein Anspruch des G gegen C. Bei Zugrundelegung von § 15 I HGB wäre C hingegen auch nach seinem Ausscheiden als Gesellschafter zu behandeln, weil sein Ausscheiden nicht in das Handelsregister eingetragen ist. Denn das Ausscheiden eines Gesellschafters ist eine einzutragende Tatsache i. S. d. § 15 I HGB nach § 143 II HGB i. V. m. § 143 I 1 HGB.

III. **Zwischenergebnis**
     Wenn sich G auf die wirkliche Sach- und Rechtslage beruft, wäre wegen der Vertretungsmacht allein von A und B ein Vertrag zwischen G und der oHG zu Stande gekommen und eine Gesellschaftsverbindlichkeit entstanden. Doch wäre danach C zum Zeitpunkt der Begründung der Gesellschaftsverbindlichkeit nicht mehr Gesellschafter. Wenn sich G auf den Registerinhalt beruft, wäre wegen der negativen Publizität des § 15 I HGB im Hinblick auf die unterbliebene Eintragung des Ausscheidens C zwar weiterhin als Gesellschafter zu behandeln. Doch wäre dann kein Vertrag zwischen G und der oHG zu Stande gekommen, weil dann A und B wegen der im Register eingetragenen Gesamtvertretung durch A, B und C nicht alleine vertretungsberechtigt gewesen wären. Fraglich ist daher, ob eine Kombination zwischen der Berufung auf die wirkliche Sach- und Rechtslage einerseits (bei I.: Ausscheiden des C und damit Vertretungsmacht allein für A und B) und § 15 I HGB andererseits (bei II.: Unterbliebene Eintragung des Ausscheidens und damit weiterhin Gesellschafterstellung des C) möglich ist (teilweise Ausübung des Wahlrechts durch G).

Eine Ansicht[28] geht davon aus, dass der Handelsregisterinhalt nur in seiner Gesamt-   42 heit gewürdigt werden könne. Derjenige, der sich hinsichtlich einer Tatsache auf das Handelsregister berufe, müsse sich entsprechend dem – unteilbaren – Gesamtinhalt des Registers behandeln lassen. Andernfalls sei kein Vertrauensschutz zu gewähren. So könne beispielsweise dem Gläubiger einer oHG, der sich im Hinblick auf das Ausscheiden eines Gesellschafters auf § 15 I HGB berufe, bei Einsicht in das Handelsregister dessen sonstiger Inhalt einschließlich der Gesamtvertretung (§ 125 II 1

---

[28] *Canaris,* § 5 Rn. 26 (teleologische Reduktion von § 15 I HGB); *Schilken,* AcP 187 (1987), 1, 10f.

HGB) nicht verborgen geblieben sein (§ 106 II Nr. 4 HGB). Es gebe keinen Grund, den Dritten besser zu stellen, als wenn die scheinbare Rechtslage der Wirklichkeit entspräche.

Beispiel: In dem unter Rn. 41 geschilderten Beispiel könnte danach G nicht von C Kaufpreiszahlung verlangen.

43 Eine andere, vorzugswürdige Auffassung[29] bejaht die Berechtigung des Dritten zur teilweisen Ausübung des Wahlrechts unter Berufung auf § 15 I HGB (sog. Rosinentheorie; Meistbegünstigung). Dies ergibt sich aus dem Wortlaut des § 15 I HGB sowie dessen Schutzzweck. Denn § 15 I HGB wirkt nur zum Vorteil des Dritten und nicht zu seinen Lasten. Die Vorschrift greift unabhängig davon ein, ob der Dritte das Register einsieht oder nicht. Das Gesetz lässt bereits die dem Geschäftsverkehr allgemein gegebene Möglichkeit, sich anhand des Registers zu informieren, als Grundlage des Vertrauensschutzes ausreichen. § 15 I HGB schützt nämlich abstraktes Vertrauen. Der Dritte, eine Kenntnisnahme des Registers unterstellt, kann die Einsicht nur im Hinblick auf die ihm günstige Tatsache nehmen, während er sich hinsichtlich der Vertretungsverhältnisse auf Mitteilungen anderer oder auf eigene Erfahrungen verlässt. Dafür, dass der Handelsregisterinhalt nur in seiner Gesamtheit zu würdigen sei, findet sich im Gesetz keine Stütze.

44 **Beispiel:** In dem unter Rn. 41 geschilderten Beispiel könnte danach G von C Kaufpreiszahlung verlangen.

II. Eingetragene und bekannt gemachte Tatsachen (§ 15 II HGB)

1. Normzweck

45 Während § 15 I HGB sich mit der Wirkung nicht eingetragener und bekannt gemachter Tatsachen befasst (negative Publizität), regelt § 15 II HGB die Wirkung eingetragener und bekannt gemachter Tatsachen. Solche Tatsachen muss ein Dritter grundsätzlich gegen sich gelten lassen. Dies steht in engem Zusammenhang mit § 15 I HGB insoweit, als der Schutz nach § 15 I HGB mit Eintragung und Bekanntmachung einer Tatsache endet. Ab diesem Zeitpunkt müssen sich Dritte Tatsachen auch bei Unkenntnis entgegenhalten lassen. Daher **endet** zu diesem Zeitpunkt die **negative Publizität** nach § 15 I HGB. Infolgedessen dient § 15 II HGB dem Schutz desjenigen, der Tatsachen eintragen und bekannt machen lässt. Im Hinblick auf das Ende negativer Publizität nach § 15 I HGB enthält § 15 II HGB lediglich Selbstverständliches.

Beispiel: Kaufmann A erteilt seinem Angestellten P Prokura (§ 48 I HGB) und lässt dies eintragen und bekannt machen (§ 53 I HGB). Wenig später widerruft A die Prokura (§ 52 I HGB) und lässt deren Erlöschen eintragen und bekannt machen (§ 53 II HGB). Schließt P später namens des A Geschäfte, kann sich der Geschäftsgegner nicht auf die Prokura des P berufen, weil **(1)** sie nicht mehr besteht (§ 52 I HGB) und **(2)** das Handelsregister keinen entsprechenden Rechtsschein verlautbart.

46 Daran schließt sich die Frage an, ob eine Registereintragung grundsätzlich auch einen anderweitig begründeten Rechtsschein ausschließt und infolgedessen der Gutgläubigkeit eines Dritten entgegensteht.

---

[29] BGHZ 65, 309, 310f.; Großkomm/*Koch,* § 15 Rn. 69; Baumbach/Hopt/*Merkt,* § 15 Rn. 6; *K. Schmidt,* § 14 III 4c; *J. Hager,* Jura 1992, 57, 63; *Tröller,* JA 2000, 27, 29.

Beispiel: Kaufmann A widerruft die seinem Angestellten P erteilte Prokura (§ 52 I HGB). A lässt dies in das Handelsregister eintragen und bekannt machen (§ 53 II HGB). P, der noch über eine Urkunde über die Erteilung der Prokura verfügt, schließt mit C unter Vorlage der Urkunde einen Kaufvertrag namens des A. Wendete man § 15 II HGB als jeglichen Rechtsschein ausschließenden Tatbestand an, hätte P ohne Vertretungsmacht gehandelt. Stellte man hingegen zusätzlich auf § 172 BGB ab, hätte P mit Vertretungsmacht gehandelt und wäre A nur durch § 173 BGB geschützt. Es bedarf daher der Entscheidung, ob § 15 II HGB jeglichen Rechtsschein oder nur den Rechtsschein auf Grund negativer Publizität nach § 15 I HGB ausschließt.

Nach dem Wortlaut des § 15 II HGB ist bei Eintragung und Bekanntmachung einer bestimmten Tatsache jeglicher Rechtsschein ausgeschlossen. Doch erscheint dieser Wortlaut als zu weit, zumal für den Dritten bei Schaffung eines Rechtsscheins außerhalb des Handelsregisters kein Anlass zur Einsichtnahme des Handelsregisters besteht. Daher ist eine teleologische Reduktion von § 15 II HGB in der Weise geboten, dass § 15 II HGB lediglich den Vertrauensschutz nach § 15 I HGB ausschließt.[30] 47

Beispiel: In dem unter Rn. 46 geschilderten Beispiel geht der durch die Urkunde geschaffene Vertrauenstatbestand (vgl. § 172 BGB) gegenüber § 15 II HGB vor. A ist daher nur durch § 173 BGB geschützt.

2. Voraussetzungen

Die Anwendung von § 15 II HGB setzt voraus, dass **(a)** eine einzutragende Tatsache **(b)** eingetragen und **(c)** bekannt gemacht ist, **(d)** ohne dass die Ausnahme nach § 15 II 2 HGB eingreift, und **(e)** kein Rechtsschein außerhalb des Handelsregisters gesetzt ist. Diese Voraussetzungen, insbesondere Eintragung *und* Bekanntmachung der Tatsache, müssen kumulativ gegeben sein. 48

a) Einzutragende Tatsache

Zum Begriff der einzutragenden Tatsache sind die zu § 15 I HGB angestellten Erwägungen heranzuziehen.[31] Dies ergibt sich aus § 15 II 1 HGB, der nach Wortlaut und systematischer Stellung insoweit auf § 15 I HGB verweist („die Tatsache").[32] 49

b) Eintragung

Die einzutragende Tatsache muss in das Handelsregister eingetragen sein. 50

c) Bekanntmachung

Die Bekanntmachung der einzutragenden Tatsache ist in § 10 HGB geregelt. 51

d) Kein Eingreifen der Ausnahmeregelung des § 15 II 2 HGB

Zum Schutz des Dritten ist § 15 II 1 HGB eingeschränkt durch § 15 II 2 HGB, der auf Art. 3 V 2 der ersten Publizitäts-Richtlinie 68/151/EWG beruht und zugleich Art. 16 VI der EU-Gesellschaftsrechtsrichtlinie 2017/1132/EU umsetzt. Diese Regelung verlängert den Vertrauensschutz nach § 15 I HGB um 15 Tage über den Zeitpunkt der Bekanntmachung hinaus. Denn der Dritte braucht die Tatsache dann nicht gegen sich gelten zu lassen, wenn **(1)** die fragliche Rechtshandlung (z. B. Vertragsschluss) binnen 15 Tagen nach Eintragung und Bekanntmachung vorgenommen ist (Schonfrist) und **(2)** der Dritte beweist, dass er die Tatsache weder kannte noch ken- 52

---

[30] *Canaris,* § 5 Rn. 36; *K. Schmidt,* § 14 II 2 a.
[31] Vgl. dazu Rn. 26.
[32] Baumbach/Hopt/*Merkt,* § 15 Rn. 13.

nen musste. Anders als bei § 15 I HGB schadet dem Dritten also bereits fahrlässige Unkenntnis (vgl. § 122 II BGB) der Tatsache. Auch ist die Gutgläubigkeit des Dritten anders als bei § 15 I HGB nicht zu vermuten, sondern vom Dritten zu beweisen. Dieser Beweis ist aber kaum zu führen, da ein ordentlicher Kaufmann (§ 347 HGB) Einsicht in die Bekanntmachungen nimmt. Kaufleute trifft eine weit reichende Obliegenheit, sich zu informieren. Ein Kaufmann, der Eintragungen im Handelsregister oder Bekanntmachungen nicht zur Kenntnis nimmt, handelt regelmäßig fahrlässig.[33] Nur in Ausnahmefällen kann es dazu kommen, dass ein ordentlicher Kaufmann davon absieht oder absehen muss (z. B. Unerreichbarkeit des Servers, auf dem die Handelsregistereintragung und Bekanntmachung gespeichert ist, zum Zeitpunkt der fraglichen Rechtshandlung). Für Kaufleute ist daher § 15 II 2 HGB regelmäßig ohne Bedeutung.

53 Die Informationsobliegenheiten für Kaufleute sollen nach einer Auffassung auch für **Nichtkaufleute** gelten, da eine Unterscheidung nach Kaufleuten und Nichtkaufleuten oder eine Abschwächung der Informationsobliegenheiten etwa durch eine Orientierung an der Bedeutung des Geschäfts wegen des Gebots, § 15 II HGB richtlinienkonform im Hinblick auf Art. 16 V 2 der EU-Gesellschaftsrechtsrichtlinie 2017/1132/EU auszulegen, nicht in Betracht komme.[34] Denn danach sei Voraussetzung für eine Entlastung des Dritten, dass es ihm „unmöglich war, die Urkunden oder Angaben zu kennen". Einem durchschnittlich informierten, aufmerksamen und verständigen Nichtkaufmann sei es aber ohne weiteres möglich, Einsicht in die Bekanntmachungen zu nehmen. Nach anderer Auffassung besteht eine Informationslast für jedermann, also auch für Privatleute und Verbraucher.[35]

e) Kein Rechtsschein außerhalb des Registerinhalts

54 Ausnahmsweise können die Grundsätze der Rechtsscheinhaftung trotz anders lautendem Registerinhalts anwendbar sein, da die Berufung auf eine Eintragung aus besonderen Gründen – etwa bei langjähriger Geschäftsverbindung – rechtsmissbräuchlich sein kann.[36] Dadurch kommt es in Ausnahmefällen zu einer Durchbrechung der Publizität des § 15 II 1 HGB. Hierfür muss der Kaufmann einen Rechtsschein außerhalb des Handelsregisters setzen.

Beispiele: Kaufmann A widerruft die seinem Angestellten P erteilte Prokura. A lässt dies in das Handelsregister eintragen und bekannt machen. P, der noch eine Urkunde über die Erteilung der Prokura hat, schließt mit C unter Vorlage der Urkunde einen Kaufvertrag namens des A.[37] – Die Führung einer vom Handelsregister abweichenden Firma, die die Haftungsbegrenzung bei oHG und KG entgegen § 19 II HGB nicht erkennen lässt, erweckt gesetzwidrig den Anschein,[38] der anderen Vertragspartei hafte zumindest eine natürliche Person unbeschränkt. Auf Grund dieses besonderen Vertrauenstatbestandes ist die Berufung auf die Registereintragung rechtsmissbräuchlich, weil die Haftungsbeschränkung bereits aus der Firma ersichtlich sein soll, ohne dass insoweit das Handelsregister eingesehen werden muss. Andernfalls würde § 19 II HGB ausgehöhlt. – Wer während einer längeren Geschäftsbeziehung seine Haftung be-

---

[33] *BGH* NJW 1972, 1418, 1419; *BGH* BB 1976, 1479, 1480; a. A. *Canaris*, § 5 Rn. 33 (keine Informationslast selbst für Kaufleute bei Alltagsgeschäften).

[34] Baumbach/Hopt/*Merkt*, § 15 Rn. 14; Koller/Kindler/Roth/Drüen/*Roth*, § 15 Rn. 22.

[35] MünchKomm/*Krebs*, § 15 Rn. 73.

[36] *K. Schmidt*, § 14 II 2. Zu dieser Frage grundlegend *Koch*, AcP 207 (2007), 768.

[37] Vgl. dazu schon oben Rn. 46 f.

[38] BGHZ 64, 11, 17; 71, 353, 356; für § 4 GmbHG: *BGH* NJW 1981, 2569.

schränkt, ist verpflichtet, den auf den Fortbestand unbeschränkter Haftung vertrauenden Geschäftspartner besonders auf die Haftungsbeschränkung hinzuweisen.[39] Eintragung in das Handelsregister und Bekanntmachung genügen hierfür nicht.

3. Rechtsfolgen

§ 15 II HGB gilt nur zu Ungunsten des Dritten. Dieser kann sich also nicht zu seinen   55
Gunsten auf die Registereintragung nach § 15 II HGB berufen (vgl. aber § 15 III HGB). Derjenige, in dessen Angelegenheiten die Tatsache einzutragen war, kann (nicht: muss) sich auf Eintragung und Bekanntmachung berufen.[40] Er hat insoweit ein Wahlrecht zwischen der wirklichen Sach- und Rechtslage einerseits und der Sach- und Rechtslage unter Zugrundelegung des Registerinhalts andererseits.

III. Positive Publizität (§ 15 III HGB)

1. Zweck

Zum Schutz Dritter, die sich auf eine Bekanntmachung verlassen, sieht § 15 III HGB   56
Gutglaubensschutz vor. Denn diese – auf Art. 3 VI der ersten Publizitäts-Richtlinie 68/151/EWG beruhende und mittlerweile in Art. 16 VII der Gesellschaftsrechtsrichtlinie 2017/1132/EU statuierte – Regelung schützt das Vertrauen auf die Richtigkeit einer bekannt gemachten Tatsache. Es handelt sich deshalb um einen Fall positiver Publizität, weil der Rechtsverkehr davon ausgehen darf, dass das, was im Handelsregister eingetragen ist, auch richtig bekannt gemacht ist. Der Dritte (und nur er) kann sich nämlich auf die Richtigkeit einer Bekanntmachung berufen, es sei denn, dass er die Unrichtigkeit kannte.

2. Voraussetzungen

§ 15 III HGB hat folgende vier Voraussetzungen: Eine **(a)** einzutragende Tatsache   57
muss **(b)** unrichtig bekannt gemacht sein, **(c)** dem Dritten darf diese Unrichtigkeit nicht bekannt sein (Gutgläubigkeit) und **(d)** der Dritte muss die Möglichkeit haben, sein Handeln nach der Bekanntmachung einzurichten.

a) Einzutragende Tatsache

Zum Begriff der einzutragenden Tatsache[41] sind die zu § 15 I HGB angestellten Er-   58
wägungen heranzuziehen,[42] wobei es allein darauf ankommt, ob die Tatsache bei Unterstellung ihrer Richtigkeit einzutragen wäre (abstrakt eintragungspflichtige Tatsache).[43] Denn eine unrichtige Tatsache ist in niemandes Angelegenheit einzutragen.

b) Unrichtige Bekanntmachung

aa) Begriff

Eine Bekanntmachung ist unrichtig, wenn sie mit der wirklichen Sach- oder Rechts-   59
lage nicht übereinstimmt.

---

[39] *BGH* NJW 1972, 1418, 1419; *BGH* WM 1976, 1084, 1085; *BGH* NJW 1987, 3124, 3125.
[40] Koller/Kindler/Roth/Drüen/*Roth,* § 15 Rn. 20.
[41] Vgl. dazu Rn. 26.
[42] So die h. L.; **a. A.** Koller/Kindler/Roth/Drüen/*Roth,* § 15 Rn. 27: auch eintragungsfähige Tatsache.
[43] Großkomm/*Koch,* § 15 Rn. 100; MünchKomm/*Krebs,* § 15 Rn. 93.

Beispiel: Kaufmann A hat seinem Angestellten P nicht Prokura erteilt. Gleichwohl wird dies bekannt gemacht.

60 Es kommt also nicht darauf an, ob eine Abweichung zwischen Eintragung und Bekanntmachung gegeben ist. Unerheblich ist außerdem, ob die Unrichtigkeit auf tatsächlichen oder rechtlichen Gründen, auf einem Versehen/Irrtum des Anmeldenden oder des Registergerichts beruht, sofern nur eine Anmeldung vorliegt. Denn der Anmeldende steht der Tragung der Risiken einer unrichtigen Bekanntmachung näher als ein (gutgläubiger) Dritter, zumal er unrichtigen Bekanntmachungen mit einem Berichtigungsantrag begegnen kann.

Beispiel: Kaufmann A erteilt seinem Angestellten P auf Grund arglistiger Täuschung Prokura. Dies wird eingetragen und bekannt gemacht. A ficht später die Prokuraerteilung nach § 123 I BGB an. Gutgläubige Dritte sind im Vertrauen auf den Bestand der Prokura nach § 15 III HGB geschützt.

61 Beruht die unrichtige Bekanntmachung auf einem Verschulden des Registergerichts, kann der Betroffene ggf. Amtshaftungsansprüche nach § 839 BGB, Art. 34 GG geltend machen.

bb) Veranlassung der unrichtigen Bekanntmachung?

62 § 15 III HGB wirkt an sich auch zu Lasten gänzlich Unbeteiligter, da seine Anwendung jedenfalls dem Wortlaut nach keine Veranlassung der Unrichtigkeit der Bekanntmachung durch den Betroffenen voraussetzt.

Beispiel: Auf Grund eines Versehens des Registergerichts ist eingetragen und bekannt gemacht, dass Kaufmann A seinem Angestellten P Prokura erteilt hat. Kaufmann A hatte weder P Prokura erteilt noch eine Anmeldung beantragt.

63 Wegen der weit reichenden Haftungsfolgen für unbeteiligte Dritte und der damit verbundenen Beeinträchtigung des Rechts auf freie Entfaltung der Persönlichkeit (Art. 2 I GG) ist jedoch eine Einschränkung des § 15 III HGB auf eine *veranlasste* Bekanntmachung erforderlich („in dessen Angelegenheiten sie einzutragen war").[44] Die Veranlassung liegt schon in der Anmeldung oder dem schuldhaften Unterlassen einer Berichtigung der Eintragung. Im Übrigen greifen die allgemeinen Rechtsscheingrundsätze.

Beispiele: In dem unter Rn. 62 geschilderten Beispiel gilt § 15 III HGB nicht zu Lasten von A. Ebenso liegt es, wenn Privatmann P versehentlich als Gesellschafter einer oHG ins Handelsregister eingetragen und diese Eintragung bekannt gemacht ist. Dies begründet nicht die Haftung des P für Gesellschaftsverbindlichkeiten nach § 128 S. 1 HGB i. V. m. § 15 III HGB.

c) Keine Kenntnis des Dritten von der Unrichtigkeit der Bekanntmachung

64 Eine Einschränkung erfährt der Schutz Dritter nach § 15 III HGB durch das „Kennen" der Unrichtigkeit. Dies setzt positive Kenntnis von der Unrichtigkeit der Bekanntmachung voraus. Fahrlässige Unkenntnis schadet daher – anders als bei § 15 II 2 HGB – nicht. Aus der Formulierung „es sei denn" ergibt sich, dass die Unkenntnis des Dritten widerleglich zu vermuten ist. Der Anmeldepflichtige muss daher im Streitfall den Gegenbeweis führen. Bei Berichtigung der unrichtigen Bekanntmachung kann sich der Eintragungspflichtige auf § 15 II 1 HGB berufen, sofern nicht

---

[44] Großkomm/*Koch*, § 15 Rn. 108; Koller/Kindler/Roth/Drüen/*Roth*, § 15 Rn. 29; *Canaris*, § 5 Rn. 52.

der Ausnahmetatbestand des § 15 II 2 HGB erfüllt ist. Das Vertrauen des Rechtsverkehrs in die Richtigkeit der Registereintragung ist nicht lediglich nach den allgemeinen bürgerlich-rechtlichen Grundsätzen der Rechtsscheinhaftung (§§ 170, 171 II, 173 BGB analog) geschützt, so dass der Dritte insbesondere keine Kenntnis von dem Rechtsscheintatbestand haben muss. Denn Bekanntmachung und Registereintragung sind aus dem elektronisch geführten Handelsregister zugänglich, so dass beiden Publizitätsmitteln dieselbe Vertrauensschutzwirkung zukommen muss (teleologische Extension von § 15 III HGB).[45]

d) Möglichkeit des Dritten, sein Handeln auf die Bekanntmachung einzurichten

Der Wortlaut von § 15 III HGB verlangt nicht, dass der Dritte die Bekanntmachung 65 kennt und sie für seine Entscheidung auch tatsächlich kausal ist. Denn § 15 III HGB schützt – wie § 15 I HGB – abstraktes Vertrauen. Allerdings muss die Unrichtigkeit der Bekanntmachung geeignet sein, ein solches Vertrauen hervorzurufen (potenzielle Kausalität). Es muss also wie bei § 15 I HGB für den Dritten zumindest die Möglichkeit bestehen, sein Handeln nach dem Inhalt der Bekanntmachung einzurichten. Dazu gehört insbesondere, dass der rechtsbegründende Vorgang im Zusammenhang mit dem Rechtsgeschäftsverkehr steht.[46]

e) Richtigkeit der Eintragung als zusätzliches Erfordernis?

§ 15 III HGB erfasst den Fall, dass eine Tatsache richtig eingetragen, aber unrichtig 66 bekannt gemacht ist.

Beispiel: Kaufmann A hat zwei Angestellte, X und Y. A erteilt X Prokura. Dies wird in das Handelsregister eingetragen. Versehentlich wird jedoch in der Bekanntmachung Y als Prokurist ausgewiesen. Gutgläubige Dritte, die auf die Prokura des Y vertrauen, sind geschützt.

Der Wortlaut des § 15 III HGB lässt offen, ob die unrichtige Bekanntmachung einer 67 einzutragenden Tatsache darüber hinaus dann gegeben ist, wenn nicht nur die Bekanntmachung, sondern auch die Eintragung unrichtig ist.

Beispiel: Kaufmann A erteilt seinem Angestellten X Prokura. Eingetragen wird aber versehentlich, dass Y Prokura erteilt worden sei. So wird es auch bekannt gemacht.

Die *Ratio* von § 15 III HGB, auf die gegenüber der wirklichen Sach- und Rechtslage 68 abweichende Rechtsscheingrundlage der unrichtigen Bekanntmachung abzustellen, erfasst auch den Fall, dass eine Tatsache unrichtig eingetragen und unrichtig bekannt gemacht ist.[47] Dafür spricht auch die Entstehungsgeschichte.[48]

Beispiel: In dem unter Rn. 67 geschilderten Beispiel sind Dritte im Vertrauen auf die Prokura des Y geschützt.

Für die Anwendung des § 15 III HGB kommt es daher nicht darauf an, ob die Tat- 69 sache richtig oder unrichtig eingetragen ist. § 15 III HGB erfasst beide Fälle.

§ 15 III HGB erfasst außerdem den Fall gänzlich fehlender Eintragung. 70

---

[45] Großkomm/*Koch,* § 15 Rn. 112; *Paefgen,* ZIP 2008, 1653, 1658.
[46] *BGH* ZIP 1999, 2097, 2098. Vgl. auch schon Rn. 36f.
[47] Baumbach/Hopt/*Merkt,* § 15 Rn. 18.
[48] BT-Drs. V/3862, S. 11.

3. Analoge Anwendung von § 15 III HGB?

71 Der Wortlaut von § 15 III HGB erfasst nicht den Fall unrichtiger Eintragung ohne Bekanntmachung oder unrichtiger Eintragung und richtiger Bekanntmachung. Nach einer Auffassung ist hier § 15 III HGB analog anzuwenden, um Wertungswidersprüche zu vermeiden.[49] Dagegen spricht allerdings der klare Wortlaut des § 15 III HGB sowie die Entstehungsgeschichte,[50] die der Annahme einer planwidrigen Regelungslücke entgegensteht. Nach anderer, zutreffender Meinung greifen die allgemeinen Rechtsscheingrundsätze (Voraussetzungen wie beim Scheinkaufmann)[51] ein.[52] Sie unterscheiden sich von § 15 III HGB insoweit, als sie die Setzung eines Rechtsscheins durch unzutreffende Anmeldung zum Handelsregister voraussetzen, wohingegen § 15 III HGB auch bei zutreffender Anmeldung anwendbar ist. Außerdem setzen die allgemeinen Rechtsscheingrundsätze eine konkrete Kausalität zwischen der Eintragung und der geschäftlichen Disposition des Dritten voraus. Für die Anwendung von § 15 III HGB genügt es hingegen, dass der Dritte die bloße Möglichkeit hat, sein Verhalten nach der Eintragung einzurichten.

4. Rechtsfolgen

72 § 15 III HGB gilt wie § 15 I HGB nur zu Gunsten des Dritten, nicht auch zu seinem Nachteil (vgl. auch Wortlaut von § 15 III HGB). Der Dritte kann sich wie bei § 15 I HGB wahlweise auf die bekannt gemachte Tatsache oder die wahre Sach- und Rechtslage berufen.[53] Denn § 15 III HGB bezweckt wie § 15 I HGB den Schutz Dritter (§ 15 II 1 HGB schützt hingegen den Anmeldepflichtigen). § 15 III HGB wirkt wie § 15 I HGB wegen des insoweit vorrangigen Verkehrsschutzes auch zu Lasten nicht (voll) Geschäftsfähiger.[54] Davon zu trennen ist die Frage, ob das rechtsgeschäftliche Handeln dieser Personen nach Bürgerlichem Recht (§§ 104 ff. BGB) wirksam ist.

Beispiel: Die von dem unerkennbar geisteskranken Kaufmann A seinem Angestellten P erteilte Prokura ist nichtig nach §§ 104 Nr. 2, 105 I BGB. Erfolgen Eintragung und Bekanntmachung, die wegen der Nichtigkeit der Prokura unrichtig sind, sind Dritte im Vertrauen auf die Bekanntmachung nach § 15 III HGB geschützt. Schließt A hingegen selbst einen Vertrag mit einem Dritten, ist die von A abgegebene Willenserklärung nichtig nach §§ 104 Nr. 2, 105 I BGB.

IV. Zweigniederlassung (§ 15 IV HGB)

73 Für den Geschäftsverkehr mit einer in das Handelsregister eingetragenen Zweigniederlassung eines Unternehmens mit Sitz oder Hauptniederlassung im Ausland sind die Eintragung und Bekanntmachung durch das Gericht der Zweigniederlassung ent-

---

[49] Baumbach/Hopt/*Merkt,* § 15 Rn. 18; Koller/Kindler/Roth/Drüen/*Roth,* § 15 Rn. 28 a. E.

[50] BT-Drs. V/3862, S. 11.

[51] Vgl. zu den Voraussetzungen des Scheinkaufmanns bereits § 2 Rn. 66 ff.; zu den allgemeinen Rechtsscheingrundsätzen vgl. unten Rn. 74 ff.

[52] BT-Drs. V/3862, S. 11; MünchKomm/*Krebs,* § 15 Rn. 89.

[53] *BGH* WM 1990, 638, 639; Koller/Kindler/Roth/Drüen/*Roth,* § 15 Rn. 34; **a. A.** *K. Schmidt,* § 14 IV 3 c.

[54] Großkomm/*Koch,* § 15 Rn. 114; MünchKomm/*Krebs,* § 15 Rn. 96; *K. Schmidt,* JuS 1990, 517, 519; **a. A.** Koller/Kindler/Roth/Drüen/*Roth,* § 15 Rn. 30; *Canaris,* § 5 Rn. 54, da die Anwendung des § 15 III HGB auf dem Veranlassungsprinzip beruhe und infolgedessen eine zurechenbar veranlasste Eintragung voraussetze. Eine Zurechenbarkeit sei bei Geschäftsunfähigen oder nicht voll Geschäftsfähigen aber nicht gegeben.

scheidend (§ 15 IV HGB). Weichen also Eintragung oder Bekanntmachung für die Hauptniederlassung und die Zweigniederlassung voneinander ab, kommt es für den Geschäftsverkehr mit der Zweigniederlassung allein auf die Eintragung in deren Register und die Bekanntmachungen hieraus an.

V. Ungeschriebene Ergänzung von § 15 HGB

Vor der Einführung von § 15 III HGB waren die folgenden, § 15 I HGB ergänzenden Rechtssätze gewohnheitsrechtlich anerkannt: 74

(1) Wer eine unrichtige Erklärung zum Handelsregister abgibt, muss sich an seiner Erklärung gegenüber gutgläubigen Dritten festhalten lassen.[55] 75

(2) Wer eine nicht veranlasste, unrichtige Eintragung im Handelsregister schuldhaft nicht beseitigen lässt, kann an der Eintragung von gutgläubigen Dritten festgehalten werden.[56] 76

Diese beiden Sätze sind gegenüber § 15 III HGB subsidiär und deshalb nur insoweit anwendbar, als die Voraussetzungen des § 15 III HGB nicht gegeben sind. Dies gilt insbesondere für den Fall, dass nicht die Bekanntmachung, sondern die Eintragung im Handelsregister unrichtig ist. 77

Fallbeispiel:

Kaufmann A erteilt seinem Angestellten P Prokura (§ 48 I HGB) und meldet dies zur Eintragung in das Handelsregister an (§ 53 I HGB). Das Registergericht trägt jedoch auf Grund eines Versehens X als Prokuristen ein. A erhält eine entsprechende Mitteilung, nimmt diese aber auf Grund hoher Arbeitsbelastung nicht zur Kenntnis. Die Bekanntmachung der Eintragung hat den zutreffenden Inhalt, dass A gegenüber P Prokura erteilt hat. X schließt namens des A einen Kaufvertrag mit C, der sich zuvor über das Bestehen von Prokura zu Gunsten des X durch Einsicht des Handelsregisters vergewissert. Kann C von A Kaufpreiszahlung verlangen?

Anspruch von C gegen A auf Kaufpreiszahlung nach § 433 II BGB

C kann von A Kaufpreiszahlung nach § 433 II BGB verlangen, wenn zwischen C und A ein wirksamer Kaufvertrag zu Stande gekommen ist. Da A bei dem Vertragsschluss nicht selbst mitgewirkt hat, müsste er durch X wirksam vertreten worden sein (§ 164 I BGB).

I. **Handeln in fremdem Namen**
X handelt namens des A, also in fremdem Namen.

II. **Vertretungsmacht**
X hat nach der tatsächlichen Sach- und Rechtslage keine Vertretungsmacht, für A zu handeln. C kann sich auch nicht auf die positive Publizität nach § 15 III HGB berufen, da lediglich die Eintragung, nicht aber die Bekanntmachung unzutreffend ist. Eine analoge Anwendung von § 15 III HGB scheidet mangels planwidriger Regelungslücke aus.[57] Doch könnte X nach den gewohnheitsrechtlich anerkannten Rechtsscheingrundsätzen zur Vertretung des A berechtigt sein. Danach gilt u. a.: Wer eine nicht veranlasste, unrichtige Eintragung im Handelsregister nicht beseitigen lässt, kann an der Eintragung von gutgläubigen Dritten festgehalten werden. Diese Voraussetzungen sind hier erfüllt, da A es schuldhaft versäumt, die Eintragung der Prokura zu Gunsten von X zu berichtigen. Auf Grund des dadurch zurechenbar geschaffenen Rechtsscheins ist von einem Handeln des X mit Vertretungsmacht für A auszugehen.

III. **Weitere Voraussetzungen und Ergebnis**
Der gutgläubige und bei seinen geschäftlichen Dispositionen auf die Registereintragung vertrauende C kann von A Kaufpreiszahlung nach § 433 II BGB verlangen.

---

[55] RGZ 142, 98, 104f.
[56] RGZ 131, 12, 14f.
[57] Vgl. Rn. 71.

§ 4. Unternehmen und Firma

A. Begriffe

1 Die Firma im Rechtssinne ist nicht das Unternehmen als solches, sondern der Name des Kaufmanns, unter dem er seine Geschäfte betreibt und die Unterschrift abgibt (§ 17 I HGB). Die Firma ist daher der **Handelsname** des Kaufmanns und bezeichnet den Unternehmensträger. Davon zu unterscheiden ist der Gebrauch des Begriffs „Firma" im allgemeinen Sprachgebrauch, der den Begriff der Firma mit dem Unternehmen als solchem gleichsetzt (z. B. Geschäftsräume der „Firma").

2 Die Firma i. S. d. § 17 I HGB muss **zwei Teile** enthalten, nämlich **(1)** einen den Kaufmann kennzeichnenden Teil (§ 18 I HGB) und **(2)** den Rechtsformzusatz (§ 19 I HGB; § 4 AktG; § 4 S. 1 GmbHG).

Beispiel: Fritz Müller Backwaren Speichersdorf e. K.

Abbildung 3: Firma i. S. d. § 17 HGB

3 Den Handelsnamen kann der Kaufmann neben seinem bürgerlich-rechtlichen Namen (§ 12 BGB) führen. Die Firma ersetzt den bürgerlich-rechtlichen Namen des Kaufmanns nur im Handelsverkehr. Dies ist aber lediglich für den Einzelkaufmann von Bedeutung; denn nur er führt zwei (unter Umständen verschiedene) Namen: die Firma als Handelsnamen und den bürgerlich-rechtlichen Namen. Handelsgesellschaften haben dagegen nur einen Namen, nämlich die Firma. Sie können daher nur unter diesem Namen auftreten.

B. Rechtsnatur der Firma

4 Da die Firma der Name eines Kaufmanns im Handelsverkehr ist, stellt sie ein – nach § 823 I BGB geschütztes – absolutes Recht dar, das sowohl persönlichkeits- und vermögensrechtliche als auch immaterialgüterrechtliche Elemente enthält.[1]

---

[1] Großkomm/*Burgard*, § 17 Rn. 50; MünchKomm/*Heidinger*, § 17 Rn. 42; *K. Schmidt*, § 12 I 3a; differenzierend *Canaris*, § 10 Rn. 7.

C. Abgrenzung der Firma von Marke und bloßer Geschäftsbezeichnung

I. Marke

Die Firma ist abzugrenzen von der Marke. Denn die Marke kennzeichnet lediglich die 5 Produkte eines Unternehmens, um sie von denjenigen anderer Unternehmen zu unterscheiden (§ 3 I MarkenG).

Beispiele: „Jägermeister" für eine Spirituose oder „Jaguar" für einen Pkw.

II. Bloße Geschäftsbezeichnung

Eine bloße selbständige Geschäftsbezeichnung (Etablissementbezeichnung) weist 6 nicht auf den Unternehmensträger, sondern auf das Unternehmen selbst (z. B. Geschäftslokal oder Geschäftsbetrieb) hin. Sie hat ohne amtliche Registrierung bei beständigem Gebrauch und Kennzeichnungskraft Namensfunktion und ist infolgedessen durch § 12 BGB geschützt.[2]

Beispiele: „Adler Apotheke"; Gasthaus „Wittelsbacher Hof".

D. Funktionen der Firma

I. Bezeichnung als Prozesspartei

Nach § 17 II HGB kann ein Kaufmann unter seiner Firma klagen und verklagt werden. Er kann also als Prozesspartei durch seine Firma bezeichnet sein. Eine rechtliche 7 Verselbständigung der Firma oder des Unternehmens – wie sie § 124 HGB für die oHG bestimmt – ist damit nicht verbunden.

II. Unterscheidung eines Unternehmens von anderen

Eine wichtige Funktion der Firma liegt in ihrer Eignung zur Kennzeichnung eines Unternehmens und dessen Unterscheidung von anderen Unternehmen (Namensfunktion). Dies kommt insbesondere in § 18 I HGB (Unterscheidungskraft) und § 30 I 8 HGB (Unterscheidung von anderen Firmen am gleichen Ort) zum Ausdruck. Die Firma schützt den Kaufmann daher vor Verwechslungen und ermöglicht ihm den Aufbau eines *Goodwill* (Vertrauen des Publikums in dieses Unternehmen). Deshalb wird bei der Veräußerung eines Unternehmens häufig auch die Firma mitveräußert und als besonderer Vermögenswert behandelt. Denn sie ist häufig das wichtigste Werbemittel zur einheitlichen und einprägsamen Bezeichnung eines Unternehmens *(corporate identity)* sowie seiner Produkte.

III. Offenlegung der Haftungsverhältnisse

Die Firma soll über die Haftungsverhältnisse unterrichten. Dies kommt insbesondere 9 mit dem Gebot des Rechtsformzusatzes (§ 19 I HGB; § 4 AktG; § 4 S. 1 GmbHG) und dem Erfordernis der Kennzeichnung von Haftungsbeschränkungen (§ 19 II

---

[2] MünchKomm/*Heidinger,* § 17 Rn. 37; Baumbach/Hopt/*Merkt,* § 17 Rn. 12.

HGB) zum Ausdruck. Ein Verstoß gegen dieses Gebot kann zur firmenrechtlichen Rechtsscheinhaftung führen.[3]

E. Firma und Vertragsschluss

10 Der Kaufmann kann Verträge entweder unter seiner Firma, also seinem Handelsnamen, oder unter seinem bürgerlich-rechtlichen Namen abschließen. Bei Auftreten unter der Firma ist der jeweilige Unternehmensträger berechtigt und verpflichtet.[4] Dies hat insbesondere Bedeutung, wenn ein Dritter als Stellvertreter i. S. d. § 164 I BGB einen Vertrag schließt. Danach muss der Dritte **(1)** im Namen des Vertretenen (Offenkundigkeitsprinzip) und **(2)** mit Vertretungsmacht handeln. Beim Abschluss eines Vertrags mit Unternehmensbezug durch einen Stellvertreter ist auch ohne ausdrückliches Handeln im Namen des Vertretenen nach den Grundsätzen über **unternehmensbezogenes Handeln**[5] im Zweifel (Auslegungsregel) der Unternehmensträger berechtigt und verpflichtet. Ein solcher Unternehmensbezug kann sich aus verschiedenen Umständen des Einzelfalls ergeben.

Beispiele: Ort des Vertragsschlusses, etwa in den Geschäftsräumen des Unternehmensträgers; Zeichnung mit der Firma; Leistung für das Unternehmen bestimmt.

F. Firmenrechtliche Grundsätze

11 Jeder Kaufmann[6] ist verpflichtet, eine Firma, also einen Handelsnamen, anzunehmen und in das Handelsregister eintragen sowie bekannt machen zu lassen (§ 29 HGB). Es handelt sich dabei um eine einzutragende Tatsache i. S. d. § 15 HGB. Für die Bildung der Firma bestehen bestimmte Regelungen, insbesondere folgende Grundsätze: **(1)** Firmenklarheit (§ 18 I HGB), **(2)** Firmenwahrheit (§§ 18 II, 23 HGB), **(3)** Firmeneinheit (gesetzlich nicht vorgesehen, aber beruhend auf dem Grundsatz der Firmenwahrheit), **(4)** Firmenbeständigkeit (§§ 21, 22, 24 HGB), **(5)** Firmenpublizität (§§ 19, 29, 31, 33, 34, 37a, 106ff. HGB) und **(6)** Firmenunterscheidbarkeit (§ 30 HGB). Im Übrigen gilt der (ungeschriebene) Grundsatz der Firmengestaltungsfreiheit. Stets muss die Firma jedoch einen den Kaufmann kennzeichnenden Teil (§ 18 I HGB) und einen Rechtsformzusatz (§ 19 I HGB; § 4 AktG; § 4 S. 1 GmbHG) enthalten. Da es sich dabei um die namensrechtlichen Grundanforderungen an eine kaufmännische Firma handelt, spricht man insoweit vom Firmennamensrecht. Die übrigen Anforderungen an eine Firma zum Schutz des Rechtsverkehrs bilden das Firmenordnungsrecht.

---

[3] Vgl. dazu Rn. 26 f.
[4] BGHZ 62, 216, 221; 92, 259, 268; *BGH* NJW 1998, 2897.
[5] *BGH* NJW 1995, 43, 44.
[6] Nichtkaufleute dürfen keine Firma, wohl aber eine Geschäfts- oder Etablissementbezeichnung führen.

G. Firmennamensrecht

Die Regelungen über die Bildung der Firma (Firmennamensrecht) unterscheiden zwi- 12
schen der Firma eines Einzelkaufmanns und der Firma einer Handelsgesellschaft.

I. Firma eines Einzelkaufmanns

1. Kennzeichnender Teil (§ 18 I HGB)

Die Firma eines Einzelkaufmanns muss einen kennzeichnenden Teil enthalten (§ 18 I 13
Alt. 1 HGB). Der Einzelkaufmann muss als Firma jedoch nicht seinen Familiennamen
mit mindestens einem ausgeschriebenen Vornamen führen. Vielmehr steht es ihm frei,
einen Personennamen, eine Sachbezeichnung oder eine Fantasiebezeichnung als Firma
zu wählen. Wählt der Kaufmann zur Bildung seiner Firma einen Personennamen, ist
eine **Personenfirma** gegeben.

Beispiel: „Hans Müller". Allerdings muss auch Unterscheidungskraft gegeben sein (§ 18 I Alt. 2 HGB),
die bei häufig vorkommenden Namen wie Müller regelmäßig fehlt.

Wählt der Kaufmann zur Bildung seiner Firma eine Sachbezeichnung (beschreibende 14
Elemente wie eine Geschäftsbezeichnung), spricht man von **Sachfirma.**

Beispiel: „GetränkeShop".

Wählt der Kaufmann zur Bildung seiner Firma einen Fantasienamen, handelt es sich 15
um eine **Fantasiefirma.**

Beispiel: „Gelber Blitz".

Auch eine **Mischfirma,** die Elemente der Personen-, Sach- und Fantasiefirma kombi- 16
niert, ist zulässig.

Beispiel: „Berthold Beiersdorfer Baumarkt".

Zwischen den verschiedenen Gestaltungsformen kann ein Kaufmann grundsätzlich 17
frei wählen.

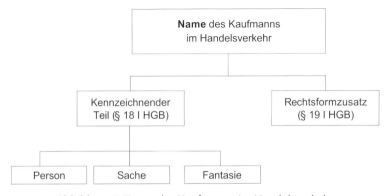

Abbildung 4: Name des Kaufmanns im Handelsverkehr

2. Rechtsformzusatz (§ 19 I Nr. 1 HGB)

18 Nach § 19 I Nr. 1 HGB muss die Firma eines Einzelkaufmanns den Rechtsformzusatz „eingetragener Kaufmann", „eingetragene Kauffrau" oder eine allgemein verständliche Abkürzung dieser Bezeichnung, insbesondere „e. K.", „e. Kfm." oder „e. Kfr." enthalten. Insoweit kommt es zu einer Offenlegung der Haftungsverhältnisse und gilt der Grundsatz der Firmenpublizität.

II. Firma von oHG und KG

1. Kennzeichnender Teil (§ 18 I HGB)

19 Für die Bildung der Firma einer oHG oder KG besteht im Hinblick auf den die Gesellschaft kennzeichnenden Teil Gestaltungsfreiheit, so dass eine Personen-, Sach-, Fantasie- oder Mischfirma zulässig ist.

2. Rechtsformzusatz (§ 19 I Nr. 2 und Nr. 3 HGB) und Haftungsbeschränkung (§ 19 II HGB)

20 Die Firma einer oHG muss nach § 19 I Nr. 2 HGB den Rechtsformzusatz „offene Handelsgesellschaft" oder eine allgemein verständliche Abkürzung (z. B. oHG), die Firma einer KG nach § 19 I Nr. 3 HGB die Bezeichnung „Kommanditgesellschaft" oder eine allgemein verständliche Abkürzung (z. B. KG) enthalten. Wenn bei einer oHG oder KG keine natürliche Person persönlich haftet, muss die Firma darüber hinaus die Haftungsbeschränkung kenntlich machen (§ 19 II HGB). Die Firma muss also die Haftungsverhältnisse offenlegen. Insoweit gilt der Grundsatz der Firmenpublizität.

III. Firma der Kapitalgesellschaften

1. Kennzeichnender Teil (§ 18 I HGB)

21 Für die Bildung der Firma einer Kapitalgesellschaft (AG; GmbH) besteht im Hinblick auf den die Gesellschaft kennzeichnenden Teil Gestaltungsfreiheit, so dass eine Personen-, Sach-, Fantasie- oder Mischfirma zulässig ist.

2. Rechtsformzusatz (§ 4 AktG; § 4 S. 1 GmbHG)

22 Nach § 4 AktG muss die Firma einer AG die Bezeichnung „Aktiengesellschaft" oder eine allgemein verständliche Abkürzung dieser Bezeichnung (z. B. AG) enthalten.

Beispiele: „Deutsche Bank AG", „Bayerische Motoren Werke AG".

23 Eine Offenlegung der Haftungsverhältnisse ergibt sich aus der Verpflichtung nach § 4 AktG deshalb, weil die Bezeichnung AG darauf hindeutet, dass den Gläubigern der Gesellschaft grundsätzlich nur die Gesellschaft mit ihrem Vermögen haftet. Eine AG muss nach §§ 6, 7 AktG mindestens über ein Grundkapital von 50 000,– Euro verfügen. Auch insoweit kommt der Grundsatz der Firmenpublizität zum Tragen.

24 Nach § 4 S. 1 GmbHG muss die Firma einer Gesellschaft mit beschränkter Haftung die Bezeichnung „Gesellschaft mit beschränkter Haftung" oder eine allgemein verständliche Abkürzung dieser Bezeichnung (z. B. GmbH) enthalten.

Beispiel: „Oberfränkische Betonlieferung GmbH".

Eine Offenlegung der Haftungsverhältnisse ergibt sich aus der Verpflichtung nach § 4 **25**
S. 1 GmbHG deshalb, weil die Bezeichnung GmbH darauf hindeutet, dass den Gläu-
bigern der Gesellschaft grundsätzlich nur die Gesellschaft mit ihrem Vermögen haftet.
Eine GmbH muss nach § 5 I GmbHG mindestens über ein Stammkapital von
25 000,– Euro verfügen (Ausnahme: § 5a GmbHG). Auch insoweit kommt der
Grundsatz der Firmenpublizität zum Tragen.

IV. Firmenrechtliche Rechtsscheinhaftung

Ein Verstoß gegen das Gebot des Rechtsformzusatzes begründet den Rechtsschein un- **26**
beschränkter Haftung zu Lasten desjenigen, der für die nicht ordnungsgemäße Firmierung verantwortlich ist.[7] Neben eine Verbindlichkeit der Gesellschaft (die nach den
Grundsätzen über das unternehmensbezogene Handeln[8] auch bei Falschbezeichnung
wirksam vertreten ist, sofern die übrigen Voraussetzungen des § 164 I BGB gegeben
sind) tritt dann die Rechtsscheinhaftung der Person, die die Voraussetzungen der
Rechtsscheinhaftung (insbesondere zurechenbare Setzung eines Rechtsscheins) erfüllt,
nach § 179 BGB analog.[9] Es haftet ausschließlich die Person – gleichgültig ob sie Organ der Gesellschaft oder ein anderer Vertreter ist –, die für die Gesellschaft im Geschäftsverkehr aufgetreten ist und durch ihr Zeichnen der Firma ohne Formzusatz das
berechtigte Vertrauen des Geschäftsgegners auf die Haftung mindestens einer natürlichen Person hervorgerufen hat.[10] Die Rechtsscheinhaftung besteht auf Grund teleologischer Reduktion von § 15 II 1 HGB[11] auch dann, wenn die Firma zutreffend in
das Handelsregister eingetragen und bekannt gemacht ist. Zu beachten ist insbesondere § 37a I HGB. Danach ist auf allen Geschäftsbriefen eines Einzelkaufmanns, die
an einen bestimmten Empfänger gerichtet sind, u. a. seine Firma und der Rechtsformzusatz nach § 19 I Nr. 1 HGB anzugeben (vgl. auch §§ 125a, 177a HGB, 80 AktG,
35a GmbHG, 25a GenG). Diese Verpflichtung soll Informationsdefizite ausgleichen,
die beim Einzelkaufmann insbesondere wegen der Zulässigkeit von Sach- und Fanta-
siefirmen entstehen können.

Beispiel: Der Geschäftsführer A des Unternehmens Alfred Heinrich Bau GmbH verwendet auf Briefbö-
gen der Gesellschaft lediglich die Firma Alfred Heinrich. Als den für diese Firmierung Verantwortlichen
trifft A eine unbeschränkte persönliche Haftung gegenüber gutgläubigen Dritten. Eine (Mit-)Haftung des
nicht unmittelbar handelnden, gleichsam im Hintergrund bleibenden Geschäftsführers B der GmbH wegen einer bloßen Mitverursachung des von dem unmittelbar Handelnden gesetzten Rechtsscheins durch
Verletzung sonstiger Handlungs-, Überwachungs- oder Instruktionspflichten kommt nicht in Betracht.
Denn B hat bei Dritten kein Vertrauen hervorgerufen, es hafte zumindest eine (natürliche) Person unbeschränkt mit ihrem Privatvermögen.[12]

Tritt ein Nichtkaufmann unter einer Firma auf, die nur ein Kaufmann führen darf, **27**
setzt er den Rechtsschein, dass er Kaufmann ist (Scheinkaufmann).

Beispiel: Ein Privatmann tritt mit dem Zusatz „e. K." (vgl. § 19 I Nr. 1 HGB) auf.

---

[7] BGHZ 71, 354, 357f.; *BGH* WM 1990, 600, 601f.; 1991, 2627 m. Anm. *Canaris.*
[8] Vgl. dazu Rn. 10.
[9] *BGH* NJW 2007, 1529 Rn. 9.
[10] *BGH* NJW 2007, 1529 Rn. 14.
[11] Vgl. dazu § 3 Rn. 47, 54.
[12] *BGH* NJW 2007, 1529 Rn. 16f.

H. Firmenordnungsrecht

I. Kennzeichnungseignung und Unterscheidungskraft (§ 18 I HGB)

1. Normzweck

28 Die Firma muss nach § 18 I HGB geeignet sein, den Kaufmann (Unternehmensträger) zu kennzeichnen und – bei abstrakter Betrachtung – von anderen zu unterscheiden (Grundsatz der Firmenklarheit). Von § 30 I HGB ist § 18 I HGB in der Weise abzugrenzen, dass § 18 I HGB die *abstrakte* Unterscheidbarkeit einer Firma, § 30 I HGB hingegen die *konkrete* Unterscheidbarkeit einer Firma gegenüber anderen ortsansässigen Firmen gewährleistet.

2. Voraussetzungen

29 Kennzeichnung und Unterscheidungskraft i. S. d. § 18 I HGB sind keine eigenständigen Rechtsbegriffe, da die Eignung zur Kennzeichnung eine Folge der Unterscheidungskraft ist. Ist eine Firma unterscheidungskräftig, ist sie nämlich regelmäßig auch kennzeichnungsfähig. Daher kommt es entscheidend auf den Begriff der die Namensfunktion der Firma zum Ausdruck bringenden Unterscheidungskraft an. Der *BGH*[13] definiert diesen Begriff wie folgt:

30 **Unterscheidungskraft** ist die hinreichend individuelle Eigenart, die den Verkehr den gewählten Namen als einen Hinweis auf das Unternehmen verstehen lässt.

31 Entscheidend ist die abstrakte Möglichkeit der **Individualisierung** des Unternehmens auf Grund einer bestimmten Bezeichnung (unabhängig von einer etwaigen Verwechslung mit anderen Firmen). Die Firma muss geeignet sein, beim Adressaten eine gedankliche Verbindung zu einem bestimmten Unternehmen herzustellen. Daran fehlt es insbesondere bei allgemeinen Beschreibungen des Unternehmensgegenstands (Branchen- oder Gattungsbezeichnungen). Insoweit besteht nämlich im Hinblick auf das Interesse anderer Kaufleute, dieselben Begriffe zu verwenden, ein Freihaltebedürfnis und sind erhöhte Anforderungen zu stellen.

Beispiele: Die abstrakte Möglichkeit der Individualisierung fehlt bei Bezeichnungen wie Leasing-Partner[14], VIDEO-Rent[15], Cotton-Line[16], Autodienst[17] oder Bäckerei.

32 Unterscheidungskraft fehlt auch bei Worten der Umgangssprache, geografischen Bezeichnungen (z. B. Bayern GmbH) oder häufig vorkommenden Namen (z. B. Müller). Allerdings kann ein unterscheidungskräftiger Zusatz die abstrakte Möglichkeit der Individualisierung begründen.

Beispiele: Bäckerei Julius Ostermann e. K. Die Bezeichnung „Autodienst Berlin" genügt hingegen nicht, weil dem Zusatz „Berlin" keine Kennzeichnungseignung zukommt. Denn er bedeutet nur, dass der Autodienst auch in Berlin tätig ist.[18]

---

[13] BGHZ 130, 134, 144.
[14] *BGH* GRUR 1991, 556, 557.
[15] *BGH* NJW 1987, 438.
[16] *BGH* NJW-RR 1996, 230.
[17] *KG* DNotZ 2008, 392; *Kanzleiter,* DNotZ 2008, 393, 394.
[18] *Kanzleiter,* DNotZ 2008, 393, 395; a. A. *KG* DNotZ 2008, 392.

Buchstaben- oder Zahlenfolgen müssen über ein Mindestmaß an Sinngehalt oder Ein- 33
prägsamkeit zum Zwecke der aussprechbaren Identifikation des dahinterstehenden
Unternehmens verfügen, um eine Firma bilden zu können.

Beispiele: Bezeichnungen wie Pro 7, VW oder SAP sind zur Firmenbildung geeignet, nicht hingegen
AAA.[19] Unterscheidungskräftig ist auch die Bezeichnung HM & A AG, zumal sie aussprechbar (artikulier-
bar) ist.[20]

Bildzeichen können eine Firma nicht begründen, weil die Namensfunktion der Firma 34
eine wörtliche und damit aussprechbare Bezeichnung voraussetzt.

Beispiele: Eine Partnerschaftsvermittlung kann nicht allein unter zwei umschlungenen Herzen firmieren.
Auch eine Firma, die wie „@-GmbH" lediglich das @-Zeichen enthält, ist nicht eintragungsfähig, weil sie
keine Worte enthält. Eine Firma, die wie „Shopping@Potsdam AG" neben Worten das @-Zeichen enthält,
ist hingegen eintragungsfähig, da sie die aussprechbaren Worte „Shopping at Potsdam" enthält und sich
von der zulässigen Firmenbezeichnung „Shopping at Potsdam" nicht unterscheidet.[21]

II. Irreführungsverbot (§ 18 II HGB)

1. Normzweck

Die Firmengestaltungsfreiheit ist eingeschränkt durch das Irreführungsverbot. Nach 35
§ 18 II 1 HGB darf die Firma nämlich keine Angaben enthalten, die geeignet sind,
über geschäftliche Verhältnisse, die für die angesprochenen Verkehrskreise wesentlich
sind, irrezuführen (Irreführungsverbot). Der sich daraus ergebende Grundsatz der Firmenwahrheit erfordert, dass die Firma als Name des Kaufmanns die Verhältnisse seines Unternehmens zutreffend wiedergibt.

Aus dem Grundsatz der Firmenwahrheit ist außerdem der, nicht ausdrücklich durch 36
Gesetz vorgegebene, Grundsatz der Firmeneinheit abzuleiten. Danach kann ein und
dasselbe Unternehmen nicht unter zwei verschiedenen Firmen auftreten. So darf ein
Einzelkaufmann nicht für ein bestimmtes Unternehmen zwei Firmen gebrauchen.[22]
Der Gebrauch einer Firma ist nur für ein einziges Unternehmen möglich. Betreibt
der Einzelkaufmann mehrere, eindeutig voneinander getrennte, also insbesondere
nicht organisatorisch, buchführungs- und bilanzierungstechnisch verbundene Unternehmen, darf er für jedes von ihnen eine eigene Firma gebrauchen. Eine Handelsgesellschaft (AG, KGaA, GmbH, SE, oHG, KG, EWIV) darf hingegen selbst dann,
wenn sie mehrere, eindeutig voneinander getrennte Unternehmen betreibt, stets nur
eine einzige Firma führen.[23] Denn es besteht nur eine einzige Handelsgesellschaft, die
folgerichtig allein mit einem einzigen Namen zu bezeichnen ist. Außerdem würde andernfalls der unzutreffende Eindruck mehrerer Haftungsobjekte hervorgerufen.[24]

---

[19] Eine solche Buchstabenfolge wählen Anbieter teilweise nur deshalb, um im Telefonbuch möglichst weit
vorne eingetragen zu sein.
[20] *BGH* WM 2009, 235 Rn. 5 u. 15.
[21] *LG* Berlin NJW-RR 2004, 835 („Wortzeichen mit spezifischer Bedeutung"); *LG* Cottbus CR 2002,
134; MünchKomm/*Heidinger*, § 18 Rn. 14 (Silbe „at" als „wortersetzendes Zeichen"); Koller/Kindler/
Roth/Drüen/*Roth*, § 18 Rn. 3 („aussprechbar"); **a. A.** *BayObLG* NJW 2001, 2337, 2338.
[22] *BGH* NJW 1991, 2023, 2024.
[23] BGHZ 67, 166, 167; *BGH* NJW 1991, 2023, 2024; *K. Schmidt*, § 12 II 2 c.
[24] *Canaris*, § 11 Rn. 39.

Beispiel: Beim Auftreten ein und derselben GmbH unter zwei Firmen würde der unzutreffende Eindruck entstehen, es stehe bei jeder GmbH das nach § 5 I GmbHG erforderliche Mindestkapital in Höhe von 25 000,– Euro als Haftungsmasse zur Verfügung.

37 Eine Ausnahme vom Grundsatz der Firmeneinheit bildet das Recht zur Errichtung von Zweigniederlassungen. Denn Zweigniederlassungen können selbständig in das Handelsregister eingetragen sein und auch selbständig firmieren (§ 13 HGB).

2. Voraussetzungen

38 § 18 II HGB verbietet, dass **(a)** eine Angabe **(b)** über geschäftliche Verhältnisse, die **(c)** für den angesprochenen Verkehr wesentlich sind, **(d)** geeignet ist, irrezuführen.

a) Angabe

39 Das Tatbestandsmerkmal der Angabe setzt eine Information, d. h. eine inhaltliche Aussage mit einem objektiv nachprüfbaren Tatsachenkern, voraus. Allgemeine Redewendungen, vollmundige Anpreisungen ohne Tatsachenkern (z. B. „Riesig"), schlagwortartige Formulierungen, die sich einer objektiven Nachprüfung entziehen und suggestive Appelle und Übertreibungen, die nur unbestimmte Qualitätsvorstellungen auslösen (z. B. „Dieses und nichts anderes"[25] oder „Das Beste"[26]), enthalten keine Aussage in diesem Sinne. Doch können auch in Werturteilen Angaben enthalten sein, wenn sie erkennbar auf Tatsachen beruhen, sich also ihre Richtigkeit objektiv nachprüfen lässt. Für die Abgrenzung kommt es entscheidend darauf an, ob die durchschnittlich informierte, situationsadäquat aufmerksame und verständige Durchschnittsperson[27] des angesprochenen Verkehrskreises der Aussage eine Information entnimmt.

Beispiele: Die Aussage „Größte und modernste Kaffeerösterei Europas"[28] enthält Informationen über Größe und Ausstattung des Unternehmens. Der Firmenbestandteil „Euro" weist auf ein Unternehmen hin, das nach Größe und Marktstellung den Verhältnissen des europäischen Markts entspricht.[29] Der Firmenbestandteil „International" enthält die Information, dass das Unternehmen grenzüberschreitend tätig ist.[30]

b) Geschäftliche Verhältnisse

40 Die Angabe muss sich auf geschäftliche Verhältnisse beziehen. Damit sind rein private Umstände ausgenommen. Geschäftliche Verhältnisse betreffen den Geschäftsbetrieb des Unternehmens und den Träger des Unternehmens.

Beispiele: Größe des Unternehmens; Art der Unternehmenstätigkeit; Rechtsform des Unternehmensträgers.

c) Für die angesprochenen Verkehrskreise wesentliche geschäftliche Verhältnisse

41 Die Beschränkung auf Angaben über geschäftliche Verhältnisse, die für die angesprochenen Verkehrskreise wesentlich sind, soll verhindern, dass auch Irreführungen über

---

[25] *BGH* GRUR 1965, 365, 367 – Lavamat II.
[26] *BGH* WRP 2002, 74, 77 f. – Das Beste jeden Morgen.
[27] Baumbach/Hopt/*Merkt,* § 18 Rn. 12 f.
[28] *BGH* GRUR 1969, 415, 416 – Kaffeerösterei.
[29] *BGH* GRUR 1970, 461, 462 – Euro-Spirituosen.
[30] Vgl. auch *BGH* NJW 1994, 196, 197 – Euroconsult.

unbedeutende und nebensächliche geschäftliche Verhältnisse unter das Verbot des § 18 II HGB fallen. Wesentlich sind für die angesprochenen Verkehrskreise geschäftliche Verhältnisse, wenn sie aus der Sicht einer durchschnittlich informierten, situationsadäquat aufmerksamen und verständigen Durchschnittsperson des angesprochenen Verkehrskreises von wettbewerblicher Relevanz sind. Sie müssen also für die maßgebliche Durchschnittsperson hinsichtlich ihrer Wertschätzung des Unternehmensträgers von Gewicht sein.

Beispiel: Verwendung bestimmter Produktionstechniken oder Vertriebswege.

d) Eignung zur Irreführung

Da es nur auf die Eignung zur Irreführung ankommt, muss es nicht tatsächlich zu einer Irreführung kommen. Eine Angabe ist zur Irreführung geeignet, wenn sie objektiv unrichtig ist oder bei der durchschnittlich informierten, situationsadäquat aufmerksamen und verständigen Durchschnittsperson des angesprochenen Verkehrskreises eine unrichtige Vorstellung hervorrufen kann. Daher ist zu fragen, ob die Angaben in der Firma, so wie sie die maßgebliche Durchschnittsperson versteht, mit der Wirklichkeit übereinstimmen. Sofern es sich nicht um eine objektiv unrichtige und damit per se irreführende Angabe handelt, ist also – in drei Schritten – zu prüfen, **(aa)** welchen Verkehrskreis die Angabe anspricht (maßgeblicher Personenkreis), **(bb)** wie die durchschnittlich informierte, situationsadäquat aufmerksame und verständige Durchschnittsperson dieses Verkehrskreises die Angabe auffasst (maßgebliche Auffassung) und **(cc)** ob diese Auffassung mit der Wirklichkeit übereinstimmt. Auf die Unterscheidung nach dem angesprochenen Verkehrskreis kommt es deshalb an, da Fachkreise bestimmte Angaben anders verstehen als Laien. 42

aa) Maßgeblicher Personenkreis

Bei dem maßgeblichen Personenkreis kann es sich um Verbraucher oder Gewerbetreibende/Handwerker/Angehörige eines freien Berufs handeln. 43

Beispiele: Die Werbung für eine Kaffeemaschine richtet sich an Verbraucher.[31] Ein Emissionsprospekt wendet sich an Kapitalanleger, regelmäßig insbesondere an Kleinanleger. Eine Anzeige in einer allgemeinen Tageszeitung über die Reichweite eines Nachrichtenmagazins soll in erster Linie den allgemeinen Leser und nicht Interessenten für Inserate in diesem Nachrichtenmagazin ansprechen.[32]

Sind gewerbliche Abnehmer angesprochen, ist wegen deren Geschäftserfahrung ein im Vergleich zu einem Verbraucher erhöhter Kenntnisstand sowie Aufmerksamkeits- und Verständigkeitsgrad zu Grunde zu legen. Denn dann kommt es auf die Auffassung eines durchschnittlich informierten, situationsadäquat aufmerksamen und verständigen gewerblichen Abnehmers an.

bb) Maßgebliche Auffassung

Für die Ermittlung, wie die maßgebliche Durchschnittsperson eine Angabe auffasst, kommt es entscheidend auf den Wortsinn der Aussage, d. h. den allgemeinen Sprachgebrauch und das allgemeine Sprachverständnis, an.[33] 44

---

[31] *BGH* GRUR 2005, 690, 691 – Internet-Versandhandel.
[32] *BGH* GRUR 2004, 244, 245 – Marktführerschaft.
[33] *BGH* GRUR 2003, 361, 362 – Sparvorwahl.

Beispiele: Die Angabe „Gemeinnützig" in der Firma deutet regelmäßig darauf hin, dass das Unternehmen durch die Finanzverwaltung nach § 52 AO als gemeinnützig anerkannt ist. Zudem erwartet die Durchschnittsperson des angesprochenen Verkehrskreises, dass ein derart bezeichnetes Unternehmen nur ein die Selbstkosten deckendes Entgelt fordert und seine Leistungen zu niedrigeren Preisen anbietet als die Wettbewerber.[34] Trifft diese Erwartung nicht zu, ist die Angabe geeignet, irrezuführen. – Der Zusatz „Fabrik" ist bei einem handwerklichen Betrieb zur Irreführung geeignet, da dieser Zusatz auf einen industriellen Herstellungsbetrieb mit Maschineneinsatz, Arbeitsteilung, eigener Verkaufsorganisation und großem Produktumfang schließen lässt. – Enthält die Firma eines mit anderen Betrieben im Wettbewerb stehenden Wirtschaftsunternehmens den Bestandteil „Bundes" – etwa Bundesdruckerei Berlin GmbH –, versteht die angesprochene Durchschnittsperson dies dahin, die Bundesrepublik Deutschland sei zumindest Mehrheitsgesellschafter bei diesem Unternehmen.[35] – Die Bezeichnung „Deutsche City Post" für ein nur in einem begrenzten regionalen Bereich tätiges Unternehmen versteht der Verbraucher in der Weise, dass das Unternehmen nach Umfang, Umsatz und Bedeutung auf den deutschen Markt als Ganzes zugeschnitten ist.[36]

cc) Fehlende Übereinstimmung von maßgeblicher Auffassung und Wirklichkeit

45 Stimmen maßgebliche Auffassung und Wirklichkeit nicht überein, ist die Angabe geeignet, irrezuführen. Bei objektiv unrichtigen Angaben ist dies stets der Fall. Eine Irreführung kommt auch bei lediglich missverständlichen Angaben in Betracht. Da bei der Firmenbildung kein Zwang zur Verwendung von Personennamen besteht, ist die Verwendung des Namens anderer Personen grundsätzlich zulässig. Doch ist die Verkehrserwartung bei Verwendung des realen Namens einer Person regelmäßig darauf gerichtet, dass er den Unternehmensträger identifiziert.[37] Ist dies tatsächlich nicht der Fall, liegt die Eignung zur Irreführung nahe. So insbesondere bei Namen bekannterer, nicht schon seit längerer Zeit verstorbener Personen. Die Einwilligung des Namensträgers ist unerheblich, da das Irreführungsverbot im öffentlichen Interesse liegt.

Beispiel: Es verstößt gegen § 18 II HGB, wenn Harrer und Schwarzbauer die von ihnen gegründete Gesellschaft unter der Firma „Ballack Consulting oHG" anmelden. Ob der bekannte Fußballer Michael Ballack dem zugestimmt hat, ist insoweit ohne Bedeutung. Die Bezeichnung „Deutsche City Post" verstößt gegen § 18 II HGB, wenn das Unternehmen lediglich in einem begrenzten regionalen Bereich tätig ist.

3. Verfahren vor dem Registergericht

46 Im Verfahren vor dem Registergericht ist die Eignung zur Irreführung nur zu berücksichtigen, wenn sie ersichtlich ist (§ 18 II 2 HGB). Diese Beschränkung soll die *register*richterliche Prüfung von umfangreichen Beweisaufnahmen entlasten.[38] Denn ersichtlich i. S. d. § 18 II 2 HGB sind nur die Umstände, von denen das Gericht auf Grund eigener Sachkenntnis und verfügbarer Informationsquellen Kenntnis hat. § 18 II 2 HGB konkretisiert damit den Grundsatz der Amtsermittlung durch das Registergericht (§ 26 FamFG) in der Weise, dass im registergerichtlichen Verfahren an die Eignung zur Irreführung lediglich ein „Grobraster" anzulegen ist. Für das Verfahren vor den *Prozess*gerichten auf Unterlassung (z. B. nach § 37 II 1 HGB oder § 8 I UWG i. V. m. §§ 3, 5 UWG) gilt die Beschränkung auf ersichtliche Irreführungseignung nicht, so dass insoweit die „Feinsteuerung" erfolgt.

---

[34] *BGH* GRUR 2003, 448, 450 – Gemeinnützige Wohnungsgesellschaft.
[35] *BGH* WRP 2007, 1346 Rn. 37 – Bundesdruckerei.
[36] *OLG Nürnberg* WM 2008, 272, 273.
[37] Koller/Kindler/Roth/Drüen/*Roth,* § 18 Rn. 15c.
[38] BT-Drs. 340/97, S. 54; Baumbach/Hopt/*Merkt,* § 18 Rn. 20.

III. Fortführung der Firma bei Namensänderung (§ 21 HGB)

§ 21 HGB regelt den Fall der bloßen Namensänderung des Unternehmensträgers oder 47
eines Gesellschafters (z. B. durch Eheschließung nach § 1355 II BGB) *ohne* einen
Wechsel in der Person des Unternehmensträgers. Hier darf der Unternehmensträger
die bisherige Firma fortführen. Der sich daraus ergebende Grundsatz der Firmenbeständigkeit (auch Firmenkontinuität) schränkt den Grundsatz der Firmenwahrheit
ein, um die Firma in ihrem Bestand zu schützen. Denn der Vermögenswert, den die
Firma und insbesondere deren *Goodwill* darstellen, soll erhalten werden können. Zu
einer Durchbrechung des Grundsatzes der Firmenwahrheit führt § 21 HGB nicht, da
die Person des Unternehmensträgers und die Haftungsverhältnisse unverändert bleiben. Kommt es hingegen zu einem Wechsel in der Person des Unternehmensträgers,
richtet sich die Zulässigkeit der Fortführung der bisherigen Firma nach § 22 HGB.

IV. Fortführung der Firma bei Erwerb des Handelsgeschäfts (§ 22 HGB)

1. Normzweck

Nach § 22 HGB ist die Fortführung der bisherigen Firma auch bei Übergang eines 48
Handelsgeschäfts (= kaufmännisches Unternehmen) auf einen anderen nur zulässig,
sofern der bisherige Geschäftsinhaber (= Unternehmensträger) oder seine Erben einwilligen. Unter dieser Voraussetzung schränkt der Grundsatz der Firmenbeständigkeit
(auch Firmenkontinuität) den Grundsatz der Firmenwahrheit ein, um Bestandsschutz
zu gewähren, damit der Vermögenswert der bisherigen Firma für den Erwerber erhalten bleiben kann.

2. Voraussetzungen

Die Zulässigkeit der Fortführung der bisherigen Firma nach § 22 HGB setzt voraus, 49
dass (**a**) ein bestehendes Handelsgeschäft (**b**) unter Lebenden oder von Todes wegen
erworben und (**c**) dieses Handelsgeschäft unter der bisherigen Firma fortgeführt wird,
wobei (**d**) der Geschäftsinhaber oder dessen Erben in die Firmenfortführung ausdrücklich einwilligen und (**e**) die übrigen Grundsätze des Firmenrechts beachtet sind.

a) Bestehendes Handelsgeschäft

Der Begriff des Handelsgeschäfts i. S. d. §§ 22 ff. HGB ist von dem Begriff des Han- 50
delsgeschäfts i. S. d. § 343 I HGB zu unterscheiden. Während der Begriff des Handelsgeschäfts i. S. d. §§ 22 ff. HGB ein kaufmännisches Unternehmen meint, ist
Handelsgeschäft i. S. d. § 343 HGB ein einzelnes Rechtsgeschäft (z. B. Kaufvertrag).
Dieses Unternehmen, sei es das Geschäft eines Einzelkaufmanns oder einer Handelsgesellschaft, muss bereits bestehen, d. h. seine Geschäfte betreiben. Eine nur
vorübergehende Unterbrechung der Geschäftstätigkeit ist solange unschädlich, als
Betriebsfähigkeit gegeben ist. So, wenn auf Grund der Betriebsorganisation, des Kundenstamms und der Bezugsquellen eine Wiederaufnahme möglich ist.[39] Liquidation
oder Insolvenz des Unternehmensträgers stehen dem nicht notwendig entgegen.

---

[39] BGHZ 32, 307, 312.

b) Erwerb eines bestehenden Handelsgeschäfts unter Lebenden oder von Todes wegen

51 Der Erwerb eines Handelsgeschäfts setzt nicht voraus, dass der Erwerber dessen gesamten Geschäftsbetrieb oder (nahezu) gesamtes Vermögen erwirbt. Es genügt bereits, dass der Veräußerer das Handelsgeschäft zumindest in seinem wesentlichen **Kern,** also die für die Betriebsführung wesentlichen Einrichtungen auf den Erwerber überträgt.[40] Allerdings darf es bei Übernahme lediglich eines Teils des Geschäftsbetriebs durch den Erwerber nicht zu einer irreführenden Vervielfältigung der Firma kommen. Als Formen des Erwerbs nennt § 22 I HGB den Erwerb unter Lebenden und den Erwerb von Todes wegen. Der Erwerb unter Lebenden erfolgt durch Rechtsgeschäft (z. B. Kaufvertrag). Rechtsgeschäft in diesem Sinne kann auch ein Nießbrauch, ein Pachtvertrag oder ein ähnliches Verhältnis sein (§ 22 II HGB). § 22 HGB geht davon aus, dass die Firma – allerdings nur zusammen mit dem Handelsgeschäft (vgl. § 23 HGB) – übertragbar ist, sofern nicht gesetzliche Regelungen wie § 134 BGB oder § 138 BGB entgegenstehen. Die Parteien eines Unternehmenskaufvertrags können daher auf Grund der Vertragsfreiheit grundsätzlich Vereinbarungen über Inhalt und Grenzen des Firmengebrauchs durch den Erwerber treffen. So können sie beispielsweise vereinbaren, dass der Erwerber nicht berechtigt sein soll, Firmenlizenzen zu vergeben oder die Firma auf einen Dritten zu übertragen oder die Firma zu verändern.[41] Der Erwerb von Todes wegen tritt durch gesetzliche oder testamentarische Erbfolge ein. § 22 HGB setzt also die Vererblichkeit der Firma voraus.

c) Fortführung des Handelsgeschäfts unter der bisherigen Firma

52 Der Erwerber muss das Handelsgeschäft unter der bisherigen Firma fortführen. Er muss also das Handelsgeschäft fortführen *und* dieses Handelsgeschäft (vgl. auch § 23 HGB) unter der bisherigen Firma fortführen. Die Fortführung des Handelsgeschäfts setzt voraus, dass der Erwerber das Unternehmen zumindest in seinem Kern und den für die Unternehmensführung wesentlichen Einrichtungen fortführt. Daran fehlt es bei sofortiger Weiterveräußerung oder Weiterverpachtung. Unwesentliche Umgestaltungen des Unternehmens stehen der Fortführung des Unternehmens nicht entgegen. Die Fortführung des Unternehmens unter der bisherigen Firma setzt voraus, dass der Veräußerer firmenfähig ist. Er muss daher Kaufmann sein.[42] Der Veräußerer muss außerdem die rechtmäßige, insbesondere mit den Anforderungen des HGB in Einklang stehende, Firma tatsächlich geführt haben.[43] Firmenfortführung heißt grundsätzlich unveränderte Fortführung der Firma, da der Geschäftsverkehr Klarheit über die Identität der fortgeführten Firma haben muss. Dem steht – wie § 22 I HGB ausdrücklich klarstellt – nicht entgegen, dass die Firma den Namen des bisherigen Unternehmensträgers enthält, da insoweit der Grundsatz der Firmenbeständigkeit Vorrang gegenüber dem Grundsatz der Firmenwahrheit hat. Firmenfortführung liegt auch dann vor, wenn der Erwerber die bisherige Firma lediglich in der Weise ändert, dass kein Zweifel an der Identität mit der bisherigen Firma entstehen kann.[44] Keine Firmenfortführung

---

[40] *BGH* WM 1977, 891, 893.
[41] *Köhler,* FS Fikentscher, 1998, 494, 502.
[42] Koller/Kindler/Roth/Drüen/*Roth,* § 22 Rn. 5; **a. A.** *K. Schmidt,* § 12 III 2b.
[43] BGHZ 30, 288, 291.
[44] Baumbach/Hopt/*Merkt,* § 22 Rn. 15.

ist gegeben, wenn der Erwerber für das erworbene Handelsgeschäft eine neue Firma wählt. In letzterem Fall bedarf es der Voraussetzungen des § 22 HGB nicht.

d) Ausdrückliche Einwilligung des bisherigen Geschäftsinhabers oder dessen Erben

aa) Dogmatische Einordnung

In der Einwilligung des bisherigen Geschäftsinhabers oder dessen Erben liegt die Ab- 53
tretung der Firma als subjektives Recht nach §§ 398, 413 BGB,[45] der ein schuldrechtliches Geschäft wie ein Kaufvertrag zu Grunde liegt. Die Einwilligung ist danach eine
Verfügung (Abtretungserklärung des Veräußerers), zu der die korrespondierende Erklärung des Erwerbers hinzukommen muss. Der Erwerber bildet daher keine eigene
Firma mit Duldung des Veräußerers („originärer" Erwerb), sondern erlangt die Firma
des Veräußerers („derivativer" Erwerb), so dass der Erwerber auch die Priorität der an
ihn übertragenen Firma erlangt.[46] Darüber hinaus liegt in der Einwilligung in die Firmenfortführung ein Verzicht auf die Geltendmachung namensrechtlicher Ansprüche
nach § 12 BGB, so dass der Erwerber bei Fortführung der Firma nicht unbefugt
i. S. d. § 12 BGB handelt. Der Veräußerer behält jedoch weiterhin das Recht an seinem Namen nach § 12 BGB, sofern dieser mit der übertragenen Firma vollständig
oder weit gehend identisch ist. Der dinglichen Übertragung der Firma muss, damit
sie mit Rechtsgrund i. S. d. § 812 I BGB erfolgt, ein schuldrechtliches Geschäft (z. B.
Kaufvertrag) zu Grunde liegen.

bb) Auslegung

(1) Ausdrücklichkeit. Ausdrücklich bedeutet, dass sich der bisherige Geschäftsinha- 54
ber oder dessen Erben *eindeutig* über die Berechtigung des Erwerbers zur Firmenfortführung äußern.[47] § 22 HGB liegt nämlich die Vorstellung zu Grunde, dass der Erwerber mangels Äußerung des bisherigen Geschäftsinhabers oder dessen Erben nur das
Unternehmen als solches erwirbt, nicht aber das Recht zur Fortführung der bisherigen
Firma erhält. Die Einwilligung des Veräußerers kann auch konkludent erklärt sein.
Eine solche Einwilligung des Veräußerers ist der bloßen Übertragung des Unternehmens ebenso wenig zu entnehmen[48] wie der bloßen Duldung der Firmenfortführung.
Eine eindeutige Äußerung liegt aber in der Mitwirkung des Veräußerers bei der Anmeldung des Inhaberwechsels nach § 31 I HGB.[49] Um von vornherein Streitigkeiten
zu vermeiden, sollten die Parteien eine Regelung über das Recht des Erwerbers zur Firmenfortführung in den Vertrag aufnehmen.

Beispiel: Der Käufer führt ab dem Übergangsstichtag den übernommenen Geschäftsbetrieb in … unter
der Firma ‚V … e. K., Inh. Franz Meier' fort. Der Verkäufer erklärt hiermit seine Einwilligung zur Fortführung unter Verwendung des Namens ‚V…'. Diese Einwilligung erstreckt sich auf den Fall, dass der Käufer
den Geschäftsbetrieb mit veränderter Firmierung fort oder künftig auf andere Rechtsträger weiter überträgt.

---

[45] *BGH* NJW 1994, 2025, 2026 („Vertragliche Einigung über die Übertragung der Firma als Teil des Vertrags über die Veräußerung des Handelsgeschäfts."); *Köhler*, DStR 1996, 510, 512.
[46] Großkomm/*Burgard*, § 22 Rn. 28.
[47] *BGH* NJW 1994, 2025, 2026; *Canaris*, § 10 Rn. 32.
[48] *BGH* NJW 1994, 2025, 2026.
[49] BGHZ 68, 271, 276.

55 **(2) Einwilligungsberechtigte Personen.** Die Einwilligung muss durch alle dazu berechtigten Personen, nämlich den bisherigen Geschäftsinhaber oder dessen Erben, erfolgen.

Beispiel: Eine Einwilligung i. S. d. § 22 I HGB setzt im Hinblick auf die Fortführung der Firma einer KG die Zustimmung aller Gesellschafter, also die Zustimmung sowohl der Komplementäre als auch der Kommanditisten, voraus. Denn die Fortführung der Firma betrifft die Grundlagen der Gesellschaft.[50]

56 Bei **Insolvenz** eines Einzelkaufmanns als Unternehmensträger bestehen zwei Fragenkreise, nämlich **(a)** die Erforderlichkeit der Einwilligung des Insolvenzschuldners zur Veräußerung der Firma durch den Insolvenzverwalter und **(b)** für den Fall der Nichterforderlichkeit der Einwilligung des Insolvenzschuldners die Geltendmachung des Namensrechts des Insolvenzschuldners nach § 12 BGB gegenüber dem Erwerber der Firma.

(a) Der Insolvenzverwalter, der die Firma mit dem Unternehmen veräußern will, bedarf jedenfalls dann nicht der Zustimmung des Insolvenzschuldners, wenn dem Insolvenzschuldner kein der Übertragung der Firma entgegenstehendes Namensrecht nach § 12 BGB zusteht, etwa weil der (bürgerlich-rechtliche) Name des Insolvenzschuldners nicht in der Firma enthalten ist. Es besteht dann nämlich von vornherein kein Konflikt mit dem Namensrecht nach § 12 BGB. Ist der (bürgerlich-rechtliche) Name des Insolvenzschuldners hingegen in der Firma enthalten, nimmt der *BGH*[51] an, dass der Insolvenzverwalter die zur Fortführung der Firma durch den Erwerber des Handelsgeschäfts des Insolvenzschuldners erforderliche Einwilligung nicht rechtswirksam erklären kann. Zwar seien dadurch die Verfügungsbefugnis des Insolvenzverwalters und das Zugriffsrecht der Insolvenzgläubiger eingeschränkt. Doch bleibe das Recht des Insolvenzschuldners zur Führung des bürgerlich-rechtlichen Namens und dessen Schutz nach § 12 BGB gegen unbefugten Gebrauch durch Dritte unberührt. Der Kaufmann verzichte nicht schon mit der Aufnahme seines Familiennamens in die Firma auf sein Namensrecht. Dieses sei wegen seines persönlichkeitsrechtlichen Charakters gegenüber den Interessen der Insolvenzgläubiger vorrangig, zumal – was nach der Rechtslage zum Zeitpunkt der Entscheidung des BGH zutraf, der derzeitigen Rechtslage indes nicht mehr entspricht – der Insolvenzschuldner *verpflichtet* sei, seinen Namen in die Firma aufzunehmen. Nach anderer – vorzugswürdiger – Auffassung kommt es hingegen allein auf die Einwilligung des Insolvenzverwalters an, weil der Insolvenzschuldner seinen Namen dem Unternehmen zur wirtschaftlichen Nutzung zur Verfügung gestellt hat und die Firma wie alle übrigen Wirtschaftsgüter des Unternehmens in die Insolvenzmasse fällt.[52] Hierfür spricht insbesondere, dass der Insolvenzschuldner nach neuem Firmenrecht nicht verpflichtet ist, seinen Namen in die Firma aufzunehmen.

(b) Allerdings kann der Insolvenzverwalter nicht für den Insolvenzschuldner auf dessen Namensrecht nach § 12 BGB verzichten, so dass dieses weiterhin dem Insolvenzschuldner zusteht. Seiner Geltendmachung gegenüber der Firmenfortführung durch den Erwerber steht aber die Befugnis des Erwerbers nach § 22 I HGB gegenüber. Der Ausgleich dieser Rechte Gleichnamiger auf Grund einer Interessenabwägung unter Berücksichtigung des Verhältnismäßigkeitsgrundsatzes kann in der Weise stattfinden, dass der Erwerber einen Nachfolge- oder Inhaberzusatz hinzuzufügen hat.[53]

57 **(3) Art und Weise der Firmenübertragung.** Aus der Einwilligung der berechtigten Person(en) ergibt sich – ggf. im Wege der Auslegung (§§ 133, 157 BGB) – die Art und Weise der Firmenübertragung, insbesondere der Umfang der Gestattung.[54] Auf Grund der Vertragsfreiheit können die Parteien etwa eines Unternehmenskaufvertrags

---

[50] Großkomm/*Burgard*, § 22 Rn. 40f.; **a. A.** MünchKomm/*Heidinger*, § 22 Rn. 41.
[51] *BGH* NJW 1994, 2025, 2026.
[52] MünchKomm/*Heidinger*, § 22 Rn. 92; *K. Schmidt*, § 12 I 3c; **a. A.** *Wertenbruch*, ZIP 2002, 1931, 1932f.
[53] *Canaris*, § 10 Rn. 70; *Köhler*, FS Fikentscher, 1998, 494, 513.
[54] *BGH* NJW 2002, 2093, 2095.

vorbehaltlich der Beachtung firmenrechtlicher Grundsätze (z. B. Gebot des Rechtsformzusatzes nach § 19 I HGB, § 4 AktG und § 4 S. 1 GmbHG; Irreführungsverbot
nach § 18 II HGB; Verwechslungsverbot nach § 30 HGB) Vereinbarungen über Inhalt und Grenzen des Firmengebrauchs durch den Erwerber treffen. So können sie
vereinbaren, dass der Erwerber – ggf. für einen bestimmten Zeitraum – (nicht) berechtigt sein soll, die Firma des erworbenen Unternehmens unverändert oder verändert
fortzuführen. Außerdem kann der Erwerber das Recht erhalten, die Firma auf einen
Dritten zu übertragen. Auch die auflösend bedingte Übertragung der Firma ist zulässig.[55] Dasselbe gilt für die Vereinbarung, dass der Erwerber die Firma nur persönlich
führen darf und nicht berechtigt ist, sie an andere (zusammen mit dem Unternehmen;
vgl. § 23 HGB) zu übertragen oder zu vererben. Das Übertragungsverbot begründet
ein Abtretungsverbot i. S. d. § 399 BGB. Als schwächere Form der Beschränkung ist
erst recht der Vorbehalt der Zustimmung des Veräußerers bei Übertragung der Firma
auf andere zulässig. Das Recht zur Fortführung der Firma kann an die Beibehaltung
des bisherigen Unternehmensgegenstands gebunden sein. Darüber hinaus ist die
Übertragung der Firma auf den Erwerber unter gleichzeitiger Erteilung der (schuldrechtlichen) Erlaubnis an den Veräußerer, die Firma vorübergehend in eindeutig be-
grenztem Umfang (z. B. im Zuge der beschlossenen Liquidation des veräußernden
Unternehmens) zu gebrauchen, zulässig.[56] Veräußerer und Erwerber können ferner
eine Vereinbarung darüber treffen, ob der Erwerber berechtigt ist, Firmenlizenzen an
Dritte (schuldrechtlicher Gestattungsvertrag) zu vergeben.[57] Eine solche Lizenzver-
gabe kommt insbesondere im Zusammenhang mit dem Aufbau eines Absatzmitt-
lungssystems wie eines Franchisingsystems oder innerhalb eines Konzerns in Betracht,
damit die Absatzmittler oder Tochtergesellschaften nach außen als Bestandteil einer
einheitlichen Absatzorganisation auftreten. Über die Vereinbarung eines „Verzichts"
auf die Geltendmachung von etwaigen kennzeichenrechtlichen Ansprüchen als Min-
destinhalt einer Lizenzvereinbarung sollten zur Vermeidung von Streitigkeiten insbesondere Regelungen bestehen über **(a)** die Verpflichtung zur Zahlung von Lizenz-
gebühren und deren Höhe, **(b)** die kennzeichenrechtliche Inanspruchnahme des
Erwerbers durch Dritte (z. B. Garantieübernahme oder Beistandspflicht des Veräußerers), **(c)** die Kennzeichenverletzung durch Dritte (Berechtigung bzw. Verpflichtung
des Veräußerers oder Erwerbers zum Einschreiten gegen Dritte auch und gerade im
Hinblick auf den Abschluss von Vergleichen), **(d)** die Berechtigung des Veräußerers
und/oder Erwerbers zur Vergabe weiterer Lizenzen und **(e)** die Beendigung von Fir-
menlizenzverträgen. Dem Erwerber ist es jedoch grundsätzlich nicht gestattet, die
Firma dadurch zu vervielfältigen, Zweigniederlassungen mit der Firma zu veräußern.[58]
Dies gilt selbst dann, wenn der Veräußerer erklärt, er erteile „ausdrücklich und unwiderruflich" seine Zustimmung, dass „die Gesellschaft" seinen Personennamen „ohne
jede Einschränkung" weiterführe. Denn eine Vervielfältigung der abgeleiteten Firma
im Wege einer Veräußerung der einzelnen Zweigniederlassungen an verschiedene Inhaber lässt sich selbst bei weitester Wortauslegung nicht mehr als „Weiterführung" der
Firma durch die „Gesellschaft" verstehen. Zwar muss ein ausgeschiedener Gesellschafter, dessen Personenname in der Firma enthalten ist, auf Grund seiner Einwilligung in

---

[55] RGZ 76, 263, 265; Großkomm/*Burgard*, § 22 Rn. 74.
[56] *BGH* NJW 1991, 1353, 1354.
[57] *Köhler*, FS Fikentscher, 1998, 494, 502.
[58] *BGH* DB 1980, 2434, 2435.

die Firmenfortführung in Kauf nehmen, dass die Gesellschaft selbst ihr Geschäft unter seinem Namen weiter betreibt. Er muss aber nicht ohne besondere Vereinbarung dulden, dass die Gesellschaft den ihr zur eigenen Nutzung überlassenen Namen wie ein Handelsobjekt „ausschlachtet". Denn dies vermehrt die Gefahren einer missbräuchlichen Verwendung des Namens oder einer Rufschädigung seines eigentlichen Trägers und begründet eine im Zweifel nicht gewollte Ausweitung der Erlaubnis zur Firmenfortführung. Die Frage, ob vertragliche Einschränkungen des Rechts zum Firmengebrauch zwischen (Erst-)Veräußerer und (Erst-)Erwerber auch für den Fall gelten, dass der (Erst-)Erwerber Unternehmen und Firma auf einen (Zweit-)Erwerber überträgt, bejahen Teile des Schrifttums.[59] Denn im Rahmen der §§ 413, 398 BGB bestehe – wie sich u. a. aus § 399 BGB ergebe – weder ein Typenzwang noch die Möglichkeit gutgläubigen Erwerbs. Der (Zweit-)Erwerber kann danach die Firma stets nur mit den Befugnissen erwerben, die der (Erst-)Erwerber hat. Dagegen wenden andere zu Recht ein, dass nach § 137 S. 1 BGB die Befugnis zur Verfügung über ein veräußerliches Recht nicht durch Rechtsgeschäft ausgeschlossen oder beschränkt werden dürfe. Daher könne beispielsweise das vertraglich vereinbarte Verbot einer Änderung der Firma den Erwerber nur schuldrechtlich binden (§ 137 S. 2 BGB).[60] Allein schuldrechtlich wirke auch die Verpflichtung des Erwerbers, die Firma fortzuführen.[61]

58   Die Gestattung des Veräußerers richtet sich von vornherein nicht darauf, die Firma in einer Weise zu gebrauchen, die dem bisherigen Geschäftsinhaber oder dessen Erben unzumutbar ist.

Beispiel: Der Erwerber begeht unter der bisherigen Firma zahlreiche Wirtschaftsstraftaten.

59   Da sich die Einwilligung zur Firmenfortführung und der damit verbundene Verzicht auf die Geltendmachung von Namensrechten nach § 12 BGB hierauf nicht erstreckt, können der bisherige Geschäftsinhaber oder dessen Erben von dem Erwerber oder dessen Rechtsnachfolger *insoweit,* also bezogen auf die konkrete Geschäftstätigkeit, grundsätzlich Unterlassung des Firmengebrauchs nach § 12 BGB verlangen.[62] Ein Anspruch nach § 12 BGB setzt freilich voraus, dass der (bürgerlich-rechtliche) Name des Veräußerers in der Firma enthalten ist. Ein Recht zum Widerruf der Einwilligung als dinglicher Verfügung kommt hingegen nicht in Betracht, weil der Veräußerer das Unternehmen nicht zurückverlangen kann und die Firma mit diesem nach § 23 HGB untrennbar verbunden ist.[63]

e) Beachtung der übrigen Grundsätze des Firmenrechts

60   Zu den Grundsätzen des Firmenrechts gehört insbesondere das Irreführungsverbot des § 18 II HGB. Im Hinblick auf den Erwerb des Handelsgeschäfts ist § 22 HGB, der die Fortführung der bisherigen Firma auch dann zulässt, wenn sie den Namen des bisherigen Geschäftsinhabers enthält, vorrangig gegenüber § 18 II HGB.

Beispiel: Dr. Horst Meier erwirbt das Unternehmen und die Firma „Dr. Hans Müller Immobilienmakler e. K.". Dr. Horst Meier darf die Firma „Dr. Hans Müller Immobilienmakler e. K." fortführen, auch wenn

---

[59] So etwa *Canaris,* § 10 Rn. 40.
[60] *Köhler,* DStR 1996, 510, 512.
[61] Großkomm/*Burgard,* § 22 Rn. 42.
[62] *Köhler,* FS Fikentscher, 1998, 494, 507.
[63] Koller/Kindler/Roth/Drüen/*Roth,* § 22 Rn. 12.

insoweit der irreführende Eindruck entsteht, Inhaber dieser Firma sei Dr. Hans Müller. Insbesondere bedarf es – wie § 22 HGB ausdrücklich klarstellt – keines das Nachfolgeverhältnis andeutenden Zusatzes.

Unzulässig ist die Fortführung einer Firma aber dann, wenn sie nunmehr auf Grund 61 anderer Umstände zur Irreführung des Publikums geeignet ist. Insoweit beschränkt das Irreführungsverbot des § 18 II HGB den Grundsatz der Firmenbeständigkeit.

Beispiele: Will ein Erwerber eine Firma, die einen Doktor-Zusatz enthält („Dr. Hans Müller Immobilienmakler e. K.") ohne Nachfolgezusatz fortführen, muss er den Doktortitel weglassen, wenn er nicht selbst promoviert hat.[64] Er muss also etwa unter „Hans Müller Immobilienmakler e. K." oder „Dr. Hans Müller Immobilienmakler Nachfolger e. K." firmieren. Denn andernfalls entstünde der unzutreffende Eindruck, dass der Unternehmensträger promoviert hat. Darin liegt eine zur Irreführung geeignete Angabe über geschäftliche Verhältnisse, die für die angesprochenen Verkehrskreise wesentlich sind. Denn dem Träger eines solchen Titels bringt die breite Öffentlichkeit besonderes Vertrauen in seine intellektuellen Fähigkeiten, seinen guten Ruf und seine Zuverlässigkeit entgegen. Jene Wertschätzung verleiht jedenfalls einer Maklerfirma, die sich allgemein mit Grundstücksgeschäften befasst und sich damit an eine breite Schicht von zum Teil wenig geschäftserfahrenen Interessenten wendet, eine besondere Zugkraft. Der selbst nicht promovierte Erwerber eines Grundstücksmaklergeschäfts nimmt daher mit der Weiterverwendung des akademischen Titels im Firmennamen, den sein Vorgänger zu führen befugt war, im Rechtsverkehr ungerechtfertigt einen Vorteil in Anspruch. – Unzulässig ist die Beibehaltung eines auf eine Gesellschaft hindeutenden Zusatzes wie oHG, wenn ein Einzelkaufmann das Unternehmen und die Firma fortführt.[65]

f) Unerheblichkeit eines das Nachfolgeverhältnis andeutenden Zusatzes

Ein Zusatz, der das Nachfolgeverhältnis andeutet, ist zulässig. 62

Beispiele: Vorher „Gerd Müller e. K.", nachher „Gerd Müllers Nachf. e. K." oder „Gerd Müller, Inh. Klaus Fischer e. K.".

Ein solcher Zusatz ist aber rechtlich grundsätzlich nicht geboten.[66] 63

V. Fortführung der Firma bei Änderungen im Gesellschafterbestand (§ 24 HGB)

1. § 24 I HGB

a) Normzweck

Auch bei einem Wechsel von Gesellschaftern gilt der Grundsatz der Firmenbeständig- 64 keit, um den Vermögenswert zu erhalten. Denn bei dem Eintritt von Gesellschaftern in ein Handelsgeschäft oder eine Handelsgesellschaft oder dem Austritt eines Gesellschafters darf die bisherige Firma auch dann fortgeführt werden, wenn sie den Namen des bisherigen Geschäftsinhabers oder Namen von Gesellschaftern enthält (§ 24 I HGB). Der Einwilligung irgendwelcher Personen bedarf es hierfür nicht. Die Erlaubnis zur Namensführung ist mangels abweichender Vereinbarung endgültig.[67]

b) Voraussetzungen

Die Fortführung der bisherigen Firma ist zulässig, auch wenn jemand **(aa)** in ein Han- 65 delsgeschäft als Gesellschafter aufgenommen wird (§ 24 I Alt. 1 HGB) oder **(bb)** als neuer Gesellschafter in eine Handelsgesellschaft eintritt (§ 24 I Alt. 2 HGB) oder **(cc)** aus einer Handelsgesellschaft ausscheidet (§ 24 I Alt. 3 HGB) und **(dd)** die übri-

---

[64] BGHZ 53, 65, 68.
[65] BGHZ 53, 65, 68.
[66] Vgl. aber Rn. 56, 61.
[67] *Canaris,* § 10 Rn. 53 (Auslegungsregel).

gen Grundsätze des Firmenrechts beachtet sind. Handelsgesellschaft in diesem Sinne kann nur eine oHG, KG oder EWIV, auf Grund teleologischer Reduktion von § 24 I HGB nicht hingegen eine AG, KGaA, GmbH oder SE sein.[68]

aa) Aufnahme als Gesellschafter in ein Handelsgeschäft

66 Aufnahme als Gesellschafter in ein Handelsgeschäft i. S. d. § 24 I Alt. 1 HGB bedeutet, dass eine oHG oder KG, auf Grund des Eintritts einer Person in das Unternehmen eines Einzelkaufmanns, entsteht.

Beispiel: Anton Anderl tritt in das Unternehmen des Kaufmanns Bertold Bauer, dessen Firma „Bertold Bauer Getränke e. K." lautet, ein, so dass eine oHG entsteht. Der bisherige Firmenbestandteil „Bertold Bauer Getränke" darf nach § 24 I HGB beibehalten werden. Wegen des Grundsatzes der Firmenwahrheit nach § 18 II HGB ist der zur Irreführung geeignete Rechtsformzusatz e. K. durch einen § 19 I Nr. 2 HGB entsprechenden Rechtsformzusatz wie oHG zu ersetzen.[69]

bb) Eintritt als Gesellschafter in eine Handelsgesellschaft

67 Der Eintritt eines neuen Gesellschafters in eine Handelsgesellschaft i. S. d. § 24 I Alt. 2 HGB ist dann gegeben, wenn eine bereits bestehende oHG, KG oder EWIV einen weiteren Gesellschafter aufnimmt.

Beispiel: Anton Anderl tritt in das Unternehmen der Firma „Bertold Bauer Getränke oHG" als persönlich haftender Gesellschafter ein. Der bisherige Firmenbestandteil „Bertold Bauer Getränke" darf nach § 24 I HGB beibehalten werden. Da Anton Anderl als persönlich haftender Gesellschafter, also nicht als Kommanditist, eintritt und deshalb aus der oHG keine KG wird, ist der Rechtsformzusatz oHG nicht zur Irreführung geeignet i. S. d. § 18 II HGB und infolgedessen nicht durch einen § 19 I Nr. 3 HGB entsprechenden Rechtsformzusatz zu ersetzen.

cc) Ausscheiden eines Gesellschafters aus einer Handelsgesellschaft

68 Das Ausscheiden eines Gesellschafters aus einer Handelsgesellschaft i. S. d. § 24 I Alt. 3 HGB ist dann gegeben, wenn ein Gesellschafter aus einer bereits bestehenden oHG, KG oder EWIV ausscheidet. Auf Grund eines Umkehrschlusses aus § 24 II HGB darf der Name dieses Gesellschafters nicht in der Firma enthalten sein.

Beispiel: Aus der „Max Müller & Moritz Meier Kfz-Technik oHG" scheidet Anton Anderl als Gesellschafter aus. Die bisherige Firma darf nach § 24 I HGB beibehalten werden. Sofern eine oHG fortbesteht und auf Grund des Austritts nicht lediglich das Unternehmen eines Einzelkaufmanns besteht, ist der Rechtsformzusatz oHG nicht zur Irreführung geeignet i. S. d. § 18 II HGB und bedarf es keines § 19 I Nr. 1 HGB entsprechenden Rechtsformzusatzes.

dd) Beachtung der übrigen Grundsätze des Firmenrechts

69 Zu den Grundsätzen des Firmenrechts gehört insbesondere das Irreführungsverbot des § 18 II HGB. Im Hinblick auf die in § 24 I HGB genannten Änderungen im Gesellschafterbestand ist § 24 I HGB vorrangig gegenüber § 18 II HGB.

Beispiel: Aus der „Max Müller, Moritz Meier & Michael Münker Kfz-Technik oHG", deren Gesellschafter Max Müller, Moritz Meier und Michael Münker sind, scheidet Moritz Meier als Gesellschafter aus. Die Fortführung der bisherigen Firma ist – vorbehaltlich der Einwilligung des Moritz Meier nach § 24 II HGB – zulässig, obwohl sie im Hinblick auf die Gesellschafterstellung des Moritz Meier zur Irreführung geeignet ist i. S. d. § 18 II HGB. Im Hinblick auf den Rechtsformzusatz oHG besteht keine Eignung zur Irreführung, da die Rechtsform der oHG auch nach dem Ausscheiden des Gesellschafters fortbesteht.

---

[68] BGHZ 85, 221, 224.
[69] Vgl. auch Rn. 70.

Unzulässig ist die Fortführung einer Firma aber dann, wenn sie nunmehr auf Grund 70 anderer Umstände zur Irreführung des Publikums geeignet ist (§ 18 II HGB). Insoweit beschränkt das Irreführungsverbot des § 18 II HGB den Grundsatz der Firmenbeständigkeit.

Beispiel: Wie Beispiel bei Rn. 66.

2. § 24 II HGB

a) Normzweck

Bei dem Ausscheiden eines Gesellschafters, dessen Name in der Firma enthalten ist, 71 bedarf es zur Fortführung der Firma der ausdrücklichen Einwilligung des Gesellschafters oder seiner Erben (§ 24 II HGB). Diese Regelung soll die gegenläufigen Interessen in ein ausgewogenes Verhältnis setzen. Auf der einen Seite steht das Persönlichkeitsrecht und insbesondere das Namensrecht (§ 12 BGB) des ausscheidenden Gesellschafters, grundsätzlich über seinen Namen allein verfügen zu können. Auf der anderen Seite steht das Interesse der verbleibenden Gesellschafter, dem Unternehmen die Firma und insbesondere deren Vermögenswert zu erhalten. Das Interesse an privatautonomer Verfügungsfreiheit über den Namen erhält insoweit den Vorrang, als für die rechtmäßige Fortführung der Firma die Einwilligung des Namensträgers erforderlich ist. Die Erlaubnis zur Namensführung ist daher mangels abweichender Vereinbarung nicht endgültig.[70]

b) Voraussetzungen

Die Fortführung der bisherigen Firma ist zulässig, wenn **(1)** ein Gesellschafter aus 72 einer Handelsgesellschaft (oHG, KG und EWIV, auf Grund teleologischer Reduktion nicht hingegen AG, KGaA, GmbH und SE) ausscheidet, **(2)** dessen Name in der Firma enthalten ist, **(3)** sofern dieser Gesellschafter oder seine Erben ausdrücklich einwilligen[71] und **(4)** die übrigen Grundsätze des Firmenrechts beachtet sind. Enthält die Firma einer Handelsgesellschaft den Namen einer Person, die nicht mehr Gesellschafter ist, liegen an sich die Voraussetzungen des § 18 II HGB vor. Im Hinblick auf die in § 24 II HGB genannte Veränderung des Gesellschafterbestands ist § 24 II HGB aber gegenüber § 18 II HGB vorrangig.[72]

Beispiel: Aus der „Max Müller, Moritz Meier & Michael Münker Kfz-Technik oHG", deren Gesellschafter Max Müller, Moritz Meier & Michael Münker sind, scheidet Max Müller als Gesellschafter aus. Die bisherige Firma darf nach § 24 II HGB beibehalten werden, wenn der ausgeschiedene namensgebende Gesellschafter – hier Max Müller – darin einwilligt.[73] Eine solche Einwilligung könnte wie folgt formuliert sein: „Max Müller willigt ausdrücklich darin ein, dass die verbleibenden Gesellschafter die Firma der offenen Handelsgesellschaft nach seinem Ausscheiden aus dieser Gesellschaft unter Verwendung des Namensbestandteils ‚Max Müller' fortführen, längstens jedoch bis zum … Spätestens zum Ablauf dieser Frist muss eine Änderung der Firma unter Entfernung des Namensbestandteils ‚Max Müller' erfolgen. Im Hinblick auf den Rechtsformzusatz besteht keine Eignung zur Irreführung i. S. d. § 18 II HGB, da die Rechtsform der oHG auch nach dem Ausscheiden des Gesellschafters fortbesteht.

---

[70] *Canaris,* § 10 Rn. 44 (Auslegungsregel).
[71] Zu den Anforderungen an eine ausdrückliche Einwilligung und deren Inhalt vgl. Rn. 54, 57 ff.
[72] Koller/Kindler/Roth/Drüen/*Roth,* § 24 Rn. 5.
[73] Der BGH wendet auch bei Ausscheiden eines Gesellschafters aus einer zweigliedrigen Gesellschaft § 24 II HGB an; vgl. *BGH* NJW 1989, 1798, 1799.

73 Im Übrigen bleibt § 18 II HGB anwendbar. So bedarf es in dem Fall, dass eine Einzelperson die Beteiligungen an einer oHG erwirbt oder einer von lediglich zwei Gesellschaftern einer oHG aus der Gesellschaft ausscheidet, eines Nachfolgezusatzes, der die Irreführungseignung beseitigt.

Beispiel: Aus der Max Müller & Moritz Meier Kfz-Technik oHG, deren Gesellschafter Max Müller und Moritz Meier sind, scheidet Max Müller als Gesellschafter aus. Zwar darf die bisherige Firma nach § 24 II HGB beibehalten werden, wenn der ausgeschiedene namensgebende Gesellschafter – hier Max Müller – darin einwilligt. Doch bedarf es eines Nachfolgezusatzes wie „Max Müller & Moritz Meier Kfz-Technik oHG, Inhaber Moritz Meier e. K.", der die Eignung der Firma zur Irreführung i. S. d. § 18 II HGB beseitigt.

VI. Veräußerungsverbot (§ 23 HGB)

74 Die Firmenfortführung darf die angesprochenen Verkehrskreise nicht irreführen. Daher ist eine Veräußerung der Firma ohne das Unternehmen unzulässig (§ 23 HGB). Der Veräußerer kann danach die Firma nicht selbständig, sondern nur in – zeitlichem und wirtschaftlichem – Zusammenhang mit dem Unternehmen übertragen.[74] Insoweit kommt der Grundsatz der Firmenwahrheit zum Tragen, weil der Verkehr bei Firmenfortführung eine Kontinuität des Unternehmens erwartet, die bei einer Leerübertragung tatsächlich nicht gegeben ist (vgl. aber die abweichende Regelung des § 27 II MarkenG). Die Leerübertragung ist daher geeignet, den Verkehr darüber irrezuführen, wer hinter der Firma steht. § 23 HGB ist ein gesetzliches Verbot i. S. d. § 134 BGB, so dass ein (dinglicher) Übertragungsvertrag nichtig ist, nicht aber das zu Grunde liegende schuldrechtliche Geschäft. Für dieses gelten §§ 311 a I, II, 275 BGB. Das Veräußerungsverbot des § 23 HGB gilt auch dann, wenn überhaupt kein Unternehmen mehr existiert.

Beispiele: Ein Unternehmen ist vollständig aufgelöst, nur die Firma wird veräußert. Unschädlich ist dagegen die nur vorübergehende Einstellung des Geschäftsbetriebs.

75 § 23 HGB erfasst nicht den Fall, dass eine Firma mit dem Unternehmensträger wie einer GmbH veräußert wird, auch wenn dieser Unternehmensträger bisher nicht geschäftlich tätig ist (Mantelkauf).

VII. Unterscheidbarkeit (§ 30 HGB)

1. Normzweck

76 § 30 HGB soll die Gefahr der konkreten Verwechslung mit anderen Firmen in räumlicher Nähe ausschließen. § 30 HGB schützt „den Verkehr", d. h. die Allgemeinheit, vor Verwechslungsgefahren.

Beispiel: Das Publikum ist bei Bestellungen, Geldüberweisungen, Mängelrügen oder Rücktrittserklärungen davor geschützt, ähnlich klingende Firmen miteinander zu verwechseln und dadurch Schaden zu erleiden.

77 Da § 30 HGB infolgedessen im öffentlichen Interesse liegt und zwingend ist, führt die Einwilligung des Inhabers einer verwechselbaren Firma nicht zur Zulässigkeit einer mit § 30 HGB nicht zu vereinbarenden Firma.[75] § 30 HGB gilt auch für Firmen ver-

---

[74] *BGH* NJW 1991, 1353, 1354.
[75] BGHZ 46, 7, 11.

schiedener Geschäftszweige. In seinem Anwendungsbereich ist § 30 HGB gegenüber § 18 II HGB *lex specialis.*[76]

2. Unterscheidbarkeit neuer Firmen (§ 30 I HGB)

Nach § 30 I HGB muss sich jede neue Firma von allen an demselben Ort oder in der- 78
selben Gemeinde bereits bestehenden und in das Handelsregister oder in das Genossenschaftsregister eingetragenen Firmen deutlich unterscheiden. Da jede „neue" Firma
unterscheidbar i. S. d. § 30 I HGB sein muss, gilt in Kollisionsfällen das Prioritätsprinzip.

Beispiel: In Potsdam firmiert Kaufmann A rechtmäßig unter „Fahrradspezialist". Der nunmehr ebenfalls
ein Fahrradgeschäft eröffnende B darf in Potsdam nicht auch nur unter „Fahrradspezialist" firmieren, sondern muss einen unterscheidungskräftigen Zusatz aufnehmen wie „Fahrradspezialist – Brandenburger
Straße".

Für die Frage nach einer deutlichen Unterscheidbarkeit zweier Firmen kommt es auf 79
den Gesamteindruck der jeweils vollständigen Firmen an. Maßgeblich ist das Klangbild
der Firma, wie es sich dem Verkehr einprägt. Für eine deutliche Unterscheidbarkeit
i. S. d. § 30 I HGB genügt danach bei Personenfirmen, die den gleichen Familiennamen
als Firmenbestandteil aufweisen, bereits die Verwendung des unterscheidungskräftigen
Vornamens, nicht hingegen die bloße Hinzufügung eines Gesellschaftszusatzes.

Beispiel: Es besteht Verwechslungsgefahr zwischen der Firma „Ott International GmbH" und „Cris Ott
GmbH" bzw. „ott", da der allein kennzeichnungskräftige Familienname „Ott" den Gesamteindruck der
Firmen prägt.[77] Weder dem Begriff „International" noch dem als bloßen Vornamen missverstehenden
Zusatz „Cris" kommt hinreichend prägende und damit unterscheidende Kraft zu. Dies gilt insbesondere
bei Branchenidentität.

3. Namensgleichheit (§ 30 II HGB)

Für den Fall der Identität von Vornamen und Familiennamen enthält § 30 II HGB 80
folgende Regelung: Hat ein Kaufmann mit einem bereits eingetragenen Kaufmann
die gleichen Vornamen und den gleichen Familiennamen und will auch er sich dieser
Namen als seiner Firma bedienen, muss er der Firma einen Zusatz beifügen, durch den
sie sich von der bereits eingetragenen Firma deutlich unterscheidet. § 30 II HGB löst
daher Kollisionsfälle nach dem Prioritätsprinzip unter Zugrundelegung des Verhältnismäßigkeitsgrundsatzes. Danach trifft auch bei Gleichnamigen grundsätzlich den Prio-
ritätsjüngeren die Verpflichtung, durch geeignete Maßnahmen die als Folge der Namensgleichheit bestehende Verwechslungsgefahr auszuschließen.

Beispiel: In Potsdam firmiert Kaufmann A rechtmäßig unter „Johannes Meister e. K.". B darf in Potsdam
nicht ebenfalls unter „Johannes Meister e. K." firmieren, sondern muss einen unterscheidungskräftigen
Zusatz aufnehmen wie „Johannes Meister e. K. – Brandenburger Straße".

4. Räumlicher Geltungsbereich

Der räumliche Geltungsbereich von § 30 HGB ist auf Firmen an demselben Ort oder 81
in derselben Gemeinde beschränkt. Der Schutz der Firma nach § 15 IV MarkenG
i. V. m. § 5 II 1 MarkenG vor Verwechslungsgefahren ist hingegen räumlich nicht auf

---

[76] MünchKomm/*Heidinger,* § 30 Rn. 6; Baumbach/Hopt/*Merkt,* § 30 Rn. 3.
[77] *BGH* NJW 1991, 1353, 1354.

denselben Ort oder dieselbe Gemeinde beschränkt, sondern erstreckt sich auf das gesamte Gebiet, in dem die ältere Firma Verkehrsgeltung besitzt und tatsächlich unterscheidungskräftig ist.

I. Rechtlicher Schutz der Firma

82   Die Firma stellt häufig einen Vermögenswert dar. Es besteht daher die Gefahr, dass andere Unternehmer versuchen, durch Firmennachahmung an diesem Vermögenswert teilzuhaben. Dies kann den Wert der Firma beeinträchtigen. Daher ist ein rechtlicher Schutz der Firma geboten. Das HGB gewährt in § 37 HGB Rechtsbehelfe zum Schutz der Firma. Darüber hinaus kommt ein Schutz der Firma nach Markenrecht, Lauterkeitsrecht und Bürgerlichem Recht in Betracht.

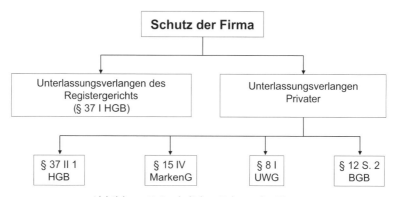

Abbildung 5: Rechtlicher Schutz der Firma

I. Schutz der Firma nach § 37 HGB

1. Normzweck

83   § 37 HGB dient dem öffentlichen Interesse an korrekter Firmenführung.[78] § 37 I HGB ermöglicht hierzu ein Einschreiten des Registergerichts. Daneben überlässt § 37 II 1 HGB die Durchsetzung der Grundsätze des Firmenrechts auch privater Initiative.

2. Einschreiten des Registergerichts (§ 37 I HGB)

84   Das Registergericht prüft die Einhaltung der §§ 17 ff. HGB bei der Eintragung. Stellt es nach der Eintragung (etwa auf Grund des „Anschwärzens" durch einen Mitbewerber) den Gebrauch einer nach §§ 17 ff. HGB („Vorschriften dieses Abschnitts") unzulässigen Firma fest, kann es den Verletzer von Amts wegen durch die Festsetzung eines Ordnungsgeldes zur Unterlassung des unzulässigen Firmengebrauchs anhalten (§ 37 I HGB). Dabei kommt es nicht darauf an, ob der Firmengebrauch einen bestimmten Dritten oder nur den Verkehr im Allgemeinen gefährdet. Auch die Zuständigkeit des

---

[78]   Koller/Kindler/Roth/Drüen/*Roth,* § 37 Rn. 1.

Registergerichts von Amts wegen zeigt, dass das Firmenrecht dem öffentlichen Interesse dient. Es besteht kein Anspruch auf ein Einschreiten des Registergerichts.[79]

3. Unterlassungsanspruch des in seinen Rechten Verletzten (§ 37 II 1 HGB)

Nach § 37 II 1 HGB kann derjenige, der in seinen Rechten dadurch verletzt wird, dass 85 ein anderer eine Firma unbefugt gebraucht, von diesem die Unterlassung des Gebrauchs der Firma verlangen. Für die Unzulässigkeit des Firmengebrauchs genügt ein objektiver Verstoß, Verschulden ist nicht erforderlich, Gutgläubigkeit unerheblich.

a) Voraussetzungen

Ein Unterlassungsanspruch nach § 37 II 1 HGB setzt voraus, dass **(aa)** der Gegner 86 eine Firma gebraucht und dies **(bb)** unbefugt geschieht.

aa) Gebrauch einer Firma

Firmengebrauch i. S. d. § 37 II 1 HGB liegt in jeder Handlung, die sich unmittelbar 87 auf das Unternehmen bezieht und die als Willenskundgebung des Geschäftsinhabers zu verstehen ist, sich der verwendeten Bezeichnung als des eigenen Handelsnamens (seiner Firma) zur Individualisierung seiner Person auf Dauer zu bedienen.[80] Eine Firma gebraucht insbesondere der Rechtsträger des Unternehmens, da er unter dieser Firma im Handelsverkehr auftritt. Zum Handelsverkehr gehört insbesondere der Geschäftsverkehr, so dass ein Gebrauch der Firma zB bei der Verwendung der Firma im Rahmen des Abschlusses von Rechtsgeschäften, bei der Briefunterzeichnung oder auf Briefköpfen (§ 37 a HGB) vorliegt.[81] Eine Firma gebraucht aber auch, wer diese Firma zur Eintragung in das Handelsregister anmeldet.[82]

bb) Unbefugter Firmengebrauch

Der Unterlassungsanspruch nach § 37 II 1 HGB erstreckt sich nur auf den unbefug- 88 ten Gebrauch einer Firma nach §§ 18 ff. HGB, nicht aber auf Verstöße gegen §§ 14 f. MarkenG, §§ 3–5 UWG oder § 12 BGB.[83]

cc) Irrelevanz der Kaufmannseigenschaft des Gegners

Der rechtliche Schutz nach § 37 II 1 HGB besteht nicht nur gegenüber Kaufleuten, 89 sondern gegenüber jedermann. Er wirkt daher auch und vor allem gegenüber Nichtkaufleuten, die eine Firma unbefugt gebrauchen.

b) Anspruchsinhalt

Der Unterlassungsanspruch ist auf Unterlassung des unzulässigen Firmengebrauchs 90 gerichtet. Soweit die unzulässige Firma in das Handelsregister eingetragen ist, geht es insoweit um die Beseitigung der Registereintragung. Der Unterlassungsanspruch ist in diesem Fall unmittelbar auf die Anmeldung der Löschung gerichtet,[84] wobei der Anspruchsberechtigte nicht lediglich die Änderung der Firma, sondern die Löschung der

---

[79] BGHZ 50, 65, 70.
[80] *BGH* NJW 1991, 2023, 2025. In dem Definitionsmerkmal „auf Dauer" ist die für einen Unterlassungsanspruch erforderliche **Wiederholungsgefahr** enthalten.
[81] Großkomm/*Burgard,* § 37 Rn. 22 ff.
[82] *BayObLG* NJW-RR 1989, 100; Großkomm/*Burgard,* § 37 Rn. 21.
[83] Koller/Kindler/Roth/Drüen/*Roth,* § 37 Rn. 5, 10.
[84] *BGH* BB 1965, 1202; Großkomm/*Burgard,* § 37 Rn. 70.

ganzen Firma verlangen darf.[85] Dieser Anspruch erstreckt sich nicht nur auf die konkrete Verletzungshandlung, sondern auch auf im Kern gleichartige Begehungsformen.[86] Eine auf die Löschung der Firma gerichtete einstweilige Verfügung kommt schon wegen der Endgültigkeit dieses Mittels nicht in Betracht.[87]

c) Anspruchsberechtigung

91   Ein Anspruch nach § 37 II 1 HGB steht nur demjenigen zu, der durch den unbefugten Firmengebrauch in seinen Rechten verletzt ist. Die Anspruchsberechtigung setzt nicht voraus, dass der Anspruchsteller Kaufmann ist.[88] Daher kann auch einer nichtkaufmännischen Person ein Unterlassungsanspruch nach § 37 II 1 HGB zustehen. Ein Recht i. S. d. § 37 II 1 HGB muss nicht ein absolutes Recht wie die Firma sein. Es genügt vielmehr bereits, dass der Anspruchsteller dartut und im Streitfall beweist, er sei unmittelbar in rechtlichen Interessen wirtschaftlicher Art betroffen.[89] Diese Voraussetzung ist jedenfalls dann erfüllt, wenn Anspruchsteller und Anspruchsgegner miteinander in Wettbewerb stehen. Durch einen unzulässigen Firmengebrauch kann also nicht nur der Firmeninhaber, sondern auch ein Mitbewerber verletzt sein i. S. d. § 37 II 1 HGB. Ein Recht i. S. d. § 37 II 1 HGB kann sich darüber hinaus aus einer vertraglichen Regelung ergeben, mit der der Firmengebrauch nicht in Einklang steht. Dieses rechtliche Interesse ist insbesondere dann wirtschaftlicher Art, wenn der rechtlich zulässige Gebrauch der Firma von einer – ggf. gegen gesondertes Entgelt – zu vereinbarenden Gestattung abhängt. Verbände i. S. d. § 8 III Nr. 2 UWG sind nicht anspruchsberechtigt i. S. d. § 37 II 1 HGB.[90]

d) Keine Verwirkung

92   Die Verwirkung eines Anspruchs nach § 37 II 1 HGB ist nach einer Auffassung im Schrifttum wegen des Schutzzwecks der Norm[91] ausgeschlossen.[92] Nach anderer Auffassung kann auch ein Anspruch nach § 37 II 1 HGB verwirkt sein,[93] da das öffentliche Interesse auch bei Abweisung einer Klage nach § 37 II 1 HGB durch die Möglichkeit eines Einschreitens des Registergerichts nach § 37 I HGB gewahrt bleibe. Auf diesen Meinungsstreit kommt es nur an, wenn die Voraussetzungen der Verwirkung gegeben sind. Die Verwirkung ist einem Verstoß gegen Treu und Glauben unter dem Gesichtspunkt der unzulässigen Rechtsausübung wegen widersprüchlichen Verhaltens (§ 242 BGB) zuzuordnen und begründet eine rechtshemmende Einwendung, die im Prozess von Amts wegen zu berücksichtigen ist. Die Rechtsprechung[94] hat dazu folgenden Grundsatz entwickelt:

93   Ein Recht ist **verwirkt,** wenn sich ein Schuldner wegen der Untätigkeit seines Gläubigers über einen gewissen Zeitraum hin (**Zeitmoment**) bei objektiver Beurteilung darauf einrichten darf und auch eingerichtet hat, dieser werde sein Recht nicht mehr geltend machen und deswegen die verspätete Geltendmachung gegen Treu und Glauben verstößt (**Umstandsmoment**).

---

85 *BGH* BB 1965, 1202.
86 MünchKomm/*Krebs,* § 37 Rn. 54.
87 Großkomm/*Burgard,* § 37 Rn. 70.
88 MünchKomm/*Krebs,* § 37 Rn. 45.
89 BGHZ 50, 65, 70; *BGH* NJW 1991, 2023.
90 *BGH* NJW 1997, 2817, 2819; **a. A.** Koller/Kindler/Roth/Drüen/*Roth,* § 37 Rn. 9.
91 Vgl. Rn. 83.
92 Koller/Kindler/Roth/Drüen/*Roth,* § 37 Rn. 12; offenlassend *BGH* DB 1993, 1276, 1277.
93 Großkomm/*Burgard,* § 37 Rn. 59; MünchKomm/*Krebs,* § 37 Rn. 52.
94 *BGH* GRUR 2001, 323, 324 – Temperaturwächter.

Zeit- und Umstandsmoment sind nicht voneinander unabhängig zu betrachten, son- **94**
dern stehen in einer Wechselwirkung. Die zeitlichen wie die sonstigen Umstände des
Falls müssen in ihrer Gesamtheit zu der Beurteilung führen, dass Treu und Glauben
dem Gläubiger die Verfolgung des Anspruchs verwehren, weil der Schuldner mit dessen Geltendmachung nicht mehr rechnen musste. Je länger der Gläubiger untätig
bleibt, obwohl eine Geltendmachung des Anspruchs zu erwarten wäre, desto mehr ist
das Vertrauen des Schuldners schutzwürdig, der Gläubiger werde ihn nicht mehr in
Anspruch nehmen. Muss der Schuldner davon ausgehen, dass der Berechtigte keine
Kenntnis von dem ihm zustehenden Anspruch hat, fehlt es an dem für die Verwirkung
erforderlichen Vertrauenstatbestand.[95] Der für den Verwirkungseintritt erforderliche –
normalerweise längere – Verwirkungszeitraum kann dadurch verkürzt sein, dass die
Parteien am selben Ort tätig sind und diese Tätigkeit auf dem Markt zahlreiche Berüh-
rungspunkte aufweist[96] oder die Parteien in geschäftlichen Beziehungen stehen.[97]

Die Verwirkung eines Unterlassungsanspruchs setzt voraus, dass der Berechtigte über **95**
einen längeren Zeitraum untätig geblieben ist, obwohl er den Verstoß gegen seine
Rechte kannte oder bei der gebotenen Wahrung seiner Interessen kennen musste, so
dass der Verpflichtete mit der Duldung seines Verhaltens durch etwaige Berechtigte
rechnen durfte und sich daraufhin einen wertvollen Besitzstand schuf.[98] Der Besitzstand i. S. einer „sachlich wirtschaftlichen Basis für die künftige wirtschaftliche Betätigung des Verletzers" (z. B. betriebliche Einrichtungen, Vermögenswerte, Investitionen) kann sich auch aus dem Gebrauch einer Firma ergeben.[99] Wertvoll ist ein durch
den Gebrauch einer bestimmten Firma gebildeter Besitzstand, wenn er im Hinblick
auf die Unternehmensgröße des Verletzers und den Umfang von dessen wirtschaftlicher Tätigkeit einen beachtlichen wirtschaftlichen Wert darstellt, weil und soweit
sich im Verkehr eine feste und dauerhafte Vorstellung von der Firma gebildet hat.
Hierfür kommt es in erster Linie auf den Grad der Bekanntheit an.[100] Es muss für
den Verletzer ein beachtlicher Wert entstanden sein, der ihm nach Treu und Glauben
erhalten bleiben muss und auf den der Verletzte nicht zugreifen darf, auch wenn er
durch sein Verhalten die Entstehung dieses Werts erst ermöglicht hat.[101] Ein Besitzstand, der unter Verstoß gegen eine dem Schutz auch von Dritt- und Gemeinwohl-
interessen dienende Regelung wie § 37 HGB gewonnen ist, ist jedoch regelmäßig
nicht schutzwürdig.

e) Keine Verjährung

Ansprüche wegen unzulässigen Firmengebrauchs i. S. d. § 37 II 1 HGB verjähren **96**
nach §§ 195, 199 BGB in einer relativen Frist von 3 Jahren und einer absoluten Frist
von 10 Jahren. Geschieht der unzulässige Gebrauch der Firma täglich neu, so dass
eine Dauerhandlung gegeben ist, beginnt die Verjährungsfrist immer wieder neu zu
laufen.[102]

---

[95] *BGH* GRUR 2003, 628, 630 – Klosterbrauerei.
[96] *BGH* GRUR 2001, 323, 327 – Temperaturwächter.
[97] *BGH* GRUR 2002, 280, 282 – Rücktrittsfrist.
[98] *BGH* GRUR 2001, 323, 325 – Temperaturwächter.
[99] *BGH* GRUR 2003, 628, 631 – Klosterbrauerei: unbeanstandete Führung der Firma „Klosterbrauerei"
      seit über 100 Jahren.
[100] *BGH* GRUR 1998, 1034, 1037 – Makalu.
[101] *BGH* GRUR 1993, 913, 914 – KOWOG.
[102] Vgl. auch *BGH* GRUR 2003, 448, 450 – Gemeinnützige Wohnungsbaugesellschaft.

f) Verhältnis zu Schadensersatzansprüchen nach anderen Vorschriften

97 Schadensersatzansprüche nach anderen Vorschriften wie § 15 V MarkenG, § 9 UWG, § 826 BGB oder § 823 I und II BGB bleiben unberührt (§ 37 II 2 HGB). § 37 II 1 HGB ist kein Schutzgesetz i. S. d. § 823 II BGB.[103]

II. Unterlassungsanspruch nach § 15 IV i. V. m. II oder III i. V. m. § 5 MarkenG

98 Wer eine geschäftliche Bezeichnung oder ein ähnliches Zeichen entgegen § 15 II MarkenG oder entgegen § 15 III MarkenG benutzt, kann von dem Inhaber der geschäftlichen Bezeichnung auf Unterlassung in Anspruch genommen werden (§ 15 IV MarkenG). Nach § 15 II MarkenG ist es Dritten untersagt, eine geschützte geschäftliche Bezeichnung oder ein ähnliches Zeichen im geschäftlichen Verkehr unbefugt in einer Weise zu benutzen, die geeignet ist, Verwechslungen mit der geschützten Bezeichnung hervorzurufen. Bei einem Unternehmenskennzeichen als älterem Recht ist die Verwechslungsgefahr unter Berücksichtigung aller maßgeblichen Umstände des Einzelfalls zu beurteilen.[104] Dabei kommt es im Wesentlichen auf **(1)** die Zeichenähnlichkeit, **(2)** die Kennzeichnungskraft der geschützten Bezeichnung und **(3)** die Branchennähe an. Diese Kriterien stehen in einer Wechselwirkung zueinander.

Beispiele: Bei Übereinstimmung allein in dem Element einer Firma, das den Unternehmensgegenstand gattungsmäßig beschreibt, genügen geringfügige Abweichungen bei den übrigen Bestandteilen, um eine Verwechslungsgefahr auszuschließen.[105] So besteht keine Verwechslungsgefahr zwischen der Firma Volksbank Homburg und der Firma Volksbank Saar-West[106] oder zwischen der Firma CompuNet und der Firma ComNet.[107]

99 Handelt es sich bei der geschäftlichen Bezeichnung um eine im Inland bekannte geschäftliche Bezeichnung, ist es Dritten auch bei fehlender Verwechslungsgefahr untersagt, die Bezeichnung zu benutzen, soweit die Benutzung die Unterscheidungskraft oder die Wertschätzung der Bezeichnung ohne rechtfertigenden Grund in unlauterer Weise ausnutzt oder beeinträchtigt (§ 15 III MarkenG).

Beispiel: Eine unlautere Ausnutzung einer bekannten geschäftlichen Bezeichnung liegt in dem Angebot von Hundefutter unter der Bezeichnung *MAC Dog*.[108] Denn dieses Angebot weckt bei den Verbrauchern eine negative Assoziation im Hinblick auf die Produkte der bekannten Fast-Food-Kette *Mc Donald's*.

100 Als geschäftliche Bezeichnungen sind nach § 5 I MarkenG Unternehmenskennzeichen und Werktitel geschützt. Unternehmenskennzeichen sind Zeichen, die im geschäftlichen Verkehr als Name, Firma oder besondere Bezeichnung eines Geschäftsbetriebs oder eines Unternehmens benutzt werden (§ 5 II 1 MarkenG). Dritter i. S. d. § 15 II, III MarkenG kann jede nicht mit dem Inhaber der geschäftlichen Bezeichnung identische Person sein. Zur Benutzung einer geschäftlichen Bezeichnung i. S. d. § 15 II, III MarkenG genügt bereits die Anmeldung der Firma zur Eintragung in das Handelsregister. Voraussetzung für einen Anspruch auf Unterlassung nach § 15 IV

[103] MünchKomm/*Krebs*, § 37 Rn. 56.
[104] *BGH* GRUR 2002, 626, 629 – IMS.
[105] *BGH* GRUR 1992, 865, 866 – Volksbank.
[106] *BGH* GRUR 1992, 865, 866 – Volksbank.
[107] *BGH* GRUR 2001, 1161, 1163 – CompuNet/ComNet.
[108] BGHZ 138, 349, 358 – MAC Dog.

MarkenG i. V. m. § 15 II oder III MarkenG i. V. m. § 5 MarkenG ist daher, dass **(1)** der Gegner eine Firma im geschäftlichen Verkehr benutzt, **(2)** dies unbefugt geschieht und **(3a)** Verwechslungen mit der Firma als Unternehmenskennzeichen hervorrufen kann (§ 15 II MarkenG) oder **(3b)** die Benutzung des Zeichens die Unterscheidungskraft oder die Wertschätzung der im Inland bekannten geschäftlichen Bezeichnung ohne rechtfertigenden Grund in unlauterer Weise ausnutzt oder beeinträchtigt (§ 15 III MarkenG). Innerhalb dieses Anwendungsbereichs ist für eine gleichzeitige Anwendung von § 8 I UWG, § 12 BGB oder § 823 I BGB kein Raum, um der mit der spezialgesetzlichen Festlegung verbundenen Begrenzungsfunktion gerecht zu werden.[109]

III. Unterlassungsanspruch nach § 8 I 1 Alt. 2 oder I 2 UWG i. V. m. § 3 UWG

Nach § 8 I 1 Alt. 2 UWG kann bei Wiederholungsgefahr auf Unterlassung in Anspruch genommen werden, wer § 3 UWG oder § 7 UWG zuwiderhandelt. Nach § 8 I 2 UWG besteht ein solcher Unterlassungsanspruch auch schon dann, wenn eine Zuwiderhandlung gegen § 3 UWG oder § 7 UWG droht, also Erstbegehungsgefahr gegeben ist. Eine Zuwiderhandlung gegen § 3 UWG oder § 7 UWG setzt eine unlautere geschäftliche Handlung, die geeignet ist, den Wettbewerb zum Nachteil der Mitbewerber, der Verbraucher oder der sonstigen Marktteilnehmer spürbar zu beeinträchtigen, voraus. Als Beispiel für eine unlautere geschäftliche Handlung nennt § 4 Nr. 3 Buchst. a UWG den Fall, dass jemand Waren oder Dienstleistungen anbietet, die eine Nachahmung der Waren oder Dienstleistungen eines Mitbewerbers sind, wenn er eine vermeidbare Täuschung der Abnehmer über die betriebliche Herkunft herbeiführt. Nach § 4 Nr. 3 Buchst. b UWG ist es unlauter, Waren oder Dienstleistungen, die eine Nachahmung der Waren oder Dienstleistungen eines Mitbewerbers sind, anzubieten, wenn dadurch die Wertschätzung der nachgeahmten Ware oder Dienstleistung unangemessen ausgenutzt oder beeinträchtigt wird. Die Begriffe der Waren und Dienstleistungen sind weit auszulegen, so dass auch eine Firma als geschützte Leistung in Betracht kommt. Nach § 4 Nr. 4 UWG handelt unlauter, wer Mitbewerber gezielt behindert. Ist die Firma irreführend, kann auch ein Fall irreführender geschäftlicher Handlung i. S. d. §§ 5, 5a UWG gegeben sein.

Beispiel: Die Verwendung eines beschreibenden Begriffs als Domain-Name wie „Mitwohnzentrale.de" ist nicht generell wettbewerbswidrig und insbesondere keine gezielte Absatzbehinderung von Mitbewerbern infolge des Abfangens potenzieller Kunden, obwohl der Einsatz von Gattungsbezeichnungen als Internet-Adressen zu einer gewissen Kanalisierung der Kundenströme führen kann.[110] Die Registrierung eines Gattungsbegriffs als Domain-Name kann sich aber dann als wettbewerbswidrig erweisen, wenn der Anmelder die Verwendung des fraglichen Begriffs dadurch blockiert, dass er gleichzeitig andere Schreibweisen des registrierten Begriffs unter derselben Top-Level-Domain (hier: „de") oder dieselbe Bezeichnung unter anderen Top-Level-Domains für sich registrieren lässt.[111] Im Einzelfall kann in der Verwendung eines beschreibenden Begriffs als Domain-Name auch eine irreführende Alleinstellungsbehauptung liegen.

Ein Unterlassungsanspruch nach § 8 I 1 Alt. 2 oder I 2 UWG setzt daher **(1)** eine Zuwiderhandlung gegen § 3 UWG oder § 7 UWG, wobei sich die Unlauterkeit der geschäftlichen Handlung insbesondere nach § 4 Nr. 3 oder Nr. 4 UWG und/oder §§ 5, 5a UWG ergeben kann und **(2)** Wiederholungs- oder Erstbegehungsgefahr voraus.

101

102

---

[109] BGHZ 138, 349, 351 f. – MAC Dog; *BGH* NJW 1998, 2045, 2046.
[110] BGHZ 149, 1, 6 ff. – Mitwohnzentrale.de.
[111] BGHZ 149, 1, 12 – Mitwohnzentrale.de.

Ein Anspruch nach § 8 I 1 Alt. 2 oder I 2 UWG steht jedoch nur den in § 8 III UWG genannten Personen – Mitbewerbern i. S. d. § 2 I Nr. 3 UWG (§ 8 III Nr. 1 UWG) – und Organisationen – Wirtschaftsverbänden (§ 8 III Nr. 2 UWG), Verbraucherverbänden (§ 8 III Nr. 3 UWG) und Industrie- und Handelskammern sowie Handwerkskammern (§ 8 III Nr. 4 UWG) – zu. Die Anspruchsberechtigung i. S. d. § 8 III UWG weicht daher deutlich von der Anspruchsberechtigung i. S. d. § 37 II 1 HGB ab.

IV. Unterlassungsanspruch nach § 12 BGB

103 § 12 BGB gewährt einen Unterlassungsanspruch gegen die Verwendung eines Namens *außerhalb* des geschäftlichen Verkehrs (vgl. dazu auch *Lettl,* Fall 3). Nach § 12 S. 2 BGB kann der Berechtigte nämlich von demjenigen, der gegenüber dem Berechtigten das Recht zum Gebrauch eines Namens bestreitet oder unbefugt den gleichen Namen gebraucht, Unterlassung verlangen, wenn weitere Beeinträchtigungen zu besorgen sind. Ein Unterlassungsanspruch nach § 12 S. 2 BGB setzt daher voraus, dass jemand **(1)** ein bestehendes Recht zum Gebrauch einer Firma **(2)** bestreitet oder beeinträchtigt **(3)** durch den Gebrauch der gleichen Firma (des gleichen Namens), wobei dies **(4)** unbefugt geschieht und **(5)** Wiederholungsgefahr besteht („weitere Beeinträchtigungen zu besorgen"). Auch ein vorbeugender Unterlassungsanspruch kommt in analoger Anwendung von § 12 S. 2 BGB in Betracht, wenn eine Beeinträchtigung droht, also Erstbegehungsgefahr gegeben ist. Ein unbefugter Gebrauch des gleichen Namens liegt vor, wenn durch den Gebrauch des gleichen Namens die Gefahr einer Zuordnungsverwirrung entsteht und schutzwürdige Interessen des Namensträgers verletzt sind[112] (z. B. bloße Registrierung[113] oder gar Verwendung eines fremden Namens als Domainname unter der Top-Level-Domain „de"). Denn § 12 BGB hat nur den Schutz des Namens in seiner Funktion als Identitätsbezeichnung der Person seines Trägers zum Ziel. Eine Zuordnungsverwirrung entsteht, wenn jemand den unrichtigen Eindruck hervorruft, der Namensträger habe dem Gebrauch seines Namens zugestimmt.[114] So liegt in der Führung eines bekannten Personennamens in der Firma einer Gesellschaft ein Eingriff in das Namensrecht seines Trägers, den dieser nur hinnehmen muss, weil und soweit er es gestattet hat.[115] Im Übrigen ist bei Namensgleichheit eine Interessenabwägung unter Berücksichtigung des Verhältnismäßigkeitsgrundsatzes durchzuführen. Ob Wiederholungsgefahr vorliegt, ist nur auf Grund der konkreten Umstände des Einzelfalls zu beurteilen. Hat bereits ein rechtswidriger Eingriff stattgefunden, begründet dies auch im außerwettbewerblichen Bereich eine widerlegbare Vermutung für das Bestehen einer Wiederholungsgefahr.[116] Die Vornahme einer Verletzungshandlung ist daher ein wesentliches Indiz für das Drohen weiterer Verletzungshandlungen. Dies gilt erst recht dann, wenn der Verletzer in Wettbewerbsabsicht handelt.[117] Die Wiederholungsgefahr kann sich auch daraus ergeben, dass der Verletzer sich berühmt, rechtmäßig zu handeln. Die Wiederholungsgefahr ergibt sich bei unzulässigem Firmengebrauch insbesondere daraus, dass der Verletzer die unzulässige Firma zur Eintragung in das Handelsregister anmeldet und

---

[112] BGHZ 91, 117, 120; 126, 208, 215; 161, 216, 220; *BGH* NJW 2003, 2978, 2979.
[113] BGHZ 149, 191, 199; 155, 273, 276.
[114] BGHZ 119, 237, 246.
[115] *BGH* DB 1980, 2434.
[116] *BGH* NJW 1994, 1281, 1283.
[117] *BGH* WM 1973, 118, 119.

eintragen lässt. Er bringt damit nämlich zum Ausdruck, dass er sich zur Vornahme dieser Handlungen berechtigt sieht. Diese Annahme trifft bei unzulässigem Firmengebrauch aber nicht zu.

Fallbeispiel:

Anton Shell (A) hat bei der DENIC die Domain „shell.de" für sich zur Verwendung als Homepage für Privatzwecke registrieren lassen. Die Deutsche Shell GmbH (D), ein Tochterunternehmen des bekannten Mineralölkonzerns, verlangt Unterlassung der Verwendung des Domainnamens.[118] Zu Recht?

Anspruch von D gegen A auf Unterlassung der Verwendung des Domainnamens „shell.de" nach § 12 S. 2 BGB

I. Anspruchsgrundlage

Als Anspruchsgrundlage kommt nur § 12 S. 2 BGB in Betracht, da die Verwendung des Namens außerhalb des geschäftlichen Verkehrs erfolgt (ansonsten möglicherweise auch Anspruch aus § 8 I UWG).

II. Schutzbereich von § 12 BGB

§ 12 BGB schützt den bürgerlich-rechtlichen Namen, aber auch die Firma oder Firmenbestandteile, soweit geschäftliche Beeinträchtigungen zu befürchten sind. Dieser Schutzbereich ist hier für D eröffnet, da sie auf Grund der Registrierung des fremden Kennzeichens als Domainnamen von einer Nutzung dieser Domain für eigene Zwecke ausgeschlossen ist.

III. Beeinträchtigung des Namensrechts

Die Beeinträchtigung des Namensrechts kann durch Namensleugnung oder Namensanmaßung erfolgen. Die Namensleugnung ist stets rechtswidrig. Sie setzt voraus, dass jemand das Recht des Namensträgers zur Führung seines Namens bestreitet. Dies ist durch die Registrierung des Domainnamens nicht geschehen. Die Namensanmaßung setzt **(1)** einen unbefugten Namensgebrauch, **(2)** eine Zuordnungsverwirrung und **(3)** die Verletzung eines schutzwürdigen Interesses des Namensträgers voraus. Bei der Verwendung eines fremden Kennzeichens liegen die Voraussetzungen **(2)** und **(3)** regelmäßig vor, da der Domainname „shell.de" nur einmal vergeben werden kann, zahlreiche Nutzer unter „shell.de" die Homepage des Mineralölkonzerns erwarten und D diese Interessenten auf ihr kommerzielles Angebot aufmerksam machen möchte. Fraglich ist jedoch, ob A den Namen Shell unbefugt gebraucht. Denn der Gebrauch des eigenen bürgerlich-rechtlichen Namens ist grundsätzlich nicht unbefugt. In den Fällen der Gleichnamigkeit ist eine Abwägung vorzunehmen. Grundsätzlich gilt Priorität als Gerechtigkeitsprinzip, d. h. derjenige, der den Domainnamen zuerst eintragen lässt, hat Vorrang. Denn trotz des berechtigten, mit gleichnamigen Namensträgern geteilten Interesses, mit dem eigenen Namen unter der im Inland üblichen und am meisten verwendeten Top-Level-Domain „de" im Internet aufzutreten, muss jeder Träger eines unterscheidungskräftigen Namens hinnehmen, dass ein anderer Träger dieses Namens ihm zuvorkommt und den Namen als Internet-Adresse für sich registrieren lässt. **Exkurs:** Die Registrierung eines Domainnamens auf Grund des Auftrags eines Namensträgers auf den Namen eines Dritten (z. B. Werbeagentur) hat im Verhältnis zu Gleichnamigen nur dann Priorität, wenn für Gleichnamige eine einfache und zuverlässige Möglichkeit besteht, zu überprüfen, ob die Registrierung im Auftrag eines Namensträgers erfolgt ist.[119] Eine solche Überprüfungsmöglichkeit besteht insbesondere dann, wenn sich unter dem Domainnamen zu einem Zeitpunkt, zu dem noch kein Gleichnamiger einen Anspruch angemeldet hat, die Homepage des Namensträgers befindet. Denn dann ist davon auszugehen, dass der Namensträger den Treuhänder mit der Registrierung beauftragt hat. Hat der Namensträger einen Dritten auf eine einfach und zuverlässig zu überprüfende Weise mit der Registrierung seines Namens als Internet-Adresse beauftragt, ist es für die Priorität der Registrierung gegenüber Gleichnamigen ohne Bedeutung, wenn der Dritte den Domainnamen abredewidrig auf den eigenen Namen und nicht auf den Namen des Auftraggebers hat registrieren lassen. Nur in besonderen Ausnahmefällen ist dieser Grundsatz der Priorität zu korrigieren. Ein solcher Fall liegt hier vor. Denn das Kennzeichen Shell hat eine derart überragende Bedeutung, dass die privaten Interessen des An-

---

[118] Fall und Lösung sind der Entscheidung von BGHZ 149, 191 – shell.de nachgebildet.
[119] *BGH* GRUR 2006, 158 Rn. 16 – segnitz.de; WRP 2007, 1207 Rn. 13 – grundke.de.

ton Shell zurücktreten müssen. Daher darf A den Namen Shell in einem Domainnamen nur mit einem individualisierenden Zusatz wie „Anton-Shell.de" verwenden.

IV. Wiederholungsgefahr

Bliebe die Domain „shell.de" zu Gunsten von A eingetragen, käme es zu weiteren Beeinträchtigungen. Es besteht daher Wiederholungsgefahr.

V. Ergebnis

D steht der geltend gemachte Unterlassungsanspruch gegenüber A nach § 12 S. 2 BGB zu.

V. Rechte des Erwerbers bei Inanspruchnahme durch Dritte

104 Nehmen Dritte den Erwerber auf Grund eines prioritätsälteren Rechts (Firma, Marke etc.) in begründeter Weise auf Unterlassung des Firmengebrauchs in Anspruch und ist der Erwerber infolgedessen daran gehindert, die Firma in der vereinbarten Weise fortzuführen, besteht ein Rechtsmangel i. S. d. § 435 BGB (vgl. auch § 453 I BGB) und in erster Linie ein Anspruch des Erwerbers auf Nacherfüllung (§§ 437 Nr. 1, 439 BGB). Danach ist der Veräußerer verpflichtet, den Rechtsmangel zu beseitigen. Tut er das nicht, stehen dem Käufer – freilich grundsätzlich erst nach Ablauf einer angemessenen Frist zur Nacherfüllung – weitere Ansprüche und Gestaltungsrechte zur Verfügung (vgl. § 437 Nr. 2 und Nr. 3 BGB). Für einen Anspruch auf Schadensersatz statt der Leistung kommt es darauf an, dass die lediglich teilweise Erfüllung (Übertragung des Unternehmens ohne die Firma in dem vereinbarten Umfang) für den Erwerber ohne Interesse ist (§ 281 I 2 BGB). Es kommt also entscheidend darauf an, ob der Käufer das Unternehmen auch und vor allem wegen der Firma erworben hat. Nimmt ein Dritter den Erwerber auf Unterlassung des Firmengebrauchs in Anspruch, sollte der Erwerber dem Veräußerer den Streit verkünden (§§ 74, 68 ZPO), damit er sich gegenüber dem Veräußerer auf die Rechtskraft des Urteils berufen kann.

J. Rechtlicher Schutz des Unternehmens

I. Begriff

105 Das deutsche Recht kennt keinen einheitlichen, scharf umgrenzten Unternehmensbegriff. Vielmehr kann dieser Begriff in jedem Gesetz, das ihn verwendet, entsprechend den jeweiligen gesetzgeberischen Zielen einen anderen Inhalt haben.

Beispiel: Der Unternehmensbegriff im Konzernrecht ist nicht identisch mit dem Unternehmensbegriff des Kartellrechts oder des Arbeitsrechts.

106 Das HGB verwendet sowohl den Begriff des Unternehmens (vgl. §§ 1 II, 2 S. 1, 3 II HGB) als auch den Begriff des Handelsgeschäfts (vgl. §§ 22–27 HGB). Es definiert diese Begriffe aber nicht.

107 Im zivilrechtlichen Sinne ist ein **Unternehmen** jede organisatorisch-wirtschaftliche Einheit, die durch einen wirtschaftlichen oder ideellen Zweck bestimmt ist und der ein Betrieb oder mehrere organisatorisch verbundene Betriebe dienen.[120]

---

[120] Palandt/*Weidenkaff*, Einf. v. § 611 BGB Rn. 15.

Das Unternehmen umfasst die dem Unternehmenszweck gewidmeten materiellen 108
und immateriellen Vermögenswerte.

Beispiele: Sachen und Rechte, insbesondere *Know-how,* Geschäftsverbindungen, Organisation, *Goodwill.*

Das Unternehmen bildet ein Sondervermögen, das vom Privatvermögen des Kauf- 109
manns zu trennen ist. Es ist als solches jedoch kein Rechtssubjekt. Die Rechte und
Pflichten eines Unternehmens sind vielmehr seinem Träger zuzurechnen.

Beispiel: Kaufmann A verkauft einen Kühlschrank an B. Der sich daraus ergebende Anspruch auf Kaufpreiszahlung nach § 433 II BGB steht nicht dem Unternehmen des A als solchem, sondern dem Unternehmensträger A zu.

Unternehmensträger kann eine natürliche Person, aber auch eine juristische Person 110
(z. B. AG oder GmbH) oder eine Personengesellschaft (z. B. oHG oder KG) sein.

Ein Kaufmann kann mehrere Unternehmen und dementsprechend mehrere Firmen 111
haben (z. B. eine Möbelfabrik und ein Kleidergeschäft). Das Unternehmen selbst
kann aufgespalten sein in eine Hauptniederlassung und eine oder mehrere Zweigniederlassungen. Für Zweigniederlassungen gelten bestimmte Vorschriften (z. B. für die
Anmeldung ins Handelsregister nach §§ 13 ff. HGB). Die Zweigniederlassung ist
kein rechtlich selbständiges Unternehmen.

II. Schutznormen

1. Rechtsgrundlagen

Der Träger eines Unternehmens genießt nach verschiedenen Spezialgesetzen Schutz 112
gegenüber Eingriffen Dritter in das Unternehmen (z. B. §§ 3, 7 UWG; § 23
GeschGehG; §§ 18–21 GWB; § 823 II BGB i. V. m. einer Schutznorm; § 824 BGB).
Diese Vorschriften sind aber lückenhaft. Daher hat die Rechtsprechung § 823 I BGB
als Auffangtatbestand des Unternehmensschutzes entwickelt, um das Unternehmen in
seiner wirtschaftlichen Tätigkeit gegen Störungen von außen zu schützen (Bestands-
und Funktionsschutz).[121] Zu diesem Zweck ist ein „Recht am eingerichteten und ausgeübten Gewerbebetrieb" – kürzer „Recht am Unternehmen" – gewohnheitsrechtlich
anerkannt.

2. Recht am Unternehmen

a) Schutzbereich

aa) Begriff

Den Gewerbebegriff i. S. d. Rechts am eingerichteten und ausgeübten Gewerbebetrieb 113
als sonstiges Recht i. S. d. § 823 I BGB definiert der *BGH*[122] wie folgt:

---

[121] BGHZ 69, 128, 138 f.; **a. A.** *Larenz/Canaris,* § 81 II–IV, wonach dem Recht am eingerichteten und
ausgeübten Gewerbebetrieb eine Ausschluss- und Zuweisungsfunktion fehle und es deshalb nicht
den absoluten Rechten i. S. d. § 823 I BGB gleichzustellen sei.
[122] BGHZ 29, 65, 70.

114 **Gewerbebetrieb** i. S. d. § 823 I BGB ist alles, was in seiner Gesamtheit den Gewerbebetrieb zur Entfaltung und Betätigung in der Wirtschaft befähigt, also nicht nur Betriebsräume und -grundstücke, Maschinen und Gerätschaften, Einrichtungsgegenstände und Warenvorräte, sondern auch Geschäftsverbindungen, Kundenstamm und Außenstände.

115 Diese Definition ist nicht auf einen Gewerbebetrieb im eigentlichen Sinne beschränkt, sondern generell auf Unternehmen etwa von freiberuflich tätigen Personen zu übertragen.

bb) Geschützte Person

116 Geschützte Person ist der Träger des Unternehmens. Insoweit sind die zum Betrieb eines Handelsgewerbes angestellten Erwägungen entsprechend heranzuziehen.[123]

Beispiel: Der (Allein- oder Mehrheits-) Gesellschafter einer GmbH ist nicht der Träger des Unternehmens, auch wenn er geschäftsführend tätig ist.[124] Träger des Unternehmens ist allein die GmbH. Würde man daneben auch Gesellschaftern das Recht am Unternehmen und den Schutz des § 823 I BGB zugestehen, käme es zu einer für den Schuldner unzumutbaren Mehrfachhaftung. Außerdem kommt ihnen ein Anspruch der GmbH nach § 823 I BGB mittelbar zugute.

cc) Betriebsbezogenheit des Eingriffs

117 Um eine weit gehend unbegrenzte Haftung zu vermeiden, sind nur „betriebsbezogene" Eingriffe erfasst.[125] Der Eingriff muss sich also gegen das Unternehmen als solches, d. h. gegen den betrieblichen Organismus oder die unternehmerische Entscheidungsfreiheit, richten und nicht lediglich gegen Rechte oder Rechtsgüter, die vom Unternehmen ablösbar sind.[126]

Beispiele: Ein betriebsbezogener Eingriff in das Recht am Unternehmen liegt in der Blockade eines Verlags, um die Auslieferung einer Zeitschrift zu verhindern.[127] Weitere typische Fälle eines betriebsbezogenen Eingriffs in das Recht am Unternehmen sind (1) die unbegründete Schutzrechtsverwarnung (durch schuldhaft unrichtige Behauptung, der Konkurrent verstoße gegen ein fremdes Schutzrecht wie ein Patent-, Gebrauchsmuster- oder Urheberrecht) und Aufforderung zur Einstellung der unternehmerischen Tätigkeit,[128] (2) abträgliche Werturteile über das Unternehmen (soweit nicht unter § 4 Nr. 1 UWG fallend) wie unsachliche Kritik an einem Restaurant, (3) die Mitteilung wahrer Tatsachen über das Unternehmen, wie die fehlende Bereitschaft einer Bank zur weiteren Kreditgewährung (vgl. auch §§ 4 Nr. 2 UWG, 824 BGB zu unwahren Behauptungen), (4) der Aufruf zum Boykott (soweit nicht unter § 21 I GWB und/oder § 4 Nr. 4 UWG fallend) und (5) das Zusenden von Werbe-E-Mails ohne Einwilligung des Empfängers[129].

118 Kein betriebsbezogener Eingriff in das Recht am Unternehmen ist gegeben bei nur mittelbarer Beeinträchtigung des Unternehmens durch ein außerhalb eingetretenes, mit seiner Wesenseigentümlichkeit nicht in Beziehung stehendes Schadensereignis.

---

[123] Vgl. dazu § 2 Rn. 28 ff.
[124] *BGH* WM 2006, 380, 390.
[125] BGHZ 29, 65, 69; 59, 30, 35.
[126] BGHZ 86, 152, 156.
[127] BGHZ 59, 30, 35.
[128] *BGH* (GS) WRP 2005, 1408, 1411 – „Unbegründete Verwarnung aus Kennzeichenrecht".
[129] BGHZ 214, 204 Rn. 15 u. 20.

Beispiele: Unterbrechung der Stromzufuhr des Unternehmens auf Grund Kabelbeschädigung bei Bauarbeiten;[130] Verletzung der Mitarbeiter eines Betriebs[131] oder nicht genehmigte Fernsehaufnahmen in der Appartement-Anlage eines Reiseunternehmens.[132]

Die Betriebsbezogenheit des Eingriffs fehlt außerdem bei bloßen Belästigungen oder **119** sozial üblichen Behinderungen.[133]

b) Rechtswidrigkeit eines Eingriffs

Da das Recht am Unternehmen generalklauselartigen Charakter besitzt, kann die Tat- **120** bestandsmäßigkeit eines betriebsbezogenen Eingriffs nicht zugleich seine Rechtswidrigkeit indizieren. Dies gilt umso mehr, als ein Unternehmen im Wettbewerb ständigen Eingriffen verschiedenster Art ausgesetzt ist. Da es sich beim Recht am Unternehmen als einem Rahmenrecht um einen so genannten offenen Tatbestand handelt, ist die Rechtswidrigkeit vielmehr positiv – regelmäßig durch Interessen- und Güterabwägung – festzustellen.[134] Dabei sind vor allem grundrechtlich geschützte Positionen der Beteiligten zu berücksichtigen. Zu Gunsten des Unternehmensträgers fällt insbesondere das Grundrecht der Berufsfreiheit (Art. 15 I GR-Charta; Art. 12 GG), zu Gunsten eines Kritik am Unternehmen Äußernden die Meinungsäußerungsfreiheit (Art. 11 I 1 GR-Charta; Art. 5 I GG) oder zu Gunsten eines Werbenden dessen Berufsfreiheit und allgemeine Handlungsfreiheit (Art. 2 I GG) ins Gewicht. Als eigenständiges Schutzgut der Eigentumsgarantie (Art. 17 GR-Charta; Art. 14 GG) ist das Recht am Unternehmen bisher nicht anerkannt.[135] Das Zusenden von Werbe-E-Mails ohne Einwilligung des Empfängers ist freilich rechtswidrig.[136] Zur Vermeidung von Wertungswidersprüchen kommen insoweit die Maßstäbe des § 7 UWG zur Anwendung; der Inhaber des Unternehmens soll vor (1) dem Eindringen des Werbenden in die geschäftliche Sphäre und insbesondere der Störung der Betriebsabläufe gegen seinen erkennbaren oder mutmaßlichen Willen – eine vom Werbenden vorformulierte Einwilligungserklärung muss den Anforderungen der §§ 305 ff. BGB genügen[137] –, (2) einer Bindung seiner Ressourcen und (3) einer erheblichen Belästigung durch zeitaufwendige Sichtung der Werbung und Reaktion hierauf etwa durch Widerspruch geschützt sein.[138] Diese Interessen überwiegen gegenüber dem Gewinnstreben anderer Unternehmen, da die werbemäßige Anpreisung von Produkten angesichts der Vielfalt der Werbemethoden (zB Fernsehen, Zeitungsanzeige, Flyer) nicht das Eindringen in die internen Betriebsabläufe eines Unternehmens erfordert.[139]

Wahre Tatsachenbehauptungen stellen grundsätzlich keinen rechtswidrigen Eingriff in **121** das Recht am Unternehmen dar.

Beispiel: Der Vorstand A der deutschen Großbank B äußert sich in einem Interview über ein Unternehmen C, das nicht nur für Wirtschaftskreise, sondern auch für ein breites Publikum ein wesentlicher Faktor

---

[130] *BGH* BB 1977, 1419.
[131] BGHZ 7, 30, 36; *BGH* NJW 2001, 971, 972; NJW 2003, 1040, 1041 – Eislaufpaar.
[132] *BGH* NJW 1998, 2140, 2141.
[133] *BGH* NJW 1999, 279, 281.
[134] BGHZ 45, 296, 307; 65, 325, 331; *BGH* WM 2006, 380, 390.
[135] *BVerfG* NJW-RR 2004, 1710, 1712.
[136] BGHZ 214, 204 Rn. 14.
[137] BGHZ 214, 204 Rn. 20.
[138] BGHZ 214, 204 Rn. 15.
[139] BGHZ 214, 204 Rn. 28.

in der deutschen Medienbranche ist. Er äußert dabei wahrheitsgemäß, dass die von ihm geleitete Bank sowie andere Banken nicht mehr bereit seien, dem Unternehmen auf unveränderter Basis weitere Fremd- oder Eigenmittel zur Verfügung zu stellen. Darin liegt grundsätzlich kein rechtswidriger Eingriff in das Recht am Unternehmen.[140] Ein solcher Eingriff liegt hingegen vor, wenn der – durch A vorgenommene, B nach § 31 BGB analog zuzurechnende – Eingriff in das Recht am Unternehmen von C deshalb schwerer wiegt, weil B und C in vertraglichen Beziehungen stehen. So obliegen B Interessenwahrungs-, Schutz- und Loyalitätspflichten, wenn zwischen B und C ein Darlehensvertrag gegeben ist. Die danach für B bestehende Verpflichtung, die Kreditwürdigkeit von C nicht zu gefährden, ist durch die Interviewäußerung des A verletzt. Das Recht zur freien Meinungsäußerung (Art. 5 I 1 GG) steht dem nicht entgegen, da es kein vertragswidriges Verhalten erlaubt.[141]

122 Wertende, nicht mit unwahren Tatsachenbehauptungen verbundene Kritik an der Leistung eines Wirtschaftsunternehmens ist regelmäßig auch dann vom Grundrecht der Meinungsäußerungsfreiheit nach Art. 11 I 1 GR-Charta, Art. 5 I GG gedeckt, wenn sie scharf und überzogen formuliert ist und zu wirtschaftlichen Nachteilen für das Unternehmen führt; sie ist nur unter engen Voraussetzungen als unzulässige Schmähkritik anzusehen. Denn es spricht eine Vermutung für die Zulässigkeit der freien Rede im geistigen Meinungskampf. Dies betrifft insbesondere Äußerungen in einer die Öffentlichkeit wesentlich berührenden Frage.

Beispiel: Die Äußerung in einem Zeitungsartikel „Der X-Verlag verhält sich gegenüber den bei ihm publizierenden Autoren wie ein Lebensmittelhändler, bei dem man ein Pfund Käse verlangt, es bezahlt, dann aber zu Hause feststellt, dass man nur 100 Gramm bekommen hat, und dies ist ja Betrug" verstößt nicht gegen § 823 I BGB.[142] Angesichts der heutigen Reizüberflutung ist nämlich auch die Wahl einer einprägsamen, scharfen Formulierung wie der eines „betrügerischen" Käsehändlers nicht unzulässig, selbst wenn sie abwertende Kritik enthält. Ein Unternehmer muss sich auch kritische Einschätzungen seiner Leistungen gefallen lassen. Etwas anderes mag bei der Behauptung konkret unwahrer Tatsachen gelten. Hier liegt jedoch gerade keine Tatsachenbehauptung, sondern nur ein von Art. 11 I 1 GR-Charta, Art. 5 I GG in vollem Umfang geschütztes Werturteil vor.

123 Erst wenn die Grenze zur Schmähkritik überschritten ist, liegt ein rechtswidriger Eingriff in das Recht am Unternehmen vor. Schmähkritik ist eine unsachliche Kritik, die auch vom Standpunkt des Kritikers jeglicher Grundlage entbehrt und auf Diffamierung abzielt.[143] Um eine Schmähkritik handelt es sich insbesondere dann, wenn die persönliche Kränkung und Herabsetzung das sachliche Anliegen völlig in den Hintergrund drängt und es nicht mehr um die Auseinandersetzung in der Sache, sondern um die Diffamierung des Betroffenen geht, der jenseits polemischer und überspitzter Kritik persönlich herabgesetzt und gleichsam an den Pranger gestellt werden soll.[144]

Beispiel: Kritik an Sportgeschäft A mit der Aussage „A bietet nur Schrott an".

3. Subsidiarität

124 Das Recht am Unternehmen ist wegen seines Auffangcharakters gegenüber anderen Schutznormen subsidiär.

---

[140] *BGH* WM 2006, 380, 391f.
[141] *BGH* WM 2006, 380, 394.
[142] *BGH* NJW 2002, 1192, 1193.
[143] BVerfGE 82, 43, 52; 82, 272, 283f.
[144] *BVerfG* NJW 1991, 1475, 1477; 1995, 3303, 3304; BGHZ 143, 199, 209; *BGH* WRP 2005, 236, 239.

Beispiel: Die Beschädigung der Maschinen eines Unternehmens stellt eine Eigentumsverletzung i. S. d. § 823 I BGB dar. Eines Rückgriffs auf das Recht am Unternehmen bedarf es insoweit nicht.

Dies gilt allerdings nur, soweit der Anwendungsbereich anderer Schutznormen reicht.   **125**

Beispiel: § 824 BGB enthält eine abschließende Haftungsregelung nur für die Verbreitung unwahrer Tatsachen. Bei Verbreitung wahrer Tatsachen oder von Werturteilen ist ein Anspruch nach § 823 I BGB wegen eines Eingriffs in das Recht am Unternehmen nicht subsidiär.[145]

Insbesondere für Eingriffe im Wettbewerb gelten regelmäßig lediglich die Sonderrege-   **126**
lungen des UWG und des GWB.[146]

---

[145] *BGH* WM 2006, 380, 391.
[146] BGHZ 36, 252, 257; 38, 200, 204.

§ 5. Haftung bei Fortführung von Unternehmen und Firma

A. Übertragung des Unternehmens

I. Übertragungsformen

1 Als schuldrechtlicher Vertragstyp, der die Pflicht zur Übertragung eines Unternehmens begründet, kommt in erster Linie ein Kaufvertrag in Betracht. Aber auch andere Vertragstypen (z. B. Schenkung, Tausch) können eine solche Verpflichtung begründen. Die Hauptpflicht des Veräußerers eines Unternehmens ist auf die Übertragung des Unternehmens gerichtet.[1] Ein Unternehmen ist nicht ein einzelner Gegenstand, sondern besteht aus einer Sach- und Rechtsgesamtheit. Für die Übertragung eines Unternehmens kommen zwei Formen in Betracht. Sie kann durch die Übertragung der einzelnen Vermögensgegenstände des Unternehmens (Einzelrechtsnachfolge; *asset deal*) oder die Übertragung der Anteile einer Gesellschaft, der das Unternehmen gehört *(share deal),* stattfinden.[2] Da das HGB keine Regelungen zur Übertragung eines Unternehmens enthält, ist insoweit auf das BGB zurückzugreifen. Ist ein Unternehmenskaufvertrag nichtig – etwa weil eine Klausel in diesem Vertrag z. B. nach § 138 I BGB nichtig ist und diese Nichtigkeit nach der Auslegungsregel des § 139 BGB zur Nichtigkeit des gesamten Vertrags führt – kommt es zur Rückabwicklung erbrachter Leistungen nach §§ 812 I 1 Alt. 1, 818 I, II BGB (vgl. dazu auch *Lettl,* Fall 4).[3]

II. Übertragung der einzelnen Vermögensgegenstände des Unternehmens

2 Gegenstand der Übertragung eines Unternehmens können nicht nur die zum Unternehmen gehörenden Sachen und Rechte sein, sondern auch die unkörperlichen Vermögenswerte, die häufig den eigentlichen Wert eines Unternehmens ausmachen.

Beispiele: Betriebliche Organisation; Firma; kaufmännische und technische Geheimnisse; Bezugs- und Absatzquellen; *Goodwill,* d. h. der gute Ruf bei Kunden, Lieferanten, Kreditgebern und Arbeitnehmern.

3 Zur Erfüllung der Verkäuferpflichten beim Unternehmenskauf gehört über die Übertragung der Sachen und Rechte hinaus auch die Übertragung der unkörperlichen Vermögenswerte. Denn mangels abweichender Regelung sind sie – mit Ausnahme der Firma, deren Veräußerung der ausdrücklichen Einwilligung des Verkäufers bedarf (§ 22 HGB) – mitverkauft. Da ein Unternehmen als solches aber kein einheitliches Rechtssubjekt ist, sondern aus einer Vielzahl von Sachen (z. B. Maschinen, Grundstücken), Rechten (z. B. Forderungen) und unkörperlichen Gegenständen (z. B. Kundenstamm) besteht, ist wegen des sachenrechtlichen Spezialitätsprinzips jeder einzelne Gegenstand nach den für seine Übertragung geltenden Regelungen zu übertragen.

Beispiele: Das Eigentum an einer Maschine ist durch Einigung und Übergabe oder Vereinbarung eines Übergabesurrogats zu übertragen (§§ 929 ff. BGB). – Das Eigentum an einem Grundstück ist durch Auflassung und Eintragung unter Beachtung des Formerfordernisses nach § 311b I BGB zu übertragen (§§ 925, 873 BGB). – Eine Forderung ist durch Abtretung zu übertragen (§ 398 BGB). – Die Offen-

---

[1] *Canaris,* § 8 Rn. 7.
[2] *Medicus/Lorenz,* SchR II, Rn. 153.
[3] Vgl. dazu auch *BGH* NJW 2006, 2847.

barung der Betriebsgeheimnisse, Unterrichtung über Geschäftsvorgänge sowie die Vermittlung von Kundenstamm, *Know-how* und *Goodwill* erfolgt durch Einweisung des Käufers in den Tätigkeitsbereich des Unternehmens nach dessen Übergabe.[4] War Unternehmensträger eine Gesellschaft, bleibt sie als leere Hülle zurück.

Die Haftung des Verkäufers eines Unternehmens für Sach- und Rechtsmängel über- 4
tragener Sachen richtet sich nach §§ 433 ff. BGB. § 453 I Alt. 2 BGB verweist nämlich
für sonstige Gegenstände, zu denen auch ein Unternehmen zählen kann,[5] auf das
Recht des Sachkaufs (vgl. § 433 I 2 BGB). Deshalb kommt es darauf an, ob das ver-
kaufte Unternehmen mangelhaft ist. Die Mangelhaftigkeit eines übertragenen Unternehmensgegenstands ist hingegen unerheblich, zumal nicht dieser Gegenstand, sondern das Unternehmen als solches Objekt des Unternehmenskaufvertrags ist.[6] Das
Recht des Sachkaufs i. S. d. §§ 433 ff. BGB gilt daher nicht schon dann, wenn der
Käufer einer im Eigentum des Unternehmens stehenden Sache, die das Unternehmen
nicht im Ganzen betrifft, geltend macht, diese Sache sei mangelhaft.

Beispiele: Es liegt nicht schon dann ein Sachmangel i. S. d. § 434 I BGB vor, wenn eine Maschine des verkauften Unternehmens funktionsuntüchtig ist. Ein Sachmangel des Unternehmens i. S. d. § 434 I 1 BGB
ist aber gegeben, wenn die Parteien vereinbaren, dass die Funktionstüchtigkeit der Maschine zur Beschaffenheit des Unternehmens gehört. Ein Sachmangel des Unternehmens kann auch ohne eine solche Vereinbarung gegeben sein, wenn der Mangel auf das Unternehmen als solches durchschlägt. So, wenn die funk-
tionsuntüchtige Maschine von entscheidender Bedeutung für den Betrieb des Unternehmens als Ganzes
ist. Es handelt sich dann um einen Sachmangel i. S. d. § 434 I 2 Nr. 1 BGB, der einen Nacherfüllungsanspruch nach §§ 439 I, 437 Nr. 1 BGB im Hinblick auf diesen konkreten Gegenstand begründet. Einen
Sachmangel i. S. d. § 434 BGB stellt es auch dar, wenn der unternehmerischen Tätigkeit ein öffentlich-
rechtliches Hindernis (z. B. fehlende öffentlich-rechtliche Erlaubnis nach § 32 KWG) entgegensteht.
Denn die Anwendung von § 434 BGB ist nicht auf Mängel des Sachsubstrats beschränkt.[7] Aus diesem
Grund stellen auch Ruf und Image sowie erzielter Ertrag und Umsatz eine Beschaffenheit des Unterneh-
mens dar, da diese wertbildenden Faktoren in einer spezifischen Beziehung zum Kaufgegenstand stehen.
An einer solchen Beziehung fehlt es hingegen etwa dann, wenn der Verkäufer Angaben über zukünftige
Erträge oder Umsätze macht[8] oder die Ehefrau des Verkäufers ein Konkurrenzunternehmen betreibt.[9]

Da § 453 I Alt. 2 BGB auf die Regelungen über den Sachkauf und damit auch auf 5
§ 433 I 2 BGB verweist, muss das Unternehmen nicht nur frei von Sachmängeln
i. S. d. § 434 BGB, sondern auch frei von Rechtsmängeln i. S. d. § 435 BGB sein.[10]
Wie bei der Frage der Sachmangelhaftigkeit[11] kommt es allein auf eine Rechtsmangel-
haftigkeit des Unternehmens als solches, nicht hingegen auf die Rechtsmangelhaftig-
keit einzelner Gegenstände des Unternehmens an.

Beispiele: Das Unternehmen ist rechtsmangelhaft i. S. d. § 435 BGB, wenn es das von ihm hergestellte
Produkt wegen der Klage eines Dritten, dem an diesem Produkt ein Urheberrecht oder ein Patentrecht zu-
steht, nicht vertreiben darf. Dasselbe gilt dann, wenn der Verkäufer für den Betrieb des Unternehmens ein
Grundstück gemietet hat und der Vermieter die Übertragung des Mietvertrags auf den Käufer verweigert.[12]
An sich erfasst der Wortlaut des § 435 BGB auch die Belastung des Käufers mit unternehmensbezogenen

---

[4] *Canaris,* § 8 Rn. 1.
[5] BT-Drs. 14/6040, S. 242; Palandt/*Weidenkaff,* § 453 Rn. 7.
[6] *Canaris,* § 8 Rn. 22.
[7] *Canaris,* § 8 Rn. 29; **a. A.** *Grigoleit/Herresthal,* JZ 2003, 118, 125 f.
[8] Vgl. den Fall *BGH* NJW 1987, 909.
[9] *Canaris,* § 8 Rn. 32.
[10] MünchKomm/*Thiessen,* Anh. § 25 Rn. 60 ff.
[11] Vgl. hierzu bereits Rn. 4.
[12] Vgl. die Fälle *BGH* WM 1970, 319; 1975, 1166.

Altverbindlichkeiten. Gleichwohl nehmen Teile des Schrifttums hier einen Sachmangel i. S. d. § 434 BGB an.[13] Angesichts derselben Rechtsfolgen hat diese Frage indes keine allzu große Bedeutung.

6   Größeren Unternehmenskäufen liegen meist detaillierte vertragliche Regelungen zu Grunde, in denen die Sollbeschaffenheit der zu übertragenden Vermögensgegenstände und Folgen einer Abweichung im Einzelnen bestimmt sind. Häufig erhält der Käufer auch ein eigenes Prüfungsrecht *(due diligence)*, da er nicht „die Katze im Sack" kaufen, sondern sich zunächst umfassend selbst über das Unternehmen vor allem in wirtschaftlicher, finanzieller, rechtlicher und steuerlicher Hinsicht unterrichten will. Denn insbesondere die Marktposition, die Organisationsstruktur, die finanziellen Verhältnisse, die Gesellschaftsverhältnisse, die vertraglichen Beziehungen zu Dritten, etwaige Haftungsrisiken gegenüber Dritten sowie die steuerrechtliche Situation eines Unternehmens sind für die Entscheidung über einen Unternehmenskauf von maßgeblicher Bedeutung.

III. Übertragung von Gesellschaftsanteilen

7   Stehen die einzelnen Vermögensgegenstände eines Unternehmens einer juristischen Person (insbesondere AG oder GmbH) oder einer Personengesellschaft (GbR, oHG, KG) als Unternehmensträger zu, bedarf es zur Übertragung des Unternehmens nicht der Übertragung der einzelnen Vermögensgegenstände des Unternehmens. Denn hier kann eine Übertragung des Unternehmens durch die Übertragung von Anteilen an dem Unternehmensträger (z. B. Aktien oder GmbH-Geschäftsanteile) erfolgen, da diesem sämtliche Rechte am Unternehmen (z. B. Eigentum an Maschinen oder Grundstücken, Forderungen, *Know-how* und *Goodwill*) zustehen. Die Verpflichtung zu einer solchen Übertragung ist ein Rechtskauf i. S. d. § 453 I Alt. 1 BGB, für den die Regelungen über den Sachkauf gelten.

8   Der Verkäufer haftet lediglich für den Bestand des Gesellschaftsanteils (Verität) und die Nichtbelastung des Gesellschaftsanteils mit fremden Rechten, nicht aber für dessen Werthaltigkeit (Bonität). Der Verkäufer eines Gesellschaftsanteils haftet danach nicht für die Mangelfreiheit des Unternehmens, sofern nicht ein darauf gerichteter selbständiger Garantievertrag oder eine Haftung des Veräußerers nach §§ 280 I, 311 II, 241 II BGB besteht. Außerdem kann ein Recht keinen Sachmangel i. S. d. § 434 BGB aufweisen. Diese Einschränkung der Verkäuferhaftung für Mängel gilt jedoch nur beim Verkauf einer Minderheitsbeteiligung. Beim Verkauf aller Anteile[14] können die Grundsätze der Verpflichtung zur Übertragung der einzelnen Vermögensgegenstände eines Unternehmens und damit auch die Regelungen über Mängel am Unternehmen als solchem hingegen heranzuziehen sein, da insoweit sachliche Unterschiede nicht gerechtfertigt erscheinen. Der Käufer erwirbt nämlich hier wie dort wirtschaftlich gesehen das gesamte Unternehmen, weil er die alleinige Inhaberschaft erlangt. Insoweit kommt also auch eine Haftung des Verkäufers für Sachmängel einzelner Vermögensgegenstände des Unternehmens in Betracht, wenn der Mangel eines einzelnen Gegenstands das Unternehmen als solches betrifft. Dasselbe gilt dann, wenn der Käufer so viele Anteile an der Gesellschaft erwirbt, dass die übrigen Anteile „die Ver-

---

[13] MünchKomm/*Thiessen*, Anh. § 25 Rn. 83.

[14] Vgl. dazu BGHZ 65, 246; *BGH* NJW 1980, 2408, 2409; 2001, 2163, 2164. Bei einer AG genügt der Erwerb von 95% der Anteile, weil dieser Anteil dem Erwerber die grundlose Ausschließung der Minderheitsgesellschafter erlaubt; vgl. MünchKomm-BGB/*Westermann*, § 453 Rn. 24.

fügungsbefugnis des Erwerbers über das Unternehmen nicht entscheidend beeinträchtigen".[15] Demgegenüber handelt es sich um einen bloßen Anteilskauf, wenn die erworbenen Anteile dem Käufer nicht einmal die unternehmerische Leitungs- und Verfügungsbefugnis verschaffen.

Beispiel: Unternehmerische Leitungs- und Verfügungsbefugnis setzt bei einer GmbH eine Beteiligung von drei Vierteln voraus (§ 53 II 1 GmbHG).

IV. Nebenpflichten des Verkäufers

Der Verkäufer hat unrichtige Angaben zu unterlassen und insbesondere Offenbarungspflichten zu erfüllen. Bei schuldhafter Verletzung dieser Nebenpflichten haftet der Verkäufer auf Schadensersatz nach §§ 280 I, 241 II BGB, gleich ob sämtliche Vermögensgegenstände des Unternehmens einzeln zu übertragen sind oder ein Anteilskauf gegeben ist.[16] Diese Haftung verjährt nach §§ 195, 199 BGB. Der Verkäufer hat darüber hinaus alles zu tun, damit es dem Käufer möglich ist, das Unternehmen so wie bisher fortzuführen.

9

Beispiele: Der Verkäufer hat den Käufer in den Tätigkeitsbereich des Unternehmens einzuführen, ihn mit den organisatorischen und technischen Abläufen vertraut zu machen, ihm Kenntnis der Bezugs- und Absatzquellen zu verschaffen und ihn mit Arbeitnehmern und Geschäftspartnern bekannt zu machen.

Die Parteien eines Unternehmenskaufvertrags können durch Vertrag ein Wettbewerbsverbot begründen. Es muss jedoch erforderlich und angemessen sein[17] und darf nicht gegen Art. 101 AEUV und § 1 GWB verstoßen. Der Veräußerer ist auch ohne besondere Abrede nach §§ 157, 242 BGB verpflichtet, für einen angemessenen Zeitraum Wettbewerb – z. B. mittels Eröffnung eines Konkurrenzgeschäfts in unmittelbarer Nähe – zu unterlassen, soweit dies sachlich, räumlich und zeitlich zur Erreichung des Vertragszwecks notwendig ist.[18] Andernfalls wären die Geschäftschancen des Erwerbers erheblich beeinträchtigt.

10

B. Haftung bei Unternehmens- und Firmenfortführung (§§ 25–28 HGB)

I. Erweiterung der Haftung nach Bürgerlichem Recht

In §§ 25–28 HGB ist ein Teilbereich der Folgen einer Unternehmensübertragung geregelt. Aus diesen Vorschriften ergibt sich nämlich, welche haftungsrechtlichen Folgen der Wechsel des Unternehmensträgers nach sich zieht. Dabei sind drei Fälle zu unterscheiden, nämlich **(1)** die Haftung des Erwerbers bei Firmenfortführung (§ 25 HGB), **(2)** die Haftung des Erben bei Geschäftsfortführung (§ 27 HGB) und **(3)** die Haftung bei Eintritt in das Geschäft eines Einzelkaufmanns (§ 28 HGB). Diese Regelungen beruhen auf folgendem Gedanken: Der Erwerber haftet für die zur Zeit der Geschäftsübernahme bestehenden Verbindlichkeiten ("Altschulden") des Unternehmens nach

11

---

[15] BGHZ 65, 246, 251; 138, 195, 204.

[16] *BGH* NJW 2002, 1042, 1043 (für Übertragung der einzelnen Vermögensgegenstände des Unternehmens); 1980, 2408, 2410 (für Anteilskauf).

[17] *BGH* NJW 1979, 1605, 1606 (gestützt auf § 138 BGB); *Canaris,* § 8 Rn. 10 (gestützt auf Analogie zu § 74a I 1 und 2 HGB).

[18] *Canaris,* § 8 Rn. 9.

Bürgerlichem Recht grundsätzlich nicht, sondern nur, wenn er die Schulden übernimmt (§§ 414 f. BGB). Bei der Vererbung eines Unternehmens kann der Erbe nach §§ 1975 ff. BGB die Haftung für die Nachlassverbindlichkeiten beschränken. §§ 25–28 HGB begründen unter bestimmten Voraussetzungen eine Haftung des Erwerbers/Erben/Eintretenden auch für die Verbindlichkeiten, die der bisherige Unternehmensträger zu einem Zeitpunkt **vor** dem Erwerb/der Erbschaft oder des Eintritts eingegangen ist. Denn der Verkehr unterscheidet regelmäßig nicht zwischen dem Unternehmen und seinem Träger, sondern setzt beides gleich.

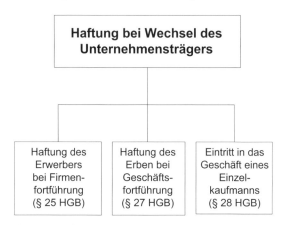

Abbildung 6: Haftung bei Wechsel des Unternehmensträgers

II. Haftung des Erwerbers bei Firmenfortführung (§ 25 I 1 HGB)

1. Normzweck

12 § 25 I 1 HGB sieht eine Haftung des Erwerbers eines Handelsgeschäfts (= kaufmännisches Unternehmen) unter Lebenden auch für die durch den bisherigen Geschäftsinhaber (= Veräußerer) vor dem Erwerb begründeten Verbindlichkeiten des Unternehmens vor, wenn der neue Geschäftsinhaber (= Erwerber) die Firma des Veräußerers fortführt. Dies bezweckt den Schutz des Vertrauens des Rechtsverkehrs darauf, dass für die Verbindlichkeiten der Firma auch deren jeweiliger Rechtsträger haftet. Denn durch die Firmenfortführung tritt die Kontinuität des Unternehmens nach außen in Erscheinung.[19] § 25 I 1 HGB ist keine eigene Anspruchsgrundlage, sondern begründet nur eine Haftung für eine bereits bestehende Altverbindlichkeit des Veräußerers.

Beispiel: Der Veräußerer eines Unternehmens schuldet gegenüber einem Dritten Kaufpreiszahlung nach § 433 II BGB. Nach § 433 II BGB i. V. m. § 25 I 1 HGB haftet für diese Schuld auch der Erwerber des Unternehmens, wenn die Voraussetzungen des § 25 HGB vorliegen.

2. Dogmatische Einordnung

13 Zur dogmatischen Einordnung von § 25 HGB bestehen verschiedene Auffassungen: **(1)** Nach einem Ansatz handelt es sich um einen Fall der Rechtsscheinhaftung, weil

---

[19] *BGH* WM 2006, 434, 435.

der Erwerber mit der Fortführung des Unternehmens unter der bisherigen Firma gegenüber der Öffentlichkeit erkläre, für die bisherigen Unternehmensschulden haften
zu wollen (Erklärungstheorie).[20] Dagegen spricht aber, dass die Haftung des Erwerbers
nach § 25 I 1 HGB auch dann eintritt, wenn der Erwerber der bisherigen Firma einen
Nachfolgezusatz hinzufügt. Hinzu kommt, dass der Erwerber eines Unternehmens
regelmäßig kein Interesse daran hat, eine Haftung für Altverbindlichkeiten zu übernehmen. Der Erklärungstheorie liegt daher eine bloße Willensfiktion zu Grunde.
(2) Nach anderer Ansicht soll es einen ungeschriebenen Grundsatz der Unternehmenskontinuität, die durch die Firmenfortführung begründet sei, geben.[21] Dies lässt
sich aber kaum mit § 25 II HGB vereinbaren. **(3)** Andere sehen in § 25 HGB eine
„systemfremde Norm ohne auch nur annähernd einleuchtenden Gerechtigkeits-
gehalt".[22] Denn § 25 HGB gewähre Zufallsgeschenke an die Altgläubiger, deren Forderungen gegen den bisherigen Geschäftsinhaber wertlos seien und die nun unver-
hofft einen zusätzlichen solventen Schuldner erhielten. **(4)** Nach wiederum anderer
Auffassung liegt die *ratio legis* von § 25 HGB darin, mit der Herbeiführung einer Au-
ßenwirkung der im Innenverhältnis vereinbarten oder dem mutmaßlichen Parteiwillen entsprechenden Erfüllungsübernahme den Unternehmensübergang auch für die
Gläubiger zu erleichtern und praktikabler zu machen.[23] Dagegen spricht jedoch, dass
im Hinblick auf die unverändert fortbestehende Haftung des Veräußerers keine Er-
leichterung für die Gläubiger durch die Schaffung erhöhter Transparenz der Haftungsverhältnisse erforderlich ist. **(5)** Die Haftungsfondstheorie sieht den Normzweck des
§ 25 HGB darin, den Gläubigern des Veräußerers das im Unternehmen gebundene
Vermögen zum Zwecke der Zwangsvollstreckung zu erhalten.[24] Doch gewährt
§ 25 I 1 HGB den Gläubigern auch Zugriff auf das Privatvermögen des Erwerbers.
Außerdem begründet § 25 II HGB die Möglichkeit eines Haftungsausschlusses.
(6) Ein – vorzugswürdiger – Ansatz geht dahin, eine Zweckmäßigkeitsentscheidung
des Gesetzgebers zum Schutz der Altgläubiger anzunehmen, die auf eine bestehende
– wenn auch rechtlich unzutreffende – Verkehrsauffassung Rücksicht nimmt, wonach
die Unternehmensschulden auf dem Unternehmensvermögen lasten.[25] § 25 I 1 HGB
dient danach dem Schutz des Rechtsverkehrs in seinem Vertrauen darauf, dass für die
Verbindlichkeiten des unter einer bestimmten Firma geführten Unternehmens auch
deren jeweiliger Rechtsträger haftet. Denn durch die Firmenfortführung tritt die Kontinuität des Unternehmens nach außen in Erscheinung, die der Grund für die Erstreckung der Haftung für früher im Betrieb des Unternehmens begründete Verbindlichkeiten des Vorgängers auf seinen Nachfolger ist.[26]

3. Voraussetzungen

Der Erwerber eines Handelsgeschäfts (= kaufmännisches Unternehmen) haftet für die   14
unternehmensbezogenen Altverbindlichkeiten des Handelsgeschäfts nach § 25 I 1
HGB, wenn er **(a)** ein Handelsgeschäft **(b)** unter Lebenden erwirbt und **(c)** unter der
bisherigen Firma mit oder ohne Beifügung eines das Nachfolgeverhältnis andeutenden

---

[20] BGHZ 38, 44, 47; *BGH* WM 1990, 1573, 1576.
[21] *K. Schmidt,* § 8 I 1 und 3; ähnlich *BGH* NJW 1992, 911, 912; WM 2006, 434, 435.
[22] So z. B. *Canaris,* § 7 Rn. 16.
[23] So z. B. *Koziol,* österr. JBl. 1967, 558f.
[24] So vor allem *Schricker,* ZGR 1972, 150f.
[25] Koller/Kindler/Roth/Drüen/*Roth,* § 25 Rn. 2.
[26] *BGH* WM 2004, 1178, 1179; 2006, 434, 435.

Zusatzes fortführt, **(d)** ohne dass § 25 II HGB diese Haftung ausschließt. Fortführung des Handelsgeschäfts unter der bisherigen Firma bedeutet **(1)** Fortführung des Handelsgeschäfts und **(2)** Fortführung der bisherigen Firma.

a) Handelsgeschäft

15   Der Begriff des Handelsgeschäfts (= kaufmännisches Unternehmen) setzt voraus, dass der Veräußerer zum Zeitpunkt der Veräußerung unter einer Firma ein kaufmännisches Gewerbe nach § 1 HGB betreibt[27] oder die Voraussetzungen von §§ 2, 3, 5 HGB oder § 6 HGB in der Person des Veräußerers vorliegen. Der Veräußerer muss daher zum Zeitpunkt der Veräußerung Kaufmann i. S. d. §§ 1 ff. HGB sein. Auch der Tatbestand des Scheinkaufmanns genügt. Auf Nichtkaufleute, also Kleingewerbetreibende und Freiberufler, als Veräußerer ist § 25 HGB nicht, auch nicht analog, anwendbar, sofern sie nicht als Scheinkaufleute zu behandeln sind.

16   Dass das Handelsgeschäft erhebliche Verbindlichkeiten hat und weitgehend vermögenslos, insbesondere überschuldet oder zahlungsunfähig ist, schadet nicht. Auch die Kenntnis des Dritten hiervon bei Begründung der Verbindlichkeit zu Lasten des bisherigen Geschäftsinhabers etwa durch Vertragsschluss ist unerheblich.[28] Die Haftung nach § 25 I 1 HGB tritt daher unabhängig davon ein, ob das Handelsgeschäft noch einen zur Befriedigung seiner Gläubiger ausreichenden Wert verkörpert. Diese Regelung knüpft nämlich allein an die Kontinuität des Unternehmens aus Sicht des Verkehrs auf Grund fortgeführter Firma an. Der Erwerber muss sich daher selbst durch einen Haftungsausschluss nach § 25 II HGB schützen.

17   Der Veräußerer muss das Handelsgeschäft schon oder noch betreiben. Eine vorübergehende Stilllegung des Geschäftsbetriebs steht der Anwendung von § 25 I 1 HGB solange nicht entgegen, als die wesentlichen Grundlagen des Handelsgeschäfts, vor allem seine innere Organisation und seine Geschäftsbeziehungen zu Kunden und Lieferanten soweit intakt bleiben, dass die Möglichkeit einer Wiederaufnahme und Fortführung des Unternehmens durch den Erwerber besteht.[29] So, wenn der Erwerber ungeachtet der Kündigung der bestehenden Beschäftigungsverhältnisse ohne Weiteres in der Lage ist, den stillgelegten Geschäftsbetrieb des Veräußerers mit dem Stamm der bisherigen Arbeitnehmer in den bisherigen Geschäftsräumen und mit den bisherigen betrieblichen Einrichtungen unter Anknüpfung an die bisherigen Kunden- und Lieferantenbeziehungen wieder aufzunehmen.

b) Erwerb des Handelsgeschäfts unter Lebenden

18   Erwerb bedeutet jede, auf eine nicht unerhebliche Dauer angelegte und rechtsgeschäftlich begründete – für Erbschaft gilt § 27 HGB –, Übernahme der Trägerschaft. Es reicht bereits der Erwerb von Teilen des Handelsgeschäfts, sofern der Erwerber diejenigen Teile, die den wesentlichen **Kern** des Handelsgeschäfts ausmachen – also den Tätigkeitsbereich bestimmen, mit dem das Handelsgeschäft nach außen in Erscheinung tritt – erwirbt. Hierfür kommt es nicht auf die räumlichen Verhältnisse an. Ob der Erwerber das ganze oder nahezu ganze Vermögen des Handelsgeschäfts

---

[27]   *BGH* NJW 1992, 112, 113.
[28]   *BGH* WM 2006, 434, 435.
[29]   *BGH* NJW 1992, 911.

übernimmt, ist unerheblich.[30] Auch auf die Rechtsnatur des Rechtsgeschäfts zwischen Veräußerer und Erwerber kommt es grundsätzlich nicht an.

Beispiele: Kauf, Tausch, aber auch Pacht oder Nießbrauch. Ein Erwerb liegt auch dann vor, wenn der Verpächter das Handelsgeschäft vom Pächter wieder übernimmt.[31]

Ein tatsächliches Auftreten als neuer Inhaber genügt nicht. § 25 HGB ist insbesondere **19** dann nicht anwendbar, wenn kein Vertrag zwischen bisherigem und neuem Unternehmensträger zu Stande kommt (z. B. A verpachtet das bisher an B verpachtete Unternehmen nach Beendigung des Pachtverhältnisses an C, sog. Doppelpächterfall; vgl. dazu auch *Lettl,* Fall 5) oder ein solcher Vertrag nichtig oder (schwebend) unwirksam ist.[32] Entstehung und Wirksamkeit eines zu Grunde liegenden Rechtsgeschäfts sind nämlich auf Grund des Tatbestandsmerkmals „erworbenes" Handelsgeschäft erforderlich. Bereits der für die Auslegung einer Norm so gewichtige Wortlaut von § 25 I 1 HGB deutet darauf hin, dass die Gesetzesverfasser dies genauso gesehen haben. Die rechtspolitisch ohnehin fragwürdige Haftung des Erwerbers nach § 25 I 1 HGB gebietet außerdem eine enge Auslegung dieser Regelung. Dass das danach erforderliche Rechtsgeschäft zwischen bisherigem und neuem Unternehmensträger zu Stande kommen muss, ergibt sich schon aus dem Zusammenhang von § 25 I 1 HGB und § 25 II HGB, da der Erwerber mit einem Dritten (z. B. Verpächter) keine Vereinbarung im Sinne dieser Regelung treffen kann. Ein Haftungsausschluss auf Grund der Eintragung oder Mitteilung einer bloß einseitigen Erklärung steht jedenfalls mit dem Wortlaut des § 25 II HGB nicht in Einklang. Außerdem ist die Haftung des Erwerbers nach § 25 I 1 HGB für betriebsbezogene Altverbindlichkeiten nur im Hinblick auf denjenigen Veräußerer gerechtfertigt, mit dem der Erwerber auf Grund eigener privatautonomer Entscheidung in rechtsgeschäftlichen Kontakt tritt und der Erwerber sonach weiß oder wissen kann, worauf er sich einlässt. Nur in diesem Fall sind die Erwartungen des Rechtsverkehrs an eine Haftungskontinuität höher zu bewerten. Andernfalls bestünde hingegen die – vom Gesetzgeber gewiss nicht beabsichtigte – Gefahr einer nicht sinnvoll begrenzten Haftung des Erwerbers. Zum Beispiel müsste der Vorvorpächter nach § 25 I 1 HGB für die betriebsbezogenen Altverbindlichkeiten des Vorvorvorpächters haften, der Vorpächter nach § 25 I 1 HGB wiederum für die betriebsbezogenen Altverbindlichkeiten des Vorvorpächters (einschließlich der betriebsbezogenen Altverbindlichkeiten des Vorvorvorpächters) und schließlich der Pächter nach § 25 I 1 HGB für die betriebsbezogenen Verbindlichkeiten des Vorpächters (einschließlich der betriebsbezogenen Verbindlichkeiten des Vorvorvorpächters und des Vorvorpächters). Zwar besteht die Möglichkeit, mit dem Vorpächter eine Vereinbarung i. S. d. § 25 II HGB zu schließen und diese in das Handelsregister eintragen zu lassen. Doch steht dem Pächter gegen den Vorpächter kein dahingehender Anspruch zu. Den Pächter auf die – völlig ungewisse – Festlegung einer entsprechenden Verpflichtung im Vertrag zwischen Verpächter und Vorpächter zu verweisen, erscheint als zu weit gehend, da der Pächter dadurch nicht wirksam gegen die Haftung

---

[30] *BGH* NJW 1982, 1647.

[31] *BGH* NJW 1982, 1647; 1984, 1186, 1187 m. zust. Anm. *K. Schmidt; Großkomm/Burgard,* § 25 Rn. 53.

[32] MünchKomm/*Thiessen,* § 25 Rn. 42; *Canaris,* § 7 Rn. 24; *Kanzleiter,* DNotZ 2006, 590, 592; *Lettl,* WM 2006, 2336, 2340; *Honsell/Harrer,* ZIP 1983, 259, 261 ff.; **a. A.** BGHZ 18, 248, 251 f.; 22, 234, 239; *BGH* NJW 1992, 911, 912; *BGH* WM 2006, 434, 435; *Großkomm/Burgard,* § 25 Rn. 55 ff.; Koller/Kindler/Roth/Drüen/*Roth,* § 25 Rn. 4.

nach § 25 I 1 HGB geschützt ist. Vielmehr räumt gerade § 25 II HGB dem Erwerber die Möglichkeit ein, einen Haftungsausschluss im rechtsgeschäftlichen Zusammenwirken mit dem bisherigen Geschäftsinhaber zu erwirken. Ein Haftungsausschluss auf Grund einseitiger Erklärung ist deshalb im Gesetz aus gutem Grund nicht vorgesehen und – hält man sich an den Wortlaut des § 25 HGB – auch überhaupt nicht notwendig. Daher kommt es nicht zur Haftung des Erwerbers für die betriebsbezogenen Altverbindlichkeiten des Veräußerers nach § 25 I 1 HGB, wenn zwischen bisherigem und neuem Geschäftsinhaber entweder überhaupt kein Rechtsgeschäft oder nur ein nichtiges oder (schwebend) unwirksames Rechtsgeschäft zu Stande kommt (z. B. haftet im Doppelpächterfall C nach der hier vertretenen Auffassung nicht für die betriebsbezogenen Altverbindlichkeiten des Vorpächters B, wohl aber bei Vorliegen der Voraussetzungen des § 25 I 1 HGB im Übrigen für die betriebsbezogenen Altverbindlichkeiten des Verpächters A). Am Erwerb eines Handelsgeschäfts fehlt es auch dann, wenn der Veräußerer das Geschäft – etwa infolge Anfechtung oder Rücktritt – rückgängig macht.[33] Erweckt jemand lediglich den Eindruck einer Übernahme, kommt eine Haftung nach allgemeinen Rechtsscheingrundsätzen in Betracht, zumal Dritte meist keine Kenntnis davon haben, ob einer Übernahme ein Rechtsgeschäft zu Grunde liegt.

20 Für den Erwerb des Handelsgeschäfts im Insolvenzverfahren gilt § 25 HGB nicht.[34] Dies ist jedoch entgegen der h. L. nicht damit zu begründen, bei einer Erwerberhaftung nach § 25 I 1 HGB sei eine Veräußerung kaum erreichbar. Denn insoweit besteht die Möglichkeit des Haftungsausschlusses nach § 25 II HGB. Gegen eine Anwendung von § 25 HGB bei Erwerb des Handelsgeschäfts im Insolvenzverfahren spricht aber, dass der Erlös des Insolvenzverfahrens den Insolvenzgläubigern, deren Forderungen im Übrigen wertlos sind, zugutekommt. Daher ist insoweit eine teleologische Reduktion des § 25 I 1 HGB geboten, zumal der Verkehr die mit einer Anwendung von § 25 I 1 HGB verbundene, unangemessene Privilegierung der Altgläubiger nicht erwarten kann.[35] Dagegen ist § 25 I 1 HGB bei einem Erwerb von einem überschuldeten Veräußerer außerhalb eines Insolvenzverfahrens oder bei Sanierungsmaßnahmen nach §§ 21 ff. InsO anwendbar.[36] Eine teleologische Reduktion von § 25 I 1 HGB, diese Regelung auch auf den Erwerb eines insolventen Unternehmens außerhalb des Insolvenzverfahrens nicht anzuwenden,[37] muss schon aus Gründen der Rechtssicherheit ausgeschlossen sein. Außerdem sind die Altgläubiger insoweit ausreichend durch die Vorschriften über Insolvenz, Anfechtung und unerlaubte Handlungen geschützt. Bei Umwandlungen etwa in Form der Verschmelzung oder der Vermögensübertragung liegt kein Erwerb eines Handelsgeschäfts vor, da es hier nicht zu einer rechtsgeschäftlichen Übertragung des Handelsgeschäfts, sondern zu dessen Übergang auf Grund Gesetzes im Wege der Gesamtrechtsnachfolge kommt. Außerdem sind die Regelungen des UmwG insoweit vorrangig (§ 20 I Nr. 1 UmwG).

---

[33] Koller/Kindler/Roth/Drüen/*Roth,* § 25 Rn. 4 e (nur für kurzfristige Rückgängigmachung).
[34] BGHZ 104, 151, 154; Großkomm/*Burgard,* § 25 Rn. 46.
[35] So auch schon *Canaris,* § 7 Rn. 25.
[36] BGHZ 104, 151, 155; *BGH* NJW 1992, 911; WM 2006, 434, 435; vgl. auch Rn. 16.
[37] Dafür *Canaris,* § 7 Rn. 16.

c) Fortführung des Handelsgeschäfts

Die Fortführung des Handelsgeschäfts setzt voraus, dass der Erwerber Kaufmann 21
i. S. d. §§ 1 ff. HGB oder Scheinkaufmann ist. § 25 I 1 HGB gilt daher nicht für
Nichtkaufleute als Erwerber. Eine analoge Anwendung von § 25 I 1 HGB auf Nichtkaufleute scheidet aus, weil Nichtkaufleute nicht mit der Haftung nach § 25 I 1 HGB
rechnen müssen und weder Anlass noch Berechtigung zur Begründung eines Haftungsausschlusses nach § 25 II HGB haben.[38]

Der Erwerber führt das Handelsgeschäft fort, wenn er nur einen Teilbereich des Han- 22
delsgeschäfts weiter betreibt, dieser Teilbereich aber aus der Sicht des maßgeblichen
Rechtsverkehrs zumindest den wesentlichen **Kern** des Handelsgeschäfts darstellt (hierfür kommt dem Wert der Teilbereiche des Handelsgeschäfts maßgebliche Bedeutung
zu[39]). Denn dann stellt sich der nach außen für den Rechtsverkehr in Erscheinung tretende Sachverhalt als Fortführung des Unternehmens in seinem wesentlichen Bestand
dar.[40]

Beispiele: Eintritt in bestehende Kunden- und Lieferantenbeziehungen; Beibehaltung des Tätigkeits-
bereichs und der inneren Organisation; Übernahme des Personals, des Inventars wie kommunikations-
technischer Einrichtungen und der Räumlichkeiten; Weiterbetreiben der wesentlichen Geschäftsbereiche.

An der Fortführung des Unternehmens fehlt es nicht deshalb, weil Veräußerer und 23
Erwerber kurzzeitig parallel am Markt tätig sind (sukzessive Unternehmensüber-
nahme).[41] An der Fortführung des Handelsgeschäfts fehlt es auch nicht deshalb, weil
die Auflösung des Unternehmensträgers wie einer GmbH etwa nach Ablehnung eines
Insolvenzantrags in das Handelsregister eingetragen ist.[42] Denn diese Eintragung verlautbart lediglich, dass die Kontinuität des Unternehmensträgers nicht mehr gegeben
ist. § 25 I 1 HGB knüpft aber nicht an die Kontinuität des Unternehmensträgers, sondern allein an die Kontinuität des Unternehmens an. Diese bleibt von einem Wechsel
seines Trägers, den § 25 I 1 HGB sogar gerade voraussetzt, unberührt.

Der Erwerber führt das Handelsgeschäft nicht fort, wenn er es ausschlachtet oder als- 24
bald weiterveräußert.

d) Fortführung der bisherigen Firma

Der Erwerber muss das Handelsgeschäft unter der bisherigen Firma fortführen. Der 25
Veräußerer muss also die Firma tatsächlich (zumindest kurzfristig) geführt haben und
der Erwerber muss diese Firma fortführen. Ohne Bedeutung ist hingegen, ob der Veräußerer die bisherige Firma auf den Erwerber übertragen hat.[43] Ob der Erwerber die
bisherige Firma fortführt, ist aus der Sicht der maßgeblichen Verkehrskreise zu beurteilen.[44] Für diese Kreise ist allein entscheidend, dass die von dem bisherigen Geschäftsinhaber geführte und von dem Erwerber fortgeführte Firma eine derart prägende Kraft besitzt, dass der Verkehr sie mit dem Unternehmen gleichsetzt und in

---

[38] *Canaris,* § 7 Rn. 20; *Köhler,* WRP 2000, 922; **a. A.** *K. Schmidt,* § 8 II 1 a.

[39] *BGH* NJW-RR 2010, 246 Rn. 3 = WM 2010, 82.

[40] BGHZ 18, 248, 250; *BGH* NJW 1992, 911, 912; WM 2006, 434, 435; 2008, 2274 Rn. 12.

[41] *BGH* WM 2008, 2247 Rn. 15.

[42] *BGH* NJW 1992, 911, 912.

[43] *BGH* NJW 1982, 1647.

[44] *BGH* WM 2006, 434, 435.

dem Verhalten des Erwerbers eine Fortführung der bisherigen Firma sieht. Eine wort- und buchstabengetreue Übereinstimmung zwischen bisheriger und neuer Firma ist nicht erforderlich. Entscheidend ist vielmehr, ob der Geschäftsverkehr die neue Firma mit der bisherigen Firma identifiziert. Gewisse Änderungen der bisherigen Firma sind insoweit unerheblich. Zur Fortführung der Firma genügt, dass der Erwerber den **Kern** der bisherigen Firma in ihrem prägenden Teil übernimmt.[45] Zum Kern der Firma gehören der Name und die Bezeichnung des Geschäftszweigs. Ohne Bedeutung ist das Hinzufügen, das Weglassen oder die Änderung eines Gesellschaftszusatzes oder von Firmenbestandteilen, denen – wie dem Vornamen – keine Individualisierungskraft zukommt.

Beispiele: Der Erwerber übernimmt den prägenden Teil der Firma, wenn er anstelle der bisherigen Firma „Elektro S-AG" unter der Firma „Elektro-S-GmbH" auftritt.[46] Als sehr weit gehend erscheint es hingegen, eine Fortführung der Firma anzunehmen, wenn die bisherige Firma „Kfz-Küpper, Internationale Transporte, Handel mit Kfz-Teilen und Zubehöre aller Art" und die neue Firma „Kfz Küpper Transport und Logistik GmbH" lautet[47] oder die bisherige Firma „W... & K... PC69 Musikbetrieb GmbH & Co. KG" und die neue Firma „PC69 Diskothek e. K. Inhaberin P... M ..." lautet.[48] Keine Firmenfortführung ist gegeben, wenn an die Stelle der bisherigen Firma „F & Sohn GmbH" die Firma „F-Fleisch GmbH" tritt.[49] Keine Firmenfortführung liegt außerdem vor, wenn an die Stelle der Bezeichnung „XY Industrieböden" die Bezeichnung „XY Fußbodenbau" tritt.[50]

26 Unerheblich ist für die Frage der Firmenfortführung die Aufnahme eines das Nachfolgeverhältnis andeutenden Zusatzes.

Beispiel: Der Erwerber übernimmt den prägenden Teil der Firma, wenn er anstelle der bisherigen Firma „Druckerei H-St" unter der Firma „Druckerei H-St, Inhaber Wolfgang Meier" auftritt.[51]

27 Ohne Bedeutung ist auch, ob der Erwerber – etwa nach § 22 HGB – zur Fortführung der Firma berechtigt ist, die bisherige Firma zulässig war[52] und die bisherige Firma in das Handelsregister eingetragen ist. Es genügt nämlich schon die tatsächliche Fortführung der Firma. Auch eine nur kurzzeitig in Erscheinung tretende Umfirmierung (z. B. für zwei Monate) durch den Erwerber ist ohne Belang.[53] Schließlich kommt es nicht darauf an, ob die bisher vom Erwerber geführte und in das Handelsregister eingetragene Firma Bestandteile enthält, die eine Assoziation auf die Firma des Veräußerers zulassen.

Beispiel: Eine Firmenfortführung i. S. d. § 25 I 1 HGB ist auch dann gegeben, wenn die schon längere Zeit unter der Firma „KR-KG" eingetragene KG das bisher unter der Firma „KR-Metallwarenfabrik-GmbH" betriebene Unternehmen übernimmt und es unter der Firma „KR KG Metallwarenfabrik" fortführt.[54]

---

[45] *BGH* NJW 1992, 911, 912; *BGH* NJW 2001, 1352f.
[46] *BGH* NJW 1986, 581, 582; vgl. auch *BGH* NJW 2001, 1352, 1353.
[47] Firmenfortführung bejahend *BGH* WM 2004, 1178, 1179.
[48] Firmenfortführung bejahend *BGH* WM 2006, 434 (insoweit nicht mit abgedruckt); zu Recht **a. A.** *Kanzleiter,* DNotZ 2006, 590, 594.
[49] *BGH* NJW 1987, 1633.
[50] **A. A.** *BGH* WM 2008 Rn. 20 („annähernd gleicher Tätigkeitsbereich").
[51] *BGH* NJW 1984, 1186.
[52] *BGH* NJW 2001, 1352.
[53] *BGH* NJW 2010, 236; Anm. *K. Schmidt,* JuS 2010, 261.
[54] *BGH* NJW 1992, 911, 912.

Denn § 25 I 1 HGB verlangt nicht, dass der Veräußerer die bisherige Firma auf den 28
Erwerber überträgt, sondern stellt lediglich darauf ab, dass sich die Firmen des bisherigen und neuen Geschäftsinhabers gleichen.

Führt der Erwerber die bisherige Firma nicht fort, indem er eine von der bisherigen 29
Firma deutlich unterscheidbare Firma wählt, gelten die Regeln des Bürgerlichen
Rechts (§§ 414–415 BGB). Der Erwerber haftet in diesem Fall für die betriebsbezogenen Altverbindlichkeiten des Veräußerers nur dann, wenn ein besonderer Verpflichtungsgrund vorliegt (§ 25 III HGB). Als einen solchen Verpflichtungsgrund nennt
§ 25 III HGB beispielhaft („insbesondere") die Bekanntmachung der Übernahme der
Verbindlichkeiten durch den Erwerber in handelsüblicher Weise (z. B. Zeitungsanzeige, Mitteilung gegenüber dem Registergericht oder Mitteilung an die Gläubiger).

Ein besonderer Verpflichtungsgrund kann weiter in der Erfüllung der Voraussetzun- 30
gen von § 613a BGB, § 566 BGB, § 75 AO sowie in der Übernahme einer Bürgschaft
liegen.

e) Kein Ausschluss der Haftung nach § 25 II HGB

Veräußerer und Erwerber können die Anwendung des § 25 I 1 HGB durch eine ab- 31
weichende Vereinbarung ausschließen. Ein solcher Haftungsausschluss hat allerdings
an sich nur Wirkung zwischen den Parteien *(inter partes)*. Das heißt, dass der Veräußerer schuldrechtlich verpflichtet ist, den Erwerber von der Haftung freizuhalten. Der
Erwerber trägt also das Insolvenzrisiko des Veräußerers. Die Gläubiger des Veräußerers
können sich aber dann von vornherein nicht an den Erwerber halten und tragen daher
das Insolvenzrisiko des Veräußerers, wenn **(1)** Erwerber und Veräußerer einen Haftungsausschluss vereinbaren und **(2a)** dieser in das Handelsregister eingetragen und
bekannt gemacht worden ist oder **(2b)** Erwerber oder Veräußerer die Vereinbarung
eines Haftungsausschlusses dem Dritten mitteilen (§ 25 II HGB). Denn diese Maßnahmen zerstören den Anschein der Haftungsübernahme, so dass eine auf eine solche
Übernahme gerichtete Verkehrserwartung nicht entstehen kann. Eintragung und Bekanntmachung wirken nach § 15 II HGB auch gegenüber Gläubigern, die den Haftungsausschluss nicht kannten oder kennen mussten.[55]

Sind die Voraussetzungen des § 25 II HGB nicht erfüllt, kann der Erwerber den Haf- 32
tungsausschluss nach Ansicht des *BGH*[56] Gläubigern, die aus anderen Quellen (z. B.
Zeitungsveröffentlichung) davon erfahren haben, nicht entgegenhalten. Danach besteht *nur* unter den Voraussetzungen des § 25 II HGB die Möglichkeit zum Ausschluss der Haftung des die Firma fortführenden Erwerbers. Dafür spricht, dass
§ 25 II HGB als Ausnahme von § 25 I 1 HGB, der Verkehrsschutz bezweckt, im Interesse effektiven Verkehrsschutzes eng auszulegen ist.[57] Dagegen spricht allerdings,
dass im Falle der Kenntnis des Gläubigers, gleich woher er diese erlangt, Verkehrsschutz nicht geboten erscheint.

Eintragung und Bekanntmachung bzw. Mitteilung müssen im Interesse der Rechts- 33
klarheit rechtzeitig, aber nicht schon vor dem rechtsgeschäftlichen Erwerb oder gleichzeitig mit ihm erfolgen. Unverzüglich nachfolgende Anmeldung beim Registergericht

---

[55] Vgl. auch *Canaris,* § 7 Rn. 36.
[56] BGHZ 29, 1, 4; MünchKomm/*Thiessen,* § 25 Rn. 98; **a. A.** *Canaris,* § 7 Rn. 36.
[57] BGHZ 29, 1, 4.

bzw. Absendung der Mitteilung an den Dritten genügen, wenn in angemessenem Zeitabstand Eintragung und Bekanntmachung folgen[58] bzw. die Mitteilung zugeht. Für die Bemessung des Zeitraums ist es ohne Bedeutung, ob sich in der Zwischenzeit schon für den konkreten Fall eine Verkehrsauffassung dahin bilden konnte, dass der Erwerber auch die Verbindlichkeiten des Veräußerers übernommen hat. Kommt es trotz unverzüglicher Anmeldung aus Gründen, die nicht in der Person des Erwerbers liegen, nicht zu Eintragung und Bekanntmachung, kann sich der Erwerber gleichwohl auf den vereinbarten Haftungsausschluss berufen.[59]

4. Rechtsfolge

a) Im Betrieb des Geschäfts

34 Als Rechtsfolge ordnet § 25 I 1 HGB einen gesetzlichen Schuldbeitritt[60] mit unbeschränkter persönlicher Haftung für alle „im Betriebe des Geschäfts" begründeten Verbindlichkeiten an. Hierzu gehören alle Verpflichtungen, die mit dem Geschäftsbetrieb in einer so engen inneren Verbindung stehen, dass sie als dessen Folge erscheinen. Auf welchem Rechtsgrund die Verbindlichkeit beruht, ist unerheblich.[61] Betriebsbezogen sind daher nicht nur vertragliche Verbindlichkeiten des Veräußerers, sondern auch Verbindlichkeiten aus vertraglicher Pflichtverletzung, Delikt oder Bereicherungsrecht, sofern sie im Zusammenhang mit dem Geschäftsbetrieb entstanden sind. Für eine Betriebsbezogenheit spricht bei Geschäften i. S. d. § 343 HGB die Vermutung des § 344 HGB. Die Betriebsbezogenheit fehlt hingegen bei Verbindlichkeiten, die der Veräußerer als Privatmann eingegangen ist.

b) Begründung einer Verbindlichkeit

35 Zur „Begründung" einer Verbindlichkeit genügt es, wenn ihr Rechtsgrund vor der Unternehmensübertragung gelegt ist.[62] Bei vertraglichen Verbindlichkeiten (auch vertraglicher Pflichtverletzung) kommt es insoweit auf den Zeitpunkt des Vertragsschlusses an. Ob die Verbindlichkeit fällig, bedingt oder betagt ist, ist unerheblich. Der Erwerber haftet danach an sich auch für Verbindlichkeiten aus Dauerschuldverhältnissen, die der Veräußerer eingegangen ist. Dies gilt jedenfalls im Hinblick auf Ansprüche des Dritten für Leistungen, die dieser vor der Unternehmensübertragung an den Veräußerer erbracht hat.

---

[58] BGHZ 29, 1, 2.
[59] *Canaris,* § 7 Rn. 35; **a. A.** Großkomm/*Burgard,* § 25 Rn. 137.
[60] Großkomm/*Burgard,* § 25 Rn. 77; Koller/Kindler/Roth/Drüen/*Roth,* § 25 Rn. 2, 7; **a. A.** *K. Schmidt,* § 7 V 1 b.
[61] BGHZ 157, 361, 369.
[62] BGHZ 157, 361, 369; *BGH* NJW 1996, 2866, 2867 (für Vertragsstrafeversprechen).

Haftung des Erwerbers bei Firmenfortführung
(§ 25 I 1 HGB)

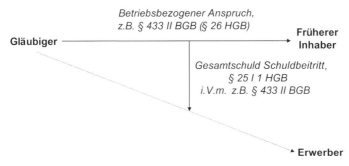

Abbildung 7: Haftung des Erwerbers bei Firmenfortführung (§ 25 I 1 HGB)

Beispiel: Kaufmann A mietet ab 1.1. Jahr 0 Geschäftsräume von V. Am 1.1. Jahr 2 veräußert A sein Unternehmen an B, der es unter der bisherigen Firma fortführt. B haftet nach § 535 II BGB i.V. m. § 25 I 1 HGB für rückständige Miete während des Zeitraums vom 1.1. Jahr 0 bis 31.12. Jahr 1.

Sofern der Dritte seine Leistung erst nach der Unternehmensübertragung erbringt, **36** haftet der Erwerber nach § 25 I 1 HGB dann, wenn der Dritte an den Erwerber leistet. Ein Vertragsübergang auf den Erwerber ist damit aber nicht verbunden.[63]

Beispiel: Kaufmann A mietet ab 1.1. Jahr 0 Geschäftsräume von V. Am 1.1. Jahr 2 veräußert A sein Unternehmen an B, der es unter der bisherigen Firma fortführt. B haftet nach § 535 II BGB i.V. m. § 25 I 1 HGB für rückständige Miete während des Zeitraums ab 1.1. Jahr 2, sofern er ab diesem Zeitraum die Geschäftsräume nutzt. Partei des Mietvertrags bleibt mangels abweichender Regelung gleichwohl weiterhin A.

Eine Einschränkung auf Grund teleologischer Reduktion von § 25 I 1 HGB ist für **37** den Fall zu erwägen, dass Ansprüche nach der Unternehmensübertragung fällig sind und dem Erwerber die Gegenleistung nicht zugutekommt.[64]

Beispiel: Der Veräußerer pachtet ein Grundstück eines Dritten für sein Unternehmen. Der Erwerber tritt in diesen Pachtvertrag nicht ein, da der Veräußerer das Grundstück weiter für sich nutzen will. Es erscheint nicht gerechtfertigt, dass der Erwerber auch in diesem Fall für die Pachtzinsen haftet.

c) Einwendungen und Einreden

Die Haftung des Erwerbers für betriebsbezogene Altverbindlichkeiten des Veräußerers **38** nach § 25 I 1 HGB ist für den Erwerber sehr gefährlich. Denn er haftet mit seinem ganzen Vermögen, also auch seinem Privatvermögen, für die Altverbindlichkeiten des Veräußerers. Dies gilt auch dann, wenn er sie weder kannte noch kennen musste (z. B. Haftung aus unerlaubter Handlung). Er hat aber selbstverständlich die gleichen Einwendungen und Einreden wie sie dem Veräußerer zum Zeitpunkt der Veräußerung zustehen (§§ 422 ff. BGB).

---

[63] Koller/Kindler/Roth/Drüen/*Roth*, § 25 Rn. 7; **a. A.** MünchKomm/*Thiessen*, § 25 Rn. 81 ff.
[64] *Canaris*, § 7 Rn. 38.

Prüfungsschema Haftung des Erwerbers bei Firmenfortführung (§ 25 I 1 HGB)

Zum Beispiel:
Haftung des Erwerbers für Verbindlichkeit des Veräußerers nach § 433 II BGB.
I.   Betriebsbezogene Altverbindlichkeit des Veräußerers (z. B. nach § 433 II BGB)
II. Handelsgeschäft (= kaufmännisches Unternehmen)
III. Erwerb des Handelsgeschäfts unter Lebenden
IV. Fortführung des Handelsgeschäfts
V.   Fortführung der bisherigen Firma
VI. Kein Ausschluss der Haftung nach § 25 II HGB

III. Haftung des Veräußerers bei Firmenfortführung durch Erwerber

1. Forthaftung

39 Der Veräußerer haftet neben dem Erwerber für betriebsbezogene Altverbindlichkeiten (auch auf Erfüllung und Gewährleistung) fort, sofern keine Schuldübernahme, die die Zustimmung des jeweiligen Gläubigers voraussetzt, vorliegt. Zwischen dem Veräußerer und dem Erwerber besteht daher eine Gesamtschuld i. S. d. § 421 BGB.

2. Enthaftung des Veräußerers (§ 26 HGB)

a) Normzweck

40 § 26 HGB beschränkt die Haftung des Veräußerers im Falle einer nach § 25 I 1 HGB bestehenden Erwerberhaftung (vgl. auch § 736 II BGB, § 160 HGB und §§ 45 ff. UmwG). Diese Regelung soll die Haftung des Veräußerers für die von ihm seinerzeit als Inhaber des Handelsgeschäfts insbesondere durch Dauerschuldverhältnisse begründeten betriebsbezogenen Verbindlichkeiten zeitlich begrenzen. Sie trägt daher dem Interesse des Veräußerers an Enthaftung Rechnung und bildet eine Ausnahme von der Regel des Zivilrechts, wonach eine einmal begründete – z. B. vertragliche – Haftung einer Person zeitlich nicht begrenzt ist.

b) Voraussetzungen

41 Die Haftung des Veräußerers für betriebsbezogene Altverbindlichkeiten, gleich ob diese auf Vertrag oder Delikt beruhen, besteht nach § 26 HGB nur unter folgenden Voraussetzungen fort: **(1)** Es besteht eine Haftung des Erwerbers nach § 25 I 1 HGB (oder § 25 III HGB), **(2)** der Anspruch ist vor Ablauf von fünf Jahren fällig und **(3 a)** im Hinblick auf Ansprüche, die vor dem Ablauf der Fünfjahresfrist fällig werden, findet (innerhalb der Fünfjahresfrist) eine Feststellung des jeweiligen Anspruchs i. S. d. § 197 I Nr. 3 bis 5 BGB statt oder ist eine gerichtliche oder behördliche Vollstreckungshandlung vorgenommen oder beantragt oder **(3 b)** der Veräußerer erkennt den Anspruch schriftlich an (§ 26 II HGB).

42 **(1)** Es besteht eine Haftung des Erwerbers nach § 25 I 1 HGB (oder § 25 III HGB). § 26 HGB findet also nur Anwendung, soweit die Haftung des Erwerbers nach § 25 I 1 HGB oder § 25 III HGB reicht. § 26 HGB ist daher nicht anwendbar, wenn die Haftung des Erwerbers nach § 25 II HGB ausgeschlossen ist. § 26 HGB ist außer-

dem nicht anwendbar auf die von dem Erwerber nach Firmenfortführung begründeten Verbindlichkeiten, da sich die Erwerberhaftung nach § 25 I 1 HGB allein auf Altverbindlichkeiten des Veräußerers bezieht. Hierfür kommt es – auch bei Dauerschuldverhältnissen – auf den Zeitpunkt des Vertragsschlusses, nicht aber auf die Entstehung oder Fälligkeit der Verbindlichkeit an, sofern nicht weitere rechtsgeschäftliche Handlungen notwendig sind. So ist bei einem Mietvertrag mit Verlängerungsklausel auf den Zeitpunkt des Vertragsschlusses abzustellen.[65] Auf Grund teleologischer Reduktion von § 26 HGB ist diese Regelung außerdem dann nicht anwendbar, wenn das Unternehmen lediglich verpachtet ist. Zwar kann hier der Pächter nach § 25 I 1 HGB haften. Da das Unternehmensvermögen aber im Eigentum des Verpächters verbleibt, ist eine Enthaftung des Verpächters mit dem Schutzzweck von § 26 HGB nicht zu vereinbaren.[66]

(2) Der Anspruch ist vor Ablauf von fünf Jahren fällig (Fristbeginn: § 26 I 2 HGB). 43
Der Veräußerer haftet daher nicht nach § 25 I 1 HGB für Ansprüche, die erst nach Ablauf von fünf Jahren seit der Eintragung des Erwerbers in das Handelsregister fällig sind. Dies schränkt die Rechtsposition vor allem der Gläubiger aus langfristigen Kredit-, Pacht- oder Leasingverträgen erheblich ein. Denn § 26 HGB durchbricht den aus der Vertragsfreiheit folgenden Grundsatz, dass vertragliche Ansprüche nur zwischen solchen Personen bestehen sollen, die einander selbst ausgesucht haben. Auch die Rechtsposition von Gläubigern, denen gegen den Veräußerer Ansprüche aus Produzentenhaftung auf Grund von Spätschäden zustehen, schränkt § 26 HGB erheblich ein. Darin liegt die Durchbrechung des Grundsatzes, dass der Verlust eines Anspruchs infolge Zeitablaufs die Möglichkeit seiner vorherigen Geltendmachung voraussetzt. Im Falle des § 25 III HGB beginnt die Fünfjahresfrist mit dem Ende des Tages, an dem der besondere Verpflichtungsgrund entsteht, also z. B. die Übernahme der Verbindlichkeiten in handelsüblicher Weise von dem Erwerber bekannt gemacht ist.

(3) Im Hinblick auf Ansprüche, die vor dem Ablauf der Fünfjahresfrist fällig werden, 44
findet (innerhalb der Fünfjahresfrist) eine Feststellung des jeweiligen Anspruchs i. S. d. § 197 I Nr. 3 bis 5 BGB statt oder ist eine gerichtliche oder behördliche Vollstreckungshandlung vorgenommen oder beantragt. Einer Feststellung nach § 197 I Nr. 3 bis Nr. 5 BGB bedarf es nicht, wenn der Veräußerer den Anspruch schriftlich anerkennt (§ 26 II HGB). Der Verweis von § 26 I 3 HGB auf §§ 204, 206, 210, 211, 212 II und III BGB bedeutet, dass der Erwerber nach Maßgabe dieser Regelungen eine Hemmung des Ablaufs der Fünfjahresfrist erreichen kann.

c) Rechtsfolge

Fehlt es an einer der Voraussetzungen des § 26 HGB, erlischt (nicht: verjährt; arg. 45
§ 26 I 3 HGB) die Verbindlichkeit des Veräußerers grundsätzlich ohne Rücksicht auf ihren Rechtsgrund oder ihre Entstehungszeit (Ausschlussfrist; vgl. Titelüberschrift vor § 159 HGB). Auf Grund teleologischer Reduktion von § 26 HGB gilt dies aber nicht für Ansprüche, die auf Arglist oder Vorsatz des Veräußerers beruhen. Dieser Rechtsgedanke findet sich bereits in § 377 V HGB und §§ 438 III, 634a III BGB.[67]

---

[65] *BGH* NJW 2002, 2170, 2171.
[66] *Canaris,* FS Odersky, 1996, 760 f.
[67] *Canaris,* § 7 Rn. 54.

46 Auf Grund des Erlöschens der Verbindlichkeit bestehen akzessorische Sicherheiten wie eine Bürgschaft oder eine Hypothek nicht mehr (vgl. auch § 418 BGB), für die Verbindlichkeit bestellte nicht-akzessorische Sicherheiten sind zurück zu gewähren. Denn § 26 I 3 BGB verweist nicht auf § 216 BGB. Eine analoge Anwendung von § 216 BGB scheidet deshalb aus, weil ansonsten der Normzweck des § 26 HGB auf Grund entstehender Rückgriffsansprüche des Sicherungsgebers gegen den Veräußerer (z. B. nach § 670 BGB) verfehlt würde.[68]

d) Abdingbarkeit

47 § 26 HGB ist abdingbar. Dies setzt eine Vereinbarung zwischen dem Veräußerer und dem Gläubiger voraus. Insbesondere können diese Parteien die Fünfjahresfrist – auch durch AGB ohne Verstoß gegen § 307 BGB, zumal insbesondere bei langfristigen Kredit- oder Leasingverträgen die Enthaftung des Veräußerers nach § 26 HGB den jeweiligen Gläubiger erheblich benachteiligt – verlängern. Da § 26 I 3 HGB nicht auf § 202 BGB verweist, ist § 202 BGB auf eine solche Vereinbarung nicht anwendbar.[69] Auch ein Verzicht des Gläubigers auf die Haftung des Erwerbers nach § 25 I 1 HGB führt zum Wegfall der Enthaftung des Veräußerers nach § 26 HGB.[70] Denn § 26 HGB ist nur insoweit anwendbar, als die Haftung des Erwerbers nach § 25 I 1 HGB reicht. Für die Zulässigkeit eines Gläubigerverzichts auf die Haftung des Erwerbers nach § 25 I 1 HGB spricht, dass § 25 I 1 HGB Gläubigerschutz bezweckt[71] und dieser Schutzzweck mangels Verzichtsmöglichkeit für die Gläubiger in ihr Gegenteil verkehrt werden könnte.

IV. Empfangszuständigkeit des Erwerbers bei Firmenfortführung (§ 25 I 2 HGB)

1. Normzweck

48 Zum Unternehmen können auch Forderungen gegen Dritte (Außenstände) gehören. Ob sie auf den Erwerber zu übertragen sind, ist eine Frage der Vereinbarung. Die Schuldner können jedoch nicht ohne Weiteres erkennen, ob anlässlich des Geschäftsüberganges auch eine Forderungsübertragung stattgefunden hat. Leisten sie an den Veräußerer in dem – unzutreffenden – Glauben, er wäre noch Inhaber der Forderung, sind sie nach § 407 I BGB geschützt. Für den Fall, dass sie an den Erwerber leisten in dem – unzutreffenden – Glauben, die Forderungen seien auf ihn übergegangen, besteht auf Grund der durch § 25 I 2 HGB begründeten Fiktion des Forderungsüberganges („gelten", also kein echter Forderungsübergang) Schuldnerschutz.[72] Denn die Altschuldner können auch dann mit befreiender Wirkung an den Erwerber leisten, wenn die Altforderungen des bisherigen Geschäftsinhabers tatsächlich nicht auf den Erwerber übergegangen sind.

---

[68] Koller/Kindler/Roth/Drüen/*Roth*, § 26 Rn. 8.
[69] Koller/Kindler/Roth/Drüen/*Roth*, § 26 Rn. 5.
[70] *Canaris*, § 7 Rn. 53.
[71] Vgl. Rn. 12.
[72] Großkomm/*Burgard*, § 25 Rn. 111; Koller/Kindler/Roth/Drüen/*Roth*, § 25 Rn. 10; *Canaris*, § 7 Rn. 65.

2. Dogmatische Einordnung

§ 25 I 2 HGB begründet nach einer Auffassung eine umfassend wirkende Legalzession[73] („gesetzlich vertypte Abtretung"),[74] nach anderer Ansicht eine unwiderlegbare Fiktion bzw. Vermutung einer rechtsgeschäftlichen Abtretung im Verhältnis zum Schuldner und nach wieder anderer Meinung einen Rechtsscheintatbestand.[75] Entsprechend den Erwägungen zur dogmatischen Einordnung von § 25 I 1 HGB[76] handelt es sich indes wie bei § 25 I 1 HGB um eine Zweckmäßigkeitsregelung, die sich an Verkehrserwartungen orientiert.[77] Danach ist widerleglich zu vermuten, dass die Altforderungen auf den neuen Unternehmensträger übergegangen sind.

49

3. Voraussetzungen

Die Anwendung des § 25 I 2 BGH setzt **(a)** sämtliche Voraussetzungen des § 25 I 1 HGB, **(b)** eine in dem Betrieb begründete Forderung, **(c)** die ausdrückliche Einwilligung des bisherigen Inhabers oder seiner Erben in die Firmenfortführung und **(d)** das Fehlen einer abweichenden Vereinbarung (§ 25 II HGB) voraus.

50

a) Voraussetzungen des § 25 I 1 HGB

Es müssen sämtliche Voraussetzungen des § 25 I 1 HGB gegeben sein.

51

b) In dem Betrieb begründete Forderung

Der in § 25 I 2 HGB vorgesehene Forderungsübergang erfasst nur betriebsbezogene Forderungen einschließlich deliktischer Ansprüche und Vertragsstrafen. Für rechtsgeschäftlich begründete Forderungen gilt die Vermutung des § 344 HGB. Forderungen i. S. d. § 25 I 2 HGB dürfen keinem Abtretungsverbot unterliegen[78] und müssen formfrei übertragbar sein.

52

c) Ausdrückliche Einwilligung des bisherigen Inhabers oder seiner Erben in die Firmenfortführung

Der Veräußerer oder seine Erben müssen eine (wirksame) ausdrückliche Einwilligung zur Firmenfortführung erklären. Dieses – in gleicher Weise in § 22 I HGB[79] enthaltene und für § 25 I 2 HGB entsprechend auszulegende – Erfordernis soll einen Ausgleich zwischen Verkehrsschutzinteresse einerseits und Veräußererinteresse andererseits gewährleisten.[80] Denn dass die Gläubiger des Veräußerers nunmehr auf Grund der Fiktion des § 25 I 2 HGB schuldbefreiend auch an den Erwerber leisten können, geht zu Lasten des Veräußerers.

53

d) Kein Ausschluss nach § 25 II HGB

Auch für § 25 I 2 HGB gilt die Einschränkung des § 25 II HGB. Ist der Forderungsübergang im Vertrag ausgeschlossen, ist diese Vereinbarung gegenüber den Schuldnern

54

---

[73] Denkschrift, S. 37.
[74] *K. Schmidt,* § 8 I 2 d u. AcP 198 (1998), 516, 529.
[75] *Canaris,* § 7 Rn. 66.
[76] Vgl. dazu Rn. 13.
[77] Koller/Kindler/Roth/Drüen/*Roth,* § 25 Rn. 10.
[78] *BGH* WM 1992, 736, 738; **a. A.** Koller/Kindler/Roth/Drüen/*Roth,* § 25 Rn. 12.
[79] Vgl. § 4 Rn. 54.
[80] Koller/Kindler/Roth/Drüen/*Roth,* § 25 Rn. 11.

daher nur wirksam, wenn sie in das Handelsregister eingetragen und bekannt gemacht ist oder von dem Erwerber oder dem Veräußerer dem Dritten mitgeteilt wird.

Beispiel: Kaufmann A veräußert sein Unternehmen an Kaufmann B ohne die Außenstände. Diese Vereinbarung wird in das Handelsregister eingetragen und bekannt gemacht. Zahlt der Schuldner S an B, ist er nicht auf Grund Schuldbefreiung geschützt. A kann daher von ihm weiterhin Zahlung verlangen.

55   Die anderweitige Erlangung positiver Kenntnis durch den Schuldner davon, dass kein Forderungsübergang auf den Erwerber stattgefunden hat, schadet nicht.[81]

4. Rechtsfolgen

a) Verhältnis Schuldner – Erwerber

56   Nach § 25 I 2 HGB „gelten" die betriebsbezogenen Altforderungen des Veräußerers den Schuldnern gegenüber als auf den Erwerber übergegangen. Schuldner des Veräußerers können auf Grund dieser widerleglichen Vermutung des Forderungsübergangs schuldbefreiend an den Erwerber leisten und sich auf §§ 404, 406 BGB berufen. Denn der Erwerber ist insoweit empfangszuständig und prozessführungsbefugt. Doch ist die Forderung mangels Abtretung nach § 398 BGB nicht tatsächlich auf den Erwerber übergegangen. Er kann sich auf Grund des Normzwecks von § 25 I 2 HGB nicht seinerseits auf einen Übergang der Forderung berufen.[82] Der Erwerber kann eine Altforderung des Veräußerers nur geltend machen, wenn er im Streitfall beweist, dass die Forderung auf ihn übergegangen ist. Der Erwerber kann aber die Entgegennahme der Leistung ablehnen, ohne in Annahmeverzug zu geraten.

57   Auf die Vermutung des § 25 I 2 HGB kommt es von vornherein nicht an, wenn der Veräußerer die von ihm begründeten Forderungen tatsächlich auf den Erwerber überträgt. Den Schutz der Schuldner gegenüber dem Erwerber bei Leistung an den Veräußerer gewährleistet hier § 407 I BGB. Dies gilt auch dann, wenn die Übertragung der Firma nach § 31 HGB in das Handelsregister eingetragen und bekannt gemacht ist.[83] § 15 II 1 HGB steht dem nicht entgegen. Denn die Abtretung einer Forderung ist keine (einzutragende) Tatsache i. S. d. § 15 II HGB. Außerdem besteht keine Rechtfertigung für eine Verringerung des durch § 407 BGB gewährleisteten Schuldnerschutzes, zumal auch § 25 I 2 HGB diesem Schutzzweck dient. § 25 I 2 HGB hat daher nur dann Bedeutung, wenn der Veräußerer die Forderung nicht tatsächlich auf den Erwerber überträgt, also der Veräußerer tatsächlich Forderungsinhaber geblieben ist.

b) Verhältnis Schuldner – Veräußerer

58   Das Recht der Schuldner, schuldbefreiend an den Veräußerer zu leisten, bleibt von § 25 I 2 HGB unberührt. Denn der Veräußerer bleibt mangels Abtretung der Forderung nach § 398 BGB tatsächlich deren Inhaber. Er ist daher zur Geltendmachung der Forderung gegenüber dem Schuldner und insbesondere zur Klageerhebung (z. B.

---

[81]   **A. A.** für den Fall beweisbarer Kenntnis: Koller/Kindler/Roth/Drüen/*Roth*, § 25 Rn. 14; *Canaris*, § 7 Rn. 72.

[82]   Koller/Kindler/Roth/Drüen/*Roth*, § 25 Rn. 14; **a. A.** Denkschrift, S. 37.

[83]   Baumbach/Hopt/*Merkt*, § 25 Rn. 21; Koller/Kindler/Roth/Drüen/*Roth*, § 25 Rn. 18; *Canaris*, § 7 Rn. 79.

zur Hemmung der Verjährung) berechtigt,[84] trägt allerdings die Beweislast dafür, dass er trotz Unternehmensübergangs Forderungsinhaber geblieben ist.[85]

Beispiel: Kaufmann A veräußert sein Unternehmen an Kaufmann B ohne die Außenstände. A kann diese Außenstände weiterhin im eigenen Namen geltend machen, auch wenn B das Unternehmen unter der bisherigen Firma fortführt.

Betrachtete man § 25 I 2 HGB als umfassenden, unwiderleglichen Forderungsüber- **59** gang, wäre der Veräußerer nicht mehr zur Geltendmachung einer Altforderung berechtigt. Darin läge jedoch ein Eingriff in die Empfangszuständigkeit des Veräußerers ohne Grund. Der Erwerber würde um die Forderung ungerechtfertigt bereichert und hätte sie an den Veräußerer nach § 812 I 1 Alt. 2 BGB sofort zurück zu übertragen. Dieses Hin (zum Erwerber nach § 25 I 2 HGB) und Her (zum Veräußerer nach § 812 I 1 Alt. 2 BGB), das das Insolvenzrisiko des Erwerbers auf den Veräußerer überträgt, wäre ohne Sinn. Hinzu kommt, dass ein Gläubiger des Erwerbers bis zur Rückübertragung der Forderung in diese vollstrecken und der Insolvenzverwalter des Erwerbers die Forderung für die Insolvenzmasse beanspruchen könnte. Dies ist aber auf Grund des Normzwecks von § 25 I 2 HGB, Schuldnerschutz zu gewährleisten, nicht geboten.

c) Verhältnis Veräußerer – Erwerber

Für das Verhältnis zwischen Veräußerer und Erwerber ist § 25 I 2 HGB ohne Wir- **60** kung. Der Erwerber, an den ein Schuldner auf Grund von § 25 I 2 HGB schuldbefreiend leistet, ist für den Veräußerer Nichtberechtigter i. S. d. § 816 II BGB.

d) Verhältnis Erwerber/Veräußerer – Gläubiger

Für das Verhältnis zu den Gläubigern des Erwerbers oder Veräußerers ist § 25 I 2 **61** HGB ohne Bedeutung.

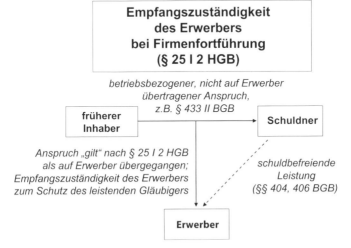

Abbildung 8: Empfangszuständigkeit des Erwerbers bei Firmenfortführung
(§ 25 I 2 HGB)

---

[84] *Canaris,* § 7 Rn. 76; Koller/Kindler/Roth/Drüen/*Roth,* § 25 Rn. 15; **a. A.** *BGH* WM 1992, 738.
[85] Röhricht/v. Westphalen/*Ries,* § 25 Rn. 35.

V. Haftung des Erben bei Geschäftsfortführung (§ 27 HGB)

1. Normzweck

62 Ein Erbe haftet grundsätzlich nach § 1967 BGB unbeschränkt für die Nachlassverbindlichkeiten. Jedoch ist die Haftung beschränkbar auf den Nachlass nach §§ 1973, 1975ff., 1990, 2013 BGB. Minderjährige Erben können ihre Haftung nach § 1629a I, IV BGB beschränken. § 27 HGB setzt diesen erbrechtlichen Möglichkeiten der Haftungsbeschränkung Grenzen und begründet über die bürgerlich-rechtliche Erbenhaftung hinaus eine handelsrechtliche Erbenhaftung. § 27 HGB trägt – wie § 25 HGB, auf den § 27 I HGB verweist – Verkehrserwartungen Rechnung, die darauf gerichtet sind, dass bei dem Wechsel des Unternehmensträgers die Kontinuität der Firma mit einer uneingeschränkten Haftung der Erben des bisherigen Geschäftsinhabers einhergeht.[86] Die Verweisung in § 27 I HGB auf die „Vorschriften des § 25 [HGB]" soll sicherstellen, dass der Erbe eines Unternehmens bei dessen Fortführung nicht besser, aber auch nicht schlechter steht als derjenige, der ein Unternehmen unter Lebenden erwirbt.

2. Voraussetzungen

63 Die Haftung nach §§ 27 I, 25 I 1 HGB für betriebsbezogene Altverbindlichkeiten des Erblassers setzt voraus, dass jemand **(a)** ein zu einem Nachlass gehörendes Handelsgeschäft **(b)** erbt, **(c)** dieses mehr als drei Monate (§ 27 II 1 HGB) **(d)** unter der bisherigen Firma (Rechtsgrundverweisung auf § 25 I 1 HGB) fortführt, **(e)** ohne dass § 25 II HGB diese Haftung ausschließt (Rechtsgrundverweisung auf § 25 II HGB).

a) Ein zu einem Nachlass gehörendes Handelsgeschäft

64 Für das Tatbestandsmerkmal des Handelsgeschäfts gelten die zu § 25 I 1 HGB angestellten Erwägungen.[87] Das Handelsgeschäft muss zu einem Nachlass gehören.

b) Übergang des Handelsgeschäfts auf Grund Erbfalls

65 Der Anspruch nach z. B. § 433 II BGB i. V. m. § 27 I HGB i. V. m. § 25 I 1 HGB richtet sich gegen den Erben des Kaufmanns. Auf ihn geht das Handelsgeschäft auf Grund Erbfalls über (§ 1922 I BGB). Erbe ist nicht, wer die Erbschaft ausschlägt (§ 1953 I BGB). Bis dahin gilt § 1958 BGB. Beerbt ein Kommanditist den einzigen Komplementär einer KG, ist die Gesellschaft *ipso jure* beendet und der Kommanditist Alleininhaber des Unternehmens. Der Kommanditist erbt aber nicht ein zu einem Nachlass gehörendes Handelsgeschäft, sondern lediglich die Beteiligung des Komplementärs. In diesem Fall ist nicht § 139 HGB, sondern § 27 HGB analog anzuwenden.[88]

c) Fortführung des Handelsgeschäfts mehr als drei Monate (§ 27 II HGB)

66 Für das Tatbestandsmerkmal der Fortführung des Handelsgeschäfts gelten die zu § 25 I 1 HGB angestellten Erwägungen.[89] Keine Fortführung des Handelsgeschäfts liegt beim Handeln eines Insolvenzverwalters, Nachlassverwalters oder Testamentsvollstreckers vor.

---

[86] Denkschrift, S. 18; Koller/Kindler/Roth/Drüen/*Roth,* § 27 Rn. 1.
[87] Vgl. dazu Rn. 15f.
[88] BGHZ 113, 132, 134f.; *Canaris,* § 7 Rn. 114; *K. Schmidt,* § 8 III 2d.
[89] Vgl. dazu Rn. 21–24.

Die Haftung auf Grund § 27 I HGB tritt nach § 27 II 1 HGB nicht ein, wenn der 67
Erbe das Geschäft innerhalb von drei Monaten seit Kenntnis vom Anfall der Erbschaft
einstellt. Einstellung bedeutet Aufgabe der werbenden unternehmerischen Tätigkeit;
Abwicklungsgeschäfte sind unschädlich. Auch die Veräußerung des Unternehmens,[90]
die Einbringung des Unternehmens in eine Gesellschaft und die Eröffnung des Insolvenzverfahrens führen zur Aufgabe der werbenden unternehmerischen Tätigkeit. Insbesondere im Falle der Veräußerung des Unternehmens tritt der Erbe nicht mehr als
Unternehmensträger im Rechtsverkehr auf und ruft infolgedessen keine Haftungserwartung mehr hervor. Mit der Dreimonatsfrist ist dem Erben **Bedenkzeit** eingeräumt.[91] Diese Abweichung von § 25 HGB rechtfertigt sich daraus, dass der Erbfall
ipso jure, also ohne Zutun des Erben eintritt, wohingegen der Erwerb i. S. d. § 25 I 1
HGB ein Rechtsgeschäft zwischen Veräußerer und Erwerber voraussetzt. Keine Einstellung des Geschäfts ist bei bloß nachträglicher Änderung der Firma gegeben.

Auf den Lauf der Dreimonatsfrist findet § 210 BGB entsprechende Anwendung 68
(§ 27 II 2 HGB). Danach beginnt für eine geschäftsunfähige oder beschränkt geschäftsfähige Person die dreimonatige Bedenkzeit erst mit dem Eintritt der vollen Geschäftsfähigkeit oder der Bestellung eines Vertreters. Ist bei dem Ablauf der drei Monate das Recht zur Ausschlagung der Erbschaft noch nicht verloren, endigt die Frist
nicht vor dem Ablauf der Ausschlagungsfrist (§ 27 II 3 HGB). Die Bedenkzeit endet
also nicht, solange keine Annahme der Erbschaft erfolgt, da die Bedenkzeit nach
§ 27 II 1 HGB (ab Kenntnis vom Anfall der Erbschaft) unter Umständen kürzer als
die Erbschaftsausschlagungsfrist nach § 1944 BGB ist. In der vorläufigen Fortführung
des Handelsgeschäfts als solcher liegt keine Annahme der Erbschaft. Sind die Voraussetzungen des § 27 II 1 HGB gegeben, haftet der Erbe nur nach erbrechtlichen
Grundsätzen.

Beispiel: A erfährt am 1.1., dass er ein Elektronikartikelgeschäft geerbt hat. Er führt es weiter. Im Laufe des
Februars stellt er fest, dass das Geschäft überschuldet ist. Er stellt Antrag auf Eröffnung des Nachlassinsol-
venzverfahrens und stellt das Geschäft Ende Februar ein. Nach § 1975 BGB beschränkt sich seine Haftung
auf den Nachlass.

d) Fortführung der Firma

aa) Tatbestandsvoraussetzung?

Nach einer Ansicht handelt es sich bei § 27 I HGB lediglich um eine Rechtsfolgenver- 69
weisung auf § 25 I 1 HGB, so dass es auf die Fortführung der Firma nicht ankommt.[92]
Denn der Schutz der Altgläubiger hänge nicht davon ab, ob die Firma beibehalten
werde oder nicht. Der Erbe haftet danach auch dann nach § 27 I HGB, wenn er die
bisherige Firma nicht fortführt. Nach anderer, vorzugswürdiger Ansicht ist § 27 I
HGB eine Rechtsgrundverweisung auf § 25 I 1 HGB, so dass eine Fortführung der
Firma durch den Erben (mit oder ohne Nachfolgezusatz) erforderlich ist.[93] Denn
§ 27 I HGB verweist seinem Wortlaut nach schlechthin auf § 25 HGB. Außerdem ist
nur bei einer Firmenfortführung die Erwartung des Verkehrs auf die Haftung des Er-

---

[90] MünchKomm/*Thiessen,* § 27 Rn. 50; Koller/Kindler/Roth/Drüen/*Roth,* § 27 Rn. 9; *Canaris,* § 7
Rn. 108; **a. A.** h. L. z. B.: Baumbach/Hopt/*Merkt,* § 27 Rn. 5.
[91] Denkschrift, S. 38.
[92] MünchKomm/*Thiessen,* § 27 Rn. 24; *K. Schmidt,* § 8 III 1 d.
[93] Koller/Kindler/Roth/Drüen/*Roth,* § 27 Rn. 5; *Canaris,* § 7 Rn. 109.

ben für Altverbindlichkeiten gerichtet. Für das Erfordernis der Firmenfortführung spricht darüber hinaus, dass der auf Grund eines Erbfalls Erwerbende nicht besser stehen soll als ein auf Grund Rechtsgeschäfts Erwerbender.

bb) Analoge Anwendung von § 27 II 1 HGB

70 § 27 II 1 HGB gewährt Bedenkzeit im Hinblick auf die Fortführung des Handelsgeschäfts. Der Zweck des § 27 II 1 HGB gebietet es aber, dem Erben eine dreimonatige Bedenkzeit auch im Hinblick auf die Fortführung der Firma einzuräumen.[94]

Beispiel: A erfährt am 1.1., dass er ein Elektronikartikelgeschäft geerbt hat. Er führt es unter der bisherigen Firma fort. Im Laufe des Februars des Jahres 0 stellt er fest, dass eine andere Firma für das Geschäft besser geeignet ist und führt das Geschäft unter neuer Firma fort. A haftet nicht nach § 27 I HGB i.V. m. § 25 I 1 HGB.

e) Kein Ausschluss der Haftung nach § 27 I HGB i.V. m. § 25 II HGB

71 Eine Ansicht versteht § 27 I HGB als Rechtsfolgenverweisung auf § 25 I 1 HGB, so dass der Erbe sich nicht auf einen Ausschluss der Haftung nach § 27 I HGB i.V. m. § 25 II HGB berufen dürfe. Denn bei § 27 I HGB fehle anders als bei § 25 I 1 HGB eine Weiterhaftung des bisherigen Geschäftsinhabers.[95] Außerdem liefe die verschärfte Haftung des § 27 HGB in den meisten Fällen leer, da ein entsprechender Registereintrag fast routinemäßig erfolgen würde. Nach vorzugswürdiger h. L.[96] ist § 25 II HGB dagegen auch bei Geschäftsfortführung durch den Erben i. S. d. § 27 HGB uneingeschränkt anwendbar, so dass der Erbe die Haftung für Altverbindlichkeiten nicht nur durch Geschäftseinstellung vermeiden kann. Denn § 27 I HGB enthält eine Rechtsgrundverweisung auf § 25 HGB in seiner Gesamtheit („die Vorschriften des § 25 [HGB]"). Der Erbe soll außerdem nicht schlechter stehen als ein auf Grund Rechtsgeschäfts Erwerbender. Auch der Zweck von § 27 HGB, die Haftungsfrage im Interesse der Gläubiger klarzustellen, spricht für dieses Ergebnis. Denn eine solche Klarstellung kann auch die Verlautbarung eines Haftungsausschlusses herbeiführen. An die Stelle der in § 25 II HGB vorgesehenen Vereinbarung zwischen Veräußerer und Erwerber tritt, da Erblasser und Erbe eine solche Vereinbarung nicht mehr treffen können, eine einseitige, entsprechend § 25 II HGB kundgemachte Erklärung des Erben.[97] Ein Erbvertrag oder ein Testament des Erblassers genügen nicht.[98] Die Eintragung der Erklärung des Erben ins Handelsregister oder die Mitteilung dieser Erklärung gegenüber Dritten muss unverzüglich erfolgen. Eine analoge Anwendung der Dreimonatsfrist des § 27 II HGB kommt nicht in Betracht.

3. Rechtsfolgen

72 Der Erbe haftet nach § 27 I HGB i.V. m. § 25 I 1 HGB unbeschränkt und unbeschränkbar persönlich für die betriebsbezogenen Altverbindlichkeiten des Erblassers. Begründet der Erbe bei Fortführung des Handelsgeschäfts Verbindlichkeiten, sind diese Eigenschulden. Für sie haftet der Erbe auch, wenn er die Erbschaft aus-

---

[94] Großkomm/*Burgard*, § 27 Rn. 38; MünchKomm/*Thiessen*, § 27 Rn. 25; *Canaris*, § 7 Rn. 110; **a. A.** Großkomm/*Hüffer*, § 27 Rn. 26; Baumbach/Hopt/*Merkt*, § 27 Rn. 5; *Hübner*, Rn. 265.
[95] *K. Schmidt*, § 8 III 1 d.
[96] Baumbach/Hopt/*Merkt*, § 27 Rn. 8; *Brox/Henssler*, Rn. 162; *Canaris*, § 7 Rn. 111; *Oetker*, § 4 E III 3 d.
[97] Großkomm/*Burgard*, § 27 Rn. 56; *Canaris*, § 7 Rn. 111; **a. A.** *K. Schmidt*, § 8 III 3 a.
[98] Baumbach/Hopt/*Merkt*, § 27 Rn. 8.

schlägt. Sind die Voraussetzungen des § 27 I HGB i. V. m. § 25 I 1 HGB nicht erfüllt, haftet der Erbe nur nach bürgerlich-erbrechtlichen Grundsätzen (§§ 1967 ff. BGB) oder wegen eines besonderen Verpflichtungsgrundes (§ 27 I HGB i. V. m. § 25 III HGB). Zwar verweist § 27 I HGB auch auf § 25 I 2 HGB. Doch ist dies ohne Bedeutung, da der Erbe die Forderungen des Erblassers ohnehin nach § 1922 I BGB (Gesamtrechtsnachfolge) erwirbt und für einen Schutz der Gläubiger bei Leistung an den Erben insoweit kein Bedürfnis besteht.

Prüfungsschema Haftung des Erben bei Geschäftsfortführung (§ 27 I HGB)

Zum Beispiel:
Haftung des Erben für Verbindlichkeit des Erblassers nach § 433 II BGB.
I.   Betriebsbezogene Altverbindlichkeit des Erblassers (z. B. § 433 II BGB)
II. Zu einem Nachlass gehörendes Handelsgeschäft (= kaufmännisches Unternehmen)
III. Übergang des Handelsgeschäfts auf Grund Erbfalls
IV. Fortführung des Handelsgeschäfts mehr als drei Monate (§ 27 II HGB)
V.   Fortführung der bisherigen Firma (str.)
VI. Kein Ausschluss der Haftung nach §§ 27 I HGB i. V. m. 25 II HGB (str.)

VI. Eintritt in das Geschäft eines Einzelkaufmanns (§ 28 HGB)

1. Haftung der Gesellschaft (§ 28 I 1 HGB)

a) Normzweck

§ 28 HGB regelt den Fall, dass jemand als persönlich haftender Gesellschafter (Komplementär) oder Kommanditist in das Geschäft eines Einzelkaufmanns eintritt. In diesem Falle haftet die nunmehr bestehende Gesellschaft (oHG oder KG), die an die Stelle des Einzelkaufmanns als Unternehmensträger tritt, für alle Altverbindlichkeiten ohne Rücksicht auf die Fortführung der bisherigen Firma (§ 28 I 1 HGB). § 28 I 1 HGB trägt der Verkehrserwartung Rechnung, dass auch ohne Fortführung der bisherigen Firma ein Wechsel des Unternehmensträgers mit einer uneingeschränkten Haftung der durch den Eintritt einer Person in das Geschäft eines Einzelkaufmanns entstehenden Gesellschaft verbunden ist.[99] Auf das Erfordernis der Fortführung der bisherigen Firma verzichtet § 28 HGB auch deshalb, weil ein Rechtsformzusatz wie „oHG" gegenüber z. B. „e. K." keine Firmenfortführung darstellt.[100] Einem Abstellen auf das Erfordernis der Gläubigersicherung[101] steht § 28 II HGB entgegen. 73

b) Voraussetzungen

Die Haftung der Gesellschaft nach § 28 I 1 HGB für Altverbindlichkeiten des Einzelkaufmanns setzt **(aa)** das Geschäft eines Einzelkaufmanns voraus, in das **(bb)** jemand als persönlich haftender Gesellschafter oder Kommanditist eintritt und **(cc)** das die Gesellschaft fortführt, **(dd)** ohne dass § 28 II HGB diese Haftung ausschließt (vgl. dazu auch *Lettl*, Fälle 6 und 7). 74

---

[99] Denkschrift, S. 39; Koller/Kindler/Roth/Drüen/*Roth,* § 28 Rn. 2.
[100] Denkschrift, S. 39.
[101] So z. B. *BGH* NJW 1961, 1765, 1766; 1966, 1917, 1918; *Canaris*, § 7 Rn. 83.

aa) Geschäft eines Einzelkaufmanns

75 **(1) Einzelkaufmann.** Einzelkaufmann i. S. d. § 28 I 1 HGB ist eine natürliche Person, die Kaufmann i. S. eines der Tatbestände der §§ 1 ff. HGB ist. Zwar erwägen Teile des Schrifttums[102] eine analoge Anwendung von § 28 I 1 HGB auf jeden Unternehmensträger, da § 28 I 1 HGB nicht eine speziell kaufmännische Regelung darstelle, sondern Ausdruck der Unternehmenskontinuität sei. Es genüge daher, wenn durch den Eintritt in das Geschäft des bisherigen Einzelunternehmers eine (das Unternehmen tragende) GbR entstünde.

Beispiel: § 28 I 1 HGB würde danach auch für den Eintritt in das Unternehmen eines Rechtsanwalts gelten, obwohl dieser kein Einzelkaufmann i. S. d. § 28 I 1 HGB ist, weil er kein Gewerbe betreibt (§ 2 II BRAO). Der BGH[103] lehnt eine analoge Anwendung von § 28 I 1 HGB, jedenfalls im Hinblick auf einen Übergang der Verpflichtungen aus dem zwischen einem Rechtsanwalt als Einzelanwalt und seinem Mandanten begründeten Rechtsverhältnis, auf die durch den Eintritt eines weiteren Rechtsanwalts entstandene Gesellschaft ab. Denn dieses Rechtsverhältnis sei in erster Linie durch die persönliche und eigenverantwortliche anwaltliche Dienstleistung geprägt. Der Mandant dürfe bei Auftragserteilung gegenüber einem Einzelanwalt davon ausgehen, dass der beauftragte Rechtsanwalt die ihm auf Grund besonderen Vertrauens (§ 627 I 1 BGB) übertragene Dienstleistung persönlich erbringe (§ 664 I 1 BGB). Daher werde der Einzelanwalt als Person und nicht als Unternehmen zum Berater und Vertreter des Mandanten berufen. In diesem Fall greife der Gedanke der Unternehmenskontinuität nicht. Außerdem bestünde für Rechtsanwälte nicht wie für die Gesellschafter einer oHG oder KG die Möglichkeit eines Ausschlusses der Haftung nach § 28 II HGB. Daher wären Nichtkaufleute schlechter gestellt als Kaufleute. Ein Rechtsanwalt, der sich mit einem bisher als Einzelanwalt tätigen Rechtsanwalt zur gemeinsamen Berufsausübung in der Form einer GbR zusammenschließe, hafte daher nicht entsprechend § 28 I 1 HGB i. V. m. § 128 S. 1 HGB für die im Betrieb des bisherigen Einzelanwalts begründeten Verbindlichkeiten.

76 Gegen eine analoge Anwendung von § 28 I 1 HGB auf eine GbR spricht das Fehlen einer planwidrigen Regelungslücke, da § 28 I 1 HGB ausdrücklich die Entstehung einer oHG oder KG voraussetzt. Hinzu kommt – wie auch der *BGH* hervorhebt – die fehlende Möglichkeit eines Haftungsausschlusses nach § 28 II HGB für die Gesellschafter einer Freiberufler-GbR. Außerdem darf eine GbR nicht in die Rechtsform von oHG oder KG gezwungen werden.[104]

77 **(2) Handelsgeschäft.** Es muss wie bei § 25 I 1 HGB ein Handelsgeschäft vorliegen.[105]

78 **(3) Einbringung des Handelsgeschäfts in eine zu diesem Zweck gegründete Personenhandelsgesellschaft.** § 28 I 1 HGB ist auf den Fall zugeschnitten, dass ein einzelkaufmännisches Unternehmen in eine zu diesem Zweck gegründete Personenhandelsgesellschaft (als Sacheinlage) eingebracht wird und der bisherige Unternehmensträger (Einzelkaufmann) an dieser Gesellschaft beteiligt ist. Deshalb ist § 28 I 1 HGB nicht anwendbar, wenn der bisherige Unternehmensträger nicht an der Gesellschaft beteiligt ist oder das einzelkaufmännische Unternehmen in eine bereits bestehende Personenhandelsgesellschaft eingebracht wird. Dasselbe gilt, wenn das einzelkaufmännische Unternehmen in eine neu gegründete oder gar bestehende

---

[102] *K. Schmidt,* § 8 II 1 a bb.
[103] BGHZ 157, 361, 366 ff.
[104] Koller/Kindler/Roth/*Roth,* § 28 Rn. 5.
[105] Vgl. Rn. 14–17.

Kapitalgesellschaft (z. B. AG oder GmbH) eingebracht wird.[106] Eine analoge Anwendung von § 28 I 1 HGB kommt mangels planwidriger Regelungslücke nicht in Betracht, weil der eng gefasste Gesetzeswortlaut und die Entstehungsgeschichte zeigen, dass der Gesetzgeber für juristische Personen im Bereich des, nur einen Sonderfall regelnden, § 28 I 1 HGB keine Haftungsregelung getroffen hat und eine sich daraus möglicherweise ergebende Gläubigerbenachteiligung bewusst in Kauf nimmt.[107] In den genannten Fällen kommt daher nur die Anwendung von § 25 HGB in Betracht.

§ 28 I 1 HGB ist außerdem dann nicht anwendbar, wenn das einzelkaufmännische   79
Unternehmen in eine Vorgesellschaft eingebracht wird.[108] Eine Vorgesellschaft entsteht z. B. mit dem formgerechten Abschluss eines Gesellschaftsvertrags über die Gründung einer AG oder GmbH. Zur Entstehung der AG oder GmbH als rechtsfähiger juristischer Person fehlt nur noch die Eintragung in das Handelsregister. Für eine Vorgesellschaft als Personenvereinigung eigener Art und als notwendige Vorstufe einer Kapitalgesellschaft gelten die Regelungen der jeweiligen Kapitalgesellschaft, sofern sie nicht die Rechtsfähigkeit der Gesellschaft voraussetzen. Daher gelten für die Einbringung eines kaufmännischen Unternehmens in eine Vorgesellschaft die für Kapitalgesellschaften angestellten Erwägungen entsprechend – § 28 I 1 HGB ist nicht anwendbar. Dasselbe gilt für eine unechte Vorgesellschaft. Sie entsteht, wenn die Gründungsgesellschafter die Absicht der Eintragung der Gesellschaft in das Handelsregister aufgeben. Betreibt die Gesellschaft ein Handelsgewerbe, gelten für die Gesellschaft nicht erst seit Aufgabe der Eintragungsabsicht, sondern seit Abschluss des Gesellschaftsvertrags die Vorschriften für die oHG oder KG. Diese rückwirkende Geltung des oHG- oder KG-Rechts bezieht sich aber nicht auf § 28 I 1 HGB, da die Gesellschafter während des Zeitraums zwischen Abschluss des Gesellschaftsvertrags und Bestehen der Eintragungsabsicht keine Möglichkeit haben, einen Haftungsausschluss nach § 28 II HGB herbeizuführen.[109] Eine analoge Anwendung von § 28 I 1 HGB kommt hingegen dann in Betracht, wenn eine GbR bei dem Eintritt eines weiteren Gesellschafters die Rechtsform einer oHG oder KG etwa auf Grund der Eintragung in das Handelsregister (§§ 105 II, 161 II HGB) erlangt.[110]

bb) „Eintritt" als persönlich haftender Gesellschafter oder Kommanditist

Die Formulierung „Eintritt" ist deshalb ungenau, weil ein Eintritt in ein einzelkauf-   80
männisches Unternehmen nicht möglich ist. Eine Gesellschaft, in die ein Gesellschafter eintreten und in die das einzelkaufmännische Unternehmen eingebracht werden könnte, besteht nämlich noch gar nicht, sondern ist als oHG oder KG erst zu gründen. Die „eintretende" Person muss nicht Kaufmann sein. Es kann sich auch um eine juristische Person handeln. Die Unwirksamkeit des Gesellschaftsvertrags steht einem Eintritt als persönlich haftender Gesellschafter oder Kommanditist nicht entgegen, wenn

---

[106] BGHZ 143, 314, 318; Baumbach/Hopt/*Merkt*, § 28 Rn. 2; Koller/Kindler/Roth/Drüen/*Roth*, § 28 Rn. 4, 9.
[107] BGHZ 143, 314, 318; Baumbach/Hopt/*Merkt*, § 28 Rn. 2; Koller/Kindler/Roth/Drüen/*Roth*, § 28 Rn. 9; *Canaris*, § 7 Rn. 96; **a. A.** analoge Anwendung von § 28 I 1 HGB bejahend MünchKomm/ *Thiessen*, § 28 Rn. 10; Großkomm/*Burgard*, § 28 Rn. 22.
[108] BGHZ 143, 314, 319.
[109] BGHZ 143, 314, 320.
[110] Baumbach/Hopt/*Merkt*, § 28 Rn. 2; *Canaris*, § 7 Rn. 88; **a. A.** BGHZ 31, 400.

die Gesellschaft zwar fehlerhaft, aber nicht nichtig, sondern lediglich mit Wirkung *ex nunc* auflösbar ist.[111]

cc) Fortführung des Geschäfts

81 Die Gesellschaft muss das Geschäft des Einzelkaufmanns fortführen.[112] Das Geschäft in diesem Sinne ist das Unternehmen des Einzelkaufmanns, von dem dessen Name (Firma) zu unterscheiden ist.

dd) Kein Ausschluss der Haftung nach § 28 II HGB

82 § 28 II HGB stimmt inhaltlich mit § 25 II HGB überein.[113]

ee) Unerheblichkeit fehlender Firmenfortführung

83 Ob die Gesellschaft die bisherige Firma fortführt, ist für die Haftung der Gesellschaft nach § 28 I 1 HGB unerheblich. Hierin liegt ein wesentlicher Unterschied zwischen § 25 I 1 HGB und § 28 I 1 HGB.

c) Rechtsfolgen

aa) Haftung der Gesellschaft

84 Die Gesellschaft haftet für alle betriebsbezogenen Altverbindlichkeiten des Einzelkaufmanns.[114]

Prüfungsschema Haftung bei Eintritt in das Geschäft eines Einzelkaufmanns (§ 28 I 1 HGB)

Zum Beispiel:
Haftung der Gesellschaft für Verbindlichkeit des Einzelkaufmanns nach § 433 II BGB.
I. Betriebsbezogene Altverbindlichkeit des Einzelkaufmanns (z. B. nach § 433 II BGB)
II. Geschäft eines Einzelkaufmanns
III. Eintritt als persönlich haftender Gesellschafter oder Kommanditist
IV. Fortführung des Geschäfts (Fortführung der Firma unerheblich)
V. Kein Ausschluss der Haftung nach § 28 II HGB

Fallbeispiel:
Kaufmann A betreibt einen Elektrohandel unter der Bezeichnung „A-Elektro e. K.". C steht für gelieferte Elektroartikel ein Anspruch gegen A auf Zahlung von 10 000,– Euro nach § 433 II BGB zu. Nachdem A seinen Betrieb erweitern will, gründet er mit dem vermögenden B eine oHG, die das bisherige Unternehmen unter der Bezeichnung „Megamarkt oHG" fortführt. Kann C von der oHG Zahlung des Kaufpreises verlangen?

---

[111] *BGH* NJW 1972, 1466, 1467; Großkomm/*Burgard*, § 28 Rn. 30, mit Ausnahme für den Fall, dass die Fehlerhaftigkeit der Gesellschaft auf Normen beruht, die den Schutz des Eintretenden bezwecken; *Canaris*, § 7 Rn. 89.

[112] Insoweit gelten die schon zu § 25 I 1 HGB bei Rn. 21–23 angestellten Erwägungen entsprechend.

[113] Insoweit gelten die zu § 25 II HGB bei Rn. 31–33 angestellten Erwägungen entsprechend.

[114] Insoweit gelten die zu § 25 I 1 HGB bei Rn. 34–37 angestellten Erwägungen entsprechend.

Anspruch des C gegen die oHG auf Zahlung des Kaufpreises nach §§ 433 II BGB, 124 I HGB i. V. m. § 28 I 1 HGB

I. **Betriebsbezogene Altverbindlichkeit**
Eine betriebsbezogene Altverbindlichkeit nach §§ 433 II BGB, 124 I HGB besteht laut Sachverhalt.

II. **Geschäft eines Einzelkaufmanns**
A ist Kaufmann. Der von ihm betriebene Elektrohandel ist daher das Geschäft eines Einzelkaufmanns.

III. **Eintritt als persönlich haftender Gesellschafter oder Kommanditist**
A und B gründen eine oHG unter Eintritt von B und bringen das einzelkaufmännische Unternehmen in diese Gesellschaft ein.

IV. **Fortführung des Geschäfts**
Die gegründete oHG führt das Geschäft des A fort.

V. **Kein Ausschluss der Haftung nach § 28 II HGB**
Anhaltspunkte für einen Ausschluss der Haftung nach § 28 II HGB liegen nicht vor.

VI. **Unerheblichkeit fehlender Firmenfortführung**
Zwar wurde nicht die Firma fortgeführt („A-Elektro" einerseits, „Megamarkt oHG" andererseits). Auf die Fortführung der Firma kommt es bei § 28 I 1 HGB aber nicht an.

VII. **Rechtsfolge**
Die oHG haftet für die betriebsbezogenen Altverbindlichkeiten des A gegenüber C. Um eine solche betriebsbezogene Verbindlichkeit des A handelt es sich hier (Anspruch auf Kaufpreiszahlung auf Grund Lieferung von Elektroartikeln).

VIII. **Ergebnis**
C kann von der oHG Zahlung des Kaufpreises in Höhe von 10 000,– Euro nach §§ 433 II BGB, 124 I HGB i. V. m. 28 I 1 HGB verlangen.

bb) Haftung des Einzelkaufmanns

§ 28 I 1 HGB begründet einen gesetzlichen Schuldbeitritt.[115] Der Einzelkaufmann **85** haftet daher neben der Gesellschaft weiter, sofern er nicht die Stellung eines Kommanditisten erhält und es zu einer Enthaftung kommt (§ 28 III HGB i. V. m. § 26 HGB).

Beispiel: In dem unter Rn. 84 geschilderten Fallbeispiel besteht ein Anspruch des C gegen A auf Zahlung des Kaufpreises nach § 433 II BGB. Insoweit bestand ursprünglich eine Haftung des A, da A den Kaufvertrag persönlich mit C geschlossen hat. Diese Haftung besteht weiter und ist nicht durch Haftung der oHG nach § 28 I 1 HGB ausgeschlossen. Eine Möglichkeit der Enthaftung nach § 28 III HGB i. V. m. § 26 HGB besteht für A nicht, da er nicht Kommanditist, sondern persönlich haftender Gesellschafter ist.

Zwischen Gesellschaft und Einzelkaufmann besteht ein Gesamtschuldverhältnis **86** i. S. d. § 421 BGB. Partei eines mit einem Dritten vor Gesellschaftsgründung geschlossenen Vertrags bleibt allein der bisherige Einzelkaufmann. Die neu gegründete Personenhandelsgesellschaft ist nicht kraft Gesetzes Partei eines von dem Einzelkaufmann mit einem Dritten vor Gesellschaftsgründung geschlossenen Vertrags.[116] Hierzu bedarf es vielmehr der Mitwirkung des Dritten. Nach anderer Auffassung führt § 28 I 1 HGB *ipso jure* zu einem Vertragsübergang kraft Gesetzes.[117]

---

[115] *BGH* WM 1989, 1219, 1221; Koller/Kindler/Roth/Drüen/*Roth*, § 28 Rn. 10.
[116] *BGH* NJW 2001, 2251, 2252; Baumbach/Hopt/*Merkt*, § 28 Rn. 5.
[117] *K. Schmidt*, § 8 II 2a.

Fallbeispiel:

Kaufmann A mietet von Vermieter V am 1.1. Jahr 0 Geschäftsräume. Zum 1.1. Jahr 3 gründet A mit B eine oHG und bringt sein einzelkaufmännisches Unternehmen in diese Gesellschaft ein. Die oHG führt das Unternehmen von A fort und nutzt die Geschäftsräume. Wegen Zahlungsverzugs kündigt V den Mietvertrag wirksam zum 30.6. Jahr 3 fristlos, erhält die Geschäftsräume von der oHG aber erst am 31.12. Jahr 3 zurück. Kann V von der oHG Zahlung einer Nutzungsentschädigung für den Zeitraum vom 1.7. Jahr 3 bis 31.12. Jahr 3 verlangen?

I. Anspruch von V gegen die oHG nach § 546a I BGB i.V. m. § 28 I 1 HGB

Ein Anspruch von V gegen die oHG nach § 546a I BGB i.V. m. § 28 I 1 HGB scheidet aus, weil der Anspruch nach § 546a I BGB erst nach der Gesellschaftsgründung infolge der vertragswidrigen Nichtrückgabe der Mietsache nach Beendigung des Mietverhältnisses entstanden ist und es sich deshalb um keine Altverbindlichkeit des A handelt.

II. Anspruch von V gegen die oHG nach § 546a I BGB

Ein Anspruch von V gegen die oHG nach § 546a I BGB setzt voraus, dass die oHG Partei des Mietvertrags mit V ist. Daran fehlt es hier mangels der erforderlichen Mitwirkung des V. Diese Mitwirkung ist insbesondere deshalb erforderlich, weil andernfalls § 540 I BGB, wonach der Mieter die Mietsache Dritten nur mit Zustimmung des Vermieters überlassen darf, unterlaufen würde. Gegen dieses Ergebnis spricht freilich, dass ein Anspruch des V auf Grund der Schutzbedürftigkeit des V abgelehnt wird und insoweit ein gewisser Wertungswiderspruch vorliegt.[118] Nimmt man einen Vertragsübergang kraft Gesetzes an, könnte V von der oHG Zahlung der Nutzungsentschädigung nach § 546a I BGB verlangen.

III. Ergebnis

Nimmt man an, dass § 28 I 1 HGB einen Vertragsübergang kraft Gesetzes begründet, so kann V von der OHG Zahlung der Nutzungsentschädigung nach § 546a I BGB verlangen.

cc) Haftung der Gesellschafter

87   Die persönlich haftenden Gesellschafter der Gesellschaft haften für die auf Grund von § 28 I 1 HGB entstandene Gesellschaftsverbindlichkeit nach vorzugswürdiger Ansicht persönlich nach § 128 S. 1 HGB.[119] Dies ist für den Eintretenden keine unzumutbare Belastung, zumal auch § 130 HGB für einen in eine bestehende Personenhandelsgesellschaft eintretenden Gesellschafter volle persönliche Haftung für die vor seinem Eintritt begründeten Verbindlichkeiten vorsieht. Danach haften sowohl der Eintretende als auch der Einzelkaufmann, sofern sie persönlich haftende Gesellschafter der Gesellschaft sind, persönlich nach § 128 S. 1 HGB für die Gesellschaftsverbindlichkeiten i. S. d. § 28 I 1 HGB (wobei die Haftung des Einzelkaufmanns als Eigenschuld daneben besteht). Ein Haftungsausschluss nach § 28 II HGB wirkt nach §§ 128, 130 HGB auch zu Gunsten der Gesellschafter, so dass in diesem Fall die Haftung der Gesellschafter nach § 128 S. 1 HGB für eine Gesellschaftsverbindlichkeit i. S. d. § 28 I 1 HGB ausgeschlossen ist.[120] Nach anderer Ansicht privilegiert die Haftung auch der Gesellschafter die Gläubiger zu Unrecht, zumal § 28 I 1 HGB nur von einer Haftung der Gesellschaft spreche und sich die Haftungserwartung des Verkehrs nicht darauf erstrecke, den Vorteil einer zusätzlichen persönlichen Einstandspflicht zu erhalten.[121] Danach haften die Gesellschafter von vornherein nicht persönlich nach § 128 S. 1 HGB für die Verbindlichkeiten der Gesellschaft i. S. d. § 28 I 1 HGB.

---

[118] *K. Schmidt,* § 8 II 2a.

[119] BGHZ 157, 361, 364f.; *BGH* NJW 1966, 1917, 1918; 1972, 1466, 1467; Baumbach/Hopt/*Merkt,* § 28 Rn. 5; *K. Schmidt,* § 8 III 2a.

[120] Koller/Kindler/Roth/Drüen/*Roth,* § 28 Rn. 15; *Canaris,* § 7 Rn. 84.

[121] *Canaris,* § 7 Rn. 92 (unverdientes Geschenk an die Gläubiger).

Beispiel: In dem unter Rn. 84 geschilderten Fallbeispiel besteht ein Anspruch des C gegen die persönlich haftenden Gesellschafter A und B auf Zahlung des Kaufpreises nach § 128 S. 1 HGB i. V. m. §§ 433 II BGB, 124 I HGB i. V. m. § 28 I 1 HGB, wenn man die Haftung der Gesellschaft nach § 28 I 1 HGB als Gesellschaftsverbindlichkeit i. S. d. § 128 S. 1 HGB beurteilt.

Ist der Einzelkaufmann Kommanditist und haftet die Gesellschaft nach § 28 I 1 **88** HGB, besteht die Möglichkeit der Enthaftung nach § 28 III HGB i. V. m. § 26 HGB.

2. Übersicht

Die Haftungsverhältnisse bei Eintritt in das Geschäft eines Einzelkaufmanns i. S. d. **89** § 28 I 1 HGB lassen sich wie folgt veranschaulichen:

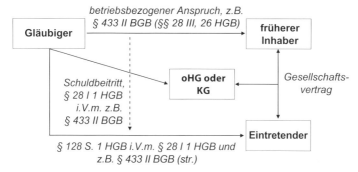

Abbildung 9: Haftung bei Eintritt in das Geschäft eines Einzelkaufmanns
i. S. d. § 28 I 1 HGB

3. Empfangszuständigkeit der Gesellschaft (§ 28 I 2 HGB)

Nach § 28 I 2 HGB gelten die im Betrieb begründeten Forderungen den Schuldnern **90** gegenüber als auf die Gesellschaft übergegangen. Es kommt wie bei § 25 I 2 HGB zum Schuldnerschutz durch eine widerlegliche Vermutung des Forderungsübergangs. Denn die Schuldner können mit befreiender Wirkung auch dann an die Gesellschaft zahlen, wenn die gegen sie gerichteten Forderungen nicht in das Gesellschaftsvermögen übergegangen sind.

§ 6. Stellvertretung im Handelsrecht

A. Grundsätze der Stellvertretung nach Bürgerlichem Recht

I. Begriff

1 Vertretung i. S. d. §§ 164 ff. BGB ist rechtsgeschäftliches Handeln im Namen des Vertretenen. Aktive Vertretung liegt vor, wenn der Vertreter für den Vertretenen eine (eigene) Willenserklärung abgibt. Passive Vertretung ist gegeben, wenn der Vertreter für den Vertretenen eine Willenserklärung entgegennimmt (§ 164 III BGB).

II. Voraussetzungen

2 Für die Vertretung des Kaufmanns im Rechtsverkehr gelten die allgemeinen Vorschriften des BGB (§§ 164 ff. BGB) einschließlich der Grundsätze über die Rechtsscheinvollmacht, sofern sich aus dem HGB nichts anderes ergibt. Nach Bürgerlichem Recht setzt die rechtsgeschäftliche Vertretung eines anderen voraus, dass (1) sie nicht kraft Vertrags oder Gesetzes ausgeschlossen ist, (2) der Vertreter im Namen des Vertretenen auftritt (§ 164 I 1 und 2 BGB) und (3) innerhalb der ihm zustehenden Vertretungsmacht (§ 164 I 1 BGB) handelt.

1. Kein Ausschluss der Stellvertretung kraft Vertrags oder Gesetzes

3 Stellvertretung kommt grundsätzlich bei allen Rechtsgeschäften in Betracht. Sie kann aber kraft Vertrags[1] oder Gesetzes ausgeschlossen sein. Dies gilt insbesondere für höchstpersönliche Rechtsgeschäfte.

Beispiele: Stellvertretung ist kraft Gesetzes ausgeschlossen bei der Eheschließung (§ 1311 BGB), der Errichtung eines Testament (§ 2064 BGB) oder dem Abschluss eines Erbvertrags (§ 2274 BGB).

2. Handeln im Namen des Vertretenen

4 Der Vertreter gibt eine eigene Willenserklärung ab. Doch genügt, da ihn die Wirkungen dieser Willenserklärung nicht treffen, beschränkte Geschäftsfähigkeit (§ 165 BGB). Die vom Vertreter abgegebene eigene Willenserklärung muss aber im Namen des Vertretenen abgegeben sein (Offenkundigkeitsprinzip). Für den Rechtsverkehr soll Klarheit bestehen, wer die andere Partei ist, mit der ggf. ein Vertrag zu Stande kommt. Der Wille, in fremdem Namen zu handeln, kann sich (1) aus einer ausdrücklichen Erklärung oder (2) aus den Umständen ergeben (§ 164 I 2 BGB). Ob sich der Wille, in fremdem Namen zu handeln, aus den Umständen ergibt, ist durch Auslegung unter Zugrundelegung der Interessenlage zu beurteilen. Hierfür sind alle Umstände des Einzelfalls wie früheres Verhalten, Zeit und Ort der Erklärung, die berufliche Stellung der Beteiligten, Art und Inhalt ihrer Werbung etc. zu berücksichtigen. Der innere und unerkannt gebliebene Wille des Vertreters ist unbeachtlich. Es ist zu fragen, wie ein objektiver Erklärungsempfänger (§§ 133, 157 BGB) das Handeln des Vertreters verstehen darf. Bei verbleibendem Zweifel, ob ein Handeln in eigenem Namen oder in fremdem Namen gegeben ist, ist der Vertreter selbst Vertragspartei. Er

---

[1] BGHZ 99, 90, 94.

kann nicht nach § 119 I BGB mit der Begründung anfechten, er habe nicht in eigenem Namen handeln wollen (§ 164 II BGB).[2]

Bei Geschäften, die Unternehmensbezug aufweisen (**unternehmensbezogene Geschäfte),** ist der Wille der Beteiligten im Zweifel darauf gerichtet, dass der Unternehmensträger – vertreten durch den Handelnden – Vertragspartei sein soll, auch wenn der Dritte dessen Identität nicht kennt (Auslegungsregel).[3] Der Wille, im Namen des Unternehmensträgers zu handeln, muss aber ausreichend erkennbar sein. Er kann sich auch aus den Umständen wie dem Ort des Vertragsschlusses, der Zeichnung mit der Firma oder einer für das Unternehmen bestimmten Leistung ergeben. Der Inhalt des Rechtsgeschäfts muss – ggf. i. V. m. dessen Umständen – die Auslegung zulassen, dass ein bestimmter Unternehmensträger berechtigt und verpflichtet sein soll.

Beispiel: Der Angestellte A bringt einen Firmenwagen zur Reparatur.

Der Unternehmensträger ist auch dann aus dem Rechtsgeschäft berechtigt und verpflichtet, wenn der Gegner den Vertreter für den Unternehmensträger hält oder sonst unrichtige Vorstellungen über den Unternehmensträger hat. Bleiben dagegen ernsthafte, nicht auszuräumende Zweifel an der Unternehmensbezogenheit des Geschäfts, greift aus Gründen der Verkehrssicherheit der gesetzliche Auslegungsgrundsatz des Handelns in eigenem Namen (§ 164 II BGB) ein.

Neben die Haftung des Unternehmensträgers kann eine Haftung des Handelnden auf Grund Rechtsscheins treten, wenn er in zurechenbarer Weise den Eindruck erweckt, dass der Unternehmensträger unbeschränkt hafte.[4]

Beispiel: Zeichnung für eine GmbH mit einer Personenfirma ohne GmbH-Zusatz.[5]

Sofern der Unternehmensträger nicht existiert oder dem Handelnden keine Vollmacht erteilt hat, haftet der Handelnde nach § 179 BGB.

3. Vertretungsmacht

Vertretungsmacht kann (a) gesetzlich, (b) rechtsgeschäftlich oder (c) auf Grund Rechtsscheins einer Bevollmächtigung begründet sein.

a) Gesetzliche Vertretungsmacht

Gesetzliche Vertretungsmacht haben z. B. die Organe juristischer Personen (§§ 26 I BGB, 78 I AktG, 35 I GmbHG) und die persönlich haftenden Gesellschafter einer Personenhandelsgesellschaft (§§ 125 I, 161 II HGB). Die Vertretungsmacht der Organe juristischer Personen ist unbeschränkt und mit Ausnahme des Ideal-Vereins (vgl. § 26 I 3 BGB) auch unbeschränkbar (§ 82 I AktG; § 37 II GmbHG). Dasselbe gilt für die vertretungsberechtigten Gesellschafter von Personenhandelsgesellschaften (§§ 126 II, 161 II HGB). Bei der gesetzlichen Vertretung von juristischen Personen oder Personenhandelsgesellschaften handelt es sich um organschaftliche Vertretung.

---

[2] Vgl. dazu *K. Schmidt,* JuS 1987, 425, 427.
[3] BGHZ 91, 148, 152; *BGH* NJW 2000, 2984, 2985.
[4] *BGH* NJW 1998, 2897.
[5] *BGH* NJW 1991, 2627.

b) Rechtsgeschäftliche Vertretungsmacht

aa) Erteilung

11 Die rechtsgeschäftlich erteilte Vertretungsmacht heißt Vollmacht (§ 166 II 1 BGB). Sie wird nach § 167 I BGB durch **(1)** Erklärung gegenüber dem zu Bevollmächtigenden (§ 167 I Alt. 1 BGB; Innenvollmacht) oder **(2)** Erklärung gegenüber dem Dritten, dem gegenüber die Vertretung stattfinden soll (§ 167 I Alt. 2 BGB; Außenvollmacht), erteilt. Dies kann ausdrücklich geschehen.

Beispiel: Aushändigung einer Vollmachtsurkunde.

12 Vollmacht kann aber auch stillschweigend erteilt sein.

Beispiel: Erteilung eines bestimmten Auftrags, dessen Ausführung Vertretungsmacht voraussetzt.

bb) Form

13 Die Bevollmächtigung bedarf grundsätzlich keiner Form (§ 167 II BGB). Gesetzliche Ausnahmen sind etwa in §§ 492 IV, 1484 II, 1945 III BGB, 2 II GmbHG oder § 134 III AktG vorgesehen. Außerdem ist die Vollmacht in der für das Vertretergeschäft vorgeschriebenen Form zu erteilen, wenn die formfreie Bevollmächtigung im Ergebnis zu einer Umgehung der Formvorschriften und deren Schutzzweck (Warnfunktion) führen würde (teleologische Reduktion von § 167 II BGB).

Beispiel: Formbedürftig i. S. d. § 311 b I BGB ist eine *unwiderrufliche* Vollmacht zum Grundstücksverkauf oder -erwerb.[6]

cc) Umfang

14 Der Vollmachtgeber bestimmt den Umfang der Vollmacht. Bei Zweifeln ist er durch Auslegung danach zu ermitteln, wie ein Erklärungsempfänger (§§ 133, 157 BGB) das Verhalten des Vollmachtgebers auffassen darf. Bei einer Innenvollmacht ist die Auffassung des Bevollmächtigten, bei einer Außenvollmacht oder einer zur Vorlage bestimmten Vollmachtsurkunde die Auffassung des Geschäftsgegners maßgeblich.[7] Bei der Auslegung einer Außenvollmacht oder einer Vollmachtsurkunde sind nur die Umstände zu berücksichtigen, die dem Geschäftsgegner bekannt oder erkennbar sind. Die Auslegung hat insbesondere zu berücksichtigen, dass der Umfang einer Vollmacht sich nicht auf so außergewöhnliche Geschäfte bezieht, die der Vollmachtgeber erkennbar nicht gewollt hat.

c) Vertretungsmacht kraft Rechtsscheins

15 Vertretungsmacht kraft Rechtsscheins besteht in den gesetzlich geregelten Fällen des Fortbestands einer Außenvollmacht (§ 170 BGB), der Kundgabe der Bevollmächtigung (§ 171 BGB) und der Aushändigung einer Vollmachtsurkunde (§ 172 BGB). Hinzu kommen die in richterlicher Rechtsfortbildung entwickelten Tatbestände der Duldungs- und Anscheinsvollmacht.

---

[6] BGHZ 132, 119, 124f.; *Köhler,* AT, § 11 Rn. 27.
[7] *BGH* NJW 1991, 3141.

Eine **Duldungsvollmacht** liegt vor, wenn der Vertretene es wissentlich zulässt, dass ein anderer ohne wirksame Bevollmächtigung für ihn wie ein Vertreter auftritt und der Geschäftsgegner dieses Dulden nach Treu und Glauben dahin versteht und auch verstehen darf, dass der als Vertreter Handelnde bevollmächtigt ist.[8] Eine Duldungsvollmacht, die ihrer Rechtsnatur nach eine Rechtsscheinvollmacht darstellt,[9] setzt daher voraus: **(1)** das Fehlen einer wirksamen Bevollmächtigung, **(2)** das Auftreten eines anderen als Vertreter, **(3)** die Setzung eines Rechtsscheins durch wissentliches Dulden des Auftretens eines anderen für ihn als Vertreter, **(4)** die Zurechenbarkeit des Rechtsscheins, **(5)** die Kausalität, d. h. das Vertrauen des Dritten auf den gesetzten Rechtsschein und **(6)** die Gutgläubigkeit des Dritten, d. h. der Dritte kennt das Fehlen einer wirksamen Bevollmächtigung nicht und muss es auch nicht kennen (§ 173 BGB analog).

Eine **Anscheinsvollmacht** ist gegeben, wenn der Vertretene das mit gewisser Häufig-   16
keit oder auf eine gewisse Dauer angelegte Handeln des Scheinvertreters nicht kennt, er es aber bei pflichtgemäßer Sorgfalt hätte erkennen und verhindern können und der andere Teil annehmen darf, der Vertretene dulde und billige das Handeln des Vertreters.[10] Erforderlich ist, wie bei der Duldungsvollmacht, dass der Geschäftsgegner nach Treu und Glauben annehmen darf, der als Vertreter Handelnde sei bevollmächtigt. Voraussetzung dafür ist regelmäßig, dass der Geschäftsgegner die Tatsachen kennt, aus denen sich der Rechtsschein der Bevollmächtigung ergibt. Denn nur dann kommt ein Schutz des Vertrauens auf eine wirksame Bevollmächtigung in Betracht. Eine Anscheinsvollmacht, die ihrer Rechtsnatur nach eine Rechtsscheinvollmacht darstellt, setzt daher voraus: **(1)** das Fehlen einer wirksamen Bevollmächtigung, **(2)** das Handeln des Scheinvertreters mit gewisser Häufigkeit oder auf eine gewisse Dauer (z. B. wiederholte Verwendung überlassener Geschäftspapiere oder Firmenstempel), **(3)** die Setzung eines Rechtsscheins durch Erkennen und Verhindern können des Handelns des Scheinvertreters (Verletzung von Sorgfaltspflichten), **(4)** die Zurechenbarkeit des Rechtsscheins (z. B. nicht bei Geschäftsunfähigkeit), **(5)** die Kausalität, d. h. Vertrauen des Dritten auf den gesetzten Rechtsschein und **(6)** die Gutgläubigkeit des Dritten, d. h., der Dritte kennt das Fehlen einer wirksamen Bevollmächtigung nicht und muss es auch nicht kennen (§ 173 BGB analog). Die Rechtsprechung und Teile des Schrifttums wenden die Grundsätze der Anscheinsvollmacht auch zu Lasten von freiberuflich tätigen Personen[11] und Nichtkaufleuten[12] an. Andere nehmen hingegen außerhalb des Anwendungsbereichs des Handelsrechts lediglich eine Haftung nach §§ 280 I, 311 II, 241 II BGB an.[13] Wieder andere differenzieren zu Recht in der Weise, dass die Vertretungswirkungen einer Anscheinsvollmacht stets gegenüber einem Unternehmer (§ 14 BGB) als Vertretenem eingreifen und bei Nicht-Unternehmern eine Haftung nach §§ 280 I, 311 II, 241 II BGB in Betracht kommt.[14] Die Rechtsprechung gewährt dem Dritten kein Wahlrecht zwischen der Vertretungswirkung auf Grund Anscheins-

---

[8] BGHZ 102, 60, 64; *BGH* NJW 2002, 2325, 2327.
[9] *BGH* NJW 2004, 2745, 2746; *Canaris*, § 14 Rn. 13.
[10] *BGH* NJW 1981, 1727, 1728; 1998, 1854, 1855; NJW 2007, 987 Rn. 25.
[11] *BGH* NJW 1991, 1225; MünchKomm/*Krebs*, Vor § 48 Rn. 58.
[12] *BGH* NJW 1975, 2103; MünchKomm-BGB/*Schubert*, § 167 Rn. 96.
[13] Staudinger/*Schilken*, § 167 Rn. 31.
[14] Koller/Kindler/Roth/Drüen/*Roth*, Vor §§ 48–58 Rn. 8; für Freiberufler und Kleingewerbetreibende auch *Canaris*, § 16 Rn. 18.

vollmacht und §§ 177 ff. BGB.[15] Für ein solches Wahlrecht spricht aber, dass es sich um einen Fall der Rechtsscheinhaftung handelt.[16]

III. Rechtsfolgen

1. Wirkung des Vertreterhandelns für und gegen den Vertretenen

17 Eine Willenserklärung, die jemand innerhalb der ihm zustehenden Vertretungsmacht im Namen des Vertretenen abgibt, wirkt unmittelbar für und gegen den Vertretenen (§ 164 I 1 BGB). Daher treffen allein den Vertretenen und nicht den Vertreter die Folgen des Vertreterhandelns.

2. Haftung des Vertreters

18 Handelt jemand für einen anderen ohne Vertretungsmacht, sind die Rechtsfolgen §§ 177–180 BGB zu entnehmen. Eine Eigenhaftung des bevollmächtigt handelnden Vertreters kann sich aus §§ 280 I, 311 III, 241 II BGB ergeben, so insbesondere dann, wenn er in besonderem Maße Vertrauen für sich in Anspruch nimmt und dadurch die Vertragsverhandlungen oder den Vertragsschluss erheblich beeinflusst (§ 311 III 2 BGB). Für die Annahme einer solchen Eigenhaftung des Vertreters genügt ein nur mittelbares Interesse nicht. Es bedarf vielmehr einer so engen Beziehung zum Vertragsgegenstand, dass der Vertreter gleichsam in eigener Sache tätig ist.[17]

Beispiele: Der Vertreter vermittelt den Eindruck, er werde persönlich mit seiner Sachkunde die ordnungsgemäße Abwicklung des Geschäfts gewährleisten, weil der potenzielle Kunde dem Geschäftsherrn nicht oder nur wenig vertraut. – In der Zusicherung des Verhandlungsführers der Franchisegeberin, im Falle des Scheiterns des Projekts werde die Franchisegeberin das Restaurant übernehmen und weiterführen, „wie sich das für eine große Franchisefamilie gehöre", kann eine haftungsbegründende Inanspruchnahme besonderen persönlichen Vertrauens des Verhandlungsführers liegen.[18]

3. Haftung bei Missbrauch der Vertretungsmacht

a) Grundsatz

19 Das Risiko des Missbrauchs der Vertretungsmacht trägt grundsätzlich der Vertretene. Denn Innenverhältnis zwischen Vertretenem und Vertreter (rechtliches Dürfen) und Außenverhältnis zwischen Vertreter und Drittem (rechtliches Können) sind grundsätzlich voneinander unabhängig.

---

[15] BGHZ 86, 273, 275; 61, 59, 68; MünchKomm-BGB/*Schubert,* § 167 Rn. 140.

[16] Für ein Wahlrecht des Dritten auch MünchKomm/*Krebs,* Vor § 48 Rn. 60; *Canaris,* § 14 Rn. 21.

[17] BGHZ 126, 181, 183 (Sachwalter); *BGH* NJW 1990, 389 (GmbH-Geschäftsführer); NJW-RR 1991, 1241, 1242; 1992, 605, 606; 2006, 109 Rn. 25.

[18] *BGH* NJW-RR 2006, 993 Rn. 18.

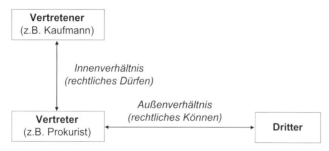

Abbildung 10: Personenverhältnis bei Stellvertretung

Das rechtsgeschäftliche Handeln des Vertreters ist daher grundsätzlich wirksam, auch wenn er Beschränkungen aus dem Innenverhältnis überschreitet.

b) Ausnahmen

Bei Missbrauch der Vertretungsmacht (Überschreitung der Befugnisse aus dem Innen- 20 verhältnis; nicht: Überschreitung der Vertretungsmacht), insbesondere bei Kollusion zwischen Vertreter und Drittem, kommt es zur Durchbrechung der Unabhängigkeit von Innen- und Außenverhältnis.

aa) Kollusion

Bei einvernehmlichem Zusammenwirken von Vertreter und Drittem zum Zwecke der 21 Schädigung des Vertretenen (Kollusion) ist das Vertretergeschäft nichtig nach § 138 I BGB.

bb) Sonstiger Missbrauch der Vertretungsmacht

Die Grundsätze über den sonstigen Missbrauch der Vertretungsmacht setzen **(1)** ein 22 pflichtwidriges Handeln des Vertreters und **(2)** auf der Seite des Dritten voraus, dass er den Missbrauch der Vertretungsmacht kennt oder sich der Missbrauch ihm geradezu aufdrängen muss, weil der Vertreter von seiner Vertretungsmacht in ersichtlich verdächtiger Weise Gebrauch macht.[19] Dem Dritten obliegt aber keine Prüfungspflicht.[20] Der Vertreter muss sich des sonstigen Missbrauchs der Vertretungsmacht nicht bewusst sein.[21]

Bei sonstigem Missbrauch der Vertretungsmacht ist das Rechtsgeschäft nicht nichtig, 23 sondern nach überwiegender Auffassung[22] lediglich schwebend unwirksam nach § 177 BGB analog. Der Vertretene hat danach die Möglichkeit, das Rechtsgeschäft zu genehmigen. Teile der Rechtsprechung[23] gehen demgegenüber, teilweise gestützt auf § 242 BGB, davon aus, dass sich der Dritte nicht auf die Vertretungsmacht des Vertreters berufen darf. Zutreffend erscheint, die Rechtsfolgen eines sonstigen Missbrauchs der Vertretungsmacht in Analogie zu §§ 177 ff. BGB zu bestimmen, da auch der Ein-

---

[19] Ähnlich grober Fahrlässigkeit; vgl. *BGH* NJW 1995, 250, 251; 1994, 2082, 2083: „massive Verdachtsmomente voraussetzende objektive Evidenz".

[20] *BGH* NJW 1994, 2082, 2083.

[21] *BGH* NJW 1988, 3012, 3013.

[22] BGHZ 141, 357, 364; Großkomm/*Joost,* § 50 Rn. 50 f.; MünchKomm-BGB/*Schubert,* § 164 Rn. 227 f.; MünchKomm/*Krebs,* Vor § 48 Rn. 80; Koller/Kindler/Roth/Drüen/*Roth,* § 50 Rn. 14.

[23] BGHZ 50, 112, 114; 113, 315, 320.

wand des Rechtsmissbrauchs nach § 242 BGB zum Fehlen der Vertretungsmacht führt.[24]

24 Der Dritte kann nach der Rechtsprechung zwar gegenüber dem Einwand des Missbrauchs der Vertretungsmacht geltend machen, der Vertretene habe den Missbrauch dadurch ermöglicht, dass er ihm zumutbare Kontrollmaßnahmen gegenüber dem Vertreter unterlassen hat.[25] Der Schutz des Vertretenen entfalle hier ganz oder teilweise nach Treu und Glauben. Der Rechtsgedanke des § 254 BGB, der nur eine besondere Ausprägung des Gedankens von Treu und Glauben sei, führe dazu, dass die nachteiligen Folgen des Geschäfts in einem solchen Fall auf den Vertretenen und den Vertragsgegner nach Maßgabe des auf jeder Seite gegebenen Verschuldens zu verteilen seien. Dabei sei zu beachten, dass der Dritte bei Verdacht des vollmachtswidrigen Handelns des Vertreters die Möglichkeit habe, von dem Geschäft Abstand zu nehmen oder bei dem Vertretenen Rückfragen zu stellen. Umgekehrt könne sich ein beachtlicher Vorwurf gegen den Vertretenen ergeben, wenn er Anlass gehabt habe, gegen seinen Vertreter einzuschreiten. § 254 BGB hat indes nicht Erfüllungsansprüche, sondern Schadensersatzansprüche zum Gegenstand.[26] Außerdem passt diese Regelung bei unteilbaren Leistungen nicht. Auch kann das Vertretergeschäft nur wirksam oder unwirksam sein.[27] Daher ist ein etwaiges Mitverschulden des Vertretenen bei einem Anspruch des Dritten gegen den Vertretenen nach §§ 280 I, 311 II, 241 II BGB zu berücksichtigen.

B. Handelsrechtliche Besonderheiten des Stellvertretungsrechts

I. Zweck

25 Das HGB beschränkt sich darauf, die Regelungen des BGB zur Stellvertretung teilweise zu ergänzen, teilweise zu modifizieren. Das insoweit bestehende Regelungsanliegen des HGB beruht darauf, dass im Handelsrecht ein großes Bedürfnis nach Rechtssicherheit und Verkehrsschutz insbesondere im Hinblick auf den Umfang einer Vollmacht besteht. Der Rechtsverkehr soll nicht lange Nachforschungen nach dem Umfang einer Vertretungsmacht anstellen müssen. Daher enthalten §§ 48 ff. HGB hierzu Sondervorschriften. Es sind dies die Regelungen über die Prokura (§§ 48–53 HGB) und die Handlungsvollmacht (§§ 54–58 HGB). Es geht dabei nicht um organschaftlich, sondern rechtsgeschäftlich begründete Vertretung.

II. Prokura (§§ 48–53 HGB)

1. Rechtsnatur

26 Prokura ist rechtsgeschäftlich erteilte Vertretungsmacht i. S. d. § 167 I BGB (Vollmacht), deren weit reichender Umfang grundsätzlich gesetzlich zwingend festgelegt (typisiert) ist (§§ 49 f. HGB). Wegen des weit reichenden Umfangs der Prokura knüpft das HGB ihre wirksame Erteilung an besondere Voraussetzungen.

---

[24] *Canaris,* § 12 Rn. 41.
[25] BGHZ 50, 112, 114 f.; 64, 79, 85.
[26] *Canaris,* § 12 Rn. 42.
[27] Großkomm/*Joost,* § 50 Rn. 52; Baumbach/Hopt/*Merkt,* § 50 Rn. 6; *K. Schmidt,* § 16 III 4b aa.

2. Erteilung der Prokura (§ 48 HGB)

a) Berechtigte Vollmachtgeber

Nach § 48 I HGB kann nur der Inhaber eines Handelsgeschäfts oder sein gesetzlicher   27
Vertreter Prokura erteilen.

Beispiele: Für einen minderjährigen Inhaber eines Handelsgeschäfts müssen die Eltern bzw. sein Vormund die Prokura mit Genehmigung des Vormundschaftsgerichts erteilen (§§ 1643 I, 1822 Nr. 11, 1831 BGB); andernfalls ist die Erteilung unwirksam. – Für eine AG muss deren Vorstand, für eine GmbH deren Geschäftsführer die Prokura erteilen.

Da Inhaber eines Handelsgeschäfts nur ein Kaufmann sein kann, ist die Erteilung von   28
Prokura allein Kaufleuten vorbehalten. Worauf die Kaufmannseigenschaft beruht, ist
unerheblich. Daher können sich auch gutgläubige Dritte auf den durch einen Scheinkaufmann begründeten Rechtsschein wirksamer Prokuraerteilung berufen.[28] Der Insolvenzverwalter kann trotz des begrenzten Insolvenzzwecks Prokura erteilen, da er das
Unternehmen zwischenzeitlich fortzuführen hat und insbesondere bei einem größeren
Unternehmen auf die Arbeitsteilung mit einem Prokuristen angewiesen sein kann.[29]
Ein Nichtkaufmann kann durch die Erteilung von „Prokura" den Anschein der Kaufmannseigenschaft hervorrufen. Im Hinblick auf die erteilte Vollmacht kommt eine Umdeutung nach § 140 BGB in eine Handlungsvollmacht (§ 54 HGB) in Betracht, sofern
der Nichtkaufmann Kleingewerbetreibender ist. Ist er freiberuflich tätig, scheiden mangels Betreibens eines Gewerbes Prokura und Handlungsvollmacht aus und ist die Umdeutung in eine bürgerlich-rechtliche Bevollmächtigung in Betracht zu ziehen.

b) Art und Form

Die Prokuraerteilung hat „mittels ausdrücklicher Erklärung" zu erfolgen. Die Worte   29
Prokura oder Prokurist sind nicht erforderlich. Es genügt die Ermächtigung zur Zeichnung „ppa.". Ob der Kaufmann die ausdrückliche Erklärung schriftlich oder mündlich abgibt, ist unerheblich. Konkludente Prokuraerteilung, etwa durch Betrauung
mit Geschäften, die Prokura erfordern, ist ausgeschlossen;[30] dasselbe gilt für eine Dul-
dungs- oder Anscheinsprokura. Doch ist in diesen Fällen stets zu prüfen, ob eine sonstige Vollmacht (z. B. Handlungsvollmacht) erteilt ist oder die Grundsätze über die
Duldungs- und Anscheinsvollmacht eingreifen.

Der Inhaber des Handelsgeschäfts oder dessen gesetzlicher Vertreter muss die Prokura   30
persönlich („nur") erteilen. Der Kaufmann kann sich daher bei der Prokuraerteilung
nicht durch einen Bevollmächtigten vertreten lassen.

c) Adressat

Die Prokuraerteilung kann gegenüber dem zu Bevollmächtigenden (§ 167 I Alt. 1   31
BGB) erfolgen. Die Erklärung bedarf als einseitiges Rechtsgeschäft nicht der Annahme
durch den Bevollmächtigten. Prokura kann auch gegenüber einem Dritten (§ 167 I
Alt. 2 BGB) oder durch öffentliche Bekanntmachung (§ 171 BGB) erteilt sein.

---

[28] Großkomm/*Joost,* § 48 Rn. 6; Baumbach/Hopt/*Merkt,* § 48 Rn. 1; differenzierend danach, ob der den
Rechtsschein Setzende nach §§ 2 f. HGB Kaufmann werden könnte, *Canaris,* § 12 Rn. 3.
[29] Koller/Kindler/Roth/Drüen/*Roth,* § 48 Rn. 3; *K. Schmidt,* § 16 III 2 d; **a. A.** *BGH* WM 1958, 430,
431.
[30] Großkomm/*Joost,* § 48 Rn. 57.

Beispiel: Eintragung der Prokura in das Handelsregister und Bekanntmachung; der Eintragungsantrag als solcher genügt hingegen noch nicht.

d) Bevollmächtigte Personen

32 Prokura können nur natürliche Personen, nicht aber juristische Personen erhalten.[31] Denn die Erteilung von Prokura setzt ein besonderes Vertrauensverhältnis zwischen Kaufmann und Prokurist voraus, das nur gegenüber einer natürlichen Person bestehen kann. Dies kommt insbesondere mit dem jederzeitigen Widerrufsrecht des Kaufmanns nach § 52 I HGB und der Unübertragbarkeit der Prokura nach § 52 II HGB zum Ausdruck. Die Organe einer juristischen Person können hingegen wechseln. Dass die natürliche Person in der Geschäftsfähigkeit beschränkt ist, steht nicht entgegen (§ 165 BGB), ihre Geschäftsunfähigkeit hingegen schon. Da Kaufmann und Prokurist verschiedene Personen sein müssen, kann dem Gesellschafter einer juristischen Person, nicht aber dem Vertretungsorgan einer juristischen Person (z. B. Vorstand einer AG) oder Insolvenzverwalter Prokura erteilt werden. Darüber hinaus kann ein nicht vertretungsberechtigter Gesellschafter einer oHG Prokura erhalten, zumal dies insbesondere dann notwendig sein kann, wenn der Gesellschafter durch den Gesellschaftsvertrag von der organschaftlichen Vertretung ausgeschlossen ist (§ 125 I HGB) und er eine weniger weit reichende Vertretungsmacht erhalten soll.[32]

e) Arten von Prokura

aa) Echte Gesamtprokura (§ 48 II HGB)

33 Der Kaufmann kann Prokura zu Gunsten einer Einzelperson, aber auch zu Gunsten mehrerer Personen gemeinschaftlich (§ 48 II HGB; Gesamtprokura) erteilen. Besteht Gesamtprokura, können die bevollmächtigten Personen bei Aktivvertretung, d. h. der Abgabe von Willenserklärungen, nur gemeinschaftlich (nicht notwendig gleichzeitig) mit Wirkung für und gegen den Vertretenen handeln. Sie haben nämlich nur Gesamtvertretungsmacht. Sie können sich aber zur Vornahme bestimmter Geschäfte oder bestimmter Arten von Geschäften ermächtigen (§§ 125 II 2 HGB, 78 IV AktG analog).

Beispiel: Kaufmann A erteilt seinen Angestellten B und C Gesamtprokura. B will von V einen Lkw für das Unternehmen erwerben. C, der nicht mit zu V zwecks Vertragsschlusses fahren will, erklärt gegenüber B, er sei mit dem Kauf des Lkw einverstanden.

34 Handelt ein Gesamtprokurist allein (und ohne Einwilligung oder Bevollmächtigung durch den/die anderen Gesamtprokuristen), gilt § 177 BGB. Die Genehmigung kann entweder durch den Kaufmann selbst oder den/die anderen Gesamtprokuristen erfolgen.

Beispiel: Kaufmann A erteilt seinen Angestellten B und C Gesamtprokura. B erwirbt von V einen Lkw für das Unternehmen, ohne dass C daran beteiligt ist. C erklärt gegenüber B, nachdem ihn dieser über den Kauf des Lkw unterrichtet hat, er sei mit dem Kauf einverstanden.

35 Bei Wegfall der übrigen Gesamtprokuristen erstarkt die Gesamtprokura des verbleibenden Prokuristen nicht zur Einzelprokura, so dass der verbleibende Prokurist den Kaufmann nicht allein aktiv vertreten kann. Bei Passivvertretung genügt hingegen stets die Entgegennahme der Willenserklärung (z. B. Anfechtungserklärung) durch

---

[31] *Canaris,* § 12 Rn. 6; *K. Schmidt,* § 16 III 2 b.
[32] BGHZ 30, 391, 397.

einen der Gesamtprokuristen (§§ 125 II 3, III 2 HGB, 26 II 2 BGB, 78 II 2 AktG, 35 II 2 GmbHG analog).

bb) Unechte Gesamtprokura

Unechte oder gemischte Gesamtprokura liegt vor, wenn ein Prokurist den Kaufmann nur zusammen mit einer Person vertreten darf, deren Vertretungsmacht auf einer anderen Rechtsgrundlage beruht.   **36**

Beispiel: Nicht alleinvertretungsberechtigter Gesellschafter einer oHG.

Für den Umfang der Prokura gilt dann nicht § 49 HGB, sondern die Regelung für das Organ.[33] Infolge dieser Erlangung organschaftlicher Vertretungsmacht kommt es zu einer Erweiterung der Vertretungsmacht des Prokuristen, da er andernfalls die ihm obliegenden Aufgaben nicht durchführen kann. In dem Erfordernis der Mitwirkung einer anderen Person liegt hingegen eine Einschränkung der Vertretungsmacht des Prokuristen. Eine solche Einschränkung ist in analoger Anwendung von §§ 48 II HGB, 125 III HGB, 78 III AktG entgegen § 50 I HGB zulässig. Sie besteht auch für Geschäfte, die vom Umfang der Vertretungsmacht des Prokuristen nach § 49 HGB erfasst sind.[34] Die Vertretungsmacht des Prokuristen darf hingegen bei einem Einzelkaufmann nicht von der Zustimmung des Kaufmanns,[35] bei einer Gesellschaft nicht von der Zustimmung des einzigen vertretungsberechtigten Organs oder aller gesamtvertretungsberechtigten Organe einer Gesellschaft[36] abhängig sein. Denn niemand kann sich selbst vertreten. In diesen Gestaltungen läge eine Umgehung der Unbeschränkbarkeit der Prokura nach § 50 II HGB. Die Vertretungsmacht des Prokuristen darf außerdem nicht an die Zustimmung einer selbst nicht vertretungsberechtigten Person (z. B. nicht vertretungsberechtigter Gesellschafter wie Kommanditist nach § 170 HGB oder außenstehender Dritter) gebunden sein.[37] Dasselbe gilt für die Bindung des Prokuristen an die Zustimmung eines Handlungsbevollmächtigten, da der Umfang der Handlungsvollmacht gegenüber der Prokura geringer ist.[38] Ist ein Mitwirkungserfordernis unzulässig, liegt eine nach § 50 I HGB im Außenverhältnis unwirksame Beschränkung der Prokura vor. Im Innenverhältnis ist die Gestaltung hingegen wirksam. Ist umgekehrt ein Vertretungsorgan einer Gesellschaft wie ein persönlich haftender Gesellschafter einer oHG nur gemeinsam mit einem Prokuristen zur Vertretung berechtigt, ist dies nur zulässig, wenn andere Gesellschafter die Gesellschaft ohne die Mitwirkung des Prokuristen vertreten können. Denn nur dann ist der Grundsatz der Selbstorganschaft gewahrt.   **37**

cc) Halbseitige Gesamtprokura

Bei einer halbseitigen Gesamtprokura kann eine vertretungsberechtigte Person (z. B. Prokurist) nur zusammen mit einer anderen Person (z. B. Prokurist oder Gesellschaftsorgan) handeln, diese andere Person ist hingegen alleinvertretungsberechtigt. Auch   **38**

---

[33] BGHZ 13, 61, 64; 99, 76, 81; Großkomm/*Joost,* § 48 Rn. 112 ff.; **a. A.** MünchKomm/*Krebs,* § 48 Rn. 90 ff.
[34] *Canaris,* § 12 Rn. 25.
[35] *BayObLG* NJW 1998, 1161, 1162; *Canaris,* § 12 Rn. 29; **a. A.** Großkomm/*Joost,* § 48 Rn. 97.
[36] *Canaris,* § 12 Rn. 30.
[37] *Canaris,* § 12 Rn. 31.
[38] *BGH* BB 1964, 151.

dies ist zulässig, um die Kontrolle der nicht allein vertretungsberechtigten Person nach außen erkennbar zu machen.[39]

f) Anfechtung

39 Die Anfechtung der Prokuraerteilung ist grundsätzlich zulässig; es gelten dann §§ 177 ff. BGB. Dies gilt auch, wenn der Prokurist bereits namens des Kaufmanns Rechtsgeschäfte abgeschlossen hat.[40] Der notwendige Drittschutz ist durch §§ 170 ff. BGB, § 15 III HGB und die Grundsätze über die Duldungs- und Anscheinsvollmacht gewährleistet.

g) Umdeutung

40 Ist nicht wirksam Prokura erteilt, kommt die Umdeutung in eine Vollmacht i. S. d. § 167 BGB oder i. S. d. § 54 HGB in Betracht.

Beispiel: Prokurist A erteilt zu Gunsten von B Prokura. Die Prokuraerteilung ist, da sie nicht durch den Kaufmann oder dessen gesetzlichen Vertreter persönlich erfolgt, unwirksam. Doch kommt eine Umdeutung in Betracht.

h) Eintragung und Bekanntmachung

41 Die Erteilung der Prokura ist in das Handelsregister einzutragen und bekannt zu machen (§ 53 I 1 HGB). Dies gilt auch für die reine Gesamtprokura (§ 53 I 2 HGB). Unterbleiben Eintragung oder Bekanntmachung, kommt § 15 I HGB in Betracht. Allerdings sind Eintragung und Bekanntmachung für die Entstehung der Prokura nur deklaratorisch und daher ohne Einfluss auf die Wirksamkeit der Prokura.

3. Umfang der Prokura (§§ 49, 50 HGB)

a) Zusammenhang mit Betrieb eines Handelsgewerbes

42 Der Umfang der Vertretungsmacht des Prokuristen ist auf Grund des im Handelsverkehr erhöhten Bedürfnisses nach Rechtssicherheit und Verkehrsschutz gesetzlich zwingend festgelegt (§ 49 HGB). Danach erstreckt sich die Prokura auf „alle Arten von gerichtlichen und außergerichtlichen Geschäften und Rechtshandlungen, die der Betrieb eines Handelsgewerbes mit sich bringt" (§ 49 I HGB).

Beispiele: Einstellung von Personal; Vornahme von Käufen und Verkäufen; Kreditaufnahme; Errichtung und Schließung von Niederlassungen; Führung von Zivilprozessen; Erwerb von Beteiligungen.

43 Die Formulierung (irgend-)„**eines**" Handelsgewerbes stellt klar, dass der Prokurist auch wirksam Geschäfte vornehmen kann, die nicht zum typischen Kreis der Geschäfte des konkreten Gewerbebetriebs gehören. Der Prokurist kann den Kaufmann daher auch bei außergewöhnlichen oder branchenfremden Geschäften wirksam vertreten. Der Unternehmensgegenstand bildet keine Schranke.

Beispiel: Der Prokurist einer Bauunternehmung bestellt 2000 Zahnbürsten.

44 Ausgenommen von der Vertretungsmacht des Prokuristen sind die Veräußerung und Belastung von Grundstücken, sofern dies nicht besonders gestattet ist (§ 49 II HGB).

---

[39] BGHZ 62, 166, 170 ff.; Großkomm/*Joost,* § 48 Rn. 94; *Canaris,* § 12 Rn. 28; *K. Schmidt,* § 16 III 3c cc ddd.
[40] Koller/Kindler/Roth/Drüen/*Roth,* § 48 Rn. 10; Palandt/*Ellenberger,* § 167 Rn. 3.

§ 49 II HGB betrifft dem Wortlaut nach nur das Verfügungsgeschäft. Doch ist § 49 II HGB in teleologischer Extension auch auf das Verpflichtungsgeschäft zu erstrecken.[41] Denn § 49 II HGB soll das Grundstücksvermögen des Kaufmanns erhalten. § 49 II HGB erfasst hingegen nicht die Verpachtung oder Vermietung eines Grundstücks des Kaufmanns durch einen Prokuristen. Nicht unter § 49 II HGB fällt außerdem der Erwerb von Grundstücken oder die Verfügung über schon bestehende Grundpfandrechte (z. B. Abtretung einer Eigentümergrundschuld). Auf Grund teleologischer Reduktion von § 49 II HGB darf der Prokurist ein von ihm erworbenes Grundstück etwa zur Sicherung des Kaufpreisanspruchs mit einem Grundpfandrecht belasten.[42] Denn der Prokurist erwirbt hier lediglich ein belastetes Grundstück.

Ausgenommen von der Vertretungsmacht des Prokuristen sind weiter Grundlagen- 45
geschäfte wie die Einstellung oder Veräußerung des Handelsgeschäfts, die Änderung der Firma, die Änderung des Unternehmensgegenstands, die Verlegung des Unternehmenssitzes[43] oder die Aufnahme von Teilhabern. Denn sie gehören nicht zum Handelsgewerbe. Der Prokurist kann den Kaufmann auch nicht in Angelegenheiten seines Privatvermögens vertreten. Denn auch sie gehören nicht zum Handelsgewerbe. Der Prokurist kann schließlich nicht einem Dritten Prokura erteilen oder den Jahresabschluss unterzeichnen (§ 245 HGB), da diese Handlungen von dem Kaufmann persönlich vorzunehmen sind. Das Verbot des Selbstkontrahierens gilt auch für den Prokuristen (§ 181 BGB); eine Befreiung davon ist im Handelsregister einzutragen (§ 53 I 2 HGB analog).

Zur Anmeldung beim Handelsregister ist der Prokurist berechtigt, wenn er für den an- 46
meldungspflichtigen Akt Vertretungsmacht nach § 49 I HGB hat.[44]

b) Unwirksamkeit von Beschränkungen gegenüber Dritten

Zum Schutze Dritter sind Beschränkungen des Umfangs der Prokura jedem Dritten 47
gegenüber, d. h. im Außenverhältnis, unwirksam (§ 50 I, II HGB; Ausnahme: Filialprokura, § 50 III HGB).

Beispiel: Kaufmann A erteilt seinem Angestellten P Prokura, untersagt ihm aber die Aufnahme von Krediten. Nimmt P namens des A Kredit auf, kann sich A nicht auf fehlende Vertretungsmacht des P berufen; er hat lediglich einen Schadensersatzanspruch nach § 280 I BGB gegenüber P.

Eintragung und Bekanntmachung von Beschränkungen der Prokura ändern nichts an 48
der Unwirksamkeit solcher Beschränkungen im Außenverhältnis.

4. Missbrauch der Prokura

a) Tatbestand

Hält sich der Prokurist zwar innerhalb der Grenzen des § 49 HGB (rechtliches Kön- 49
nen), überschreitet er aber die ihm im Innenverhältnis gesetzten Grenzen (rechtliches Dürfen), so ist dies aus Gründen des Verkehrsschutzes für die Wirksamkeit des Geschäfts grundsätzlich ohne Bedeutung (arg. § 50 HGB). Etwas anderes gilt im Fall der

---

[41] Koller/Kindler/Roth/Drüen/*Roth*, § 49 Rn. 7; *Canaris,* § 12 Rn. 17.
[42] *Canaris,* § 12 Rn. 17.
[43] *K. Schmidt,* § 16 III 3 a; **a. A.** Baumbach/Hopt/*Merkt,* § 49 Rn. 2.
[44] BGHZ 116, 190, 194.

Kollusion[45] und des sonstigen Missbrauchs der Prokura (vgl. dazu auch *Lettl,* Fall 8). Ein sonstiger Missbrauch der Prokura hat folgende Voraussetzungen:

aa) Voraussetzungen auf Seiten des Prokuristen

50 **(1) Pflichtwidrigkeit.** Der Prokurist muss pflichtwidrig handeln, d. h. seine Befugnisse aus dem Innenverhältnis zwischen ihm und dem Kaufmann überschreiten.

51 **(2) Unerheblichkeit der Nachteiligkeit des Vertretergeschäfts.** Auf die Nachteiligkeit des Vertretergeschäfts für den Vertretenen kommt es nicht an. Dies gebietet der Verkehrsschutzzweck des § 50 II HGB.[46] Einvernehmliches rechtsgeschäftliches Zusammenwirken von Vertreter und Drittem zur Schädigung des Vertretenen ist bereits nach § 138 I BGB wegen Kollusion nichtig.

52 **(3) Vorsatz des Prokuristen?** Vorsatz des Prokuristen ist nach einer überzeugenden Auffassung nicht erforderlich,[47] da subjektive Elemente für die Schutzwürdigkeit der anderen Vertragspartei unerheblich sind. Nach anderer Auffassung muss der Vertreter bei gesetzlich unbeschränkbarer Vertretungsmacht des Handelsrechts (für Prokura § 50 I HGB; für oHG § 126 II HGB; für AG § 82 I AktG; für GmbH § 37 II GmbHG) hingegen **bewusst** zum Nachteil des Geschäftsinhabers handeln, also vorsätzlich seine Pflichten aus dem Innenverhältnis verletzen.[48] Wegen der Unbeschränkbarkeit der Vertretungsmacht seien nämlich erhöhte Anforderungen an den Missbrauch der Vertretungsmacht z. B. bei Prokura zu stellen, da wegen der gesetzlich typisierten Vollmacht des Handelsrechts ein erhöhter Vertrauensschutz bestehe. Außerdem verwirkliche sich nur bei bewusst nachteiligem Handeln das spezifische Risiko des Einsatzes von Stellvertretern. Letztlich kommt den unterschiedlichen Ansätzen aber regelmäßig keine Bedeutung zu, weil ein bewusstes Handeln zum Nachteil des Vertretenen bei einem evidenten Vollmachtsmissbrauch meist vorliegt.

bb) Voraussetzungen auf Seiten des Dritten

53 Der Dritte kennt den Missbrauch der Prokura oder kennt ihn grob fahrlässig nicht.[49] Notwendig ist hierfür eine massive Verdachtsmomente voraussetzende objektive Evidenz des Missbrauchs.[50] Dieser muss sich also dem Dritten geradezu aufdrängen.

Beispiel: Bauunternehmer K kündigt den Anstellungsvertrag des Prokuristen P. Vor seinem Ausscheiden bestellt P, um sich an K zu rächen, statt – wie bisher üblich – 200 Bleistifte 20 000 Bleistifte bei dem Lieferanten F. Dieser erkennt zwar, dass es sich um eine unsinnige Bestellung handelt, nimmt sie jedoch gleichwohl an und führt sie aus.

54 Die auf einfacher Fahrlässigkeit beruhende Unkenntnis des Dritten vom Missbrauch der Vertretungsmacht schadet wegen des Verkehrsschutzzwecks der §§ 49 I, 50 I und II HGB nicht.[51]

---

[45] Vgl. Rn. 21.
[46] *Canaris,* § 12 Rn. 38; **a. A.** *K. Schmidt,* § 16 III 4b bb.
[47] Baumbach/Hopt/*Merkt,* § 50 Rn. 5; *K. Schmidt,* § 16 III 4b bb.
[48] BGHZ 50, 112, 114; *BGH* NJW 1984, 1461, 1462; 1988, 3012, 3013.
[49] Vgl. *BGH* NJW 1990, 384, 385.
[50] *BGH* DB 2002, 1439, 1440: „ersichtlich verdächtig".
[51] Großkomm/*Joost,* § 50 Rn. 47; Baumbach/Hopt/*Merkt,* § 50 Rn. 5; *K. Schmidt,* § 16 III 4b bb (4).

b) Rechtsfolgen

Zu den Rechtsfolgen des Missbrauchs der Prokura sind die zu den Rechtsfolgen des 55
Missbrauchs der Vertretungsmacht nach Bürgerlichem Recht angestellten Erwägungen entsprechend heranzuziehen.[52]

5. Auftreten des Prokuristen im Rechtsverkehr (§ 51 HGB)

Nach § 51 HGB hat der Prokurist in der Weise zu zeichnen, dass er der Firma seinen 56
Namen mit einem die Prokura andeutenden Zusatz beifügt. Dies soll Rechtsklarheit
schaffen. Die Nichteinhaltung der bloßen Ordnungsvorschrift des § 51 HGB ist aber
ohne Einfluss auf die Wirksamkeit der Willenserklärung des Prokuristen. Eine Willenserklärung des Prokuristen wirkt freilich nur dann für und gegen den Kaufmann,
wenn die Voraussetzungen wirksamer Stellvertretung erfüllt sind. Bei Nichteinhaltung
von § 51 HGB und Nichteingreifen der Grundsätze über unternehmensbezogene Geschäfte[53] kann es an der nach § 164 I BGB erforderlichen Offenkundigkeit fehlen und
der Prokurist selbst aus dem Rechtsgeschäft berechtigt und verpflichtet sein.

6. Erlöschen der Prokura (§ 52 HGB)

a) Beendigung des zu Grunde liegenden Rechtsverhältnisses

Nach § 168 S. 1 BGB erlischt die Prokura auch ohne Widerruf, wenn das zu Grunde 57
liegende Rechtsverhältnis endet.

Beispiele: Kündigung des Arbeitsvertrags; Tod des Beauftragten (§ 673 S. 1 BGB).

Bei Anfechtung des der Prokura zu Grunde liegenden Rechtsverhältnisses erlischt die 58
Prokura *ex tunc,* also rückwirkend. Die Grundsätze des fehlerhaften Arbeitsverhältnisses wirken sich insoweit nicht aus.[54]

b) Gründe auf Seiten des Kaufmanns

aa) Widerruf

Mit der Erteilung von Prokura bringt der Kaufmann dem Bevollmächtigten ein hohes 59
Maß an Vertrauen entgegen, da die Prokura umfangreiche Vertretungsmacht einräumt. Dem Kaufmann muss es deshalb jederzeit möglich sein, die Prokura wieder zu
entziehen. Daher ordnet § 52 I HGB an, dass die Prokura ohne Rücksicht auf das der
Erteilung zu Grunde liegende Rechtsverhältnis jederzeit widerrufen werden kann
(auch trotz § 46 Nr. 7 GmbHG). Die einem Kommanditisten als Sonderrecht entgegen § 170 HGB erteilte Prokura kann zwar im Außenverhältnis jederzeit widerrufen
werden, doch bedarf es hierfür im Innenverhältnis eines wichtigen Grundes nach
§§ 117, 127 HGB analog. Der Widerruf setzt eine einseitige, ausdrückliche und formlos mögliche Erklärung gegenüber dem Prokuristen, der Öffentlichkeit oder gegenüber einem Dritten voraus. Mit dem Wirksamwerden des Widerrufs erlischt die Prokura. Der Prokurist hat ab diesem Zeitpunkt keine Vertretungsmacht mehr. Handelt
er gleichwohl im Namen des Kaufmanns, haftet er nach § 179 BGB. Das der Prokuraerteilung zu Grunde liegende Rechtsverhältnis (z. B. Anstellungsvertrag) bleibt vom

---

[52] Vgl. dazu Rn. 23 f.
[53] Vgl. dazu Rn. 5.
[54] Großkomm/*Joost,* § 52 Rn. 29.

Widerruf der Prokura grundsätzlich unberührt. Zu seiner außerordentlichen Kündigung bedarf es eines wichtigen Grundes (z. B. nach § 626 BGB oder § 314 BGB).

bb) Verlust der Kaufmannseigenschaft des Vollmachtgebers

60 Die Prokura erlischt, wenn der vollmachtgebende Kaufmann die Kaufmannseigenschaft verliert. Denn Prokura kann nur ein Kaufmann erteilen. Es kommt aber eine Umdeutung in eine Generalvollmacht[55] in Betracht (§ 140 BGB).

cc) Eröffnung des Insolvenzverfahrens über das Vermögen des Kaufmanns

61 Die Prokura erlischt, wenn das Insolvenzverfahren über das Vermögen des vollmachtgebenden Kaufmanns eröffnet wird, weil damit die Verfügungsbefugnis des Insolvenzschuldners nach § 80 I InsO endet. Daher kommt eine Umdeutung in eine andere Vollmacht nicht in Betracht.

dd) Unternehmensveräußerung

62 Veräußert der Kaufmann sein Unternehmen, erlischt die Prokura, weil sie nach § 52 II HGB nicht übertragbar ist. Außerdem besteht sie nur für das vom Prokura erteilenden Kaufmann betriebene Unternehmen, da sie Ausdruck des besonderen Vertrauens dieses Kaufmanns zu der Person des Prokuristen ist.

ee) Einstellung der Unternehmenstätigkeit

63 Die Einstellung der Unternehmenstätigkeit führt zum Verlust der Kaufmannseigenschaft und damit auch zum Erlöschen der Prokura, da diese den Betrieb eines Gewerbes voraussetzt.

ff) Tod des Kaufmanns

64 Die Prokura erlischt nicht mit dem Tod des vollmachtgebenden Inhabers des Handelsgeschäfts (§ 52 III HGB). Der Prokurist vertritt in diesem Falle die Erben des Kaufmanns.

c) Gründe auf Seiten des Prokuristen

aa) Tod des Prokuristen

65 Da die Prokura nicht übertragbar (§ 52 II HGB) und daher auch nicht vererbbar ist, erlischt die Prokura mit dem Tod des Prokuristen. Denn sie geht nicht auf dessen Erben über.

bb) Entfallen der Personenverschiedenheit von Kaufmann und Prokurist

66 Die Prokura erlischt, wenn die Personenverschiedenheit von Kaufmann und Prokurist entfällt.

Beispiel: Der Prokurist beerbt den Kaufmann.

cc) Niederlegung durch Prokuristen

67 Die Prokura erlischt durch die einseitige Niederlegung der Prokura durch den Prokuristen.[56]

---

[55] *BGH* NJW 1990, 513, 514; Baumbach/Hopt/*Merkt,* § 48 Rn. 1.
[56] Denkschrift, S. 50.

d) Eintragung und Bekanntmachung

Das Erlöschen der Prokura ist in gleicher Weise wie die Erteilung zur Eintragung an- 68
zumelden (§ 53 II HGB). Eintragung und Bekanntmachung des Erlöschens sind aber
nur deklaratorisch, d. h. ohne Einfluss auf den Wegfall der Vertretungsmacht des Prokuristen. Unterbleiben sie, kann § 15 I HGB eingreifen.

III. Handlungsvollmacht (§ 54 HGB)

1. Normzweck und Rechtsnatur

Handlungsvollmacht ist rechtsgeschäftlich erteilte Vertretungsmacht i. S. d. § 167 I 69
BGB (Vollmacht), die nicht Prokura ist. § 54 HGB begründet im Interesse des Rechtsverkehrs an Rechtsklarheit die widerlegliche Vermutung des Umfangs einer solchen
von einem Kaufmann (wirksam nach §§ 167 ff. BGB) erteilten Vollmacht[57] und bezieht sich deshalb nur auf den Rechtsgeschäftsverkehr (nicht: tatsächliches Handeln)
im Außenverhältnis. Davon zu unterscheiden ist der Fall, dass lediglich im Innenverhältnis die Pflicht besteht, bestimmte, an sich von der Vollmacht gedeckte Geschäfte
nicht zu tätigen. Da außerhalb des § 54 II BGB liegende Beschränkungen der Handlungsvollmacht nur dann zu Lasten eines Dritten gelten, wenn er sie kennt oder kennen muss, begründet § 54 HGB in dem – sich durch Umkehrschluss aus § 54 II HGB
ergebenden – Umfang der widerleglichen Vermutung der Vollmacht zugleich Gutglaubensschutz. Soweit der Umfang der widerleglichen Vermutung des § 54 HGB
über den Umfang der tatsächlich erteilten Handlungsvollmacht hinausgeht, begründet
§ 54 HGB eine Rechtsscheinhaftung des Vollmachtgebers.[58] § 54 HGB ist als Beweis-
lastverteilung bei unübersichtlichen Vertretungsverhältnissen von großer Bedeutung.

2. Abgrenzung von Prokura

Der wesentliche Unterschied zwischen Handlungsvollmacht und Prokura besteht 70
darin, dass Handlungsvollmacht anders als Prokura nicht ausdrücklich und nicht
vom Geschäftsinhaber oder von dessen gesetzlichem Vertreter selbst erteilt sein muss,
in ihrem Umfang weniger weit reicht und grundsätzlich beschränkbar ist. Da sie außerdem nicht in das Handelsregister einzutragen ist, kommt § 15 HGB nicht zur Anwendung. Darüber hinaus kann Handlungsvollmacht anders als Prokura (§ 52 I
HGB) unwiderruflich ausgestaltet sein; das Recht zum Widerruf aus wichtigem
Grund bleibt dem Geschäftsinhaber aber auch bei unwiderruflich gestalteter Handlungsvollmacht erhalten. Außerdem ist Handlungsvollmacht im Gegensatz zur Prokura (§ 52 II HGB) übertragbar (§ 58 HGB).

3. Erteilung der Handlungsvollmacht

a) Art und Form

Es muss wirksam Handlungsvollmacht erteilt sein. Hierfür gelten allein die Grund- 71
sätze des BGB, da § 54 HGB nur eine widerlegliche Vermutung über den Umfang
einer solchen Vollmacht begründet. Die Erteilung von Handlungsvollmacht kann
daher grundsätzlich formlos (§ 167 II BGB) und konkludent erfolgen. Handlungsvollmacht kann auch auf Grund der Umdeutung (§ 140 BGB) einer unwirksamen

---

[57] Koller/Kindler/Roth/Drüen/*Roth*, § 54 Rn. 2.
[58] Großkomm/*Joost*, § 54 Rn. 3, 70; *Canaris*, § 13 Rn. 11.

Prokura oder Generalvollmacht vorliegen. Sie kann sich darüber hinaus nach allgemeinen Rechtsscheingrundsätzen, insbesondere Duldungs- und Anscheinsvollmacht, ergeben. Erhält eine Person in der betrieblichen Organisation eine Stellung, bei der der Verkehr typischerweise auf eine Bevollmächtigung schließen darf, so liegt darin nicht notwendig eine konkludente Erteilung von Handlungsvollmacht, wohl aber eine auch auf §§ 55 IV, 56 HGB, 370 BGB zu stützende Duldungs- oder Anscheinsvollmacht.[59]

Beispiel: Stellung als Einkaufsleiter eines Unternehmens.

b) Vollmachtgeber

72 Auf Grund der Anknüpfung von § 54 HGB an den Begriff des Handelsgewerbes muss der Vollmachtgeber Kaufmann i. S. d. §§ 1 ff. HGB sein. Doch ist § 54 HGB wegen des von § 54 HGB bezweckten Verkehrsschutzes auf Kleingewerbetreibende analog anzuwenden.[60]

c) Bevollmächtigter

73 Handlungsvollmacht kann einer natürlichen Person erteilt sein, auch wenn diese beschränkt geschäftsfähig (§ 165 BGB) oder gar geschäftsunfähig (Umkehrschluss aus §§ 6 II 1 GmbHG, 76 III 1 AktG) ist.[61] Darüber hinaus kann juristischen Personen Handlungsvollmacht erteilt sein, da diese Vollmacht anders als Prokura kein besonderes Vertrauensverhältnis voraussetzt.[62] § 54 HGB fordert nicht, dass der Bevollmächtigte organisatorisch in das Unternehmen des Vollmachtgebers eingebunden ist.[63]

d) Personenverschiedenheit von Vollmachtgeber und Bevollmächtigtem

74 Vollmachtgeber und Bevollmächtigter müssen personenverschieden sein.[64]

e) Anfechtung

75 Die Anfechtung einer Handlungsvollmacht wegen Irrtums über ihren Umfang kommt nicht in Betracht, da der Normzweck des § 54 HGB auf eine Typisierung des Umfangs der Vertretungsmacht zum Schutz des Rechtsverkehrs gerichtet ist, § 54 HGB lediglich eine widerlegbare Vermutung begründet und außerdem § 54 III HGB entgegensteht.[65]

4. Umfang der Handlungsvollmacht

a) Maßgeblichkeit der Vollmachtart

76 Der Umfang einer Handlungsvollmacht richtet sich nach der Art der erteilten Vollmacht. Hat der Vollmachtgeber hierzu keine ausdrückliche Bestimmung getroffen, ist

---

[59] *BGH* NJW 1990, 513, 514; **a. A.** Baumbach/Hopt/*Merkt,* § 54 Rn. 4 (i. d. R. echte Handlungsvollmacht).

[60] MünchKomm/*Krebs,* § 54 Rn. 6; Baumbach/Hopt/*Merkt,* § 54 Rn. 6; Koller/Kindler/Roth/Drüen/ *Roth,* § 54 Rn. 4; *Canaris,* § 13 Rn. 33 (für kaufmannsähnliche Personen); *K. Schmidt,* § 16 IV 2a aa; **a. A.** Großkomm/*Joost,* § 54 Rn. 12.

[61] Koller/Kindler/Roth/Drüen/*Roth,* § 54 Rn. 5.

[62] Baumbach/Hopt/*Merkt,* § 54 Rn. 7; *K. Schmidt,* § 16 IV 1a; **str.**

[63] Denkschrift, S. 50; Großkomm/*Joost,* § 54 Rn. 9f.; **a. A.** Koller/Kindler/Roth/Drüen/*Roth,* § 54 Rn. 1; *K. Schmidt,* § 16 IV 1a (Umkehrschluss aus § 55 HGB).

[64] Vgl. dazu für die Prokura schon Rn. 32.

[65] Baumbach/Hopt/*Merkt,* § 54 Rn. 10; Koller/Kindler/Roth/Drüen/*Roth,* § 54 Rn. 6.

die Art der Vollmacht durch Auslegung zu ermitteln. Die Art der Vollmacht kann sich auch nach allgemeinen Rechtsscheingrundsätzen, insbesondere Duldungs- und Anscheinsvollmacht, ergeben.

b) Arten von Handlungsvollmacht

aa) Generalhandlungsvollmacht (§ 54 I Alt. 1 HGB)

Handlungsvollmacht kann darauf gerichtet sein, dass der Bevollmächtigte „zum Betrieb eines Handelsgewerbes ermächtigt" ist (§ 54 I Alt. 1 HGB); er darf dann Geschäfte und Rechtshandlungen vornehmen, die der Betrieb eines derartigen Handelsgewerbes gewöhnlich mit sich bringt. Diese durch die Tatbestandsmerkmale „derartiges Handelsgeschäft" und „gewöhnlich" in ihrem Umfang eingeschränkte Generalhandlungsvollmacht ist insoweit enger als Prokura, als der Umfang von Prokura sich auf den Betrieb irgendeines Handelsgewerbes erstreckt. 77

Beispiel: Die Generalhandlungsvollmacht für eine Bauunternehmung erstreckt sich auf alle Geschäfte, die – wie der Kauf eines Baggers – mit dem Betrieb der Bauunternehmung zusammenhängen.

Der Generalhandlungsbevollmächtigte hat daher keine Vertretungsmacht für Geschäfte, die aus dem üblichen Rahmen fallen. Ob dies der Fall ist, bestimmt sich insbesondere nach den Verhältnissen in der jeweiligen Branche, nach Art und Größe des Unternehmens, für das der Handlungsbevollmächtigte tätig ist und der Eigenart des betreffenden Geschäfts (z. B. finanzielle Größenordnung). Die Generalhandlungsvollmacht erstreckt sich daher insbesondere nicht auf branchenfremde Geschäfte. 78

Beispiele: Der Generalhandlungsbevollmächtigte eines Textilgeschäfts hat keine Vertretungsmacht zur Bestellung von 1000 Kisten Wein. Auch der Forderungsverzicht gegenüber Schuldnern liegt regelmäßig nicht im üblichen Rahmen eines Handelsgewerbes.

Von der Generalhandlungsvollmacht ist die Generalvollmacht[66] zu unterscheiden. Insoweit ist auf §§ 167 ff. BGB zurückzugreifen. Eine Generalvollmacht kann sich insbesondere auch auf außergewöhnliche Geschäfte erstrecken. 79

bb) Arthandlungsvollmacht (§ 54 I Alt. 2 HGB)

Handlungsvollmacht i. S. d. § 54 I Alt. 2 HGB ist beschränkt auf „die Vornahme einer bestimmten zu einem Handelsgewerbe gehörigen Art von Geschäften" (Arthandlungsvollmacht). 80

Beispiele: Vollmacht für den Einkauf von Rohstoffen oder die Anstellung von Personal.

Der Arthandlungsbevollmächtigte darf nur solche Geschäfte vornehmen, die die Vornahme *derartiger* Geschäfte *gewöhnlich* mit sich bringt. 81

cc) Spezialhandlungsvollmacht (§ 54 I Alt. 3 HGB)

Handlungsvollmacht i. S. d. § 54 I Alt. 3 HGB ist auf einzelne Geschäfte, die zu einem Handelsgewerbe gehören, beschränkt (Spezialhandlungsvollmacht). 82

Beispiele: Vollmacht für die Zeit der Messe oder für den Erwerb bestimmter Gegenstände auf einer Auktion.

---

[66] Vgl. dazu Rn. 110.

83 Der Spezialhandlungsbevollmächtigte darf nur solche Geschäfte vornehmen, die die Vornahme *derartiger* Geschäfte *gewöhnlich* mit sich bringt. Davon zu unterscheiden ist die Spezialvollmacht (BGB), die auf die Vornahme eines einzigen Geschäfts beschränkt ist. Insoweit ist auf §§ 167 ff. BGB zurückzugreifen.

c) Gesamthandlungsvollmacht

84 Die einzelnen Arten von Handlungsvollmacht können auch als Gesamthandlungsvollmacht an zwei oder mehrere Personen erteilt sein.

Beispiel: A und B sind nur gemeinsam befugt, Kaufmann C auf Grund Handlungsvollmacht zu vertreten.

d) Ausnahme bestimmter Rechtsgeschäfte und Rechtshandlungen (§ 54 II HGB)

85 Bestimmte Rechtsgeschäfte und Rechtshandlungen wie die Veräußerung und Belastung von Grundstücken, die Eingehung von Wechselverbindlichkeiten, die Aufnahme von Darlehen und die Führung von Prozessen sind nicht von einer Handlungsvollmacht gedeckt, sofern keine besondere Erlaubnis hierzu erteilt ist (§ 54 II HGB). Zwar bezieht sich der Wortlaut des § 54 II HGB lediglich auf das jeweilige Verfügungsgeschäft, doch ist wie bei § 49 II HGB[67] eine teleologische Extension auf das jeweilige Verpflichtungsgeschäft geboten.[68] Eine analoge Anwendung von § 54 II HGB auf andere, in gleicher Weise gefährliche Geschäfte (z. B. Bürgschaft oder Kreditgeschäft, das nicht Darlehen ist) kommt nicht in Betracht.[69] Eine Generalvollmacht[70] ist an die Beschränkungen des § 54 II HGB nicht gebunden.

86 Handlungsvollmacht ist beschränkt auf Geschäfte mit Bezug zu einem Handelsgewerbe. Sie erstreckt sich daher nicht auf Geschäfte, die dem privaten Lebensbereich des Vollmachtgebers zuzurechnen sind. Insoweit ist auf §§ 167 ff. BGB zurückzugreifen. Handlungsvollmacht erstreckt sich außerdem nicht auf Grundlagengeschäfte.[71]

e) Schutz Dritter bei weiter gehenden Beschränkungen
aa) Beschränkung

87 Es steht dem Vollmachtgeber frei, eine Handlungsvollmacht gegenüber dem nach § 54 I HGB widerleglich zu vermutenden Umfang zu beschränken.

Beispiel: Ausschluss der Ausstellung von Schecks.

88 § 54 I HGB ermöglicht daher Handlungsvollmachten mit unterschiedlichem Inhalt und Umfang. Solche Beschränkungen der Handlungsvollmacht selbst braucht ein Dritter nur dann gegen sich gelten zu lassen, wenn er sie kannte oder kennen musste (§ 54 III HGB). Auch darin kommt der Normzweck des § 54 HGB, Verkehrsschutz durch die Begründung einer widerleglichen Vermutung des Umfangs einer erteilten Handlungsvollmacht zu gewährleisten, zum Ausdruck. Kennenmüssen (einfache Fahrlässigkeit; vgl. § 122 II BGB) ist nur gegeben, wenn die Beschränkung nach außen kundgetan ist.[72]

---

[67] Vgl. dazu Rn. 44.
[68] *Canaris,* § 13 Rn. 23.
[69] Baumbach/Hopt/*Merkt*, § 54 Rn. 16.
[70] Vgl. Rn. 110.
[71] Vgl. dazu für die Prokura schon Rn. 45.
[72] *BGH* NJW-RR 2002, 967, 968.

Beispiel: Aushang im Kassenraum.

Der Dritte ist nämlich wegen des Normzwecks von § 54 HGB zu eigenen Nachfor- **89** schungen grundsätzlich nicht verpflichtet.

Keine Beschränkung i. S. d. § 54 III HGB ist hingegen eine Beschränkung des Bevoll- **90** mächtigten im Innenverhältnis (Parallele zu § 50 I HGB).[73] § 54 III HGB erfasst daher nicht die Fälle des Missbrauchs der Vertretungsmacht. Eine Beschränkung i. S. d. § 54 III HGB liegt auch nicht in der Erteilung von Gesamthandlungsvoll- macht. Daher ist der gute Glaube an das Vorliegen von Einzelhandlungsvollmacht nicht geschützt.[74]

bb) Wahlrecht des Dritten

Wegen des Normzwecks von § 54 HGB ist der gutgläubige Dritte berechtigt, sich **91** nach seiner Wahl entweder auf die wahre Rechtslage (§§ 178 f. BGB) oder den guten Glauben an die Vertretungsmacht des Handlungsbevollmächtigten zu berufen.[75]

f) Missbrauch der Handlungsvollmacht

Überschreitet der Handlungsbevollmächtigte (bewusst) die ihm durch die Vollmacht **92** gesetzten Grenzen und weiß der Gegner dies oder bleibt ihm dies grob fahrlässig[76] un- bekannt, so ist das Geschäft nach den Grundsätzen der Kollusion[77] oder des Miss- brauchs der Vertretungsmacht[78] zu beurteilen.

5. Auftreten des Handlungsbevollmächtigten im Rechtsverkehr (§ 57 HGB)

Für das Auftreten des Handlungsbevollmächtigten im Rechtsverkehr ist die Ord- **93** nungsvorschrift des § 57 HGB zu beachten.

6. Erlöschen der Handlungsvollmacht

Für das Erlöschen der Handlungsvollmacht gilt – wie für ihre Erteilung – das BGB. **94** Handlungsvollmacht erlischt daher mit Beendigung des Grundverhältnisses (§ 168 S. 1 BGB), Widerruf (§ 168 S. 2 BGB) sowie in den für das Erlöschen von Prokura genannten Fällen.[79] Erlischt Handlungsvollmacht, besteht die Vertretungsmacht un- ter den Voraussetzungen der §§ 170–173 BGB gleichwohl fort.[80]

IV. Handlungsvollmacht der Abschlussvertreter (§ 55 HGB)

§ 55 I HGB verweist für Handelsvertreter (§ 84 I 1 HGB) und Handlungsgehilfen **95** (§ 59 S. 1 HGB), die damit betraut sind, außerhalb des Betriebes des Prinzipals Ge- schäfte in dessen Namen abzuschließen, auf § 54 HGB. Denn auch bei diesen Perso- nen besteht das Bedürfnis nach Verkehrsschutz im Hinblick auf den Umfang ihrer

---

[73] *BGH* NJW 1982, 1389, 1390; Großkomm/*Joost,* § 54 Rn. 73, 41.

[74] MünchKomm/*Krebs,* § 54 Rn. 22, 42.

[75] Großkomm/*Joost,* § 54 Rn. 77; **a. A.** MünchKomm/*Krebs,* § 54 Rn. 46.

[76] Großkomm/*Joost,* § 54 Rn. 80; *Bork,* JA 1990, 250 f.; **a. A.** *Canaris,* § 13 Rn. 28 (einfache Fahrlässigkeit wegen analoger Anwendung von §§ 54 III HGB, 173 BGB ausreichend).

[77] Vgl. dazu Rn. 21.

[78] Vgl. dazu Rn. 22–24 (allgemein) und Rn. 49–55 (Prokura).

[79] Vgl. dazu Rn. 60–67.

[80] Großkomm/*Joost,* § 54 Rn. 85, 95.

Vertretungsmacht. Die widerlegliche Vermutung der Vertretungsmacht nach § 54 HGB modifiziert § 55 HGB indes für Handelsvertreter und Handlungsgehilfen. So enthält § 55 II und III HGB Ausnahmen von der widerleglich zu vermutenden Vertretungsmacht im Hinblick auf die Änderung geschlossener Verträge und die Annahme von Zahlungen. § 55 IV HGB führt demgegenüber zu einer Erweiterung der Vertretungsmacht im Hinblick auf die Entgegennahme bestimmter Erklärungen wie die Anzeige von Mängeln und die Geltendmachung der dem Prinzipal zustehenden Rechte auf Beweissicherung.

V. Handlungsvollmacht des Ladenangestellten (§ 56 HGB)

1. Normzweck

96 Ladenangestellte haben regelmäßig Arthandlungsvollmacht (§ 54 I Alt. 2 HGB) für die Rechtsgeschäfte, die üblicherweise im Laden anfallen. Für den Fall, dass eine solche Vollmacht nicht oder nicht wirksam erteilt ist, schützt § 56 HGB Dritte, die auf das Bestehen und den Umfang der Vollmacht vertrauen. Anders als § 54 HGB kommt § 56 HGB daher auch Bedeutung für die Erteilung der Vollmacht zu.

2. Rechtsnatur

97 Vollmacht i. S. d. § 56 HGB wird teilweise als rechtsgeschäftliche Bevollmächtigung,[81] Rechtsscheinhaftung,[82] Vermutung des Bestehens einer Bevollmächtigung,[83] Kombination von Vermutung und Rechtsschein[84] oder gesetzliche Vertretungsmacht[85] qualifiziert. Entsprechend seiner systematischen Stellung nach §§ 54, 55 HGB ist § 56 HGB als widerlegliche Vermutung im Hinblick auf Erteilung und Umfang einer Vollmacht bei Ladenangestellten einzuordnen.[86]

3. Voraussetzungen

a) Vollmachtgeber

98 § 56 HGB gilt – als besondere Ausprägung einer Handlungsvollmacht – entgegen seinem Wortlaut nur für Kaufleute. Doch ist wie bei der Handlungsvollmacht eine analoge Anwendung auf Kleingewerbetreibende geboten.

b) Bevollmächtigter

99 Handlungsvollmacht kann einer natürlichen Person erteilt sein, auch wenn diese beschränkt geschäftsfähig (§ 165 BGB) oder gar geschäftsunfähig (Umkehrschluss aus §§ 6 II 1 GmbHG, 76 III 1 AktG) ist.

c) Laden oder offenes Warenlager

100 Unter einem Laden bzw. offenem Warenlager sind Räume zu verstehen, die zum freien Eintritt für das Publikum und zum Abschluss von Geschäften bzw. zur Lagerung von

---

[81] *Flume,* Allgemeiner Teil des BGB, Band 2, 4. Aufl., 1992, § 49, 3.
[82] *Canaris,* § 14 Rn. 5.
[83] *BGH* NJW 1988, 2109, 2110.
[84] Großkomm/*Joost,* § 56 Rn. 7; *K. Schmidt,* § 16 V 2a.
[85] *Th. Honsell,* JA 1984, 17, 22.
[86] Baumbach/Hopt/*Merkt,* § 56 Rn. 4; Koller/Kindler/Roth/Drüen/*Roth,* § 56 Rn. 2; *Canaris,* § 14 Rn. 6.

Waren bestimmt sind. Einer festen Niederlassung oder Dauereinrichtung bedarf es hierfür nicht.

Beispiele: Warenhaus, Ladengeschäft, Messestand; nicht: Fabrik- und Büroräume.

d) Angestellt

Angestellt ist, wer im Laden oder Warenlager mit Wissen und Willen des Geschäfts- **101** inhabers im Hinblick auf Verkäufe und Empfangnahmen (Funktionszuweisung) insbesondere nach dessen Weisungen tätig wird.[87] Dass seine Hauptaufgaben ganz andere sind, ist unerheblich. Nicht von § 56 HGB ist dagegen erfasst, wer ohne Wissen und Willen des Inhabers im Laden oder Warenlager mit dem Publikum verkehrt; in Betracht kommt hier aber eine Anscheinsvollmacht, wenn der Kaufmann das Tätigwerden solcher Personen erkennen und verhindern konnte, nicht hingegen schon allein wegen des Organisationsrisikos des Kaufmanns.

Beispiel: Nimmt ein Angestellter ohne das Wissen und ohne den Willen des Kaufmanns Geschäfte vor, ist der Kaufmann dabei nicht wirksam vertreten.

§ 56 HGB gilt insbesondere nicht für Personen, denen nach dem Willen des Inhabers **102** nicht Verkäufe und Empfangnahmen zugewiesen sind.

Beispiele: Reinigungspersonal; in der Buchführung beschäftigtes Personal. Im Hinblick auf solche Personen kommen nur die Grundsätze über die Duldungs- und Anscheinsvollmacht in Betracht.

Darauf, ob ein Anstellungsvertrag vorliegt, kommt es nicht an. Es kann auch eine **103** reine Gefälligkeit gegeben sein.

e) Verkäufe und Empfangnahmen

§ 56 HGB bezieht sich nur auf Verkäufe und Empfangnahmen. Unter „Verkäufe" fal- **104** len insbesondere Kaufverträge i. S. d. § 433 BGB und die damit zusammenhängenden Rechtshandlungen, bei denen der Geschäftsinhaber als Verkäufer handelt.

Beispiel: Übereignung der Ware.

Der Verkauf muss nicht in den Geschäftsräumen abgeschlossen werden. Es genügt, **105** dass die Vertragsverhandlungen in den Geschäftsräumen stattfinden, der Vertragsschluss selbst hingegen an einem anderen Ort (z. B. Wohnung des Dritten) erfolgt.

Auch andere Vertragstypen (z. B. Werkvertrag, Leasingvertrag) können erfasst sein. **106** § 56 HGB bezieht sich hingegen nicht auf Käufe.[88] Wegen der insoweit unterschiedlichen Interessenlage – eine Vollmacht für den Warenankauf kommt wesentlich seltener vor, so dass es an der erforderlichen Verkehrstypizität fehlt – kommt auch eine analoge Anwendung von § 56 HGB nicht in Betracht.[89]

Zu den Empfangnahmen gehört das Entgegennehmen von Sachen (z. B. bei Waren- **107** rückgabe oder Warenumtausch), Zahlungen (Kaufpreis, Anzahlung, Restzahlung) und Willenserklärungen (z. B. Antrag i. S. d. § 145 BGB; Anfechtung; Widerruf; Rücktritt; Minderung).

---

[87] *BGH* NJW 1975, 2191, 2192; Baumbach/Hopt/*Merkt,* § 56 Rn. 2.
[88] *BGH* NJW 1988, 2109.
[89] *BGH* NJW 1988, 2109, 2110; *Canaris,* § 14 Rn. 8.

Beispiel: Der Ladenangestellte A nimmt, obwohl er dazu im Innenverhältnis nicht berechtigt ist, die Zahlung des Kaufpreises eines Kunden entgegen und quittiert sie. Er liefert das Geld nicht ab. Der Kunde hat gleichwohl mit befreiender Wirkung bezahlt.

f) Gewöhnliche Maßnahme

108 Die Vertretungsmacht des Ladenangestellten ist auf Maßnahmen beschränkt, die „in einem derartigen Laden oder Warenlager gewöhnlich geschehen". Dies ist nach dem Typ des Unternehmens und dem konkreten Inhalt des jeweiligen Geschäfts zu beurteilen. Insoweit unübliche Geschäfte fallen nicht unter § 56 HGB.

Beispiel: Verkauf von Einrichtungsgegenständen in einem Lebensmittelgeschäft.

g) Gutgläubigkeit des Dritten

109 Der Dritte muss gutgläubig sein; § 54 III HGB ist entsprechend anwendbar. An der Gutgläubigkeit des Dritten fehlt es, wenn der Geschäftsinhaber den Rechtsschein der Bevollmächtigung durch einen klaren Hinweis zerstört.

Beispiel: Einrichtung einer besonderen Kasse, an der auf Grund eines klaren und jedermann erkennbaren Hinweises alle Zahlungen zu leisten sind.[90]

VI. Generalvollmacht

110 Ein Kaufmann kann eine Vollmacht nach §§ 167 ff. BGB erteilen, die in ihrem Umfang nach über die Prokura hinausgeht (Generalvollmacht).[91] Sie ist nach h. L. nicht nach § 53 I HGB analog zur Eintragung in das Handelsregister anzumelden.[92] Eine nichtige Generalvollmacht kann in eine General- oder Einzelhandlungsvollmacht (§ 54 HGB) umzudeuten (§ 140 HGB) sein.

Prüfungsschema Stellvertretung und Handelsrecht

Je nach Fallgestaltung kann beim Antrag (§ 145 BGB) oder bei der Annahme (§§ 146 f. BGB) oder bei beiden Willenserklärungen Stellvertretung gegeben sein.
Z. B. Anspruch auf Kaufpreiszahlung nach § 433 II BGB
I. Anspruch entstanden
   1. Vertrag zu Stande gekommen
      a) Antrag (§ 145 BGB)
         aa) keine eigene Willenserklärung einer bestimmten Person
         bb) Willenserklärung durch Stellvertreter (§ 164 I BGB)
            (1) kein höchstpersönliches Rechtsgeschäft
            (2) Handeln im Namen des Vertretenen (ev. unternehmensbezogen)
            (3) Handeln mit Vertretungsmacht
               (a) Prokura (§ 48 ff. HGB)
                  (α) wirksame Erteilung (§ 48 HGB)
                  (β) Umfang (§§ 49, 50 HGB)

---

[90] *BGH* NJW 1988, 2109, 2110.
[91] Vgl. dazu *BGH* NJW 1975, 2191, 2192.
[92] **A. A.** Baumbach/Hopt/*Merkt,* Überbl. v. § 48 Rn. 2; Koller/Kindler/Roth/Drüen/*Roth,* Vor §§ 48–58 Rn. 2.

        (b) Handlungsvollmacht (§ 54 HGB)

        (c) sonstige

   b) Annahme (§§ 146 f. BGB)

     aa) keine eigene Willenserklärung einer bestimmten Person

     bb) Willenserklärung durch Stellvertreter (§ 164 I BGB)

       (1) kein höchstpersönliches Rechtsgeschäft

       (2) Handeln im Namen des Vertretenen (ev. unternehmensbezogen)

       (3) Handeln mit Vertretungsmacht

          (a) Prokura (§§ 48 ff. HGB)

            (α) wirksame Erteilung (§ 48 HGB)

            (β) Umfang (§§ 49, 50 HGB)

          (b) Handlungsvollmacht (§ 54 HGB)

          (c) sonstige

2. Vertrag wirksam

   – kein Missbrauch der Vertretungsmacht

     a) keine Kollusion (§ 138 I BGB)

     b) kein sonstiger Missbrauch der Vertretungsmacht (§ 242 BGB oder §§ 177 ff. BGB; str.)

II. Anspruch nicht erloschen

§ 7. Kaufmännische Geschäftsmittler

A. Überblick

1 Es gibt drei Grundtypen von Vertriebswegen. Der erste Typus besteht im Betrieb eigener Filialen mit eigenen Angestellten (Handlungsgehilfen i. S. d. §§ 59 ff. HGB).

Beispiele: Kreditinstitute; Lebensmittelketten.

2 Der zweite Typus besteht in der strategischen Eingliederung anderer, weit gehend selbständiger, nicht in fester Verbindung mit dem Hersteller stehender Personen in den Vertrieb.

Beispiele: Großhändler; Einzelhändler; Kommissionär; Handelsmakler.

3 Als dritter Typus kommt der Einsatz von rechtlich selbständigen Personen, die ständig mit der anbietenden oder nachfragenden Tätigkeit für ein anderes Unternehmen betraut sind, in Betracht.

Beispiele: Handelsvertreter; Vertragshändler; Franchisenehmer.

4 Die Wahl des Vertriebswegs ist eine strategische Entscheidung. Für diese können die Vertriebskosten, das Marketing, die Kontrolle und die Einflussmöglichkeiten auf die Geschäftsmittler sowie das Wachstumspotenzial von Bedeutung sein. Geschäftsmittler sind Unternehmer, die ein Kaufmann zum Absatz oder Bezug von Waren oder Dienstleistungen einsetzt. Das HGB enthält Regelungen für den Handelsvertreter (§§ 84 ff. HGB), den Handelsmakler (§§ 93 ff. HGB) und den Kommissionär (§§ 383 ff. HGB).[1] In der Wirtschaftspraxis haben sich daneben der Vertragshändler und der Franchisenehmer herausgebildet.

B. Handelsvertreter

I. Vorgaben des Unionsrechts

5 Das Unionsrecht enthält in der Handelsvertreter-Richtlinie 86/653/EWG[2] Vorgaben zur Ausgestaltung des nationalen Handelsvertreterrechts der Mitgliedstaaten. Insoweit gilt das Gebot richtlinienkonformer Auslegung. Der Schutzstandard der Handelsvertreter-Richtlinie 86/653/EWG ist zwingend.[3] Danach erfasst diese Richtlinie auch den Fall, dass der Handelsvertreter in einem Mitgliedstaat (z. B. Deutschland) tätig ist, der Unternehmer seinen Sitz aber in einem Drittstaat (z. B. USA) hat und auf den Vertrag vereinbarungsgemäß das Recht dieses Staates anwendbar ist.

---

[1] Vgl. dazu § 12 Rn. 95 ff.
[2] ABl. EG v. 18.12.1986, Nr. L 382, S. 17.
[3] *EuGH* NJW 2001, 2007 Rn. 21 – Ingmar; EuZW 2006, 341 Rn. 22 – De Zotti.

II. Begriff des Handelsvertreters

Handelsvertreter ist nach § 84 I 1 HGB, wer als selbständiger Gewerbetreibender 6
ständig damit betraut ist, für einen anderen Unternehmer (Unternehmer) Geschäfte
zu vermitteln oder in dessen Namen abzuschließen. Der Begriff des Handelsvertreters
i. S. d. § 84 I 1 HGB ist danach durch folgende Merkmale gekennzeichnet: Ein
(a) selbständiger Gewerbetreibender muss **(b)** mit der Vermittlung oder dem Abschluss von Geschäften (mit Dritten) **(c)** für einen anderen Unternehmer (Unternehmer) **(d)** ständig betraut sein (vgl. dazu auch *Lettl,* Fall 10).

Da auch der Handelsvertreter Unternehmer ist, definiert § 84 I 1 HGB die Person des 7
Auftraggebers des Handelsvertreters durch den Klammerzusatz als Unternehmer. Darf
ein Handelsvertreter vertraglich nicht für weitere Unternehmer tätig sein, handelt es
sich um einen Einfirmenvertreter (§ 92a HGB). Er ist wegen seiner wirtschaftlichen
Abhängigkeit besonders schutzwürdig und aus diesem Grunde vielfach in den Anwendungsbereich arbeitsrechtlicher Vorschriften einbezogen (z. B. § 5 I 2, III 1 ArbGG;
§ 2 S. 2 HS 1 BUrlG). Darüber hinaus unterscheidet das Gesetz zwischen haupt- und
nebenberuflichen Handelsvertretern (§ 92b HGB).

1. Selbständiger Gewerbetreibender

a) Gewerbetreibender

Der Begriff des Gewerbes in § 84 I 1 HGB entspricht dem Gewerbebegriff des § 1 8
HGB.[4] Ein Handelsvertreter ist Kaufmann, wenn er die hierfür erforderlichen Voraussetzungen erfüllt, also etwa ein Handelsgewerbe i. S. d. § 1 HGB betreibt. Aber auch
dann, wenn die Voraussetzungen für die Begründung der Kaufmannseigenschaft nicht
gegeben sind, kommen die §§ 85ff. HGB zur Anwendung (§ 84 IV HGB). Diese Regelungen gelten daher auch für Kleingewerbetreibende. Als Gewerbetreibender ist der
Handelsvertreter stets auch Unternehmer i. S. d. § 14 BGB. Handelsvertreter kann sowohl eine natürliche Person als auch eine juristische Person (z. B. GmbH) als auch eine
Personengesellschaft (z. B. oHG) sein.

b) Selbständigkeit

Der Begriff der Selbständigkeit ist in § 84 I 2 HGB legaldefiniert.[5] Danach ist selb- 9
ständig, wer „im Wesentlichen frei seine Tätigkeit gestalten und seine Arbeitszeit bestimmen kann". Die Art der Tätigkeit ist unerheblich. Ob die von § 84 I 2 HGB
geforderte Freiheit im Hinblick auf Dauer und Zeitpunkt der Tätigkeit, also persönliche (nicht: wirtschaftliche) Selbständigkeit tatsächlich besteht, ist nach dem Gesamtbild des Vertrags und seiner Durchführung, also den Umständen des Einzelfalls zu
beurteilen.

Beispiel: T ist Tankstellenpächter der X-AG. Er vertreibt ständig deren Produkte (Benzin, Diesel, Öl usw.)
im Namen und für Rechnung der X-AG gegen Provision. T ist Handelsvertreter. Die von der X-AG vorgegebenen Öffnungszeiten betreffen nicht die eigene Arbeitszeit des T, wenn dieser seine eigene Arbeitszeit
frei einteilen sowie Zeitpunkt und Dauer seines Urlaubs nach eigenem Ermessen bestimmen kann. Für
eine persönliche Selbständigkeit von T spricht weiter, wenn er über die Anzahl, Auswahl, Einstellung, Entlohnung und Entlassung der Beschäftigten frei entscheiden kann.

---

[4] Vgl. dazu § 2 Rn. 5ff.
[5] Vgl. dazu auch schon beim Begriff des Handelsgewerbes nach § 1 HGB bei § 2 Rn. 7.

10   Besteht keine Selbständigkeit, gilt der Geschäftsmittler als Angestellter (§ 84 II HGB), auf den das Arbeitsrecht anwendbar ist. Diese Fiktion bezweckt eine eindeutige Zuordnung und Abgrenzung vom Arbeitsrecht. Die bloße Bezeichnung als Handelsvertreter begründet nicht die Handelsvertretereigenschaft.

2. Vermittlung oder Abschluss von Geschäften für einen anderen Unternehmer

a) Anderer Unternehmer (Unternehmer)

11   Der andere Unternehmer (Unternehmer) – z. B. Markenhersteller oder Importeur – muss ebenso wenig wie der Handelsvertreter Kaufmann sein. Daher genügt die Tätigkeit für einen Nichtkaufmann,[6] der jedoch Unternehmer i. S. d. § 14 BGB (z. B. Freiberufler) sein muss. Der andere Unternehmer kann ebenso wie der Handelsvertreter sowohl eine natürliche Person als auch eine juristische Person als auch eine Handelsgesellschaft sein.

b) Vermittlung und Abschluss von Geschäften

12   Die Tätigkeit des Handelsvertreters ist auf das Zustandekommen von Rechtsgeschäften zwischen dem Unternehmer und Dritten durch die Einwirkung auf Dritte gerichtet.[7] Dies geht über den bloßen Nachweis einer Gelegenheit zum Geschäftsabschluss (vgl. demgegenüber § 652 I 1 Alt. 1 BGB) und bloße Werbung hinaus. Der Handelsvertreter vermittelt ein Geschäft, wenn dieses unmittelbar zwischen dem Unternehmer und dem Dritten zu Stande kommt (Vermittlungsvertreter). Der Handelsvertreter schließt ein Geschäft ab, wenn dieses zwischen dem Unternehmer und dem Dritten auf Grund der Vertretung des Unternehmers durch den Handelsvertreter i. S. d. § 164 I BGB zu Stande kommt (Abschlussvertreter). Dies setzt **(1)** ein Auftreten im Namen des Unternehmers und **(2)** Vertretungsmacht voraus.

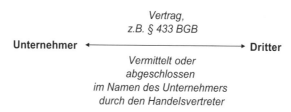

Abbildung 11: Abschlussvertreter

13   Wer Rechtsgeschäfte mit Dritten in eigenem Namen schließt, ist daher nicht Handelsvertreter. In eigenem Namen schließen etwa der Kommissionär, der Vertragshändler und der Franchisenehmer Verträge mit Dritten.

c) Art des Geschäfts

14   Das vom Handelsvertreter für den Unternehmer vermittelte oder abgeschlossene Geschäft kann den Absatz oder den Bezug von Waren oder Dienstleistungen betreffen. Je nachdem ist der Handelsvertreter Absatz- oder Bezugsmittler. Die Art des Geschäfts ist unerheblich.

---

[6] BGHZ 43, 108, 110.
[7] *BGH* NJW 1983, 42; MünchKomm/*Ströbl,* § 84 Rn. 72.

Beispiele: Handelsvertreter kann sein, wer eine Lotto-Annahmestelle betreibt (Losverkauf),[8] Reiseverträge (Reisebüro)[9] vermittelt oder Kapitalanlagen[10] vertreibt (nicht: bloße Beratung).

3. In ständiger Betrauung

Betrauung ist i. S. v. Beauftragung zu verstehen, aus der sich die Pflicht zum Tätig- 15 werden ergibt. Fehlt es daran, kann ein Handelsmaklervertrag bestehen.[11] Ständige Betrauung ist gegeben, wenn die Tätigkeit eine unbestimmte Vielzahl von Geschäftsabschlüssen für den Unternehmer herbeiführen soll, so dass beide Parteien eine Bindung auf Dauer planen.[12] Aus dieser längerfristigen Bindung ergibt sich die besondere Schutzbedürftigkeit des Handelsvertreters.

III. Rechtsnatur

Der Handelsvertretervertrag ist auf eine Geschäftsbesorgung i. S. d. § 675 I BGB mit 16 Dienstvertragscharakter (Pflicht zum Tätigwerden) nach §§ 611 ff. BGB gerichtet.[13] Er stellt auf Grund seiner zeitlichen Ausrichtung („ständige Betrauung") ein Dauerschuldverhältnis dar.

IV. Anwendbares nationales Recht

Für den Handelsvertretervertrag gelten in erster Linie §§ 84–92c HGB. Sie regeln 17 vornehmlich das Innenverhältnis zwischen Handelsvertreter und Unternehmer und nur punktuell Fragen des Außenverhältnisses zwischen Unternehmer und Dritten (§§ 91, 91a HGB). Wegen der Rechtsnatur des Handelsvertretervertrags als Geschäftsbesorgung i. S. d. § 675 I BGB mit Dienstvertragscharakter sind zudem ergänzend §§ 663, 665–670, 672–674 BGB und im Übrigen §§ 611 ff. BGB anzuwenden.

V. Vertragsschluss

1. Wirksamkeitserfordernisse

Für das Zustandekommen und die Wirksamkeit eines Handelsvertretervertrags gelten 18 grundsätzlich die allgemeinen Regelungen des BGB. Ein Handelsvertretervertrag kann danach auch formfrei zu Stande kommen. § 85 HGB steht dem nicht entgegen. Auf Grund der Schutzbedürftigkeit des Handelsvertreters infolge ständiger Betrauung ist eine Abweichung von einigen Regelungen des HGB zum Nachteil des Handelsvertreters ausgeschlossen (§§ 86a III, 87a V, 87c V, 88a I, 89 II, 89b IV, 90a IV, 92a HGB). Vorformulierte Handelsvertreterverträge unterliegen unter den weiteren Voraussetzungen des § 305 I BGB der Kontrolle nach § 307 BGB. Ihr kommt große Bedeutung zu.[14] §§ 305 II, III, 308, 309 BGB sind nicht anwendbar, da Handelsvertreter Unternehmer i. S. d. § 14 BGB sind (§ 310 I 1 BGB).

---

[8] BGHZ 59, 87, 90.
[9] BGHZ 82, 219, 221.
[10] Koller/Kindler/Roth/Drüen/*Roth,* § 84 Rn. 4.
[11] Vgl. dazu Rn. 83–89.
[12] *BGH* NJW 1992, 2818, 2819; *Canaris,* § 15 Rn. 13.
[13] BGHZ 59, 87, 93.
[14] Vgl. etwa *BGH* NJW 2003, 290, 293; NJW 2003, 1241, 1243.

19 Soweit der Handelsvertretervertrag eine Regelung über die Beschränkung der Tätigkeit des Handelsvertreters nach Vertragsbeendigung enthält (Wettbewerbsabrede), bedarf diese der Schriftform (§ 90 a I 1 HGB). Außerdem ist sie nur in bestimmten Grenzen zulässig. Die Wettbewerbsabrede kann nämlich nur für längstens zwei Jahre von der Beendigung des Vertragsverhältnisses an getroffen werden (§ 90 a I 2 HS 1 HGB; zeitliche Grenze). Sie darf sich außerdem nur auf den dem Handelsvertreter zugewiesenen Bezirk oder Kundenkreis und nur auf die Gegenstände erstrecken, hinsichtlich derer sich der Handelsvertreter um die Vermittlung oder den Abschluss von Geschäften für den Unternehmer zu bemühen hat (§ 90 a I 2 HS 2 HGB; räumliche und gegenständliche Grenze). Ein Verstoß gegen § 90 a I 1 oder 2 HGB führt grundsätzlich zur Nichtigkeit der Wettbewerbsabrede nach § 134 BGB i. V. m. § 90 a IV HGB. Im Wege geltungserhaltender Reduktion ist die Vereinbarung jedoch – im Umfang des nach § 90 a I 1 und 2 HGB Zulässigen – wirksam (vgl. auch Art. 20 III der Handelsvertreter-Richtlinie 86/653/EWG).[15] Die Unwirksamkeit der Klausel beschränkt sich daher auf den Umfang der Überschreitung. So tritt an die Stelle einer unzulässig langen Frist die gesetzliche Höchstdauer von zwei Jahren.[16] Weitere rechtliche Grenzen für ein nachvertragliches Wettbewerbsverbot können sich aus §§ 138, 307 BGB, Art. 101 AEUV und § 1 GWB ergeben.

Beispiel: Eine vom Unternehmer als AGB gestellte Klausel „Der Vermögensberater verpflichtet sich, es für die Dauer von zwei Jahren nach Beendigung des Handelsvertreterverhältnisses zu unterlassen, der Gesellschaft Kunden abzuwerben oder dies auch nur zu versuchen" verstößt gegen das Transparenzgebot des § 307 I 1, 2 BGB und ist deshalb unwirksam.[17] Denn das nicht näher konkretisierte Verbot der Kundenabwerbung und die Vereinbarung von nicht näher konkretisiertem Kundenschutz sind nicht bestimmt genug.[18] So ist etwa schon nicht hinreichend klar, ob „Kunden" alle Personen sind, die mit der Gesellschaft in vertraglicher Beziehung stehen, oder nur solche Personen, die solche Verträge auf Grund der dem Handelsvertreter (Vermögensberater) zuzurechnenden Vermittlungtätigkeit abgeschlossen haben.[19] Das Transparenzgebot des § 307 I 1, 2 BGB gilt unabhängig davon, ob die vertragliche Regelung einer Inhaltskontrolle unterliegt (§ 307 III 2 BGB).

2. Rechtsfolgen fehlerhafter Handelsvertreterverträge

20 Ist ein Handelsvertretervertrag – etwa wegen Anfechtung – nichtig, aber in Vollzug gesetzt, nimmt ein Teil des Schrifttums[20] an, dass keine bereicherungsrechtliche Rückabwicklung zu erfolgen habe, sondern der Vertrag lediglich mit Wirkung *ex nunc* auflösbar sei. Der *BGH*[21] schließt sich dem jedenfalls dann an, wenn der Handelsvertreter dem Unternehmer wirtschaftlich und sozial deutlich unterlegen sei, so dass eine ähnliche Schutzbedürftigkeit wie bei einem Arbeitnehmer bestehe. Nach anderer Auffassung ist eine bereicherungsrechtliche Rückabwicklung nicht ausgeschlossen, weil sie eine interessengerechte Lösung ermögliche.[22]

---

[15] BT-Drs. 11/3077, S. 10; BGHZ 195, 207 Rn. 31; Großkomm/*Emde*, § 90 a Rn. 32; Baumbach/Hopt/ *Hopt*, § 90 a Rn. 31; *Köhler*, FS Rittner, 1991, 265, 267.

[16] BGHZ 195, 207 Rn. 32; Oetker/*Busche*, § 90 a Rn. 45.

[17] *BGH* WM 2016, 80 Rn. 19.

[18] *BGH* WM 2016, 80 Rn. 24.

[19] *BGH* WM 2016, 80 Rn. 24.

[20] Koller/Kindler/Roth/Drüen/*Roth*, § 85 Rn. 1, § 86 Rn. 2, § 89 Rn. 1 (differenzierend zwischen Nichtigkeit wegen § 138 BGB und § 134 BGB); Baumbach/Hopt/*Hopt*, § 85 Rn. 1 und § 89 Rn. 5; *Evers*, BB 1992, 1370.

[21] BGHZ 53, 152, 159; 129, 290, 293.

[22] Ausführlich dazu *Canaris*, § 15 Rn. 27 f.

VI. Rechte und Pflichten des Handelsvertreters

1. Verhältnis zum Unternehmer

a) Pflichten des Handelsvertreters

aa) Rechtsgrundlagen

Die Pflichten des Handelsvertreters ergeben sich in erster Linie aus dem Handelsvertretervertrag. Im Übrigen ergeben sich die Pflichten des Handelsvertreters aus §§ 84 ff. HGB und aus den ergänzend anwendbaren §§ 611 ff., 675 BGB. Den Handelsvertreter trifft insbesondere die Pflicht aus § 86 HGB. 21

bb) Tätigkeit

Der Handelsvertreter ist verpflichtet, tätig zu sein. Der Handelsvertreter hat sich nämlich entweder um die Vermittlung (Vermittlungsvertreter; z. B. Versicherungsvertreter) oder den Abschluss von Geschäften (Abschlussvertreter) zu bemühen (§ 86 I HS 1 HGB). Die Vermittlung setzt das Einwirken auf potenzielle Kunden voraus. Die Gewährung der Möglichkeit zum Vertragsschluss kann genügen. 22

Beispiele: Betreiben einer Lotto-Annahmestelle oder einer Tankstelle.

cc) Interessenwahrnehmung

Der Handelsvertreter hat bei Ausübung der geschuldeten Tätigkeit das Interesse des Unternehmers wahrzunehmen (§ 86 I HS 2 HGB). Diese Pflicht bestimmt das Wesen des Handelsvertretervertrags und ist zwingend.[23] Aus ihr ergibt sich i. V. m. § 242 BGB auch ohne eine entsprechende Abrede vor allem die Pflicht des Handelsvertreters zur Unterlassung von Wettbewerb durch Vertriebstätigkeit für Konkurrenzerzeugnisse, es sei denn, dass dies nicht verhältnismäßig ist (gesetzliches Wettbewerbsverbot).[24] Es bedarf also einer Interessenabwägung unter Berücksichtigung des Grundsatzes der Verhältnismäßigkeit. 23

Beispiel: Tankstellenpächter T darf ohne Erlaubnis der X-AG kein Benzin und keine Autoöle von Wettbewerbern vertreiben. In seiner neben der Tankstelle betriebenen Reparaturwerkstatt darf T hingegen die Autoöle von Konkurrenten der X-AG verwenden.[25]

Bei einer Verletzung dieses Wettbewerbsverbots haftet der Handelsvertreter nach § 280 I BGB auf Schadensersatz. Zur Herausgabe des Gewinns ist er nach vorzugswürdiger h. M. nicht verpflichtet, da insbesondere eine analoge Anwendung der §§ 61 I HS 2, 113 I HS 2 HGB nicht in Betracht kommt.[26] Denn der Gesetzgeber hat bewusst keine dem § 61 HGB entsprechende Regelung in das Handelsvertreterrecht aufgenommen. Nach anderer Auffassung[27] ist hingegen der §§ 61 I HS 2, 113 I HS 2 HGB zu Grunde liegende Präventionsgedanke, wonach sich die Verletzung des Wettbewerbsverbots nicht „lohnen" dürfe, jedenfalls bei einer auf Dauer angelegten Zusammenarbeit verallgemeinerungsfähig. Denn hier sei das Risiko von Verstößen ge- 24

---

[23] BGHZ 97, 317, 326; 112, 218, 222.
[24] BGHZ 42, 59, 61; 112, 218, 221 f. – Reisebüro.
[25] *BGH* BB 1968, 60.
[26] *BGH* NJW 1964, 817 f.; ZIP 1996, 1006, 1008; MünchKomm/*Ströbl*, § 86 Rn. 44; **a. A.** Großkomm/ *Emde*, § 86 Rn. 135.
[27] *Canaris*, § 15 Rn. 44.

gen das Wettbewerbsverbot besonders hoch und die Treuebindung besonders intensiv. Für Arbeitnehmer nimmt das *BAG*[28] jedoch zu Recht an, dass das in §§ 60 f. HGB für Handlungsgehilfen geregelte Wettbewerbsverbot während des Arbeitsverhältnisses für alle Arbeitnehmer gilt. Es schützt danach auch Arbeitgeber, die kein Handelsgewerbe betreiben (z. B. Rechtsanwalt) vor Wettbewerbsverstößen von Arbeitnehmern, die keine Handlungsgehilfen sind. Denn § 60 HGB konkretisiert lediglich einen allgemeinen Rechtsgedanken, der seine Grundlage in der Treuepflicht des Arbeitnehmers hat (vgl. auch § 241 II BGB).

25 Eine Verletzung des Wettbewerbsverbots kann den Unternehmer außerdem zur Kündigung des Handelsvertretervertrags aus wichtigem Grund i. S. d. § 89 a I 1 HGB berechtigen.

26 Die Pflicht, Wettbewerb zu unterlassen, endet mit Vertragsbeendigung. Jedoch kann ein nachvertragliches Wettbewerbsverbot vereinbart werden, allerdings nur gegen eine Karenzentschädigung (§ 90 a I 3 HGB).

dd) Benachrichtigung

27 Den Handelsvertreter trifft gegenüber dem Unternehmer eine Benachrichtigungspflicht, namentlich hinsichtlich jeder Geschäftsvermittlung und jedes Geschäftsabschlusses (§ 86 II HGB), aber auch hinsichtlich seiner Tätigkeit als solcher.

Beispiel: Tankstellenpächter T muss monatlich seine Umsätze abrechnen. Er kann insbesondere bei nicht unerheblichem Umsatzrückgang verpflichtet sein, Wochenberichte unter Verwendung vom Unternehmer entworfener Formulare zu erstatten, damit sich der Unternehmer eine einheitlich gestaltete Übersicht über die Marktlage in den einzelnen Absatzgebieten verschaffen kann.

ee) Befolgung von Weisungen des Unternehmers

28 Der Handelsvertreter hat auf Grund der Treuepflicht aus dem Geschäftsbesorgungsvertrag den Weisungen des Unternehmers nachzukommen. § 675 I BGB i. V. m. § 665 BGB setzen ein solches Weisungsrecht als selbstverständlich voraus (vgl. auch Art. 3 I Buchst. c Handelsvertreter-Richtlinie 86/653/EWG). Die Weisungen des Unternehmers müssen auf eine Konkretisierung bestehender Pflichten gerichtet sein. Weisungen des Unternehmers können hingegen keine neuen Pflichten des Handelsvertreters begründen. Weisungen des Unternehmers müssen außerdem angemessen sein (Art. 3 I Buchst. c Handelsvertreter-Richtlinie 86/653/EWG; § 242 BGB). Insbesondere ist die Selbständigkeit des Handelsvertreters zu berücksichtigen, so dass der Unternehmer nicht in den Kernbereich der Entscheidungsfreiheit des Handelsvertreters eingreifen darf.[29] Danach kann sich das Weisungsrecht des Unternehmers etwa auf die Bestimmung des Abnehmerkreises, die Art der Geschäftsabwicklung (z. B. Barzahlung), die Preisgestaltung und den Inhalt der abzuschließenden Verträge, aber auch die Werbung erstrecken.

Beispiel: Die X-AG kann Tankstellenpächter T vorschreiben, die Benzinpreise in bestimmtem Umfang anzuheben oder zu senken. Die X-AG kann gegenüber T außerdem vorgeben, an welchen Abnehmerkreis er sich mit seinen Absatzbemühungen in erster Linie wenden soll.

29 Unter den Voraussetzungen des § 665 BGB kann der Handelsvertreter zur Abweichung von Weisungen nicht nur berechtigt, sondern sogar verpflichtet sein.

---

[28] *Canaris,* § 15 Rn. 44.
[29] *BAG* ZIP 2008, 37, 38.

ff) Wahrung von Geschäfts- und Betriebsgeheimnissen

Den Handelsvertreter trifft die Pflicht, Geschäfts- und Betriebsgeheimnisse des Unternehmers zu wahren (§ 90 HGB). Diese Pflicht besteht auch nach Vertragsbeendigung. **30**

b) Rechte des Handelsvertreters

aa) Abschluss- oder Vermittlungsprovision

(1) Anspruch dem Grunde nach. Der Handelsvertreter hat Anspruch auf Provision **31** für alle während des Vertragsverhältnisses abgeschlossenen Geschäfte, die auf seine Tätigkeit zurückzuführen sind oder mit Dritten abgeschlossen werden, die er als Kunden für Geschäfte der gleichen Art geworben hat (§ 87 I 1 HGB). Die Provision ist die entgeltliche Gegenleistung des Unternehmers für die Tätigkeit des Handelsvertreters. Der Anspruch des Handelsvertreters auf Provision entsteht, sobald und soweit der Unternehmer das Geschäft ausgeführt hat (§ 87a I 1 HGB). Nach § 87a III 2 HGB entfällt der Provisionsanspruch, wenn der Unternehmer das Geschäft nicht ausführt und dies auf vom Unternehmer nicht zu vertretenden Gründen beruht.

Der Anspruch des Handelsvertreters auf Provision setzt danach voraus, dass **(1)** ein **32** Handelsvertretervertrag wirksam zu Stande gekommen ist oder – nach dem Rechtsgedanken von § 87a III HGB – der Unternehmer die Unwirksamkeit des Handelsvertretervertrags zu vertreten hat (z. B. Anfechtung des Handelsvertreters wegen arglistiger Täuschung des Unternehmers i. S. d. § 123 BGB),[30] **(2)** zwischen dem Unternehmer und einem Dritten während des Handelsvertretervertrags (für Geschäfte nach Beendigung des Handelsvertretervertrags vgl. § 87 III HGB) ein Geschäft geschlossen worden ist, das **(3a)** auf die Tätigkeit des Handelsvertreters zurückzuführen ist (§ 87 I 1 Alt. 1 HGB; Kausalität) oder **(3b)** der Handelsvertreter einen Kunden für **Geschäfte der gleichen Art geworben hat (§ 87 I 1 Alt. 2 HGB) oder (3c) die Voraussetzungen des § 87 II 1 HGB** (Ausnahme: § 87 II 2 HGB) gegeben sind, **(4a)** der Unternehmer das Geschäft ausführt (§ 87a I 1 HGB) und der Dritte leistet (§ 87a II HGB) oder **(4b)** der Unternehmer das Geschäft auf Grund von ihm zu vertretender Umstände nicht ausführt (§ 87a III HGB).

Der Unternehmer kann grundsätzlich frei entscheiden, ob er das Geschäft mit dem **33** Dritten schließt oder nicht (**Grundsatz der Ablehnungsfreiheit**). Dies setzt § 86a II 2 HGB, wonach der Unternehmer den Handelsvertreter über eine etwaige Vertragsablehnung unverzüglich zu informieren hat, als selbstverständlich voraus. Doch darf die Ablehnung eines Geschäfts nicht gegen Treu und Glauben (§ 242 BGB) und insbesondere nicht gegen das Verbot widersprüchlichen Verhaltens verstoßen.[31] Der *BGH*[32] fordert für eine Ablehnung des Unternehmers sogar „vernünftige und einleuchtende Gründe". Ein solcher Grund kann insbesondere in einem Wechsel der Geschäftspolitik (z. B. Änderung der Qualität des Produkts) liegen, wobei sich der Unternehmer „nicht willkürlich und ohne einen vertretbaren Grund über die schutzwürdigen Belange seiner Handelsvertreter hinwegsetzen darf".[33]

---

[30] MünchKomm/*Ströbl,* § 87 Rn. 24.
[31] *Canaris,* § 15 Rn. 59.
[32] BGHZ 26, 161, 165.
[33] BGHZ 49, 39, 42; ähnlich BGHZ 58, 140, 145; *BGH* NJW 1959, 1964f.

34 Das Erfordernis der Kausalität i. S. d. § 87 I 1 Alt. 1 HGB bedeutet, dass die Tätigkeit des Handelsvertreters ursächlich für den Geschäftsabschluss ist. Dies ist der Fall, wenn der Handelsvertreter bei einem Dritten den Entschluss zum Abschluss eines Geschäfts hervorruft. An der Kausalität zwischen der Tätigkeit des Handelsvertreters und dem Geschäftsabschluss fehlt es auch in dem Grenzfall nicht, dass der Dritte das Geschäft bereits unabhängig von der Tätigkeit des Handelsvertreters abschließen will und sich zu diesem Zweck an den Handelsvertreter wendet.[34] Andernfalls ergäben sich erhebliche Abgrenzungsschwierigkeiten insbesondere bei Dauerkunden. Beim Abschluss eines Geschäfts durch den Handelsvertreter als Vertreter des Unternehmers nach § 164 I BGB ist stets Kausalität gegeben. Bei der Vermittlung eines Geschäfts, das unmittelbar zwischen Unternehmer und dem Dritten zu Stande kommt, ist sie gesondert festzustellen. Mitursächlichkeit genügt, so dass das Geschäft nicht allein auf Grund der Tätigkeit des Handelsvertreters zu Stande kommen muss. § 87 I 1 Alt. 2 HGB lockert das Kausalitätserfordernis, da es danach genügt, dass der Handelsvertreter den Dritten „als Kunden für Geschäfte der gleichen Art geworben hat". Ist dem Handelsvertreter ein bestimmter Bezirk oder ein bestimmter Kundenkreis zugewiesen, hat er *unabhängig von seiner Mitwirkung* Anspruch auf Provision auf Grund aller Geschäfte, die mit Personen seines Bezirks oder seines Kundenkreises abgeschlossen sind (§ 87 II 1 HGB). Hier bedarf es also der Kausalität zwischen der Tätigkeit des Handelsvertreters und dem Geschäftsabschluss nicht. Der Handelsvertreter hat Anspruch auf Provision auch für Geschäfte, die vor Beendigung des Handelsvertretervertrags vom Unternehmer abgeschlossen, aber erst danach ausgeführt werden (Überhangprovisionen).[35] Denn diese Provisionen sind durch die Tätigkeit des Handelsvertreters während der Vertragslaufzeit erworben.

35 Die grundsätzlich bestehenden Erfordernisse der Ausführung des Geschäfts durch den Unternehmer i. S. d. § 87a I 1 HGB und der Leistung des Dritten i. S. d. § 87a II HGB zeigen die Erfolgsbezogenheit der Tätigkeit des Handelsvertreters. Führt der Unternehmer das Geschäft nicht aus oder ist der Dritte nicht leistungsfähig, geht dies grundsätzlich zu Lasten des Handelsvertreters. Ausführung des Geschäfts (vgl. auch Art. 10 I Handelsvertreter-Richtlinie 86/653/EWG) bedeutet, dass der Dritte die vertraglich geschuldete Leistung (oder ein Erfüllungssurrogat, z. B. eine Leistung an Erfüllungs statt i. S. d. § 364 I BGB) gegenüber dem Unternehmer erbringt und der Leistungserfolg eintritt.[36]

36 Der Wegfall des Provisionsanspruchs nach § 87a II HGB setzt voraus, dass die Nichtleistung des Dritten auf Grund objektiver Kriterien feststeht. Daran fehlt es, wenn es dem Unternehmer zumutbar ist, die Leistungspflicht des Dritten durch Klage und ggf. Zwangsvollstreckung durchzusetzen. Bei Insolvenz des Dritten ist teilweise Nichtleistung des Dritten gegeben. Die Provision berechnet sich hier nach der Insolvenzquote, auch wenn der Unternehmer diese nicht geltend macht.[37] § 87a II HGB ist nicht anwendbar, wenn die Nichtleistung des Dritten darauf zurückzuführen ist, dass der Unternehmer seinerseits das Geschäft nicht ausführt. Ebenso, wenn die Nichtleistung

---

[34] MünchKomm/*Ströbl*, § 87 Rn. 36; Baumbach/Hopt/*Hopt*, § 87 Rn. 15; *K. Schmidt*, § 27 IV 2b; **a. A.** *Canaris*, § 15 Rn. 62.
[35] BGHZ 133, 391, 396.
[36] BGHZ 85, 134, 138.
[37] *BGH* WM 1991, 196, 199.

des Dritten auf Gründen beruht, die der Unternehmer zu vertreten hat. In diesen beiden Fällen ist § 87a III HGB vorrangig.[38]

Der Begriff des Vertretenmüssens i. S. d. § 87a II HGB und § 87a III 2 HGB umfasst nicht nur ein Verschulden des Unternehmers oder seiner Erfüllungsgehilfen i. S. d. §§ 276 I, 278 BGB (Vorsatz; Fahrlässigkeit; Übernahme einer Garantie; Übernahme eines Beschaffungsrisikos), sondern auch dem Unternehmer zurechenbare Risiken. **37**

Beispiele: Mängel der vom Unternehmer gelieferten Sache oder Störung der Geschäftsgrundlage auf Grund eines in der Sphäre des Unternehmers liegenden Grundes; Zustimmung zur Aufhebung des Vertrags ohne rechtliche Verpflichtung, etwa aus Kulanz; Überschreitung der Kapazitäten des Unternehmers; Insolvenz des Unternehmers.

Denn § 87a III HGB soll die Risikobereiche von Unternehmer und Handelsvertreter sach- und interessengerecht voneinander abgrenzen (vgl. auch Art. 11 I Handelsvertreter-Richtlinie 86/653/EWG). Umstände, die aus einer neutralen Sphäre stammen, hat der Unternehmer hingegen nicht zu vertreten i. S. d. § 87a III HGB. **38**

Beispiele: Staatliches Exportverbot; Arbeitskampf.

(2) Höhe des Anspruchs und Abrechnung. Für die Höhe und die periodische Abrechnung der Provision enthalten §§ 87b, 87c HGB Regelungen. Ist die Höhe der Provision nicht bestimmt, so ist der übliche Satz als vereinbart anzusehen (§ 87b I HGB). Nach § 87c I HS 1 HGB hat der Unternehmer über die Provision, auf die der Handelsvertreter Anspruch hat, monatlich abzurechnen. Der Handelsvertreter kann bei der Abrechnung einen Buchauszug über alle Geschäfte verlangen, für die ihm nach § 87 HGB Provision gebührt (§ 87c II HGB). Der Buchauszug dient dem Zweck, dem Handelsvertreter die Möglichkeit zu verschaffen, Klarheit über seine Provisionsansprüche zu gewinnen und die vom Unternehmer erteilte Abrechnung zu überprüfen. Aus diesem Grund muss der Buchauszug eine vollständige, geordnete und übersichtliche Darstellung aller Angaben enthalten, die für die Provision des Handelsvertreters von Bedeutung sind. Deshalb genügt der Unternehmer seiner Verpflichtung zur Erteilung eines Buchauszugs nicht bereits dadurch, dass er dem Handelsvertreter während der Vertragslaufzeit den Zugriff auf ein elektronisches Agenturinformationssystem ermöglicht, das jeweils nur den aktuellen Stand der provisionsrelevanten Daten wiedergibt und aus dem sich ein Gesamtüberblick über den Zeitraum, auf den sich der Buchauszug zu erstrecken hat, allenfalls dadurch gewinnen ließe, dass der Handelsvertreter die nur vorübergehend zugänglichen Daten „fixiert" und sammelt.[39] Zwar kann der Handelsvertreter den Anspruch auf Erteilung eines Buchauszugs nach § 87c HGB nicht mehr geltend machen, wenn er sich mit dem Unternehmer über die Abrechnung der Provision geeinigt hat. Auf ein Einverständnis mit den Provisionsabrechnungen und damit das Anerkenntnis, keine weiteren Ansprüche zu haben, ist im Allgemeinen jedoch nicht aus einer bloßen – selbst jahrelangen – Untätigkeit des Handelsvertreters im Hinblick auf diese Abrechnungen zu schließen. Vielmehr sind an die Annahme eines konkludent erklärten Verzichts grundsätzlich strenge Anforderungen zu stellen. Eine Vereinbarung zwischen Handelsvertreter und Unternehmer, nach der die Provisionsabrechnungen des Unternehmers als anerkannt gelten, wenn der Handelsvertreter **39**

---

[38] *BGH* WM 2008, 923 Rn. 12.
[39] *BGH* WM 2006, 177 Rn. 20.

nicht innerhalb einer bestimmten Frist Widerspruch erhebt, ist wegen Verstoßes gegen die dem Schutz des Handelsvertreters dienenden Vorschriften in §§ 87a V, 87c V HGB unwirksam.[40]

bb) Delkredereprovision

40 Der Handelsvertreter haftet grundsätzlich nicht für die Erfüllung des Vertrags durch den Geschäftsgegner. Der Handelsvertreter kann aber auf Grund der Vertragsfreiheit die Haftung für die Erfüllung des Vertrags durch den Geschäftsgegner mittels besonderer Vereinbarung mit dem Unternehmer übernehmen (Delkredere). Mögliche Rechtsformen hierfür sind z. B. Bürgschaft, Garantie und Schuldbeitritt. Das Geschäft, für das der Handelsvertreter die Delkrederehaftung übernimmt, muss hinreichend bestimmt, also zum Schutz des Handelsvertreters hinreichend eingegrenzt sein (§ 86b I 2 HGB). Auch wenn die Voraussetzungen des § 350 HGB gegeben sind, bedarf die Übernahme der Delkrederehaftung der Schriftform (§ 86b I 3 HGB). Bei Übernahme der Delkrederehaftung hat der Handelsvertreter Anspruch auf Delkredereprovision (§ 86b I 1 HS 1 HGB).

cc) Inkassoprovision

41 Der Handelsvertreter hat Anspruch auf eine Inkassoprovision nach § 87 IV HGB, wenn er auftragsgemäß Forderungen des Unternehmers gegen dessen Kunden einzieht.

dd) Aufwendungsersatz

42 Die Provision gilt die Tätigkeit des Handelsvertreters ab. Daher steht ihm daneben ein Aufwendungsersatzanspruch nur zu, wenn dies handelsüblich ist (§ 87d HGB). Zu den vom Handelsvertreter selbst zu tragenden Aufwendungen gehören sämtliche Kosten des eigenen Betriebs, Kosten für das Aufsuchen (potenzieller) Kunden (z. B. der Einsatz eines Pkw) und übliche Präsentationen (z. B. Bewirtung von Kunden). Für im Ausland übliche Schmiergelder kann unter Umständen ein Ersatzanspruch nach §§ 670, 675 BGB, 87d HGB bestehen.[41]

ee) Mitwirkung des Unternehmers; Benachrichtigung des Handelsvertreters

43 § 86a HGB enthält verschiedene Mitwirkungspflichten des Unternehmers wie die Überlassung von Unterlagen (§ 86a I HGB) und die Mitteilung erforderlicher Nachrichten (§ 86a II 1 HGB) wie die Annahme oder Ablehnung eines Geschäfts (§ 86a II 2 HGB). Diese Pflichten des Unternehmers sind durch berechtigte Geheimhaltungsinteressen des Unternehmers begrenzt.[42]

Beispiel: Der Unternehmer muss den Handelsvertreter grundsätzlich nicht über eigene finanzielle Schwierigkeiten unterrichten.

ff) Ausgleich

44 **(1) Normzweck.** Der Handelsvertreter kann von dem Unternehmer nach Vertragsbeendigung unter den Voraussetzungen des § 89b HGB einen angemessenen Ausgleich verlangen. Darin liegt eine Vergütung für die bereits erbrachte Tätigkeit des

---

[40] *BGH* WM 2006, 177 Rn. 23; MünchKomm/*Ströbl*, § 87c Rn. 95.
[41] BGHZ 94, 268, 272.
[42] *BGH* NJW 1974, 795.

Handelsvertreters, die durch die Provisionen nicht voll abgegolten ist.[43] Dies ist umso mehr gerechtfertigt, als der Unternehmer auch nach Vertragsbeendigung Vorteile aus dem vom Handelsvertreter aufgebauten Kundenstamm ziehen kann, der Handelsvertreter an diesen Vorteilen wegen der Vertragsbeendigung jedoch nicht mehr teilhat. Da der Ausgleichsanspruch nach § 89b HGB auch der sozialen Absicherung des Handelsvertreters dient, hat § 89b HGB einen sozialpolitischen Einschlag,[44] der auch in seinem zwingenden Charakter (§ 89b IV HGB) zum Ausdruck kommt. Grundsätzlich kann § 89b HGB auf andere im Vertrieb tätige Personen entsprechend anwendbar sein, wenn der Zweck dieser Norm wegen der Gleichheit der Interessenlage auch auf ein anderes Vertriebsverhältnis zutrifft.[45]

(2) Voraussetzungen. Der Ausgleichsanspruch nach § 89b I 1 HGB setzt voraus, 45 dass **(a)** der Handelsvertretervertrag beendet ist, **(b)** die in § 89b I 1 Nr. 1–2 HGB genannten Voraussetzungen kumulativ gegeben sind und **(c)** keiner der in § 89b III Nr. 1–3 HGB genannten Ausschlussgründe vorliegt.

(a) Beendigung des Handelsvertretervertrags. Die Beendigung des Handelsvertre- 46 tervertrags i. S. d. § 89b HGB liegt auch dann vor, wenn der Handelsvertreter auf Grund eines nach § 134 BGB nichtigen Handelsvertretervertrags tätig geworden und der Unternehmer wirtschaftlich und sozial überlegen ist.[46] § 89b HGB ist nach überwiegender Auffassung außerdem dann anwendbar, wenn der Handelsvertretervertrag fehlerhaft und damit nichtig, aber in Vollzug gesetzt und gekündigt ist. Denn ein solcher Vertrag sei grundsätzlich nur *ex nunc* zu beenden.[47] Dem Handelsvertreter könne insbesondere auch dann ein Anspruch nach § 89b HGB zustehen, wenn ein Nichtigkeitsgrund wie die wirksame Anfechtung des Unternehmers auf Grund arglistiger Täuschung durch den Handelsvertreter (z. B. über seine Vermögensverhältnisse) von Anfang an gegeben ist, der Unternehmer aber die vom Handelsvertreter hergestellten Geschäftsbeziehungen weiterhin nutzen könne.[48] Denn auch dieser Vorteil beruhe auf dem Handelsvertreterverhältnis, das nach seiner Invollzugsetzung bis zu seiner Beendigung wie ein fehlerfrei zu Stande gekommenes Dienstverhältnis zu behandeln sei. Dies erscheint schon deshalb zweifelhaft, weil die Grundsätze des fehlerhaften Vertrags nicht zu Lasten des arglistig Getäuschten anzuwenden sind. Zu Recht wird daher gegen die h. L. vorgebracht,[49] dass § 89b HGB eine spezifisch *vertrags*rechtliche Abwicklungsregelung darstelle und über einen Anspruch nach §§ 812 I 1 Alt. 1, 818 II BGB – durch Leistung des Handelsvertreters erhalte der Unternehmer die Chance zu zukünftigen Geschäftsabschlüssen – ähnliche Ergebnisse zu begründen seien.

(b) Kumulatives Vorliegen der Voraussetzungen des § 89b I 1 Nr. 1–2 HGB. 47
§ 89b I 1 Nr. 1 HGB setzt voraus, dass der Unternehmer aus der Geschäftsverbin-

---

[43] BGHZ 24, 214, 222; Baumbach/Hopt/*Hopt,* § 89b Rn. 2; *K. Schmidt,* § 27 V 2a; anders *Canaris,* § 15 Rn. 98: „Vorteilsabschöpfungsanspruch".

[44] *BVerfG* NJW 1996, 381; Baumbach/Hopt/*Hopt,* § 89b Rn. 3.

[45] *BGH* GRUR 2010, 1107 Rn. 24 – JOOP!; WM 2015, 535 Rn. 14.

[46] BGHZ 53, 152, 159.

[47] Baumbach/Hopt/*Hopt,* § 89b Rn. 8; Koller/Kindler/Roth/Drüen/*Roth,* § 89b Rn. 3.

[48] BGHZ 129, 290, 293; *BGH* NJW 1995, 1958; Baumbach/Hopt/*Hopt,* § 89b Rn. 8; *K. Schmidt,* § 27 V 2a.

[49] *Canaris,* § 15 Rn. 120.

dung mit neuen Kunden, die der Handelsvertreter geworben hat, auch nach Beendigung des Vertragsverhältnisses erhebliche Vorteile hat. Denn der Ausgleich nach § 89b HGB stellt zumindest auch eine Vergütung für die Überlassung des vom Handelsvertreter geschaffenen Kundenstamms dar. *Neue Kunden* in diesem Sinne sind solche, mit denen der Unternehmer vor dem vertragsgemäßen Tätigwerden des Handelsvertreters kein Umsatzgeschäft gemacht hatte, sondern erstmals nach Beauftragung des Handelsvertreters ein solches Geschäft mit dem Unternehmer abgeschlossen haben.[50] Da § 89b I 1 Nr. 1 HGB unter Berücksichtigung von Art. 17 II Buchst. a erster Gedankenstrich der Richtlinie 86/653 EWG und im Hinblick auf den Schutzzweck dieser Richtlinie nicht eng auszulegen ist, sind aber die von einem Handelsvertreter geworbenen Kunden im Hinblick auf Produkte, mit deren Vertrieb der Unternehmer ihn beauftragt hat, auch dann neue Kunden i. S. d. § 89b I 1 Nr. 1 HGB, wenn sie bereits wegen anderer Produkte in Geschäftsverbindung mit dem Unternehmer stehen, sofern der Verkauf der beauftragten Produkte durch diesen Handelsvertreter die Begründung einer speziellen Geschäftsverbindung notwendig gemacht hat (z. B. Unternehmer A ist Großhändler für Brillengestelle verschiedener Brillenkollektionen; Handelsvertreter B ist mit dem Vertrieb der Brillenkollektion C in einem bestimmten Gebiet beauftragt, in dem er mit anderen Handelsvertretern, die A mit dem Vertrieb anderer Brillenkollektionen beauftragt hat, konkurriert. B vermittelt für A auf Grund eigener Vermittlungsbemühungen und einer besonderen Verkaufsstrategie ein Geschäft mit Optiker D, der zuvor andere Brillenkollektionen von A erworben hat).[51] Eine *Geschäftsverbindung* mit neuen Kunden besteht insbesondere dann, wenn diese neuen Kunden in eine stetige Beziehung zu dem Unternehmer treten. So, wenn sie zu Stammkunden werden; bloße Laufkunden genügen nicht.[52] Die Intensität der Bindung ist produkt- oder branchenbezogen zu bestimmen.

Beispiele: Bei Kraftfahrzeughändlern kann ein Teil der Erstkunden zu berücksichtigen sein,[53] insbesondere, wenn mit einem Wiederholungskauf zu rechnen ist. Bei Privatkunden beträgt der Zeitraum zwischen Erstkauf und erster Nachbestellung eines Neuwagens durchschnittlich 5 Jahre.[54] Einem Tankstellenpächter kann trotz starker Fluktuation ein Ausgleichsanspruch zustehen.[55]

48 Geworben ist ein Kunde, wenn die Tätigkeit des Handelsvertreters zumindest mitursächlich für die Geschäftsverbindung des Unternehmers mit diesem Kunden ist.[56] Dafür kann z. B. das Offenhalten einer Tankstelle genügen.[57]

49 Um einen neuen Kunden handelt es sich bei einer Person, die der Handelsvertreter seit Beginn seiner Tätigkeit geworben hat (nicht: vom Vorgänger übernommene Kunden).

50 Vorteile hat der Unternehmer auf Grund der weiteren Nutzung der Geschäftsverbindung zum Zwecke der Gewinnerzielung ohne die Verpflichtung zur Provisionszahlung an den Handelsvertreter. Dies setzt eine Prognose über die künftige Entwicklung zum

---

[50] *BGH* NJW 2012, 304 Rn. 21; BGHZ 212, 202 Rn. 10.
[51] BGHZ 212, 202 Rn. 11 unter Verweis auf EuGH, ZVertriebsR 2016, 172.
[52] BGHZ 42, 244, 247; *BGH* NJW 1974, 1242, 1243; 1985, 860, 861.
[53] BGHZ 129, 14, 23 ff.
[54] BGHZ 135, 14, 19.
[55] *BGH* NJW 1998, 66, 68.
[56] *BGH* NJW 1996, 2304; Großkomm/*Emde,* § 89b Rn. 64.
[57] *BGH* ZIP 1997, 1832, 1835.

Zeitpunkt der Beendigung des Handelsvertretervertrags voraus.[58] Es ist daher zu fragen, ob und ggf. wie lange die Geschäftsverbindung fortbesteht und zu welchen Geschäften zwischen Unternehmer und Kunden es wahrscheinlich kommt. Insoweit sind die Umstände des Einzelfalls, insbesondere die jeweilige Branche, die Marktverhältnisse und die Wettbewerbsbedingungen entscheidend. Der Umfang der zu erwartenden Umsätze ist nach den Umsätzen während der Vertragszeit zu ermitteln.[59] Ein Vorteil kann sich auch durch die Verwertung des Kundenstamms mittels Veräußerung oder Verpachtung des Unternehmens ergeben.[60] Kein Vorteil liegt hingegen vor, wenn der Unternehmer die Geschäftsverbindung etwa wegen einer aus sachlichen Gründen gerechtfertigten Betriebseinstellung nicht mehr nutzt. Auch die Erheblichkeit der Vorteile des Unternehmers bestimmt sich nach den Umständen des Einzelfalls.

Der Werbung eines neuen Kunden steht es gleich, wenn der Handelsvertreter die **Geschäftsverbindung** mit einem Kunden so **wesentlich erweitert** hat, dass dies wirtschaftlich der Werbung eines neuen Kunden entspricht (§ 89b I 2 HGB). 51

§ 89b I 1 Nr. 2 HGB setzt voraus, dass die Zahlung eines Ausgleichs unter Berücksichtigung aller Umstände der Billigkeit entspricht. Als zu berücksichtigende Umstände kommen insbesondere die Vertragsdauer, die wirtschaftliche und soziale Lage der Parteien sowie das Alter und die Erwerbsfähigkeit des Handelsvertreters in Betracht. Anspruchsmindernd kann sich insbesondere eine Vertragsverletzung des Handelsvertreters auswirken, sofern der Ausgleichsanspruch nicht ohnehin schon nach § 89b III Nr. 2 HGB ausgeschlossen ist.[61] Auch außergewöhnliche Aufwendungen des Unternehmers, die umsatzfördernd wirken, können den Anspruch des Handelsvertreters mindern.[62] Dasselbe gilt für eine Sogwirkung der Marke des Unternehmers.[63] 52

(c) Kein Ausschlussgrund i. S. d. § 89b III HGB. § 89b III Nr. 1 HGB. Der Anspruch nach § 89b I HGB ist nach § 89b III Nr. 1 HGB ausgeschlossen, wenn der *Handelsvertreter* das Vertragsverhältnis gekündigt hat, es sei denn, dass ein Verhalten des Unternehmers hierzu begründeten Anlass gegeben hat oder dem Handelsvertreter eine Fortsetzung seiner Tätigkeit wegen seines Alters oder wegen Krankheit nicht zugemutet werden kann (vgl. auch Art. 18 Buchst. b der Handelsvertreter-Richtlinie 86/653/EWG). Der Unternehmer muss nicht einen wichtigen Grund für die Kündigung des Handelsvertreters verursachen. Auch auf ein schuldhaftes Verhalten des Unternehmers kommt es nicht an. Es genügt vielmehr bereits, dass ein bestimmtes Verhalten des Unternehmers einem verständigen Handelsvertreter die Kündigung nahelegt. 53

Beispiel: Der Unternehmer kann mit einer Betriebsstilllegung, einer Produktions- oder Bezirkseinschränkung oder einem Vertragsverstoß wie unberechtigter Provisionskürzung begründeten Anlass zur Kündigung durch den Handelsvertreter geben.

---

[58] *BGH* NJW 1996, 2100, 2102.
[59] *BGH* NJW 1999, 2668, 2670; NJW-RR 2002, 1548, 1549.
[60] BGHZ 49, 39, 43; *BGH* NJW 1960, 1292.
[61] *BGH* NJW 1999, 946, 947; 2000, 1866, 1867.
[62] BGHZ 56, 242, 245.
[63] *BGH* NJW-RR 2003, 1342 ff.

54 Der Kündigung des Vertragsverhältnisses steht eine Aufhebungsvereinbarung zwischen Handelsvertreter und Unternehmer nicht gleich. Dasselbe gilt für den Tod des Handelsvertreters, auch wenn dieser seinen Tod selbst fahrlässig verursacht hat. Lehnt der Handelsvertreter bei einer Änderungskündigung das Angebot des Unternehmers zur Fortsetzung des Vertrags zu geänderten Bedingungen ab, so steht auch dies einer Kündigung des Handelsvertreters nicht gleich[64]. Eine analoge Anwendung des § 89b III Nr. 1 HGB kommt nicht in Betracht. Der Handelsvertreter soll in seiner Freiheit, ob er die angebotene Vertragsänderung akzeptiert, nicht durch den drohenden Verlust des Ausgleichsanspruchs eingeschränkt sein. Auf die Gründe, die den Unternehmer zur Änderungskündigung veranlasst haben, kommt es ebenso wenig an wie auf die Frage, ob die angebotene Vertragsänderung für den Handelsvertreter zumutbar ist. Diese Gesichtspunkte können nur im Rahmen der allgemeinen Billigkeitsprüfung nach § 89b I 1 Nr. 2 HGB Berücksichtigung finden.

55 **§ 89b III Nr. 2 HGB.** Der Anspruch nach § 89b I HGB ist nach § 89b III Nr. 2 HGB ausgeschlossen, wenn der *Unternehmer* das Vertragsverhältnis gekündigt hat und für die Kündigung ein wichtiger Grund wegen schuldhaften Verhaltens des Handelsvertreters vorlag (vgl. auch Art. 18 Buchst. a der Handelsvertreter-Richtlinie 86/653/EWG). Der Begriff des wichtigen Grundes deckt sich mit dem des § 89a I HGB.[65] Der wichtige Grund muss allerdings in *eigenem* schuldhaftem Verhalten des Handelsvertreters liegen; das Fehlverhalten einer Hilfsperson ist dem Handelsvertreter insoweit – anders als bei § 89a HGB – nicht nach § 278 BGB zuzurechnen[66]. Eigenes schuldhaftes Verhalten des Handelsvertreters setzt einen qualifizierten Fall des wichtigen Grundes i. S. d. § 89a HGB in der Person des Handelsvertreters voraus. Das Fehlverhalten einer Hilfsperson (z. B. Äußerung, die das Geschäft des Unternehmers schädigt) ist dem Handelsvertreter bei § 89b III Nr. 2 HGB – anders als im Rahmen von § 89a HGB – grundsätzlich nicht nach § 278 BGB zuzurechnen.[67] Vielmehr bedarf es eines persönlichen Verschuldens des Handelsvertreters. Zumindest wegen des Gebots richtlinienkonformer Auslegung muss das, den wichtigen Grund bildende, schuldhafte Verhalten des Handelsvertreters darüber hinaus kausal für die Kündigung des Unternehmers sein.[68]

Beispiele: Ein schuldhaftes Verhalten des Handelsvertreters, das einen wichtigen Grund i. S. d. § 89b III Nr. 2 HGB darstellt, kann darin liegen, dass der Handelsvertreter den Unternehmer nicht von der Übernahme einer weiteren Vertretung in derselben Branche unterrichtet.[69] Dies gilt selbst dann, wenn kein Wettbewerbsverbot vereinbart ist und der Verstoß gegen die Anzeigepflicht den Unternehmer nicht schädigt. Ein wichtiger Grund liegt hingegen nicht bei Selbstmord des Handelsvertreters vor.[70]

56 Bei fehlender Kenntnis des Unternehmers vom schuldhaften Verhalten des Handelsvertreters kommt aber dessen Berücksichtigung bei § 89b III Nr. 3 HGB in Betracht.

---

[64] *BGH* WRP 2007, 653 Rn. 14.
[65] *BGH* NJW 2000, 1866, 1867; zu § 89a I 1 HGB vgl. Rn. 68–72.
[66] *BGH* WM 2007, 1986 Rn. 7.
[67] BGHZ 29, 275, 278; *BGH* WM 2007, 1986 Rn. 7; Baumbach/Hopt/*Hopt,* § 89b Rn. 65.
[68] Baumbach/Hopt/*Hopt,* § 89b Rn. 66; Koller/Kindler/Roth/Drüen/*Roth,* § 89b Rn. 17; *Canaris,* § 15 Rn. 119.
[69] BGHZ 129, 290, 295.
[70] BGHZ 45, 385, 387; 60, 350, 353 (Tötung der Ehefrau und dann Selbstmord).

§ 89b III Nr. 3 HGB. Der Anspruch nach § 89b I HGB ist nach § 89b III Nr. 3   57
HGB ausgeschlossen, wenn auf Grund einer nach Beendigung des Vertragsverhältnisses getroffenen Vereinbarung zwischen dem Unternehmer und dem Handelsvertreter
ein Dritter anstelle des Handelsvertreters in das Vertragsverhältnis eintritt (Vertragsübernahme). Unternehmer und Handelsvertreter können daher die Nachfolge und
die dabei entstehende Vergütung des Handelsvertreters frei vereinbaren. Ob der Dritte
Ausgleich gegenüber dem Handelsvertreter leistet, ist unerheblich.

(3) Höhe des Anspruchs. Der Handelsvertreter kann nach § 89b I 1 HGB „an-   58
gemessenen" Ausgleich verlangen. Dies bestimmt sich nach den in § 89b I 1 Nr. 1–2
HGB genannten Kriterien („soweit"). Provisionen, die dem Handelsvertreter für Geschäfte zustehen, welche vor Beendigung des Handelsvertretervertrags abgeschlossen,
aber erst danach ausgeführt werden (Überhangprovisionen), bleiben bei dieser Berechnung außer Betracht. Denn einerseits sind die zu Grunde liegenden Geschäfte zwischen dem Unternehmer und dessen Kunden bereits vor Ende des Handelsvertreterverhältnisses geschlossen und stellen daher keine für den Unternehmer erst nach
Beendigung des Vertragsverhältnisses eintretenden Vorteile i. S. d. § 89b I 1 Nr. 1
HGB dar. Überhangprovisionen sind daher den bereits erzielten Provisionen zuzuordnen.[71]

Als Obergrenze legt § 89b II HGB eine durchschnittliche Jahresprovision fest. Bei der   59
Ermittlung dieser Höchstgrenze sind auch Überhangprovisionen zu berücksichtigen,
da sie den bereits erzielten Provisionen zuzuordnen sind.[72]

(4) Ausschlussfrist. Nach § 89b IV 2 HGB ist der Ausgleichsanspruch innerhalb   60
eines Jahres nach Beendigung des Vertragsverhältnisses geltend zu machen. Eine solche Geltendmachung liegt insbesondere in der Einreichung der Klage auf Zahlung
des Ausgleichsbetrags bei Gericht. Sie genügt zur Fristwahrung, wenn die Zustellung
der Klage demnächst erfolgt (§ 167 ZPO). Andernfalls erlischt der Anspruch, so dass
eine spätere Aufrechnung nicht möglich ist. § 215 BGB kommt nicht zur Anwendung. Einer besonderen Form bedarf es für die Geltendmachung des Anspruchs
ebenso wenig wie einer Bezifferung des Anspruchs. Das Verlangen des Handelsvertreters nach Ausgleich muss als einseitige Erklärung jedoch eindeutig und unmissverständlich zum Ausdruck kommen. Der Handelsvertreter kann den Anspruch auch
schon vor der tatsächlichen oder rechtlichen Beendigung des Handelsvertretervertrags
geltend machen.[73]

Beispiele: Erwiderung auf das Kündigungsschreiben des Unternehmers, mit der sich der Handelsvertreter
in erster Linie gegen die Kündigung wendet und sich die Geltendmachung des Ausgleichsanspruchs für
den Fall vorbehält, dass der Unternehmer an der von ihm ausgesprochenen Kündigung des Handelsvertretervertrags festhält.[74] Der Handelsvertreter kann den Ausgleichsanspruch auch in seinem eigenen Kündigungsschreiben geltend machen i. S. d. § 89b IV 2 HGB.[75]

---

[71] BGHZ 133, 391, 396.
[72] BGHZ 133, 391, 395 ff.
[73] BGHZ 50, 86, 89; 53, 332, 338.
[74] BGHZ 50, 86, 89 f.
[75] BGHZ 40, 13, 18.

61 Die Versäumung der Ausschlussfrist kann unschädlich sein, wenn sich der Unternehmer nach Treu und Glauben nicht auf den Ablauf der Frist berufen darf. So insbesondere dann, wenn der Unternehmer selbst dazu beiträgt, dass der Handelsvertreter die im Interesse des Unternehmers liegende Frist für die Geltendmachung des Ausgleichsanspruchs nicht einhält.

62 **(5) Vererblichkeit des Ausgleichsanspruchs.** Der Ausgleichsanspruch nach § 89b HGB ist vererblich.[76] Dafür spricht insbesondere Art. 17 IV der Handelsvertreter-Richtlinie 86/653/EWG. Danach entsteht der Ausgleichsanspruch auch dann, wenn das Vertragsverhältnis durch den Tod des Handelsvertreters endet. § 89b I 1 Nr. 2 HGB stellt zwar auf den Verlust von Provisionen ab, die der Handelsvertreter bei Fortsetzung des Handelsvertretervertrags hätte. Dies setzt aber nicht das Weiterleben des Handelsvertreters voraus. Vielmehr ist darin lediglich eine gesetzliche Fiktion zu sehen, die die hypothetische Fortsetzung des Handelsvertretervertrags zu Grunde legt und deshalb auch auf den Fall des Todes des Handelsvertreters anwendbar ist. Außerdem ist lediglich die Beendigung des Vertragsverhältnisses Voraussetzung nach § 89b I 1 Nr. 2 HGB.

gg) Entschädigung

63 Ist wirksam[77] eine nachvertragliche Wettbewerbsbeschränkung des Handelsvertreters vereinbart (Wettbewerbsabrede), hat der Handelsvertreter Anspruch auf angemessene Entschädigung (§ 90a I 3 HGB; Karenzentschädigung). Da sich dieser Anspruch kraft Gesetzes ergibt, kommt es nicht darauf an, ob die Wettbewerbsabrede einen solchen Anspruch vorsieht.

2. Verhältnis zum Kunden

64 Den Handelsvertreter treffen selbst keine Vertragspflichten gegenüber dem Dritten, da er in fremdem Namen handelt. Es kommen allenfalls Ansprüche aus *culpa in contrahendo* (Eigenhaftung des Vertreters in bestimmten Fällen wie nach §§ 280 I, 311 III, 241 II BGB) oder aus Delkrederehaftung[78] in Betracht.

VII. Verjährung von Ansprüchen

65 Ansprüche aus dem Handelsvertretervertrag verjähren in drei Jahren, wobei diese Frist mit dem Schluss des Jahres beginnt, in dem der jeweilige Anspruch entstanden ist (§§ 195, 199 BGB).

VIII. Beendigung des Vertragsverhältnisses

1. Kündigung

66 Für die Kündigung des Handelsvertretervertrags gelten §§ 89, 89a HGB sowie § 624 BGB.

---

[76] BGHZ 24, 214, 218.
[77] Zu den Anforderungen an die Wirksamkeit einer Wettbewerbsabrede vgl. Rn. 19.
[78] Vgl. dazu Rn. 40.

a) Ordentliche Kündigung (§ 89 HGB)

Einen auf unbestimmte Zeit geschlossenen Handelsvertretervertrag können beide Ver- 67
tragsparteien ordentlich kündigen. Die Kündigungsfrist bestimmt § 89 I HGB je nach
bisheriger Vertragsdauer. Für die grundsätzlich zulässige Vereinbarung einer längeren
Kündigungsfrist enthält § 89 II 1 HS 2, S. 2 HGB eine den Handelsvertreter schüt-
zende Regelung in der Weise, dass die für den Handelsvertreter geltende Kündigungsfrist auch für den Unternehmer gilt. Eine Verkürzung der Kündigungsfrist ist ausgeschlossen (Umkehrschluss aus § 89 II HGB). Schranken für eine ordentliche
Kündigung ergeben sich aus Art. 102 AEUV, §§ 138, 242 BGB und §§ 19, 20 GWB.
Ein vertraglicher Ausschluss des Rechts des Unternehmers zur ordentlichen Kündigung verstößt grundsätzlich jedoch auch dann nicht gegen § 138 BGB, wenn er zeitlich nicht begrenzt ist.[79] Eine ordentliche Kündigung des Unternehmers kann einen
Verstoß gegen das Verbot des Rechtsmissbrauchs i. S. d. § 242 BGB begründen, wenn
der Unternehmer den Handelsvertreter zu erheblichen Investitionen veranlasst und
der Unternehmer lange vor deren Amortisation eine ordentliche Kündigung des Handelsvertretervertrags ausspricht, ohne angemessenen Aufwendungsersatz für diese Investitionen anzubieten.[80]

b) Außerordentliche Kündigung (§ 89 a HGB)

aa) Wichtiger Grund

Nach der zwingenden (§ 89 a I 2 HGB) Regelung des § 89 a I 1 HGB kann sowohl der 68
Unternehmer als auch der Handelsvertreter den Handelsvertretervertrag aus wichtigem Grund kündigen. Ein wichtiger Grund in diesem Sinne ist dann gegeben, wenn
es dem Kündigenden nicht zuzumuten ist, den Vertrag bis zum Ablauf der Frist für
eine ordentliche Kündigung fortzuführen.[81] Dies ist insbesondere bei schweren
Pflichtverletzungen, die das Vertrauensverhältnis zwischen den Parteien zerstören, der
Fall.

Beispiele: Ein wichtiger Grund für die außerordentliche Kündigung des Handelsvertretervertrags durch
den Unternehmer liegt in einem Verstoß des Handelsvertreters gegen das bereits kraft Gesetzes bestehende
Wettbewerbsverbot durch ungenehmigte Übernahme einer weiteren Vertretung in derselben Branche.[82]
Ein wichtiger Grund für die außerordentliche Kündigung des Handelsvertretervertrags durch den Handelsvertreter ist gegeben, wenn der Unternehmer (Mineralölunternehmen) die Belieferung einer Tankstelle
mit Kraftstoffen unter Berufung auf ein Zurückbehaltungsrecht wegen offener Forderungen gegen den
Handelsvertreter (Tankstellenbetreiber) einstellt, diesen aber gleichzeitig an dem vertraglichen Verbot,
Konkurrenzprodukte zu vertreiben, festhält. Denn der Unternehmer macht damit den Betrieb der Tankstelle und die Erzielung von Einnahmen unmöglich (Knebelung!).[83]

Unzumutbarkeit der Vertragsfortführung bis zum Ablauf der Frist für eine ordentliche 69
Kündigung liegt auch dann vor, wenn die Erreichung des Vertragszwecks vereitelt oder
in schwerwiegender Weise gefährdet ist.

---

[79] *BGH* NJW 1995, 2350, 2351.
[80] *Canaris*, § 15 Rn. 85 f.
[81] *BGH* NJW 1986, 1931; WM 2006, 873 Rn. 13.
[82] BGHZ 129, 290, 295; *BGH* NJW-RR 1999, 1481, 1483 (unter Hinweis darauf, dass hier eine Zerstö-
    rung des Vertrauensverhältnisses nicht unbedingt für das Vorliegen eines wichtigen Grundes erforder-
    lich ist).
[83] *BGH* WM 2006, 873 Rn. 13.

Beispiel: Die Insolvenz des Handelsvertreters kann einen wichtigen Grund für den Unternehmer darstellen, den Handelsvertretervertrag aus wichtigem Grund zu kündigen.[84]

70 Der Unternehmer darf die fristlose Kündigung aus Gründen, die die Leistung des Handelsvertreters für den Unternehmer betreffen (z. B. unzureichende Tätigkeit des Handelsvertreters), grundsätzlich nur aussprechen, wenn zuvor eine Abmahnung erfolgt und das beanstandete Verhalten gleichwohl nicht eingestellt ist. Eine Abmahnung ist aber dann nicht erforderlich, wenn das Verhalten des Handelsvertreters die Vertrauensgrundlage so schwerwiegend erschüttert, dass diese durch eine Abmahnung und das fortbestehende Vertragsverhältnis nicht wiederherzustellen ist (vgl. auch § 314 II 2 BGB i. V. m. § 323 II Nr. 1–3 BGB).

Beispiel: Verstoß des Handelsvertreters gegen das sich bereits kraft Gesetzes ergebende Wettbewerbsverbot durch ungenehmigte Übernahme einer weiteren Vertretung in derselben Branche. Ob der Handelsvertreter sein Verhalten (irrtümlich) für erlaubt hält, ist unerheblich.

bb) Kündigungserklärungsfrist

71 § 89a HGB enthält anders als § 626 II BGB keine Frist, innerhalb derer der Berechtigte die Kündigung erklären muss. Zeitliche Grenzen für eine Kündigung i. S. d. § 89a HGB können sich aber aus § 242 BGB ergeben. Danach muss die Kündigung in einem angemessenen Zeitraum, der für Sachverhaltsermittlung und Überlegung erforderlich ist, erfolgen (vgl. auch § 314 III BGB). So ist die Kündigung regelmäßig innerhalb einer Frist von weniger als zwei Monaten seit dem Zeitpunkt, zu dem der Kündigende von dem Kündigungsgrund Kenntnis erlangt hat, auszusprechen.[85] Andernfalls deutet das Untätigbleiben des Kündigungsberechtigten darauf hin, dass er dem beanstandeten Verhalten nicht eine die Unzumutbarkeit der Vertragsfortsetzung begründende Schwere beimisst.

cc) Schadensersatzverpflichtung des Kündigungsgegners

72 Die Vertragspartei, die die Kündigung der anderen Partei durch ein zu vertretendes Verhalten veranlasst, ist zum Ersatz des durch die Aufhebung des Vertragsverhältnisses entstehenden Schadens verpflichtet (§ 89a II HGB). Dieser Schadensersatzanspruch besteht jedoch nur in der Höhe, die sich bis zum vereinbarten oder durch ordentliche Kündigung herbeizuführenden Vertragsende ergibt.[86] Denn § 89a II HGB bezweckt lediglich Schutz im Hinblick auf die Vorzeitigkeit der Vertragsbeendigung gegenüber einer ordentlichen Kündigung. Deshalb ist der Schadensersatzanspruch nach § 89a II HGB nicht zeitlich begrenzt, wenn der Kündigungsgegner auf sein Recht zur ordentlichen Kündigung des unbefristeten Handelsvertretervertrags verzichtet hat.[87]

c) Kündigung nach § 624 BGB

73 Ein Handelsvertretervertrag kann von dem Handelsvertreter unter den Voraussetzungen des § 624 BGB – Vertrag auf Lebenszeit des Handelsvertreters oder für länger als fünf Jahre – gekündigt werden, da der Handelsvertretervertrag auf eine Geschäfts-

---

[84] BGHZ 129, 290, 296.
[85] *BGH* WM 1992, 1440, 1441; NJW-RR 1999, 1481, 1484.
[86] BGHZ 122, 9, 12ff.
[87] BGH NJW 2008, 3436 Rn. 13.

besorgung i. S. d. § 675 I BGB i. V. m. dienstvertraglichen Elementen nach §§ 611 ff. BGB gerichtet ist.[88]

2. Sonstige Beendigungsgründe

Die Beendigung eines Handelsvertretervertrags kann sich auf Grund einer Befristung, des Eintritts einer auflösenden Bedingung, des Todes des Handelsvertreters (§ 675 I BGB i. V. m. § 673 BGB) und der Eröffnung des Insolvenzverfahrens über das Vermögen des Unternehmers nach §§ 115 f. InsO ergeben.   74

IX. Handelsvertreter und Handeln gegenüber Dritten

Für das Handeln des Handelsvertreters, der vereinbarungsgemäß als Abschlussvertreter handeln soll, gilt § 55 HGB (Handlungsvollmacht) auch dann, wenn der den Handelsvertreter beauftragende Unternehmer nicht Kaufmann ist (§ 91 I HGB). Ein Vermittlungsvertreter gilt nach § 91 II HGB gegenüber gutgläubigen Dritten als ermächtigt zu Entgegennahmen von bestimmten Erklärungen (z. B. Mängelanzeige). Hat ein Handelsvertreter, der nur mit der Vermittlung von Geschäften betraut ist (Vermittlungsvertreter), ein Geschäft im Namen des Unternehmers abgeschlossen und war dem Dritten der Mangel an Vertretungsmacht nicht bekannt, so gilt (Fiktion) das Geschäft als von dem Unternehmer genehmigt, wenn dieser nicht unverzüglich, nachdem er von dem Handelsvertreter oder dem Dritten über Abschluss und wesentlichen Inhalt des Geschäfts benachrichtigt worden ist, dem Dritten gegenüber das Geschäft ablehnt (§ 91 a I HGB). Das Gleiche gilt, wenn ein Handelsvertreter, der mit dem Abschluss von Geschäften betraut ist, ein Geschäft im Namen des Unternehmers abgeschlossen hat, zu dessen Abschluss er nicht bevollmächtigt ist (§ 91 a II HGB). Die Regelung des § 91 a HGB beruht darauf, dass ein gutgläubiger Dritter auf die Vertretungsmacht des Handelsvertreters vertrauen darf.   75

C. Kommissionsagent

I. Begriff

Eine Person, die längere Zeit als Kommissionär i. S. d. § 383 HGB[89] für ein bestimmtes anderes Unternehmen tätig ist, ist Kommissionsagent. Danach ergibt sich folgende Definition: 76

> **Kommissionsagent** ist, wer als selbständiger Gewerbetreibender ständig damit betraut ist, für Rechnung eines anderen Unternehmens Geschäfte im eigenen Namen abzuschließen.[90]   77

---

[88] Baumbach/Hopt/*Hopt,* § 89 Rn. 7.
[89] Zum Begriff des Kommissionärs i. S. d. § 383 HGB vgl. § 12 Rn. 95 f.
[90] Koller/Kindler/Roth/Drüen/*Roth,* § 383 Rn. 4; *Canaris,* § 16 Rn. 2; enger *K. Schmidt,* § 28 II 1a.

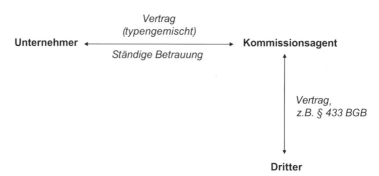

Abbildung 12: Personenverhältnisse bei Kommissionsagentenschaft

78 Der Kommissionsagent übernimmt typischerweise Lager- und Vertriebspflichten.

II. Rechtsnatur

79 Der Kommissionsagent handelt gegenüber Dritten, also im Außenverhältnis, als Kommissionär. Insoweit enthält der Kommissionsagenturvertrag kommissionsrechtliche Elemente (§§ 384 ff. HGB). Im Innenverhältnis ist der Kommissionär ständig betraut i. S. d. § 84 I 1 HGB,[91] so dass insoweit handelsvertreter- und dienstvertragliche Elemente gegeben sind (§§ 85 ff. HGB, § 675 I BGB i. V. m. §§ 611 ff. BGB). Ein Kommissionsagenturvertrag ist daher ein typengemischter Vertrag.

III. Anwendbares Recht

80 Für die Frage nach dem anwendbaren Recht ist bei einem typengemischten Vertrag wie dem Kommissionsagenturvertrag zu fragen, welcher Bestandteil des Vertrags betroffen ist (Kombinationsmethode).[92] Im Innenverhältnis kommt daher die analoge Anwendung des Handelsvertreterrechts in Betracht, soweit der jeweilige Normzweck dies rechtfertigt und insbesondere im Zusammenhang mit dem Erfordernis der ständigen Betrauung i. S. d. § 84 I 1 HGB steht. Dies kann für den Kommissionsagenten von Vorteil, aber auch von Nachteil sein.

81 Geht es um die Frage der Vergütung des Kommissionsagenten, ist § 87 II HGB anzuwenden, da diese Regelung darauf abstellt, dass der Handelsvertreter die Belange des Unternehmers in dem Bezirk umfassend und auf Dauer vertritt.[93] Aufwendungsersatz kann der Kommissionsagent hingegen nur nach § 87 d HGB und nicht nach den für ihn günstigeren §§ 396 II HGB i.Vm. §§ 675 I, 670 BGB verlangen, da auf Grund der ständigen Betrauung die Kalkulation der Kosten und deren Umlegung auf sämtliche provisionspflichtigen Geschäfte leichter möglich ist.[94] Auch die Regelungen über den Anspruch auf Aushändigung einer Vertragsurkunde (§ 85 HGB), die Delkredereprovision (§ 86b HGB), das nachvertragliche Wettbewerbsverbot (§ 90a HGB), die ordentliche Kündigung (§ 89 HGB) und die außerordentliche Kündigung (§ 89a

---

[91] Vgl. dazu Rn. 15.
[92] *Larenz/Canaris,* § 63 I 3.
[93] Großkomm/*Koller,* § 383 Rn. 36.
[94] Großkomm/*Koller,* § 383 Rn. 37.

HGB) sind auf den Kommissionsagenturvertrag analog anzuwenden, da sie mit der ständigen Betrauung des Agenten in Zusammenhang stehen und sich insoweit keine erheblichen Unterschiede zum Handelsvertretervertrag ergeben. Für den Kommissionsagenturvertrag ist darüber hinaus die Regelung über den Ausgleichsanspruch des Handelsvertreters (§ 89b HGB) analog anzuwenden, da sich für den Unternehmer aus der Tätigkeit des Agenten auch nach Beendigung des Vertragsverhältnisses erhebliche Vorteile i. S. d. § 89b I 1 Nr. 1 HGB ergeben können.[95]

IV. Verjährung

Ansprüche des „Kommittenten" auf Herausgabe des Eigentums verjähren in dreißig Jahren (§ 197 I Nr. 1 BGB). Im Übrigen verjähren Ansprüche aus dem Kommissionsagenturvertrag nach §§ 195, 199 BGB. **82**

D. Handelsmakler

I. Begriff

Der Handelsmakler führt auf Grund seiner Sachkunde und Geschäftskontakte Angebot und Nachfrage von Marktteilnehmern zusammen, denen diese besonderen Kenntnisse und Kontakte fehlen. Die Tätigkeit des Handelsmaklers ist nämlich darauf gerichtet, für andere Personen gewerbsmäßig die Vermittlung von Verträgen zu übernehmen (§ 93 I HGB). Im Unterschied zum Handelsvertreter muss er aber nicht ständig damit betraut sein. Insoweit ist der Begriff des Handelsmaklers weiter als der Begriff des Handelsvertreters. **83**

Beispiel: Wird eine gewerbsmäßig tätige Person von einer anderen Person mit der Vermittlung des Verkaufs eines bestimmten Objekts beauftragt, ist sie Handelsmakler. Wird eine gewerbsmäßig tätige Person von einer anderen Person hingegen mit der Vermittlung des Verkaufs einer Vielzahl bestimmter Objekte beauftragt, ist sie Handelsvertreter.[96]

Die Tätigkeit des Handelsmaklers muss – anders als die Tätigkeit des Maklers i. S. d. § 652 BGB (Zivilmakler) – gewerbsmäßig erfolgen. Diese Gewerbsmäßigkeit ist nach dem Gewerbebegriff des § 1 HGB zu beurteilen.[97] §§ 94 ff. HGB sind auch anwendbar, wenn der Makler nicht Kaufmann, sondern Kleingewerbetreibender ist (§ 93 III HGB). **84**

Die Tätigkeit des Handelsmaklers muss auf die Vermittlung von Verträgen gerichtet sein (Vermittlungsmakler). Anders als bei § 652 BGB (Nachweismakler) genügt der bloße Nachweis der Gelegenheit zum Vertragsschluss nicht. Auch insoweit ist der Begriff des Maklers i. S. d. § 93 I HGB (Handelsmakler) enger als der Begriff des Maklers i. S. d. § 652 BGB (Zivilmakler). **85**

§ 93 I HGB nennt im Einzelnen, was Gegenstand des einem Handelsmakler erteilten Auftrags sein kann. Im Umkehrschluss ergibt sich daraus, dass Gegenstand eines Han- **86**

---

[95] MünchKomm/*Ströbl,* § 89b Rn. 29; Baumbach/Hopt/*Hopt,* § 84 Rn. 19; *Canaris,* § 16 Rn. 13; *K. Schmidt,* § 28 III 2 a; zurückhaltender *BGH* NJW 1964, 1952, 1953.
[96] *BGH* NJW 1992, 2818, 2819.
[97] Vgl. dazu § 2 Rn. 5 ff.

delsmaklervertrags nicht die Vermittlung von Verträgen über unbewegliche Sachen (Grundstücke; vgl. auch § 93 II HGB) oder Unternehmen, Vermietung und Verpachtung, Werk- und Dienstverträgen sowie Arbeitsverträgen sein können. Insoweit ist der Begriff des Handelsmaklers enger als der Begriff des Handelsvertreters und der Begriff des Zivilmaklers.

Beispiele: Immobilienmakler und Dienstleistungsmakler wie *Headhunter* sind Zivilmakler.

87 Eine Person ist sowohl Handelsmakler als auch Zivilmakler, wenn sie neben den in § 93 I HGB genannten Gegenständen des Handelsverkehrs andere Gegenstände wie Grundstücke vermittelt.

II. Rechtsnatur

88 Der Handelsmaklervertrag ist eine besondere Erscheinungsform des – einseitig, nämlich nur den Auftraggeber unter bestimmten Voraussetzungen verpflichtenden – Maklervertrags i. S. d. § 652 BGB.

III. Anwendbares Recht

89 Für den Handelsmaklervertrag gelten in erster Linie §§ 93 ff. HGB, ergänzend §§ 652 ff. BGB. In analoger Anwendung der §§ 383 II 2, 407 III 2, 453 III 2, 467 III 2 HGB gelten §§ 343–372 HGB (mit Ausnahme der §§ 348–350 HGB) auch für den kleingewerbetreibenden Handelsmakler.

IV. Pflichten des Handelsmaklers

1. Zustellung der Schlussnote (§ 94 I HGB)

90 Die von dem Handelsmakler unverzüglich nach dem Abschluss des Geschäfts zuzustellende Schlussnote muss den wesentlichen Inhalt des Vertrags enthalten (§ 94 I HGB). Die Parteien sollen dadurch Klarheit über das Zustandekommen und den Inhalt des Vertrags erhalten, zumal der Vertrag (üblicherweise) nicht in Gegenwart beider Parteien ausgehandelt ist. Das Schweigen auf die Schlussnote gilt unter bestimmten Voraussetzungen grundsätzlich als Zustimmung.

2. Vorbehalt der Bezeichnung der anderen Partei (§ 95 I HGB)

91 § 95 I HGB ermöglicht mittels Schlussnote die Festlegung des Inhalts eines Vertrags, mit dem der Auftraggeber des Handelsmaklers einverstanden ist und für den der Handelsmakler eine abschlussbereite Partei suchen soll. Teilweise wird dieses Handeln des Handelsmaklers als Botenschaft im Hinblick auf einen Antrag des Auftraggebers an eine unbestimmte Person *(ad incertam personam),*[98] teilweise wegen dem Handelsmakler zustehenden Spielraums als Stellvertretung qualifiziert.[99]

92 Die Festlegung des Vertragsinhalts bietet für den Handelsmakler den Vorteil, dass sein Auftraggeber den Vertragsschluss, sobald ein hierzu bereiter Dritter gefunden ist,

---

[98] MünchKomm/*Ströbl*, § 94 Rn. 1; Koller/Kindler/Roth/Drüen/*Roth*, § 95 Rn. 3.
[99] *Canaris*, § 19 Rn. 17.

grundsätzlich nicht ablehnen darf. Diese Bindungswirkung des § 95 I HGB tritt ausnahmsweise aber dann nicht ein, wenn gegen die vom Makler benannte Person begründete Einwendungen (z. B. fehlende Fachkompetenz oder Zahlungsfähigkeit oder schlechter Ruf) gegeben sind und der Auftraggeber diese Einwendungen unverzüglich nach Bezeichnung der anderen Vertragspartei erhebt. Insoweit handelt es sich um eine auflösende Bedingung des Vertrags zwischen Auftraggeber und Drittem.[100]

Findet der Handelsmakler einen abschlussbereiten Dritten, muss er diesen Dritten gegenüber dem Auftraggeber innerhalb ortsüblicher Frist und in Ermangelung einer solchen innerhalb angemessener Frist bezeichnen (§ 95 II HGB). Kommt der Handelsmakler der in § 95 II HGB genannten Bezeichnungspflicht nicht oder nicht rechtzeitig nach oder bestehen begründete Einwendungen gegen die Person des Dritten, kann der Auftraggeber den Handelsmakler auf Erfüllung in Anspruch nehmen (§ 95 III 1 HGB), sofern nicht der Ausschlusstatbestand des § 95 III 2 HGB eingreift. Diese verschuldensunabhängige Erfüllungshaftung des Handelsmaklers ist ein Äquivalent für die Bindung des Auftraggebers nach § 95 I HGB. Der Auftraggeber kann nämlich durch einseitiges Gestaltungsrecht ein Vertragsverhältnis zwischen sich und dem Handelsmakler mit dem Inhalt der Schlussnote zu Stande bringen. Er schuldet mangels eigenständiger Maklerleistung keine Provision.[101] Ein Recht des Handelsmaklers zum Selbsteintritt besteht hingegen nicht. **93**

3. Haftung des Handelsmaklers gegenüber beiden Parteien (§ 98 HGB)

Nach § 98 HGB haftet der Handelsmakler nicht nur gegenüber dem Auftraggeber für schuldhafte Pflichtverletzungen auf Schadensersatz (insoweit ist § 98 HGB Spezialregelung gegenüber § 280 I BGB), sondern auch gegenüber dem Dritten. § 98 HGB ist insoweit ein gesetzlicher Fall des Vertrags mit Schutzwirkung für Dritte.[102] Der Haftung des Handelsmaklers gegenüber dem Dritten i. S. d. § 98 HGB liegt die Vorstellung vom redlichen, d. h. neutralen Makler zu Grunde, der die Interessen beider Vertragsparteien zu wahren hat. Daher ist § 98 HGB dann teleologisch zu reduzieren, wenn der Handelsmakler erkennbar allein die Interessen des Auftraggebers wahrnimmt. Denn dies ist rechtlich zulässig, entspricht aber nicht dem gesetzlichen Leitbild.[103] **94**

Der Abschluss eines Vertrags zwischen Auftraggeber und Drittem ist nicht Voraussetzung für die Haftung des Handelsmaklers nach § 98 HGB. Seine Haftung kann sich auch daraus ergeben, dass der Vertrag auf Grund seines schuldhaften Verhaltens nicht zu Stande gekommen ist. **95**

---

[100] Großkomm/*Thiessen,* § 95 Rn. 10 und 13; **a. A.** *Canaris,* § 19 Rn. 20: negative gesetzliche Tatbestandsvoraussetzung.

[101] MünchKomm/*Ströbl,* § 95 Rn. 19; Baumbach/Hopt/*Roth,* § 95 Rn. 3; Koller/Kindler/Roth/Drüen/ *Roth,* § 95 Rn. 10; **a. A.** *Canaris,* § 19 Rn. 24, da Erfüllungsinteresse des Auftraggebers befriedigt.

[102] MünchKomm/*Ströbl,* § 98 Rn. 1; *K. Schmidt,* § 26 II 3 c; **a. A.** *Canaris,* § 19 Rn. 26 (Haftung Dritter aus Schutzpflichtverletzung).

[103] *Canaris,* § 19 Rn. 27; i. E. auch Großkomm/*Thiessen,* § 98 Rn. 2.

V. Rechte des Handelsmaklers

96   Zu den Rechten des Handelsmaklers gehört insbesondere der Anspruch auf Entlohnung seiner Tätigkeit. Mangels einer anderweitigen Vereinbarung oder eines anderweitigen Ortsgebrauchs ist der Maklerlohn von Auftraggeber und Drittem zur Hälfte zu entrichten (§ 99 HGB). Auch darin kommt das Leitbild vom redlichen, d. h. neutralen Makler zum Ausdruck. § 99 HGB begründet nach einer Auffassung für den Handelsmakler einen gesetzlichen Anspruch auf Entlohnung auch gegenüber dem Dritten.[104] Nach anderer Auffassung hat der Handelsmakler gegenüber dem Dritten nur dann einen Anspruch auf Entlohnung, wenn er auch von dem Dritten beauftragt ist, weil es insoweit anders als bei § 98 HGB nicht nur um bloße Schutzpflichten, sondern um die Erfüllung der den Vertragsparteien obliegenden primären Leistungspflicht gehe.[105] Nach diesem Ansatz stellt § 99 HGB lediglich eine Auslegungsregel für die Provisionszahlungspflicht gegenüber einem Doppelmakler dar.

E. Vertragshändler

I. Begriff

97   Für den Vertragshändler fehlt eine gesetzliche Regelung. Er ist in eigenem Namen und auf eigene Rechnung tätig und trägt daher das volle Absatzrisiko. Er ist aber – im Gegensatz zum einfachen Händler – durch einen Rahmenvertrag auf Dauer an einen Hersteller gebunden und in dessen Vertriebsorganisation eingegliedert. Danach ergibt sich folgende Definition des Vertragshändlers:[106]

98   **Vertragshändler** ist, wer als Unternehmer ständig damit betraut ist, die Produkte eines anderen Unternehmers (Herstellers) im eigenen Namen und für eigene Rechnung abzusetzen und deren Absatz in ähnlicher Weise wie ein Handelsvertreter oder Kommissionsagent zu fördern.

Beispiel: Vertragshändler der Automobilhersteller.

99   Aus dieser Definition ergibt sich bereits, dass zwischen dem Hersteller und dem Vertragshändler ein Rahmenvertrag besteht, auf Grund dessen es zu einer Vielzahl von Kaufverträgen zwischen diesen beiden Personen über die Vertragsprodukte kommt (**Zweistufigkeit**). Der Vertragshändler kauft die Vertragsprodukte vom Hersteller und verkauft sie sodann in eigenem Namen und auf eigene Rechnung an Dritte (Käuferkette). Die dadurch geschaffene Verdienstmöglichkeit gehört zu der vom Hersteller an den Vertragshändler erbrachten Gegenleistung.

---

[104]   MünchKomm/*Ströbl*, § 99 Rn. 3.
[105]   Baumbach/Hopt/*Roth*, § 99 Rn. 1; *Canaris*, § 19 Rn. 30.
[106]   Vgl. auch BGHZ 54, 338, 344; 74, 136, 140; etwas enger: *K. Schmidt*, § 28 II 2a.

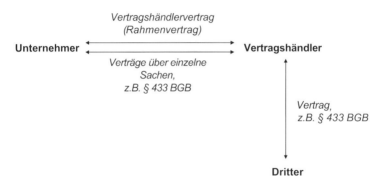

Abbildung 13: Personenverhältnisse bei Vertragshändlerschaft

II. Rechtsnatur

Der Vertragshändlervertrag enthält zum einen Elemente eines Handelsvertreterver- **100**
trags und damit auch eines Geschäftsbesorgungsvertrags mit Dienstleistungscharakter
(§ 675 I BGB i. V. m. §§ 611 ff. BGB). Da der Vertragshändlervertrag zum anderen auf
eine Vielzahl von noch abzuschließenden Kaufverträgen gerichtet ist, auf Grund derer
vertragliche Hauptpflichten i. S. d. § 433 BGB entstehen, wohnen ihm auch (vorver-
tragliche) kaufrechtliche Elemente inne.[107] Der Vertragshändlervertrag ist daher ein
typengemischter Vertrag.

III. Rechte und Pflichten

1. Vertrag

Die Rechte und Pflichten des Herstellers und des Vertragshändlers hängen von der **101**
konkreten Ausgestaltung des Vertragshändlervertrags ab. Der Vertragshändlervertrag
unterliegt, soweit er – wie regelmäßig – vom Hersteller vorformuliert ist, der AGB-
Kontrolle nach § 307 BGB (vgl. dazu auch *Lettl*, Fall 11).

Beispiel: Ein formularmäßiger Direktlieferungsvorbehalt des Kfz-Herstellers des Inhalts, dass er die Groß-
abnehmer, die über einen Zeitraum von zwölf Monaten mindestens 50 Automobile abnehmen, selbst be-
liefern darf und dem Händler im Gegenzug für nachweisliche Absatzbeeinträchtigungen einen angemessenen Ausgleich zu gewähren hat, den der Hersteller ggf. nach billigem Ermessen bestimmt, ist wirksam.[108]
Ein formularmäßig vereinbartes Recht des Herstellers zur einseitigen Änderung des Grundrabatts verstößt
indes gegen § 307 BGB.[109]

Die vertragliche Verpflichtung des Vertragshändlers, seine Preise gegenüber Dritten in **102**
bestimmter Weise festzusetzen, darf nicht gegen Art. 101 AEUV und § 1 GWB verstoßen.

a) Pflichten des Vertragshändlers

Da der Vertragshändlervertrag als Rahmenvertrag eine Vielzahl von Kaufverträgen **103**
zwischen Hersteller und Vertragshändler zum Zwecke des Weiterverkaufs durch den

---

[107] *Canaris,* § 17 Rn. 10.
[108] BGHZ 164, 11, 15–19.
[109] BGHZ 124, 351, 361.

Vertragshändler an Dritte vorbereiten soll, trifft den Vertragshändler grundsätzlich die Pflicht zum Kauf der Vertragsprodukte, sofern die Möglichkeit zum Weiterverkauf besteht. In der Gestaltung der Verträge mit Dritten über den Weiterverkauf der Vertragsprodukte ist der Vertragshändler bis zur Grenze der Verletzung der Absatzförderungspflicht frei. Wegen der geschäftsbesorgungsrechtlichen Elemente des Vertragshändlervertrags ist der Vertragshändler zur Wahrnehmung der Interessen des Herstellers verpflichtet. Der konkrete Inhalt dieser Verpflichtung ist dem Vertragshändlervertrag – ggf. im Wege der Auslegung – zu entnehmen. So bestehen grundsätzlich ein Wettbewerbsverbot des Vertragshändlers[110] und ein Weisungsrecht des Herstellers im Hinblick auf die geschäftsbesorgungsrechtlichen Elemente des Vertragshändlervertrags (z. B. Art und Weise der Werbung).[111] Das Weisungsrecht des Herstellers bezieht sich aber nicht auf die kaufrechtlichen Elemente des Vertragshändlervertrags (z. B. Vertragsgestaltung, insbesondere Preisgestaltung, bei Verträgen mit Dritten). Da der Vertragshändler aber auch in eigenem Namen und auf eigene Rechnung gegenüber Dritten auftritt, sind Fremd- und Eigennützigkeit seines Handelns miteinander verbunden.

b) Pflichten des Herstellers

104 Der Kaufpflicht des Vertragshändlers steht die – sich ggf. im Wege der Auslegung ergebende – Verkaufspflicht des Herstellers gegenüber. Ergibt sich eine solche Pflicht nicht aus dem Vertrag, ist der Hersteller in seinen unternehmerischen Dispositionen in den Grenzen von Treu und Glauben (§ 242 BGB) frei.

105 Der Interessenwahrnehmungspflicht des Vertragshändlers steht die Vertragstreuepflicht des Herstellers gegenüber.

Beispiele: Die Vertragstreuepflicht erfordert von einem Hersteller, der einem Vertragshändler Gebietsschutz oder sogar ein Alleinvertriebsrecht einräumt, dass er nicht noch weitere Händler in diesem Gebiet einsetzt oder selbst in diesem Gebiet anbietet.[112] Andernfalls begeht er eine Pflichtverletzung i. S. d. §§ 280 I, 241 II BGB. – Die Vertragstreuepflicht des Herstellers kann auch darauf gerichtet sein, den Warenbestand des Vertragshändlers bei Vertragsbeendigung zurückzunehmen und ein Entgelt dafür zu entrichten.[113] Dies setzt voraus, dass der Händler vertraglich zur Vorhaltung des Warenbestands auf Grund des Vertragshändlervertrags verpflichtet ist und er die Vertragsbeendigung nicht selbst verschuldet hat.

106 Der Hersteller ist nicht zur Gleichbehandlung seiner Vertragshändler verpflichtet.[114] Diese sind gegenüber Ungleichbehandlungen durch Art. 102 AEUV, §§ 19, 20 GWB geschützt.

2. Anwendung der §§ 85 ff. HGB analog?

107 Die analoge Anwendung einzelner Regelungen der §§ 85 ff. HGB (insbesondere §§ 86, 86 a, 89, 89 a, 89 b, 90 a I 2 und 3 HGB) auf den Vertragshändler setzt voraus, dass **(a)** der Vertragshändler weitgehend ähnliche Funktionen wie ein Handelsvertreter übernimmt und **(b)** die Anwendbarkeit einzelner Regelungen des Handelsvertreterrechts auf Grund einer vergleichbaren Interessenlage geboten erscheint.

---

[110] *BGH* NJW 1984, 2101, 2102.
[111] *K. Schmidt,* § 28 II 2 c aa.
[112] Vgl. BGHZ 124, 351, 354.
[113] BGHZ 54, 341, 343 ff.; 128, 67, 70.
[114] *BGH* NJW 1984, 2101, 2102; *Canaris,* § 17 Rn. 49; **a. A.** *K. Schmidt,* § 28 II 2 c.

a) Ausübung ähnlicher Funktionen wie Handelsvertreter

Die Rechte und Pflichten eines Vertragshändlers können im Einzelfall denen eines Handelsvertreters stark angenähert sein. Daran fehlt es, wenn das Rechtsverhältnis zwischen dem Hersteller und dem Vertragshändler so ausgestaltet ist, dass es sich in einer bloßen Verkäufer-Käufer-Beziehung erschöpft. Das Rechtsverhältnis zwischen Hersteller und Vertragshändler oder die tatsächliche Handhabung kann den Vertragshändler aber so in die Absatzorganisation des Herstellers eingliedern, dass er eine wirtschaftlich in erheblichem Umfang einem Handelsvertreter vergleichbare Aufgabe zu erfüllen hat. Nach einer Ansicht ist dies das entscheidende Kriterium für die Funktionsverwandtschaft zwischen Vertragshändler und Handelsvertreter.[115] Nach anderer, methodisch überzeugender Ansicht ist für die Funktionsverwandtschaft zwischen Vertragshändler und Handelsvertreter auf die typusprägenden Pflichten des Handelsvertreters i. S. d. § 86 HGB abzustellen.[116] Nach beiden Ansätzen kommt es auf eine Gesamtbetrachtung unter Berücksichtigung der Umstände des Einzelfalls an. Für die Ausübung ähnlicher Funktionen wie der eines Handelsvertreters durch einen Vertragshändler spricht insbesondere, wenn der Vertragshändler vertraglich gegenüber dem Hersteller zur Befolgung von Weisungen verpflichtet ist. Weitere Indizien für die Funktionsverwandtschaft von Vertragshändler und Handelsvertreter können darin liegen, dass der Vertragshändler auf ein bestimmtes Vertragsgebiet festgelegt und insbesondere verpflichtet ist, den Vertrieb durch Werbung, Teilnahme an Messen und Ähnlichem zu fördern, den Geschäftsbetrieb in bestimmter Weise zu gestalten, Serviceleistungen zu erbringen, dem Hersteller regelmäßig über die Geschäftsentwicklung und alle Abschlüsse zu berichten und ihm Einsicht in die Geschäftsunterlagen zu gewähren.[117]

108

b) Vergleichbarkeit der Interessenlage

Da der Vertragshändler auf eigene Rechnung handelt, passen §§ 86b, 87, 87c, 87d, 88a, 91, 91a, 92–92b HGB für ihn nicht. Im Hinblick auf die Regelungen der §§ 89, 89a, 90a HGB besteht hingegen eine vergleichbare Interessenlage mit dem Handelsvertreterrecht auf Grund der „ständigen" Bindung des Vertragshändlers durch den Rahmenvertrag an den Hersteller.

109

§ 89b HGB (Ausgleichsanspruch) ist analog anzuwenden, wenn der Vertragshändler **(1)** in die Absatzorganisation des Herstellers in der Weise eingebunden ist, dass er wirtschaftlich in erheblichem Umfang einem Handelsvertreter vergleichbar Aufgaben als vertragscharakteristische Primärleistungspflichten i. S. d. § 86 I HGB zu erfüllen hat (nicht: bloße Verkäufer-Käufer-Beziehung), **(2)** der Vertragshändler vertraglich zur Überlassung des Kundenstamms – etwa durch laufende Unterrichtung des Herstellers während der Vertragslaufzeit oder durch Überlassung nach Vertragsbeendigung – verpflichtet ist, so dass **(3)** der Hersteller sich den Kundenstamm bei Vertragsbeendigung sofort und ohne Weiteres nutzbar machen kann.[118] Eine vertragliche Verpflichtung zur Überlassung des Kundenstamms muss sich nicht notwendig aus

110

---

[115] BGHZ 54, 338, 341; 93, 29, 59; *BGH* WM 1994, 243, 244; NJW 2000, 1413.
[116] *Canaris,* § 17 Rn. 16 f.
[117] *Canaris,* § 17 Rn. 16 f.
[118] *BGH* NJW 2000, 1413, 1414; WM 2007, 1983 Rn. 13; WM 2015, 535 Rn. 14.

dem Vertragshändlervertrag ergeben. Sie kann auch auf Grund anderer, dem Vertragshändler auferlegter Pflichten bestehen.

Beispiele: Der Vertragshändler eines Kfz-Herstellers ist zur Überlassung des Kundenstamms verpflichtet,
wenn er jede Bestellung/Zulassung eines Neufahrzeugs über EDV an den Hersteller melden muss.[119]
Keine Pflicht zur Überlassung des Kundenstamms an den Hersteller liegt hingegen in der Verpflichtung
des Vertragshändlers, Kundendaten an ein vom Hersteller unabhängiges Marketingunternehmen für Wer-
bezwecke zu übermitteln.[120] Denn das Marketingunternehmen ist auch ohne besondere Vereinbarung
nach Beendigung des Vertragshändlervertrags verpflichtet, die Kundendaten an den Vertragshändler zu
übermitteln und bei sich zu löschen.

111 Welchen Zweck der Hersteller mit der vertraglich begründeten Verpflichtung zur Of-
fenbarung verfolgt, ist ebenso unerheblich wie die Frage, ob die Übermittlung der
Kundendaten lückenlos zu erfolgen hat.[121]

112 Ergeben sich aus dem Vertrag keine Anhaltspunkte für eine Pflicht des Vertragshändlers zur Überlassung des Kundenstamms, kommt eine analoge Anwendung von § 89b
HGB nach Auffassung der Rechtsprechung nicht in Betracht.[122] Denn eine bloß faktische Kontinuität des Kundenstamms rechtfertige eine solche Analogie nicht. Nach
h. L.[123] ergibt sich die Pflicht des Vertragshändlers zur Überlassung des Kundenstamms aber auch ohne Anhaltspunkte im Vertrag nach § 675 I BGB i. V. m. § 666
BGB oder im Wege ergänzender Vertragsauslegung. Danach steht das Fehlen von An-
haltspunkten im Vertrag für eine Pflicht des Vertragshändlers zur Überlassung des
Kundenstamms einer analogen Anwendung von § 89b HGB nicht entgegen. Einigkeit besteht darin, dass keine analoge Anwendung von § 89b HGB in Betracht
kommt, wenn die Verpflichtung des Vertragshändlers zur Überlassung des Kundenstamms vertraglich ausgeschlossen ist, sofern darin nicht ein nach § 89b IV HGB analog unzulässiger Umgehungsversuch des Herstellers liegt.[124]

113 Ist § 89b HGB analog zu Gunsten des Vertragshändlers anwendbar, setzt ein Ausgleichsanspruch des Vertragshändlers das Vorliegen der Voraussetzungen des § 89b
HGB voraus. Insoweit sind die hierzu angestellten Erwägungen[125] grundsätzlich entsprechend heranzuziehen. Insbesondere schließt eine Sogwirkung der Marke des Herstellers die Mitursächlichkeit der Tätigkeit des Vertragshändlers nicht aus, doch ist
diese bei der Billigkeitsprüfung nach § 89b I Nr. 2 HGB zu berücksichtigen.[126] Der
Berechnung sind grundsätzlich die innerhalb des letzten Jahres auf den Listenpreis gewährten Rabatte zu Grunde zu legen.[127] Davon ist jedoch nur der Teil zu berücksichtigen, den der Vertragshändler für Umsätze mit von ihm neu geworbenen Stammkunden erhalten hat, weil nur mit diesen Kunden eine Geschäftsverbindung i. S. d. § 89b
I 1 Nr. 1 HGB besteht.[128] Das Gericht darf die Höhe des Ausgleichsanspruchs auch
im Wege der Schätzung nach § 287 ZPO ermitteln. Dies kommt insbesondere für

---

[119] *BGH* NJW 2000, 1413, 1414.
[120] *BGH* NJW 1996, 2159, 2160 f.
[121] *BGH* NJW 2000, 1413, 1414.
[122] *BGH* NJW 1994, 657, 658; NJW 1996, 2159, 2160; NJW-RR 1998, 390, 391.
[123] Vgl. z. B. *Canaris,* § 17 Rn. 26.
[124] *BGH* NJW 1996, 2159, 2160; NJW-RR 1998, 390, 391.
[125] Vgl. dazu Rn. 44–62.
[126] *BGH* NJW 1983, 2877, 2879.
[127] *BGH* NJW 1996, 2302 f.
[128] *BGH* NJW 1999, 2668.

einen in jedem Fall gegebenen Mindestausgleichsanspruch in Betracht, wenn greifbare Anhaltspunkte für eine Schätzung (z. B. unstreitiger Bruttoeinkaufsumsatz, vertraglich festgelegte Rabatte und Stammkundenanteil) gegeben sind.[129] Allein § 89b II HGB passt für den Vertragshändler nicht, da er keine Provision bezieht, sondern eigene Gewinne erwirtschaftet. Daher ist insoweit danach zu fragen, welchen Betrag ein vergleichbarer Handelsvertreter an Provision verdient hätte.[130]

IV. Verhältnis Vertragshändler – Dritte

Im Außenverhältnis gegenüber Dritten handelt der Vertragshändler in eigenem Namen und auf eigene Rechnung. Er ist also selbst Vertragspartei und hat grundsätzlich keine Vollmacht zur Vertretung des Herstellers. So kann der Dritte gegenüber dem Vertragshändler einen Anspruch auf Lieferung haben. Zur Erfüllung dieses Anspruchs bedarf der Vertragshändler seinerseits der Erfüllung durch den Hersteller. Um insoweit einen Gleichlauf zu erlangen oder – anders gewendet – eine Deckungslücke zu Lasten des Vertragshändlers zu vermeiden, kann der Vertragshändler eine längere Frist für die Annahme des Antrags des Dritten vereinbaren, innerhalb derer der Vertragshändler Klarheit im Hinblick auf einen entsprechenden eigenen Erfüllungsanspruch gegenüber dem Hersteller schaffen kann.[131] 114

Der Vertragshändler kann sich auch dadurch schützen, dass er – grundsätzlich auch in AGB[132] – seine Leistungspflicht unter den Vorbehalt „richtiger und rechtzeitiger Selbstbelieferung" stellt (**Selbstbelieferungsklausel**).[133] Andernfalls trifft den Vertragshändler eine verschuldensunabhängige Einstandspflicht (Übernahme eines Beschaffungsrisikos i. S. d. § 276 I 1 BGB). Der Vertragshändler darf sich hier nur dann auf die unterbliebene oder nicht vertragsgemäße Belieferung durch den Hersteller wegen Wegfalls der Geschäftsgrundlage (§ 313 BGB) berufen, wenn dies nicht vorhersehbar war und er sich in ausreichender Weise um die Belieferung durch den Unternehmer – z. B. mit der Androhung von Schadensersatzansprüchen – bemüht.[134] 115

F. Franchisenehmer

I. Begriff

1. Merkmale

Franchisenehmer sind in eigenem Namen und auf eigene Rechnung tätig. Sie sind durch einen Rahmenvertrag in die Vertriebsorganisation des Franchisegebers eingegliedert. Dieser Vertrag legt das Vertriebs- und Organisationskonzept fest. Der Franchisenehmer hat für die Nutzung der ihm überlassenen Ressourcen (z. B. *Know-how*, Marken, Bezugsquellen, Werbung) ein Entgelt, die Franchisegebühr, zu entrichten. 116

Beispiele: OBI; Sixt-Autovermietung; Benetton.

---

[129] *BGH* NJW 2000, 1413, 1415.
[130] BGHZ 68, 340, 348; *BGH* WM 1992, 825, 829.
[131] BGHZ 93, 29, 44.
[132] Zu den Wirksamkeitsanforderungen vgl. im Einzelnen BGHZ 124, 351, 358f.
[133] *Canaris,* § 17 Rn. 52.
[134] *BGH* NJW 1994, 515, 516.

117 Entscheidend sind danach fünf Merkmale für den Begriff des Franchisenehmers: Ein **(1)** selbständiger Unternehmer i. S. d. § 84 I HGB ist **(2)** mit einem anderen Unternehmen durch einen Rahmenvertrag verbunden (Einbindung in ein einheitliches Organisations- und Vertriebskonzept) und **(3)** bietet auf Grund der sich aus dem Rahmenvertrag ergebenden ständigen Betrauung in eigenem Namen und auf eigene Rechnung gegenüber Dritten Produkte an, wobei er **(4)** nach außen im Rahmen eines einheitlichen Erscheinungsbildes, insbesondere unter einem bestimmten Namen auftritt und **(5)** die Ressourcen des anderen Unternehmens gegen Entgelt (Franchisegebühr) nutzt. In der Verpflichtung des Franchisenehmers zur Entrichtung von Franchisegebühren liegt das entscheidende Kriterium für die Abgrenzung des Franchisevertrags vom Vertragshändlervertrag.[135] Der wesentliche Unterschied zwischen Franchisenehmer und Kommissionär/Kommissionsagent liegt darin, dass der Franchisenehmer auf eigene Rechnung handelt.[136] Denn er erwirbt entgeltlich die Ware oder Dienstleistung des Franchisegebers und darf den Erlös aus dem Absatzgeschäft mit einem Dritten für sich vereinnahmen. Der für fremde Rechnung tätige Kommissionär/Kommissionsagent erhält hingegen lediglich eine Provision (§ 396 HGB).

118 Die Abgrenzung des Franchisenehmers vom Arbeitnehmer[137] erfolgt dadurch, dass Franchisenehmer nur ein selbständiger Unternehmer i. S. d. § 84 I HGB[138] sein kann. Je stärker der Franchisenehmer nach dem Vertrag und seiner tatsächlichen Handhabung in seiner Selbständigkeit beschränkt ist, desto eher ist er als arbeitnehmerähnlich anzusehen, so dass zu seinem Schutz das Arbeitsrecht eingreift.[139] Für Klagen eines Arbeitnehmers (§ 5 I 1 ArbGG) oder einer arbeitnehmerähnlichen Person (§ 5 I 2 ArbGG) sind die Arbeitsgerichte zuständig (§ 2 I Nr. 3 Buchst. a ArbGG).

2. Unterscheidung nach dem Vertragsgegenstand

119 Begrifflich sind verschiedene Formen des Franchisings unter Anknüpfung an den Vertragsgegenstand zu unterscheiden, wobei sich freilich Überschneidungsbereiche ergeben können. Beim Produktionsfranchising stellt der Franchisenehmer das Produkt selbst her, wobei er hierbei *Know-how* des Franchisegebers (z. B. Betriebshandbücher, Patent) nutzt.

Beispiele: Franchisenehmer stellen das Getränk Coca-Cola nach den Anweisungen der Firma Coca-Cola her. Die Betreiber von McDonald's Restaurants bereiten Speisen und Getränke nach den Betriebshandbüchern der Firma McDonald's zu.[140]

120 Beim Vertriebsfranchising setzt der Franchisegeber die Franchisenehmer beim Vertrieb seiner Produkte auf Grund eines besonderen Konzepts ein.

Beispiel: Bekleidungshersteller Benetton setzt die Betreiber von Bekleidungsboutiquen zum Absatz seiner Produkte unter Vorgaben zur Gestaltung der Ladenräume ein.

121 Beim Dienstleistungsfranchising nutzt der Franchisenehmer ein bestimmtes Konzept des Franchisegebers zur Erbringung von Dienstleistungen.

---

[135] *Canaris,* § 18 Rn. 7.
[136] *BGH* NJW-RR 2003, 1056, 1058.
[137] BGHZ 140, 11, 20 ff.; *BAG* NJW 1997, 2973, 2974; *BGH* NJW 1995, 2355, 2356.
[138] Vgl. dazu bereits Rn. 9.
[139] *BGH* NJW 1999, 218, 220; *BAG* NJW 1999, 2973, 2974.
[140] Vgl. den Fall von *BGH* NJW 1985, 1894.

Beispiel: Der Franchisenehmer nutzt das vom Franchisegeber entwickelte Konzept zur chemischen Reinigung von Sachen.

3. Unterscheidung nach Über- und Unterordnung

Der Franchisenehmer kann in das Absatzsystem des Franchisegebers einbezogen und   122
den Weisungen des Franchisegebers unterworfen sein **(Subordinationsfranchising).**
Es handelt sich hierbei um das vertikale Franchising, weil der Franchisenehmer dem
Endabnehmer um eine Marktstufe näher steht. Dem wird teilweise das wesentlich sel-
tenere horizontale Franchising, das durch ein partnerschaftlich-gleichberechtigtes Zusammenwirken von Franchisegeber und Franchisenehmer gekennzeichnet ist, gegen-
übergestellt (**Koordinationsfranchising** oder **Partnerschaftsfranchising**).[141] Doch
sollte man diese Form unternehmerischen Zusammenwirkens nicht dem Begriff des
Franchisings zuordnen, da dieser Begriff andernfalls nahezu jegliche Abgrenzungs-
funktion verlöre.

II. Rechtsnatur

Der Franchisevertrag ist eine Unterart des Vertragshändlervertrags. Da der Franchise-   123
nehmer das Konzept des Franchisegebers anwenden sowie dessen Produktabsatz fördern und der Franchisegeber den Franchisenehmer bei dieser Tätigkeit unterstützen
soll, hat der Franchisevertrag wie der Vertragshändlervertrag und der Handelsvertretervertrag geschäftsbesorgungs- und dienstrechtlichen Charakter (§ 675 I BGB i. V. m.
§§ 611 ff. BGB). Die Besonderheit des Franchisevertrags gegenüber dem Vertragshändlervertrag besteht darin, dass der Franchisenehmer gegen eine Gebühr das Recht
zur Herstellung und/oder zum Vertrieb eines bestimmten Produkts unter Überlassung
der erforderlichen Ressourcen (*Know-how*, Marke, Werbung, Beratung etc.) erhält.
Daher kann der Franchisevertrag als typengemischter Vertrag je nach Gestaltung im
Einzelfall neben Elementen der dienstvertraglichen Geschäftsbesorgung auch Elemente der Rechtspacht, der Miete, des Kaufs und des Lizenzvertrags enthalten.[142]

III. Rechte und Pflichten

1. Vertrag

Die Rechte und Pflichten des Franchisegebers und des Franchisenehmers ergeben sich   124
aus dem Franchisevertrag, sofern dieser wirksam ist.

a) Pflichten des Franchisenehmers

aa) Konzeptanwendung

Nach dem Franchisevertrag obliegt dem Franchisenehmer regelmäßig insbesondere   125
die Pflicht, das Konzept des Franchisegebers in der vom Franchisegeber vorgegebenen
Art und Weise anzuwenden. Nur dadurch lässt sich das für den Erfolg am Markt so
wichtige einheitliche Auftreten nach außen und die Gewährleistung bestimmter Qua-
litätsstandards sicherstellen.

---

[141] So z. B. *Martinek,* Moderne Vertragstypen, Bd. II, 1992, S. 62 ff.
[142] Vgl. auch *BGH* NJW 1999, 1177; *K. Schmidt,* § 28 II 3 c.

Beispiel: Franchisenehmer A, Betreiber eines Fast-Food-Restaurants, muss auf Grund des Franchisever-trags mit dem Franchisegeber B „Hamburger" mit einer Grilltemperatur von 177 °C zubereiten sowie de-taillierte Vorgaben zur Bedienung und Sauberkeit einhalten.

126 Die vertragliche Verpflichtung des Franchisenehmers, seine Preise gegenüber Dritten in bestimmter Weise festzusetzen, kann gegen Art. 101 AEUV und § 1 GWB ver-stoßen.

bb) Entrichtung der Franchisegebühren

127 Der Franchisenehmer ist nach dem Franchisevertrag verpflichtet, Franchisegebühren an den Franchisegeber als Gegenleistung für die Überlassung von *Know-how* etc. zu leisten. Sie bestehen häufig in einer festen Eintrittsgebühr *(entry fee)* bei Vertrags-beginn und einer laufenden Umsatzbeteiligung z. B. in Höhe von 5 % des Umsatzes *(franchise fee).*

cc) Abnahme der Produkte des Franchisegebers

128 Der Franchisenehmer kann vertraglich verpflichtet sein, von den Produkten des Fran-chisegebers eine bestimmte Mindestmenge abzunehmen. Es kann sich dann um einen Ratenlieferungsvertrag i. S. d. §§ 510 I, 513 BGB handeln,[143] der der Schriftform be-darf (§ 510 II BGB) und den der Franchisenehmer nach § 355 BGB widerrufen kann (§ 510 I 1 BGB).

b) Pflichten des Franchisegebers

aa) Vorvertragliche Pflichten

129 Den Franchisegeber treffen gegenüber dem Franchisenehmer vor Vertragsabschluss Aufklärungspflichten, deren Umfang von den Umständen des Einzelfalls abhängig ist. Eine Verletzung dieser Pflicht begründet einen Schadensersatzanspruch des Franchise-nehmers nach §§ 280 I, 311 II, 241 II BGB, der auf den Ersatz des gesamten Vertrau-ensschadens gerichtet ist.

Beispiel: Teilt Franchisegeber A Franchisenehmer B vor Vertragsschluss nicht mit, dass einige Franchise-nehmer von B ihr Unternehmen mangels Rentabilität aufgeben mussten, kann darin die Verletzung einer vorvertraglichen Aufklärungspflicht liegen.

130 Auch darf der Franchisegeber – z. B. in einem Prospekt – keine unzutreffenden An-gaben etwa über die Bekanntheit des Systems, zu erzielende Gewinne oder den finan-ziellen Aufwand des Franchisenehmers machen. Andernfalls haftet er gegenüber dem Franchisenehmer auf Schadensersatz nach §§ 280 I, 311 II, 241 II BGB. Etwaige Ge-währleistungsregeln (z. B. §§ 536 ff. BGB) schließen dies nicht aus.

bb) Förderung des Franchisenehmers

131 Der Inhalt der Pflicht des Franchisegebers zur Förderung des Franchisenehmers ist je nach Vertragsgestaltung unterschiedlich.

Beispiele: Der Inhalt der Pflicht des Franchisegebers zur Förderung des Franchisenehmers kann auf die Unterstützung bei der Einarbeitung des Franchisenehmers in das Konzept des Franchisegebers und auf die Durchführung von Werbung gerichtet sein.

---

[143] Vgl. BGHZ 97, 351, 356f. (zur Vorgängerregelung des § 1 c Nr. 3 AbzG a. F.).

cc) Gewährleistung

Im Hinblick auf pachtrechtliche Pflichten des Franchisegebers kann sich dessen Ge- **132** währleistungshaftung nach §§ 581 II, 536 ff. BGB ergeben. Ein Mangel liegt aber nicht schon dann vor, wenn der Einsatz des Konzepts des Franchisegebers nicht zur Erzielung von Gewinnen beim Franchisenehmer führt. Denn die Erzielung von Gewinnen hängt auch, wenn nicht sogar in erster Linie, vom Geschick des Franchisenehmers ab. Ein Mangel kommt aber in Betracht, wenn das Konzept auch bei optimalem Einsatz des Franchisenehmers und optimaler Marktentwicklung keine nachhaltige Gewinnerzielung ermöglicht.[144]

dd) Rücksichtnahme

Dem Franchisegeber obliegen – wie umgekehrt auch dem Franchisenehmer – Rück- **133** sichtspflichten, bei deren Verletzung eine Schadensersatzpflicht nach §§ 280 I, 241 II BGB in Betracht kommt.

Beispiel: Franchisegeber A versucht mittels Schockwerbung auf sein Unternehmen und seine Produkte aufmerksam zu machen. So bildet er eine ölverschmutzte Ente ab und bringt darunter den Schriftzug seiner Firma an. A glaubt, dadurch Sympathie bei den Verbrauchern zu erlangen, dass er mit der Abbildung auf die stetig voranschreitende Umweltverschmutzung aufmerksam macht. Diese Erwartung erfüllt sich nicht. Im Gegenteil. Es kommt zu erheblichen Umsatzeinbußen bei den Franchisenehmern von A, die allein unter dem Namen von A nach außen hin auftreten dürfen. Franchisenehmer B verlangt daraufhin von A Schadensersatz. Ein solcher Anspruch setzt nach §§ 280 I, 241 II BGB zunächst eine Pflichtverletzung voraus. Da dem Franchisegeber bei seinen unternehmerischen Entscheidungen ein gewisser Ermessensspielraum zuzugestehen ist, kommt eine Verletzung der Pflicht zur Rücksichtnahme auf die Belange der Franchisenehmer aber nicht in Betracht, solange die Schädigung der Franchisenehmer durch die Schockwerbung nicht vorhersehbar ist.[145] Für einen Anspruch von B gegen A auf Schadensersatz nach § 823 I BGB fehlt es bereits an einem betriebsbezogenen Eingriff.[146]

2. Analoge Anwendung der §§ 85 ff. HGB

Soweit die Rechte und Pflichten des Franchisenehmers ähnlich wie die eines Handels- **134** vertreters ausgestaltet sind, kommt die analoge Anwendung von Handelsvertreterrecht in Frage. Insoweit ist wegen der Ähnlichkeiten von Franchisenehmer und Vertragshändler grundsätzlich auf die hierzu für den Vertragshändler angestellten Erwägungen und insbesondere die zweistufige Analogieprüfung zu verweisen.[147] Danach passt z. B. § 87 d HGB für den Franchisenehmer nicht, da er auf eigene Rechnung handelt. Demgegenüber können z. B. §§ 85, 89,[148] 89 a, 90 a HGB sowie § 624 BGB nach ihrem Sinn und Zweck auch Geltung für einen Franchisevertrag beanspruchen.

Beispiel: Franchisenehmer A, Betreiber eines Fast-Food-Restaurants, ist gegenüber Franchisegeber B verpflichtet, für die Zubereitung von „Hamburgern" die Grilltemperatur von 177 °C sowie die Richtlinien über Bedienung und Sauberkeit einzuhalten. A verstößt mehrmals gegen diese Vorgaben. B kann den Franchisevertrag aus wichtigem Grund nach § 89 a HGB analog innerhalb angemessener Frist nach Kenntniserlangung von den Vertragsverstößen des A (vgl. § 314 III BGB) kündigen.[149]

---

[144] *Canaris,* § 18 Rn. 54.
[145] *BGH* NJW 1997, 3304, 3307.
[146] Zum Begriff des betriebsbezogenen Eingriffs vgl. bereits § 4 Rn. 117–119.
[147] Vgl. dazu Rn. 107–113.
[148] *BGH* NJW-RR 2002, 1554, 1555 f.
[149] Vgl. den Fall von *BGH* NJW 1985, 1894, 1895.

135 Für die ordentliche Kündigung ist insgesamt § 89 HGB und nicht etwa für den pacht-
rechtlichen Bestandteil des Vertrags § 584 BGB anzuwenden.[150] Dem Franchisenehmer kann unter den für den Vertragshändler genannten Voraussetzungen[151] auch ein
Ausgleichsanspruch nach § 89b HGB analog zustehen.[152] Nach überzeugender Auffassung von Teilen des Schrifttums besteht ein solcher Anspruch darüber hinaus auch
schon dann, wenn zwar keine rechtliche Verpflichtung des Franchisenehmers zur
Übertragung des Kundenstamms besteht, aber – wie regelmäßig – der vom Franchisenehmer geworbene Kundenstamm nach Beendigung des Franchisevertrags lediglich
tatsächlich beim Franchisegeber verbleibt.[153] Für Franchiseverträge, die ein im wesentlichen anonymes Massengeschäft betreffen (z. B. Handwerksbäckerei), nimmt der
BGH indes an, dass die bloß faktische Kontinuität des Kundenstamms die analoge
Anwendung von § 89b HGB nicht rechtfertige, da insoweit keine hinreichende Ähn-
lichkeit der Interessenlage bestehe.[154] Denn der Franchisenehmer handele im eigenen
Namen und für eigene Rechnung, so dass er – anders als der Handelsvertreter – mit
dem Aufbau eines Kundenstamms in erster Linie ein eigenes und kein fremdes Geschäft besorge.[155]

IV. Verhältnis Franchisenehmer – Dritte

136 Im Außenverhältnis gegenüber Dritten handelt der Franchisenehmer in eigenem Namen und auf eigene Rechnung. Er ist also selbst Vertragspartei und hat grundsätzlich
keine Vollmacht zur Vertretung des Herstellers. Angesichts des einheitlichen Auftretens der Franchisenehmer unter einem bestimmten Namen – meist dem Namen des
Franchisegebers – kann der Franchisenehmer mit seinem Handeln aber nicht nur sich
selbst, sondern auch den Franchisegeber verpflichten. Dies setzt voraus, dass das Auftreten unter dem Namen des Franchisegebers den Rechtsschein eines Handelns auch
für den Franchisegeber begründet.[156] Sofern bei Vertragsschluss jedoch nicht weitere
Umstände vorliegen, führt allein der Umstand, dass innerhalb eines Franchisesystems
Marken oder sonstige Kennzeichen einheitlich als Bestandteil zur Bildung von weitere
Bestandteile enthaltenden Firmen oder sonstigen geschäftlichen Bezeichnungen Verwendung finden, nicht zur Verpflichtung des Franchisegebers oder anderer Franchisenehmer nach Rechtsscheingrundsätzen[157]. Denn nehmen verschiedene jeweils selbständige Unternehmen unter lediglich ähnlichen Bezeichnungen im Rahmen eines
Franchisesystems am Rechtsverkehr teil, ist nach den Grundsätzen über unternehm-
mensbezogene Geschäfte (§ 6 Rn. 5 ff.) regelmäßig lediglich der Inhaber desjenigen
Unternehmens berechtigt und verpflichtet, in dessen Tätigkeitsbereich das rechtsgeschäftliche Handeln fällt (z. B. bei Erteilung eines Werkstattauftrags durch einen
Angestellten des Franchisenehmers ist Letzterer allein Vertragspartei). Der Franchisenehmer wiederum kann gegenüber Dritten wegen Pflichtverletzung auch auf Grund
eines schuldhaften Verhaltens des Franchisegebers haften, soweit der Franchisegeber

---

[150] *Canaris,* § 18 Rn. 27.
[151] Vgl. dazu Rn. 110–113.
[152] MünchKomm/*Ströbl,* § 89b Rn. 28; *Canaris,* § 18 Rn. 29; *K. Schmidt,* § 28 III 2a aa.
[153] *Martinek,* Franchising, 1987, S. 363 ff., 366; *Köhler,* NJW 1990, 1689, 1691, 1693 f.
[154] *BGH* WM 2015, 535 Rn. 17.
[155] *BGH* WM 2015, 535 Rn. 17.
[156] *Canaris,* § 18 Rn. 70.
[157] *BGH* DB 2008, 812, 813.

Erfüllungsgehilfe des Franchisenehmers i. S. d. § 278 BGB ist. Ein anderer Ansatz gewährt dem Dritten in diesen Fällen grundsätzlich lediglich einen vertraglichen Anspruch unmittelbar gegen den Franchisegeber, weil der Franchisevertrag insoweit Schutzwirkung für Dritte entfalte.[158] Der Franchisenehmer ist regelmäßig Verrichtungsgehilfe des Franchisegebers i. S. d. § 831 I 1 BGB.

---

[158] *Canaris,* § 18 Rn. 77; *Teubner,* ZHR 154 (1990), 295, 297.

§ 8. Handelsbücher

A. Grundlagen

I. Vorgaben des Unionsrechts

1 Das Unionsrecht enthält verschiedene Vorgaben für die Gestaltung des Rechts der Rechnungslegung durch die Mitgliedstaaten. So sind nach der Verordnung EG Nr. 1606/2002 betreffend die Übernahme bestimmter internationaler Rechnungs-legungsstandards (IAS-Verordnung)[1] börsennotierte Konzernmuttergesellschaften ver-pflichtet, ihre konsolidierten Abschlüsse auf der Grundlage der *International Accoun-ting Standards* (IAS)/*International Financial Reporting Standards* (IFRS) zu erstellen. Die Verordnung ermächtigt die Mitgliedstaaten dazu, die Standards von IAS und IFRS auf alle Einzel- und Konzernabschlüsse von Kapitalgesellschaften zu erstrecken. Die IFRS stellen international einheitliche Rechnungslegungsgrundsätze dar. Sie sol-len die Transparenz und Vergleichbarkeit von Jahresabschlüssen gewährleisten, indem sie den Adressaten der Rechnungslegung nützliche Informationen vermitteln.

2 Weitere Vorgaben für die Gestaltung des Rechts der Rechnungslegung durch die Mit-gliedstaaten enthalten die Bilanzrichtlinie 2013/34/EU[2], die Abschlussprüferrichtlinie 2006/43/EG[3], die Fair-Value-Richtlinie 2001/65/EG[4] und die Modernisierungsricht-linie 2003/51/EG[5].

II. Rechnungslegung nach HGB

1. Systematik

3 Das dritte Buch des HGB ist mit „Handelsbücher" überschrieben und betrifft die Rechnungslegung. Die Rechnungslegung ist auf die interne Situation eines kaufmän-nischen Unternehmens gerichtet, wohingegen sich die Publizität nach außen wendet. Das dritte Buch des HGB beginnt mit den Rechnungslegungspflichten für alle Kauf-leute (§§ 238–263 HGB), an die sich ergänzende Vorschriften für Kapitalgesellschaf-ten und bestimmte Personenhandelsgesellschaften (§§ 264–335c HGB), insbeson-dere Konzerne (§§ 290–315e HGB), eingetragene Genossenschaften (§§ 336–339 HGB) und Unternehmen bestimmter Geschäftszweige (§§ 340–341y HGB) wie Kre-ditinstitute und Finanzdienstleistungsinstitute (§§ 340–340o HGB) anschließen. Die Rechnungslegungsvorschriften des HGB sind daher zum Teil rechtsform- und ge-schäftszweigabhängig. Das HGB knüpft an die zeitliche Reihenfolge der zu erfüllen-den Pflichten an. Denn den Vorschriften über die Buchführung und das Inventar (§§ 238–241a HGB) folgen die Bestimmungen über Eröffnungsbilanz und Jahres-abschluss (§§ 242–315e HGB), Prüfung (§§ 316–324a HGB) und Offenlegung

---

[1] ABl. EG v. 11.9.2002, Nr. L 243, S. 1; vgl. auch Verordnung EG Nr. 1725/2003, ABl. EG v. 29.9.2003, Nr. L 261, S. 1 und der Verordnung EG Nr. 1004/2008, ABl. EU v. 16.10.2008, Nr. L 257, S. 137.
[2] ABl. EU v. 29.6.2013, Nr. L 182, S. 19.
[3] ABl. EU v. 9.6.2016, Nr. L 157, S. 87.
[4] ABl. EG v. 27.10.2001, Nr. L 283, S. 28.
[5] ABl. EU v. 17.7.2003, Nr. L 178, S. 16; vgl. auch Richtlinie 2006/43/EG, ABl. EU v. 9.6.2006, Nr. L 157, S. 87 und Richtlinie 2006/46/EG, ABl. EU v. 16.8.2006, Nr. L 224, S. 1.

(§§ 325–329 HGB). Teilweise ergänzen oder verdrängen Sonderregeln die Vorschriften des HGB über die Rechnungslegung.

Beispiele: §§ 150–176 AktG; §§ 42–42a GmbHG; § 33 GenG; §§ 25–31 KWG.

Neben der handelsrechtlichen Rechnungslegungspflicht besteht eine steuerrechtliche 4 Rechnungslegungspflicht (§§ 140 ff. AO), die auch für Nichtkaufleute gelten kann (§ 141 AO).

2. Pflichten

a) Pflichten aller Kaufleute

Nach § 238 I 1 HGB ist jeder Kaufmann verpflichtet, Bücher zu führen und in diesen 5 seine Handelsgeschäfte und die Lage seines Vermögens nach den Grundsätzen ordnungsmäßiger Buchführung ersichtlich zu machen. Die Buchführung muss so beschaffen sein, dass sie einem sachverständigen Dritten innerhalb angemessener Zeit einen Überblick über die Geschäftsvorfälle und über die Lage des Unternehmens vermitteln kann (§ 238 I 2 HGB). Die Geschäftsvorfälle müssen sich in ihrer Entstehung und Abwicklung verfolgen lassen (§ 238 I 3 HGB). § 240 I HGB begründet die Verpflichtung für jeden Kaufmann, ein Inventar über seine Vermögensgegenstände und Schulden aufzustellen. Nach § 242 I 1 HGB muss ein Kaufmann einen das Verhältnis seines Vermögens und seiner Schulden darstellenden Abschluss aufstellen. Geschieht dies zu Beginn seines Gewerbebetriebs, handelt es sich bei dieser Aufstellung um die Eröffnungsbilanz, in der Folgezeit um die Bilanz. Sie ist am Schluss eines jeden Geschäftsjahres zu erstellen und bildet in Verbindung mit der Gewinn- und Verlustrechnung den Jahresabschluss (§ 242 III HGB). Die Pflichten nach §§ 238, 240 und 242 HGB treffen nur einen Kaufmann i. S. d. § 1 HGB, § 2 HGB, § 3 HGB oder § 6 HGB (Ausnahmen in § 242 IV HGB). Sie gelten daher nicht für den bloßen Fiktivkaufmann,[6] Kleingewerbetreibende, soweit sie nicht in das Handelsregister eingetragen sind,[7] und andere Unternehmer (z. B. Freiberufler).

b) Weitere Pflichten für Kapitalgesellschaften

Für Kapitalgesellschaften gelten gegenüber den allgemeinen Regeln für Kaufleute insbesondere aus Gründen des Gläubigerschutzes strengere Rechnungslegungsvorschriften. Die Zweiteilung, die sich auf Grund dieser strengeren Rechnungslegungsvorschriften ergibt, soll verhindern, dass diese Rechnungslegungsvorschriften auch für Einzelkaufleute und Personengesellschaften gelten. Daher kommt eine analoge Anwendung dieser Regelungen auf Einzelkaufleute und Personengesellschaften nicht in Betracht. Kapitalgesellschaften müssen den Jahresabschluss um einen Anhang erweitern (§ 264 I 1 HGB), der die Bilanz sowie die Gewinn- und Verlustrechnung nach §§ 284 ff. HGB erläutert (besondere Regelung für kapitalmarktorientierte Kapitalgesellschaften i. S. d. § 264d HGB in § 264 I 2 HGB). Der Jahresabschluss ist innerhalb kurzer Frist aufzustellen (§ 264 I 3 HGB). Er muss nach § 264 II 1 HGB unter Beachtung der Grundsätze ordnungsgemäßer Buchführung ein den tatsächlichen Verhältnissen entsprechendes Bild der Vermögens-, Finanz- und Ertragslage der Kapitalgesellschaft vermitteln (Einblicksgebot). Führen besondere Umstände dazu, dass der

---

[6] Baumbach/Hopt/*Merkt,* § 238 Rn. 8; **a. A.** Großkomm/*Hüffer,* § 238 Rn. 8.
[7] Koller/Kindler/Roth/Drüen/*Morck,* § 238 Rn. 1.

Jahresabschluss diesem Gebot nicht genügt, sind im Anhang zusätzliche Angaben zu machen (§ 264 II 2 HGB). Für die Bilanz und die Gewinn- und Verlustrechnung von Kapitalgesellschaften sind verbindliche Gliederungsschemata vorgesehen (§§ 266, 275 HGB), die teilweise im Einzelnen erläutert sind. So ist die Position „A. Eigenkapital" i. S. d. § 266 III HGB in § 272 HGB näher dargestellt.

7 Kapitalgesellschaften müssen außerdem einen Lagebericht erstellen, der den Geschäftsverlauf einschließlich des Geschäftsergebnisses und die Lage der Kapitalgesellschaft so darstellt, dass ein den tatsächlichen Verhältnissen entsprechendes Bild vermittelt wird (§ 289 I 1 HGB). Er hat eine ausgewogene und umfassende, dem Umfang und der Komplexität der Geschäftstätigkeit entsprechende Analyse des Geschäftsverlaufs und der Lage der Gesellschaft zu enthalten (§ 289 I 2 HGB). Auch hier zeigt sich, dass die Rechnungslegungspflichten je nach Rechtsform des kaufmännischen Unternehmens unterschiedlichen Umfang haben.

c) Weitere Pflichten für bestimmte Personenhandelsgesellschaften

8 Die allgemeinen sowie die für Kapitalgesellschaften geltenden besonderen Rechnungslegungsvorschriften gelten auch für eine oHG und eine KG, bei denen nicht wenigstens ein persönlich haftender Gesellschafter (1) eine natürliche Person (§ 264 a I Nr. 1 HGB) oder (2) eine oHG, KG oder andere Personengesellschaft mit einer natürlichen Person als persönlich haftendem Gesellschafter ist (§ 264 a I Nr. 2 HGB).

d) Weitere Pflichten für einen Konzern

9 Eine Kapitalgesellschaft (Mutterunternehmen) mit Sitz im Inland hat in den ersten fünf Monaten des Konzerngeschäftsjahrs für das vergangene Konzerngeschäftsjahr einen Konzernabschluss und einen Konzernlagebericht aufzustellen, wenn dies auf ein anderes Unternehmen (Tochterunternehmen) unmittelbar oder mittelbar einen beherrschenden Einfluss ausüben kann (§ 290 I 1 HGB). Diese Pflichten bestehen nicht nur bei einheitlicher Leitung, sondern auch bei rechtlich gesicherten Beherrschungsmöglichkeiten (§ 290 II HGB) wie der Mehrheit der Stimmrechte (§ 290 II Nr. 1 HGB). In den Konzernabschluss sind das Mutterunternehmen und alle Tochterunternehmen ohne Rücksicht auf den Sitz des Tochterunternehmens einzubeziehen, sofern die Einbeziehung nicht nach § 296 HGB unterbleibt (§ 294 I HGB). Da die Tochterunternehmen unabhängig von ihrem Sitz einzubeziehen sind, erstreckt sich die Verpflichtung zur Aufstellung des Konzernabschlusses auch auf ausländische Tochtergesellschaften (Weltabschlussprinzip). Der Konzernabschluss tritt nicht an die Stelle des Jahresabschlusses des Mutterunternehmens und des Jahresabschlusses der Tochterunternehmen. Er tritt vielmehr, nachdem er wesentlich höheren Informationswert als die Einzelabschlüsse hat, zur Schaffung von Transparenz über die Wirtschaftseinheit Konzern neben diese. Von der Verpflichtung zur Konzernrechnungslegung bestehen Befreiungen auf Grund von EU/EWR-Konzernabschlüssen (§§ 291 f. HGB) und Größe (§ 293 HGB).

10 § 315 HGB stellt in enger Anlehnung an § 289 HGB Anforderungen an den Konzernlagebericht auf. Danach sind im Konzernlagebericht der Geschäftsverlauf einschließlich des Geschäftsergebnisses und die Lage des Konzerns so darzustellen, dass ein den tatsächlichen Verhältnissen entsprechendes Bild vermittelt wird (§ 315 I 1 HGB). Er hat eine ausgewogene und umfassende, dem Umfang und der Komplexität der Geschäftstätigkeit entsprechende Analyse des Geschäftsverlaufs und der Lage des

Konzerns zu enthalten (§ 315 I 2 HGB). § 315a HGB enthält eine Regelung zum Konzernabschluss nach internationalen Rechnungslegungsstandards.

3. Regelungszweck

Die Regelungen über die Rechnungslegung dienen der Information des Kaufmanns **11** durch Dokumentation, die eine Selbstkontrolle ermöglicht (vgl. § 238 I 1 HGB). Sie verfolgen außerdem den Zweck des institutionellen Gläubigerschutzes und der Unterrichtung der Allgemeinheit.[8] Da die Gläubiger durch §§ 238ff. HGB aber nicht individuell geschützt sind, stellen diese Vorschriften keine Schutzgesetze i. S. d. § 823 II BGB dar.[9] §§ 238ff. HGB bezwecken schließlich, eine Grundlage für die Zahlungsbemessung zu schaffen. Dabei geht es zum einen um die Ermittlung sowohl der mitgliedschaftlichen Gewinnansprüche (vgl. § 120 I HGB) als auch steuerrechtlicher Zahlungsverpflichtungen (vgl. § 5 I 1 EStG).

4. Sanktionen

Sanktionen für den Fall der Verletzung von Rechnungslegungspflichten, sind in den **12** Regelungen für Kapitalgesellschaften (§§ 331–335b HGB), Kreditinstitute und Finanzdienstleistungsinstitute (§§ 340m–340o HGB) sowie Versicherungsunternehmen und Pensionsfonds (§§ 341m–341p HGB) als Straf-, Buß- und Zwangsgeldvorschriften vorgesehen. §§ 331f., 340m, 341m HGB sind Schutzgesetze i. S. d. § 823 II BGB. Für alle Kaufleute geltende Sanktionen ergeben sich aus §§ 283ff. StGB über Insolvenzstraftaten, da danach im Insolvenzfall die Verletzung von Rechnungslegungspflichten teilweise strafbar ist. §§ 283ff. StGB sind Schutzgesetze i. S. d. § 823 II BGB.[10]

5. Dogmatische Einordnung

§§ 238ff. HGB sind dogmatisch nicht dem Privatrecht und daher auch nicht dem **13** Handelsrecht im engeren Sinne als dem Sonderprivatrecht der Kaufleute, sondern dem öffentlichen Recht zuzuordnen.[11] Denn sie regeln nicht das Verhältnis von Subjekten des Privatrechts untereinander. Auch die Sanktionen sind in erster Linie hoheitlicher Natur.

B. Einzelne Rechnungslegungspflichten

I. Buchführung

Die Pflicht zur Buchführung i. S. d. § 238 HGB besteht laufend und nicht nur zu be- **14** stimmten Zeitpunkten. Der Begriff des Handelsgeschäfts in § 238 I 1 HGB erfasst nicht nur einen Vertragsschluss, sondern jeden Geschäftsvorfall (z. B. Lieferung von Ware), mit dem sich der Kaufmann eine Gegenleistung verdient (Realisationsprinzip).[12] Wenn § 238 I 1 HGB fordert, dass der Kaufmann „die Lage seines Vermögens" ersichtlich machen muss, so erstreckt sich dies allein auf das Vermögen des kaufmän-

---

[8] Großkomm/*Hüffer,* Vor § 238 Rn. 1; *K. Schmidt,* § 15 I 2 u. III 1b.
[9] BGHZ 125, 366, 377f.; Großkomm/*Hüffer,* Vor § 238 Rn. 4.
[10] Staudinger/*Hager,* § 823 Rn. G 42.
[11] Großkomm/*Hüffer,* § 238 Rn. 2.
[12] Großkomm/*Hüffer,* § 238 Rn. 50.

nischen Betriebs (vgl. auch „Handelsgeschäfte"), nicht hingegen auch auf das Privatvermögen des Kaufmanns.[13] Insoweit besteht nämlich nicht der durch die Rechnungslegungsvorschriften verfolgte Dokumentationszweck.

15 Die Buchführung erfolgt durch die Führung eines Kontos, das auf der einen Seite den Anfangsbestand und die Zugänge, auf der anderen Seite die Abgänge und den Endbestand enthält. Der Kaufmann führt danach Sachkonten. Jeder Geschäftsvorfall wirkt sich mindestens auf zwei Sachkonten aus, nämlich einmal im Haben des einen Sachkontos und einmal im Soll eines anderen Sachkontos. Man spricht deshalb von **doppelter Buchführung.** Es gibt zwei Arten von Sachkonten, nämlich Erfolgskonten und Bestandskonten. Die Bestandskonten beinhalten den Vermögensbestand und dienen daher der Erstellung der Bilanz. Sie erfassen die Vermögensgegenstände, d. h. Aktiva (z. B. Maschinen und Waren) und Passiva (z. B. aufgenommene Kredite). Bei den Aktiva (z. B. Warenkonto) ist der Anfangsbestand und ein Zugang im Soll, ein Abgang hingegen im Haben zu buchen. Die Erfolgskonten dokumentieren Vermögensveränderungen durch Geschäftsvorfälle und dienen daher der Erstellung der Gewinn- und Verlustrechnung. Sie erfassen die Aufwendungen (z. B. Material- und Personalkosten) und Erträge (z. B. Umsatzerlöse).

Beispiel: Kaufmann A erhält am 1.2. eine Warenlieferung von B zu einem Kaufpreis von 150 000,– Euro. A bezahlt am 15.2. und am 1.3. jeweils 75 000,– Euro auf diese Schuld in bar, nachdem er am 14.2. 150 000,– Euro vom Bankkonto abgehoben hat. Die Verbuchung der Warenlieferung nach der doppelten Buchführung geschieht wie folgt:

Konto Waren			
Soll		**Haben**	
Anfangsbestand	300 000,–		
Zugang (Verkehrswert)	150 000,–		
		Schlussbestand (Saldo)	450 000,–

Konto Verbindlichkeiten aus Lieferungen und Leistungen			
Soll		**Haben**	
		Anfangsbestand	100 000,–
		Zugang	150 000,–
Schlussbestand (Saldo)	250 000,–		

Die Verbuchung der beiden Zahlungsleistungen nach der doppelten Buchführung geschieht wie folgt:

Konto Bank			
Soll		**Haben**	
Anfangsbestand	500 000,–		
		Abgang	150 000,–
		Schlussbestand (Saldo)	350 000,–

---

[13] Großkomm/*Hüffer*, § 238 Rn. 52 ff.

Konto Verbindlichkeiten aus Lieferungen und Leistungen			
Soll		**Haben**	
		Anfangsbestand	100 000,–
		Zugang	150 000,–
Abgang	75 000,–		
	75 000,–		
Schlussbestand (Saldo)	100 000,–		

Da sich Zugänge und Abgänge hier der Höhe nach jeweils entsprechen, handelt es sich um erfolgsunwirksame Vorgänge.

Die **einfache Buchführung** bucht die Geschäftsvorfälle nur auf einem Konto (Haupt- 16
buch) sowie auf Konten für die jeweils betroffenen Geschäftspartner (z. B. Lieferantenkonto).

Beispiel: Die Verbuchung der Vorgänge des unter Rn. 15 geschilderten Beispiels nach der einfachen Buchführung geschieht wie folgt:

Hauptbuch			
Datum	**Vorgang**	**Beleg**	**Umsatz**
1.2.	Warenlieferung von B laut Re.-Nr. 12	04	150 000,–
14.2.	Abhebung von Bankkonto	07	150 000,–
15.2.	Barzahlung auf Re.-Nr. 12	12	75 000,–
1.3.	Barzahlung auf Re.-Nr. 12	17	75 000,–

Konto Lieferant B				
Soll		**Haben**		
		1.2.	Warenlieferung laut Re.-Nr. 12	150 000,–
15.2.	Barzahlung auf Re.-Nr. 12	75 000,–		
1.3.	Barzahlung auf Re.-Nr. 12	75 000,–		

Die einfache Buchführung ist durch § 238 I 1 HGB nicht ausgeschlossen, genügt aber 17
nur unter besonderen Verhältnissen.[14] Sie ist insbesondere für kleinere Unternehmen
etwa des Einzelhandels oder des Handwerks zulässig, sofern sie den nach § 238 I 2
HGB erforderlichen „Überblick" gewährleistet.

II. Aufstellung eines Inventars

Das nach § 240 I, II HGB aufzustellende Inventar muss den Wert der einzelnen Ver- 18
mögensgegenstände (Grundstücke, Forderungen, Bargeld, sonstige Vermögensgegenstände) und der Schulden angeben. Die danach erforderliche Wertermittlung ist
jedoch nicht nach den strengen, den Jahresabschluss betreffenden Bewertungsvor-
schriften der §§ 252 ff. HGB vorzunehmen. Das Inventar soll nämlich lediglich einen
Überblick über die vorhandenen Aktiva und Passiva verschaffen.[15]

---

[14] Baumbach/Hopt/*Merkt*, § 238 Rn. 13.
[15] Großkomm/*Hüffer*, § 240 Rn. 7.

III. Bilanzierung

1. Gegenüberstellung von Aktiva und Passiva

19   Nach § 242 I 1 HGB ist ohne besonderen Anlass für den Schluss eines jeden Geschäftsjahres eine Bilanz zu erstellen. Sie soll den Erfolg des vergangenen Geschäftsjahres dokumentieren und dient der Ermittlung eines entnahmefähigen Gewinns.[16] Nicht hingegen geht es um die Feststellung einer etwaigen Überschuldung, die der Errichtung eines Insolvenzstatus dient. Die Ansatzvorschriften der §§ 246–251 HGB (für Kapitalgesellschaften ergänzend und modifizierend §§ 266–274a HGB) enthalten Regelungen zu der Frage, was in die Bilanz einzustellen ist (**„Ob" der Bilanzierung**). So sind in der Bilanz i. S. d. § 242 I 1 HGB das Anlage- und das Umlaufvermögen (Aktiva), das Eigenkapital und die Schulden (Passiva) sowie die Rechnungsabgrenzungsposten (i. S. d. § 250 HGB) gesondert auszuweisen und hinreichend aufzugliedern (§ 247 I HGB).

2. Aktiva

a) Aktivposten

20   Die Aktivseite (linke Seite der Bilanz; Aktiva) betrifft die Mittelverwendung. Die in die Aktivseite eingestellten (aktivierten) Posten sind die Aktivposten. Auf der Aktivseite steht zunächst das Anlagevermögen, also das Vermögen, das dem Geschäftsbetrieb *dauernd* dienen soll (§ 247 II HGB).

Beispiele: Maschinen und Gebäude.

21   Es folgt das Umlaufvermögen, also das Vermögen, das sich wieder in Liquidität verwandelt.

Beispiel: Material für die Herstellung von zu verkaufenden Produkten.

b) Anforderungen an Aktivposten

22   Der Ansatz als Aktivposten setzt voraus, dass es sich (**aa**) um einen Vermögensgegenstand (i. S. d. § 246 I 1 HGB) handelt, der (**bb**) dem Vermögen des Bilanzierenden zuzurechnen ist, und (**cc**) kein Aktivierungsverbot entgegensteht.

aa) Vermögensgegenstand

23   Vermögensgegenstand (i. S. d. § 246 I 1 HGB) können körperliche Gegenstände (z. B. Maschinen und Grundstücke), aber auch immaterielle Güter (z. B. Patentrecht) sein. Sowohl körperliche Gegenstände als auch immaterielle Güter dürfen aber nur dann aktiviert sein, wenn sie selbständig bewertbar und verkehrsfähig sind.[17] Daran fehlt es bei bloßen Chancen (z. B. Chance zur Erzielung hoher Gewinne auf Grund der Innovation eines Produkts) oder tatsächlichen Vorteilen (z. B. geografisch günstige Lage eines Unternehmens). Rechtlich gesicherte Nutzungsvorteile (z. B. unentgeltliche Überlassung von Geschäftsräumen für einen bestimmten Zeitraum auf Grund Vertrags) sind selbständig bewertbar und verkehrsfähig, nicht hingegen rechtlich ungesi-

---

[16]   *K. Schmidt,* § 15 III 3b aa.
[17]   Baumbach/Hopt/*Merkt,* § 246 Rn. 4f.

cherte Nutzungsmöglichkeiten (z. B. vorübergehende unentgeltliche Überlassung von Geschäftsräumen auf Grund Gefälligkeit).

bb) Zurechenbarkeit eines Vermögensgegenstands

Im Hinblick auf die Zurechenbarkeit eines Vermögensgegenstands geht das Handels-   24
bilanzrecht gegenüber der sachenrechtlichen Beurteilung teilweise eigene Wege. Zwar sind Vermögensgegenstände grundsätzlich in die Bilanz des Eigentümers aufzunehmen (§ 246 I 2 HS 1 HGB). Doch kommt es nach dem Handelsbilanzrecht auf die wirtschaftliche Inhaberschaft des Vermögensgegenstands an (wirtschaftliche Vermögenszugehörigkeit). Es kann nämlich geboten sein, einen Vermögensgegenstand nicht dem Eigentümer, sondern einer anderen Person wirtschaftlich zuzurechnen, so dass diese Person den Vermögensgegenstand in ihrer Bilanz auszuweisen hat (§ 246 I 2 HS 2 HGB).

Beispiele: Vorbehaltseigentum ist ein Aktivum des Käufers. Denn er übt die tatsächliche Herrschaft über den Vermögensgegenstand aus und kann den Verkäufer, der noch Eigentümer ist (vgl. § 903 BGB), von der Einwirkung dauernd ausschließen. Treugut ist bilanziell dem Treugeber, Kommissionsgut unabhängig von der Eigentumslage dem Kommittenten zuzurechnen.[18]

Die Zurechenbarkeit von Sachen, die im Eigentum eines anderen stehen, setzt voraus,   25
dass die Position des Bilanzierenden rechtlich gesichert ist. Dem Bilanzierenden müssen daher zumindest Substanz und Ertrag der Sache vollständig und auf Dauer zuzurechnen sein.[19] Hierzu genügt eine schuldrechtlich begründete Berechtigung. An einer Zurechnung auf Dauer fehlt es bei kurzfristiger Kündbarkeit.

Auch für die Zurechenbarkeit von Forderungen kommt es auf eine wirtschaftliche Be-   26
trachtungsweise an. Danach ist eine Forderung einem Unternehmen schon dann zuzurechnen, wenn sie bereits so konkret ist, dass sie als Vermögensgegenstand anzusehen ist. Bei Austauschverträgen kommt es danach nicht auf den Zeitpunkt des Vertragsschlusses, sondern auf den Zeitpunkt der Lieferung, also auf die vollständige Bewirkung der Hauptleistung des Sachleistungsverpflichteten an.[20] Die von einer Tochtergesellschaft an die Muttergesellschaft abzuführenden Gewinne sind „phasengleich" in dem eigenen Jahresabschluss auszuweisen, wenn die für die Entstehung der Forderung wesentlichen wirtschaftlichen Ursachen bereits gesetzt sind und der Eintritt der übrigen rechtlichen Entstehungsvoraussetzungen mit Sicherheit zu erwarten ist (§§ 243 I, 246 I 1, 252 I Nr. 4 HS 2 HGB).[21] Danach muss eine Konzerngesellschaft, die allein an einer GmbH beteiligt ist, den bei der Tochtergesellschaft erzielten Gewinn noch für dasselbe Geschäftsjahr in ihrer Bilanz (und der Gewinn- und Verlustrechnung) ausweisen, wenn der Jahresabschluss der Tochtergesellschaft noch vor Abschluss der Prüfung bei der Muttergesellschaft festgestellt worden ist und deren Gesellschafterversammlung über die Gewinnverwendung beschlossen hat.

Vermögensgegenstände eines Einzelkaufmanns, die sowohl Unternehmensvermögen   27
als auch Privatvermögen des Kaufmanns sein können (z. B. geschäftlich und privat genutzter Pkw), sind in der Handelsbilanz zu aktivieren, wenn der Kaufmann nach au-

---

[18] Großkomm/*Hüffer,* § 240 Rn. 19.
[19] *BGH* NJW 1996, 458, 459.
[20] Baumbach/Hopt/*Merkt,* § 252 Rn. 19.
[21] BGHZ 137, 378, 381.

ßen erkennbar bekundet, dass er den Vermögensgegenstand dem Unternehmen widmen will.

cc) Kein Aktivierungsverbot

28 § 248 HGB enthält Aktivierungsverbote. So darf der Bilanzierende Aufwendungen für die Gründung des Unternehmens (§ 248 I Nr. 1 HGB), die Beschaffung des Eigenkapitals (§ 248 I Nr. 2 HGB) und den Abschluss von Versicherungsverträgen (§ 248 I Nr. 3 HGB) nicht als Aktivposten in die Bilanz aufnehmen. Nach § 248 II 1 HGB darf der Bilanzierende einen selbst geschaffenen immateriellen Vermögensgegenstand des Anlagevermögens (z. B. Wert der Firma) als Aktivposten in die Bilanz aufnehmen (Aktivierungswahlrecht). Hat das Unternehmen also im Laufe der Zeit selbst den Wert der Firma begründet, darf es diesen Wert aktivieren. Im Umkehrschluss ergibt sich aus § 248 II HGB, dass der Bilanzierende den Wert der Firma dann nicht aktivieren darf, wenn er deren Vermögenswert nicht selbst geschaffen hat. Die Aktivierung eines selbst geschaffenen immateriellen Vermögensgegenstands kommt allerdings erst dann in Betracht, wenn und soweit der immaterielle Gegenstand tatsächlich einen Vermögensgegenstand darstellt.[22] Dies bedarf sorgfältiger Prüfung im Einzelfall unter Berücksichtigung des Vorsichtsprinzips,[23] da Bestand und Umfang des Vermögenswerts immaterieller Gegenstände häufig ungewiss ist und solche Gegenstände solange keinen Aktivposten darstellen sollen, als ihr Wert nicht durch ein am Markt erzieltes „Entgelt" bestätigt ist (zur bilanziellen Bewertung eines selbst geschaffenen immateriellen Vermögensgegenstands vgl. auch § 255 IIa HGB).

3. Passivseite

a) Passivposten

29 Die Passivseite (rechte Seite der Bilanz; Passiva) betrifft die Mittelherkunft. Die in die Passivseite eingestellten (passivierten) Posten sind die Passivposten. Auf der Passivseite stehen Eigenkapital und Schulden (§ 247 I HGB). Das Eigenkapital steht deshalb auf der Passivseite, weil es den variablen Unterschiedsbetrag zwischen Vermögen und Schulden darstellt. Bei einem Vermögenszuwachs und gleich bleibenden Schulden erhöht sich das Eigenkapital, bei einer Vermögensminderung und gleich bleibenden Schulden verringert sich das Eigenkapital.

b) Anforderungen an Passivposten

30 Der Ansatz als Passivposten setzt voraus, dass es sich **(aa)** um eine Schuld des Kaufmanns handelt, die **(bb)** faktisch erzwingbar ist, und **(cc)** kein Passivierungsverbot entgegensteht.

aa) Schulden

31 Der Begriff der Schulden setzt sich aus Verbindlichkeiten und Rückstellungen zusammen. Verbindlichkeiten sind Verpflichtungen eines Kaufmanns, deren Grund und Umfang feststehen. Rückstellungen betreffen hingegen Verbindlichkeiten eines Kaufmanns, deren Grund und Umfang nicht feststehen.

---

[22] BT-Drs. 16/12407, S. 110.
[23] Vgl. Rn. 38.

bb) Faktische Erzwingbarkeit

Die Passivierbarkeit eines Postens setzt seine faktische Erzwingbarkeit voraus.[24]   **32**

Beispiele: Eine rechtlich bestehende Forderung ist nicht passivierbar, wenn ihre Durchsetzung nahezu ausgeschlossen ist, weil Inhaber der Forderung eine insolvente, über keine Insolvenzmasse verfügende Gesellschaft ist. – Eine einwendungsbehaftete Forderung ist passivierbar, wenn die Geltendmachung der Einwendung nahezu ausgeschlossen ist, weil dadurch die existenzielle Geschäftsbeziehung zu dem einzigen Kreditgeber gefährdet würde.

cc) Kein Passivierungsverbot

Nach § 249 II 1 HGB besteht für andere als die in § 249 I HGB genannten Rück-   **33** stellungsarten ein Passivierungsverbot. Es gilt also ein *numerus clausus* der Rückstellungen. Danach sind Rückstellungen allein zulässig für **(1)** ungewisse Verbindlichkeiten (§ 249 I 1 Alt. 1 HGB), **(2)** drohende Verluste aus schwebenden Geschäften (§ 249 I 1 Alt. 2 HGB), **(3)** Verpflichtungen des Kaufmanns („gegen sich selbst") wegen unterlassener Aufwendungen für Instandhaltung (§ 249 I 2 Nr. 1 HGB) und **(4)** Gewährleistungen ohne rechtliche Verpflichtung (§ 249 I 2 Nr. 2 HGB).

Beispiele: Rückstellungen i. S. d. § 249 I 1 Alt. 1 HGB sind Rückstellungen für Prozessrisiken und für Versorgungszusagen des Arbeitgebers (Pensionsrückstellungen). – Rückstellungen i. S. d. § 249 I 1 Alt. 2 HGB sind zu bilden, wenn die Zahlungsfähigkeit eines Vertragspartners so zweifelhaft ist, dass mit einem Forderungsausfall zu rechnen ist. – Rückstellungen i. S. d. § 249 I 2 Nr. 1 HGB beziehen sich auf Kosten für die im nächsten Geschäftsjahr nachzuholenden Renovierungsarbeiten der Geschäftsräume. – Rückstellungen i. S. d. § 249 I 2 Nr. 2 HGB betreffen Leistungen, die auf Grund von Kulanz zu erbringen und die ernsthaft zu erwarten sind.

4. Rechnungsabgrenzungsposten

Rechnungsabgrenzungsposten sollen eine wirtschaftlich sachgerechte Zuordnung von   **34** Ausgaben und Einnahmen zu einem bestimmten Geschäftsjahr gewährleisten. Als Rechnungsabgrenzungsposten sind nach § 250 I HGB auf der Aktivseite Ausgaben vor dem Abschlussstichtag auszuweisen, soweit sie Aufwand für eine bestimmte Zeit nach diesem Tag darstellen (aktive Rechnungsabgrenzungsposten).

Beispiel: Kosten, die – wie Personalkosten für den Monat Januar des Folgejahres – erst im nächsten Geschäftsjahr fällig sind, aber vom Bilanzierenden schon vorher geleistet werden, sind in einem aktiven Rechnungsabgrenzungsposten und erst im nächsten, den Aufwand wirtschaftlich verursachenden Geschäftsjahr auszuweisen.

Umgekehrt sind auf der Passivseite als Rechnungsabgrenzungsposten Einnahmen vor   **35** dem Abschlussstichtag auszuweisen, soweit sie Ertrag für eine bestimmte Zeit nach diesem Tag darstellen (§ 250 II HGB).

5. Bilanzierungswahlrecht

Besteht ein Bilanzierungswahlrecht, kann der Kaufmann darüber entscheiden, ob er   **36** einen Posten in die Bilanz aufnimmt oder nicht. So besteht z. B. ein Aktivierungswahlrecht für selbst geschaffene immaterielle Vermögensgegenstände (§ 248 II 1 HGB). Das Bilanzierungswahlrecht ermöglicht gezielte Bilanzpolitik, d. h. die bewusste Aus-

---

[24] Baumbach/Hopt/*Merkt,* § 246 Rn. 13.

nutzung bilanzrechtlicher Gestaltungsspielräume, um das auszuweisende Ergebnis zu mindern oder zu erhöhen.

6. Bewertung

a) Grundsätze

37   §§ 252–256a HGB erläutern, wie einzelne Aktiv- und Passivposten in der Bilanz zu bewerten sind (**„Wie" der Bilanzierung**). Nach § 252 I Nr. 1 HGB müssen die Wertansätze in der Eröffnungsbilanz des Geschäftsjahres mit denen der Schlussbilanz des vorhergehenden Geschäftsjahres übereinstimmen (Grundsatz der Bilanzidentität). Nach § 252 I Nr. 2 HGB ist bei der Bewertung grundsätzlich die Fortführung der Unternehmenstätigkeit *(going concern)* zu Grunde zu legen (Grundsatz der Unternehmensfortführung). Ausnahmsweise sind – deutlich darunter liegende – Zerschlagungswerte anzusetzen, wenn die Fortführungsprognose aus tatsächlichen oder rechtlichen Gründen negativ ausfällt. Die Vermögensgegenstände und Schulden sind nach § 252 I Nr. 3 HGB zum Abschlussstichtag einzeln zu bewerten (Grundsatz der Einzelbewertung).

38   § 252 I Nr. 4 HGB verlangt – vor allem aus Gründen des Gläubigerschutzes – eine vorsichtige Bewertung (Grundsatz der Vorsicht). Der Bilanzierende ist danach insbesondere verpflichtet, alle vorhersehbaren Risiken und Verluste, die bis zum Bilanzstichtag entstanden sind, zu berücksichtigen, selbst wenn diese erst zwischen dem Abschlussstichtag und dem Tag der Aufstellung des Jahresabschlusses bekannt geworden sind (Grundsatz der Wertaufhellung). Hinzu kommen ungeschriebene Ausprägungen des Grundsatzes der Vorsicht wie die Grundsätze der Realisation und der Imparität. Das Realisationsprinzip erlaubt die Ausweisung von Erträgen und Aufwendungen erst dann, wenn sie am Markt realisiert sind. Nach dem Imparitätsprinzip sind Gewinne erst nach ihrer Realisierung am Markt anzusetzen, vorhersehbare Risiken und Verluste hingegen schon vor ihrer Realisierung am Markt. Nach § 252 I Nr. 5 HGB sind Aufwendungen und Erträge des Geschäftsjahrs unabhängig von den Zeitpunkten der entsprechenden Zahlungen im Jahresabschluss zu berücksichtigen (Grundsatz der Periodenabgrenzung). Schließlich verlangt § 252 I Nr. 6 HGB die Beibehaltung der auf den vorhergehenden Jahresabschluss angewandten Bewertungsmethoden (Grundsatz der Bewertungsstetigkeit), um die Vergleichbarkeit der Jahresabschlüsse verschiedener Geschäftsjahre zu gewährleisten.

b) Anschaffungskosten

39   Anschaffungskosten sind die Aufwendungen, die der Bilanzierende leistet, um einen Vermögensgegenstand zu erwerben und ihn in einen betriebsbereiten Zustand zu versetzen, soweit sie dem Vermögensgegenstand einzeln zuzuordnen sind (§ 255 I 1 HGB). Dazu gehören auch Nebenkosten und nachträgliche Anschaffungskosten (§ 255 I 2 HGB). Mindert sich der Anschaffungspreis, ist der Minderungsbetrag abzuziehen (§ 255 I 3 HGB).

Beispiel: Kaufmann A, der zahlreiche Getränkemarkt-Filialen betreibt, kauft 10 neue Gabelstapler von B zu dessen Listenpreis von 20 000,– Euro pro Stück. B räumt A einen Mengenrabatt von 10% ein. B gewährt A zusätzlich 3% Skonto für Zahlung des Kaufpreises binnen Wochenfrist, die A auch einhält. Für den Transport der Gabelstapler in seine Filialen muss A jeweils 3000,– Euro aufwenden. A rüstet die Gabelstapler mit Spezialreifen auf, wofür er 2000,– Euro pro Gabelstapler aufwenden muss. Die Anschaffungskosten i. S. d. § 255 I HGB betragen 200 000,– Euro (10 × 20 000,– Euro) ./. 20 000,– Euro (10%

Mengenrabatt) = 180 000,– Euro ./. 5400,– Euro (3 % Skonto) = 174 600,– Euro + 30 000,– Euro (Transportkosten als Anschaffungsnebenkosten i. S. d. § 255 I 2 Alt. 1 HGB) = 204 600,– Euro + 20 000,– Euro (Kosten für Spezialreifen als nachträgliche Anschaffungskosten i. S. d. § 255 I 2 Alt. 2 HGB) = 224 600,– Euro.

Die Anschaffungskosten sind um die Abschreibungen zu mindern (§ 253 I 1 HGB). **40** Bei Vermögensgegenständen des Anlagevermögens, deren Nutzung zeitlich begrenzt ist, sind die Anschaffungskosten um die planmäßigen Abschreibungen zu vermindern (§ 253 III 1 HGB).

Beispiel: In dem unter Rn. 39 geschilderten Beispiel beträgt die voraussichtliche Nutzungsdauer der Gabelstapler 10 Jahre. Dies führt bei einer linearen Abschreibung nach AfA (= Absetzung für Abnutzung) zu jährlichen Abschreibungen von 2246,– Euro pro Gabelstapler.

Der Bilanzierende darf bei Vermögensgegenständen des Anlagevermögens ohne Rücksicht darauf, ob ihre Nutzung zeitlich begrenzt ist, außerplanmäßige Abschreibungen vornehmen, um die Vermögensgegenstände mit dem niedrigeren Wert anzusetzen, der ihnen am Abschlussstichtag beizulegen ist (§ 253 III 5 HGB). Bei Finanzanlagen darf der Bilanzierende außerplanmäßige Abschreibungen auch bei voraussichtlich nicht dauernder Wertminderung vornehmen (§ 253 III 6 HGB). **41**

c) Herstellungskosten

Herstellungskosten sind die Aufwendungen, die durch den Verbrauch von Gütern **42** und die Inanspruchnahme von Diensten für die Herstellung eines Vermögensgegenstands, seine Erweiterung oder eine über seinen ursprünglichen Zustand hinausgehende wesentliche Verbesserung entstehen (§ 255 II 1 HGB). Dazu gehören Materialkosten, Fertigungskosten und Sonderkosten der Fertigung sowie angemessene Teile der Materialgemeinkosten, der Fertigungsgemeinkosten und des Wertverzehrs des Anlagevermögens, soweit dieser durch die Fertigung veranlasst ist (§ 255 II 2 HGB). Bei der Berechnung der Herstellungskosten darf der Bilanzierende angemessene Teile der Kosten der allgemeinen Verwaltung sowie angemessene Aufwendungen für soziale Einrichtungen des Betriebs, für freiwillige soziale Leistungen und für die betriebliche Altersversorgung, einbeziehen (§ 255 II 3 HGB), nicht hingegen Forschungs- und Vertriebskosten (§ 255 II 4 HGB). Für Fremdkapitalzinsen gilt § 255 III HGB. Herstellungskosten eines selbst geschaffenen immateriellen Vermögensgegenstands des Anlagevermögens sind bei dessen Entwicklung anfallende Aufwendungen nach § 255 II HGB (§ 255 IIa 1 HGB).

Herstellungskosten sind vermindert um die Abschreibungen anzusetzen (§ 253 I **43** HGB).

d) Stille Reserven

Stille Reserven sind Teile des Eigenkapitals, die aus der Bilanz nicht erkennbar sind. **44** Ihr Wert liegt in der Differenz zwischen dem wahren Wert des Unternehmens und seinem niedrigeren Buchwert. Stille Reserven entstehen, wenn Aktivposten unterbewertet oder Passivposten überbewertet sind. Dabei ist zwischen Zwangsreserven (z. B. Anschaffungswertprinzip nach § 253 I HGB), Schätzungsreserven (z. B. Spielraum bei Schätzwerten) und Ermessensreserven (z. B. Ansatz und Bewertungswahlrechte) zu unterscheiden.

7. Saldo

45 Der Saldo von Aktivseite und Passivseite muss bilanztechnisch null betragen.

IV. Gewinn- und Verlustrechnung

46 Nach § 242 II HGB hat der Kaufmann für den Schluss eines jeden Geschäftsjahrs eine Gegenüberstellung der Aufwendungen und Erträge des Geschäftsjahrs (Gewinn- und Verlustrechnung) aufzustellen (Ausnahme: § 242 IV HGB). Sie bezieht sich nicht wie die Bilanz auf einen bestimmten Stichtag, sondern auf einen bestimmten Zeitraum. Die Gewinn- und Verlustrechnung soll die Feststellung der Ursachen für Erfolg und Misserfolg ermöglichen, da sich aus ihr ergibt, welche Mittel welche Teilergebnisse erzielt haben.[25]

V. Pflicht zur Aufbewahrung von Unterlagen und zur Vorlegung im Rechtsstreit

47 Nach § 257 I HGB ist der Kaufmann verpflichtet, bestimmte Unterlagen geordnet aufzubewahren. Diese Verpflichtung erstreckt sich auf einen bestimmten Zeitraum (§§ 257 IV, V HGB). Die Aufbewahrungspflicht soll einen möglichst umfassenden Überblick über die Geschäftsvorfälle während des Aufbewahrungszeitraums ermöglichen. Im Laufe eines Rechtsstreits kann das Gericht, auf Antrag oder von Amts wegen, die Vorlegung der Handelsbücher einer Partei anordnen (§ 258 I HGB).

C. Grundsätze der Rechnungslegung

I. Grundsätze ordnungsgemäßer Buchführung

48 §§ 238 I 1, 243 I HGB verlangen für die Buchführung und die Aufstellung des Jahresabschlusses die Beachtung der Grundsätze ordnungsmäßiger Buchführung. Diese sind weit gehend in §§ 246 ff. HGB festgelegt und als Rechtsnormen zu qualifizieren.[26] Grundsätze ordnungsmäßiger Buchführung sind insbesondere die Gebote der Klarheit und Übersichtlichkeit (§§ 238 I 2, 243 II HGB), der Vollständigkeit (§ 246 I 1 HGB), der Bilanzidentität (§ 252 I Nr. 1 HGB), der Vorsicht (§ 252 I Nr. 4 HGB), der materiellen Bilanzkontinuität (§ 252 I Nr. 6 HGB) sowie ungeschriebene Ausprägungen dieser Gebote. Die Grundsätze ordnungsmäßiger Buchführung stehen teilweise in einem Spannungsverhältnis zueinander und gelten dann nicht uneingeschränkt. Nach § 5 I 1 EStG sind die handelsrechtlichen Grundsätze ordnungsmäßiger Buchführung die Grundlage für die steuerliche Gewinnermittlung (Maßgeblichkeitsprinzip). Steuerrechtliche Wahlrechte sind bei der Gewinnermittlung in Übereinstimmung mit der handelsrechtlichen Jahresbilanz auszuüben (§ 5 I 2 EStG; Grundsatz der umgekehrten Maßgeblichkeit).

---

[25] Großkomm/*Hüffer,* § 242 Rn. 12.
[26] Großkomm/*Hüffer,* § 238 Rn. 35 ff.

II. Vermittlung eines den tatsächlichen Verhältnissen entsprechenden Bildes

Der Jahresabschluss einer Kapitalgesellschaft hat unter Beachtung der Grundsätze ord- 49
nungsmäßiger Buchführung ein den tatsächlichen Verhältnissen entsprechendes Bild
der Vermögens-, Finanz- und Ertragslage der Kapitalgesellschaft zu vermitteln
(§ 264 II 1 HGB). Dasselbe gilt für den Jahresabschluss eines Konzerns (§ 297 II 2
HGB). Darin liegt eine Verschärfung des Wahrheitsgrundsatzes, wie er nach § 243
HGB für alle Kaufleute gilt. Denn bei Kapitalgesellschaften und Konzernen steht der
von den Rechnungslegungsvorschriften bezweckte Gläubigerschutz noch stärker im
Vordergrund.

D. Prüfung von Kapitalgesellschaften

Der Jahresabschluss und der Lagebericht von Kapitalgesellschaften, die nicht kleine 50
i. S. d. § 267 I HGB darstellen, sind durch Abschlussprüfer zu prüfen (§ 316 I 1
HGB). Dasselbe gilt für den Konzernabschluss und den Konzernlagebericht von Kapitalgesellschaften (§ 316 II 1 HGB). Diese Prüfung soll Aussagekraft und Verlässlich-
keit von Jahresabschluss und Lagebericht gegenüber den Adressaten der Rechnungslegung, insbesondere den Gläubigern, gewährleisten. Die Prüfpflicht nach § 316 I 1
HGB dient in Verbindung mit dem Prüfungsbericht (§ 321 HGB) außerdem der Information der Geschäftsleitung. Kleine Kapitalgesellschaften sind aus wirtschaftspoli-
tischen Gründen – insbesondere Vermeidung des mit der Prüfung verbundenen Ver-
waltungs- und Kostenaufwands – vom Anwendungsbereich des § 316 I 1 HGB nicht
erfasst. Eine freiwillige Prüfung ist auch für sie möglich. Ohne eine Prüfung i. S. d.
§ 316 I 1 HGB darf ein Normadressat den Jahresabschluss nicht feststellen bzw. bil-
ligen (§§ 316 I 2, 316 II 2 HGB). Andernfalls ist der Jahresabschluss nach § 256 I
Nr. 2 AktG (analog) nichtig.

§§ 319, 319a HGB legen im Einzelnen fest, wer Abschlussprüfer sein kann. Ab- 51
schlussprüfer sind zur gewissenhaften und unparteiischen Prüfung sowie zur Ver-
schwiegenheit verpflichtet (§ 323 I 1 HS 1 HGB). Verletzt ein Abschlussprüfer
schuldhaft eine Pflicht, ist er der Kapitalgesellschaft zum Schadensersatz verpflichtet
(§ 323 I 3 HGB). Bei fahrlässiger Pflichtverletzung ist diese Ersatzpflicht auf eine Mil-
lion Euro für eine Prüfung beschränkt (§ 323 II 1 HGB). Ein Dritter (z. B. Unterneh-
menskäufer) kann nach Auffassung des BGH[27] in den Schutzbereich des Prüfvertrags
zwischen Kapitalgesellschaft und Prüfer einbezogen sein. § 323 I 3 HGB stehe dem
nicht entgegen. Eine solche Schutzwirkung komme insbesondere bei Verträgen in Betracht, mit denen der Auftraggeber einer Person, die über eine besondere, vom Staat
anerkannte Sachkunde verfügt (z. B. öffentlich bestellter Sachverständiger, Wirtschaftsprüfer, Steuerberater, Wirtschaftsprüfungsgesellschaft), eine Stellungnahme in
Auftrag gebe, um davon gegenüber einem Dritten Gebrauch zu machen. Die Gegen-
läufigkeit der Interessen des Auftraggebers und des Dritten stünden dem nicht entgegen, sofern sich für den Abschlussprüfer nur hinreichend deutlich ergebe, dass der
Auftraggeber von ihm anlässlich der Pflichtprüfung eine Leistung begehre, von der
der Auftraggeber gegenüber einem *bestimmten* Dritten, der auf seine Sachkunde ver-

---

[27] BGHZ 138, 257, 261; *BGH* WM 2006, 1052 Rn. 14 (dazu *Lettl,* NJW 2006, 2817 f.).

traue, Gebrauch machen wolle und das Ergebnis diesem Dritten als Entscheidungs-grundlage dienen solle. Doch sei die mit § 323 I 3 HGB verfolgte Intention, das Haf-tungsrisiko des Abschlussprüfers angemessen zu begrenzen, auch im Rahmen der ver-traglichen Dritthaftung zu beachten.[28] Die Einbeziehung einer unbekannten Vielzahl von Gläubigern, Gesellschaftern und Anteilserwerbern in den Schutzbereich des Prüf-auftrags liefe dem zuwider. Die strengen Anforderungen, die an die Annahme einer vertraglichen Einbeziehung eines Dritten in den Schutzbereich des Prüfauftrags zu stellen seien, lägen aber insbesondere dann vor, wenn es während der Prüftätigkeit zu einer Kontaktaufnahme zwischen Prüfer und Drittem komme und der dabei abgege-benen Erklärung des Prüfers die – ggf. durch Auslegung zu ermittelnde – Bedeutung eines Testats i. S. d. § 322 HGB zukomme, das zum Gebrauch durch den Dritten be-stimmt sei (z. B. bei einem Schreiben des Prüfers an den Dritten mit dem Inhalt, den Jahresabschluss zu bestätigen). Daraus ergibt sich, dass die Einbeziehung Dritter in den Schutzbereich des Prüfvertrags auf Grund der Regeln über Rechtsgeschäfte Ge-genstand des Prüfvertrags zwischen Kapitalgesellschaft und Prüfer sein muss. Infol-gedessen muss eine – zumindest konkludente – Willenserklärung des Prüfers auf diese Rechtsfolge gerichtet und eine korrespondierende, übereinstimmende – zumindest konkludente – Willenserklärung der Kapitalgesellschaft gegeben sein. Entscheidend ist daher insbesondere, ob die Kapitalgesellschaft aus der Sicht eines objektiven Erklä-rungsempfängers das Verhalten des Prüfers in der Weise verstehen darf, dass der Prüfer auch im Hinblick auf bestimmte Dritte die Gewähr für die ordnungsgemäße Durch-führung der Prüftätigkeit übernimmt. Der Abschluss des Prüfvertrags zwischen Kapi-talgesellschaft und Prüfer sowie die Durchführung der Prüftätigkeit sind als solche – insoweit ist dem BGH uneingeschränkt zuzustimmen – für einen etwaigen dahin-gehenden Parteiwillen des Prüfers ohne Bedeutung. – Teile des Schrifttums lehnen den Ansatz des BGH ab, weil die Interessen von Kapitalgesellschaft und Drittem ge-genläufig seien. Sie befürworten demgegenüber eine unmittelbare Haftung des Pflichtprüfers nach §§ 280 I, 311 III 2, 241 II BGB, wenn dieser besonderes Ver-trauen für sich in Anspruch nehme.[29]

E. Offenlegung

52 Nach § 325 I 1 Nr. 1, S. 2 HGB müssen Kapitalgesellschaften den Jahresabschluss beim Betreiber des elektronischen Bundesanzeigers elektronisch einreichen. Infol-gedessen können sich Interessierte (z. B. potenzielle Kapitalanleger oder Gläubiger) über die wirtschaftlichen Verhältnisse des Unternehmens informieren. Ein Verstoß ge-gen die Einreichungspflicht i. S. d. § 325 HGB ist für die Mitglieder des vertretungs-berechtigten Organs einer Kapitalgesellschaft nach § 335 I 1 HS 1 Nr. 1 HGB mit Ordnungsgeld sanktioniert.

---

[28] *BGH* WM 2006, 1052 Rn. 13 unter Verweis auf BGHZ 138, 257, 261.
[29] Z. B. *Canaris,* ZHR 163 (1999), 206.

§ 9. Handelsgeschäft – Begriff und Voraussetzungen

A. Systematik

Das vierte Buch des HGB enthält Regelungen über Handelsgeschäfte. Im ersten Abschnitt dieses Buchs sind allgemeine Vorschriften, in den Abschnitten zwei bis sechs Vorschriften zu einzelnen Vertragstypen (z. B. Handelskauf in §§ 373–381 HGB) zu finden. Diese Regelungen ergänzen und ändern die Rechtslage nach BGB, um den besonderen Bedürfnissen des Handelsverkehrs Rechnung zu tragen.[1]   1

Beispiel: Nach § 350 HGB ist die Bürgschaft eines Kaufmanns auch formfrei (ansonsten § 766 S. 1 BGB i. V. m. § 125 BGB) wirksam.

B. Begriff

Das HGB verwendet den Begriff des Handelsgeschäfts in einem doppelten Sinn, nämlich zum einen i. S. d. Unternehmens (z. B. §§ 22, 25 HGB), zum anderen i. S. d. einzelnen Geschäfts, das ein Kaufmann vornimmt (z. B. Kaufvertrag i. S. d. § 433 BGB). Nur von Letzterem ist in §§ 343 ff. HGB die Rede. § 343 HGB legaldefiniert als Handelsgeschäfte „alle Geschäfte eines Kaufmanns, die zum Betriebe seines Handelsgewerbes gehören".   2

C. Voraussetzungen

Ein Handelsgeschäft hat nach der Legaldefinition des § 343 HGB folgende Voraussetzungen: Es muss **(I)** ein Geschäft vorliegen, an dem **(II)** ein Kaufmann beteiligt ist und das **(III)** zum Betrieb von dessen Handelsgewerbe gehört.   3

I. Geschäft

Das weit auszulegende Tatbestandsmerkmal „Geschäft" verlangt willentliches Handeln im Geschäftsverkehr. Darunter sind zunächst rechtsgeschäftliche Handlungen zu verstehen.   4

Beispiele: Vertragsschluss; Kündigung; Anfechtung.

Ob die rechtsgeschäftliche Handlung wirksam ist, ist unerheblich.   5

Auch rechtsgeschäftsähnliche Handlungen sind von dem Tatbestandsmerkmal „Geschäft" erfasst.   6

Beispiele: Mahnung; Fristsetzung; Verschulden bei Vertragsverhandlungen (§§ 311 II, 241 II BGB); Geschäftsführung ohne Auftrag; Prozesshandlungen; Leistungskondiktion.

Selbst bestimmte Realakte können eine geschäftliche Handlung darstellen.   7

---

[1] Vgl. dazu § 1 Rn. 17–23.

Beispiele: Verarbeitung oder Empfangnahme von Waren; unerlaubte Handlungen, soweit auf Geschäfte bezogen: Betrügt ein Kaufmann einen anderen Kaufmann im Rahmen eines Kaufvertrags, so ist der Schadensersatzanspruch nach § 353 HGB mit 5% zu verzinsen; anders, wenn ein Kaufmann auf einer Geschäftsfahrt mit einem anderen Kaufmann zusammenstößt; hier gelten nur die Regeln des BGB.

8 Nicht unter den Begriff des Geschäfts fallen Organisationsgeschäfte.[2]

Beispiel: Änderung eines Gesellschaftsvertrags.

9 Dasselbe gilt für die Gefährdungshaftung (z. B. § 7 StVG) und die Eingriffskondiktion i. S. d. § 812 I 1 Alt. 2 BGB.

II. Kaufmann

10 Nur ein Kaufmann kann ein Handelsgeschäft vornehmen. Die Kaufmannseigenschaft beurteilt sich nach §§ 1 ff. HGB. Sie muss zum Zeitpunkt der Vornahme des Geschäfts gegeben sein. Bei Stellvertretung muss der Vertretene Kaufmann sein, da das Geschäft für und gegen ihn wirkt (§ 164 I 1 BGB). Der Stellvertreter haftet nur dann nach § 179 BGB i. V. m. den Regelungen über Handelsgeschäfte, wenn er selbst Kaufmann ist.

Beispiel: Kaufmann A gibt für Kaufmann B als Vertreter ohne Vertretungsmacht mündlich eine Bürgschaftserklärung ab. A haftet nach § 179 I BGB, weil die Bürgschaftserklärung wegen der Anwendbarkeit des § 350 HGB nicht formnichtig nach § 766 S. 1 i. V. m. § 125 S. 1 BGB ist.

11 Der Scheinkaufmann muss sich zwar als Kaufmann behandeln lassen, kann aber nicht selbst die Vorteile der Kaufmannseigenschaft in Anspruch nehmen.

III. Betriebszugehörigkeit

1. Beurteilungskriterien

12 Zum Betrieb eines Handelsgewerbes gehört ein Geschäft insbesondere dann, wenn es in einem Funktionszusammenhang mit diesem Handelsgewerbe steht. Hierfür kommt es auf die objektive Sachlage an, die Erkennbarkeit für Dritte ist unerheblich. Das Geschäft muss den Zweck oder Gegenstand des Handelsgewerbes betreffen. So, wenn es dem Interesse des Unternehmens, der Erhaltung seiner Substanz und der Erzielung von Gewinnen dient. Ein mittelbarer, entfernter Zusammenhang zwischen Geschäft und Handelsgewerbe genügt.[3] Zum Betrieb eines Handelsgewerbes gehören danach **(a)** Grundgeschäfte, **(b)** Hilfsgeschäfte und **(c)** Nebengeschäfte. Davon sind zu unterscheiden **(d)** die Privatgeschäfte des Kaufmanns.

2. Zum Betrieb eines Handelsgeschäfts gehörend

a) Grundgeschäfte

13 Grundgeschäfte beziehen sich auf den eigentlichen Gegenstand des kaufmännischen Unternehmens.

Beispiel: Verkauf von Kleidern in einem Textilgeschäft.

---

[2] MünchKomm/*K. Schmidt*, § 343 Rn. 6 f.
[3] BGHZ 63, 32, 35; *BGH* NJW 1960, 1852, 1853; WM 1976, 424, 425.

b) Hilfsgeschäfte

Hilfsgeschäfte dienen der Errichtung, Fortführung oder Beendigung des Unternehmens. Daher sind insbesondere auch Vorbereitungs- und Abwicklungsgeschäfte dem Handelsgewerbe zuzurechnen.

14

Beispiele: Anstellung von Personal; Miete von Büro- oder Ladenräumen; Kauf von Büromaschinen; Verkauf des Unternehmens.

c) Nebengeschäfte

Nebengeschäfte sind an sich branchenfremde Geschäfte.

15

Beispiel: Verkauf eines Firmenwagens durch den Inhaber eines Textilgeschäfts.

d) Privatgeschäfte des Kaufmanns

Von den Haupt-, Hilfs- und Nebengeschäften sind die privaten Geschäfte des Kaufmanns zu unterscheiden.

16

Beispiele: Kauf eines Fernsehgeräts für zu Hause; Abschluss eines Gesellschaftsvertrags zur Gründung einer oHG oder KG, sofern die Vertragschließenden nicht schon Kaufmann sind und die Gesellschaftsgründung nicht dem Handelsgewerbe dient;[4] Geschäfte, die ein Gesellschafter in eigenem Namen mit der Gesellschaft, anderen Gesellschaftern oder Dritten schließt.

Da Handelsgesellschaften keine privaten Geschäfte schließen können, sind ihre Geschäfte stets Handelsgeschäfte.[5] Die Abgrenzung von Privatgeschäft und Handelsgeschäft ist daher nur für natürliche Personen von Bedeutung.

17

3. Vermutungen des § 344 HGB

a) Normzweck

Die – lediglich für natürliche Personen bedeutsame – Unterscheidung zwischen Haupt-, Hilfs- und Nebengeschäft einerseits und Privatgeschäft andererseits ist naturgemäß im Einzelfall schwierig und für den Gegner oft nicht erkennbar.

18

Beispiel: Kauf einer Sitzgruppe, die sowohl im Geschäft als auch im Privathaushalt Verwendung finden kann.

Daher begründen § 344 I und II HGB Vermutungen für die Betriebszugehörigkeit.

19

b) § 344 I HGB

§ 344 I HGB stellt zum Schutz des Rechtsverkehrs eine Vermutung auf, wonach alle Rechtsgeschäfte eines Kaufmanns im Zweifel Handelsgeschäfte sind. Diese Vermutung erstreckt sich allein auf die Betriebszugehörigkeit eines Geschäfts i. S. d. § 343 HGB, also über den Wortlaut von § 344 I HGB hinaus nicht nur auf Rechtsgeschäfte.[6] Die Vermutung des § 344 I HGB erstreckt sich hingegen nicht auf die Kaufmannseigenschaft. Die Vermutung des § 344 I HGB wirkt für und gegen den Kaufmann. Daher können sich auch Dritte auf § 344 I HGB berufen, nicht hingegen der Scheinkaufmann. § 344 I HGB gilt analog für Kleingewerbetreibende und frei-

20

---

[4] Koller/Kindler/Roth/Drüen/*Roth,* § 343 Rn. 6.
[5] *BGH* NJW 1960, 1852, 1853.
[6] Baumbach/Hopt/*Leyens,* § 344 Rn. 2.

beruflich tätige Personen. Umstritten ist, ob für die Abgrenzung von Unternehmer- und Verbraucherhandeln i. S. d. §§ 13, 14 BGB die Norm des § 344 I HGB analog anzuwenden ist, d. h. ob Rechtsgeschäfte eines Unternehmens im Zweifel dem Unternehmensbereich zuzuordnen sind.[7] Die negative Formulierung in § 13 HS 2 BGB spricht dagegen.

21 Da es sich bei § 344 I HGB lediglich um eine Auslegungsregel („im Zweifel") handelt, ist die durch diese Regelung begründete Vermutung der Betriebszugehörigkeit widerlegt, wenn es sich für den anderen Teil erkennbar um ein privates Geschäft des Kaufmanns handelt. Umstände, die der andere Teil nicht erkennen kann, sind nicht geeignet, die Vermutung des § 344 I HGB zu widerlegen.[8] Die Willensrichtung des Kaufmanns ist dann unerheblich. Die Darlegungs- und Beweislast für das Vorliegen eines privaten Geschäfts des Unternehmers trägt derjenige, der sich darauf beruft.

22 Eine Einschränkung erfährt die Vermutung des § 344 I HGB durch EU-Richtlinien über Verbraucherverträge. Insoweit kommt es nicht auf die Vermutung des § 344 I HGB, sondern vor allem auf den Inhalt des Rechtsgeschäfts, den objektiven Bezug zum Betrieb des Unternehmens, die Zielsetzung sowie das Auftreten im Rechtsverkehr (z. B. Betriebszugehörigkeit bei Verwendung von Geschäftsbriefbögen) an.[9]

c) § 344 II HGB

23 § 344 II HGB begründet eine Vermutung der Betriebszugehörigkeit bei der Zeichnung von Schuldscheinen. Schuldschein in diesem Sinne kann ein Verpflichtungsschein jeder Art sein.

Beispiele: Darlehensvertrag oder Bürgschaftsurkunde,[10] nicht jedoch eine Quittung.

24 Die Vermutung des § 344 II HGB ist nur durch Umstände widerlegbar, die sich aus der Urkunde selbst ergeben. Die Vermutung des § 344 II HGB gilt nicht, wenn der Empfänger der Erklärung weiß, dass die Zeichnung nicht dem Betrieb des Handelsgewerbes zugehörig, der Empfänger also bösgläubig ist.[11]

D. Einseitiges und beiderseitiges Handelsgeschäft

25 Je nachdem, ob das Geschäft nur für einen der Beteiligten oder für beide Beteiligte ein Handelsgeschäft ist, spricht man von einseitigem oder beiderseitigem Handelsgeschäft. Nach § 345 HGB kommen die Vorschriften über Handelsgeschäfte für beide Teile grundsätzlich schon dann zur Anwendung, wenn das Geschäft lediglich für einen Teil ein Handelsgeschäft ist (z. B. § 352 II HGB i. V. m. § 354 II HGB; §§ 355–357 HGB; §§ 358–362 HGB; §§ 366, 367, 373, 376, 383 ff. HGB). Insoweit kann Handelsrecht auch für Nichtkaufleute gelten und kommt es zu einer Einschränkung des

---

[7] Verneinend: MünchKomm-BGB/*Micklitz,* § 14 BGB Rn. 34; Palandt/*Ellenberger,* § 13 BGB Rn. 3 u. § 14 BGB Rn. 2; bejahend: *Pfeiffer,* NJW 1999, 173; offen lassend Baumbach/Hopt/*Leyens,* § 344 Rn. 1.

[8] *BGH* WM 1976, 424, 425.

[9] *BGH* NJW 1994, 2759 f.; Koller/Kindler/Roth/Drüen/*Roth,* § 344 Rn. 2.

[10] *BGH* NJW 1998, 3708, 3709.

[11] *BGH* NJW 1997, 1779, 1780.

subjektiven Systems.[12] Teilw ise ist festgelegt, für welchen Teil ein Handelsgeschäft gegeben sein muss (z. B. §§ 347–350 HGB). Ein einseitiges Handelsgeschäft genügt für die Anwendung der Regelungen über Handelsgeschäfte nur dann nicht, wenn ausnahmsweise etwas anderes bestimmt ist. Solche Ausnahmen sind z. B. §§ 346, 352 I, 353, 368–372, 377, 379, 391 HGB. Denn sie setzen voraus, dass das Geschäft für beide Teile ein Handelsgeschäft ist.

Abbildung 14: Handelsgeschäft (§ 343 HGB)

---

[12] Vgl. zu diesem Begriff § 1 Rn. 15.

§ 10. Handelsgeschäfte und Rechtsgeschäftslehre

A. Grundsatz

1 Auch für Kaufleute gelten grundsätzlich die Vorschriften des Allgemeinen Teils des BGB. So sind Willenserklärungen und insbesondere Verträge auch im Handelsverkehr nach §§ 133, 157 BGB auszulegen. Außerdem gelten für den Vertragsschluss §§ 145 ff. BGB.

Beispiel: Die Frage, ob und mit welchem Inhalt ein Vertrag zu Stande kommt und insbesondere, ob die AGB einer oder beider Parteien Vertragsbestandteil sind, ist grundsätzlich nach §§ 145 ff., 305 BGB zu beurteilen. § 305 II BGB gilt nicht, wenn AGB gegenüber einem Unternehmer (§ 14 BGB) verwendet werden (§ 310 I 1 BGB). Die erforderliche rechtsgeschäftliche Vereinbarung über die Einbeziehung von AGB kann ausdrücklich erfolgen. Die konkludente Einbeziehung von AGB setzt voraus, dass der Verwender bei seinem Antrag i. S. d. § 145 BGB auf die AGB klar und eindeutig hinweist und dem potenziellen Vertragspartner ermöglicht, in zumutbarer Weise von den AGB Kenntnis zu nehmen.[1] Bei inhaltlich kollidierenden AGB stellt nach der älteren Rspr.[2] die Vertragsannahme unter Hinweis auf die eigenen AGB eine Ablehnung des Antrags verbunden mit einem neuen Antrag dar (§ 150 II BGB). Vollziehe daraufhin der Gegner widerspruchslos den Vertrag, so sei dies als stillschweigendes Einverständnis mit den AGB der anderen Vertragspartei zu werten (Theorie des letzten Wortes). Dieses Ergebnis scheint unbefriedigend, weil es vom Zufall abhängt, wer das „letzte Wort" spricht. Die h. L.[3] löst daher den Konflikt stets durch (eine auf Grund der Typizität der AGB-Kollision gerechtfertigte) Umkehrung der Auslegungsregel des § 154 I BGB. Danach kommt trotz fehlender Einigung über die Geltung der AGB grundsätzlich ein Vertrag zu Stande, wenn die Parteien das Geschäft durchführen, also etwa eine Vertragspartei die Ware liefert und die andere Vertragspartei sie entgegennimmt. Vertragsinhalt sind die AGB dann nur insoweit, als sie übereinstimmen. Im Hinblick auf die widersprechenden AGB ist im Zweifel anzunehmen, dass beide Vertragsparteien auch ohne deren Geltung am Vertrag festhalten wollen (Widerlegung des § 154 I 1 BGB). Anstelle der sich widersprechenden AGB gilt dann nach § 306 II BGB Gesetzesrecht. Ein offener Dissens liegt nur vor, wenn entweder die Parteien das Geschäft nicht vollziehen oder eine Partei ausdrücklich auf der Geltung ihrer AGB besteht. Eine bloße „Abwehrklausel" in den eigenen AGB genügt dafür aber nicht.

B. Handelsbräuche (§ 346 HGB)

I. Begriff

2 Aus § 346 HGB ergibt sich eine handelsrechtliche Besonderheit für die Beurteilung insbesondere der Frage, ob und mit welchem Inhalt ein Rechtsgeschäft zu Stande gekommen ist. Denn danach ist unter Kaufleuten auf die im Handelsverkehr geltenden Gewohnheiten und Gebräuche Rücksicht zu nehmen. Diese Gewohnheiten und Gebräuche (kurz: Handelsbräuche) sind die Verkehrssitte des Handels.[4] Deshalb ist das Verhalten eines Kaufmanns im Handelsverkehr so aufzufassen, wie es im Handelsverkehr üblich ist.[5] Dies setzt eine in räumlicher, zeitlicher und personeller Hinsicht hinreichende einheitliche, von den beteiligten Verkehrskreisen überein-

---

[1] BGHZ 102, 293, 304; *BGH* NJW 1985, 1838, 1839.

[2] BGHZ 61, 282, 284; *BGH* WM 1977, 451.

[3] *BGH* NJW 1991, 1604, 1606; Palandt/*Grüneberg,* § 305 BGB Rn. 54; Baumbach/Hopt/*Leyens,* § 346 Rn. 22.

[4] *BGH* NJW 1966, 502, 503; WM 1973, 382, 383.

[5] *BGH* NJW-RR 2004, 555.

stimmend durchgeführte Verkehrsübung im Hinblick auf einen bestimmten Vorgang voraus.[6]

II. Bedeutung und Wirkungen

Ein Handelsbrauch kann insbesondere für die Auslegung von Willenserklärungen **3** nach § 157 BGB, aber auch für die Beurteilung sonstiger Erklärungen und Verhaltensweisen (z. B. Entgegennahme von Ware) entscheidend sein (Interpretationsfunktion). Denn ein Handelsbrauch ist als Verkehrssitte des Handels gegenüber allgemeinen Verkehrssitten vorrangig.[7] Er legt das typische Verständnis bestimmter Fachausdrücke und Vertragsklauseln fest. Dies gilt insbesondere für Handelsklauseln.

Beispiele: „Tel quel" bedeutet geringste Qualität der vereinbarten Gattung.[8] – Der Terminus „Nachnahme" *(„cash on delivery")* beinhaltet die Erklärung, dass der Käufer ohne Untersuchungs- und Einwendungsmöglichkeit die Vorleistungspflicht übernimmt und nicht aufrechnen darf.[9] Denn die Nachnahme ist auf eine Auslieferung der Ware in der Weise gerichtet, dass die ausliefernde Stelle gegen Aushändigung der Ware das Inkasso des Rechnungsbetrags vornimmt. Ein Inkasso schließt schon begrifflich die Aufrechnung aus. – Die fob-Klausel *(„free on board")* verpflichtet den Verkäufer einer zu verschiffenden Ware, die Sache auf seine Kosten an Bord des ihm vom Käufer zu benennenden Schiffes zu liefern. Die Kosten der Verstauung und des Transports hat der Käufer zu tragen. Der Verkäufer muss die vereinbarte Lieferzeit einhalten. Andernfalls stehen dem Käufer die Rechte nach § 376 HGB zu. Die Preisgefahr geht über, wenn die Ware im Verschiffungshafen an Bord des transportierenden Schiffs kommt.[10] Es besteht weder für den Verkäufer noch für den Käufer die Pflicht, die Ware zu versichern.

Ein Handelsbrauch kann außerdem für die Ergänzung eines Rechtsgeschäfts etwa zur **4** Schließung von Vertragslücken von Bedeutung sein.[11]

Beispiele: Die Entstehungsvoraussetzungen und die Höhe einer Provision können nach Handelsbrauch zu beurteilen sein.

Handelsbräuche können außerdem das gesetzliche Recht ausfüllen oder ergänzen, indem sie bestimmte Rechtsfolgen begründen. **5**

Beispiele: Begründung eines kostenlosen Rücktrittsrechts des Reiseveranstalters beim Reservierungsvertrag.[12] – Bei einer Inhaltskontrolle von AGB nach § 307 BGB sind nach § 310 I 2 HS 2 BGB im Handelsverkehr geltende Gewohnheiten und Gebräuche angemessen zu berücksichtigen.

Die mit der Maßgeblichkeit von Handelsbräuchen verbundene Typisierung und Standardisierung dient der Klarheit und Sicherheit des Handelsverkehrs, insbesondere bei **6** Massengeschäften. Denn jedermann kann sich auf eine klar abgegrenzte und bestimmte Bedeutung einzelner Erklärungen verlassen.[13] Zudem ermöglichen Handelsbräuche Gleichbehandlung.[14] Der Verwirklichung dieser Zwecke von Handelsbräu-

---

[6] *BGH* ZIP 2018, 81 Rn. 30.
[7] Koller/Kindler/Roth/Drüen/*Roth,* § 346 Rn. 2.
[8] Baumbach/Hopt/*Leyens,* § 346 Rn. 40.
[9] BGHZ 139, 190, 193.
[10] BGHZ 60, 5, 6.
[11] Großkomm/*Koller,* § 346 Rn. 4; *Canaris,* § 22 Rn. 4.
[12] *OLG Frankfurt a. M.* NJW-RR 1986, 911; Koller/Kindler/Roth/Drüen/*Roth,* § 346 Rn. 16; **a. A.** aber *OLG München* NJW-RR 1990, 698 (für Bayern).
[13] BGHZ 14, 61, 62; 23, 131, 136; ähnlich auch BGHZ 41, 215, 221.
[14] *Canaris,* § 22 Rn. 3.

chen bedarf es aber nicht, wenn ein Kaufmann für den Erklärungsempfänger erkennbar Abweichendes will. Es gilt dann § 133 BGB. Handelsbräuche begründen daher lediglich die widerlegbare Vermutung, dass die Parteien eine Erklärung oder Verhaltensweise i. S. eines Handelsbrauchs verstanden haben. Daraus ergibt sich, dass Handelsbräuche lediglich eines von verschiedenen Mitteln zur Auslegung von Erklärungen und Verhaltensweisen sind. Handelsbräuche sind infolgedessen keine Rechtsquelle wie etwa Gewohnheitsrecht, da sie nicht wie eine Norm des objektiven Rechts „von außen" auf die Beurteilung einer Erklärung oder Verhaltensweise einwirken. Sie beeinflussen vielmehr allein im Wege der Auslegung das von den Parteien durch Erklärungen oder Verhaltensweisen bereits gesetzte Recht.

III. Entstehungsvoraussetzungen

7 Die Entstehung eines Handelsbrauchs setzt **(1)** eine tatsächliche Übung der beteiligten Verkehrskreise **(2)** über einen ausreichenden Zeitraum sowie **(3)** die freiwillige Befolgung dieser Übung durch die beteiligten Verkehrskreise voraus.[15]

1. Tatsächliche Übung der beteiligten Verkehrskreise

a) Sachlich

8 Die Voraussetzungen für die Entstehung eines Handelsbrauchs können im Handelsverkehr allgemein, aber auch nur in einer bestimmten Branche erfüllt sein. Auf die Häufigkeit bestimmter Erklärungen oder Verhaltensweisen kommt es nicht entscheidend an.

b) Örtlich

9 Besteht eine tatsächliche Übung der beteiligten Verkehrskreise nur in einem regional begrenzten Gebiet, ist sie für ein Rechtsgeschäft dann von Bedeutung, wenn der Schwerpunkt dieses Rechtsgeschäfts in diesem Gebiet liegt.[16]

Beispiele: Beide Vertragsparteien haben ihren Sitz im Verbreitungsgebiet des Handelsbrauchs. – Erklärungs- oder Erfüllungshandlungen sind im Verbreitungsgebiet des Handelsbrauchs vorzunehmen und der Person, die außerhalb dieses Gebiets ihren Sitz hat, ist der Handelsbrauch bekannt.

2. Ausreichender Zeitraum

10 Unter welchen Voraussetzungen eine tatsächliche Übung der beteiligten Verkehrskreise über einen ausreichenden Zeitraum erfolgt, hängt von den Umständen des Einzelfalls, insbesondere den Verhaltenserwartungen ab. Kommt es zu einer ungewöhnlichen Vielzahl von Geschäften, kann dieser Zeitraum verhältnismäßig kurz sein.

3. Freiwillige Befolgung der Übung

11 Die Befolgung der Übung auf beiden Vertragsseiten (z. B. Verkäufer und Käufer) muss freiwillig geschehen. Daran kann es etwa bei der Beugung unter wirtschaftlichem Druck oder bei Verbandsempfehlungen fehlen.

---

[15] *BGH* NJW 1994, 659, 660 (verpflichtende Verhaltensregel); Koller/Kindler/Roth/Drüen/*Roth*, § 346 Rn. 4.
[16] *Canaris*, § 22 Rn. 40.

IV. Anwendungsvoraussetzungen

1. Persönlich

Nach § 346 HGB sind Handelsbräuche „unter Kaufleuten" zu berücksichtigen. Han- 12
delsbräuche gelten daher bei beiderseitigen Handelsgeschäften i. S. d. §§ 343f. HGB.
Ein Scheinkaufmann muss Handelsbräuche gegen sich gelten lassen, ohne sich seinerseits auf sie berufen zu können. Gegenüber Nichtkaufleuten kann ein Handelsbrauch
von Bedeutung sein, wenn **(1)** dies vereinbart ist, **(2)** eine gesetzliche Regelung auf
§ 346 HGB verweist (z. B. §§ 383 II, 407 III 2, 453 III 2, 467 III 2 HGB), **(3)** ein
Handelsbrauch allgemeine Verkehrssitte (§ 157 BGB) ist[17] oder **(4)** ein Nichtkaufmann (Freiberufler oder Kleingewerbetreibender) am Geschäftsverkehr teilnimmt
und seine Kenntnis von dem Handelsbrauch zu erwarten ist.[18] Auf eine tatsächlich
vorhandene Kenntnis von dem Handelsbrauch oder gar einen Unterwerfungswillen
kommt es nicht an, da Handelsbräuche normativ gelten.[19] Doch müssen die Beteiligten in sachlicher, räumlicher und zeitlicher Hinsicht dem Verkehrskreis angehören, in
dem der Handelsbrauch besteht.

2. Zeitlich

Der Handelsbrauch muss zum Zeitpunkt der Abgabe der Erklärung bestehen. 13

3. Kein entgegenstehendes zwingendes Recht

Einem Handelsbrauch darf nicht – vorrangiges – zwingendes Recht (z. B. § 138 BGB, 14
§ 242 BGB oder Art. 102 AEUV, §§ 19, 20 GWB) entgegenstehen, da er andernfalls
unbeachtlich ist. Eine Inhaltskontrolle nach § 307 BGB findet nicht statt, da ein Handelsbrauch keine AGB ist.[20]

4. Keine entgegenstehenden Parteiabreden

Von einem Handelsbrauch können die Normadressaten des § 346 HGB durch Ver- 15
einbarung abweichen, insbesondere die Geltung des Handelsbrauchs ausschließen.
Wer sich einem Handelsbrauch nicht unterwerfen will, muss ihn ausdrücklich ausschließen,[21] auch wenn er der Meinung ist, dass es einen solchen Handelsbrauch gar
nicht gibt. Maßgebend ist nämlich nicht die Ansicht der Vertragspartei, die den Handelsbrauch leugnet. Vielmehr kommt es darauf an, wie die Gegenseite die von der anderen Partei abgegebene Erklärung auffassen darf.

5. Unbeachtlichkeit dispositiven Rechts

Ein Handelsbrauch ist gegenüber dispositivem Recht vorrangig, weil er das dispositive 16
Recht abbedingt.[22]

---

[17] Großkomm/*Koller,* § 346 Rn. 24.
[18] *BGH* NJW 1952, 257; WM 1980, 1122, 1123; krit. Großkomm/*Koller,* § 346 Rn. 246.
[19] Baumbach/Hopt/*Leyens,* § 346 Rn. 8.
[20] *BGH* BB 1986, 1395.
[21] *BGH* NJW 1966, 502, 503.
[22] *BGH* NJW 1966, 502; *Canaris,* § 22 Rn. 36.

V. Feststellung

17 Die Feststellung eines Handelsbrauchs ist Tatsachenfeststellung.[23] Einen Handelsbrauch hat danach grundsätzlich derjenige darzulegen und zu beweisen, der sich darauf beruft. Für die schlüssige Darlegung eines Handelsbrauchs sind konkrete Anknüpfungstatsachen im Hinblick auf eine bestimmte Verkehrsübung vorzutragen; die bloße Behauptung, in einem bestimmten Geschäftsbereich werde etwas üblicherweise in einer bestimmten Weise gehandhabt, genügt nicht.[24] Als Beweismittel kommt insbesondere ein Gutachten der Industrie- und Handelskammer in Betracht. Die Kammer für Handelssachen ist berechtigt, auf Grund eigener Sachkunde zu entscheiden (§ 114 GVG).

VI. Anfechtung wegen Irrtums

18 Kennt ein Normadressat des § 346 HGB einen Handelsbrauch nicht oder irrt er über die Bedeutung eines Handelsbrauchs, kann ein Inhaltsirrtum i. S. d. § 119 I Alt. 1 BGB gegeben sein[25] oder das Erklärungsbewusstsein fehlen (§ 119 I Alt. 1 BGB analog). Eine Anfechtung kommt aber aus Gründen des durch die typisierende Wirkung eines Handelsbrauchs gesteigerten Verkehrsschutzes nicht in Betracht.[26] Dies gilt insbesondere im Hinblick auf verkehrsübliche, durch Handelsbrauch typisierte Handelsklauseln. Im Übrigen bleibt die Anfechtung – vor allem wegen sonstiger Irrtümer (z. B. Verschreiben oder Verlesen) – möglich.[27]

C. Schweigen im Rechtsverkehr

I. Grundsatz

19 Bloßes Schweigen ist, sofern nicht ein Fall schlüssigen Verhaltens (z. B. Einsteigen in eine Straßenbahn) gegeben ist, regelmäßig keine Willenserklärung. Ein Schweigender setzt im Allgemeinen keinen Erklärungstatbestand, da er weder Zustimmung noch Ablehnung zum Ausdruck bringt. Auch im Handelsverkehr gilt Schweigen grundsätzlich als Ablehnung.[28] Insbesondere besteht kein abweichender Handelsbrauch.[29] Von dem Grundsatz, wonach Schweigen keinen rechtlichen Erfolg herbeiführen kann, gibt es Ausnahmen.

---

[23] *BGH* NJW 1966, 502, 503; MünchKomm/*K. Schmidt,* § 346 Rn. 25; Koller/Kindler/Roth/Drüen/ *Roth,* § 346 Rn. 4; **a. A.** MünchKomm-ZPO/*Prütting,* § 284 Rn. 44.
[24] *BGH* ZIP 2018, 81 Rn. 30.
[25] Koller/Kindler/Roth/Drüen/*Roth,* § 346 Rn. 17; **a. A.** Röhricht/v. Westphalen/*Steimle/Dornieden,* § 346 Rn. 20.
[26] Großkomm/*Koller,* § 346 Rn. 51; Baumbach/Hopt/*Leyens,* § 346 Rn. 9; *K. Schmidt,* § 19 IV 2; **str.**
[27] *Canaris,* § 22 Rn. 32.
[28] *BGH* NJW 1995, 1281, 1282.
[29] *BGH* NJW 1996, 919, 920.

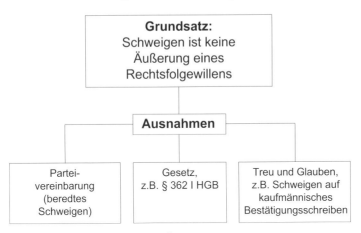

Abbildung 15: Schweigen als Äußerung eines Rechtsfolgewillens

II. Ausnahmen

1. Schweigen als Erklärungshandlung

Ein Schweigender setzt insbesondere dann einen Erklärungstatbestand (beredtes   20
Schweigen), wenn vereinbart ist, dass Schweigen einen bestimmten Willen zum Ausdruck bringt. Nach dem Parteiwillen liegt dann im Schweigen eine Erklärungshandlung (beachte aber § 308 Nr. 5 BGB).

Beispiel: A und B vereinbaren individualvertraglich, dass A dem B ein Buch zuschickt und bei Schweigen des B innerhalb von 14 Tagen nach Zusendung ein Kaufvertrag über dieses Buch zu einem bestimmten Preis geschlossen ist. Für eine Vereinbarung in diesem Sinne genügt es nicht, dass A dem B das Buch unerbeten zuschickt und einseitig erklärt, das Schweigen des B gelte als Zustimmung (vgl. auch § 241a BGB für unbestellte Leistungserbringung gegenüber Verbrauchern).

2. Schweigen mit Erklärungswirkung

Schweigen kommt auch ohne Erklärungshandlung eine Erklärungswirkung in folgen-   21
den beiden Fällen (sog. „normiertes Schweigen" oder „Schweigen an Erklärungs statt")
zu:

a) Das Gesetz weist dem Schweigen eine bestimmte rechtliche Bedeutung zu (Fiktion), um den Rechtsverkehr von der Unsicherheit, ob eine Willenserklärung gegeben ist, zu entlasten.

Beispiele: Nach §§ 108 II 2 BGB, 177 II 2 BGB, 415 II 2 BGB bedeutet Schweigen Ablehnung, da der Geschäftsgegner nach Ablauf einer bestimmten Frist Klarheit über das Schicksal des schwebend unwirksamen Vertrags haben soll. Nach §§ 416 I 2 BGB, 455 S. 2 BGB, 516 II 2 BGB, 362 I HGB[30] bedeutet Schweigen Zustimmung, da in diesen Fällen der Schluss auf einen bestimmten Erklärungswillen gerechtfertigt ist.

---

[30] Vgl. dazu Rn. 23 ff.

22 **b)** Der Schweigende ist auf Grund einer konkreten Rechtspflicht verpflichtet, seinen gegenteiligen Willen zum Ausdruck zu bringen und unterlässt dies. Eine solche Pflicht besteht nur ausnahmsweise.

Beispiel: Empfang eines kaufmännischen Bestätigungsschreibens.[31]

III. Vertragsschluss durch Schweigen auf einen Antrag (§ 362 I HGB)

1. Normzweck

23 § 362 I HGB stellt eine Regel für den Vertragsschluss durch Schweigen auf. § 362 I 1 HGB gilt für Kaufleute, deren Gewerbebetrieb die Besorgung von Geschäften für andere mit sich bringt, § 362 I 2 HGB für jeden Kaufmann, der sich zur Besorgung von Geschäften erboten hat (in Abweichung von § 362 I 1 HGB unabhängig davon, worauf sein Gewerbebetrieb gerichtet ist). § 362 I HGB liegt die Vorstellung zu Grunde, dass Kaufleute einen ihnen zugehenden Antrag annehmen, sofern sie ihn nicht unverzüglich ablehnen.[32] Denn erfolgt nicht unverzüglich die Ablehnung des Antrags, gilt das Schweigen als Annahme des Antrags (§ 362 I 1 HS 2 HGB). Diese Abweichung gegenüber § 663 BGB, der bei unterbliebener unverzüglicher Ablehnung lediglich den Ersatz des Vertrauensschadens vorsieht, geschieht zur Schaffung von Rechtssicherheit und Verkehrsschutz.[33] § 362 I HGB soll nämlich Streit über die – in den von § 362 I HGB genannten Fällen typischerweise gegebene – Erfüllung des Tatbestands einer Willenserklärung vermeiden.

2. Dogmatische Einordnung

24 Teile des Schrifttums[34] beurteilen die nicht unverzügliche Ablehnung eines Antrags i. S. d. § 362 HGB als Pflicht- oder Obliegenheitsverletzung. Dem steht jedoch entgegen, dass § 362 I HGB zum Zustandekommen eines Vertrages und damit einer Haftung des Schweigenden auf Erfüllung führt. Andere Teile des Schrifttums nehmen eine fingierte Willenserklärung an und ordnen § 362 I HGB der Rechtsgeschäftslehre zu.[35] Wiederum andere Teile des Schrifttums nehmen eine Vertrauenshaftung an.[36] Wieder andere qualifizieren § 362 I HGB zu Recht als Rechtsscheintatbestand, da einer rechtsgeschäftlichen Einordnung entgegensteht, dass § 362 I HGB die Annahme eines Antrags auch dann fingiert, wenn der Schweigende überhaupt kein entsprechendes Bewusstsein oder gar überhaupt keine Kenntnis vom Zugang des Antrags hat.[37]

3. Voraussetzungen

25 § 362 I 1 HGB setzt voraus, dass **(a)** der Antragsempfänger Kaufmann ist, **(b)** sein Gewerbebetrieb die Besorgung von Geschäften für andere mit sich bringt, **(c)** ihm gegenüber ein Antrag auf Besorgung solcher Geschäfte zugeht **(d)** von jemandem, mit dem er in ständiger Geschäftsverbindung steht, **(e)** ohne dass der Antragsempfänger unverzüglich antwortet (vgl. dazu auch *Lettl,* Fall 9). § 362 I 2 HGB setzt voraus, dass

---

[31] Vgl. dazu Rn. 39 ff.
[32] Denkschrift, S. 97.
[33] Koller/Kindler/Roth/Drüen/*Roth,* § 362 Rn. 1.
[34] *Fabricius,* JuS 1966, 51 ff.
[35] MünchKomm/*Welter,* § 362 Rn. 15; Koller/Kindler/Roth/Drüen/*Roth,* § 362 Rn. 4.
[36] Baumbach/Hopt/*Leyens,* § 362 Rn. 3.
[37] *Canaris,* § 23 Rn. 3; *Petersen,* Jura 2003, 687, 690.

(a) der Antragsempfänger Kaufmann ist, **(b)** dem Kaufmann ein Antrag über die Besorgung von Geschäften von jemandem zugeht, demgegenüber er sich zur Besorgung solcher Geschäfte erboten hat (in Abweichung von § 362 I 1 HGB unabhängig davon, worauf der Gewerbebetrieb des Kaufmanns gerichtet ist), **(c)** ohne dass der Antragsempfänger unverzüglich antwortet. An dieser Gegenüberstellung von § 362 I 1 HGB und § 362 I 2 HGB zeigt sich, dass deren Voraussetzungen teilweise übereinstimmen, teilweise voneinander abweichen.

a) Antragsempfänger ist Kaufmann

Nur der Empfänger des Antrags (nicht auch dessen Absender) muss Kaufmann sein. 26
Die Kaufmannseigenschaft bestimmt sich nach §§ 1 ff. HGB. § 362 I HGB gilt auch zu Lasten eines Scheinkaufmanns und der in §§ 383 II, 407 III 2, 453 III 2, 467 III 2 HGB genannten Personen. § 362 I HGB gilt analog für Nichtkaufleute, die in kaufmännischer Weise am Geschäftsverkehr teilnehmen.[38]

b) Besorgung von Geschäften für andere

Der Begriff der Geschäftsbesorgung i. S. d. § 362 I HGB entspricht nicht dem Begriff 27
der Geschäftsbesorgung der §§ 662, 675 BGB. Als Geschäftsbesorgung i. S. d. § 362 I HGB ist jede selbständige, rechtsgeschäftliche oder tatsächliche Tätigkeit für einen anderen und in dessen Interesse zu verstehen. Der Kaufmann muss also einem anderen eine Tätigkeit abnehmen, die an sich dem anderen zukommt.[39]

Beispiele: Tätigkeit der Banken im Bereich der Kontoführung; Spediteure; Handelsmakler; Kommissionäre.

Einfache Verkaufs-, Kauf- oder Kreditangebote fallen nicht unter § 362 I HGB. 28

Die Geschäftsbesorgung muss sich bei § 362 I 1 HGB auf Geschäfte beziehen, die der 29
Gewerbebetrieb des Kaufmanns mit sich bringt, d. h., das Geschäft muss nach der Verkehrsanschauung zum üblichen Geschäftskreis des Gewerbebetriebs gehören (darauf kommt es bei § 362 I 2 HGB nicht an). Entscheidend ist, welche Geschäftsbesorgungen nach der Verkehrsanschauung normalerweise zu einem solchen Gewerbebetrieb gehören.

Beispiele: Abwicklung des Überweisungsverkehrs bei Banken; Transport von Sachen durch Spediteure.

c) Antrag über die Besorgung solcher Geschäfte

Der Kaufmann muss einen Antrag zum Vertragsschluss i. S. d. § 145 BGB erhalten. 30
Diese Erklärung muss also insbesondere hinreichend bestimmt sein. Außerdem muss der Antrag auf die Besorgung „solcher Geschäfte" gerichtet sein. Der Antrag muss also im Zusammenhang mit dem Gewerbebetrieb des Kaufmanns stehen. Ob der Kaufmann vom Zugang des Antrags Kenntnis erlangt, ist unerheblich, sofern die Kenntnisnahme auf Grund der spezifischen Risiken seines Unternehmens unterbleibt.[40]

---

[38] MünchKomm/*Welter,* § 362 Rn. 17; Baumbach/Hopt/*Leyens,* § 362 Rn. 3; *Canaris,* § 23 Rn. 7; *K. Schmidt,* § 19 II 3a.
[39] BGHZ 46, 43, 47.
[40] Großkomm/*Canaris,* § 362 Rn. 18; Baumbach/Hopt/*Leyens,* § 362 Rn. 5; *K. Schmidt,* § 19 II 2 d ff.

Beispiele: Der Verlust eines Antrags durch einen mit der Bearbeitung des Posteingangs betrauten Praktikanten beruht auf den spezifischen Organisationsrisiken des Unternehmens, die Zerstörung des Antrags durch einen Brand auf Grund Blitzeinschlags hingegen nicht.

d) Geschäftsverbindung (§ 362 I 1 HS 1 HGB) oder Erbieten (§ 362 I 2 HGB)

31 Eine Geschäftsverbindung i. S. d. § 362 I 1 HS 1 HGB ist eine objektiv auf gewisse Dauer angelegte Beziehung, die einen wiederholten Abschluss von Geschäften erwarten lässt.

32 Für ein Erbieten i. S. d. § 362 I 2 HGB genügt nicht ein öffentliches Erbieten.

Beispiele: Ein Erbieten in Zeitungsannoncen oder in der Rundfunkwerbung genügt nicht.

33 Vielmehr ist ein individuelles Erbieten erforderlich, das aber in allgemeiner Form erfolgen kann.

Beispiel: Zusendung einer individuell adressierten Werbedrucksache.

e) Keine unverzügliche Antwort

34 Geht den in § 362 I HGB genannten Kaufleuten ein Antrag auf Abschluss eines entsprechenden Vertrags zu, müssen sie unverzüglich antworten. Diese Antwort muss nicht notwendig i. S. einer abschließenden Ablehnung des Antrags zu verstehen sein. Auch wenn der Kaufmann mit seiner unverzüglichen Antwort lediglich zu erkennen gibt, zwar Vertragsverhandlungen führen, sich aber noch nicht vertraglich binden zu wollen, ist die von § 362 I HGB bezweckte Gewährung von Verkehrsschutz nicht geboten.[41] Dasselbe gilt für eine Antwort, aus der sich nicht deutlich ergibt, ob der Kaufmann den Antrag annehmen oder ablehnen will. Unverzüglich bedeutet „ohne schuldhaftes Zögern" i. S. d. § 121 I 1 BGB. Dem Kaufmann steht zwar eine branchenübliche Überlegungsfrist, die mit Zugang des Antrags beginnt, zu. Erforderlich ist aber regelmäßig eine Antwort noch am Tag des Antragszugangs. Unterbleibt dies auf Grund eines Organisationsmangels oder eines Verschuldens der Mitarbeiter des Kaufmanns, so geht dies zu seinen Lasten. Die Gefahr des verzögerten Zugangs oder Verlusts der Antwort trägt der Antragende.

f) Gutgläubigkeit des Antragenden?

35 Der Wortlaut des § 362 HGB setzt nicht die Gutgläubigkeit des Antragenden voraus. Für ein solches Erfordernis spricht hingegen, dass § 362 HGB Verkehrsschutz bezweckt und hierfür bei Bösgläubigkeit des Antragenden kein Bedürfnis besteht. Danach ist § 362 HGB nicht anwendbar, wenn der Antragende den fehlenden Annahmewillen des Kaufmanns kennt oder kennen muss.[42] Dies ist insbesondere dann der Fall, wenn der Antrag objektiv einen solchen Inhalt hat, dass im Verkehr verständiger Weise nicht mit der Annahme zu rechnen ist.

4. Rechtsfolgen

36 Das Schweigen des Kaufmanns gilt als Annahme (Fiktion entgegen allgemeinen bürgerlichrechtlichen Grundsätzen). Auf die Unsicherheit, ob eine konkludente Annahme gegeben ist, kommt es dann nicht an. Die Fiktion des § 362 I 1 HS 2 HGB

---

[41] *BGH* NJW 1984, 866, 867.
[42] Großkomm/*Canaris*, § 362 Rn. 26; Baumbach/Hopt/*Leyens*, § 362 Rn. 5 (nur für Kenntnis).

erstreckt sich auch auf § 362 I 2 HGB („das gleiche gilt") und wirkt zu Lasten, aber auch zu Gunsten des Schweigenden.[43] Der angetragene Vertrag kommt mit dem Inhalt des Antrags zu Stande. Dem Antragenden wie dem Kaufmann stehen daher Erfüllungs- und ggf. Schadensersatzansprüche zu. Dem Antragenden steht kein Wahlrecht zwischen der Rechtslage ohne Annahme des Antrags einerseits und der Rechtslage mit Annahme des Antrags andererseits zu. Von der Fiktion des § 362 I 1 HS 2 HGB zu unterscheiden ist § 151 BGB, der nicht die auf die Annahme des Antrags gerichtete Willensbetätigung ersetzt, sondern lediglich deren Zugang. Erklärt der Kaufmann die Annahme, kommt der Vertrag hierdurch zu Stande. Der Fiktion des § 362 I 1 HS 2 HGB bedarf es dann nicht.

Für nicht oder beschränkt geschäftsfähige Antragsempfänger gelten §§ 104 ff. BGB.   37

Grundsätzlich soll der Kaufmann im Fall des § 362 I HGB nicht schlechter stehen, als   38
wenn er den Antrag durch ausdrückliche Erklärung angenommen hätte. Daher kann der Kaufmann z. B. mit der Begründung anfechten, er habe sich über den Inhalt des Antrags geirrt (§ 119 I Alt. 1 BGB: Inhaltsirrtum) oder er sei arglistig getäuscht worden (§ 123 I Alt. 1 BGB). Würde man dagegen die Anfechtung auch für den Fall zulassen, dass der Kaufmann sich allein über die Bedeutung seines Schweigens als Annahme geirrt habe (Inhaltsirrtum nach § 119 I Alt. 1 BGB oder Fall fehlenden Erklärungsbewusstseins nach § 119 I Alt. 1 BGB analog), würde der mit § 362 I HGB verfolgte Zweck des Verkehrsschutzes und der Rechtssicherheit gerade in sein Gegenteil verkehrt.[44] Auf den Willen, mit dem Schweigen den Antrag anzunehmen, kommt es bei § 362 I HGB gerade nicht an. Deshalb stellt eine derartige Fehlvorstellung nur einen unbeachtlichen Motivirrtum dar, da insoweit dem Verkehrsschutz der Vorrang gebührt.

Prüfungsschema Vertragsschluss durch Schweigen auf einen Antrag (§ 362 I HGB)

I. Anspruch entstanden
   1. Vertrag zu Stande gekommen
      a) Antrag (§ 145 BGB)
      b) Annahme (§§ 146 f. BGB)
         aa) Ausdrücklich
         bb) Konkludent
         cc) Durch Schweigen, § 362 I HGB
            (1) § 362 I 1 HGB
               (a) Antragsempfänger ist Kaufmann
               (b) Gewerbebetrieb des Kaufmanns bringt Besorgung von Geschäften für andere mit sich
               (c) Kaufmann geht Antrag auf Besorgung solcher Geschäfte zu
               (d) Von jemandem, mit dem ständige Geschäftsverbindung besteht
               (e) Keine unverzügliche Antwort des Kaufmanns

---

[43] BGHZ 46, 43, 47.
[44] BGHZ 11, 1, 5; Großkomm/*Canaris*, § 362 Rn. 18; Baumbach/Hopt/*Leyens*, § 362 Rn. 6.

(f) Gutgläubigkeit des Antragenden (str.)

(g) Rechtsfolge: Fiktion der Annahme (§ 362 I 1 HS 2 HGB)

   (2) § 362 I 2 HGB

      (a) Antragsempfänger ist Kaufmann

      (b) Kaufmann geht Antrag über die Besorgung von Geschäften zu

      (c) Von jemandem, demgegenüber er sich zur Besorgung solcher Geschäfte erboten hat (unabhängig davon, worauf der Gewerbebetrieb des Kaufmanns gerichtet ist)

      (d) Keine unverzügliche Antwort des Kaufmanns

      (e) Gutgläubigkeit des Antragenden (str.)

      (f) Rechtsfolge: Fiktion der Annahme (§ 362 I 1 HS 2 HGB)

  2. Vertrag wirksam

II. Anspruch nicht erloschen

  – Anfechtung

    1. Anfechtungserklärung (§ 143 BGB)

    2. Anfechtungsgrund (§§ 119 f., 123 BGB)

  – Irrtum über die Bedeutung des Schweigens (str.)

Fallbeispiel:

A hat als Privatmann bei Bank B ein Wertpapierdepot und tätigt von Zeit zu Zeit mit Hilfe der Bank Käufe und Verkäufe von Aktien. Eines Tages bittet er per Telefax um den sofortigen Verkauf von 1000 X-Aktien. B reagiert darauf nicht. Zwei Tage später sinkt der Kurs der Aktie um 30 %. A freut sich, dass er noch rechtzeitig verkauft hat – indessen zu früh. Denn es stellt sich heraus, dass die Bank untätig geblieben ist. Hat A gegen B einen Anspruch auf Schadensersatz statt der Leistung, wenn B erklärt, dass sie mit A keinen Vertrag geschlossen habe, weil ihr Schweigen doch wohl keine Zustimmung sein könne?

Anspruch des A gegen B auf Schadensersatz statt der Leistung (§§ 280 I, III, 281 BGB)

I. Pflichtverletzung von B

Die Pflichtverletzung von B könnte darin liegen, dass B die 1000 X-Aktien von A nicht entsprechend der Weisung des A verkauft. Dann müsste B vertraglich zu diesem Verkauf verpflichtet sein.

  1. Anspruch entstanden durch wirksamen Vertragsschluss?

    a) Antrag i. S. d. § 145 BGB

      Ein Antrag i. S. d. § 145 BGB liegt mit dem Telefax von A vor.

    b) Annahme i. S. d. §§ 146 ff. BGB

      Eine ausdrückliche oder konkludente Annahme i. S. d. §§ 146 ff. BGB durch B liegt nicht vor. Vielmehr schweigt B. Schweigen ist grundsätzlich auch im Handelsverkehr keine Willenserklärung. Möglicherweise liegen hier aber die Voraussetzungen der Ausnahme nach § 362 I 1 HGB vor.

      aa) B ist Kaufmann i. S. d. § 1 HGB zum Zeitpunkt des Zugangs der Willenserklärung von A. Dass A nicht Kaufmann ist, ist unerheblich (§ 345 HGB).

      bb) Die Tätigkeit von B ist auf die Besorgung von Geschäften für andere gerichtet, da sie für ihre Kunden Zahlungs-, Überweisungs-, Einziehungs- und Wertpapieraufträge erledigt.

      cc) Zwischen A und B besteht eine Geschäftsverbindung, da A ein Wertpapierdepot bei B unterhält.

      dd) Der Antrag des A bezieht sich auf Geschäfte, die der Gewerbebetrieb von B mit sich bringt, da der Aktienverkauf ein typisches Bankgeschäft darstellt.

      ee) Eine unverzügliche Antwort durch B ist nicht erfolgt.

ff) Auf die Frage des Erfordernisses der Gutgläubigkeit von A kommt es nicht an, da A gutgläubig ist.

c) Rechtsfolge

Der Vertrag ist mit dem Inhalt des Antrags von A zu Stande gekommen. Wirksamkeitshindernisse bestehen nicht. Ein Erfüllungsanspruch des A gegen B ist also entstanden.

2. Anspruch erloschen wegen Anfechtung?

a) Anfechtungserklärung (§ 143 I und II BGB)

Eine Anfechtungserklärung von B i. S. d. § 143 I und II BGB liegt aus Sicht eines objektiven Erklärungsempfängers in der Erklärung von B, es sei kein Vertrag mit A zu Stande gekommen.

b) Anfechtungsgrund

Ein Anfechtungsgrund nach § 119 I Alt. 1 BGB liegt an sich vor, weil sich B über die Bedeutung des Schweigens irrt. Doch ist die Anfechtung wegen Irrtums über die Bedeutung des Schweigens nach h. L. auf Grund vorrangigen Verkehrsschutzes ausgeschlossen. Daher ist B insoweit nicht zur Anfechtung des mit A zu Stande gekommenen Vertrages berechtigt, zumal andere Anfechtungsgründe nicht ersichtlich sind.

3. Zwischenergebnis

A steht gegen B ein Anspruch auf Vertragserfüllung zu. Daher ist B gegenüber A zur weisungsgemäßen Ausführung des Auftrags von A verpflichtet. Diese Pflicht hat B verletzt.

II. Vertretenmüssen von B

Das Vertretenmüssen von B im Hinblick auf die nicht weisungsgemäße Ausführung des Auftrags von A ist widerleglich zu vermuten (§ 280 I 2 BGB). Anhaltspunkte für eine Widerlegung dieser Vermutung bestehen nicht.

III. Fristsetzung durch A

Für einen Anspruch auf Schadensersatz statt der Leistung bedarf es nach § 281 I 1 BGB der Setzung einer angemessenen Frist zur Leistung gegenüber B. Dies ist aber hier nach § 281 II Alt. 1 BGB entbehrlich. Denn B weist einen Vertragsschluss mit A zurück und verweigert damit ernsthaft und endgültig die Leistung.

IV. Art und Umfang des Schadensersatzes

B hat A nach § 249 I BGB so zu stellen, als hätte sie den Vertrag mit A ordnungsgemäß erfüllt.

V. Ergebnis

A hat gegen B einen Anspruch auf Schadensersatz statt der Leistung nach §§ 280 I, III, 281 BGB.

IV. Schweigen auf kaufmännisches Bestätigungsschreiben

1. Funktion des kaufmännischen Bestätigungsschreibens

Führen Personen umfangreiche – insbesondere mündliche – Vertragsverhandlungen **39** oder schließen sie mündlich bzw. nach umfangreichem Schriftverkehr einen Vertrag, kann wegen fehlender oder unübersichtlicher Dokumentation Streit darüber entstehen, ob und ggf. mit welchem Inhalt ein Vertrag zu Stande gekommen ist. Um diese Gefahr zu vermeiden, ist es zwischen Unternehmen üblich, durch eine schriftliche Bestätigung das Zustandekommen und/oder den Inhalt eines (vermeintlich) bereits geschlossenen Vertrags festzuhalten.[45] Es handelt sich dabei um das sog. kaufmännische Bestätigungsschreiben, das **Rechtssicherheit** im Handelsverkehr herstellen soll. Denn der Inhalt des Bestätigungsschreibens ist für beide Parteien verbindlich, wenn der Empfänger nicht unverzüglich widerspricht („Schweigen auf Bestätigungsschreiben"), auch wenn sich nachweisen lässt, dass es noch gar nicht zum Vertragsschluss gekommen oder ein anderer Inhalt vereinbart ist. Die Zustimmung des Empfängers ist nämlich auf der Grundlage der unwiderleglichen Vermutung, dass ein Vertrag mit dem Inhalt des kaufmännischen Bestätigungsschreibens geschlossen ist, zu fingieren. Damit

---

[45] Vgl. dazu Palandt/*Ellenberger,* § 147 BGB Rn. 8 ff.

erfährt ein berechtigtes Vertrauen des Absenders auf Zustimmung des Empfängers Schutz. Es gilt also wie folgt:[46]

40   Bei Schweigen auf ein kaufmännisches Bestätigungsschreiben gilt regelmäßig der Vertrag entsprechend dem Inhalt des Schreibens als zustande gekommen.

41   Dies findet seine Rechtfertigung darin, dass der kaufmännische Verkehr aus Gründen der Rechtssicherheit auf rasche Klarstellung im Hinblick auf das Zustandekommen und den Inhalt eines Vertrags angewiesen ist. Will der Gegner den Inhalt des Bestätigungsschreibens nicht gegen sich gelten lassen, muss er unverzüglich (§ 121 I 1 BGB) widersprechen. Andernfalls gilt sein Schweigen als Zustimmung. Dabei sind folgende Fallgruppen zu unterscheiden, in denen ein berechtigtes Interesse an einer Klarstellung im Hinblick auf das Bestehen und den Inhalt eines Vertrags besteht:[47]

42   (1) Die Parteien haben Vertragsverhandlungen geführt, sich aber bisher nicht oder nur vermeintlich geeinigt (Fehlen eines Abschlusstatbestandes oder versteckter Dissens). Schweigen auf kaufmännisches Bestätigungsschreiben bringt dann den Vertrag erst zu Stande.

43   (2) Mangels wirksamer Vertretung ist kein wirksamer Vertrag zu Stande gekommen. Schweigen auf ein kaufmännisches Bestätigungsschreiben bringt den Vertrag erst zu Stande, indem es Mängel der Vertretungsmacht heilt. Ein Vertrag durch Schweigen auf ein kaufmännisches Bestätigungsschreiben kommt danach auch dann zu Stande, wenn für den Empfänger des Schreibens bei den Vertragsverhandlungen ein vollmachtloser Vertreter aufgetreten ist.[48] Insbesondere kann auch dann, wenn der angeblich Vertretene aus dem von einem vollmachtlosen Vertreter geschlossenen Vertrag nicht nach den Grundsätzen einer Duldungs- oder Anscheinsvollmacht (vgl. § 6 Rn. 15 f.) berechtigt und verpflichtet ist, zwischen dem angeblich Vertretenen und einem Dritten ein Vertrag wegen Schweigens auf ein kaufmännisches Bestätigungsschreiben zu Stande kommen.[49]

44   (3) Die Parteien haben einen Vertrag geschlossen. Das Bestätigungsschreiben weicht inhaltlich davon ab. Schweigen auf kaufmännisches Bestätigungsschreiben führt zur Vertragsänderung.

2. Rechtsgrundlage

45   Die Rechtsprechung[50] und Teile des Schrifttums[51] stützen die Grundsätze über das Schweigen auf kaufmännisches Bestätigungsschreiben auf einen entsprechenden Handelsbrauch (§ 346 HGB) im redlichen Geschäftsverkehr unter Kaufleuten. Andere verallgemeinern den Rechtsgedanken der §§ 75h, 91a, 362 HGB.[52] Jedenfalls sind die Grundsätze über das Schweigen auf das kaufmännische Bestätigungsschreiben gewohnheitsrechtlich anerkannt.

---

[46] *BGH* NJW 1994, 1288.
[47] Vgl. dazu Koller/Kindler/Roth/*Roth,* § 346 Rn. 33; *Canaris,* § 23 Rn. 12 ff.
[48] *BGH* NJW 2007, 987 Rn. 21.
[49] *BGH* NJW 2007, 987 Rn. 25.
[50] BGHZ 40, 42, 46; *BGH* NJW 1975, 1358, 1359.
[51] So z. B. Baumbach/Hopt/*Leyens,* § 346 Rn. 17.
[52] *Canaris,* § 23 Rn. 10.

3. Dogmatische Einordnung

Teile des Schrifttums nehmen an, es handele sich bei den Grundsätzen über das 46 Schweigen auf ein kaufmännisches Bestätigungsschreiben um eine fingierte Willenserklärung auf Grund normierten Schweigens (stillschweigende Willenserklärung).[53] Dagegen spricht, dass das Schweigen auch dann rechtliche Wirkungen herbeiführt, wenn der Empfänger gar nichts davon weiß (fehlendes Erklärungsbewusstsein). Allerdings ist das Erklärungsbewusstsein nach h. L. nicht notwendiger Bestandteil einer Willenserklärung. Der Begründung der Wirkung des Schweigens mit einer Pflichtverletzung des Empfängers (Pflicht zum rechtzeitigen Widerspruch) steht entgegen, dass Pflichtverletzungen im Allgemeinen nur Schadensersatzansprüche auslösen. Richtigerweise sind daher die Grundsätze über das kaufmännische Bestätigungsschreiben wie § 362 I HGB als ein Fall der Rechtsscheinhaftung kraft verkehrsmäßig typisierten Verhaltens einzuordnen.[54] Auch wenn der Empfänger nicht wirklich mit dem Inhalt des Schreibens einverstanden ist, setzt er nämlich durch sein Schweigen den Rechtsschein der Zustimmung.[55]

4. Abgrenzung von der Auftragsbestätigung

a) Begriff der Auftragsbestätigung

Vom kaufmännischen Bestätigungsschreiben ist die „Auftragsbestätigung" abzugren- 47 zen. Sie soll nicht wie das kaufmännische Bestätigungsschreiben das Zustandekommen und/oder den Inhalt eines Vertrags bestätigen, sondern den Vertrag erst zu Stande bringen. Diese Erklärung stellt also erst die (schriftliche) Annahme eines Antrags i. S. d. § 145 BGB dar. Handelt es sich um eine Willenserklärung in diesem Sinne, kommt es bei einem Abweichen von Antrag i. S. d. § 145 BGB und „Auftragsbestätigung" als Annahme i. S. d. §§ 146 ff. BGB zur Ablehnung des Antrags verbunden mit einem neuen Antrag (§ 150 II BGB). Im Schweigen auf einen solchen neuen, gegenüber einem früheren nicht unwesentlich geänderten Antrag liegt keine konkludente Annahme; auch eine Zustimmungsfiktion kommt nicht in Betracht.[56] Die konkludente Annahme kann aber in der widerspruchslosen Entgegennahme der Vertragsleistung (vgl. Rn. 50) liegen.

b) Abgrenzung

Die Abgrenzung zwischen kaufmännischem Bestätigungsschreiben und „Auftrags- 48 bestätigung" ist im Einzelfall durch Auslegung vorzunehmen. Auf die Bezeichnung kommt es nicht an. Entscheidend ist, ob das Schreiben nach seinem Inhalt den Vertrag erst zu Stande bringen (dann Auftragsbestätigung) oder das Ergebnis eines früheren (vermeintlichen) Vertragsschlusses dokumentieren soll (dann kaufmännisches Bestätigungsschreiben).

5. Abgrenzung von der konkludenten Annahme

Ein Rückgriff auf die Grundsätze über das Schweigen auf ein kaufmännisches Bestä- 49 tigungsschreiben ist nicht notwendig, wenn in dem Schweigen des Empfängers eines

---

[53] MünchKomm-BGB/*Busche,* § 147 Rn. 11 f.; Koller/Kindler/Roth/Drüen/*Roth,* § 346 Rn. 23.

[54] *BGH* NJW 1964, 1223, 1224; *Canaris,* § 23 Rn. 9.

[55] *Köhler,* AT, § 8 Rn. 31.

[56] BGHZ 61, 282, 285; *BGH* WM 1977, 451, 452.

Antrags i. S. d. § 145 BGB eine konkludente Annahme liegt. Hierfür bedarf es aber besonderer Umstände.

Beispiel: Im Schweigen auf einen Antrag i. S. d. § 145 BGB, der in engem zeitlichen Zusammenhang mit abschlussreifen, also alle wichtigen Punkte betreffenden, Verhandlungen erfolgt und der diesen Verhandlungen im Ergebnis entspricht, liegt eine konkludente Annahme.[57]

50 Eine konkludente Annahme kann auch dann gegeben sein, wenn jemand die Vertragsleistung des Antragenden widerspruchslos entgegennimmt.[58]

Beispiele: A bestellt bei dem Öllieferanten Ö 100 000 l Erdöl. Ö verweist in seiner Auftragsbestätigung darauf, dass er das Öl nur unter verlängertem Eigentumsvorbehalt liefere. Darin liegt eine Abweichung von dem Antrag des A i. S. d. § 145 BGB mit der Folge des § 150 II BGB. Nimmt A hingegen die Lieferung ohne Widerspruch an, so liegt darin seine Zustimmung zu dem Antrag des Ö.

A ist in finanzielle Schwierigkeiten geraten und bietet Bank B an, zur vollständigen Erfüllung seiner Darlehensschuld einen Teilbetrag zu leisten. Bank B erklärt sich damit vorbehaltlich einer Zustimmung des Aufsichtsrats einverstanden. A überweist den angebotenen Teilbetrag. B schreibt diesen Betrag gut und rechnet ihn ohne weitere Erklärung auf die Darlehensschuld an. Auch wenn der Aufsichtsrat dem Teilverzicht nicht zustimmt, kann B von A nicht den verbleibenden Darlehensbetrag verlangen. Denn durch die widerspruchslose Verbuchung des Überweisungsbetrags auf dem Konto von A nimmt B dessen Antrag, gerichtet auf einen Teilverzicht von B gegen umgehende Zahlung des angebotenen Teilbetrags, an.[59] Hätte B eine Entscheidung des Aufsichtsrats abwarten wollen, hätte sie dies unverzüglich mitteilen und den überwiesenen Betrag nur unter dem Vorbehalt der Rückgabe im Falle der Verweigerung der Zustimmung entgegennehmen dürfen.

6. Voraussetzungen

51 Die Grundsätze über das Schweigen auf ein kaufmännisches Bestätigungsschreiben setzen voraus, dass (**a**) der persönliche Anwendungsbereich dieser Grundsätze eröffnet ist, (**b**) der sachliche Anwendungsbereich dieser Grundsätze eröffnet ist, (**c**) ein unmittelbarer zeitlicher Zusammenhang zwischen geschäftlichem Kontakt und Bestätigungsschreiben besteht, (**d**) der Absender schutzwürdig ist, (**e**) der Empfänger des kaufmännischen Bestätigungsschreibens nicht unverzüglich widerspricht und (**f**) keine abweichende Vereinbarung gegeben ist (vgl. dazu auch *Lettl,* Fälle 9 und 19).

a) Persönlicher Anwendungsbereich

aa) Empfänger

52 Möglicher Empfänger eines kaufmännischen Bestätigungsschreibens ist nach Auffassung der Rechtsprechung[60], wer Kaufmann i. S. d. §§ 1 ff. HGB oder Scheinkaufmann ist oder wie ein Kaufmann in größerem Umfang selbständig am Rechtsverkehr teilnimmt. Damit sind jedoch erhebliche Abgrenzungsschwierigkeiten verbunden, aus denen sich eine beträchtliche Rechtsunsicherheit ergibt. Auf den Umfang der selbständigen Teilnahme am Rechtsverkehr kann es daher nicht ankommen. Vielmehr genügt es, wenn der Empfänger Unternehmer i. S. d. § 14 BGB (vgl. dazu § 2 Rn. 90 ff.) ist. Die Grundsätze über das Schweigen auf ein kaufmännisches Bestätigungsschreiben gelten daher insbesondere auch für Kleingewerbetreibende und freiberuflich tätige

---

[57] *BGH* NJW 1995, 1281, 1282; Großkomm/*Koller,* § 346 Rn. 72.
[58] *BGH* NJW 1995, 1671, 1672.
[59] Vgl. auch den zugrunde liegenden Fall *BGH* NJW 1995, 1281, 1282.
[60] BGHZ 40, 42, 44.

Personen wie Ärzte, Rechtsanwälte oder Architekten.[61] Denn es ist kein Grund ersichtlich, warum nicht auch sie unverzüglich widersprechen sollen, wenn sie den Inhalt des Schreibens nicht gegen sich gelten lassen wollen. Vielmehr ist auch ihnen dies möglich und zumutbar. Daher ist genauer von den Grundsätzen über das unternehmerische Bestätigungsschreiben zu sprechen. Die Grundsätze über das kaufmännische Bestätigungsschreiben gelten aber nicht für eine Person, die als Verbraucher i. S. d. § 13 BGB handelt.

bb) Absender

Nach der Rechtsprechung[62] und Teilen des Schrifttums[63] muss auch der Absender **53** eines kaufmännischen Bestätigungsschreibens Kaufmann i. S. d. §§ 1 ff. HGB sein oder wie ein Kaufmann in größerem Umfang selbständig am Rechtsverkehr teilnehmen. Denn ein Kaufmann müsse bei Verhandlungen mit außerhalb des kaufmännischen Verkehrs stehenden Privatleuten nicht mit der Geltung des Handelsbrauchs vom Schweigen auf kaufmännisches Bestätigungsschreiben rechnen. Möglicher Absender eines kaufmännischen Bestätigungsschreibens kann indes nach dem Rechtsgedanken des § 345 HGB und in Analogie zu §§ 75h, 91a, 362 HGB jedermann sein, unabhängig davon, ob er Kaufmann ist oder ähnlich wie ein Kaufmann am Rechtsverkehr teilnimmt.[64] Der Absender muss also nicht einmal Unternehmer i. S. d. § 14 BGB, sondern kann auch Verbraucher i. S. d. § 13 BGB sein. Der Kreis möglicher Empfänger und Absender eines kaufmännischen Bestätigungsschreibens decken sich daher nicht.

Beispiel: Schickt ein privater Anspruchsteller seinem Versicherer ein Bestätigungsschreiben, bedeutet Schweigen daher ebenfalls Zustimmung.[65]

b) Sachlicher Anwendungsbereich

aa) Geschäftlicher Kontakt

Es muss zu einem geschäftlichen Kontakt der Parteien oder dem Absender des Schrei- **54** bens und einem Vertreter ohne Vertretungsmacht des Empfängers gekommen sein. Dieser kann in abschlussreifen, wenn auch nur mündlichen Vertragsverhandlungen oder einem Vertragsschluss (auch ohne vorhergehende Verhandlungen) bestehen. Ein Vertrag in diesem Sinne kann mündlich, aber auch schriftlich zu Stande gekommen sein, da auch bei schriftlicher Vereinbarung, insbesondere umfangreichem Schriftverkehr, Unklarheit über den genauen Vertragsinhalt bestehen kann.[66] Daher kommen die Grundsätze über das Schweigen auf ein kaufmännisches Bestätigungsschreiben z. B. auch dann in Betracht, wenn mündlich ein Antrag abgegeben ist und daraufhin eine schriftliche Annahme des anderen Teils erfolgt.[67] Die Mitteilung, die Parteien hätten einen Vertrag ausgehandelt, ist regelmäßig dahin zu verstehen, dass sie bereits

---

[61] Baumbach/Hopt/*Leyens,* § 346 Rn. 18.
[62] BGHZ 40, 42, 44; *BGH* NJW 1975, 1358, 1359 (auch die Vertretung eines Privatmanns durch einen Rechtsanwalt führe nicht ohne Weiteres zur Anwendbarkeit der Grundsätze über das Schweigen auf ein kaufmännisches Bestätigungsschreiben).
[63] Palandt/*Ellenberger,* § 147 BGB Rn. 10; *K. Schmidt,* § 19 III 2b.
[64] Baumbach/Hopt/*Leyens,* § 346 Rn. 19; *Canaris,* § 23 Rn. 45.
[65] **A. A.** *BGH* NJW 1975, 1358, 1359.
[66] *Canaris,* § 23 Rn. 21; **a. A.** Großkomm/*Koller,* § 346 Rn. 68.
[67] BGHZ 54, 236, 240 f.; Baumbach/Hopt/*Leyens,* § 346 Rn. 20.

ein Verhandlungsergebnis erzielt haben, es also zum Vertragsschluss gekommen ist. Für ein kaufmännisches Bestätigungsschreiben spricht es außerdem, wenn für den Absender die Durchführung von Leistungen in Frage steht, die – für den Empfänger erkennbar – mit erheblichem Aufwand und Risiko verbunden sind. Ebenso, wenn es bei der Durchführung einer Vereinbarung zu Schwierigkeiten kommt, so dass im Hinblick auf die weitere Zusammenarbeit Klärungsbedarf besteht.

bb) Schriftliche Bezugnahme auf (vermeintlich) getroffene Vereinbarung

55 Es muss eine schriftliche Bezugnahme (Urkunde) auf eine (vermeintlich) getroffene Vereinbarung gegeben sein, die zumindest den wesentlichen Inhalt dieser Vereinbarung nach dem Willen des Absenders – für den Empfänger erkennbar – endgültig und vollständig wiedergeben soll.[68] Da für das kaufmännische Bestätigungsschreiben außer dem Erfordernis der Schriftlichkeit keine besonderen Formerfordernisse gelten, kann es auch per Telefax oder E-Mail erfolgen. Allerdings darf es sich nicht um eine echte Auftragsbestätigung[69] handeln, wobei eine bloße Falschbezeichnung unschädlich sein kann. Denn bei der echten Auftragsbestätigung fehlt es an einer Bezugnahme auf eine (vermeintlich) getroffene Vereinbarung, da sie einen Vertrag erst zu Stande bringen soll. Wie bei § 362 I HGB kommt es nicht darauf an, dass der Empfänger aus Gründen, die im Risikobereich seines Unternehmens liegen (z. B. Organisationsmangel), von dem Bestätigungsschreiben keine Kenntnis nimmt oder nehmen kann.[70] Ob ein kaufmännisches Bestätigungsschreiben auch dann vorliegt, wenn der Absender dieses Schreibens um Gegenbestätigung bittet, ist im Einzelfall zu prüfen.[71] Eine solche Bitte bringt nicht zwangsläufig zum Ausdruck, dass der Inhalt des Schreibens den Vertragsinhalt nur dann verbindlich festlegen soll, wenn die Gegenbestätigung erfolgt. Vielmehr kann der Absender mit der Bitte um Gegenbestätigung lediglich das für den Empfänger erkennbare Anliegen verfolgen, einen urkundlichen Beweis für den Zugang des Schreibens und den Vertragsschluss zu erhalten.

cc) Unmittelbarer zeitlicher Zusammenhang zwischen geschäftlichem Kontakt und Bestätigungsschreiben

56 Der Absender muss das Bestätigungsschreiben in unmittelbarem zeitlichem Zusammenhang mit dem geschäftlichen Kontakt (Vertragsverhandlungen oder Vertragsschluss) absenden. Außerdem muss das Bestätigungsschreiben dem Empfänger alsbald zugehen (§ 130 I BGB). Die einzuhaltende Frist richtet sich nach den Umständen des Einzelfalls. 5 Tage können noch unbedenklich sein;[72] 3 Wochen reichen nicht mehr, da der Empfänger hier nicht mehr mit einem Bestätigungsschreiben rechnen muss.

dd) Schutzwürdigkeit des Absenders

57 Der Absender des Schreibens ist nur geschützt, wenn er auf den Rechtsschein der Zustimmung vertrauen darf. Er muss also schutzwürdig sein. Daran fehlt es, wenn er im Bestätigungsschreiben vom vorher Vereinbarten **(1)** *bewusst* abweicht oder **(2)** sich so weit entfernt, dass er vernünftigerweise nicht mit dem Einverständnis des Empfängers

---

[68] *BGH* NJW 1965, 965; 1972, 820.
[69] Vgl. dazu Rn. 47f.
[70] Vgl. dazu bei § 362 I HGB bereits Rn. 30.
[71] *BGH* WM 2007, 303 Rn. 27.
[72] *BGH* WM 1967, 958, 960.

rechnen kann.[73] Fahrlässige Unkenntnis des Absenders ist hingegen unschädlich.[74] Dies ergibt sich aus einer Analogie zu §§ 173 BGB, 54 III HGB.

Beispiele: Das Bestätigungsschreiben enthält absichtlich erhebliche Widersprüche gegenüber dem ursprünglichen Vertragsinhalt wie ein doppelt so hohes Entgelt. – Das Bestätigungsschreiben enthält bewusst unzumutbare oder nicht branchenübliche Bedingungen. – Ergänzungen in Nebenpunkten, Konkretisierungen oder die Einbeziehung eigener AGB beseitigen die Schutzwürdigkeit des Absenders nach h. M. hingegen grundsätzlich nicht. Dasselbe gilt für Abweichungen zu Gunsten des Empfängers. Bei Schweigen auf eine echte Auftragsbestätigung, die eigene, selbst vom dispositiven Recht nicht erheblich abweichende AGB einbeziehen will und infolgedessen eine Änderung i. S. d. § 150 II BGB, d. h. Ablehnung verbunden mit einem neuen Antrag darstellt, kommt indes nach teilweise vertretener Auffassung kein Vertrag zu Stande. Darin liegt ein wesentlicher Unterschied gegenüber den Grundsätzen über das kaufmännische Bestätigungsschreiben, der sachlich nicht gerechtfertigt ist. Vielmehr ist ein überzeugender Gleichlauf insoweit herzustellen, als bei nicht erheblichen Abweichungen vom dispositiven Recht in AGB sowohl bei kaufmännischem Bestätigungsschreiben als auch bei echter Auftragsbestätigung das Schweigen als Zustimmung gilt. Bei erheblichen Abweichungen kommt hingegen weder bei kaufmännischem Bestätigungsschreiben noch bei echter Auftragsbestätigung ein Vertrag zu Stande oder erfährt eine Änderung.[75] Insoweit besteht bereits überzeugender Gleichlauf.

Der Absender eines kaufmännischen Bestätigungsschreibens ist auch dann nicht **58** schutzwürdig, wenn **(3)** er seinerseits ein (kreuzendes) abweichendes Bestätigungsschreiben seines Geschäftspartners erhält oder **(4)** das Bestätigungsschreiben auf einen Vertrag oder Bedingungen Bezug nimmt, dessen/deren Abschluss oder Vereinbarung der Empfänger ausdrücklich verweigert hat. Denn hier darf der Absender nicht mit einem Einverständnis des Empfängers rechnen.

Beispiel: A stellt bei den Vertragsverhandlungen mit B unmissverständlich klar, mit der Geltung fremder AGB nicht einverstanden zu sein. Auch wenn B in seinem kaufmännischen Bestätigungsschreiben auf seine AGB Bezug nimmt und A nicht unverzüglich widerspricht, sind die AGB des B nicht Vertragsbestandteil.

In den Fällen eines Mangels der Vertretungsmacht ist der Absender nicht schutzwür- **59** dig, wenn er den Mangel der Vertretungsmacht kennt oder – wie bei § 54 III HGB oder § 173 BGB – kennen muss. Der Absender ist außerdem dann nicht schutzwürdig, wenn das Bestätigungsschreiben nicht an den Vertretenen, sondern an den vollmachtlosen Vertreter adressiert ist, sofern der Vertreter nicht über gesetzlich unbeschränkte Vertretungsmacht verfügt (z. B. Vorstand einer AG) oder zumindest als Empfangsbote fungiert.[76] Denn der Absender muss dann damit rechnen, dass der Vertretene das Schreiben nicht erhält und infolgedessen keine Möglichkeit hat, einen Mangel der Vertretungsmacht aufzudecken.

ee) Kein unverzüglicher Widerspruch des Empfängers

Der Empfänger des kaufmännischen Bestätigungsschreibens darf nicht unverzüglich **60** (§ 121 I 1 BGB) widersprechen. Der Widerspruch in diesem Sinne ist eine Willenserklärung. An die Unverzüglichkeit sind strenge Anforderungen zu stellen, da im Handelsverkehr rasch Klarheit über das Zustandekommen und den Inhalt von Verträgen

---

[73] BGHZ 40, 42, 44; 61, 282, 286; 93, 338, 343; 101, 357, 365; *BGH* NJW 1994, 1288; MünchKomm/*K. Schmidt,* § 346 Rn. 162f.
[74] *Köhler,* AT, § 8 Rn. 33; **a. A.** *Canaris,* § 23 Rn. 30.
[75] *Köhler,* AT, § 8 Rn. 33.
[76] Koller/Kindler/Roth/Drüen/*Roth,* § 346 Rn. 29; *Canaris,* § 23 Rn. 30; **a. A.** *BGH* NJW 1964, 1951; 1990, 386f.; MünchKomm/*K. Schmidt,* § 346 Rn. 152.

bestehen soll. Drei Tage können ausreichen, ein Widerspruch nach einer Woche genügt hingegen regelmäßig nicht.[77] Bei teilweisem Widerspruch gegen ein kaufmännisches Bestätigungsschreiben entfaltet dies seine Wirkungen nur im Hinblick auf den unwidersprochen gebliebenen Teil.

ff) Keine abweichende Vereinbarung

61 Die Grundsätze über das Schweigen auf ein kaufmännisches Bestätigungsschreiben finden keine Anwendung, wenn die Parteien Abweichendes vereinbart haben.

Beispiel: Der Empfänger eines kaufmännischen Bestätigungsschreibens hat sich die schriftliche Annahme des in dem Bestätigungsschreiben liegenden Antrags vorbehalten.[78]

7. Rechtsfolgen

62 Ein kaufmännisches Bestätigungsschreiben stellt an sich nur eine Beweisurkunde dar. Sie bleibt grundsätzlich ohne besondere Rechtsfolgen, hat also grundsätzlich nur deklaratorische Bedeutung. Weicht jedoch der Inhalt des Bestätigungsschreibens von den vorher getroffenen Vereinbarungen ab, kann dem Bestätigungsschreiben konstitutive Bedeutung zukommen. Dem Schweigenden kann nämlich der objektive Erklärungswert seines Verhaltens zuzurechnen sein. Die widerspruchslose Hinnahme des Bestätigungsschreibens hat die Wirkung, dass der Inhalt des Schreibens Vertragsinhalt ist. Das Bestätigungsschreiben hat daher vertragsbegründende oder vertragsändernde Wirkung. Ein Bestätigungsschreiben kann auch AGB zum Vertragsinhalt machen (bei Privatleuten scheitert diese Einbeziehung schon an § 305 II BGB). Das widerspruchslos hingenommene Bestätigungsschreiben trägt die widerlegliche Vermutung der Vollständigkeit und Richtigkeit in sich. Dies entspricht dem Zweck des kaufmännischen Bestätigungsschreibens, eine verlässliche, nachweisbare Grundlage zu schaffen. Aus diesem Grund können sich auch beide Parteien auf die Wirkung des Bestätigungsschreibens berufen, so dass kein Wahlrecht besteht.

8. Anfechtbarkeit

63 Der Empfänger des Schreibens kann sich wie bei § 362 I HGB nicht darauf berufen, er habe sich über die rechtliche Bedeutung seines Schweigens geirrt oder er habe keine Kenntnis vom Zugang des Schreibens erhalten.[79] Denn diese Risiken muss ein Unternehmer aus Gründen des Verkehrsschutzes tragen. Andernfalls würde die Zustimmungsfiktion bedeutungslos. Die Anfechtung nach § 119 I BGB ist auch dann ausgeschlossen, wenn der Empfänger innerhalb der Grenzen der Grundsätze über das Schweigen auf ein kaufmännisches Bestätigungsschreiben bleibende Abweichungen als solche nicht erkennt, weil es sich dabei lediglich um einen unbeachtlichen Motivirrtum handelt.[80] Andernfalls würde der Zweck des kaufmännischen Bestätigungsschreibens, den Vertragsinhalt festzulegen, verfehlt. Aus diesem Grunde muss auch eine Anfechtung wegen eines Irrtums ausgeschlossen sein, der seine Grundlage in den Vertragsverhandlungen hat und dem der Inhalt des Bestätigungsschreibens entgegensteht.[81] Anders ver-

---

[77] *BGH* NJW 1962, 104; 1962, 246 f.; Baumbach/Hopt/*Leyens,* § 346 Rn. 25.
[78] *BGH* NJW 1970, 2104.
[79] Baumbach/Hopt/*Leyens,* § 346 Rn. 33; Koller/Kindler/Roth/Drüen/*Roth,* § 346 Rn. 34; *Canaris,* § 23 Rn. 34.
[80] *BGH* NJW 1969, 1711, 1712; 1972, 45; *K. Schmidt,* § 19 III 6b.
[81] Großkomm/*Koller,* § 346 Rn. 121.

hält es sich, wenn sich der Empfänger über den Inhalt des Bestätigungsschreibens irrt (z. B. falsches Verständnis oder Verlesen) und deshalb nicht widerspricht. Hier kann er sein Schweigen analog § 119 I BGB anfechten, weil der Empfänger eines kaufmännischen Bestätigungsschreibens nicht schlechter stehen darf, als wenn er sein Einverständnis ausdrücklich erklärt hätte. Ob der Irrtum auf einer Sorgfaltswidrigkeit des Empfängers beruht, ist unerheblich.[82] Eine Anfechtung nach § 119 II BGB und § 123 BGB ist immer möglich.

Prüfungsschema Vertragsschluss durch Schweigen auf kaufmännisches Bestätigungsschreiben

I. Anspruch entstanden
  1. Vertrag zustande gekommen
    a) Antrag (§ 145 BGB)
    b) Annahme (§§ 146f. BGB)
      aa) Ausdrücklich
      bb) Konkludent
      cc) Durch Schweigen
        (1) § 362 I HGB
        (2) Schweigen auf kaufmännisches Bestätigungsschreiben (Abgrenzung von Auftragsbestätigung)
          (a) Persönlicher Anwendungsbereich
            (α) Empfänger des Schreibens ist Unternehmer (§ 14 BGB)
            (β) Absender des Schreibens ist Unternehmer (§ 14 BGB), str.
          (b) Sachlicher Anwendungsbereich
            (α) Geschäftlicher Kontakt
            (β) Zeitlich unmittelbarer Zusammenhang zwischen geschäftlichem Kontakt und Bestätigungsschreiben
            (γ) Schutzwürdigkeit des Absenders
              – kein bewusstes Abweichen vom (vermeintlich) Vereinbarten
              – kein deutliches Entfernen vom (vermeintlich) Vereinbarten
              – kein abweichendes Bestätigungsschreiben des Empfängers
              – keine ausdrückliche vorherige Verweigerung des Empfängers
            (δ) Kein unverzüglicher Widerspruch des Empfängers
    c) Rechtsfolge: Inhalt des Bestätigungsschreibens ist Vertragsinhalt
  2. Vertrag wirksam

---

[82] Großkomm/*Koller,* § 346 Rn. 121; Baumbach/Hopt/*Leyens,* § 346 Rn. 33; *Canaris,* § 23 Rn. 38; **a. A.** *BGH* NJW 1972, 45; MünchKomm/*K. Schmidt,* § 346 Rn. 167; Koller/Kindler/Roth/Drüen/*Roth,* § 346 Rn. 34.

II. Anspruch nicht erloschen
1. Anfechtung
   a) Anfechtungserklärung (§ 143 BGB)
   b) Anfechtungsgrund (§§ 119 f., 123 BGB)
      – Irrtum über die Bedeutung des Schweigens (str.)

Fallbeispiel:

V-AG (V) ist ein Unternehmen, das Auspuffrohre herstellt. Automobilhersteller K-AG (K) bestellt per Brief erstmals bei V 10 000 Auspuffrohre zu einem bestimmten Preis. V faxt am nächsten Tag an K: „Wir sind mit ihrem Angebot einverstanden und werden dies umgehend per Brief bestätigen." Am darauf folgenden Tag geht bei K ein mit „Auftragsbestätigung" überschriebenes Schreiben des V ein, das auf die Bestellung von K und das Telefax von V Bezug nimmt. Weiter heißt es dort, dass für den Vertrag die beigefügten „Allgemeinen Geschäftsbedingungen" von V gelten. Da V erst drei Wochen nach dem vereinbarten Termin und einer Mahnung des K die Lieferung ausführt, verlangt K von V Ersatz des bei ihm tatsächlich eingetretenen Schadens in Höhe von 150 000,– Euro. V weist auf seine Allgemeinen Geschäftsbedingungen hin, in denen solche Ersatzansprüche ausgeschlossen sind. Wer hat Recht?

Anspruch des K gegen V auf Ersatz des Verzugsschadens nach §§ 280 I und II, 286 BGB

I. Pflichtverletzung

Zwischen V und K besteht ein Schuldverhältnis, nämlich ein Kaufvertrag i. S. d. § 433 BGB. Ein Antrag i. S. d. § 145 BGB erfolgt durch die briefliche Bestellung des K, die Annahme i. S. d. §§ 146 ff. BGB durch Fax von V am nächsten Tag. V verletzt dadurch eine Pflicht aus dem Schuldverhältnis mit K, dass V verspätet liefert.

II. Vertretenmüssen

Das Vertretenmüssen des V ist zu vermuten nach § 280 I 2 BGB. Anhaltspunkte für eine Widerlegung dieser Vermutung bestehen nicht.

III. Voraussetzungen des § 286 BGB (§ 280 II BGB)

K mahnt nach Eintritt der Fälligkeit (§ 286 I 1 BGB). V hat die verspätete Lieferung zu vertreten i. S. d. § 286 IV BGB (s. o.).

IV. Eintritt eines Schadens bei V

Bei V ist tatsächlich ein Schaden in Höhe von 150 000, – Euro eingetreten.

V. Schadensersatzpflicht des V ausgeschlossen?

Die Schadensersatzpflicht des V ist durch die AGB von V ausgeschlossen, wenn diese Vertragsinhalt und wirksam sind.

    1. AGB von V Vertragsinhalt?

        a) Ursprünglicher Vertragsschluss

        Der Vertragsschluss über den Kauf der 10 000 Auspuffrohre zwischen K und V erfolgt bereits durch Bestellung des K und Fax von V. Danach ist der Haftungsausschluss in den AGB von V nicht Vertragsbestandteil.

        b) Vertragsänderung durch „Auftragsbestätigung" (§ 311 I BGB)?

            aa) Antrag i. S. d. § 145 BGB auf Abschluss eines Änderungsvertrags durch Brief des V?

            In dem Brief von V liegt ein Antrag i. S. d. § 145 BGB auf Abschluss eines Änderungsvertrags, da ein Rechtsbindungswille des V gegeben ist.

            bb) Annahme i. S. d. §§ 146 ff. BGB durch K?

            K erklärt keine ausdrückliche oder konkludente Annahme i. S. d. §§ 146 ff. BGB des Antrags von V auf Abschluss eines Änderungsvertrags. Vielmehr schweigt K. Schweigen ist grundsätzlich auch im Handelsverkehr keine Willenserklärung. Möglicherweise liegen aber die Voraussetzungen einer Ausnahme nach § 362 I HGB oder den Grundsätzen über das Schweigen auf ein kaufmännisches Bestätigungsschreiben vor.

(1) § 362 I HGB

K ist Kaufmann nach §§ 6 II HGB, 3 I AktG zum Zeitpunkt des Zugangs der Willenserklärung von V. Ob V Kaufmann ist, ist insoweit unerheblich (§ 345 HGB). Doch besorgt K nicht Geschäfte für andere, da einfache Verkaufstätigkeit hierfür nicht ausreicht. Auch besteht zwischen V und K keine Geschäftsverbindung, da es sich um eine Erstbestellung von K handelt. Schließlich fehlt ein Erbieten des K zur Geschäftsbesorgung i. S. d. § 362 I 2 HGB.

(2) Schweigen auf ein kaufmännisches Bestätigungsschreiben

Möglicherweise ist der Haftungsausschluss von V durch dessen „Auftragsbestätigung" Vertragsbestandteil geworden. Voraussetzung dafür ist, dass diese „Auftragsbestätigung" konstitutive, d. h. vertragsändernde Wirkung hat. Eine solche Wirkung hat eine Auftragsbestätigung im eigentlichen Sinne (nämlich Annahme i. S. d. §§ 146 ff. BGB) nicht (vgl. § 150 II BGB). Vertragsändernde Wirkung kann aber ein kaufmännisches Bestätigungsschreiben haben. Die widerspruchslose Hinnahme des Bestätigungsschreibens hat nämlich die Wirkung, dass der Inhalt des Schreibens als Vertragsinhalt gilt. Ein kaufmännisches Bestätigungsschreiben kann auch AGB zum Vertragsinhalt machen.

Das Telefax des V ist zwar mit „Auftragsbestätigung" überschrieben. Die Abgrenzung ist im Einzelfall durch Auslegung vorzunehmen. Auf die Bezeichnung kommt es nicht an. Falschbezeichnung schadet daher nicht. Entscheidend ist, ob das Schreiben nach seinem Inhalt den Vertrag erst zu Stande bringen (dann Auftragsbestätigung) oder das Ergebnis eines früheren (vermeintlichen) Vertragsschlusses dokumentieren (dann kaufmännisches Bestätigungsschreiben) soll. Hier ist Letzteres der Fall, da ein Hinweis auf den Brief von K und das Telefax von V erfolgt.

(a) Persönlicher Anwendungsbereich

K als Empfänger des Schreibens ist Unternehmer i. S. d. § 14 BGB und sogar Kaufmann i. S. d. §§ 6 II HGB, 3 I AktG. Auf den Streit, ob der Absender Unternehmer i. S. d. § 14 BGB sein muss, kommt es nicht an, da V ebenfalls Unternehmer i. S. d. § 14 BGB und sogar Kaufmann i. S. d. §§ 6 II HGB, 3 I AktG ist.

(b) Sachlicher Anwendungsbereich

(aa) Ein **geschäftlicher Kontakt** ist zwischen V und K auf Grund des Vertragsschlusses zu Stande gekommen.

(bb) Ein **zeitlich unmittelbarer Zusammenhang** zwischen Vertragsschluss und Bestätigungsschreiben besteht, da das Bestätigungsschreiben einen Tag nach Vertragsschluss bei K eingeht.

(c) V ist **schutzwürdig,** da keine der die Schutzwürdigkeit des Absenders ausschließenden Fallgruppen gegeben ist. V weicht nicht bewusst vom vorher Vereinbarten ab. Bei der Einbeziehung eigener AGB des V liegt eine erhebliche Abweichung nicht vor. Ein abweichendes Bestätigungsschreiben von K ist nicht gegeben.

(d) K **widerspricht** dem Bestätigungsschreiben von V nicht.

(e) Rechtsfolgen. Die widerspruchslose Hinnahme des Bestätigungsschreibens hat die Wirkung, dass der Inhalt des Schreibens als Vertragsinhalt gilt. Das Schreiben des V hat daher vertragsändernde Wirkung. Die AGB des V sind Vertragsinhalt.

Da keine Anfechtungserklärung (§ 143 BGB) von K vorliegt, kommt es nicht darauf an, ob ein Anfechtungsgrund besteht. (Freilich können und sollten kurz Ausführungen erfolgen, ob und ggf. inwieweit überhaupt eine Anfechtung bei kaufmännischem Bestätigungsschreiben in Betracht kommt.)

2. Haftungsausschluss wirksam?

Der Haftungsausschluss in den AGB (§ 305 I BGB) von V ist an § 307 BGB zu messen (§ 310 I 1 BGB), wobei § 309 Nr. 7 und Nr. 8 BGB nach h. L. auch im kaufmännischen Verkehr sinngemäß anzuwenden sind. Ein Ausschluss der Haftung für Verzugsschäden ist zulässig (Umkehrschluss aus § 309 Nr. 8 Buchst. a BGB).

VI. Ergebnis

K steht gegen V kein Anspruch auf Schadensersatz wegen Verzugs zu.

D. Erweiterungen der Inhaltsfreiheit

I. Keine Herabsetzung einer Vertragsstrafe nach § 343 BGB (§ 348 HGB)

1. Normzweck

64 Nach § 343 I BGB kann eine verwirkte (= fällige), aber unverhältnismäßig hohe Vertragsstrafe auf Antrag des Schuldners durch Urteil auf den angemessenen Betrag herabgesetzt werden. § 348 HGB schließt diese Möglichkeit für Kaufleute aus. Denn danach kann eine Vertragsstrafe, die von einem Kaufmann im Betriebe seines Handelsgewerbes versprochen ist, nicht auf Grund der Vorschriften des § 343 BGB herabgesetzt werden. Diese Erweiterung der Inhaltsfreiheit trägt den Bedürfnissen des Handelsverkehrs nach Gestaltungsspielraum Rechnung. Hinzu kommt, dass ein Kaufmann wegen seiner regelmäßig vorhandenen Geschäftserfahrung keines Schutzes im Hinblick auf eine von ihm auf privatautonomer Grundlage getroffene Entscheidung über die Höhe einer Vertragsstrafe bedarf.

2. Voraussetzungen

65 Der die Vertragsstrafe Versprechende muss **(1)** Kaufmann (auch Scheinkaufmann, sofern Eintragung nach §§ 2 f. HGB möglich) sein, der **(2)** das Vertragsstrafeversprechen im Betriebe seines Handelsgewerbes (§§ 343 f. HGB) abgibt. Eine analoge Anwendung von § 348 HGB auf kaufmannsähnliche Personen (z. B. Kleingewerbetreibende oder Freiberufler) kommt wegen des Erfordernisses eines Handelsgewerbes und aus Gründen der Rechtssicherheit nicht in Betracht.[83] Für die in §§ 383 II, 407 III 2, 453 III 2, 467 III 2 HGB genannten Personen ist die Nichtanwendbarkeit des § 348 HGB ausdrücklich angeordnet.

3. Rechtsfolgen

66 § 348 HGB schließt die Herabsetzung einer Vertragsstrafe nach § 343 BGB aus. Eine Herabsetzung nach anderen Rechtsgrundlagen wie §§ 134, 138, 242, 313 und 315 BGB bleibt weiterhin möglich.[84] Für die Sittenwidrigkeit eines Vertragsstrafeversprechens reicht jedoch die Höhe der Vertragsstrafe allein nicht aus. Vielmehr müssen noch weitere Umstände hinzukommen. Ist eine Vertragsstrafe auf Grund von AGB der Gegenseite versprochen, ist § 343 BGB nicht anwendbar.[85] Die Inhaltskontrolle richtet sich dann nach § 307 I und II BGB, da § 309 Nr. 6 BGB nach § 310 I 1 BGB auf Unternehmer (§ 14 BGB) nicht anwendbar ist. Danach ist eine Vertragsstrafe unwirksam, wenn ihre Höhe im Hinblick auf das Gewicht und die Folgen für die andere Vertragspartei unangemessen ist.[86] Ein Verstoß gegen § 307 BGB hat wegen des Verbots geltungserhaltender Reduktion grundsätzlich die vollumfängliche Nichtigkeit der Klausel zur Folge, so dass eine Herabsetzung der Vertragsstrafe nach § 343 BGB nicht in Betracht kommt.

---

[83] Koller/Kindler/Roth/Drüen/*Roth,* § 348 Rn. 3; **a. A.** BGHZ 5, 133, 136 (für GmbH-Gesellschafter).

[84] *BGH* NJW 1998, 1144, 1147.

[85] BGHZ 85, 305, 315.

[86] *BGH* WM 1997, 1491, 1492; NJW 1999, 2662, 2663.

II. Weitere Erweiterungen der Inhaltsfreiheit

Weitere Erweiterungen der Inhaltsfreiheit für den kaufmännischen Bereich enthalten 67
§§ 29 II, 38 I ZPO.

E. Erweiterungen der Formfreiheit (§ 350 HGB)

I. Normzweck

Nach § 350 HGB finden auf eine Bürgschaft, ein Schuldversprechen oder ein Schuld- 68
anerkenntnis die Formvorschriften der §§ 766 S. 1 und 2, 780 und 781 S. 1 und 2
BGB keine Anwendung, wenn das jeweilige Rechtsgeschäft auf der Seite des Bürgen
oder Schuldners ein Handelsgeschäft ist. Diese Erweiterungen der Inhaltsfreiheit tragen den Bedürfnissen des Handelsverkehrs nach Gestaltungsspielraum Rechnung.
Hinzu kommt, dass ein Kaufmann wegen seiner regelmäßig vorhandenen Geschäftserfahrung keiner Warnung auf Grund eines Formerfordernisses im Hinblick auf eine
von ihm auf privatautonomer Grundlage getroffene Entscheidung über die Abgabe
einer Bürgschaft, eines Schuldversprechens oder eines Schuldanerkenntnisses bedarf.

II. Voraussetzungen

Das Rechtsgeschäft muss für den Schuldner ein Handelsgeschäft sein. Der Schuldner 69
muss daher **(1)** Kaufmann (auch Scheinkaufmann, sofern Eintragung nach §§ 2 f.
HGB möglich) sein, der **(2)** eine Bürgschaft, ein Schuldversprechen oder ein Schuldanerkenntnis im Betriebe seines Handelsgewerbes (§§ 343 f. HGB) abgibt (vgl. dazu
auch *Lettl,* Fall 12). Eine analoge Anwendung von § 350 HGB auf kaufmannsähnliche Personen (z. B. Kleingewerbetreibende oder Freiberufler) kommt wegen des Erfordernisses eines Handelsgeschäfts und aus Gründen der Rechtssicherheit nicht in
Betracht.[87] Für die in §§ 383 II, 407 III 2, 453 III 2, 467 III 2 HGB genannten Personen ist die Nichtanwendbarkeit des § 350 HGB ausdrücklich angeordnet. § 350
HGB ist auch nicht auf die Erklärung eines Gesellschafters einer oHG oder eines persönlich haftenden Gesellschafters einer KG, der die Erklärung nicht im Zusammenhang mit einem von ihm selbst betriebenen Handelsgewerbe abgibt und der sich im
eigenen Namen für eine Gesellschaftsschuld verbürgt, anwendbar.[88] Denn solche Gesellschafter sind zwar Kaufleute, doch ist die Erklärung für sie kein Handelsgeschäft.
§ 350 HGB gilt auch nicht für Erklärungen, die ein Vorstandsmitglied einer AG oder
ein GmbH-Geschäftsführer im eigenen Namen abgeben.[89] Denn bei ihnen fehlt es
schon an der Kaufmannseigenschaft. Dasselbe gilt für die Gesellschafter einer AG
oder GmbH, auch sofern es sich um eine Einmann-Gesellschaft handelt, bei der der
einzige Gesellschafter zugleich das einzige Vertretungsorgan ist. Zwar vertreten Teile
des Schrifttums[90] die Auffassung, dass Geschäftsführer/Gesellschafter einer GmbH
oder jedenfalls Allein- bzw. Mehrheitsgesellschafter mit Geschäftsführungsbefugnis

---

[87] Koller/Kindler/Roth/Drüen/*Roth,* § 350 Rn. 3.
[88] Großkomm/*Koller,* § 350 Rn. 8; vgl. auch *BGH* NJW 1960, 1852, 1853; **a. A.** *Canaris,* § 24 Rn. 12
(§ 350 HGB zumindest analog).
[89] BGHZ 121, 224, 228; 132, 119, 122; *BGH* WM 2006, 81, 82.
[90] So z. B. MünchKomm/*K. Schmidt,* § 350 Rn. 10 f.; *Canaris,* § 24 Rn. 13.

bei wertender Betrachtung wie Kaufleute nicht vor den Gefahren einer im Auftrag der kreditsuchenden Gesellschaft übernommenen Bürgschaft oder eines Schuldversprechens bzw. Schuldanerkenntnisses gewarnt werden müssen. Doch widerspricht auch bei einem Einmann-Gesellschafter-Geschäftsleiter eine analoge Anwendung von § 350 HGB mangels Kaufmannseigenschaft der Geschäftsleiter und Gesellschafter von Kapitalgesellschaften der Vorstellung des Gesetzgebers und überschreitet die Grenzen zulässiger Rechtsfortbildung.[91]

III. Rechtsfolgen

70   Eine Bürgschaft, ein Schuldversprechen oder ein Schuldanerkenntnis sind formfrei wirksam. Allerdings kann, auch wenn eine Erklärung der Schriftform bedarf, die Berufung auf einen Formmangel gegen § 242 BGB verstoßen.

---

[91] *BGH* WM 2006, 81, 82; zur fehlenden Kaufmannseigenschaft der Geschäftsleiter und Gesellschafter von Kapitalgesellschaften vgl. bereits § 2 Rn. 29 u. 31.

§ 11. Handelsgeschäfte und Allgemeines Schuldrecht

A. Sorgfaltspflicht (§ 347 HGB)

I. Sorgfaltsmaßstab (§ 347 I HGB)

1. Normzweck

§ 347 I HGB spricht lediglich die Selbstverständlichkeit aus, dass im Verkehr unter 1 Kaufleuten die unter Kaufleuten erforderliche Sorgfalt zu beachten ist (vgl. auch § 276 I, II BGB). Denn im Handelsverkehr sind strengere Verhaltensanforderungen zu stellen als im allgemeinen Verkehr. § 347 I HGB stellt keine Anspruchsgrundlage dar.

2. Anwendungsbereich

Nach § 347 I HGB besteht für die Tätigkeit eines Kaufmanns (und der in §§ 383 II, 2 407 III 2, 453 III 2, 467 III 2 HGB genannten Personen) ein gegenüber § 276 II BGB spezifischer Sorgfaltsmaßstab für Leistungsstörungen, insbesondere Pflichtverletzungen nach § 280 I BGB (z. B. Pflichten nach §§ 311 II, 241 II BGB), Geschäftsführung ohne Auftrag und deliktsrechtliche Pflichtverletzungen, sofern sie im Zusammenhang mit dem Rechtsgeschäftsverkehr stehen.[1] Dieser Sorgfaltsmaßstab gilt auch für gesetzliche Vertreter des Kaufmanns, Erfüllungsgehilfen des Kaufmanns (§ 278 BGB) sowie für Gesellschafter und Organe einer Handelsgesellschaft, deren Verhalten der Gesellschaft nach § 31 BGB analog zuzurechnen ist.

3. Sorgfalt eines ordentlichen Kaufmanns

An die Sorgfalt eines ordentlichen Kaufmanns sind strengere Anforderungen zu stellen 3 als an die Sorgfalt des allgemeinen Rechtsverkehrs. Ihr jeweiliger Umfang ist von den Umständen des Einzelfalls wie der Branche, dem Geschäftstyp oder dem Vertragstyp abhängig. Bestimmte Pflichten gelten für alle Kaufleute.

Beispiel: Ein ordentlicher Kaufmann hat sein Unternehmen so einzurichten, dass eine ordnungsgemäße Kommunikation wie die Kenntnisnahme per Brief, Telefon, Telefax oder E-Mail eingehender Erklärungen stattfinden kann.

II. Haftungsbeschränkungen des BGB (§ 347 II HGB)

Nach § 347 II HGB gelten Haftungsbeschränkungen des BGB auf grobe Fahrlässig- 4 keit (z. B. §§ 300 I, 521 BGB) oder auf die Sorgfalt in eigenen Angelegenheiten nach § 277 BGB (z. B. §§ 690, 708 BGB) auch für Handelsgeschäfte. Grobe Fahrlässigkeit eines Kaufmanns ist gegeben, wenn er die nach § 347 I HGB gebotene Sorgfalt in ungewöhnlich hohem Maße außer Acht lässt und dasjenige nicht beachtet, was im gegebenen Fall jedem einleuchten muss.[2]

---

[1] MünchKomm/*K. Schmidt,* § 347 Rn. 15.
[2] BGHZ 89, 153, 161; *BGH* NJW 1992, 316, 317.

B. Verzinsungspflicht (§§ 352f. HGB)

5   Kaufleute sind untereinander berechtigt, für ihre Forderungen aus beiderseitigen Handelsgeschäften vom Tage der Fälligkeit an Zinsen zu fordern (§ 353 S. 1 HGB). Darin liegt eine Abweichung gegenüber dem BGB insoweit, als Zinsen nach § 288 I BGB erst ab Verzug, nach § 291 BGB erst ab Rechtshängigkeit geschuldet sind. Diese Abweichung hat den Zweck, den Kaufmann zur Zahlung bei Fälligkeit anzuhalten. Die Höhe des Zinssatzes bestimmt § 352 I HGB abweichend von § 246 BGB (4%) mit 5%. Die Höhe von Verzugszinsen im Verkehr unter Unternehmern ist in § 288 II BGB, im Verkehr zwischen Unternehmer und Verbraucher in § 288 I 2 BGB festgelegt. Ist im HGB eine Verzinsungspflicht ohne Bestimmung der Höhe vorgesehen (z. B. §§ 353, 354 II HGB), beträgt die Höhe der Zinsen ebenfalls 5% (§ 352 II HGB). In Übereinstimmung mit § 289 S. 1 BGB statuiert § 353 S. 2 HGB ein Zinseszinsverbot.

C. Entgeltlichkeit von Leistungen (§ 354 HGB)

6   Die Geschäftsbesorgung oder Dienstleistung in Ausübung eines Handelsgewerbes ist auch ohne Abrede über ein Entgelt nach den an dem Orte üblichen Sätzen vergütungspflichtig (§ 354 I HGB). Dem liegt die Vorstellung zu Grunde, dass ein Kaufmann nichts kostenlos tut. § 354 I HGB ist – anders als § 354 II HGB – keine eigenständige Anspruchsgrundlage, sondern eine Auslegungsregel, wonach die Leistungen eines Kaufmanns im Zweifel entgeltlich erfolgen. Die Anspruchsgrundlage selbst kann sich nur aus einem vertraglichen oder gesetzlichen Schuldverhältnis (z. B. GoA) ergeben. § 354 I HGB kann auch für die Provision eines Maklers anwendbar sein. Dies gilt auch dann, wenn es an einem wirksamen Maklervertrag fehlt, jedoch keine Bedenken gegen die Wirksamkeit des Maklergeschäfts wegen Einigungs- oder Willensmängeln (§§ 145ff., 104ff., 116ff. BGB) bestehen und die Vorschrift, aus der sich die Nichtigkeit des Maklervertrags ergibt – etwa bei formellen Mängeln des Maklervertrags –, nicht auf den Schutz einer Vertragspartei gerichtet ist.[3] Es muss aber zwischen Makler und dem am Geschäftsabschluss Interessierten ein Verhältnis bestehen, das die Tätigkeit des Maklers rechtfertigt. § 354 I HGB begründet danach für den Makler, sofern er Kaufmann ist, nur dann einen Provisionsanspruch, wenn er „befugterweise" für den Interessenten tätig ist.[4] Dies ist nicht schon dann der Fall, wenn der Interessent zuvor die gewünschte Maklerleistung und deren Vergütung auf ein bestimmtes Geschäft eingrenzt, es dann jedoch zu einem anderen Hauptvertrag zwischen dem Interessenten und einem Dritten kommt. In einem solchen Fall muss der Makler vielmehr, bevor er die Maklertätigkeit in anderer Richtung entfaltet, eine (ergänzende) Vereinbarung schließen oder jedenfalls klare Hinweise auf eine Vergütungspflicht des Interessenten geben.[5] Dem Interessenten muss in jedem Fall erkennbar sein, dass der Makler gerade für ihn Leistungen erbringt. § 354 HGB gilt auch für einseitige Handelsgeschäfte eines Kaufmanns (§ 345 HGB) oder einer der in §§ 383 II, 407 III 2, 453 III 2, 467 III 2 HGB genannten Personen. Auf Kleingewerbetreibende

---

[3]   BGHZ 95, 393, 398; 163, 332, 338.
[4]   *BGH* WM 1966, 621, 623.
[5]   BGHZ 163, 332, 338f.

und freiberuflich tätige Personen ist § 354 HGB analog anzuwenden,[6] soweit das BGB insoweit keine Regelung vorsieht (vgl. aber z. B. §§ 612 I, 632 I BGB).

D. Wirksamkeit der Abtretung einer Geldforderung (§ 354a HGB)

I. Normzweck

Der Gläubiger kann eine Forderung durch Vertrag auf eine andere Person übertragen (§ 398 S. 1 BGB), sofern es dabei nicht zu einer Inhaltsänderung der Forderung kommt (§ 399 Alt. 1 BGB) und die Abtretung nicht vertraglich ausgeschlossen ist (§ 399 Alt. 2 BGB). Insbesondere nach den AGB von großen Unternehmen und der öffentlichen Hand ist es der anderen Vertragspartei häufig untersagt, Forderungen gegen den Verwender abzutreten. Solche AGB sind grundsätzlich wirksam (vgl. § 399 Alt. 2 BGB). Ein Abtretungsverbot führt nämlich grundsätzlich – auch im nichtkaufmännischen Verkehr – nicht zu einer unangemessenen Benachteiligung des Kunden nach § 307 I 1 BGB.[7] Klauseln mit diesem Inhalt sind vielmehr nur dann nach § 307 I 1 BGB unwirksam, wenn kein schützenswertes Interesse des Verwenders an dem Abtretungsverbot besteht oder die berechtigten Belange der anderen Vertragspartei an der freien Abtretbarkeit vertraglicher Ansprüche das entgegenstehende Interesse des Verwenders überwiegen.[8] Erst recht ist ein individuell vereinbartes Abtretungsverbot grundsätzlich wirksam. Ein Verstoß gegen ein wirksam vereinbartes Abtretungsverbot oder eine wirksam vereinbarte Abtretungsbeschränkung führt zur Unwirksamkeit der Abtretung gegenüber jedermann.[9] Danach hat ein Abtretungsverbot anders als sonstige rechtsgeschäftliche Verfügungsverbote (§ 137 BGB) dingliche Wirkung. Infolgedessen stehen die von dem Abtretungsverbot erfassten Forderungen an sich nicht für Finanzierungszwecke (z. B. mittels Zession an ein Factoring-Unternehmen) zur Verfügung. Dies soll § 354a I HGB insbesondere im Interesse kleiner und mittler Unternehmen verhindern. Denn diese Regelung ordnet die Wirksamkeit einer trotz eines – individualvertraglichen oder auf Grund von AGB vereinbarten – Abtretungsverbots erfolgten Abtretung an.[10] § 354a I 1 HGB verfolgt daher den Zweck, die Abtretbarkeit von Forderungen zur Kreditsicherung zu erleichtern.[11] Der Schuldner ist dadurch geschützt, dass er weiterhin mit schuldbefreiender Wirkung an den bisherigen Gläubiger (Zedent) leisten kann (§ 354a I 2 HGB). Damit ist das Interesse des Schuldners, sich nicht auf wechselnde Gläubiger einstellen zu müssen sowie Verrechnung und Zahlungsvereinbarungen mit dem bisherigen Gläubiger vornehmen zu können, gewahrt.[12] Dem Schuldner bleibt also die Rechtsposition erhalten, die er dem bisherigen Gläubiger gegenüber innehatte. § 354a I HGB ist aber nicht anwendbar auf eine Forderung aus einem Darlehensvertrag, deren Gläubiger ein Kreditinstitut i. S. d. § 1 I 1 KWG ist (§ 354a II HGB). Eine Forderungsabtretung trotz vertraglichen Abtretungsverbots bleibt in diesem Fall also unwirksam. Der Gläubiger einer

7

---

[6] Koller/Kindler/Roth/Drüen/*Roth*, § 354 Rn. 2.
[7] BGHZ 108, 52, 54f.; BGHZ 108, 172, 174; *BGH* WM 2006, 2142 Rn. 14.
[8] *BGH* NJW 1997, 3434, 3436.
[9] BGHZ 77, 274, 275; 112, 387, 389ff.
[10] MünchKomm/*K. Schmidt*, § 354a Rn. 1f.
[11] BT-Drs. 12/7912, S. 24f.; *BGH* WM 2005, 429, 431.
[12] BT-Drs. 12/7912, S. 25.

Darlehensforderung i. S. d. § 488 I 2 BGB ist daher, sofern er eine Bank i. S. d. § 1 I 1 KWG ist, an ein vertragliches Abtretungsverbot gebunden. Dies soll Missbräuche beim Handel mit Kreditforderungen verhindern. Ob § 354a II HGB diesen Zweck tatsächlich erreichen kann, erscheint indes fraglich. Denn den Darlehensschuldnern gelingt es auf Grund des Angewiesenseins auf Darlehen meist nicht, ein Verbot der Abtretung der Darlehens- und Zinsforderungen der Bank mit der Bank zu vereinbaren.

II. Voraussetzungen

8 § 354a I 1 HGB setzt voraus **(1)** eine Geldforderung aus einem beiderseitigen Handelsgeschäft oder gegen eine juristische Person des öffentlichen Rechts/ein öffentlich-rechtliches Sondervermögen auf Schuldnerseite und **(2)** eine Vereinbarung nach § 399 BGB zwischen Gläubiger und Schuldner, dass der Gläubiger diese Forderung nicht abtreten darf.

1. Persönlicher Anwendungsbereich

9 Ein beiderseitiges Handelsgeschäft i. S. d. §§ 343, 354a I 1 HGB setzt voraus, dass auf beiden Seiten des Geschäfts Kaufleute (nicht: Scheinkaufmann) oder zumindest in §§ 383 II, 407 III 2, 453 III 2, 467 III 2 HGB genannte Personen stehen. Ist Schuldner eine juristische Person des öffentlichen Rechts oder ein öffentlich-rechtliches Sondervermögen, muss entgegen dem Wortlaut des § 354a I 1 HGB wegen des Schutzzwecks und der Systematik – das vierte Buch des HGB ist mit „Handelsgeschäfte" überschrieben – ebenfalls ein beiderseitiges Handelsgeschäft, jedenfalls aber ein Handelsgeschäft für den Gläubiger der Geldforderung gegeben sein.[13] § 354a I 1 HGB ist danach nicht anwendbar, wenn ein Privatmann (Gläubiger) mit einer juristischen Person des öffentlichen Rechts oder einem öffentlich-rechtlichen Sondervermögen (Schuldner) vereinbart, dass er eine ihm zustehende Forderung nicht abtreten darf. Einer analogen Anwendung von § 354a I 1 HGB zu Gunsten von nichtkaufmännischen, aber unternehmerisch tätigen Zedenten wie Kleingewerbetreibenden und Freiberuflern steht an sich der klare Wortlaut der Norm entgegen. Doch ist eine Erstreckung von § 354a HGB auf diesen Personenkreis wegen Art. 3 I GG in verfassungskonformer Rechtsfortbildung geboten.[14] Der BGH[15] ist demgegenüber der Auffassung, dass eine erweiternde Auslegung des persönlichen Anwendungsbereichs von § 354a HGB über seinen Wortlaut hinaus nicht in Betracht kommt. Denn die Aufnahme dieser Regelung in das HGB solle sicherstellen, dass sie allein den kaufmännischen Verkehr und den Verkehr mit der öffentlichen Hand erfasse.

2. Sachlicher Anwendungsbereich

10 Die Abtretung der Geldforderung muss auf Grund einer Vereinbarung nach § 399 Alt. 2 BGB ausgeschlossen sein. Dem stehen im Hinblick auf den Normzweck andere Abtretungsbeschränkungen gleich. So, wenn die Abtretbarkeit der Geldforderung von der Zustimmung des Schuldners abhängt[16] (z. B. Lieferant A ist ohne vorherige Zu-

---

[13] MünchKomm/*K. Schmidt,* § 354a Rn. 9; Baumbach/Hopt/*Leyens,* § 354a Rn. 1; Koller/Kindler/Roth/Drüen/*Roth,* § 354a Rn. 2; **str.**

[14] Baumbach/Hopt/*Hopt,* § 354a Rn. 1; *Canaris,* § 26 Rn. 34f.

[15] *BGH* WM 2006, 2142 Rn. 12 unter Verweis auf BT-Drs. 12/7912, S. 25.

[16] *BGH* WM 2005, 429, 431; NJW 2009, 438 Rn. 13; MünchKomm/*K. Schmidt,* § 354a Rn. 11.

stimmung des Abnehmers B nicht berechtigt, seine Forderungen gegen B abzutreten). Der Vereinbarung eines Abtretungsverbots steht es hingegen nicht gleich, wenn der Schuldner dem Gläubiger die Abtretung anzeigen muss oder die Abtretung nur schriftlich erfolgen darf. Auch für das kontokorrentrechtliche Abtretungsverbot[17] gilt § 354a HGB nicht, da es auf (ungeschriebenem) objektivem Recht und nicht auf einer Parteiabrede beruht.[18]

III. Rechtsfolgen

1. Wirksamkeit der Abtretung

Nach § 354a I 1 HGB ist die trotz Abtretungsverbots erfolgte Abtretung sowohl im 11 Verhältnis zwischen Zedent und Zessionar als auch im Verhältnis zwischen Zessionar und Schuldner wirksam (nicht so aber im Fall des § 354a II HGB). Der Zedent verliert seine Rechte an der abgetretenen Forderung, insbesondere die Einzugsermächtigung.[19] Der Zessionar ist Forderungsinhaber und zur Geltendmachung der Forderung aus eigenem Recht gegenüber dem Schuldner befugt. Gegenüber Gläubigern des Zedenten, die die Forderung pfänden, ist er zur Erhebung der Drittwiderspruchsklage nach § 771 ZPO berechtigt.

2. Wahlrecht des Schuldners

Der Schuldner kann grundsätzlich schuldbefreiend wahlweise entweder an den Zessio- 12 nar oder an den Zedenten als Nichtberechtigten leisten (§ 354a I 2 HGB),[20] d. h. Erfüllungshandlungen i. S. d. §§ 362, 364 BGB vornehmen. Der Zedent ist insoweit weiterhin empfangszuständig.[21] Dies gilt grundsätzlich auch dann, wenn der Schuldner um die Abtretung der Forderung weiß. Anders als nach §§ 406 f. BGB kommt es daher nicht darauf an, ob und ggf. wann der Schuldner Kenntnis von der Abtretung erlangt. Denn dem Schuldner, der sich nicht durch ein Abtretungsverbot schützen kann, soll nach § 354a I 2 HGB eine über §§ 406 f. BGB hinausgehende Erfüllungsmöglichkeit erhalten bleiben, von der er grundsätzlich wahlweise Gebrauch machen kann (Wahlrecht des Schuldners). Der Leistung des Schuldners an den Zedenten steht es gleich, wenn der Schuldner mit einer Gegenforderung gegenüber dem Zedenten aufrechnet.[22] Diese Aufrechnung kann wegen des von § 354a HGB bezweckten Schuldnerschutzes sowohl gegenüber dem Zedenten als auch gegenüber dem Zessionar erfolgen.[23]

Beispiel: Lieferant A und Automobilhersteller B vereinbaren, dass A Forderungen gegen B nicht abtreten darf. Gleichwohl tritt A eine Kaufpreisforderung in Höhe von 150 000,– Euro gegen B an C ab. C geht aus dieser – trotz Abtretungsverbots wirksam auf C übergegangenen (§ 354a I 1 HGB) – Forderung gegen B vor. B, dem gegenüber A Forderungen in Höhe von 120 000,– Euro zustehen, rechnet gegenüber C wirksam (§ 354a I 2 HGB) mit diesen Forderungen auf. Die beiderseitigen Forderungen erlöschen in dem Umfang, in dem sie sich decken (§ 389 BGB), so dass C gegenüber B nur noch eine Forderung in Höhe von 30 000,– Euro zusteht.

---

[17] Vgl. dazu Rn. 27.
[18] *Canaris*, § 26 Rn. 22; *Saar*, ZIP 1999, 988, 990; *E. Wagner*, WM 1994, 2093, 2094 f.
[19] *BGH* NJW 2009, 438 Rn. 13.
[20] BT-Drs. 12/7912, S. 25; *BGH* NJW 2009, 438 Rn. 15.
[21] *BGH* NJW 2009, 438 Rn. 15; MünchKomm/*K. Schmidt*, § 354a Rn. 19.
[22] *BGH* NJW-RR 2004, 50, 51 f.; WM 2005, 429, 432; Großkomm/*Canaris*, § 354a Rn. 12; MünchKomm/*K. Schmidt*, § 354a Rn. 20; Baumbach/Hopt/*Leyens*, § 354a Rn. 2.
[23] *BGH* WM 2005, 429, 432; *E. Wagner*, WM 1996, Sonderbeilage 1, 1, 13.

13 Da §§ 406 f. BGB nicht eingreifen, kann der Schuldner selbst dann mit einer Forderung gegen den bisherigen Gläubiger aufrechnen, wenn er diese in Kenntnis der Abtretung erwirbt oder sie nach Kenntnis des Schuldners und später als die abgetretene Forderung fällig ist.[24]

Beispiel: Lieferant A und Automobilhersteller B vereinbaren, dass A Forderungen gegen B nicht abtreten darf. Gleichwohl tritt A eine Kaufpreisforderung in Höhe von 150 000, – Euro gegen B an C ab. C geht aus dieser – trotz Abtretungsverbots wirksam auf C übergegangenen (§ 354a I 1 HGB) – Forderung gegen B vor. B erwirbt in der Folgezeit Forderungen gegenüber A in Höhe von 120 000,– Euro. B kann gegenüber C wirksam (§ 354a I 2 HGB) mit diesen Forderungen aufrechnen. Die beiderseitigen Forderungen erlöschen in dem sich deckenden Umfang (§ 389 BGB), so dass C gegenüber B nur noch eine Forderung in Höhe von 30 000,– Euro zusteht.[25]

14 Leistet der Schuldner an den Zedenten, steht dem Zessionar ein Anspruch nach § 816 II BGB zu. Die Leistung des Schuldners an den Zedenten kann rechtsmissbräuchlich i. S. d. § 242 BGB sein, wenn der Schuldner Kenntnis von der Abtretung hat und kein schutzwürdiges Eigeninteresse des Schuldners an einer Leistung an den Zedenten (z. B. Herbeiführung einer Liquiditätsverbesserung zur Stärkung eines langfristig eingeplanten Geschäftspartners) besteht.[26]

15 § 354a I 2 HGB berechtigt den Zedenten nicht, die abgetretene Forderung einzuziehen oder über sie zu verfügen (z. B. Abtretung, Aufrechnung). Der Zedent darf die Forderung außerdem nicht erlassen oder stunden.[27] Denn § 354a I 2 HGB soll den Schuldner lediglich davor schützen, nach einer Leistung an den bisherigen Gläubiger noch einmal an den Zessionar leisten zu müssen. Bei Kenntnis von der Abtretung kann der Schuldner daher nicht andere forderungsbezogene Rechtsgeschäfte mit dem Zedenten – wie einen Vergleich – wirksam schließen (§ 407 I BGB).[28] Denn darin liegt keine Leistung i. S. d. § 354 I 2 HGB.

Beispiel: Die A-AG (A) beauftragt die B-AG (B) mit Abbrucharbeiten, wobei eine Abtretung der Forderungen der B gegen A aus diesem Auftrag ohne Zustimmung der A ausgeschlossen ist. Gleichwohl tritt B ihre Forderungen gegen A in Höhe von 400 000,– Euro erfüllungshalber an die C-GmbH (C) ab, die B (Zedentin) Baumaschinen zur Durchführung ihrer Arbeiten vermietet hatte. A (Schuldnerin) erklärt sich mit dieser Abtretung nicht einverstanden. Nachdem sich Mängel der Arbeiten der B zeigen, entsteht Streit über die Höhe der Forderungen der B gegen A. Daher einigen sich A und B darauf, dass B gegen A aus dem Bauvertrag lediglich eine Forderung in Höhe von 250 000,– Euro zusteht. C (Zessionarin) nimmt A gleichwohl auf Zahlung von 400 000,– Euro in Anspruch. Zu Recht?[29]

C müsste zunächst die Forderung i. S. d. § 631 I Alt. 2 BGB in Höhe von 400 000,– Euro gegen A erworben haben. Dies setzt voraus, dass die Abtretung der B an C wirksam ist. Grundsätzlich ist eine Forderung auf eine andere Person übertragbar (vgl. § 398 S. 1 BGB). Dem könnte die vertragliche Abtretungsbeschränkung entgegenstehen. Die vertragliche Abtretungsbeschränkung wäre für die Wirksamkeit der Abtretung indes unbeachtlich, wenn die Voraussetzungen des § 354a I 1 HGB vorlägen. Dies ist hier der Fall. Insbesondere steht die vertragliche Abtretungsbeschränkung in Form des Verbots der Abtretung ohne Zu-

---

[24] *BGH* WM 2005, 429, 432; Großkomm/*Canaris*, § 354a Rn. 13; *Saar*, ZIP 1999, 988, 993.
[25] *BGH* WM 2005, 429, 432.
[26] *Canaris*, § 26 Rn. 25; *Saar*, ZIP 1999, 988, 998; *K. Schmidt*, NJW 1999, 400, 401.
[27] MünchKomm/*K. Schmidt*, § 354a Rn. 22; Koller/Kindler/Roth/Drüen/*Roth*, § 354a Rn. 3; **a. A.** Baumbach/Hopt/*Leyens*, § 354a Rn. 2; *Canaris*, § 26 Rn. 15 (ergänzende Rechtsfortbildung).
[28] *BGH* NJW 2009, 438 Rn. 20; MünchKomm/*K. Schmidt*, § 354a Rn. 22; Staudinger/*Busche*, § 399 Rn. 71; *Bruns*, WM 2000, 505, 509; **a. A.** Großkomm/*Canaris*, § 354a Rn. 12 („ergänzende Rechtsfortbildung"); *Saar*, ZIP 1999, 988, 992; *E. Wagner*, WM 1996, Sonderbeilage 1, 15.
[29] Dem Sachverhalt von *BGH* NJW 2009, 438 nachgebildet.

stimmung der A einem Abtretungsausschluss nach § 354a I 1 HGB gleich (vgl. Rn. 10). B hat daher ihre Rechte an der abgetretenen Forderung, insbesondere ihre Einzugsermächtigung, verloren; C hat zunächst eine Forderung gegen A in Höhe von 400 000,– Euro erworben. Möglicherweise wirkt aber der Vergleich zwischen A und B, wonach die Forderung lediglich in Höhe von 250 000,– Euro bestehen soll, zu Lasten der C. Dies setzt voraus, dass der Vergleich zwischen A und B die Voraussetzungen des § 354a I 2 HGB erfüllt. Die Herabsetzung der Forderung der B durch Vereinbarung zwischen A und B müsste danach eine Leistung der B an A i. S. d. § 354a I 2 HGB darstellen. Dies ist aber vor allem deshalb nicht der Fall, weil sich der Wortlaut, hier: Begriff der Leistung, lediglich auf Erfüllungshandlungen i. S. d. §§ 362, 364 BGB (auch Aufrechnung) erstreckt. Aus der Entstehungsgeschichte und dem Normzweck des § 354a HGB lässt sich kein anderes Verständnis des Begriffs „leisten" herleiten. Eine ergänzende Rechtsfortbildung durch die Gleichstellung von „Leistung" und „sonstiges forderungsbezogenes Rechtsgeschäft" kommt deshalb nicht in Betracht. Da die Voraussetzungen des § 407 I BGB nicht vorliegen, steht C gegen A ein Anspruch auf Zahlung von 400 000,– Euro nach §§ 631 I Alt. 2, 398 BGB i. V. m. § 354a I 1 HGB zu.

IV. Unabdingbarkeit

§ 354a I 1 und 2 HGB ist zwingendes Recht (§ 354a I 3 HGB). Die Unabdingbarkeit **16** von § 354a I 2 HGB ist mit dem Normzweck von § 354a HGB indes nicht zu erklären. Daher erscheint eine Beschränkung des Anwendungsbereichs von § 354a I 3 HGB auf § 354a I 1 HGB geboten.[30]

E. Kontokorrent (§§ 355 – 357 HGB)

I. Begriff und Funktion

Die Regelung des Kontokorrents in §§ 355–357 HGB beruht auf folgender Er- **17** wägung: Zwei Geschäftspartner stehen in einer laufenden Geschäftsverbindung, aus der sich bald für den einen, bald für den anderen Geldforderungen ergeben können.

Beispiel: A hat gegen B eine Forderung in Höhe von 10 000,– Euro. B hat gegen A eine Forderung in Höhe von 15 000,– Euro.

Die jeweilige sofortige Begleichung durch Zahlung bzw. Aufrechnung wäre in einem **18** solchen Fall umständlich. Zweckmäßiger ist es, die Forderungen auf einem Konto zu buchen und eine periodische Abrechnung („Saldierung") vorzunehmen (§ 355 I HGB).

Beispiel: In dem unter Rn. 17 geschilderten Beispiel hat B gegen A eine Forderung in Höhe von 5000,– Euro (15 000,– Euro ./. 10 000,– Euro).

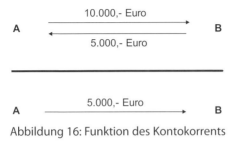

Abbildung 16: Funktion des Kontokorrents

[30] *Saar,* ZIP 1999, 988, 993.

19 Damit kommt es **(1)** zu einer Vereinfachung des Zahlungsverkehrs und **(2)** einer Sicherung der ins Kontokorrent gestellten Forderungen. Denn zur Befriedigung der eigenen Geldforderungen können Gegenforderungen herangezogen werden.

20 Da eine Kontokorrentabrede auch außerhalb des Anwendungsbereichs von § 355 I HGB zu Stande kommen kann, liegt die eigentliche Funktion des § 355 I HGB darin, einen Anspruch auf Zinsen im Hinblick auf den Überschuss zu begründen, auch soweit in einer saldierten Forderung bereits Zinsen enthalten sind. Damit kommt es zu einer Ausnahme von Zinseszinsverbot des § 248 I BGB. Dies entspricht dem Bedürfnis des Handelsverkehrs nach Vereinfachung des Rechnungswesens, weil es bei Geltung von § 248 I BGB der Führung zweier Kontokorrentverhältnisse – nämlich für die verzinslichen Hauptforderungen einerseits und für die unverzinslichen Zinsforderungen andererseits – bedürfte.[31] Im Übrigen gelten die folgenden Grundsätze auch für ein Kontokorrent unter Nichtkaufleuten. Eine analoge Anwendung der Ausnahme vom Zinseszinsverbot des § 355 I HGB auf Nichtkaufleute kommt nicht in Betracht, weil andernfalls das Tatbestandsmerkmal des Kaufmanns bedeutungslos wäre.[32]

II. Bedeutung

21 Das Kontokorrent hat seine hauptsächliche Bedeutung im Bankverkehr: jeder Inhaber eines Girokontos (Zahlungsdienstevertrag i. S. d. §§ 675 f ff. BGB) steht in einer Kontokorrent-Verbindung mit der dieses Konto führenden Bank. Die beiderseitigen Forderungen, die die Bank auf dem Konto verbucht, sind nichts anderes als die Ein- und Auszahlungen auf bzw. von diesem Konto (vgl. auch die Sonderregelungen in §§ 675 f bis 675 t BGB). Darüber hinaus begegnet das Kontokorrent häufig bei Geschäftsverbindungen zwischen Großhändlern und Einzelhändlern sowie in Konzernen.

III. Voraussetzungen

22 § 355 I HGB setzt voraus, dass **(1)** zumindest eine der Vertragsparteien Kaufmann ist, **(2)** eine Geschäftsverbindung mit beiderseitigen Ansprüchen und Leistungen nebst Zinsen besteht und **(3)** alle oder einige dieser Forderungen auf Grund der Kontokorrentabrede kontokorrentzugehörig sind (vgl. dazu auch *Lettl*, Fall 14).

1. Kaufmannseigenschaft zumindest einer der Vertragsparteien

23 § 355 I HGB setzt voraus, dass zumindest eine der Vertragsparteien Kaufmann (oder eine der in §§ 383 II, 407 III 2, 453 III 2, 467 III 2 HGB genannten Personen) ist. Allerdings können auch zwei Nichtkaufleute ein Kontokorrent als bloßen, nicht in den Anwendungsbereich der §§ 355–357 HGB fallenden Vertragstypus vereinbaren.[33]

2. Geschäftsverbindung mit beiderseitigen Ansprüchen und Leistungen nebst Zinsen

24 Aus einer Geschäftsverbindung müssen beiderseitige Ansprüche und Leistungen nebst Zinsen entstehen.

---

[31] Großkomm/*Canaris*, § 355 Rn. 15.
[32] Großkomm/*Canaris*, § 355 Rn. 31; **a. A.** *K. Schmidt*, § 21 II 2b.
[33] Vgl. Rn. 20.

3. Kontokorrentzugehörigkeit beiderseitiger Forderungen

a) Kontokorrentfähigkeit

Die Kontokorrentzugehörigkeit einer Forderung setzt zunächst voraus, dass sie konto-   25
korrentfähig ist. Daran fehlt es, wenn die Verrechnung einer Forderung rechtlich nicht
möglich ist.

Beispiel: Die Verrechnung der rückständigen Einlage des Gesellschafters einer Kapitalgesellschaft ist rechtlich nicht möglich, da ihr das Aufrechnungsverbot der §§ 66 I 2 AktG, 19 II 2 GmbHG entgegensteht.

b) Parteiwille

Dem Kontokorrent sind die Forderungen zugehörig, die nach der Kontokorrentab-   26
rede, d. h. dem Willen der Parteien, nicht selbständig geltend zu machen, sondern in
bestimmten Zeiträumen unter Anerkennung des Überschusses zu verrechnen sind.
Ein Indiz für einen solchen – ggf. konkludent erklärten – Willen kann in der Zusendung von regelmäßigen Abschlüssen zum Zweck der Anerkennung liegen. Der Partei-
wille kann aber auch darauf gerichtet sein, dass im Hinblick auf bestimmte Forderungen gerade keine Verrechnung stattfinden soll.

Beispiel: Vereinbarung, dass eine bestimmte Forderung in bar zu begleichen ist – etwa Auszahlung eines
Kredits zur Liquiditätsverschaffung.

IV. Rechtsfolgen

1. Bindung der Einzelforderungen

Zwar ist die Kontokorrentzugehörigkeit ohne Einfluss auf die Rechtsnatur, den Be-   27
stand und die Fälligkeit der jeweiligen Forderung. Die innerhalb des Abrechnungszeit-
raums in das Kontokorrent eingestellten Forderungen sind jedoch gebunden (Einrede). Die Parteien können sie nicht selbständig geltend machen („Lähmung der
Einzelforderung"). Verfügungen jeder Art (z. B. Abtretung oder isolierte Aufrechnung)
sind nicht möglich.[34] Erfolgt gleichwohl eine solche Verfügung über eine kontokorrentzugehörige Forderung wie eine Abtretung, so ist sie gegenstandslos.[35] Dies gilt
auch für die antizipierte Abtretung einer künftigen Forderung etwa durch Globalzes-
sion oder verlängerten Eigentumsvorbehalt. Eine einzelne kontokorrentzugehörige
Forderung ist unverpfändbar (§ 1274 II BGB). Dasselbe gilt trotz § 851 II ZPO für
eine Pfändung im Wege der Zwangsvollstreckung. Demgegenüber sind die Pfändung
und Überweisung des anerkannten Saldos stets möglich. Auch die Pfändung und
Überweisung des gegenwärtigen Saldos, der am Tag der Zustellung des Pfändungs-
und Überweisungsbeschlusses besteht (Zustellungssaldo), ist zulässig (§ 357 HGB).[36]
Die Geltendmachung einer kontokorrentzugehörigen Einzelforderung etwa durch
Leistungsklage ist ausgeschlossen. Eine gleichwohl erhobene Klage ist als unbegründet
abzuweisen. Eine Feststellungsklage bleibt hingegen zulässig. Das hierfür erforderliche
Feststellungsinteresse besteht, wenn die andere Partei das Bestehen eines Verrech-
nungspostens bestreitet.

---

[34] BGHZ 80, 172, 175; *BGH* NJW 1985, 1218, 1219.
[35] BGHZ 73, 259, 263.
[36] Vgl. dazu Rn. 42 ff.

28   Der Schuldner einer kontokorrentzugehörigen Forderung kann nicht in Verzug geraten. Zahlungen auf eine Einzelforderung führen nicht zur Tilgung (Erfüllung i. S. d. § 362 I BGB), sondern stellen nur einen Rechnungsposten dar. Ob auch eine Stundung eintreten soll (Ausschluss von Fälligkeitszinsen), ist eine Frage der Vereinbarung. Die für eine Forderung bestehenden Sicherheiten (z. B. Pfandrecht oder Garantie) gehen nicht unter; sie sichern nach § 356 HGB dann den Saldoüberschuss. Dies verhindert das Freiwerden von Sicherheiten. Die Verjährung der Einzelforderungen ist bis zum Ende der bei ihrer Entstehung laufenden Rechnungsperiode gehemmt (§ 205 BGB analog).[37] Danach verjährt die Forderung nach den für sie geltenden Regelungen.

2. Verrechnung (Saldierung)

a) Tilgung der Einzelforderungen und Saldoanspruch

29   Die Verrechnung auf Grund der Kontokorrentabrede ist ein selbständiges, antizipiertes Verfügungsgeschäft, das nach § 389 BGB analog zum Erlöschen der Forderungen führt, soweit sie sich der Höhe nach decken. Dies geschieht automatisch, ohne dass es eines Saldoanerkenntnisses der Parteien bedarf.[38] Insoweit bewirkt die Verrechnung die Tilgung der Forderungen. Es verbleibt lediglich der Partei ein Anspruch, zu deren Gunsten nach Verrechnung ein Überschuss besteht (Saldoanspruch). Diese verbleibende Restforderung ist die sog. kausale Saldoforderung. Bei Fortsetzung des Kontokorrents geht der Saldoanspruch wieder in die neue laufende Rechnung ein und ist kontokorrentzugehörig. Der Saldo wird dann „vorgetragen". Ist das dem § 355 I HGB unterliegende Kontokorrent beendet, ohne dass es zur Anerkennung des Saldos kommt, ist für den Anspruch auf Überschuss nach § 355 III HGB auf die einzelnen Posten zurückzugreifen.[39] Zu diesen Posten gehört auch der bei Beginn des letzten Rechnungsabschnitts vorgetragene Saldo. Der Gläubiger kann von ihm ausgehen und muss darlegen und ggf. beweisen, welche weiteren Aktivposten hinzugekommen sind. Die Gegenpartei muss die von ihr behaupteten Passivposten darlegen und ggf. beweisen. Die Parteien können Einwendungen und Einreden (z. B. Verjährung) gegen einzelne Forderungen weiterhin geltend machen.

b) Zeitpunkt

30   Die Verrechnung findet in „regelmäßigen Zeitabschnitten" (§ 355 I HGB), d. h. mangels abweichender Vereinbarung jährlich statt (§ 355 II HGB). Die Parteien können auch andere Abrechnungsperioden festsetzen. Bei Verrechnung nach einem bestimmten Zeitraum (Periode) liegt ein Periodenkontokorrent vor. Es ist außerdem möglich, eine sofortige Saldierung bei jedem kontokorrentpflichtigen Vorgang zu vereinbaren (Staffelkontokorrent). Bei Banküberweisungen erfolgt zwar eine sofortige Verbuchung jedes Vorgangs im Wege der Saldierung. Jedoch handelt es sich hierbei regelmäßig nicht um ein Staffelkontokorrent, sondern um ein Periodenkontokorrent.[40] Denn es findet regelmäßig lediglich nach bestimmten Zeiträumen eine Verrechnung statt. Die „Tagesauszüge" sind reine Postensalden zwecks Überblicks, Zinsberechnung und Ver-

---

[37] Baumbach/Hopt/*Leyens,* § 355 Rn. 12; Koller/Kindler/Roth/Drüen/*Koller,* § 355 Rn. 6; *Canaris,* § 25 Rn. 8.
[38] BGHZ 107, 192, 197; *K. Schmidt,* § 21 IV 1.
[39] BGHZ 49, 24, 26.
[40] BGHZ 50, 277, 279 f.; Baumbach/Hopt/*Leyens,* § 355 Rn. 9.

meidung von Überauszahlungen. Die eigentliche Verrechnung findet regelmäßig vier-
tel- oder halbjährlich statt (Saldomitteilung). Das Schweigen auf einen Tagesauszug
stellt daher kein Saldoanerkenntnis dar.[41]

c) Reihenfolge bei Verrechnung mehrerer Forderungen

Zur Art und Weise der Bildung des Überschusses nach § 355 III HGB bei Bestehen **31**
mehrerer Forderungen und fehlender Anerkennung des Saldos durch beide Parteien
(= Erforderlichkeit des Rückgriffs auf die einzelnen – ggf. unterschiedlichen Verjäh-
rungsfristen unterliegenden – Posten) stehen sich der Ansatz der Rechtsprechung von
der verhältnismäßigen Gesamtaufrechnung[42] und der Ansatz des überwiegenden
Schrifttums von der Verrechnung nach §§ 396 I 2, 366 f. BGB analog[43] gegenüber.
Verhältnismäßige Gesamtaufrechnung besagt, dass die Forderung einer Partei jeweils
anteilig *(pro rata)* mit Gegenforderungen der anderen Partei zu verrechnen ist. Der
Überschuss setzt sich danach „mosaikartig" aus den jeweils verbleibenden Restforde-
rungen zusammen.

Beispiel: A hat gegen B zwei Forderungen auf Kaufpreiszahlung, nämlich in Höhe von 70 000,– Euro und
30 000,– Euro. B hat gegen A eine Forderung auf Werklohn in Höhe von 10 000,– Euro. Die Werklohnforderung des B in Höhe von 10 000,– Euro ist anteilig auf die beiden Forderungen des A auf Kaufpreiszahlung anzurechnen, so dass nach Bildung des Überschusses A gegen B ein Mosaik aus zwei Forderungen
in Höhe von 63 000,– Euro und 27 000,– Euro zusteht. Verjährt die Forderung des A gegen B in Höhe
von 63 000,– Euro und beruft sich B hierauf (§ 214 I BGB), steht A gegen B nunmehr eine durchsetzbare
Forderung in Höhe von 27 000,– Euro zu.

Bei einer Verrechnung analog §§ 396 I 2, 366 f. BGB bestimmen diese Regelungen, in **32**
welcher Reihenfolge die Forderungen einer Partei mit der Gegenforderung der anderen Partei zu verrechnen sind. Bei einer Verrechnung analog §§ 396 I 2, 366 f. BGB
kommt es zunächst zur Verrechnung nach der Tilgungsbestimmung (§ 366 I BGB),
mangels einer solchen zu einer Verrechnung nach der Reihenfolge des § 366 II BGB.

Beispiel: Ist in dem unter Rn. 31 geschilderten Beispiel die Kaufpreisforderung des A gegen B in Höhe von
70 000,– Euro im Jahr 1 und die Kaufpreisforderung des A gegen B in Höhe von 30 000,– Euro im Jahr 2
entstanden, ist mangels Tilgungsbestimmung die Werklohnforderung des B in Höhe von 10 000,– Euro in
vollem Umfang auf die zuerst entstandene Kaufpreisforderung zu verrechnen. Denn sie bietet wegen ihrer
ein Jahr früheren Verjährung (§§ 195, 199 BGB) geringere Sicherheit i. S. d. § 366 II BGB. Nach Bildung
des Überschusses steht A gegen B also die zuerst entstandene Kaufpreisforderung in Höhe von 60 000,–
Euro und die später entstandene Kaufpreisforderung in Höhe von 30 000,– Euro zu. Verjährt die Forderung des A gegen B in Höhe von 60 000,– Euro und beruft sich B hierauf (§ 214 I BGB), steht A gegen B
nunmehr eine durchsetzbare Forderung in Höhe von 30 000,– Euro zu.

Für die Lehre von der Verrechnung analog §§ 396 I 2, 366 f. BGB spricht, dass sie die **33**
Wertungen des BGB berücksichtigt und infolgedessen gesetzesnah ist. Außerdem ist
sie praktikabler und sachgerechter. Die schwierige Problematik sei an folgender Übersicht nochmals veranschaulicht:

---

[41] *BGH* NJW-RR 1997, 1460, 1461.
[42] BGHZ 49, 24, 30; abw. *BGH* NJW 1999, 1709, 1710: Interessenabwägung.
[43] Großkomm/*Canaris,* § 355 Rn. 117 ff.; *K. Schmidt,* § 31 IV 2.

Verrechnung mehrerer Forderungen im Kontokorrent (§§ 355–357 HGB)

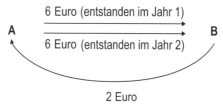

Abbildung 17: Verrechnung mehrerer Forderungen im Kontokorrent (§§ 355–357 HGB)

Verhältnismäßige Gesamtaufrechnung (BGH):
– Die Forderung B gegen A ist verhältnismäßig auf die Forderungen A gegen B zu verteilen.
– A stehen gegen B demnach zwei Forderungen in Höhe von **je 5 Euro** zu.

Verrechnung analog §§ 396 I 2, 366 BGB (Schrifttum):
– Verrechnung nach der Tilgungsbestimmung der Parteien (§ 366 BGB analog), ansonsten nach der Reihenfolge des § 366 II BGB.
– Da die Forderung A gegen B aus dem Jahr 1 älter ist, wird die Gegenforderung voll auf diese verrechnet. Diese beträgt daher **4 Euro,** während die zweite Forderung in Höhe von **6 Euro** bestehen bleibt.

3. Saldoanerkenntnis

34   Den Parteien steht es frei, über die automatisch stattfindende Verrechnung hinaus den Saldo anzuerkennen, um Unsicherheiten über Bestand und Umfang der jeweiligen Einzelforderung auszuschließen und den Saldo auf eine neue rechtliche Grundlage zu stellen. Die Erklärung des Saldoanerkenntnisses beinhaltet das Anerkenntnis aller erkennbar verrechneten Forderungen.[44] Durch ein gesondertes Anerkenntnis des sich nach Verrechnung der kontokorrentzugehörigen Forderungen ergebenden Saldos, begründen die Parteien durch ein abstraktes Schuldanerkenntnis i. S. d. § 781 BGB die abstrakte Saldoforderung. Auf Grund eines anerkannten Saldos kann der Berechtigte unmittelbar auf Zahlung klagen, wenn der anerkannte Saldo nicht seinerseits kontokorrentzugehörig ist. Die abstrakte Saldoforderung stellt eine neue, einheitliche und rechtlich selbständige Verbindlichkeit dar, die nach §§ 195, 199 I, IV BGB verjährt. Für sie gilt ein einheitlicher Erfüllungsort (§ 269 BGB) und Gerichtsstand (§§ 12 ff. ZPO). Auch darin zeigt sich die Vereinfachungsfunktion des Kontokorrents. Ist das dem § 355 I HGB unterliegende Kontokorrent hingegen beendet, ohne dass es zur Anerkennung des Saldos kommt, ist für den Anspruch auf Überschuss nach § 355 III HGB auf die einzelnen Posten zurückzugreifen. Sie verjähren nach der ihrer rechtlichen Natur nach maßgeblichen Verjährungsfrist.

35   Ist der anerkannte Saldo unrichtig oder liegen Einwendungen/Einreden gegen eine Einzelforderung vor, besteht ein (nach §§ 195, 199 BGB verjährender) Anspruch auf Kondizierung des Saldoanerkenntnisses nach § 812 II BGB. Das Anerkenntnis begründet daher keine Änderung der Rechtslage, sondern kehrt lediglich die Beweislast um. Denn nunmehr muss derjenige, der den Bereicherungsanspruch geltend macht,

---

[44] *BGH* WM 1975, 557; Großkomm/*Canaris,* § 355 Rn. 117 ff.

die Voraussetzungen für diesen Anspruch beweisen.[45] Die einen bestimmten Saldo Anerkennenden verlieren außerdem die ihnen bekannten Einwendungen und Einreden (§ 814 BGB). Kennt eine anerkennende Partei die Unrichtigkeit des Saldos, kann sie daher das Anerkenntnis nicht kondizieren.

Das Anerkenntnis eines bestimmten Saldos stellt nach Auffassung der Rechtsprechung[46] rechtlich eine Novation dar: An die Stelle der erlöschenden alten Forderungen und der kausalen Saldoforderung trete ein abstraktes Schuldanerkenntnis i. S. d. § 781 BGB. Zu dessen Abgabe seien die Parteien (einklagbar; § 894 ZPO) verpflichtet. Das formlos mögliche und u. U. stillschweigend abgegebene Schuldanerkenntnis sei in der Saldomitteilung der einen Seite und dem Saldoanerkenntnis der anderen Seite enthalten.[47] Teile des Schrifttums[48] gehen demgegenüber davon aus, dass die auf Grund des Saldoanerkenntnisses i. S. d. § 781 BGB begründete Forderung ohne Einfluss auf die verrechneten – fortbestehenden, wenn auch nicht einzeln durchsetzbaren – Forderungen bleibe. Das abstrakte Schuldanerkenntnis trete nach § 364 II BGB, d. h. erfüllungshalber, *neben* die kausale, durch Verrechnung begründete Saldoforderung. Denn § 364 II BGB führe regelmäßig nicht zum Untergang der bisherigen Forderung, sondern lediglich zu deren Ergänzung durch eine neue Forderung. Danach kann der Gläubiger den Schuldner nicht nur auf Grund des Saldoanerkenntnisses i. S. d. § 781 BGB, sondern „hilfsweise" auch aus der kausalen Saldoforderung in Anspruch nehmen. **36**

4. Verzinsung

Die dem Kontokorrent zugehörigen Einzelforderungen sind mangels abweichender Parteivereinbarung zunächst so zu verzinsen, als ob kein Kontokorrent bestehen würde. Nach Saldoanerkenntnis ist nur noch der abstrakte Saldo entsprechend der Parteivereinbarung, mangels einer solchen nach § 355 I HGB zu verzinsen. Dass der Saldo bereits Zinsbestandteile enthält, ist unerheblich (Ausnahme von § 248 I BGB). Darin liegt der spezifisch handelsrechtliche Charakter der Vorschrift, da unter Nichtkaufleuten Zinseszinsen nicht berechnet werden dürfen. Auch die Zinshöhe richtet sich in erster Linie nach der Parteivereinbarung. Fehlt es daran, ist bei beiderseitigen Handelsgeschäften § 352 HGB anwendbar. **37**

5. Sicherheiten (§ 356 HGB)

a) Normzweck

Aus Sicht der Novationstheorie[49] ist der Zweck von § 356 HGB darauf gerichtet, zu verhindern, dass Sicherheiten, die für kontokorrentzugehörige Forderungen gegeben sind, frei werden. Denn die Novation infolge Saldoanerkenntnisses führe zum Erlöschen der gesicherten Forderungen. Nach anderer Auffassung[50] bestehen die kontokorrentzugehörigen Forderungen auch nach Saldoanerkenntnis fort und dienen weiterhin als Grundlage der für sie bestellten Sicherheiten. § 356 HGB enthält danach **38**

---

[45] *BGH* WM 1958, 1157, 1158; *BGH* WM 1975, 556, 557.

[46] BGHZ 93, 307, 313; *BGH* WM 1985, 936, 937; NJW 2000, 2667, 2668.

[47] BGHZ 26, 142, 150; 58, 257, 260.

[48] Großkomm/*Canaris,* § 355 Rn. 192; Baumbach/Hopt/*Leyens,* § 355 Rn. 7.

[49] Vgl. Rn. 36.

[50] Vgl. Rn. 36.

im Hinblick auf den Fortbestand der Sicherheiten lediglich eine Selbstverständlichkeit und konkretisiert § 364 II BGB.

b) Voraussetzungen

39 Es muss (1) eine Forderung, die durch Pfand, Bürgschaft oder in anderer Weise (z. B. Hypothek, Sicherungseigentum, Eigentumsvorbehalt oder Zurückbehaltungsrecht) gesichert ist, (2) in die laufende Rechnung aufgenommen sein und (3) eine Anerkennung des Rechnungsabschlusses stattfinden.

c) Rechtsfolgen

40 Nach einer Auffassung[51] darf eine Partei des Kontokorrents die für eine Einzelforderung von einem Dritten gegebene Sicherheit nicht über den Betrag der ursprünglich gesicherten, kontokorrentzugehörigen Einzelforderung und den niedrigsten Saldobetrag hinaus in Anspruch nehmen. Obergrenze sei der niedrigste Saldo zum Zeitpunkt des Rechnungsabschlusses nach Ablauf einer Verrechnungsperiode; auf Änderungen des Saldos innerhalb dieser Periode oder zum Abschluss einer darauffolgenden Verrechnungsperiode komme es nicht an. Unerheblich sei insoweit, ob die gesicherte Forderung in dem Saldo noch enthalten oder durch Tilgung erloschen ist.

Beispiel: Die zwischen A und B begründeten Forderungen stehen in einem Kontokorrentverhältnis. B steht gegen A ein Anspruch auf Kaufpreiszahlung in Höhe von 8000,– Euro zu. A steht gegen B ein Darlehensrückzahlungsanspruch in Höhe von 10 000,– Euro zu, den B in monatlichen Raten von 500,– Euro tilgen soll. C verbürgt sich gegenüber A für diesen Rückzahlungsanspruch. A steht gegen B außerdem ein Anspruch auf Werklohnzahlung in Höhe von 20 000,– Euro zu. B zahlt auf das Darlehen zehn Monate lang ordnungsgemäß, d. h. insgesamt 5000,– Euro. Danach besteht zum Abschluss der Verrechnungsperiode ein Saldo zu Gunsten von A in Höhe von 17 000,– Euro (20 000,– Euro + 10 000,– Euro ./. 8000,– Euro ./. 5000,– Euro). Obwohl B den Darlehensrückzahlungsanspruch in Höhe von 5000,– Euro erfüllt hat, besteht die Bürgschaftsverpflichtung von C gleichwohl in Höhe von 10 000,– Euro fort. Denn der (derzeit) niedrigste Saldo von 17 000,– Euro liegt darüber.

41 Dagegen wenden Teile des Schrifttums zu Recht ein, dass man dem Sicherheitsgeber eine Haftung für eine Schuld, für die er die Sicherheit nicht bestellt habe, aufzwinge und darin ein Verstoß gegen das Verbot von Verträgen zu Lasten Dritter liege.[52] § 356 HGB enthalte zu den Folgen der Verrechnung keine Aussage. Daher sei § 366 I BGB analog anzuwenden, da das Sicherungsgut nur für die Forderung hafte, für die die Sicherheit bestellt sei, nicht hingegen für die abstrakte Saldoforderung. Die mit der Verrechnung verbundene Tilgungswirkung entlastet danach den Sicherungsgeber, sofern die Sicherheit nur für die einzelne kontokorrentzugehörige Forderung und nicht für die Saldoforderung (so z. B. Kontokorrentbürgschaft) bestellt ist.

Beispiel: In dem unter Rn. 40 geschilderten Beispiel sind danach die Ratenzahlungen in voller Höhe auf den Darlehensrückzahlungsanspruch anzurechnen. Danach ist der Bürge durch die Tilgung der gesicherten Forderung entlastet.

6. Pfändung des Saldos

42 § 357 S. 1 HGB sieht eine Einschränkung der durch die Kontokorrentabrede begründeten Bindungs- und Verrechnungswirkung zu Lasten des Saldogläubigers vor. Denn danach ist die Pfändung und Überweisung (§§ 829 ff. ZPO, 845, 930 ZPO) des Sal-

---

[51] BGHZ 50, 277, 284; *BGH* WM 1991, 495, 497; Baumbach/Hopt/*Leyens*, § 356 Rn. 2.
[52] *Canaris*, § 25 Rn. 40; *K. Schmidt*, § 21 V 2b.

dos eines hinreichend bestimmten und im Zeitpunkt der Zustellung des Pfändungs- und Überweisungsbeschlusses bestehenden Saldos (nicht: der sich nach Ablauf der Verrechnungsperiode ergebende Saldo) durch Gläubiger des Saldogläubigers zulässig (Pfändung des Zustellungssaldos). Diese Möglichkeit des Pfandgläubigers, auf das Kontokorrent zuzugreifen, bietet den Vorteil, dass Belastungen des Kontokorrents auf Grund späterer (neuer) Geschäfte die gepfändete Forderung nicht mehr berühren. Allerdings kommen dem Pfändungsgläubiger auch später entstehende Forderungen, die den Saldo zu Gunsten des Pfändungsschuldners erhöhen, nicht zugute. Besteht daher zum Zeitpunkt der Zustellung des Pfändungs- und Überweisungsbeschlusses kein Saldo zu Gunsten des Pfändungsschuldners, geht die Pfändung ins Leere. Bei der Ermittlung des Saldos zum Zeitpunkt der Zustellung des Pfändungs- und Überweisungsbeschlusses sind auch solche Forderungen zu berücksichtigen, deren rechtlicher Grund schon vor Zustellung des Pfändungs- und Überweisungsbeschlusses begründet war. Denn sie beruhen nicht auf einem neuen Geschäft i. S. d. § 357 S. 2 HGB.

Beispiele: Der rechtliche Grund eines Anspruchs nach § 812 I BGB, der sich nach der Anfechtung eines Rechtsgeschäfts ergibt, ist bereits zum Zeitpunkt des Abschlusses des Rechtsgeschäfts begründet. Dasselbe gilt für einen Anspruch nach § 346 I BGB, der sich nach wirksamer Ausübung eines Rechts zum Rücktritt von einem Rechtsgeschäft ergibt.

Da die Pfändung des Zustellungssaldos die laufende Verrechnungsperiode nicht unterbricht, steht dem Pfändungsgläubiger ein Zahlungsanspruch erst nach Ablauf der Verrechnungsperiode zu.[53] 43

Neben der Pfändung des Zustellungssaldos ist unabhängig von § 357 HGB eine Pfändung des Periodensaldos zulässig. Sie erfolgt nach §§ 829 ff. ZPO und erfasst alle künftigen Aktivsalden zu Gunsten des Pfändungsschuldners des in dem Pfändungs- und Überweisungsbeschluss bezeichneten Kontokorrents. Anders als bei einer Pfändung des Zustellungssaldos verringern daher nach Zustellung entstehende, kontokorrentzugehörige Verbindlichkeiten des Pfändungsschuldners den (gepfändeten) Saldo. Umgekehrt erhöhen nach Zustellung entstehende, kontokorrentzugehörige Forderungen des Pfändungsschuldners den (gepfändeten) Saldo. Die Pfändung des Zustellungssaldos und des Periodensaldos können miteinander verbunden sein (Doppelpfändung). 44

V. Beendigung des Kontokorrents

Das Kontokorrent endet mit **(1)** der Beendigung der Geschäftsverbindung (z. B. Auflösung des Girokontos), **(2)** der Beendigung der Kontokorrentabrede etwa durch Kündigung, die unabhängig vom Fortbestand der Geschäftsverbindung erfolgen kann, oder **(3)** der Eröffnung des Insolvenzverfahrens über das Vermögen einer Partei des Kontokorrents (wegen Beendigung der Verfügungsbefugnis über entstehende Forderungen; vgl. § 81 InsO). Bei Beendigung des Kontokorrents kommt es zur sofortigen Verrechnung bestehender Forderungen und Begründung eines sofort fälligen (kausalen) Saldoanspruchs (§ 355 III HGB). 45

---

[53] *Canaris*, § 25 Rn. 49; *K. Schmidt*, § 20 VI 2a.

F. Zeit der Leistung (§§ 358 f. HGB)

46 Nach § 358 HGB kann die Leistung lediglich während der gewöhnlichen Geschäftszeit bewirkt und gefordert werden. Darin liegt eine Konkretisierung des Rechtsgedankens i. S. d. § 242 BGB, wonach eine Leistung nicht zur Unzeit bewirkt oder gefordert werden darf. § 359 HGB enthält eine Auslegungsregel („im Zweifel") für den Leistungstag. Danach entscheidet über den Zeitpunkt der Leistung der Handelsbrauch am Erfüllungsort.

G. Gattungsschuld (§ 360 HGB)

47 § 360 HGB spricht lediglich die Selbstverständlichkeit aus, dass auf eine Schuld, die nur auf eine der Gattung nach bestimmte Ware gerichtet ist, ein Handelsgut mittlerer Art und Güte zu leisten ist (vgl. auch § 243 I BGB).

H. Maß, Gewicht, Währung, Zeitrechnung und Entfernungen (§ 361 HGB)

48 § 361 HGB stellt eine Auslegungsregel („im Zweifel") für die in einem Vertrag verwendeten Maß-, Gewichts-, Währungs-, Zeitrechnungs- und Entfernungseinheiten dar. Danach kommt es für deren Bestimmung auf ihre Bedeutung am Erfüllungsort der Verpflichtung an.

I. Kaufmännisches Zurückbehaltungsrecht (§§ 369, 371 f. HGB)

I. Normzweck

49 Nach Bürgerlichem Recht kann der Schuldner wegen einer ihm zustehenden Forderung gegen den Gläubiger ein Zurückbehaltungsrecht unter den Voraussetzungen der §§ 273, 320, 1000 BGB geltend machen. Es handelt sich um eine Einrede, die zur Verurteilung Zug um Zug führt. Voraussetzung für ein Zurückbehaltungsrecht i. S. d. § 273 BGB ist Konnexität („aus demselben rechtlichen Verhältnis"), die einen inneren Zusammenhang gegenseitiger Ansprüche auf Grund eines einheitlichen Lebenssachverhaltes voraussetzt. So, wenn die Geltendmachung und Durchsetzung des einen Anspruchs ohne Rücksicht auf den anderen gegen Treu und Glauben verstießen.

Beispiel: Ein Anspruch des Vermieters auf Mietzahlung und ein Anspruch des Mieters auf Erteilung der Nebenkostenabrechnung beruhen auf demselben rechtlichen Verhältnis.

50 Unabhängig davon, also auch ohne die Voraussetzungen nach Bürgerlichem Recht, insbesondere ohne das Erfordernis der Konnexität, räumt § 369 I 1 HGB dem Kaufmann ein Zurückbehaltungsrecht an beweglichen Sachen und Wertpapieren eines anderen Kaufmanns ein, wenn ihm fällige Forderungen gegen diesen Kaufmann aus beiderseitigen Handelsgeschäften zustehen. Denn im kaufmännischen Verkehr besteht ein erhöhtes Bedürfnis nach Sicherung, dem insbesondere das Erfordernis der Konnexität entgegensteht.

Beispiel: Werkstätteninhaber A steht auf Grund der Reparatur eines Firmenwagens von Kaufmann B ein Zahlungsanspruch in Höhe von 10 000,– Euro zu. B übergibt A einen weiteren Firmenwagen im Wert von 12 000,– Euro zum Zweck des Verkaufs. Tags darauf findet B selbst einen Käufer und verlangt den Wagen von A zurück. A macht die Herausgabe von der Bezahlung der Werklohnforderung abhängig. § 273 BGB greift mangels Konnexität nicht ein, wohl aber § 369 HGB.

Während § 273 BGB dem Gläubiger lediglich eine aufschiebende Einrede gewährt, **51** begründet das kaufmännische Zurückbehaltungsrecht nach § 369 HGB auf Grund des erhöhten Bedürfnisses nach Sicherung zusätzlich ein Befriedigungsrecht (§ 371 BGB) und ein Aussonderungsrecht (§ 51 Nr. 3 InsO). Das Zurückbehaltungsrecht i. S. d. § 273 BGB ist hingegen anders als das Zurückbehaltungsrecht i. S. d. § 369 HGB nicht auf bewegliche Sachen und Wertpapiere beschränkt.

II. Rechtsnatur

Das Zurückbehaltungsrecht nach § 369 HGB hat zwar pfandrechtsähnlichen Charak- **52** ter, ist aber ein obligatorisches Recht.[54]

III. Voraussetzungen

§ 369 I 1 HGB setzt **(1)** die Kaufmannseigenschaft von Gläubiger und Schuldner der **53** gesicherten Forderung, **(2)** eine fällige Forderung aus beiderseitigem Handelsgeschäft, **(3)** den Besitz des Gläubigers an einer beweglichen Sache oder einem Wertpapier des Schuldners, den **(4)** der Gläubiger mit dem Willen des Schuldners auf Grund von Handelsgeschäften erlangt hat, sowie **(5)** das Fehlen eines Ausschlusses des Zurückbehaltungsrechts nach § 369 III HGB voraus.

1. Kaufmannseigenschaft von Gläubiger und Schuldner der gesicherten Forderung

Sowohl Gläubiger als auch Schuldner der zu sichernden Forderung müssen bei Entste- **54** hung des Zurückbehaltungsrechts Kaufleute i. S. d. §§ 1 ff. HGB sein. Auf Schuldnerseite genügt auch Kaufmannseigenschaft kraft negativer Publizität des Handelsregisters (§ 15 I HGB)[55] oder kraft Auftretens als Rechtsscheinkaufmann.[56] Als Gläubiger darf sich ein Scheinkaufmann hingegen nicht auf § 369 HGB berufen, weil er aus der Setzung des Rechtsscheins keinen Vorteil ziehen soll.[57] Da das Erfordernis der Kaufmannseigenschaft den Anwendungsbereich der §§ 369, 371 f. HGB begrenzen soll, besteht das kaufmännische Zurückbehaltungsrecht bei einer Gesamtschuldnerschaft nur gegenüber den Schuldnern, die Kaufleute sind.[58]

---

[54] Großkomm/*Canaris,* §§ 369–372 Rn. 2.
[55] Großkomm/*Canaris,* §§ 369–372 Rn. 5.
[56] MünchKomm/*Welter,* § 369 Rn. 16.
[57] Großkomm/*Canaris,* §§ 369–372 Rn. 9.
[58] Großkomm/*Canaris,* §§ 369–372 Rn. 4.

2. Fällige Forderung aus beiderseitigem Handelsgeschäft

a) Fällige Forderung

55 Ein kaufmännisches Zurückbehaltungsrecht besteht nur wegen einer Geldforderung oder einer solchen Forderung, die in eine Geldforderung übergehen kann.[59] Die zu sichernde Forderung muss außerdem grundsätzlich fällig (§ 271 BGB) sein. Entscheidender Zeitpunkt ist die Geltendmachung des Zurückbehaltungsrechts.[60] Die Kaufmannseigenschaft muss zum Zeitpunkt der Fälligkeit der Forderung auf beiden Seiten gegeben sein.[61] Nicht klagbare, bei Besitzerlangung verjährte oder sonst einredebehaftete Forderungen sind nicht durch ein Zurückbehaltungsrecht gesichert. Dagegen berührt der Eintritt der Verjährung der gesicherten Forderung ein entstandenes Zurückbehaltungsrecht nicht.[62] Dies folgt aus dem Rechtsgedanken des § 216 I BGB.

b) Beiderseitiges Handelsgeschäft

aa) Anspruchsarten

56 Ansprüche aus einem beiderseitigen Handelsgeschäft können nicht nur primäre Leistungsansprüche (z. B. Anspruch auf Kaufpreiszahlung nach § 433 II BGB), sondern auch Ansprüche auf Schadensersatz nach §§ 280, 281 BGB, Ansprüche nach § 812 BGB oder § 985 BGB wegen Nichtigkeit des Geschäfts und Ansprüche nach § 823 BGB, soweit die unerlaubte Handlung im Zusammenhang mit dem beiderseitigen Handelsgeschäft steht, sein.

bb) Unmittelbarkeit

57 Das Geschäft muss zwischen den beiden Kaufleuten geschlossen sein (Unmittelbarkeit). Dieses Erfordernis soll die nachträgliche (künstliche) Schaffung des kaufmännischen Zurückbehaltungsrechts durch den Gläubiger zu Lasten des Schuldners der zu sichernden Forderung (z. B. durch Abtretung) begrenzen.[63] Das Unmittelbarkeitserfordernis ist daher einschränkend auszulegen, wenn es einer solchen Begrenzung nicht bedarf. So, wenn für den Schuldner keine Gefahr besteht, künstlich geschaffene Zurückbehaltungsrechte gegen sich gelten lassen zu müssen.[64] Dies trifft insbesondere für den Versprechenden beim Vertrag zu Gunsten Dritter zu.[65]

cc) Schuldnerwechsel

58 Ein Wechsel des Schuldners der zu sichernden Forderung steht der Begründung des Zurückbehaltungsrechts an Gegenständen des neuen Schuldners, die sich im Besitz des Gläubigers befinden, nie entgegen.[66] Dies gilt unabhängig davon, ob der Wechsel auf einer Gesamtrechtsnachfolge (Erbfall, Verschmelzung nach §§ 1 I Nr. 1, 2 ff. UmwG) beruht oder ein Schuldbeitritt oder eine Geschäftsübernahme nach § 25 HGB[67] vorliegt.

---

[59] Großkomm/*Canaris*, §§ 369–372 Rn. 51.

[60] Großkomm/*Canaris*, §§ 369–372 Rn. 40.

[61] **A. A.** Großkomm/*Canaris,* §§ 369–372 Rn. 42 (Zeitpunkt der Grundlegung der Forderung ausreichend).

[62] Großkomm/*Canaris*, §§ 369–372 Rn. 52; Baumbach/Hopt/*Leyens*, § 369 Rn. 5.

[63] Großkomm/*Canaris*, §§ 369–372 Rn. 45.

[64] Großkomm/*Canaris*, §§ 369–372 Rn. 45.

[65] MünchKomm/*Welter*, § 369 Rn. 27.

[66] Großkomm/*Canaris*, §§ 369–372 Rn. 46.

[67] Baumbach/Hopt/*Leyens*, § 369 Rn. 6.

dd) Gläubigerwechsel

Ein Wechsel des Gläubigers der zu sichernden Forderung auf Grund Gesamtrechts- 59
nachfolge durch Verschmelzung oder Erbfall steht der Begründung eines Zurückbehaltungsrechts nicht entgegen.[68] Unerheblich ist, ob die zurückzubehaltenden
Gegenstände vor oder nach dem Erbfall in den Besitz des Erben bzw. Gesamtrechts-
nachfolgers gelangt sind.[69] Bei § 25 I 2 HGB sind die Gläubiger hingegen nicht einem
Zurückbehaltungsrecht nach § 369 I HGB des Erwerbers (Schuldners) ausgesetzt, da
§ 25 I 2 HGB in erster Linie dem Vorteil der Gläubiger dient. Außerdem ist die Begründung eines Zurückbehaltungsrechts bei Abtretung (§ 398 BGB) und gesetzlichem Forderungsübergang (z. B. §§ 268 III, 426 II, 774 I BGB) im Hinblick auf Gegenstände, die sich bereits im Besitz des Zessionars befinden, ausgeschlossen.[70] Denn
hier muss der Schuldner nicht mit einem Zurückbehaltungsrecht rechnen. Dagegen
ist ein Schutz des Schuldners nicht erforderlich, wenn er mit der Zession einverstanden ist oder er dem Zessionar die zurückzubehaltende Sache erst nach Kenntniserlangung vom Forderungsübergang überlässt (Rechtsgedanke des § 407 I BGB).[71]

3. Besitz des Gläubigers an einer beweglichen Sache oder einem Wertpapier des Schuldners

a) Bewegliche Sache oder Wertpapier

Der Gläubiger darf nur bewegliche Sachen und Wertpapiere zurückbehalten. Die Un- 60
pfändbarkeit dieser Gegenstände steht dem nicht entgegen.[72] Wertpapiere i. S. d.
§ 369 I 1 HGB sind Inhaber- und Orderpapiere (z. B. Inhaberaktien), nicht aber
Rektapapiere.

b) Besitz des Gläubigers

Die bewegliche Sache oder das Wertpapier muss im Besitz des Gläubigers sein. Dabei 61
ist grundsätzlich vom Besitzbegriff des vertraglichen Pfandrechts nach §§ 1205 ff.
BGB auszugehen.[73] Mittelbarer Besitz genügt, sofern nicht der Schuldner selbst Be-
sitzmittler ist.[74] Einer Anzeige analog § 1205 II BGB bedarf es wegen der gesetzlichen
Entstehung des Rechts nicht.[75] Mitbesitz von Gläubiger und Schuldner ist nur dann
ausreichend, wenn er in der qualifizierten Form des § 1206 BGB besteht.[76] Ein kaufmännisches Zurückbehaltungsrecht entsteht somit nicht, wenn der Schuldner ohne
Mitwirkung des Gläubigers auf die Sache zugreifen kann.[77]

c) Eigentum des Schuldners

Der zurückzubehaltende Gegenstand muss im Eigentum des Schuldners stehen. Ein 62
späterer Eigentümerwechsel berührt ein bereits entstandenes Zurückbehaltungsrecht

---

[68] Großkomm/*Canaris*, §§ 369–372 Rn. 46 (für Erbfall).
[69] Baumbach/Hopt/*Leyens*, § 369 Rn. 6.
[70] MünchKomm/*Welter*, § 369 Rn. 24.
[71] Großkomm/*Canaris*, §§ 369–372 Rn. 49; MünchKomm/*Welter*, § 369 Rn. 24.
[72] Baumbach/Hopt/*Leyens*, § 369 Rn. 7; MünchKomm/*Welter*, § 369 Rn. 40.
[73] *BGH* WM 1963, 560, 561.
[74] Baumbach/Hopt/*Leyens*, § 369 Rn. 9.
[75] Großkomm/*Canaris*, §§ 369–372 Rn. 20.
[76] *BGH* WM 1963, 560, 561 f.; Baumbach/Hopt/*Leyens*, § 369 Rn. 9.
[77] *BGH* WM 1963, 560, 561 f.

unter den Voraussetzungen des § 369 II HGB[78] nicht. Bei Miteigentum des Schuldners entsteht das Zurückbehaltungsrecht an dessen Miteigentumsanteil[79] (Rechtsgedanke der §§ 1066 I, 1095, 1106, 1114, 1258 I BGB). Dagegen kann an Gesamthandseigentum von Personenhandelsgesellschaften nur dann ein Zurückbehaltungsrecht entstehen, wenn sich die zu sichernde Forderung gegen die oHG oder KG richtet, alle Gesamthänder haften und auch der Gegenstand auf Grund eines Handelsgeschäfts mit der Gesellschaft und mit Willen aller Gesamthänder in den Besitz des Gläubigers gelangt ist. Ein Anwartschaftsrecht steht dem Eigentum gleich.[80] Das Zurückbehaltungsrecht entsteht hingegen grundsätzlich nicht an schuldnerfremden Sachen. Dies gilt auch dann, wenn der Gläubiger hinsichtlich des Eigentums des Schuldners gutgläubig ist. §§ 932 ff., 1207 f. BGB, 366 HGB sind nicht anwendbar.[81]

d) Eigentum des Gläubigers i. S. d. § 369 I 2 HGB

63 § 369 I 2 HGB räumt dem Gläubiger unter bestimmten Voraussetzungen ein Zurückbehaltungsrecht an Gegenständen ein, die er aus dem Vermögen des Schuldners erwirbt, aber auf den Schuldner zurück zu übertragen hat. § 369 I 2 HGB trägt damit der Verkehrsauffassung Rechnung, die den zurückzubehaltenden Gegenstand aus wirtschaftlicher Sicht dem Schuldnervermögen zuordnet.[82]

64 Die erste Fallgruppe von § 369 I 2 HGB betrifft die Fälle, in denen der Gläubiger durch Verfügung des Schuldners (oder eines von ihm ermächtigten Dritten) Eigentum an zuvor *schuldnereigenen* Sachen erwirbt, diese aber auf Grund einer schuldrechtlichen Verpflichtung zurück übertragen muss.

Beispiele: Rückübereignungsverpflichtung des Gläubigers gegenüber dem Schuldner auf Grund Rücktritts aus Sicherungsvertrag oder ungerechtfertigter Bereicherung.[83]

65 Die zweite Fallgruppe von § 369 I 2 HGB erfasst die Fälle, in denen der Gegenstand *nicht* unmittelbar aus dem Vermögen des Schuldners stammt, dieser aber veranlasst, dass ein Dritter ihn auf den Gläubiger überträgt, der Gläubiger aber wieder an den Schuldner rückübereignen muss.

Beispiel: Veräußerungskette (Lieferant – verkaufender Schuldner/Erstkäufer – Gläubiger/Zweitkäufer), wenn der Schuldner Sachen erwirbt und seinen Lieferanten anweist, sie an den Zweitkäufer, der seinerseits einen Kaufvertrag mit dem Schuldner geschlossen hat, zu übereignen, der Gläubiger aber etwa wegen Rücktritts die Sache an den Schuldner rückübereignen muss.

66 § 369 I 2 HGB ist zu eng.[84] Umstritten ist jedoch, auf welche Fälle sein Anwendungsbereich zu erweitern ist. Teilweise wird gefordert, § 369 I 2 HGB grundsätzlich auf alle Fälle des Gläubigereigentums zu erstrecken.[85] Wegen seiner systematischen Stellung als Ausnahmetatbestand ist § 369 I 2 HGB aber eng auszulegen; daher ist § 369 I 2 HGB über seinen Wortlaut hinaus nur in den Fällen anzuwenden, in denen

---

[78] Vgl. dazu Rn. 72.
[79] Großkomm/*Canaris,* §§ 369–372 Rn. 32.
[80] Großkomm/*Canaris,* §§ 369–372 Rn. 34.
[81] RGZ 69, 13, 16 f.; MünchKomm/*Welter,* § 369 Rn. 48.
[82] Denkschrift, S. 211.
[83] Denkschrift, S. 211; Baumbach/Hopt/*Leyens,* § 369 Rn. 10.
[84] Großkomm/*Canaris,* §§ 369–372 Rn. 39.
[85] Großkomm/*Canaris,* §§ 369–372 Rn. 39.

der Gläubiger den in seinem Eigentum stehenden Gegenstand auf den Schuldner zu übertragen hat und dieser Gegenstand mit dem Willen des Schuldners (nicht notwendigerweise aus seinem Besitz) auf Grund eines Handelsgeschäfts in den Besitz des Gläubigers gelangt ist.[86]

Beispiel: Ein Zurückbehaltungsrecht nach § 369 I HGB entsteht zu Gunsten des Einkaufskommissionärs an den für den Kommittenten erworbenen, zunächst aber im Eigentum des Einkaufskommissionärs stehenden Gegenständen.

4. Besitzerlangung mit dem Willen des Schuldners auf Grund von Handelsgeschäften

a) Wille des Schuldners

Die zurückzubehaltenden Gegenstände müssen mit dem – ausdrücklich oder konkludent erklärten – Willen des Schuldners oder seines Stellvertreters in den Besitz des Gläubigers gelangt sein. Dieser Wille des Schuldners kann insbesondere dadurch zum Ausdruck kommen, dass ein Dritter mit Zustimmung des Schuldners dem Gläubiger den Besitz verschafft. Ausreichend ist ferner die nachträgliche Zustimmung des Schuldners (Genehmigung i. S. d. §§ 182 S. 1, 184 I BGB).[87] Die Vorschriften des BGB über Geschäftsfähigkeit und Willensmängel finden entsprechende Anwendung.[88] Gelangen die Gegenstände durch erlaubte Eigenmacht in den Besitz des Gläubigers, entsteht kein Zurückbehaltungsrecht; der Gläubiger muss Arrest beantragen i. S. d. § 230 II BGB.[89] Ein Recht zum Besitz ersetzt nicht den Willen des Schuldners. Nicht erforderlich ist, dass der auf die Besitzerlangung durch den Gläubiger gerichtete Wille des Schuldners bis zur Entstehung des Zurückbehaltungsrechts fortbesteht.[90] 67

b) Auf Grund von Handelsgeschäften

Der Gläubiger muss den Besitz auf Grund eines Geschäfts erlangt haben, das für ihn ein Handelsgeschäft ist; es genügt ein einseitiges Handelsgeschäft (§ 345 HGB). Ein beiderseitiges Handelsgeschäft oder gar ein Vertrag ist nicht erforderlich.[91] So entsteht ein kaufmännisches Zurückbehaltungsrecht auch dann, wenn der Gläubiger unbestellte Ware entgegennimmt. 68

5. Kein Ausschluss des Zurückbehaltungsrechts nach § 369 III HGB

Das Zurückbehaltungsrecht i. S. d. § 369 I 1 HGB darf nicht nach § 369 III HGB ausgeschlossen sein. Nach § 369 III HGB ist das Zurückbehaltungsrecht ausgeschlossen, wenn eine diesem Recht entgegenstehende Anweisung des Schuldners oder Verpflichtung des Gläubigers besteht. Dies konkretisiert den Grundsatz von Treu und Glauben (§ 242 BGB).[92] Der Ausschluss durch Anweisung des Schuldners kann sich nur aus einer Erklärung vor oder bei Übergabe des Gegenstands ergeben. Einer vorangegangenen Einigung mit dem Gläubiger als Grundlage der Anweisung bedarf es nicht; die Anweisung muss sich jedoch ihrerseits im Rahmen des nach Treu und Glau- 69

---

[86] Baumbach/Hopt/*Leyens*, § 369 Rn. 10.
[87] Baumbach/Hopt/*Leyens*, § 369 Rn. 9.
[88] Großkomm/*Canaris*, §§ 369–372 Rn. 22.
[89] Baumbach/Hopt/*Leyens*, § 369 Rn. 9.
[90] MünchKomm/*Welter*, § 369 Rn. 53; **a. A.** Großkomm/*Canaris*, §§ 369–372 Rn. 23.
[91] *OLG Hamburg* DB 1963, 1214; Baumbach/Hopt/*Leyens*, § 369 Rn. 9.
[92] Großkomm/*Canaris*, §§ 369–372 Rn. 55.

ben dem Gläubiger Zumutbaren halten. Nach der Übergabe genügt die einseitige Erklärung des Schuldners nicht, vielmehr ist eine Verpflichtung des Gläubigers erforderlich. § 369 III HGB setzt insoweit eine besondere Verpflichtung des Gläubigers voraus, mit der Sache auf eine bestimmte Weise zu verfahren. Die bei jedem Zurückbehaltungsrecht notwendigerweise bestehende grundsätzliche Herausgabepflicht genügt nicht.[93] Vielmehr kommt es darauf an, ob unter Berücksichtigung des Grundsatzes von Treu und Glauben im Einzelfall der Rück- oder Weitergabeverpflichtung des Gläubigers ausnahmsweise Vorrang vor dem kaufmännischen Zurückbehaltungsrecht zukommt.

Beispiele: Hat der Gläubiger den Gegenstand nach der Vereinbarung mit dem Schuldner auf einen Dritten zu übertragen oder jederzeit zu dessen Verfügung zu halten, muss das Zurückbehaltungsrecht regelmäßig hinter die Übertragungsverpflichtung zurücktreten. Kommissionär, Spediteur oder Frachtführer können daher Sachen, die sie zur Übergabe, zum Verkauf, zur Versendung oder zur Beförderung erlangen, nicht wegen Forderungen zurückhalten, die ihnen gegen ihren Auftraggeber zustehen.[94]

IV. Rechtsfolgen

1. Gegenüber dem Schuldner

70 Auf Grund des Zurückbehaltungsrechts darf der Gläubiger die Herausgabe oder (im Fall von § 369 I 2 HGB) die Rückübertragung der zurückbehaltenen Gegenstände verweigern. § 369 I 1 HGB begründet eine echte Einrede. Der Gläubiger muss sich daher im Prozess auf das Zurückbehaltungsrecht berufen, da keine Berücksichtigung von Amts wegen erfolgt. Bei begründeter Geltendmachung des Zurückbehaltungsrechts kommt es nicht zur Abweisung der Klage, sondern zu einer Verurteilung Zug um Zug (vgl. auch § 274 I BGB). Der Gläubiger kann sich aus der zurückbehaltenen Sache nach Maßgabe des § 371 HGB durch Verwertung befriedigen. Ihm stehen hierzu zwei Möglichkeiten zur Verfügung: Der Gläubiger hat das Recht zur Befriedigung aus dem zurückbehaltenen Gegenstand nach den für das Pfandrecht geltenden Regelungen des BGB (Verkaufsbefriedigung; § 371 II HGB i.V.m. §§ 1234ff. BGB). Der Gläubiger kann also Klage auf Gestattung der Befriedigung erheben (§ 371 IV HGB) und nach Erwirkung des vollstreckbaren Titels den zurückbehaltenen Gegenstand wie ein Vertragspfand verkaufen. Daneben besteht nach § 371 III HGB die Möglichkeit der Vollstreckungsbefriedigung nach den Vorschriften der ZPO, insbesondere §§ 809, 814ff. ZPO, für die ein Titel auf Grund einer gewöhnlichen Zahlungsklage des Gläubigers Voraussetzung ist. Sie bietet den Vorteil, dass sie nicht nur einen Zugriff auf die zurückbehaltene Sache, sondern auf das gesamte Vermögen des Schuldners ermöglicht. Die Vollstreckungsbefriedigung hat umgekehrt den Nachteil, dass eine Versteigerung durch einen Gerichtsvollzieher nach §§ 814ff. ZPO erfolgen muss und eine Versteigerung oder ein freihändiger Verkauf nach § 1235 BGB ausgeschlossen ist.

71 Steht dem Gläubiger ein Zurückbehaltungsrecht nach § 369 HGB zu, ist der Gläubiger zum Besitz berechtigt i.S.d. § 986 I BGB.[95] Besteht ein Zurückbehaltungsrecht, gerät der Gläubiger nicht in Verzug. Als „sonstiges Recht" unterfällt das Zurückbehal-

---

[93] Großkomm/*Canaris*, §§ 369–372 Rn. 56.
[94] *K. Schmidt*, § 22 IV 2g.
[95] *BGH* NJW 1995, 2627; Großkomm/*Canaris*, §§ 369–372 Rn. 61.

tungsrecht dem deliktsrechtlichen Schutz des § 823 I BGB.[96] In der Insolvenz des Schuldners ist der Gläubiger, dessen Zurückbehaltungsrecht vor Eröffnung des Insolvenzverfahrens entstanden ist, zur Absonderung berechtigt (§ 51 Nr. 3 InsO).

2. Gegenüber Dritten

An Gegenständen Dritter entsteht grundsätzlich auch bei Gutgläubigkeit des Gläubigers kein Zurückbehaltungsrecht. § 369 II HGB sieht vor, dass ein entstandenes Zurückbehaltungsrecht (einschließlich des Verwertungsrechts) gegenüber Dritten bei Abtretung des Herausgabeanspruchs fortbesteht, wenn der Gläubiger Einwendungen gegen den abgetretenen Herausgabeanspruch auch dem Dritten entgegensetzen kann. 72

Beispiel: Veräußerung der zurückbehaltenen Sache durch Abtretung des Herausgabeanspruchs nach § 986 II BGB i. V. m. § 931 BGB.

§ 372 HGB schützt den guten Glauben des Gläubigers an die fortbestehende Eigentümerstellung des Schuldners, soweit das Zurückbehaltungsrecht auch gegenüber dem Erwerber besteht. Danach ist der von der Veräußerung der Sache keine Kenntnis erlangende Gläubiger bei einem Vorgehen gegen den Schuldner etwa im Wege der Verkaufsbefriedigung geschützt (§ 372 I HGB). Die Rechtskraft des zwischen dem Gläubiger und dem Schuldner ergangenen Urteils wirkt auch gegen den neuen Eigentümer (§ 372 II HGB). 73

V. Erlöschen des Zurückbehaltungsrechts

Der Schuldner kann nach § 369 IV HGB die Ausübung des Zurückbehaltungsrechts durch Sicherheitsleistung nach §§ 232 ff. BGB abwenden, wobei abweichend von § 232 II BGB eine Sicherheitsleistung durch Bürgen ausgeschlossen ist (§ 369 IV 2 HGB). Die Höhe der Sicherheitsleistung bemisst sich grundsätzlich nach dem Wert der zu sichernden Forderung, auch wenn der Wert der zurückbehaltenen Sache höher ist.[97] Nicht ausreichend ist das bloße Angebot der Sicherheitsleistung; sie ist vielmehr tatsächlich zu leisten.[98] Eine § 369 IV HGB entsprechende Hinterlegung ist nur beim zuständigen Amtsgericht möglich.[99] An der hinterlegten Sicherheit erlangt der Gläubiger ein Pfandrecht (§ 233 BGB). Das Zurückbehaltungsrecht erlischt.[100] Das Zurückbehaltungsrecht erlischt ferner durch Besitzaufgabe des Gläubigers oder Begründung eines Besitzmittlungsverhältnisses mit dem Schuldner. Verliert der Gläubiger den Besitz gegen seinen Willen, lebt das Zurückbehaltungsrecht wieder auf, wenn er den Gegenstand zurückerlangt (Rechtsgedanke des § 940 II BGB, dessen Fristen aber keine Anwendung finden)[101] und zwischenzeitlich keine Verfügungen zu Gunsten Dritter stattfinden.[102] Weitere Erlöschensgründe sind der Untergang des zurückbehaltenen Gegenstandes, ein Verzichtsvertrag zwischen Gläubiger und Schuldner sowie das Erlöschen der zu sichernden Forderung.[103] 74

---

[96] *Medicus,* AcP 165 (1965), 115, 124 f.

[97] RGZ 137, 324, 355; 119, 163, 169 f.

[98] RGZ 137, 324, 354 f.

[99] *BGH* NJW 1988, 484.

[100] Baumbach/Hopt/*Leyens,* § 369 Rn. 2; **a. A.** Großkomm/*Canaris,* §§ 369–372 Rn. 108.

[101] Großkomm/*Canaris,* §§ 369–372 Rn. 104.

[102] MünchKomm/*Welter,* § 369 Rn. 81.

[103] Großkomm/*Canaris,* §§ 369–372 Rn. 106.

§ 12. Handelsgeschäfte und Besonderes Schuldrecht

A. Systematik

1   Die Abschnitte zwei bis sechs des vierten Buches des HGB enthalten Ergänzungen und Änderungen der Regelungen des Besonderen Schuldrechts im BGB, da dessen Regelungen für den Handelsverkehr nicht ausreichen. Das HGB enthält zu diesem Zweck Bestimmungen über den Handelskauf (§§ 373–381 HGB), das Kommissionsgeschäft (§§ 383–406 HGB), das Frachtgeschäft (§§ 407–452 d HGB), das Speditionsgeschäft (§§ 453–466 HGB) und das Lagergeschäft (§§ 467–475 h HGB).

B. Handelskauf

I. Begriff

2   Da das HGB den Begriff des Handelskaufs nicht definiert, ist er aus der systematischen Stellung der Regelungen über den Handelskauf zu erschließen. Danach ist Handelskauf jeder Kauf von Waren (§ 373 I HGB) oder Wertpapieren (§ 381 I HGB), der für mindestens eine der Vertragsparteien ein Handelsgeschäft ist.[1]

1. Kauf

3   Die Regelungen über den Handelskauf (§§ 373–381 HGB) beziehen sich auf Kaufverträge (i. S. d. § 433 BGB), wobei es sich um Kaufverträge über Waren, d. h. bewegliche Sachen (nicht: unbewegliche Sachen), oder Wertpapiere (§ 381 I HGB) handeln kann. Auch auf Verträge, die die Lieferung herzustellender oder zu erzeugender beweglicher Sachen zum Gegenstand haben (Werklieferungskauf i. S. d. § 650 S. 1 BGB), sind die Regelungen über den Handelskauf anwendbar (§ 381 II HGB). Dasselbe gilt für die Lieferung herzustellender oder zu erzeugender unvertretbarer beweglicher Sachen (Werklieferungsvertrag i. S. d. § 650 S. 1, 3 BGB). Die Rechtsprechung[2] wendet die Regelungen über den Handelskauf darüber hinaus auch auf kaufähnliche Verträge an, soweit es sich um ein Umsatzgeschäft handelt.[3] Verträge in diesem Sinne sind der Tausch (§ 480 BGB) und das Sachdarlehen (§ 607 BGB). Auch auf einen Vertrag, der die Lieferung von Hardware und nicht speziell für den Käufer hergestellter Anwenderprogramme zum Gegenstand hat, sind §§ 373–381 HGB zumindest entsprechend anwendbar.[4] Die Regelungen über den Handelskauf gelten hingegen nicht für reine Werkverträge, da bei ihnen die Herstellung und nicht die Lieferung im Vordergrund steht.[5] Auch ein Leasingvertrag ist kein Handelskauf.[6]

---

[1]   Koller/Kindler/Roth/Drüen/*Roth*, Vor §§ 373–376 Rn. 1; *K. Schmidt*, § 29 I 1 a.
[2]   *BGH* WM 1985, 834.
[3]   Kein Umsatzgeschäft liegt vor, wenn eine mangelhafte Sache in eine Gesellschaft eingebracht wird; vgl. *K. Schmidt*, § 29 III 2 a.
[4]   BGHZ 110, 130, 137; ebenso *Heussen*, BB 1988, 1835.
[5]   Koller/Kindler/Roth/Drüen/*Roth*, § 381 Rn. 2 a.
[6]   BGHZ 110, 130, 142.

2. Handelsgeschäft (§ 343 HGB)

Die Anwendung der §§ 373–381 HGB setzt grundsätzlich voraus, dass das Rechts- 4
geschäft für mindestens eine Vertragspartei ein Handelsgeschäft darstellt (§ 345
HGB). Ob dies auf Verkäuferseite oder Käuferseite geschieht, ist unerheblich (z. B.
§ 373 HGB). In bestimmten Fällen (z. B. § 377 HGB) muss jedoch ein beiderseitiges
Handelsgeschäft vorliegen. Hier muss also zum Zeitpunkt des Vertragsschlusses jede
der beiden Vertragsparteien Kaufmann sein und das Geschäft zum Betrieb seines Handelsgewerbes gehören (Vermutung hierfür in § 344 HGB). Diese Voraussetzungen
sind auch dann erfüllt, wenn der kaufmännische Verkäufer die Kaufsache auf Anweisung des kaufmännischen Käufers an einen nichtkaufmännischen Dritten abliefert,
mit dem der Käufer einen Vertrag (z. B. Leasingvertrag) über die Ware geschlossen
und den er zur Geltendmachung seiner vertraglichen Ansprüche gegen den Verkäufer
ermächtigt hat.[7] Denn die Hinzuziehung eines nichtkaufmännischen Dritten als Erfüllungsgehilfen ändert nichts daran, dass zwischen dem Verkäufer und dem Käufer
ein beiderseitiger Handelskauf gegeben ist.

II. Regelungszweck

Geregelt sind in §§ 373–381 HGB insbesondere folgende Fragenkreise: **(1)** Annah- 5
meverzug des Käufers (§§ 373 f. HGB), **(2)** Bestimmungskauf (§ 375 HGB), **(3)** Fixhandelskauf (§ 376 HGB), **(4)** Untersuchungs- und Rügepflicht (§ 377 HGB). Regelungszweck der Vorschriften über den Handelskauf ist die schnelle und einfache
Abwicklung der Geschäfte. Aus diesem Grund enthält das Handelsrecht Sonderregelungen gegenüber dem Schuldrecht des BGB. Sie erweitern im Interesse des Verkäufers die Pflichten/Obliegenheiten des Käufers bzw. Rechte des Verkäufers, um dem Bedürfnis des Handelsverkehrs nach rascher Klärung der Rechtslage und zügiger
Abwicklung von Rechtsgeschäften Rechnung zu tragen.

III. Annahmeverzug des Käufers (§§ 373 f. HGB)

1. Normzweck

§ 373 HGB erweitert die rechtliche Stellung des Verkäufers bei Annahmeverzug des 6
Käufers durch ein über §§ 372 ff., 383 ff. BGB hinausgehendes Recht zur Hinterlegung und zum Selbsthilfeverkauf. Der durch § 373 HGB begünstigte Verkäufer soll
also zusätzlichen Schutz erfahren. Denn der Verkäufer soll bei Annahmeverzug des
Käufers über die Rechtsfolgen des Annahmeverzugs nach BGB hinaus unter erleich-
terten Voraussetzungen entweder **(1)** die Ware hinterlegen (§ 373 I HGB) oder **(2)**
im Wege des Selbsthilfeverkaufs (§ 373 II–V HGB) verwerten dürfen. Diese Rechte
stehen dem Verkäufer *neben* den Rechten zu, die sich für den Verkäufer auf Grund Annahmeverzugs des Käufers nach BGB ergeben (§ 374 HGB).

---

[7] BGHZ 110, 130, 137 f.; *K. Schmidt,* § 29 III 4c.

2. Hinterlegung (§ 373 I HGB)

a) Voraussetzungen

aa) Handelskauf

7 Es muss ein Handelskauf gegeben sein. Ein einseitiges Handelsgeschäft genügt (§ 345 HGB).[8]

bb) Annahmeverzug des Käufers

8 Der Käufer muss sich in Annahmeverzug befinden. Diesen regeln §§ 293 ff. BGB, die das HGB unberührt lässt (§ 374 HGB). Das heißt also, dass der Verkäufer die Ware ordnungsgemäß angeboten haben muss und der Käufer sie nicht angenommen haben darf (§ 293 BGB). Ein ordnungsgemäßes Angebot der Ware durch den Verkäufer setzt voraus, dass er die Ware am rechten Ort (§ 269 BGB), zur rechten Zeit (§ 271 BGB), vollständig, in der richtigen Beschaffenheit und in der richtigen Art und Weise anbietet.

cc) Hinterlegungsanforderungen

9 **(1) Hinterlegungsfähige Gegenstände. (a) Regelung nach BGB (§ 372 S. 1 BGB).** Nach § 372 S. 1 BGB sind nur Geld, Wertpapiere, sonstige Urkunden und Kostbarkeiten (= bewegliche Sachen, deren Wert im Vergleich zu ihrem Umfang und ihrem Gewicht besonders hoch ist; z. B. Gold, Edelsteine, Schmuck, Kunstwerke) hinterlegungsfähig.

10 **(b) Regelung nach HGB (§ 373 I HGB).** Abweichend von § 372 S. 1 BGB kann der Verkäufer nach § 373 I HGB Waren aller Art und Wertpapiere (§ 381 I HGB) hinterlegen.

11 **(2) Hinterlegungsort. (a) Regelung nach BGB (§ 374 I BGB).** Die Hinterlegung kann nur bei der Hinterlegungsstelle des Leistungsorts erfolgen (§ 374 I BGB).

12 **(b) Regelung nach HGB (§ 373 I HGB).** Nach § 373 I HGB kann die Hinterlegung nicht nur an der Hinterlegungsstelle des Leistungsorts, sondern auch in einem öffentlichen Lagerhaus erfolgen. Öffentliches Lagerhaus ist ein Lagerhalter i. S. d. § 467 HGB, der sein Geschäft für die Öffentlichkeit betreibt. Außerdem kann nach § 373 I HGB die Hinterlegung „sonst in sicherer Weise" erfolgen. Der Verkäufer hat die Pflicht, eine sichere Hinterlegungsstätte zu suchen (andernfalls ggf. Schadensersatzanspruch des Käufers nach § 280 I BGB; Sorgfaltsmaßstab: §§ 347 HGB, 300 BGB analog).

dd) Anzeigepflicht des Verkäufers (§ 374 II BGB)

13 Die Hinterlegung ist dem Käufer vom Verkäufer sowohl nach BGB als auch nach HGB unverzüglich anzuzeigen (§ 374 II BGB). § 373 I HGB begründet daher gegenüber den Regelungen des BGB lediglich eine erweiterte Hinterlegungsfähigkeit und zusätzliche Hinterlegungsorte.

---

[8] Koller/Kindler/Roth/Drüen/*Roth,* § 374 Rn. 2.

b) Rechtsfolgen

aa) BGB (§ 378 BGB)

Die Hinterlegung nach BGB hat bei ausgeschlossener Rücknahme Erfüllungswirkung 14
(§ 378 BGB).

bb) HGB

Die Hinterlegung nach HGB hat keine Erfüllungswirkung, sondern befreit den Ver- 15
käufer lediglich von der Last der Aufbewahrung.[9] Es kommt lediglich zum Übergang
der Gefahr auf den Käufer, der bei unverschuldetem Untergang der Ware den
Anspruch auf Leistung verliert (§ 373 I HGB; §§ 275, 300 I, II BGB), selbst aber weiterhin zur Zahlung verpflichtet bleibt (§§ 326 II, 300 I BGB). Allerdings kann der
Verkäufer das Hinterlegungsverfahren nach §§ 372 ff. BGB betreiben und Erfüllungswirkung nach § 378 BGB herbeiführen.

c) Kosten der Hinterlegung (§§ 373 I HGB, 381 BGB)

Die Kosten der Hinterlegung hat der Käufer zu tragen (§§ 373 I HGB, 381 BGB). 16

3. Selbsthilfeverkauf (§ 373 II–V HGB)

a) Voraussetzungen

aa) Handelskauf

Es muss ein Handelskauf gegeben sein. Ein einseitiges Handelsgeschäft genügt (§ 345 17
HGB).

bb) Annahmeverzug des Käufers

Der Käufer muss mit der Annahme der Ware im Verzug i. S. d. § 373 I HGB sein („Er 18
ist *ferner* befugt"). Der Selbsthilfeverkauf stellt daher neben der Hinterlegung einen
zweiten Rechtsbehelf des Verkäufers dar.

cc) Vorgängige Androhung

(1) Erforderlichkeit vorgängiger Androhung. Der Selbsthilfeverkauf setzt grund- 19
sätzlich eine „vorgängige Androhung" voraus (vgl. § 373 II 1 HS 1 u. HS 2 HGB).
Vorgängig ist i. S. v. vorherig zu verstehen. Androhung bedeutet Ankündigung, zumal
Androhung stark an § 240 StGB erinnert. Diese Ankündigung ist eine empfangsbedürftige Willensäußerung, die formlos möglich ist. Entsprechend ihrem Sinn und
Zweck, den Käufer zu warnen, muss die Ankündigung so rechtzeitig erfolgen, dass
der Käufer den Selbsthilfeverkauf noch abwenden kann. Daraus ergibt sich weiter,
dass die Ankündigung hinreichend bestimmt sein muss. Sie muss aber nur den geplanten Selbsthilfeverkauf an sich, nicht aber eine bestimmte Art des Verkaufs erkennen
lassen. Eine insoweit unbestimmte Ankündigung ist als Ankündigung einer öffentlichen Versteigerung auszulegen. Der Verkäufer ist bei der Durchführung des Selbsthilfeverkaufs zunächst an die angedrohte Art des Verkaufs gebunden. Will er also
anstatt der angekündigten öffentlichen Versteigerung einen freihändigen Verkauf
durchführen, bedarf es einer weiteren, dementsprechenden Ankündigung.

---

[9] Großkomm/*Koller*, §§ 374 f. Rn. 32.

20 **(2) Entbehrlichkeit vorgängiger Androhung (§ 373 II 2 HGB).** Die vorherige Ankündigung des Selbsthilfeverkaufs ist unter den Voraussetzungen des § 373 II 2 HGB
entbehrlich. So, wenn die Ware dem Verderb ausgesetzt *und* (kumulativ) Gefahr in
Verzug ist (§ 373 II 2 HS 1 HGB). Es muss die Gefahr des Verderbens der Ware nahe
liegen. Der vollständigen oder nahezu vollständigen Entwertung bedarf es hierfür
nicht. Es genügt die Gefahr einer nicht unerheblichen Verschlechterung der Ware.

Beispiel: Bei Lebensmitteln deren Verfaulen.

21 Die vorherige Ankündigung ist auch dann entbehrlich, wenn sie aus anderen als den
in § 373 II 2 HS 1 HGB genannten Gründen untunlich ist (§ 373 II 2 HS 2 HGB).

Beispiele: Die Adresse des Käufers ist nicht zu ermitteln; ein Preissturz steht unmittelbar bevor.

b) Rechtsfolgen

aa) Arten des Selbsthilfeverkaufs

22 **(1) BGB (§§ 383, 385 BGB).** Der Verkäufer ist sowohl zur öffentlichen Versteigerung (§ 383 BGB) als auch zum freihändigen Verkauf (§ 385 BGB) berechtigt.

23 **(2) HGB (§ 373 II HGB).** Auch § 373 II 1 HGB eröffnet dem Verkäufer ein Wahlrecht zwischen einer öffentlichen Versteigerung (§ 373 II 1 HS 1 HGB) und einem
freihändigen Verkauf (§ 373 II 1 HS 2 HGB). § 373 II HGB ist insoweit weiter als
§ 383 BGB, als nach § 383 I 1 BGB nur nicht zur Hinterlegung geeignete bewegliche
Sachen versteigert werden dürfen, nach § 373 II HGB hingegen ein Selbsthilfeverkauf
bei Waren aller Art und Wertpapieren in Betracht kommt.

24 **(a) Öffentliche Versteigerung (§ 373 II 1 HS 1 HGB).** Das Tatbestandsmerkmal
der öffentlichen Versteigerung in § 373 I 1 HS 1 HGB ist i. S. d. Legaldefinition in
§ 383 III 1 BGB zu verstehen. Danach hat die Versteigerung durch einen für den Ver-
steigerungsort bestellten Gerichtsvollzieher oder zu Versteigerungen befugten anderen
Beamten oder öffentlich angestellten Versteigerer öffentlich zu erfolgen.

25 **(b) Freihändiger Verkauf (§ 373 II 1 HS 2 HGB).** Ein freihändiger Verkauf durch
einen zu solchen Verkäufen ermächtigten Handelsmakler oder durch eine zur öffentlichen Versteigerung befugte Person ist möglich, wenn die Ware einen „Börsen- oder
Marktpreis" hat und der Verkauf zum „laufenden Preis" bewirkt wird. Der „laufende
Preis" ist der tatsächliche Durchschnittspreis.

bb) Wirkungen

26 **(1) BGB.** Bei einem Selbsthilfeverkauf i. S. d. § 383 BGB oder des § 385 BGB wandelt sich der Lieferanspruch des Käufers in einen Zahlungsanspruch (in Höhe des erzielten Erlöses) um. Von diesem Anspruch kann sich der Verkäufer durch Hinterlegung oder durch Aufrechnung befreien. Erfüllung tritt nur unter den
Voraussetzungen des § 378 BGB ein.

27 **(2) Verkauf für Rechnung des Käufers (§ 373 III HGB).** Der Selbsthilfeverkauf
nach HGB erfolgt für Rechnung des säumigen Käufers (§ 373 III HGB) und zwar im
Wege der öffentlichen Versteigerung bzw. – bei Börsen- oder Marktwert der Ware –

des freihändigen Verkaufs. Der Verkäufer hat insoweit – anders als nach BGB – die Stellung eines Beauftragten des Käufers. Es gelten also §§ 666, 667, 670 BGB. Der die Voraussetzungen des § 373 HGB beachtende Selbsthilfeverkauf wirkt wie die Erfüllung der Lieferschuld durch den Verkäufer (anders nach BGB: Hinterlegung des Erlöses notwendig). Der Anspruch des Käufers auf Lieferung erlischt *ipso jure,* der Kaufpreisanspruch bleibt aufrechterhalten. Der Käufer hat zwar einen Anspruch auf Herausgabe des Verkaufserlöses, auch eines Mehrerlöses, doch kann der Verkäufer mit dem Kaufpreisanspruch aufrechnen (§ 389 BGB). Tut er dies, muss er dem Käufer lediglich einen den Kaufpreis übersteigenden Verkaufserlös herausgeben.

Beispiel: K nimmt V die gekauften 10 000 kg Bananen, die zu verderben drohen, nicht ab. V kann sie – auch ohne vorherige Ankündigung – im Wege öffentlicher Versteigerung verwerten lassen. Der Verkäufer kann gegenüber dem Anspruch des Käufers auf Herausgabe des Verkaufserlöses (§ 667 BGB) mit seinen Ansprüchen auf Kaufpreiszahlung und Aufwendungsersatz (§ 670 BGB) aufrechnen (§ 389 BGB). Hätte V einen Kaufpreisanspruch in Höhe von 10 000,– Euro und würde bei der Versteigerung ein Erlös von 9500,– Euro erzielt, hätte V nach Aufrechnung noch einen Kaufpreisanspruch gegen K in Höhe von 500,– Euro. Haben die Versteigerungskosten 200,– Euro betragen, könnte V von K insgesamt 700,– Euro verlangen.

Verstößt der Verkäufer gegen § 373 I oder II HGB, tritt keine Erfüllungswirkung ein. Auch muss der Käufer den Verkauf dann nicht als auf seine Rechnung erfolgt gelten lassen. Er behält den Anspruch auf Lieferung. **28**

IV. Bestimmungskauf (§ 375 HGB)

1. Normzweck

§ 375 HGB enthält eine besondere Regelung für den Fall der Einräumung eines in §§ 315 ff. BGB vorgesehenen Leistungsbestimmungsrechts zu Gunsten des Käufers. Der Bestimmungskauf (auch Spezifikationskauf genannt) ist ein Gattungskauf, bei dem dem Käufer die nähere Bestimmung von Form, Maß oder ähnlichen Verhältnissen vorbehalten ist (§ 375 HGB). **29**

Beispiel: Autohändler K bestellt wegen zu erwartender Lieferfristen bei Pkw-Hersteller V 30 Stück des neuen Modells eines bestimmten Typs fest und behält sich die nähere Spezifikation (Farbe, Ausstattung, Motorgröße) vor.

An sich gilt für eine solche Vereinbarung § 315 BGB, jedoch enthält § 375 HGB für den Handelskauf eine Spezialregelung. Der Käufer ist nicht nur berechtigt, sondern auch verpflichtet, die vorbehaltene Bestimmung zu treffen (§ 375 I HGB). In der Begründung dieser Verpflichtung liegt der eigenständige Regelungsgehalt des § 375 I HGB gegenüber der Rechtslage nach BGB. Diese Verpflichtung, die das Interesse des Verkäufers an einer raschen Abwicklung des Geschäfts schützt, ist eine synallagmatische Hauptleistungspflicht des Käufers. **30**

2. Voraussetzungen

a) Handelskauf

Es muss – als ungeschriebenes Tatbestandsmerkmal – ein Handelskauf gegeben sein. Ein einseitiges Handelsgeschäft genügt (§ 345 HGB). Daher muss zumindest eine Partei des Geschäfts – gleich ob Verkäufer oder Käufer – Kaufmann sein. § 375 HGB ist daher auch dann anwendbar, wenn der Käufer nicht Kaufmann ist. **31**

b) Bestimmungsrecht des Käufers

32 Dem Käufer, nicht Dritten, muss ein Bestimmungsrecht eingeräumt sein. Inhaltlich bezieht sich das Bestimmungsrecht auf Form, Maß und ähnliche Verhältnisse innerhalb eines durch Vertrag festgelegten Rahmens. Ähnliche Verhältnisse in diesem Sinne können Farben, Quantität und Verarbeitungsweise, nicht aber Leistungsort und Leistungszeit sein.

c) Verzug des Käufers mit Ausübung des Bestimmungsrechts

33 Das Bestimmungsrecht des Käufers ist durch empfangsbedürftige Willenserklärung, auch formlos, auszuüben. Zur Abgabe dieser Willenserklärung ist der Käufer nicht nur berechtigt, sondern auch verpflichtet. Nimmt der Käufer die geschuldete Bestimmung nicht rechtzeitig vor, befindet sich der Käufer nicht nur in Annahmeverzug, sondern auch in Schuldnerverzug.

3. Rechtsfolgen

34 Der Verzug des Käufers mit der Leistungsbestimmung berechtigt den Verkäufer nach § 375 II HGB, wahlweise entweder (a) anstelle des Käufers die Bestimmung selbst vorzunehmen (§ 375 II 1 Alt. 1 HGB) oder (b) nach §§ 280, 281 BGB Schadensersatz statt der Leistung zu verlangen (§ 375 II 1 Alt. 2 HGB) oder (c) nach § 323 BGB vom Vertrag zurückzutreten (§ 375 II 1 Alt. 3 HGB).

a) Selbstbestimmung durch den Verkäufer (§ 375 II 1 Alt. 1 HGB)

35 Kommt der Käufer mit der Bestimmung der Leistung in Verzug, hat der Verkäufer das Recht, die Bestimmung aus eigenem Recht nach eigenem Ermessen vorzunehmen (§ 375 II 1 Alt. 1 HGB). Diese Leistungsbestimmung durch den Verkäufer ist eine empfangsbedürftige Willenserklärung, die der Verkäufer formlos abgeben kann. Die Wirksamkeit der Bestimmung durch den Verkäufer (Selbstspezifikation) setzt nach § 375 II 2 HGB zweierlei voraus: (1) Mitteilung (nicht: Ankündigung) der Selbstspezifikation des Verkäufers und (2) Setzung einer angemessenen Frist zur Vornahme einer anderweitigen Bestimmung durch den Käufer. Die Fristsetzung muss mit der Mitteilung der Selbstspezifikation erfolgen („zugleich"). Eine Trennung ist daher nicht möglich. Bei zu kurz gesetzter Frist läuft eine angemessene Frist. Nimmt der Käufer innerhalb der Frist die Bestimmung nicht vor, ist die Selbstspezifikation des Verkäufers wirksam (§ 375 II 3 HGB). Der Kaufvertrag wandelt sich in einen normalen Kaufvertrag. Der Käufer muss die durch den Verkäufer spezifizierte Ware abnehmen. Nimmt der Käufer hingegen innerhalb angemessener Frist die vorbehaltene Bestimmung vor, ist sein Verzug geheilt. Es ist dann die Bestimmung des Käufers maßgebend. Auf die Bestimmung des Verkäufers kommt es nicht mehr an.

36 § 375 II HGB enthält keine Regelung dazu, ob die Fristsetzung i. S. d. § 375 II 2 HGB auch entbehrlich sein kann. Eine Fristsetzung ist jedenfalls dann entbehrlich, wenn der Käufer die Bestimmung der Leistung ernsthaft und endgültig verweigert (vgl. auch § 323 II Nr. 1 BGB).[10] Denn dann wäre das Erfordernis der Fristsetzung bloße Förmelei; einer Warnung des Käufers vor den Rechtsfolgen seines Verhaltens bedarf es hier nicht.

---

[10] Koller/Kindler/Roth/Drüen/*Roth,* § 375 Rn. 4; **a. A.** Großkomm/*Koller,* § 375 Rn. 21.

b) Schadensersatz statt der Leistung (§ 375 II 1 Alt. 2 HGB)

§ 375 II 1 Alt. 2 HGB enthält eine Rechtsgrundverweisung auf §§ 280, 281 BGB.[11] 37
Daher müssen deren Voraussetzungen im Einzelnen gegeben sein. Die Geltendmachung von Schadensersatz statt der Leistung i. S. d. §§ 280 I, III, 281 I BGB durch
den Verkäufer setzt daher voraus, dass der Käufer die Bestimmung (= Pflicht des Käufers auf Grund § 375 I HGB) schuldhaft nicht vorgenommen hat (Pflichtverletzung).
Sie erfordert grundsätzlich weiter die Setzung einer angemessenen Frist gegenüber
dem Käufer zur Vornahme der Bestimmung (§ 281 I 1 BGB), sofern die Fristsetzung
nicht entbehrlich ist (§ 281 II BGB). Insoweit ergibt sich keine Abweichung gegenüber der Rechtslage nach BGB. Das zusätzliche Erfordernis des Verzugs in § 375 I
HGB stellt für § 375 II 1 Alt. 2 HGB ein Redaktionsversehen dar, das durch die Unbeachtlichkeit dieses Erfordernisses zu korrigieren ist.[12]

c) Rücktritt (§ 375 II 1 Alt. 3 HGB)

Der Rücktritt des Verkäufers i. S. d. §§ 375 II 1 Alt. 3 HGB, 323 I BGB setzt voraus, 38
dass der Käufer die Bestimmung (= Pflicht des Käufers auf Grund § 375 I HGB) nicht
vorgenommen hat. Er erfordert grundsätzlich weiter die Setzung einer angemessenen
Frist gegenüber dem Käufer zur Vornahme der Bestimmung (§ 323 I BGB), sofern die
Fristsetzung nicht entbehrlich ist (§ 323 II BGB). Denn § 375 II 1 Alt. 3 HGB enthält eine Rechtsgrundverweisung auf § 323 BGB. Insoweit ergibt sich keine Abweichung gegenüber der Rechtslage nach BGB. Das zusätzliche Erfordernis des Verzugs
in § 375 I HGB stellt für § 375 II 1 Alt. 3 HGB ein Redaktionsversehen dar, das
durch die Unbeachtlichkeit dieses Erfordernisses zu korrigieren ist.[13]

Nach § 375 II 1 HGB kann der Verkäufer Schadensersatz statt der Leistung verlangen 39
oder zurücktreten. Dieses „oder" ist nicht dahin zu verstehen, dass der Verkäufer entweder Schadensersatz statt der Leistung verlangen oder zurücktreten kann. Denn eine
solche Alternativität wäre mit § 325 BGB nicht vereinbar. Der Verkäufer kann daher
sowohl zurücktreten als auch Schadensersatz statt der Leistung verlangen.

Beispiel: Bestimmt in dem unter Rn. 29 geschilderten Beispiel K nicht, in welcher Ausstattung usw. V die
Pkws liefern soll, kann V ihm mitteilen, er werde K 10 blaue, 10 rote und 10 gelbe Pkws des verkauften
Typs mit der 75 PS-Maschine in L-Ausstattung liefern. Zugleich muss V gegenüber K eine Frist zur Nach-
holung der Bestimmung setzen. Meldet sich K nicht, darf V diese Fahrzeuge liefern. Stattdessen kann V
auch Schadensersatz statt der Leistung verlangen und/oder vom Vertrag zurücktreten.

V. Fixhandelskauf (§ 376 HGB)

1. Normzweck und Rechtslage nach BGB

Im Handel kommt es häufig auf zeitlich punktgenaue Lieferung an. Dann kann ein 40
sog. Fixhandelskauf gegeben sein, bei dem der eine Teil seine Leistung genau zu einer
fest bestimmten Zeit oder innerhalb einer fest bestimmten Frist bewirken muss, andernfalls dem Gläubiger bestimmte Rechte zustehen (§ 376 HGB). Soweit § 376 I 1
Alt. 1 HGB ein **Rücktrittsrecht** ohne vorherige Fristsetzung einräumt, ergibt sich
kein unterschiedlicher Regelungsgehalt gegenüber § 323 BGB, da auch hier beim re-

---

[11] *Canaris*, § 29 Rn. 19.
[12] *Canaris*, § 29 Rn. 20.
[13] *Canaris*, § 29 Rn. 20.

lativen Fixgeschäft keine Fristsetzung erforderlich ist (§ 323 II Nr. 2 BGB). Die unterschiedlichen Wortlaute beruhen allein darauf, dass der Gesetzgeber für § 323 II Nr. 2 BGB eine moderne und präzisere Formulierung wählt.[14] Auch wenn § 376 I 1 Alt. 1 HGB grundsätzlich gegenüber § 323 BGB die speziellere und damit vorrangige Regelung darstellt, soll § 376 I 1 Alt. 1 HGB den Gläubiger nicht besserstellen, als er nach BGB stünde. Für das Rücktrittsrecht nach § 376 I 1 Alt. 1 HGB gelten die Einschränkungen des Rücktrittsrechts nach § 323 V und VI BGB ebenso wie die den Gläubiger schon vor Fälligkeit seines Anspruchs zum Rücktritt berechtigende Regelung des § 323 IV BGB.[15] Mit der Gewährung eines Anspruchs auf Schadensersatz wegen Nichterfüllung (nach der Terminologie des BGB jetzt **Schadensersatz statt der Leistung**) ohne vorherige Fristsetzung nach § 376 I 1 Alt. 2 HGB, geht das HGB indes über die Rechtslage nach BGB, wonach dem Käufer ein Schadensersatzanspruch statt der Leistung nach §§ 280 I, III, 281 I 1 BGB grundsätzlich nur nach erfolgloser Fristsetzung zusteht, hinaus. Denn eine § 323 II Nr. 2 BGB entsprechende Regelung ist in § 281 II BGB nicht enthalten.[16] Das Recht des Gläubigers nach § 376 I 1 Alt. 2 HGB, Schadensersatz statt der Leistung auch ohne vorherige Fristsetzung verlangen zu können, ermöglicht die rasche und klare Abwicklung eines Rechtsgeschäfts bei Ausbleiben der Leistung zum vereinbarten Zeitpunkt.[17] Für das Verhältnis von § 376 I 1 Alt. 2 HGB und §§ 280 I, III, 281 BGB gelten die zum Verhältnis von § 376 I 1 Alt. 1 HGB und § 323 BGB angestellten Erwägungen entsprechend. § 376 I 1 Alt. 2 HGB ist daher grundsätzlich die speziellere und damit vorrangige Norm, doch muss der Gläubiger die Einschränkungen von § 281 I 2 und 3 BGB gegen sich gelten lassen.[18] **Erfüllung** (= Primäranspruch) kann der Käufer nach Ablauf der fixen Leistungszeit nur noch verlangen, wenn er dem Verkäufer sofort angezeigt hat, dass er auf Erfüllung besteht (§ 376 I 2 HGB). Es ist der wichtigste Unterschied zwischen § 376 HGB und der Rechtslage nach BGB (vgl. insoweit § 281 IV BGB). Er soll verhindern, dass der Gläubiger die weitere Entwicklung der Marktverhältnisse abwartet und zu Lasten des Schuldners spekuliert.[19] Außerdem soll der Schuldner rasch Klarheit darüber erhalten, ob er weiterhin den Primäranspruch erfüllen muss oder auch seinerseits anderweitig disponieren kann.[20] Dieser Normzweck würde unterlaufen, könnte der Gläubiger auf § 323 I BGB oder §§ 280 I, III, 281 I 1 BGB zurückgreifen. Auch darin kommt die Spezialität des § 376 HGB gegenüber dem allgemeinen Leistungsstörungsrecht zum Ausdruck. Mangels zwingenden Charakters von § 376 HGB können die Parteien indes Abweichendes vereinbaren. Die Abgrenzung ist im Einzelfall durch Auslegung nach §§ 133, 157 BGB vorzunehmen. Ein wichtiges Indiz für einen auf die Rechtsfolgen des § 376 HGB gerichteten Parteiwillen besteht darin, dass es dem Gläubiger – für den Schuldner erkennbar – besonders darauf ankommt, in jedem Fall ohne Fristsetzung, insbesondere ohne vorherige Interessenabwägung nach § 281 II Alt. 2 BGB, einen Anspruch auf Schadensersatz statt der Leistung geltend machen zu können.[21]

---

[14] BT-Drs. 14/6040, S. 185 f.; *Canaris*, § 29 Rn. 27.
[15] Koller/Kindler/Roth/Drüen/*Roth*, § 376 Rn. 8; *Canaris*, § 29 Rn. 28.
[16] Allerdings ist bei einem relativen Fixgeschäft meist der Tatbestand des § 281 II Alt. 2 BGB erfüllt; vgl. *Canaris*, § 29 Rn. 29.
[17] Baumbach/Hopt/*Leyens*, § 376 Rn. 4.
[18] *Canaris*, § 29 Rn. 32.
[19] Denkschrift, S. 222.
[20] *Canaris*, § 29 Rn. 34.
[21] *Canaris*, § 29 Rn. 35.

2. Voraussetzungen

a) Handelskauf

Es muss – als ungeschriebenes Tatbestandsmerkmal – ein Handelskauf gegeben sein. 41
Ein einseitiges Handelsgeschäft genügt (§ 345 HGB). Daher muss zumindest eine
Partei des Geschäfts – gleich ob Verkäufer oder Käufer – Kaufmann sein.

b) Fest bestimmte Leistungszeit

Die Parteien müssen vereinbaren, dass die Leistung des einen Teils genau zu einer fest 42
bestimmten Zeit oder innerhalb einer fest bestimmten Frist bewirkt sein muss (vgl.
auch die gleichbedeutende, moderne und präzisere Formulierung des § 323 II Nr. 2
BGB).[22] Hierfür reicht die bloße Festsetzung der Lieferzeit oder ein starkes Interesse
des Kunden an rechtzeitiger Erfüllung nicht aus. Auch Klauseln wie „sofort“ oder „spätestens bis Ende des Monats“ genügen nicht. Es muss vielmehr aus der Vereinbarung
hervorgehen, dass der Vertrag mit Einhaltung der Leistungszeit „stehen und fallen“
soll.[23] Daher bedient sich der kaufmännische Verkehr bestimmter Klauseln, die diesen
Sinn nach Handelsbrauch (§ 346 HGB) haben.

Beispiele: In einen Kaufvertrag sind zur Regelung der Lieferzeit sog. Fixklauseln wie „fix“, „präzis“ oder
„genau“ aufgenommen.

Mangels ausdrücklicher Abrede bedarf es der Auslegung des Vertrags anhand aller Um- 43
stände, ob der Leistungszeit nach dem Parteiwillen eine solch entscheidende Bedeutung zukommt.

Beispiele: Es kann für einen Fixhandelskauf sprechen, wenn verderbliche Waren oder Saisonartikel verkauft sind.

§ 376 HGB gilt nur für das relative Fixhandelsgeschäft, d. h., die Erfüllung der Leis- 44
tungspflicht ist noch möglich (vgl. auch § 323 II Nr. 2 BGB). § 376 HGB gilt hingegen nicht für das absolute Fixhandelsgeschäft, bei dem nach Ablauf der Lieferfrist
die Leistung nicht mehr zur Erfüllung führen kann und deshalb Unmöglichkeit vorliegt.

Beispiel: Hotelzimmerreservierung für einen bestimmten Termin.

3. Rechtsfolgen

a) Erfüllung

Nach Ablauf der fixen Leistungszeit kann der Käufer Erfüllung (= Primäranspruch) 45
nur noch verlangen, wenn er dem Verkäufer sofort angezeigt hat, dass er auf Erfüllung
besteht (§ 376 I 2 HGB). Diese Anzeige ist eine empfangsbedürftige, formlos wirksame Willenserklärung, die klar erkennen lassen muss, dass der Gläubiger weiterhin
Erfüllung verlangt. Sofort bedeutet mehr als unverzüglich i. S. d. § 121 I BGB. Die
rechtzeitig zugehende Anzeige wandelt das Fixgeschäft in einen normalen Kaufvertrag.
Die Rechte des Käufers aus § 376 I HGB entfallen (= Vorteil für den Verkäufer). Für
Verzugsschäden gelten §§ 280 I, II, 286 BGB.

---

[22] Vgl. hierzu schon Rn. 40.
[23] BGHZ 110, 88, 96; *BGH* WM 1982, 1384, 1385; 1984, 639, 641; NJW 2001, 2878.

b) Rücktritt (§ 376 I 1 Alt. 1 HGB)

46 Erfolgt die Leistung nicht fristgerecht, kann der Käufer vom Vertrag zurücktreten (§ 376 I 1 Alt. 1 HGB); insoweit ergibt sich jedoch kein Unterschied zur Rechtslage nach BGB, da der Käufer auch hier ohne vorherige Fristsetzung zurücktreten darf (vgl. § 323 II Nr. 2 BGB). § 376 HGB ist gegenüber § 323 BGB Sonderregelung, schließt jedoch ein Vorgehen des Käufers nach § 323 BGB nicht aus. Die Ausübung des Rücktritts ist grundsätzlich an keine Frist gebunden (vgl. aber § 350 BGB).

c) Schadensersatz wegen Nichterfüllung (§ 376 I 1 Alt. 2 HGB)

47 Der Käufer kann zurücktreten und darüber hinaus (wegen § 325 BGB entgegen dem Wortlaut nicht nur wahlweise) bei Verzug des Verkäufers Schadensersatz wegen Nichterfüllung (= Schadensersatz statt der Leistung i. S. d. § 281 I BGB) verlangen (§ 376 I 1 Alt. 2 HGB). Der Käufer muss keine angemessene Frist setzen.[24] Verzug des Verkäufers setzt zwar keine Mahnung (§ 286 II Nr. 1 BGB), aber Vertretenmüssen (§ 286 IV BGB) voraus.

48 Für die Berechnung des Schadensersatzes statt der Leistung geben § 376 II–IV HGB nähere Anhaltspunkte: Abs. 2 regelt die abstrakte, Abs. 3 die konkrete Schadensberechnung. So ist nach § 376 II HGB zu vermuten, dass der Verkäufer die Ware zum Marktpreis hätte verkaufen können. Der Schadensersatz statt der Leistung erstreckt sich danach auf die Differenz zwischen dem vereinbarten Kaufpreis und dem Marktpreis zum Zeitpunkt und am Ort der geschuldeten Leistung. Die konkrete Schadensberechnung ist wie auch sonst möglich (z. B. auf Grund Deckungskaufs). Wenn die Ware einen Börsen- oder Marktpreis hat, gelten aber die Schranken des § 376 III 1 und 2, IV HGB.

VI. Untersuchungs- und Rügepflicht (§ 377 HGB)

1. Normzweck

49 Nach Bürgerlichem Recht kann der Käufer Mängel, also Sachmängel (§ 434 BGB) und Rechtsmängel (§ 435 BGB), beweglicher Sachen innerhalb einer Frist von zwei Jahren nach Ablieferung geltend machen (§ 438 I Nr. 3 und II BGB), ohne dass den Käufer eine besondere Untersuchungsobliegenheit träfe. Diese Regelung ist für Lieferungen zwischen Kaufleuten wenig zweckmäßig, da hier eine rasche Abwicklung erforderlich ist. Deshalb sieht § 377 I HGB für den beiderseitigen Handelskauf vor, dass der Käufer die Ware unverzüglich nach der Ablieferung durch den Verkäufer zu untersuchen und wenn sich ein Mangel zeigt, dem Verkäufer unverzüglich Anzeige zu machen hat. Unterlässt der Käufer die Anzeige, gilt die Ware als genehmigt, es sei denn, dass es sich um einen Mangel handelt, der bei der Untersuchung nicht erkennbar war (§ 377 II HGB). Zeigt sich später ein Mangel, muss der Käufer die Anzeige unverzüglich nach der Entdeckung machen, andernfalls gilt die Ware auch im Hinblick auf diesen Mangel als genehmigt (§ 377 III HGB).

50 Die Untersuchungs- und Anzeigeerfordernisse i. S. d. § 377 HGB sind keine echten Pflichten des Käufers – insoweit ist die Überschrift der Norm missverständlich –, sondern bloße Obliegenheiten, deren Nichterfüllung Rechtnachteile für den Käufer mit

---

[24] Koller/Kindler/Roth/Drüen/*Roth,* § 376 Rn. 9.

sich bringt.[25] § 377 HGB schützt daher in erster Linie die Belange des Verkäufers im Hinblick auf dessen erhöhtes Bedürfnis an Organisations-, Prozess- und Kalkulationssicherheit.[26] Denn ihm soll es möglich sein, auf die Rüge des Käufers hin den Kaufgegenstand umgehend auf seine Mangelhaftigkeit hin zu überprüfen, ggf. drohende Schäden rechtzeitig abzuwenden und sich gegen spätere Reklamationen zu schützen.[27] Der Verkäufer soll also von einer Dispositions- und Beweisunsicherheit befreit sein, indem er **rasch Klarheit** darüber erhält, ob das Rechtsgeschäft ordnungsgemäß abgewickelt ist.[28] Infolgedessen ist der Verkäufer vor späteren Reklamationen geschützt, da Gewährleistungsansprüche des Käufers nach längerer Zeit regelmäßig nur schwer feststellbar sind.[29] Auf diese Weise sind die Risiken im Hinblick auf die Mangelhaftigkeit der Kaufsache zwischen Verkäufer und Käufer unter Berücksichtigung der besonderen Bedürfnisse des Handelsverkehrs sachgerecht verteilt.[30] Dieser Zweck ist für die Auslegung des § 377 HGB von entscheidender Bedeutung. So ist § 377 HGB auch dann anwendbar, wenn der Verkäufer eine Garantie i. S. d. § 276 I BGB für die Mangelfreiheit der Ware übernommen hat[31] oder eine solche kraft Gesetzes besteht (z. B. § 24 LFGB). Denn die Garantie betrifft lediglich den Umfang des Vertretenmüssens z. B. i. S. d. § 280 I BGB, führt aber nicht zum Wegfall des Bedürfnisses des Verkäufers, rasch Klarheit über die ordnungsgemäße Abwicklung des Rechtsgeschäfts zu erhalten. § 377 HGB gilt auch für den Rückgriff des Verkäufers in der Lieferkette (§ 445a IV BGB).

2. Systematik

Aus dem Normzweck des § 377 HGB ergibt sich, dass diese Regelung mängelbedingte Ansprüche oder Rechte des Käufers ausschließt. Soweit die Voraussetzungen des § 377 HGB erfüllt sind, ist „etwas anderes bestimmt" i. S. d. § 437 BGB. § 377 HGB setzt also das Bestehen von Ansprüchen oder Rechten des Käufers nach § 437 BGB voraus, ohne an den Voraussetzungen dieser Ansprüche oder Rechte etwas zu ändern. Bestehen solche Ansprüche oder Rechte des Käufers nach § 437 BGB, kann der Käufer sie gleichwohl nicht geltend machen, soweit die Genehmigungsfiktion des § 377 II HGB wirkt. Insoweit ist insbesondere die Verjährungsregelung des § 438 BGB für den kaufmännischen Verkehr modifiziert. **51**

3. Voraussetzungen

Die Genehmigungsfiktion des § 377 II HGB setzt voraus, dass **(a)** der Kauf für beide Teile ein Handelsgeschäft ist, **(b)** der Käufer nicht unverzüglich, nachdem sich ein Mangel bei tunlicher Untersuchung oder später zeigt, Anzeige macht, **(c)** der Verkäufer den Mangel nicht arglistig verschwiegen hat (§ 377 V HGB) und **(d)** die Anzeige nicht zwecklos ist nach § 242 BGB (vgl. dazu auch *Lettl,* Fälle 1 und 15). **52**

---

[25] Großkomm/*Brüggemann,* § 377 Rn. 2; *K. Schmidt,* § 29 III 1a.
[26] BGH ZIP 2018, 81 Rn. 25.
[27] BGHZ 101, 49, 53; 101, 337, 345; 110, 130, 138; *BGH* WM 1985, 834.
[28] *BGH* WM 2016, 1899 Rn. 21; Baumbach/Hopt/*Leyens,* § 377 Rn. 1; *Canaris,* § 29 Rn. 42; *K. Schmidt,* § 29 III 1a.
[29] BGHZ 66, 208, 213; *BGH* NJW 1975, 2011; BB 1978, 1489.
[30] *BGH* WM 1998, 936, 938; NJW 2000, 1415, 1416.
[31] *Canaris,* § 29 Rn. 82.

a) Handelskauf

53 Es muss ein Handelskauf[32] gegeben sein. Dieser muss ein beiderseitiges Handelsgeschäft darstellen.

aa) Kaufmannseigenschaft von Verkäufer und Käufer

54 Sowohl der Verkäufer als auch der Käufer müssen Kaufmann sein. Für die Person des Käufers findet dieses Erfordernis seine Rechtfertigung darin, dass nur einem Kaufmann eine Untersuchungs- und Rügeobliegenheit nach § 377 HGB zuzumuten ist.[33] § 377 HGB gilt auch für den Scheinkaufmann, allerdings nur zu seinem Nachteil als Käufer, nicht auch zu seinem Vorteil als Verkäufer.[34] Teilweise fordert das Schrifttum eine Ausdehnung des Anwendungsbereichs von § 377 HGB im Wege analoger Anwendung auf alle Unternehmer.[35] Denn insbesondere wissenschaftliche Unternehmen, selbständige Künstler und Freiberufler (z. B. Architekten, Ärzte und Rechtsanwälte) böten ebenso wie Gewerbetreibende das am Markt an, was man heute im weitesten Sinne „Produkt" nenne. Es sei nicht gerechtfertigt, diese vom Gesetzgeber des HGB nicht in den Blick genommenen Unternehmer gegenüber einem Kaufmann zu privilegieren. Eine analoge Anwendung von § 377 HGB auf alle Unternehmer kommt jedoch schon deshalb nicht in Betracht, weil es an einer planwidrigen Regelungslücke fehlt. Denn der Gesetzgeber unterscheidet zwischen Kaufleuten und Unternehmern (vgl. § 445a III und IV BGB). Auf Kleingewerbetreibende i. S. d. HGB, die nicht in das Handelsregister eingetragen und deshalb nicht Kaufmann sind, ist § 377 HGB weder zu ihren Gunsten als Verkäufer noch zu ihren Lasten als Käufer anwendbar.[36] Rechtspolitisch mag dies zweifelhaft sein, da der Regelungszweck des § 377 HGB auch für sie gilt. Doch ist insoweit die Gesetzesbegründung eindeutig, so dass es an einer planwidrigen Regelungslücke fehlt. Außerdem sprechen Rechtssicherheit und Rechtsklarheit für die Nichtanwendung von § 377 HGB auf Kleingewerbetreibende.

bb) Handelsgeschäft

55 Das Geschäft muss zum Betrieb des Handelsgewerbes sowohl des Verkäufers als auch des Käufers gehören (§§ 343 f. HGB).

b) Untersuchungsobliegenheit (§ 377 I HGB)

56 Der Käufer hat die Ware unverzüglich nach der Ablieferung durch den Verkäufer, soweit dies nach ordnungsmäßigem Geschäftsgang tunlich ist, zu untersuchen.

aa) Ablieferung durch den Verkäufer

57 Die Ablieferung durch den Verkäufer bestimmt den Zeitpunkt, ab dem den Käufer die Untersuchungsobliegenheit (und Anzeigepflicht) trifft. Sie ist daher für die Anwendung von § 377 HGB von entscheidender Bedeutung.

---

[32] Vgl. zu diesem Begriff Rn. 2–4.
[33] Denkschrift, S. 223 f.; *Canaris*, § 29 Rn. 43.
[34] Koller/Kindler/Roth/Drüen/*Roth*, § 377 Rn. 4.
[35] *K. Schmidt*, § 29 III 2b u. § 9 IV 2a cc.
[36] BT-Drs. 13/8444, S. 30; Baumbach/Hopt/*Hopt*, § 377 Rn. 3; *Canaris*, § 29 Rn. 47; Koller/Kindler/Roth/Drüen/*Roth*, § 377 Rn. 4.

(1) Begriff. Ablieferung (vgl. auch § 438 II BGB) ist ein tatsächlicher Vorgang und **58** setzt die Erlangung des unmittelbaren Besitzes durch den Käufer voraus. Dies bedeutet, dass der Käufer anstelle des Verkäufers die tatsächliche Verfügungsgewalt über die Ware erhält und der Käufer tatsächlich in die Lage versetzt ist, die Ware zu untersuchen.[37] Regelmäßig fällt die Ablieferung mit der Übergabe zusammen.

Beispiel: Software ist mit der Übergabe der Datenträger und den geschuldeten Benutzerhandbüchern sowie nach Durchführung vereinbarter Installationsarbeiten abgeliefert. Denn erst dann besteht für den Käufer die Möglichkeit, die Ware zu untersuchen. Der Durchführung eines im Wesentlichen ungestörten Probelaufs der Software bedarf es für die Ablieferung nicht.[38] Ist die Übergabe von Benutzerhandbüchern und die Installation nicht geschuldet, liegt bereits in der Übergabe der Anlage und der Datenträger die Ablieferung i. S. d. § 377 I HGB.

Ablieferung i. S. d. § 377 I HGB liegt nur vor, wenn sie am rechten Ort, zur rechten **59** Zeit und im Wesentlichen vollständig erfolgt.[39] Denn hat der Verkäufer eine Hauptleistungspflicht teilweise nicht erfüllt, ohne dass ein Fall der – lediglich Quantitätsabweichungen erfassenden – Minderlieferung i. S. d. § 434 III Alt. 2 BGB vorliegt, besteht insoweit der ursprüngliche Erfüllungsanspruch unverändert fort. Es kann dann mangels Anwendbarkeit des Gewährleistungsrechts nicht zu dessen Modifikation durch § 377 HGB kommen.

Beispiel: Es fehlt an einer Ablieferung, wenn lediglich die Software, nicht aber die ebenfalls geschuldeten Benutzerhandbücher geliefert sind.[40]

(2) Einzelheiten. (a) Holschuld. Bei einer Holschuld kommt es mit der Übergabe **60** an den Käufer am Ort des Verkäufers zur Ablieferung. Dies gilt auch dann, wenn die Kaufsache noch längere Zeit nach Kaufabschluss auf dem Grundstück des Verkäufers verbleibt und der Käufer sie dort erst später abholen soll. Denn erst nach der Übergabe ist für den Käufer bei objektiver Betrachtungsweise erkennbar, dass ihm anstelle des Verkäufers nunmehr die Verfügungsmöglichkeit über die Kaufsache zusteht und er die Ware untersuchen kann.[41]

(b) Einsatz von Transportpersonen. Befördern Transportpersonen die Ware, liegt **61** Ablieferung schon dann vor, wenn der Käufer die Transportperson beauftragt hat und der Verkäufer die Ware der Transportperson übergibt. Ist die Transportperson hingegen vom Verkäufer beauftragt, kommt es zur Ablieferung erst mit der Übergabe an den Käufer.

(c) Streckengeschäft. Das Streckengeschäft ist dadurch gekennzeichnet, dass der Verkäufer die Ware nicht dem Käufer, sondern vereinbarungsgemäß einem Dritten übergeben soll. **62**

Beispiel: Kaufmann A kauft von Kaufmann B 20 000 Bretter, die A an C weiterverkauft. Hier wäre es umständlich, wenn B zunächst an A und A wieder an C liefern müsste. Stattdessen vereinbaren A und B zweckmäßigerweise, dass B die Bretter gleich an C liefern soll.

---

[37] BGHZ 60, 5, 6; 93, 338, 346; *BGH* NJW 1961, 730; *K. Schmidt*, § 29 III 2c.
[38] BGHZ 143, 307, 311.
[39] *BGH* NJW 1961, 730, 731; NJW-RR 1990, 1462, 1465; NJW 1993, 2436, 2438; **a. A.** *Canaris*, § 29 Rn. 66.
[40] *BGH* WM 1993, 111.
[41] BGHZ 93, 338, 346.

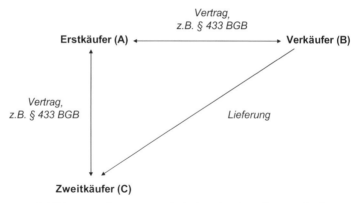

Abbildung 18: Personenverhältnisse bei Streckengeschäft

63   Bei einem solchen Geschäft liegt die Ablieferung an den Erstkäufer mit der Auslieferung an den Dritten vor.

Beispiel: In dem unter Rn. 62 geschilderten Beispiel liegt eine Ablieferung an B vor, wenn A die Ware an C übergibt.

64   **(d) Annahmeverweigerung.** Verweigert der Käufer die Annahme, liegt keine Ablieferung vor. Es kann jedoch Annahmeverzug eintreten. Nimmt der Käufer die Sache nur unter Vorbehalt an, ist Ablieferung als rein tatsächlicher Vorgang eingetreten.[42]

65   **(e) Nacherfüllung.** Bei Nacherfüllung in Form der Nachbesserung (§ 439 I Alt. 1 BGB) ist die Ablieferung erst nach dem Abschluss der Nachbesserungsarbeiten und ggf. der erneuten Übergabe der Ware an den Käufer möglich.[43] Bei Nacherfüllung in Form der Nachlieferung (§ 439 I Alt. 2 BGB) bedarf es der Ablieferung der (anderen) mangelfreien Sache. Der Käufer muss zur Erhaltung seiner Mängelrechte die nachgebesserte oder nachgelieferte Sache erneut unverzüglich untersuchen. Bei Nachbesserung ist diese Untersuchungsobliegenheit nicht auf das Fehlen der bei der ursprünglich gelieferten Sache festgestellten und gerügten Mängel beschränkt.[44]

bb)   Unverzüglich

66   **(1) Fristbeginn.** Die nach den Umständen des Einzelfalls zu bestimmende Frist beginnt mit der Ablieferung der Ware.

67   **(2) Fristdauer.** Unverzüglich bedeutet „ohne schuldhaftes Zögern" (§ 121 I 1 BGB).[45] Hierfür gelten strenge Anforderungen.

Beispiel: Im Obst und Gemüsehandel kann die Frist lediglich Stunden betragen.[46]

---

[42]   Koller/Kindler/Roth/Drüen/*Roth,* § 377 Rn. 6a.
[43]   BGHZ 143, 307, 313.
[44]   *Mankowski,* NJW 2006, 865.
[45]   *Canaris,* § 29 Rn. 67.
[46]   Großkomm/*Brüggemann,* § 377 Rn. 106.

cc) Untersuchen

Untersuchen heißt, dass der Käufer zu prüfen hat, ob der Verkäufer die richtige Ware **68** in der richtigen Qualität und Menge geliefert hat. Inhalt und Umfang der Untersuchung bestimmen sich danach, inwieweit sie „nach ordnungsmäßigem Geschäftsgang tunlich ist". Die (subjektiven) Fähigkeiten und Kenntnisse des Käufers sind unerheblich. Die Untersuchung ist vielmehr mit der objektiv gebotenen Sorgfalt durchzuführen. Es kommt also entscheidend darauf an, welche Maßnahme nach **objektiver Sachlage** für die Untersuchung eines branchentypischen Käufers zur Erhaltung seiner Gewährleistungsrechte auch unter Berücksichtigung der schutzwürdigen Interessen des Verkäufers **zumutbar** ist.[47] Hierfür kommt es auf eine Interessenabwägung unter Berücksichtigung der Umstände des Einzelfalls an.[48] Dabei ist zunächst der Schutzzweck des § 377 HGB, der in erster Linie den Interessen des Verkäufers dient (Rn. 50), zu berücksichtigen.[49] Das schutzwürdige Interesse des Verkäufers an Rechtsklarheit ist vor allem dann besonders groß, wenn der Käufer die Kaufsache bestimmungsgemäß zu wertvollen Objekten weiterverarbeitet, so dass hohe Mangelfolgeschäden entstehen können und nur der Käufer das Ausmaß der drohenden Schäden beurteilen kann.[50] Umgekehrt sind die Anforderungen an eine ordnungsgemäße Untersuchung nicht zu hoch anzusetzen.[51] Eine Abwälzung des sich aus den fehlerhaften Leistungen des Verkäufers ergebenden Risikos auf den Käufer soll nämlich ausgeschlossen sein.[52] Als abwägungsbedeutsame Umstände des Einzelfalles können Parteiabreden, Handelsbräuche (§ 346 HGB), Art und Menge der gelieferten Ware, technische Prüfungsmöglichkeiten, zeitlicher, technischer oder finanzieller Aufwand für eine Untersuchung, Branchengepflogenheiten, Auffälligkeiten der gelieferten Ware, die Bedeutung zu erwartender Mangelfolgen, das Erfordernis eigener technischer Kenntnisse/die Notwendigkeit zur Vornahme der Prüfung durch Dritte oder bereits bei früheren Lieferungen aufgetretene Mängel sein.[53] Die Prüfung muss nach Umfang und Intensität nicht alle irgendwie denkbaren Mängel der Ware erfassen.[54] Denn damit würde das Mangelrisiko einseitig auf den Käufer verlagert und der Verkäufer systemwidrig von diesen Risiken entlastet.

Beispiele: Beim Kauf von Konservendosen ist das Öffnen einer repräsentativen Zahl von Dosen zum Zwecke der Stichprobe, beim Kauf einer Maschine die Prüfung von deren Funktionstauglichkeit geboten.

Beim Streckengeschäft, bei dem der Verkäufer die Ware vereinbarungsgemäß an einen **69** nichtkaufmännischen Dritten (z. B. Zweitkäufer) liefert, ist es Sache des kaufmännischen Erstkäufers (z. B. Zweitverkäufer) für eine unverzügliche Untersuchung durch den Dritten zu sorgen.[55]

---

[47] *BGH* WM 2016, 1899 Rn. 20; *BGH* ZIP 2018, 81 Rn. 25; *K. Schmidt,* § 29 III 5a.
[48] *BGH* WM 2016, 1899 Rn. 20.
[49] *BGH* WM 2016, 1899 Rn. 21.
[50] *BGH* WM 2016, 1899 Rn. 21.
[51] *BGH* ZIP 2018, 81 Rn. 25.
[52] *BGH* WM 2016, 1899 Rn. 22; *BGH* ZIP 2018, 81 Rn. 25.
[53] *BGH* WM 2016, 1899 Rn. 22f.; *Canaris,* § 29 Rn. 61.
[54] *BGH* ZIP 2018, 81 Rn. 26.
[55] BGHZ 110, 130, 139; Großkomm/*Brüggemann,* § 377 Rn. 38; *Padeck,* Jura 1987, 454, 455.

dd) Bedeutung der Untersuchungsobliegenheit für die Anwendung von § 377 HGB

70 § 377 II HGB knüpft die Genehmigungsfiktion lediglich an die unterbliebene Mängelanzeige, nicht aber an die Verletzung der Untersuchungsobliegenheit. Es kommt daher für § 377 II HGB nicht darauf an, ob eine Untersuchung stattfindet. Die Untersuchungsobliegenheit des § 377 I HGB hat daher lediglich Bedeutung für die Erkennbarkeit eines Mangels als Voraussetzung der Anzeigeobliegenheit des Käufers und die Bestimmung der Anzeigefrist des § 377 I HGB.[56]

c) Mangelhaftigkeit der Kaufsache

71 Der Begriff des Mangels erfasst jedenfalls den Begriff des Sachmangels i. S. sämtlicher Alternativen des § 434 BGB. Nach einer Auffassung im Schrifttum ist der Begriff des Mangels i. S. d. § 377 I HGB auf den Begriff des Sachmangels in § 434 BGB beschränkt.[57] Ein Rechtsmangel i. S. d. § 435 BGB könne hingegen die Mangelhaftigkeit der Kaufsache nach § 377 I HGB nicht begründen, da der Käufer durch eine Untersuchung üblicherweise nur Sachmängel feststellen könne. Für dieses Ergebnis spricht an sich auch der Wortlaut des § 377 HGB (Untersuchung der *Ware* und Mangel bei Untersuchung *erkennbar*) sowie der Umstand, dass der Gesetzgeber trotz der nunmehrigen Gleichstellung von Sach- und Rechtsmängeln im BGB die Regelung des § 377 HGB unverändert lässt. Dies legt es an sich nahe, dass die Neuregelung im BGB ohne Auswirkungen auf § 377 HGB bleiben soll. Gegen eine solche Beschränkung auf einen Sachmangel bringen andere[58] jedoch zu Recht vor, dass Sach- und Rechtsmängel im BGB gleichgestellt seien. Dies gelte insbesondere für § 438 BGB, den § 377 HGB modifiziere. Hinzu kommt, dass der Sinn und Zweck der Rügeobliegenheit, Rechtsklarheit zu schaffen, auch bei einem Rechtsmangel besteht. § 377 HGB gilt daher auch für Rechtsmängel i. S. d. § 435 BGB. Daher muss der Käufer dem Verkäufer unverzüglich anzeigen, wenn einem Dritten in Bezug auf die Kaufsache bestimmte, nicht vom Käufer im Kaufvertrag übernommene Rechte zustehen.

Beispiel: A verkauft einen Teil seines Unternehmens an B. A überträgt auch die Marke für das Produkt, das dieser Unternehmensteil herstellt und vertreibt, auf B. Macht der Dritte C Rechte an dieser Marke gegenüber B geltend, muss B dies A unverzüglich nach § 377 III HGB anzeigen.

72 Eine beschädigte oder fehlende Verpackung ist ein Mangel, wenn sie die Wertschätzung oder Brauchbarkeit etwa zur Weiterveräußerung beeinträchtigt.[59] Die Falschlieferung und die Minderlieferung sind nach § 434 III BGB einem Sachmangel gleichgestellt. Auf die Genehmigungsfähigkeit der Falschlieferung kommt es – auch bei einem Handelskauf – nicht an.[60]

d) Keine unverzügliche Anzeige des Mangels (§ 377 I–IV HGB)

73 Im Hinblick auf die Verletzung der Anzeigeobliegenheit ist zu unterscheiden, ob der Mangel erkennbar ist oder nicht. Denn nur bei tunlicher Untersuchung erkennbare Mängel sind unverzüglich anzuzeigen. Für den Beginn der Unverzüglichkeit kommt

---

[56] Zur Rügefrist vgl. Rn. 76f.
[57] So MünchKomm/*Grunewald,* § 377 Rn. 53.
[58] So etwa Baumbach/Hopt/*Leyens,* § 377 Rn. 12 und *Canaris,* § 29 Rn. 52.
[59] BGHZ 66, 208, 212; 87, 88, 91; *BGH* WM 1983, 1155.
[60] Palandt/*Weidenkaff,* § 434 BGB Rn. 52b; *Lettl,* JuS 2002, 866, 868.

es weiter darauf an, ob der Mangel anfänglich erkennbar ist (§ 377 I, II HGB) oder sich erst später zeigt (§ 377 III HGB).

aa) Anfänglich erkennbarer Mangel (§ 377 I, II HGB)

Zeigt sich bei tunlicher Untersuchung ein Mangel, muss der Käufer dem Verkäufer unverzüglich (§ 121 I 1 BGB) Anzeige machen. Dem steht der Fall gleich, dass der Käufer Mängel bei Ablieferung ohne Untersuchung erkennt oder sie ihm bekannt sind (gleich, woher die Kenntnis stammt). Bei Teil- und Sukzessivlieferungen ist wiederholt anzuzeigen, d. h. jede einzelne Lieferung zu rügen, wenn sich Mängel zeigen.[61] Auf die Erkennbarkeit der Gefahr eines Mangelfolgeschadens kommt es nicht an. **74**

(1) Anzeige. Die – auch formlos mögliche – Anzeige ist keine Willenserklärung, sondern eine geschäftsähnliche Handlung des Käufers zur Erhaltung seiner Ansprüche und Rechte wegen eines Mangels.[62] Daher sind die meisten Regelungen über Willenserklärungen (§§ 104 ff. BGB; §§ 164 ff. BGB, wegen Einseitigkeit auch §§ 174, 180 BGB) entsprechend anzuwenden. Insbesondere muss die Anzeige analog § 130 I 1 BGB zugehen, ohne dass dem § 377 IV HGB entgegenstünde.[63] Inhaltlich muss die Anzeige **hinreichend bestimmt** sein.[64] Sie muss also jeden vorgefundenen Mangel so substantiiert beschreiben, dass der Verkäufer sich davon ein Bild machen und ggf. für Abhilfe sorgen kann. Nur auf diese Weise ist der Normzweck des § 377 HGB zu erreichen und der Verkäufer vor einem Nachschieben nicht konkretisierter Reklamationen geschützt. Eine bloße Zurückweisung der Ware oder eine allgemeine Beanstandung (z. B. Bezeichnung der Ware als „Mist" oder „vertragswidrig") genügt daher nicht. Kommt es zur Nacherfüllung in Form der Nachlieferung (§ 439 I Alt. 2 BGB), kann der Käufer indes auch solche Mängel der nachgelieferten Ware anzeigen, die bereits der ursprünglichen Ware anhafteten und die der Käufer nicht (rechtzeitig) angezeigt hatte. Denn insoweit ist auf Grund des vollständigen Warenaustauschs nunmehr allein die nachgelieferte Ware maßgeblich.[65] Da es demgegenüber bei der Nachbesserung (§ 439 I Alt. 1 BGB) nicht zum vollständigen Warenaustausch kommt, kann der Käufer auch nach erfolgter Nachbesserung keine Mängel mehr rügen, die er nach der ursprünglichen Ablieferung der Ware nicht rechtzeitig angezeigt hat.[66] Vielmehr ergibt sich aus der Mängelanzeige nach ursprünglicher Ablieferung im Umkehrschluss, dass der Käufer die Ware im Übrigen als vertragsgemäß erachtet. Einschränkungen bei der Bestimmtheit der Rüge sind geboten, wenn der Käufer nach Nacherfüllung durch den Verkäufer anzeigt, dass der bisher vorhandene Mangel weiterhin gegeben ist. Hier muss der Käufer den Mangel nicht erneut hinreichend bestimmt anzeigen. Es genügt vielmehr der Hinweis, dass der bisher vorhandene Mangel weiterhin gegeben ist, sofern der Verkäufer damit ausreichend unterrichtet und der Normzweck des § 377 HGB erfüllt ist. Haftet der nachgebesserten oder nachgelieferten Ware hingegen ein anderer als der zunächst angezeigte Mangel an, so muss der Käufer dem Verkäufer diesen Mangel hinreichend bestimmt anzeigen (bei nachgebesserter Ware wird dies meist **75**

---

[61] BGHZ 101, 337, 339.
[62] Baumbach/Hopt/*Leyens,* § 377 Rn. 32; Koller/Kindler/Roth/Drüen/*Roth,* § 377 Rn. 11.
[63] Vgl. dazu näher Rn. 84 f.
[64] *BGH* WM 1998, 936, 938; *Canaris,* § 29 Rn. 67.
[65] Großkomm/*Brüggemann,* § 377 Rn. 154; MünchKomm/*Grunewald,* § 377 Rn. 95.
[66] *Mankowski,* NJW 2006, 865, 869.

freilich nicht mehr unverzüglich sein). Der Käufer kann eine unzureichende Anzeige (innerhalb der Frist) korrigieren.

76 **(2) Unverzüglich. (a) Fristbeginn.** Der Käufer muss, wenn sich ein Mangel zeigt, diesen unverzüglich anzeigen. Handelt es sich um einen Mangel, den der Käufer bereits kennt oder der bei Ablieferung erkennbar ist, muss der Käufer diesen Mangel unverzüglich nach Ablieferung anzeigen.[67] Insoweit kommt es auf die Dauer einer etwaigen Untersuchung nicht an. Liegt ein Mangel vor, der erst bei gehöriger Untersuchung erkennbar ist, beginnt die Anzeigefrist erst ab dem Zeitpunkt, zu dem der Mangel bei gehöriger Untersuchung erkennbar geworden wäre. Bei Nachbesserung beginnt die Frist mit endgültigem Scheitern der Nachbesserung.

77 **(b) Fristdauer.** Unverzüglich bedeutet „ohne schuldhaftes Zögern" (§ 121 I 1 BGB).[68] Der Rechtsprechung zufolge kommt es deshalb auf ein Verschulden des Käufers an. Die Anzeige eines erkannten Mangels habe nämlich „mangels entschuldbarer (§ 121 I 1 BGB) Hindernisse alsbald zu erfolgen".[69] Hierfür gelte ein strenger Maßstab, da jede Nachlässigkeit in der Erfüllung der Anzeigeobliegenheit (z. B. Organisationsverschulden) zu Lasten des Käufers gehe. Teile des Schrifttums[70] wollen demgegenüber das Tatbestandsmerkmal unverzüglich nicht verschuldensbezogen, sondern allein objektiv verstehen. Danach kommt es allein auf die objektive Verzögerung der Anzeige an. In den weitaus meisten Fällen gelangen beide Auffassungen zu denselben Ergebnissen.

bb) Später auftretender Mangel (§ 377 III HGB)

78 Liegt kein Fall anfänglicher Erkennbarkeit des Mangels nach § 377 I HGB vor, entsteht die Rügelast, wenn der Käufer den Mangel später entdeckt. Ab diesem Zeitpunkt ist ebenfalls unverzüglich zu rügen (§ 377 III HGB). Dem Käufer obliegt aber bei einem zunächst unerkennbaren Mangel nicht laufend die Untersuchung („Zeigt sich …"). Die spätere Entdeckung des Mangels kann etwa dadurch geschehen, dass die Abnehmer des Käufers Mängelrügen erheben. Ein Zwischenhändler, der die Ware selbst geliefert erhält und sie sodann an seine Abnehmer liefert, darf aber grundsätzlich nicht abwarten, bis seine Abnehmer die Ware untersuchen und ggf. Mängel anzeigen.[71]

cc) Besonderheiten beim Streckengeschäft

79 **(1) Erforderlichkeit von Untersuchung und Anzeige.** Auch beim Streckengeschäft, bei dem der (Erst-)Verkäufer die Ware vereinbarungsgemäß an einen Dritten (z. B. Leasingnehmer) liefert,[72] ist es Sache des kaufmännischen (Erst-)Käufers (z. B. Leasinggebers), bekannte, bei ordnungsgemäßer Untersuchung erkennbare oder sich später zeigende Mängel unverzüglich anzuzeigen. Der (Erst-)Käufer muss daher für eine unverzügliche Mängelanzeige sorgen, auch wenn dieser Dritte Nichtkaufmann ist.[73]

---

[67] *Brox/Henssler,* Rn. 410.
[68] Großkomm/*Brüggemann,* § 377 Rn. 106.
[69] BGHZ 93, 338, 348.
[70] So etwa *K. Schmidt,* § 29 III 5a.
[71] *K. Schmidt,* § 29 III 5a.
[72] Vgl. dazu auch schon Rn. 62f. u 69.
[73] BGHZ 110, 130, 139; Großkomm/*Brüggemann,* § 377 Rn. 38.

Eine teleologische Reduktion des § 377 HGB ist nicht geboten.[74] Denn die Vertragsbeziehung zwischen dem Verkäufer und dem (Erst-)Käufer unterscheidet sich in keiner Weise von einem gewöhnlichen Handelskauf. Es geht also gar nicht um die Frage, ob § 377 HGB auch auf einen bestimmten Vertragstypus (z. B. Leasing-Vertrag) anwendbar ist oder ob auf eine bestimmte Person (z. B. Leasingnehmer) die strengen Vorschriften des Handelsrechts anzuwenden sind. Eine teleologische Reduktion von § 377 HGB ist auch nicht deshalb geboten, weil der (Erst-)Käufer besonders schutzbedürftig wäre. Zwar trägt der (Erst-)Käufer, sofern der (Zweit-)Käufer nicht ebenfalls Kaufmann ist und ihm infolgedessen obliegt, unverzüglich zu rügen, das Risiko, dass der (Zweit-)Käufer nicht rechtzeitig rügt. Denn der (Erst-)Käufer ist dann einerseits dem berechtigten Kaufpreisanspruch des (Erst-)Verkäufers und andererseits den Gewährleistungsrechten des nicht mit der Rügeobliegenheit belasteten (Zweit-)Käufers ausgesetzt. Gleichwohl obliegt es grundsätzlich dem (Erst-)Käufer, für eine unverzügliche Untersuchung der Ware und ggf. Mängelanzeige durch den (Zweit-)Käufer zu sorgen. Die bloße Hinzuziehung eines nichtkaufmännischen Dritten zum Zwecke der Annahme der Ware (Streckengeschäft) führt nämlich nicht zu einer stillschweigenden Abbedingung des § 377 HGB.[75] Eine Begrenzung seines wirtschaftlichen Risikos muss der (Erst-)Käufer durch vertragliche Regelungen herbeiführen.[76] So besteht z. B. für den Leasingnehmer kraft Gesetzes gegenüber dem Leasinggeber nur die Anzeigepflicht nach § 536c I BGB. Ohne besondere Abrede trifft den Leasingnehmer hingegen keine Rügeobliegenheit gegenüber dem Leasinggeber nach § 377 HGB.[77]

(2) Bestimmung der Anzeigefrist. Beim Streckengeschäft kann es zu einer Verlängerung der Anzeigefrist des (Erst-)Käufers gegenüber dem (Erst-)Verkäufer kommen, wenn der (Erst-)Käufer die Untersuchung dem Dritten überlässt und der (Erst-)Verkäufer erst zu einem späteren Zeitpunkt mit dem Beginn der Anzeigefrist rechnen muss. Denn es genügt dann die unverzügliche Mängelanzeige des Dritten gegenüber dem (Erst-)Käufer und die daran anschließende unverzügliche Rüge des (Erst-)Käufers gegenüber dem (Erst-)Verkäufer.[78] Hierfür sind zwei Möglichkeiten denkbar, die beide in gleicher Weise berechtigt sind, zumal sie zu demselben Ergebnis führen. **80**

(a) Hinausschieben des Fristbeginns. Die erste Möglichkeit besteht darin, den Beginn der Anzeigefrist des (Erst-)Käufers hinauszuschieben. So, wenn man darauf abstellt, dass die *Frist,* innerhalb derer der (Erst-)Käufer gegenüber dem (Erst-)Verkäufer zu rügen hat, erst ab dem Zeitpunkt *beginnt,* zu dem der Dritte gegenüber dem (Erst-) Käufer ohne Weiteres oder bei gehöriger Untersuchung erkennbare Mängel unverzüglich angezeigt haben müsste. **81**

(b) Verlängerung der Fristdauer. Die zweite Möglichkeit besteht darin, die Frist für die Anzeige des (Erst-)Käufers gegenüber dem (Erst-)Verkäufer zwar mit der Ablieferung bei dem Dritten beginnen zu lassen, doch die *Fristdauer* zu verlängern. Eine Verlängerung der Anzeigefrist ergibt sich dadurch insoweit, als zunächst der Dritte gegen- **82**

---

[74] BGHZ 110, 130, 141 f.; **a. A.** Koller/Kindler/Roth/Drüen/*Roth,* § 377 Rn. 3; *Canaris,* § 29 Rn. 49 u. AcP 190 (1990), 410, 428 ff.; *J. Hager,* AcP 190 (1990), 324, 349.
[75] BGHZ 110, 130, 141.
[76] Vgl. dazu Rn. 94.
[77] BGHZ 110, 130, 142.
[78] Vgl. etwa *BGH* BB 1954, 954; Baumbach/Hopt/*Leyens,* § 377 Rn. 37; *K. Schmidt,* § 29 III 6b aa.

über dem (Erst-)Käufer unverzüglich Mängel anzeigen muss und der (Erst-)Käufer danach gegenüber dem (Erst-)Verkäufer unverzüglich Mängel anzeigen muss. Daher kann hier die zu wahrende Frist durch die Addition der Frist für die Mängelanzeige des Dritten gegenüber dem (Erst-)Käufer und der daran anschließenden Frist für die Mängelanzeige des (Erst-)Käufers gegenüber dem (Erst-)Verkäufer zu bestimmen sein. Es kann also insbesondere genügen, dass der Dritte gegenüber dem (Erst-)Käufer unverzüglich Mängel anzeigt und der (Erst-)Käufer diese Anzeige unverzüglich an den (Erst-)Verkäufer weiterleitet.

83 Der (Erst-)Verkäufer muss insbesondere dann mit einer späteren Anzeige des (Erst-)Käufers rechnen, wenn sich dies ausdrücklich oder aus den Umständen des Vertrags ergibt.

Beispiel: Hersteller A verkauft an Händler B eine landwirtschaftliche Maschine, deren Funktionsfähigkeit nur bei tatsächlichem Einsatz in der Landwirtschaft festzustellen ist. B teilt A mit, dass er selbst als Händler keinen landwirtschaftlichen Betrieb unterhalte, er die Maschine an den Landwirt C weiterveräußern und von diesem untersuchen lassen wolle. A möge deshalb die Maschine gleich an C liefern. Leitet B die unverzügliche Mängelanzeige des C unverzüglich an A weiter, erfüllt B die ihm gegenüber A obliegende Anzeigeobliegenheit nach § 377 HGB ordnungsgemäß.

84 **(3) Folgen vermeidbarer Verzögerung der Mängelanzeige.** Bei einer vermeidbaren Verzögerung der Mängelanzeige muss sich der (Erst-)Käufer den aus § 377 II HGB folgenden Rechtsnachteil vom (Erst-)Verkäufer entgegenhalten lassen.[79] Der (Erst-)Käufer trägt daher das volle Risiko, dass der Dritte nicht unverzüglich untersucht und ggf. unverzüglich Mängel anzeigt. Dies gilt auch dann, wenn der Dritte Nichtkaufmann ist, dem gegenüber dem (Erst-)Käufer keine Untersuchungs- und Anzeigeobliegenheit i. S. d. § 377 HGB obliegt.[80] Die überwiegende Auffassung sieht hier – sofern man für die Versäumung der Anzeigefrist Verschulden voraussetzt – entweder ein Eigenverschulden des (Erst-)Käufers, weil der (Erst-)Käufer nicht für eine rechtzeitige Anzeige des Dritten gesorgt habe, oder beurteilt den Dritten hinsichtlich der Untersuchungs- und Anzeigeobliegenheit des (Erst-)Käufers als Erfüllungsgehilfen des (Erst-)Käufers.[81] Ein etwaiges Verschulden des Dritten sei dem (Erst-)Käufer nach § 278 BGB zuzurechnen. Denn es sei kein Grund ersichtlich, warum der (Erst-)Verkäufer nicht durch § 377 HGB geschützt sein soll, nur weil der kaufmännische (Erst-)Käufer zur Erfüllung seiner Anzeigeobliegenheit einen Nichtkaufmann einsetzt. Beurteilt man das Tatbestandsmerkmal unverzüglich allein objektiv,[82] kommt es allein auf die objektive Verzögerung der Anzeige an, wobei eine verspätete Anzeige des Dritten der Risikosphäre des (Erst-)Käufers zuzurechnen ist.

dd) Fristwahrung

85 Sendet der Käufer die Anzeige innerhalb der Frist, d. h. unverzüglich, ordnungsgemäß ab, geht sie aber erst nach Ablauf der Frist beim Verkäufer zu, ist dies unschädlich. Die Anzeigeobliegenheit ist nicht verletzt. Denn das Risiko der Verzögerung bei der Übermittlung der Anzeige trägt der Verkäufer, da die rechtzeitige Absendung der Anzeige durch den Käufer zur Erhaltung der Rechte des Käufers genügt (§ 377 IV HGB).

---

[79] BGHZ 110, 130, 139.
[80] Vgl. auch schon Rn. 79.
[81] *BGH* BB 1954, 954; Baumbach/Hopt/*Leyens,* § 377 Rn. 37.
[82] So etwa *K. Schmidt,* § 29 III 4 a.

Wer trägt hingegen das Risiko des Verlustes der Anzeige? Der Wortlaut des § 377 IV HGB erfasst auch den Fall des Verlusts der Anzeige. Eine Auffassung im Schrifttum spricht sich aus Gründen des Käuferschutzes für eine Gleichbehandlung von Verzögerungs- und Verlustrisiko aus.[83] Denn der Verkäufer zwinge den Käufer auf Grund der Nichtbeachtung der Obliegenheit zur mangelfreien Lieferung zur Abgabe der Anzeige. Doch ist die Anzeige nach überwiegender, zutreffender Auffassung[84] eine empfangsbedürftige Erklärung (§ 130 I 1 BGB), so dass das Verlustrisiko den Käufer trifft. Hierfür spricht bereits das Wort „Anzeige". Außerdem betrifft § 377 IV HGB nur die Beurteilung der Rechtzeitigkeit, nicht auch den Zugang. Schließlich ergibt sich aus dem Sinn und Zweck von § 377 HGB, dem Verkäufer die Überprüfung einer Mängelanzeige zu ermöglichen, dass diese Anzeige dem Verkäufer zugehen muss. Die Wirksamkeit der Erklärung setzt also ihren Zugang beim Verkäufer voraus. Dementsprechend muss der Käufer den Zugang der Mängelanzeige beweisen. Eine Berufung auf § 377 IV HGB ist dem Käufer daher nur möglich, wenn er die Übermittlung der Anzeige überwacht und bei Verlust eine neue Anzeige absendet.[85]

e) Kein arglistiges Verschweigen des Mangels durch den Verkäufer (§ 377 V HGB)

Der Verkäufer kann sich nicht auf eine Verletzung der Rügeobliegenheit berufen, wenn er den Mangel arglistig verschwiegen hat (§ 377 V HGB). Dem ist der Fall gleichzustellen, dass der Verkäufer eine bestimmte Beschaffenheit garantiert (§§ 443, 276 BGB), das Fehlen der Beschaffenheit verschweigt oder arglistig eine nicht vorhandene Beschaffenheit vorspiegelt.[86] Arglistig handelt der Verkäufer auch dann, wenn er die Ware auf die Anzeige des Käufers zurücknimmt und dem Käufer dieselbe Ware mit der wahrheitswidrigen Erklärung abliefert, er habe die Mängel beseitigt. Arglist setzt Vorsatz voraus. Der Verkäufer muss das Vorliegen des Mangels kennen oder zumindest für möglich halten. Bedingter Vorsatz genügt. Er liegt schon dann vor, wenn der Verkäufer, obwohl er mit dem Vorliegen eines Mangels rechnet, ins Blaue hinein unrichtige Behauptungen aufstellt. Dies setzt allerdings voraus, dass der Verkäufer nach Treu und Glauben verpflichtet ist, den ihm bekannten, wesentlichen, dem Käufer unbekannten Mangel zu offenbaren (Aufklärungspflicht). Eine solche Pflicht ist dann gegeben, wenn der Käufer redlicherweise Aufklärung erwarten darf. Hierfür bestehen folgende Fallgruppen: **(1)** Fragen des Käufers muss der Verkäufer vollständig und richtig beantworten.[87] **(2)** Umstände, die für die Willensbildung des Käufers offensichtlich von ausschlaggebender Bedeutung sind, muss der Verkäufer ungefragt offenbaren.[88] Dies gilt insbesondere dann, wenn der Vertragszweck vereitelt oder erheblich gefährdet würde (z. B. Unfall eines zu verkaufenden Pkw). **(3)** Eine Aufklärungspflicht kann sich aus einem besonderen Vertrauensverhältnis zwischen Verkäufer und Käufer ergeben. Es kann bei langjähriger Geschäftsverbindung bestehen.

86

---

[83] So Baumbach/Hopt/*Leyens,* § 377 Rn. 41.
[84] BGHZ 101, 49, 53 = JuS 1987, 747 m. Anm. *Emmerich* = JZ 1987, 1028 m. krit. Anm. *Reinicke* = JR 1988, 285 m. krit. Anm. *J. Hager; Canaris,* § 29 Rn. 69; *K. Schmidt,* § 29 III 5 f.
[85] Koller/Kindler/Roth/Drüen/*Roth,* § 377 Rn. 18; *J. Hager,* JR 1988, 289; *Mössle,* NJW 1988, 1191.
[86] *BGH* NJW 1980, 782, 784.
[87] BGHZ 74, 383, 392.
[88] *BGH* NJW 1971, 1795, 1799.

f) Keine Zwecklosigkeit der Anzeige (§ 242 BGB)

87   Die Rügelast kann wegen des Grundsatzes von Treu und Glauben entfallen (§ 242 BGB). So, wenn die Anzeige von vornherein zwecklos ist.[89]

Beispiele: Der Verkäufer verlegt seinen Geschäftssitz, ohne dies dem Käufer bekannt zu geben, oder der Verkäufer gibt sein Geschäft auf,[90] so dass die Anzeige den Verkäufer ohnehin nicht erreicht hätte. – Der Verkäufer sagt vorbehaltlos Nacherfüllung zu.

4. Rechtsfolgen

a) Erfüllung der Rügeobliegenheit

88   Die Rechte des Käufers bei rechtzeitiger Anzeige eines Mangels sind die Ansprüche und Rechte nach § 437 BGB im Hinblick auf diesen Mangel. Denn mangels Eingreifens der Genehmigungsfiktion des § 377 II HGB ist nichts anderes bestimmt i. S. d. § 437 BGB. Die fristgerechte Anzeige führt also lediglich dazu, dem Käufer zustehende Mängelrechte nach § 437 BGB zu erhalten. Sie begründet keine zusätzlichen Rechte zu Gunsten des Käufers.

b) Verletzung der Rügeobliegenheit – Genehmigungsfiktion (§ 377 II HGB)

aa) Ausschluss der Mängelgewährleistung

89   Die Rechtsnachteile, die sich bei einer Verletzung der Rügeobliegenheit des Käufers ergeben, sind durch § 377 II HGB festgelegt. Danach gilt (Fiktion!) die Ware als genehmigt, wenn der Käufer die Anzeige i. S. d. § 377 I HGB unterlässt. Genehmigung bedeutet Billigung der Ware hinsichtlich des konkreten Mangels. § 377 II HGB statuiert damit die Fiktion, dass die Ware vertragsgemäß ist.[91] Der Verkäufer ist im Hinblick auf den nicht oder nicht rechtzeitig angezeigten Mangel so gestellt, als habe er mangelfrei geliefert. Das bedeutet, dass der Käufer keine Ansprüche oder Rechte wegen dieses Mangels geltend machen kann und infolgedessen insbesondere zur Zahlung des Kaufpreises in voller Höhe verpflichtet bleibt. Gewährleistungsrechte des Käufers im engeren Sinne (Nacherfüllung; Rücktritt; Minderung; Schadensersatz neben der Leistung, soweit im Zusammenhang mit einem Mangel stehend, wie Produktionsausfall wegen eines Mangels; Schadensersatz statt der Leistung wie erhöhte Kosten für einen Deckungskauf; Aufwendungsersatz) sind ausgeschlossen. Auf die Unterscheidung zwischen Mangelschaden und Mangelfolgeschaden kommt es nicht an.[92] Für sämtliche der in § 437 BGB genannten Rechtsbehelfe des Käufers ist daher „etwas anderes bestimmt" i. S. d. § 437 BGB. Der Käufer erleidet dadurch einen Rechtsverlust. § 377 HGB führt damit zu einer Abkürzung der Gewährleistungsfristen, insbesondere der Fristen nach § 438 BGB. Dies entspricht dem Sinn und Zweck des § 377 HGB, eine rasche Abwicklung zu gewährleisten. Dementsprechend ist auch ein Nachschieben der Anzeige anderer Mängel nach Ablauf der Unverzüglichkeit ausgeschlossen. Die Genehmigungsfiktion des § 377 II HGB erfasst außerdem Ansprüche auf Vertragsstrafe.

---

[89]   Koller/Kindler/Roth/Drüen/*Roth,* § 377 Rn. 29.
[90]   BGHZ 93, 338, 350.
[91]   *K. Schmidt,* § 29 III 7a.
[92]   BGHZ 66, 208, 213; 107, 331, 337; 132, 175, 178 f.; *Canaris,* § 29 Rn. 75.

Prüfungsschema Untersuchungs- und Rügeobliegenheit (§ 377 HGB)

Z. B. Anspruch des Käufers auf Nacherfüllung nach §§ 439 I, 437 Nr. 1 BGB

I. Anspruch entstanden
  1. Kaufvertrag
     a) Zu Stande kommen
     b) Wirksamkeit
  2. Mangelhaftigkeit der Kaufsache (§§ 434f. BGB)
  3. Mangelhaftigkeit der Kaufsache zum Zeitpunkt des Gefahrübergangs (§§ 446f. BGB)
  4. Kein anderes bestimmt im Sinne des Einleitungssatzes von § 437 BGB
     a) Kein Ausschluss der Mängelrechte nach § 377 II HGB
        aa) Kauf
        bb) Beiderseitiges Handelsgeschäft
        cc) Ablieferung (bei Streckengeschäft auch bei Drittem)
        dd) Mangelhaftigkeit der Kaufsache (§ 434 BGB; § 435 BGB str.)
        ee) Mangel hätte sich bei tunlicher Untersuchung gezeigt oder Mangel zeigt sich bei Untersuchung oder Mangel zeigt sich später (§ 377 III HGB)
        ff) Keine unverzügliche Anzeige des Mangels (bei Streckengeschäft Fristverlängerung)
        gg) Kein arglistiges Verschweigen des Mangels durch Verkäufer (§ 377 V HGB)
        hh) Keine Zwecklosigkeit der Mängelanzeige (§ 242 BGB)
        ii) Rechtsfolge: Ausschluss aller Ansprüche und Rechte auf Grund von Mangel
II. Anspruch nicht erloschen

Fallbeispiel:

Bäcker Siegurd Eisenkeil (E) führt seine Fabrik zum Zwecke der Herstellung und des Vertriebs von Semmeln mit weiteren 20 Angestellten, wobei allein 3 kaufmännisch vorgebildete Angestellte im Büro u. a. die Buchführung, den umfangreichen Schriftverkehr sowie die Lohnbuchhaltung erledigen. E produziert pro Tag 1 Mio. Semmeln, die er u. a. je nach Bedarf an die Einkaufsgesellschaft Aldinger GmbH & Co. KG verkauft (A-KG). Die A-KG veräußert die von E bezogenen Semmeln nach Abruf an die B-GmbH weiter. Als die B-GmbH bei der A-KG am 3. 6. Jahr 0 400 000 Semmeln abruft, fragt die A-KG durch ihren Einkaufsleiter Z noch am selben Tag bei E an, ob er am 7. 6. Jahr 0 400 000 Semmeln zum Preis von je 9 Cent in das Zentrallager der B-GmbH liefern könne. E erklärt sich damit einverstanden. E liefert fristgerecht am 7. 6. Jahr 0 400 000 Semmeln in das Zentrallager der B-GmbH. Eine Untersuchung der Ware am selben Tag ergibt, dass die Semmeln infolge des Versehens eines Angestellten des E bei der Produktion mit Chlorphosphat belastet sind, so dass ihr Verzehr erhebliche gesundheitliche Schäden verursachen würde. Der Lagerleiter der B-GmbH (L) weist noch am selben Tag in einem Telefonat mit dem Einkaufsleiter der A-KG, Z, auf diesen Umstand hin. Außerdem ruft die im Zentrallager der B-GmbH als kurzfristige Aushilfe eingestellte X noch am selben Tag bei E an und teilt mit, dass die Lieferung der 400 000 Semmeln wegen der Belastung mit Chlorphosphat in vollem Umfang mangelhaft ist. X erhofft sich, dass er dadurch Vorteile bei einer möglichen Vertragsverlängerung erhält. E erklärt gegenüber X, dass er ihn nicht kenne und die Mängelanzeige daher zurückweise. Am 24. 6. Jahr 0 stellt Z fest, dass eine Benachrichtigung des E durch die A-KG wegen der mangelhaften Lieferung bislang unterblieben ist. Z weist deshalb mit Telefax vom selben Tag E darauf hin, dass die gelieferten 400 000 Semmeln wegen der Belastung mit Chlorphosphat unverkäuflich sind und verlangt Lieferung von mangelfreien Semmeln. Zu Recht?

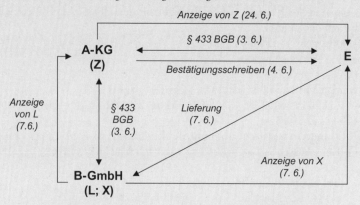

Abbildung 19: Personenverhältnisse laut Sachverhalt

Anspruch der A-KG gegen E auf Lieferung von 400 000 mangelfreien Semmeln nach §§ 439 I Alt. 2, 437 Nr. 1, 434 I 2 Nr. 2 BGB

I. Wirksamer Kaufvertrag

1. Antrag (§ 145 BGB)

Die A-KG kann nach §§ 161 II, 124 I HGB Partei eines Kaufvertrages sein, allerdings selbst keine Erklärungen abgeben. Doch könnte der Einkaufsleiter Z für die A-KG einen Antrag i. S. d. § 145 BGB abgegeben haben. Seine Erklärung wirkt nach § 164 I 1 BGB für und gegen die A-KG, wenn Z (a) in fremdem Namen aufgetreten ist und (b) mit Vertretungsmacht gehandelt hat.

a) Auftreten in fremdem Namen

Einkaufsleiter Z ruft im Namen der A-KG bei E an. Er tritt daher in fremdem Namen auf.

b) Vertretungsmacht

Prokura ist Z nicht erteilt. Daher scheidet Vertretungsmacht nach § 49 I HGB aus. Z könnte als Einkaufsleiter aber über Handlungsvollmacht i. S. d. § 54 I Alt. 2 HGB verfügen. Hierzu müsste Z ohne Erteilung von Prokura zur Vornahme einer bestimmten zum Handelsgewerbe gehörenden Art von Geschäften ermächtigt sein. Prokura ist Z nicht erteilt. Die Bestellung von Semmeln gehört zum Handelsgewerbe einer Einkaufsgesellschaft. Z ist auch zum Einkauf ermächtigt. Daher besteht Vertretungsmacht nach § 54 I Alt. 2 HGB.

c) Zwischenergebnis

Der Antrag des Einkaufsleiters Z über den Kauf von 400 000 Semmeln zum Preis von je 9 Cent wirkt nach § 164 I 1 BGB für und gegen die A-KG. Daher hat die A-KG einen Antrag i. S. d. § 145 BGB abgegeben.

2. Annahme (§§ 146 f. BGB)

Indem sich E mit dem Antrag der A-KG einverstanden erklärt, nimmt er diesen Antrag an. Daher ist zwischen der A-KG und E ein (wirksamer) Kaufvertrag i. S. d. § 433 BGB zu Stande gekommen. Danach ist E insbesondere verpflichtet, der A-KG 400 000 Semmeln frei von Sach- und Rechtsmängeln zu verschaffen (§ 433 I 2 BGB).

II. Mangelhaftigkeit der Kaufsache (§ 434 I 2 BGB)

Die Semmeln wurden bei der Produktion mit Chlorphosphat belastet, so dass ein Verzehr erhebliche gesundheitliche Schäden verursachen würde. Folglich eignen sich die Semmeln nicht für den Verkauf. Es liegt ein Sachmangel zumindest i. S. d. § 434 I 2 Nr. 2 BGB vor.

III. Mangelhaftigkeit der Kaufsache zum Zeitpunkt des Gefahrübergangs (§§ 446 f. BGB)

Der Sachmangel der Semmeln bestand bereits zum Zeitpunkt des Gefahrübergangs (§ 446 S. 1 BGB).

IV. Rechtsfolge

Auf Grund der Mangelhaftigkeit der von E gelieferten Semmeln besteht an sich ein Nacherfüllungsanspruch der A-KG nach §§ 439 I Alt. 2, 437 Nr. 1, 434 I 2 Nr. 2 BGB, der auf Lieferung von 400 000 mangelfreien Semmeln gerichtet ist.

V. Kein Ausschluss der Mängelrechte nach § 377 II HGB

Der Nacherfüllungsanspruch der A-KG ist ausgeschlossen, wenn die A-KG den Mangel nicht rechtzeitig i. S. d. § 377 I, III HGB gerügt hat und die Genehmigungsfiktion des § 377 II HGB eingreift.

1. Kauf

Zwischen E und der A-KG ist wirksam ein Kaufvertrag i. S. d. § 433 BGB zu Stande gekommen. Ein solcher Kaufvertrag ist ein Kauf i. S. d. § 377 I HGB.

2. Beiderseitiges Handelsgeschäft

a) Handelsgeschäft für E

Handelsgeschäfte sind alle Geschäfte eines Kaufmanns, die zum Betrieb seines Handelsgewerbes gehören (§ 343 HGB). E müsste Kaufmann sein. Außerdem müsste das Handelsgeschäft zum Betrieb seines Handelsgewerbes gehören. Kaufmann i. S. d. HGB ist, wer ein Handelsgewerbe betreibt (§ 1 I HGB). Handelsgewerbe ist grundsätzlich jeder Gewerbebetrieb (§ 1 II HGB). Da E 20 Angestellte, davon 3 kaufmännische Angestellte im Büro mit der Buchführung, Lohnbuchhaltung und umfangreichem Schriftverkehr beschäftigt, ergibt sich, dass E Kaufmann i. S. d. § 1 HGB und nicht etwa lediglich Kleingewerbetreibender ist. E produziert und vertreibt Semmeln. Der Verkauf von Semmeln gehört folglich zum Handelsgewerbe des E. Der Vermutung nach § 344 HGB bedarf es daher nicht.

b) Handelsgeschäft für die A-KG

Die A-KG müsste Kaufmann sein. Außerdem müsste das Handelsgeschäft zum Betrieb ihres Handelsgewerbes gehören (§ 343 HGB). Die Regelungen über Kaufleute gelten für die A-KG nach §§ 161 II, 105 I, 6 I HGB. Darüber hinaus gehört der Semmeleinkauf zum Betrieb des Handelsgewerbes der A-KG. Auf die Vermutung nach § 344 HGB kommt es nicht an.

c) Zwischenergebnis

Ein beiderseitiger Handelskauf liegt vor.

3. Ablieferung

Die Semmeln müssen von E an die A-KG abgeliefert sein. Ablieferung ist erfolgt, wenn die Sache dem Käufer oder einem von ihm Beauftragten in der Weise zugänglich ist, dass dieser die Sache auf ihre Beschaffenheit hin überprüfen kann. Die Semmeln gelangen hier aber nicht in den Machtbereich der A-KG. Vielmehr liefert E weisungsgemäß direkt an einen Dritten, die B-GmbH. Es handelt sich somit um ein Streckengeschäft. Bei einem Streckengeschäft liegt Ablieferung vor, wenn der Verkäufer – hier E – die Ware dem Dritten vertragsgemäß zur Verfügung stellt und dieser die Sache statt des Käufers untersuchen kann. Mit der vereinbarungsgemäßen Lieferung der Semmeln in das Zentrallager der B-GmbH ist daher Ablieferung der 400 000 Semmeln an die A-KG erfolgt.

4. Mangelhaftigkeit der Ware

Die 400 000 Semmeln sind zumindest nach § 434 I 2 Nr. 2 BGB mangelhaft.

5. Keine unverzügliche Anzeige

Die Mangelhaftigkeit der Ware muss die A-KG gegenüber E unverzüglich nach gehöriger Untersuchung und Feststellung des Mangels i. S. d. § 377 I HGB anzeigen, um die Mängelrechte der A-KG zu erhalten. Als Mängelanzeige der A-KG kommen hier verschiedene Handlungen in Betracht.

a) Wirksame und rechtzeitige Anzeige durch X?

X informiert E noch am Tag der Lieferung darüber, dass die 400 000 Semmeln infolge der Belastung mit Chlorphosphat mangelhaft sind. Die – inhaltlich hinreichend bestimmte – Anzeige erfolgt daher unverzüglich (i. S. d. § 121 I 1 BGB) und somit rechtzeitig. Fraglich ist allerdings, ob X rügebefugt war. Bei einem Streckengeschäft steht grundsätzlich auch dem Dritten – hier der Zweitkäuferin B-GmbH – die Rügebefugnis zu. Für die B-GmbH handelt X. Dieses Handeln wäre wirksam, wenn X die B-GmbH wirksam vertreten hätte (§ 164 I BGB). Grundsätzlich dienen §§ 164 ff. BGB zwar der Zurechnung von Willenserklärungen des Vertreters an den Vertretenen. Willenserklärungen sind auf den Eintritt von Rechtsfolgen gerichtet. Die Mängelanzeige nach § 377 HGB soll hingegen Mängelrechte des Käufers erhalten und stellt eine geschäftsähnliche Handlung dar. Auf sie sind die Stellvertretungsregeln der §§ 164 ff. BGB entsprechend anwendbar. Die Mängelanzeige von X gegenüber E wirkt daher zu Gunsten der B-GmbH, wenn X in deren Namen handelt und Vertretungsmacht hat.

(aa) Auftreten in fremdem Namen

X handelt im Namen der B-GmbH und daher in fremdem Namen.

(bb) Vertretungsmacht

X ist nur als kurzfristige Aushilfe angestellt. Er besitzt keine Vertretungsmacht und handelt daher als Vertreter ohne Vertretungsmacht (§ 180 S. 1 BGB). Eine Heilung könnte nach §§ 180 S. 2, 177 BGB dadurch erfolgen, dass die B-GmbH die Anzeige genehmigt. Voraussetzung dafür ist aber, dass E das Handeln des X nicht beanstandet hat oder sogar mit dessen Handeln einverstanden ist. Daran fehlt es hier aber, da E die Mängelanzeige des X zurückweist. Außerdem hätte die Genehmigung der Anzeige von X durch die B-GmbH wie die Anzeige selbst unverzüglich gegenüber E erfolgen müssen. Aus dem Sachverhalt ist nicht ersichtlich, dass die B-GmbH eine fristgerechte Genehmigung gegenüber E vornimmt. Die Erklärung des L gegenüber der A-KG (Z) könnte zwar eine Genehmigung darstellen. Sie erfolgt jedoch nicht gegenüber dem richtigen Adressaten, zumal die AG-KG nicht von E zur Entgegennahme solcher Erklärungen ermächtigt ist.

(cc) Zwischenergebnis

Die Rüge des X ist nicht rechtswirksam.

b) Wirksame und rechtzeitige Anzeige durch die A-KG mit Schreiben vom 24.6. Jahr 0?

In dem Schreiben vom 24.6. Jahr 0 zeigt Z – hinreichend bestimmt – die mangelhafte Lieferung gegenüber E an. Z als Einkaufsleiter der A-KG handelt im Namen der A-KG und mit Vertretungsmacht nach § 54 I Alt. 2 HGB. Die Anzeige des Z wirkt daher für und gegen die A-KG (§ 164 I 1 BGB). Fraglich ist aber, ob die Anzeige unverzüglich erfolgt. Unverzüglich bedeutet ohne schuldhaftes Zögern (§ 121 I 1 BGB). Hierfür gelten strenge Anforderungen. Bei Mängeln, die – wie hier – bei gehöriger Untersuchung zu erkennen sind, ist die Anzeige unverzüglich nach der Untersuchung, hier also noch am Tag der Ablieferung oder am darauf folgenden Tag vorzunehmen. Da E die Semmeln am 7.6. Jahr 0 liefert, ist das Schreiben der A-KG vom 24.6. Jahr 0 an sich verspätet. Doch ist auch zu berücksichtigen, dass es sich um ein Streckengeschäft handelt. Für die Ermittlung der von der A-KG einzuhaltenden Anzeigefrist ist zu berücksichtigen, dass sich eine Fristverlängerung insoweit ergeben kann, als der Zweitkäufer (B-GmbH) erst gegenüber dem Erstkäufer/Zweitverkäufer (A-KG) unverzüglich rügt und der Erstkäufer/Zweitverkäufer (A-KG) im Anschluss daran fristwahrend unverzüglich gegenüber dem Erstverkäufer (E) rügt. E, der sich mit der Direktlieferung der Ware an die B-GmbH einverstanden erklärt, kann nämlich nicht damit rechnen, dass die A-KG die Ware selbst untersucht, weil diese bei der Ablieferung dann anwesend sein müsste. Er muss sich vielmehr darauf einstellen, dass die B-GmbH als Zweitkäufer zunächst bei der A-KG als Erstkäufer Mängelanzeige erstattet, bevor der Erstkäufer gegenüber dem Erstverkäufer den Mangel anzeigt. Erfolgen beide Anzeigen unverzüglich, ist die Anzeige des Erstkäufers gegenüber dem Erstverkäufer trotz der dadurch möglicherweise eingetretenen Verzögerung rechtzeitig. E liefert die Semmeln am 7.6. Jahr 0 bei der B-GmbH ab. Der vertretungsberechtigte Lagerarbeiter L (§ 54 I Alt. 3 HGB) rügt im Namen der B-GmbH noch am selben Tag, also unverzüglich, den Mangel gegenüber der A-KG, hier gegenüber dem vertretungsberechtigten Z. Formerfordernisse stehen dieser Rüge nicht entgegen. Denn da eine Mängelrüge i. S. d. § 377 HGB formfrei möglich ist, kann sie auch mündlich erfolgen. Die A-KG muss sich nach § 166 I BGB das Wissen des Z zurechnen lassen. Die A-KG unterrichtet E erst mit dem Schreiben vom 24.6. Jahr 0 von der mangelhaften Lieferung. Eine derartige Verzögerung ist auch bei einem Streckengeschäft nicht unverzüglich, so dass die Mängelrüge verspätet erfolgt ist.

6. Kein arglistiges Verschweigen des Mangels durch den Verkäufer (§ 377 V HGB)

Anhaltspunkte dafür, dass E den Mangel arglistig verschweigt, bestehen nicht.

7. Keine Zwecklosigkeit der Anzeige (§ 242 BGB)

Die von der A-KG zu erhebende Rüge ist nicht zwecklos.

VI. Ergebnis

Die von der A-KG mit Telefax vom 24.6. Jahr 0 übermittelte Mängelanzeige erfolgt nicht unverzüglich i. S. d. § 377 I HGB. Auf Grund der Genehmigungsfiktion des § 377 II HGB sind die Gewährleistungsrechte der A-KG, zu denen auch der Anspruch auf Nacherfüllung nach § 439 I Alt. 2 BGB gehört, ausgeschlossen (Rechtsverlust). Die A-KG hat daher gegenüber E keinen Anspruch auf Lieferung von 400 000 mangelfreien Semmeln nach §§ 439 I Alt. 2, 437 Nr. 1, 434 I 2 Nr. 2 BGB.

bb) Keine Veränderung der Leistung des Käufers

Im Falle der Lieferung eines *aliuds* (Falschlieferung), das nach § 434 III Alt. 1 BGB **90** einem Sachmangel gleichgestellt ist, muss der Käufer bei Höherwertigkeit des *aliuds* – soweit es nicht zu einer (ggf. konkludenten) Vertragsänderung kommt – nicht einen höheren Kaufpreis bezahlen.[93] Denn § 377 II HGB kann nur zu einem Verlust von Käuferrechten führen, nicht aber zusätzliche Käuferpflichten begründen. Der Verkäufer kann also lediglich Herausgabe des höherwertigen *aliuds* nach § 812 I 1 Alt. 1 BGB oder Bezahlung des vereinbarten Kaufpreises verlangen. Ebenso kann der Verkäufer – sofern man in richtlinienkonformer Auslegung des § 434 III BGB auch eine Mehrlieferung als Sachmangel betrachtet – auch nicht den der Mehrlieferung entsprechenden erhöhten Kaufpreis verlangen.[94] Da die Minderlieferung nach § 434 III Alt. 2 BGB einem Sachmangel gleichgestellt ist, muss sich der Käufer bei Eingreifen der Genehmigungsfiktion des § 377 II HGB so behandeln lassen, als habe der Verkäufer vollständig geleistet. Er kann daher weder die noch ausstehende Menge verlangen noch den Kaufpreis mindern.[95] Dies gilt auch dann, wenn die Minderlieferung unschwer erkennbar ist, der Verkäufer damit aber seine vertragliche Verpflichtung vollständig erfüllen und einen Antrag auf Vertragsänderung (z. B. Abrechnung lediglich der Mindermenge) nicht abgeben will.[96] Will der Verkäufer hingegen für den Käufer erkennbar mit der Minderlieferung lediglich eine Teilleistung erbringen, ist § 434 III Alt. 2 BGB nicht anwendbar, so dass dann auch kein Mangel i. S. d. § 377 I HGB gegeben ist.

cc) Kein Ausschluss vertraglicher Ansprüche auf Schadensersatz neben der Leistung (§ 280 I BGB)

Nicht ausgeschlossen sind Schadensersatzansprüche nach § 280 I BGB, die auf der **91** Verletzung vertraglicher, nicht im Zusammenhang mit einem Mangel stehender Nebenpflichten beruhen. Dazu gehört z. B. eine Verpackungspflicht oder die Pflicht, die andere Partei nicht an deren Rechtsgütern zu schädigen i. S. d. § 241 II BGB.[97] Denn § 377 II HGB betrifft nur Ansprüche und Rechte des Käufers, die im Zusammenhang mit einem Mangel der Kaufsache stehen. Nicht ausgeschlossen sind daher auch Scha-

---

[93] *OLG Hamm* NJW-RR 2003, 613; *Canaris,* § 29 Rn. 73; *Brox/Henssler,* Rn. 417.

[94] *OLG Hamm* NJW-RR 2003, 613; Koller/Kindler/Roth/Drüen/*Roth,* § 377 Rn. 27b; *Canaris,* § 29 Rn. 73.

[95] BGHZ 91, 293, 300; *K. Schmidt,* § 29 III 7e.

[96] Koller/Kindler/Roth/Drüen/*Roth,* § 377 Rn. 27b.

[97] BGHZ 66, 208, 213; *BGH* NJW 1992, 912, 914; MünchKomm/*Grunewald,* § 377 Rn. 104; Baumbach/Hopt/*Leyens,* § 377 Rn. 49; Koller/Kindler/Roth/Drüen/*Roth,* § 377 Rn. 25; *Canaris,* § 29 Rn. 77.

densersatzansprüche wegen der Verletzung von Aufklärungs-, Hinweis- und Beratungspflichten über die Beschaffenheit der Sache und ihre Änderung.[98]

dd) Kein Ausschluss deliktischer Ansprüche auf Schadensersatz

92 Die Genehmigungsfiktion des § 377 II HGB schließt – nach umstrittener Auffassung – nicht deliktische Ansprüche auf Schadensersatz nach §§ 823 ff. BGB aus, selbst wenn sie auf dem Mangel beruhen. Dies gilt auch bei Weiterfresserschäden.[99] Der *BGH*[100] begründet das – dem Normzweck des § 377 HGB an sich zuwiderlaufende – Fortbestehen deliktischer Ansprüche wie folgt: Deliktische Ansprüche seien anders als vertragliche Ansprüche wegen Mangelfolgeschäden keine Gewährleistungsansprüche im weiteren Sinne. § 377 HGB beziehe sich seiner systematischen Stellung im Gesetz und seinem Wortlaut nach unmittelbar nur auf den *Handelskauf* zwischen Kaufleuten. Auch § 377 II HGB sei nur zu entnehmen, dass die Frage der *vertrags*mäßigen Beschaffenheit der Ware nach einem Rügeversäumnis dem Streit der Parteien entzogen sein soll. Bei einem Zusammentreffen von Schadensersatzansprüchen aus vertraglicher Pflichtverletzung und unerlaubter Handlung bestehe echte Anspruchskonkurrenz. Vertragliche Ansprüche und deliktische Ansprüche seien nach ihren Voraussetzungen, ihrem Inhalt und ihrer Durchsetzung selbständig zu beurteilen. Anderes gelte nur, wenn die Möglichkeit des Geschädigten, nach einem Ausschluss mit seinen vertraglichen Schadensersatzansprüchen auf die aus demselben Sachverhalt begründeten deliktischen Ansprüche auszuweichen, den Zweck einer für den vertraglichen Anspruch geltenden Vorschrift vereiteln und die gesetzliche Regelung im Ergebnis aushöhlen würde (z. B. Verjährungsfrist i. S. d. § 548 I BGB für vertraglichen Anspruch einerseits, Verjährungsfrist i. S. d. §§ 195, 199 BGB für deliktischen Anspruch andererseits). Der Zweck von § 377 HGB erfasse nur vertraglichen Abwicklungsschutz des Verkäufers, nicht auch Schutz vor seiner deliktischen Verantwortung. § 377 HGB verliere bei Fortbestehen deliktischer Ansprüche auch nicht jeden Sinn, da Ansprüche nach § 823 I und II BGB an enge Voraussetzungen geknüpft und grundsätzlich nicht auf den Ersatz von Vermögensschäden gerichtet seien. Außerdem seien deliktische Ansprüche auf den Ersatz des Integritätsinteresses beschränkt. Auch bestehe für den Verkäufer die Möglichkeit des Entlastungsbeweises nach § 831 BGB. Schließlich bleibe ein abgestufter Interessenausgleich nach § 254 BGB möglich. Der Käufer dürfe nicht schlechter gestellt sein als ein Dritter, gegenüber dem § 377 II HGB nicht gelte.

ee) Verzicht des Verkäufers auf die Genehmigungsfiktion des § 377 II HGB

93 Da § 377 HGB den Verkäufer besser, nicht aber schlechter stellen soll, kann er auf die Genehmigungsfiktion des § 377 II HGB verzichten.

Beispiel: Vorbehaltlose Zusage des Verkäufers, nachzuerfüllen i. S. d. § 439 I BGB, trotz Versäumung der Anzeigefrist durch den Käufer.

5. Dispositivität (Abdingbarkeit)

94 § 377 HGB ist dispositiv, also abdingbar.[101] Eine Abweichung von § 377 HGB kann sich durch Handelsbrauch oder Parteivereinbarung ergeben. So können die Vertrags-

---

[98] BGHZ 132, 175, 178 f.; Baumbach/Hopt/*Leyens*, § 377 Rn. 49.
[99] BGHZ 101, 337, 343; 105, 346, 357; *Canaris*, § 29 Rn. 81; **a. A.** *K. Schmidt*, § 29 III 5 b.
[100] BGHZ 101, 337, 343 ff.
[101] Baumbach/Hopt/*Leyens*, § 377 Rn. 57; *Canaris*, § 29 Rn. 86; *K. Schmidt*, § 29 III 8 a.

parteien den Käufer vollständig von der Rügeobliegenheit befreien oder die Rügeobliegenheit des Käufers einschränken. Auch AGB können Art und Umfang einer Untersuchung unter Berücksichtigung der Interessen beider Parteien und dem Zweck des § 377 HGB festlegen.[102] Regelungen in AGB müssen aber insbesondere den Anforderungen des § 307 I und II BGB genügen (die unmittelbare Anwendbarkeit der §§ 308, 309 BGB scheitert an § 310 I 1 BGB; Ausnahme: Streckengeschäft mit Verbraucher als (Zweit-)Käufer). So ist eine Regelung in AGB des Verkäufers wegen unangemessener Benachteiligung des Käufers (entgegen dem Grundgedanken des § 433 I 2 BGB) unwirksam, die stets und ohne Ausnahme eine vollständige Untersuchung der Ware auf das Bestehen aller nicht sofort feststellbarer Mängel fordert[103] oder dem Käufer die Untersuchung der Ware durch einen neutralen Sachverständigen vorschreibt.[104] Dasselbe gilt für AGB, die die Rügefrist bezüglich nicht erkennbarer Mängel auf wenige Tage beschränkt.[105] Umgekehrt ist eine Regelung in AGB des Käufers, die die Rügeobliegenheit des § 377 HGB in vollem Umfang, also auch die Anzeigepflicht bei anfänglich erkennbaren Mängeln abbedingt, unwirksam.[106] In AGB des Verkäufers ist hingegen eine Regelung wirksam, wonach die Mängelanzeige schriftlich erfolgen muss oder eine bestimmte Rügefrist die Unverzüglichkeit konkretisiert. Als Anknüpfungspunkt für vertragliche Regelungen, die das wirtschaftliche Risiko des (Erst-)Käufers beim Streckengeschäft auf Grund der Nichtkaufmannseigenschaft des (Zweit-Käufers)[107] begrenzen, kommen sowohl **(a)** das Vertragsverhältnis (Erst-)Verkäufer – (Erst-)Käufer als auch **(b)** das Vertragsverhältnis (Erst-)Käufer/(Zweit-)Verkäufer – (Zweit-)Käufer in Betracht.

(a) Der (Erst-)Käufer kann mit dem (Erst-)Verkäufer die Abbedingung von § 377 HGB vereinbaren (Rügeverzicht). AGB des (Erst-)Käufers mit einem solchen Inhalt müssen jedoch mit § 307 BGB vereinbar sein.

(b) Es ist danach zu unterscheiden, ob der (Zweit-)Käufer Unternehmer oder Verbraucher ist.[108] Denn für vertragliche Regelungen mit Verbrauchern bestehen im Hinblick auf Beschränkungen der Mängelgewährleistung des Verkäufers erhöhte Anforderungen (vgl. z. B. §§ 308 f., 474 ff. BGB).

C. Kommissionsgeschäft (§§ 383–406 HGB)

I. Begriffe (§ 383 HGB)

Der Begriff des Kommissionärs ist in § 383 I HGB legaldefiniert. Danach setzt die Eigenschaft als Kommissionär **(1)** gewerbsmäßiges (nicht notwendig kaufmännisches; § 383 II HGB) Handeln, **(2)** den Kauf oder Verkauf von Waren oder Wertpapieren – auch Werklieferungsvertrag (§ 406 II HGB) – (eigentliche Kommission) oder ein anderes Geschäft (§ 406 I 1 HGB; uneigentliche Kommission wie Inkassokommission), 95

---

[102] *BGH* ZIP 2018, 81 Rn. 37.
[103] *BGH* ZIP 2018, 81 Rn. 37.
[104] *BGH* ZIP 2018, 81 Rn. 38.
[105] *BGH* NJW 1992, 575, 576.
[106] *BGH* NJW 1991, 2633.
[107] Vgl. dazu Rn. 79.
[108] Vgl. dazu *Lange,* JZ 2008, 661, 665 ff.

(3) in eigenem Namen **(4)** für Rechnung eines anderen voraus (vgl. dazu auch *Lettl,* Fall 16). Das Kommissionsgeschäft ist danach durch ein Drei-Personen-Verhältnis gekennzeichnet. Zwischen dem Kommittenten und dem Kommissionär besteht das Kommissionsgeschäft (z. B. Auftrag zum Verkauf des Kommissionsguts, etwa eines Gebrauchtwagens), zwischen dem Kommissionär und dem Dritten das Ausführungsgeschäft (z. B. Verkauf des Kommissionsguts).

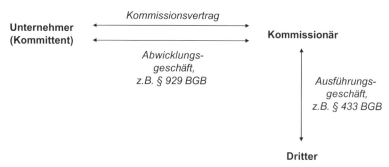

Abbildung 20: Personenverhältnisse bei Kommission

96 Da der Kommissionär zwar wie ein Eigenhändler in eigenem Namen, anders als ein Eigenhändler aber auf fremde Rechnung handelt, treffen die wirtschaftlichen Folgen der von dem Kommissionär abgeschlossenen Rechtsgeschäfte nicht ihn selbst, sondern den Kommittenten. Deshalb liegt ein Fall mittelbarer Stellvertretung vor.

II. Anwendbares Recht und Rechtsnatur

97 Der Kommissionär ist nicht *ipso jure* Kaufmann, sondern nur dann, wenn die Voraussetzungen eines Tatbestands der §§ 1 ff. HGB erfüllt sind. §§ 384 ff. HGB gelten aber auch dann, wenn der Kommissionär nicht Kaufmann ist (§ 383 II 1 HGB). Dasselbe gilt für §§ 343 ff. HGB mit Ausnahme der §§ 348–350 HGB (§ 383 II 2 HGB). §§ 383 ff. HGB gelten auch für einen Kaufmann, der, ohne Kommissionär zu sein, Kommissionsgeschäfte zu schließen übernimmt (§ 406 I 2 HGB; Gelegenheitskommission).

98 Für die Frage, ob im Übrigen Dienstvertragsrecht oder Werkvertragsrecht für das Kommissionsgeschäft gilt, ist davon auszugehen, dass der Anspruch des Kommissionärs auf Provision zwar von einem Erfolg abhängt (§ 396 I 1 HGB). Doch schuldet der Kommissionär meist lediglich eine sorgfältige Tätigkeit zur Herbeiführung eines solchen Erfolgs, so dass das Kommissionsgeschäft regelmäßig Dienstvertrag ist.[109] Da der Kommissionsvertrag ein gegenseitiger Vertrag über Geschäftsbesorgung i. S. d. § 675 I BGB ist, kommen ergänzend (subsidiär) §§ 663, 665–670, 672–674, 611 ff. BGB zur Anwendung.

---

[109] Großkomm/*Koller,* § 383 Rn. 58 f.; *Canaris,* § 33 Rn. 5.

III. Kommissionsgeschäft

1. Pflichten des Kommissionärs

a) Ausführung (§ 384 I HS 1 HGB)

Der Kommissionsvertrag (= Kommissionsgeschäft) ist seiner Rechtsnatur nach ein Geschäftsbesorgungsvertrag. Den Kommissionär trifft die Ausführungspflicht, wobei er die Sorgfalt eines ordentlichen Kaufmanns anzuwenden hat (§ 384 I HS 1 HGB). Der Kommissionär muss sich um den Abschluss des Ausführungsgeschäfts zwischen ihm und einem Dritten bemühen. Der Dritte ist nicht Erfüllungsgehilfe des Kommissionärs i. S. d. § 278 BGB.

99

b) Interessenwahrnehmung (§ 384 I HS 2 Alt. 1 HGB)

Der Kommissionär muss das Interesse des Kommittenten wahrnehmen (§ 384 I HS 2 Alt. 1 HGB). Der Kommissionär muss sich um den Abschluss des Ausführungsgeschäfts mit einem zuverlässigen Dritten zu möglichst vorteilhaften Bedingungen für seinen Auftraggeber bemühen. Der Dritte ist nicht Erfüllungsgehilfe des Kommissionärs i. S. d. § 278 BGB. Der Kommissionär hat auch für den mangelfreien Zustand des Kommissionsgutes zu sorgen und es vor Verlust und Beschädigung zu schützen (vgl. §§ 388, 390 HGB).

100

c) Befolgung von Weisungen (§ 384 I HS 2 Alt. 2 HGB)

Den Kommissionär trifft die Pflicht, die Weisungen des Kommittenten zu befolgen (§ 384 I HS 2 Alt. 2 HGB). Handelt der Kommissionär entgegen diesen Weisungen des Kommittenten, ist er nach § 385 I HGB zum Schadensersatz verpflichtet. Außerdem braucht der Kommittent das Geschäft nicht für seine Rechnung gelten zu lassen. Für Weisungen hinsichtlich des Einkaufs- oder Verkaufspreises enthält § 386 HGB eine besondere Regelung: Hat der Kommissionär den ihm gesetzten Verkaufspreis unterschritten oder den Einkaufspreis überschritten, muss der Kommittent, falls er das Geschäft als nicht für seine Rechnung abgeschlossen zurückweisen will, dies unverzüglich auf die Anzeige von der Ausführung des Geschäfts erklären; andernfalls gilt die Abweichung als genehmigt. Der Kommittent darf das Geschäft dann nicht zurückweisen, wenn sich der Kommissionär gleichzeitig mit der Anzeige von der Ausführung des Geschäfts zur Deckung des Preisunterschieds erbietet. Abweichungen zum Vorteil des Kommittenten sind zulässig (§ 387 HGB).

101

d) Benachrichtigung, Rechenschaft und Herausgabe (§ 384 II HGB)

Der Kommissionär muss dem Kommittenten die erforderlichen Nachrichten geben (§ 384 II HS 1 HGB), insbesondere also den Namen des Dritten, mit dem er das Ausführungsgeschäft geschlossen hat, mitteilen.[110] Außerdem hat er über das Geschäft Rechenschaft abzulegen (§ 384 II HS 2 Alt. 1 HGB) und das Erlangte herauszugeben (§ 384 II HS 2 Alt. 2 HGB).

102

Beispiel: K nimmt eine Standuhr des A in Kommission und verkauft sie für 8 000,– Euro an B. K muss A vom Verkauf benachrichtigen, Belege vorlegen sowie den erlangten Kaufpreis (abzüglich Provision und Aufwendungen) herausgeben und übereignen.

---

[110] Großkomm/*Koller*, § 384 Rn. 30 f.

103 Schließt der Kommissionär zu für den Kommittenten günstigeren Bedingungen ab, als sie ihm der Kommittent setzt, kommt dies – soweit nichts anderes vereinbart ist – dem Kommittenten zugute (§ 387 HGB).

> **Beispiel:** In dem unter Rn. 102 geschilderten Beispiel setzt A gegenüber K einen Mindestpreis von 8000,– Euro für den Verkauf der Standuhr fest. Verkauft K die Standuhr für 9000,– Euro, muss K die 9000,– Euro (abzüglich Provision und Aufwendungen) an A herausgeben.

e) Haftung auf Erfüllung

104 Der Kommissionär haftet grundsätzlich nicht für die Erfüllung des Ausführungsgeschäfts. Eine solche Haftung besteht aber dann, wenn der Kommissionär einen besonderen Schuldgrund (z. B. Schuldübernahme) setzt, oder in den Fällen der §§ 384 III, 393, 394 HGB. § 394 HGB betrifft den Fall der Delkrederehaftung des Kommissionärs, die ein bürgschaftsähnliches Rechtsverhältnis zwischen Kommissionär und Kommittent voraussetzt.[111] Als Gegenleistung erhält der Kommissionär hierfür die Delkredereprovision.

2. Rechte des Kommissionärs

a) Provision (§ 396 I HGB)

105 Das wichtigste Recht des Kommissionärs ist der Provisionsanspruch, wenn „das Geschäft zur Ausführung gekommen ist" (§ 396 I HGB). Dieser Anspruch entsteht bereits mit Abschluss des Ausführungsgeschäfts, ist jedoch aufschiebend bedingt durch die vertragsgemäße Erfüllung dieses Geschäfts durch den Dritten. Denn nur dann ist dem Interesse des Kommittenten am Erfolg des Geschäfts entsprochen.

> **Beispiel:** In dem unter Rn. 102 geschilderten Beispiel kann K die vereinbarte Provision von 1000,– Euro erst verlangen, wenn der Käufer C den Kaufpreis bezahlt hat.

106 Ausnahmsweise kann der Kommissionär die Provision auch ohne Ausführung des Geschäfts verlangen, wenn die Provisionszahlung trotz Nichtausführung ortsgebräuchlich, d. h. handelsüblich ist (§ 396 I 2 HS 1 HGB). Hierzu bedarf es keines Verschuldens des Kommittenten, sondern lediglich eines Hindernisses aus seiner Sphäre.

> **Beispiel:** Der Lieferant des Kommittenten liefert mangelhafte Ware.

107 Der Kommissionär kann die Provision außerdem dann ohne Ausführung des Geschäfts verlangen, wenn das Geschäft aus einem in der Person des Kommittenten liegenden Grund unterbleibt (§ 396 I 2 HS 2 HGB).

> **Beispiel:** Bei der Verkommissionierung liefert der Kommittent nicht, so dass deshalb der Verkauf nicht zu Stande kommt.

108 Die Höhe der Provision bemisst sich, falls nichts anderes vereinbart ist, nach den üblichen Sätzen (§ 354 I HGB).

b) Aufwendungserstattung (§§ 670, 675 BGB, 396 II HGB)

109 Über die Provision hinaus kann der Kommissionär vom Kommittenten Erstattung seiner Aufwendungen verlangen. Dies folgt aus §§ 670, 675 BGB, die auf den Kommissionsvertrag ergänzend anwendbar sind (vgl. § 396 II HGB). Aufwendungen i. S. d.

---

[111] *K. Schmidt*, § 31 V 2b.

§ 670 BGB sind freiwillige Vermögensopfer, die der Kommissionär zum Abschluss oder zur Durchführung des Ausführungsgeschäfts erbringt (z. B. Eingehen einer Verbindlichkeit) und die nicht mit der Provision abgegolten sind.

Beispiele: Mit der Provision sind grundsätzlich der Einsatz der eigenen Arbeitskraft und allgemeine Geschäftskosten wie Personalkosten oder Kosten für Büroräume abgegolten.

§ 396 II HGB konkretisiert den Begriff der Aufwendungen dahin, dass auch die Be-   110
nutzung der Lagerräume und der Beförderungsmittel erstattungspflichtige Aufwendungen darstellen.

c) Sicherungsrechte (§§ 397–399 HGB)

Zur Sicherung seiner Forderungen hat der Kommissionär bestimmte Sicherungs-   111
rechte, die in §§ 397–399 HGB näher geregelt sind. § 397 HGB gewährt dem Kommissionär ein gesetzliches Pfandrecht an dem Kommissionsgut, das er im Besitz hat. Es erstreckt sich auf „alle Forderungen aus laufender Rechnung in Kommissionsgeschäften", also auch auf inkonnexe Forderungen.[112]

IV. Ausführungsgeschäft

1. Schuldrechtliche Rechtslage

a) Vertragserfüllung

Der Kommissionär schließt das Ausführungsgeschäft in eigenem Namen ab. Daher ist   112
allein der Kommissionär Vertragspartei und Träger von Rechten und Pflichten. Kommt der Dritte seinen Leistungspflichten schuldhaft nicht oder nicht ordnungsgemäß nach (Unmöglichkeit, Verzug, sonstige Pflichtverletzung), könnte an sich nur der Kommissionär Ansprüche und Rechte geltend machen. Ein Schaden tritt jedoch bei ihm nicht ein, da er für fremde Rechnung handelt.

Beispiel: K kauft als Kommissionär von V ein Gemälde mit Echtheitsgarantie. Erweist sich das Gemälde als Fälschung, hat K an sich einen Anspruch auf Schadensersatz statt der Leistung nach § 437 Nr. 3 BGB i. V. m. §§ 280 I, III, 281 I 1 BGB. Er selbst erleidet jedoch keinen Schaden, da er lediglich das Gemälde an den Kommittenten weiterzugeben hat (§ 677 BGB) und der Kommittent gegen ihn keine Schadensersatzansprüche geltend machen kann. Der Kommissionär behält seinen Aufwendungsersatzanspruch (§§ 670, 675 I BGB, 396 II HGB) und verliert allenfalls seinen Provisionsanspruch. Der einen Schaden erleidende Kommittent A hingegen steht mit V nicht in vertraglichen Beziehungen, so dass ihm von vornherein kein Schadensersatzanspruch nach § 437 Nr. 3 BGB i. V. m. §§ 280 I, III, 281 I 1 BGB gegen V zusteht. Auch ein Anspruch von A gegen V nach § 823 I BGB besteht nicht.

Da auf Grund des Kommissionsgeschäfts Anspruch und Schaden auseinanderfallen   113
(Schadensverlagerung), der Schädiger daraus aber keinen Vorteil soll ziehen dürfen, darf der Kommissionär den Schaden des Kommittenten in eigenem Namen im Wege der Drittschadensliquidation (allerdings nicht gegen den Willen des Kommittenten) geltend machen. Der Schaden des Kommittenten ist daher zur Anspruchsgrundlage des Kommissionärs zu ziehen. Dies gilt auch dann, wenn der Dritte beim Vertragsschluss nicht wusste, dass der Kommissionär auf fremde Rechnung handelt. Der Kommissionär muss den Anspruch gegen den Dritten an den Kommittenten auf Grund vertraglicher Nebenpflicht entsprechend §§ 255, 285 BGB abtreten.

---

[112] Zum Begriff der inkonnexen Forderung vgl. § 13 Rn. 34.

114 Im Hinblick auf die Berechnung des Schadens stellt sich die Frage, ob der Kommissionär nur den Schaden geltend machen darf, der ihm selbst ohne Schadensverlagerung entstanden wäre, oder ob er den Schaden geltend machen darf, der dem Kommittenten entstanden ist. Lediglich in letzterem Fall ist auch der entgangene Gewinn des Kommittenten zu berücksichtigen.

Beispiel: Hätte in dem unter Rn. 112 geschilderten Beispiel A das Gemälde mit einem Gewinn von 20 000,– Euro weiterveräußern können, könnte auch dieser Betrag ein ersatzfähiger, von K im Wege der Drittschadensliquidation geltend zu machender Schaden sein.

115 Nach einer Auffassung[113] darf der Kommissionär den Schaden geltend machen, der dem Kommittenten entstanden ist, selbst wenn es sich um atypische Schäden handelt. Denn der Schädiger könne sich niemals sicher sein, dass der Schaden der anderen Vertragspartei bestimmte Grenzen nicht überschreite. Danach darf der Kommissionär das konkrete Interesse des Kommittenten, also auch dessen entgangenen Gewinn, gegenüber dem Schädiger geltend machen. Nach anderer, vorzugswürdiger Auffassung[114] ergibt sich hingegen aus der bloßen Tatsache der internen Schadensverlagerung nicht, dass der Schädiger den Schaden des Kommittenten ersetzen müsse. Die Tatsache der internen Schadensverlagerung liegt nämlich allein in der Sphäre des Kommittenten und darf sich deshalb nicht zu Lasten des Schädigers auswirken.

b) Rückabwicklung

116 Die Stellung des Kommissionärs als Vertragspartei besteht auch im Hinblick auf die Rückabwicklung des Ausführungsgeschäfts. Daher ist ein Rückgewähranspruch (z. B. § 346 I BGB) oder ein Bereicherungsanspruch (z. B. § 812 I 1 Alt. 1 BGB) des Dritten nicht gegen den Kommittenten, sondern gegen den Kommissionär gerichtet. Der Kommissionär kann sich dabei z. B. nicht darauf berufen, dass er den von dem Dritten erlangten Kaufpreis an den Kommittenten weitergereicht hat. Veräußert der Kommissionär als Nichtberechtigter wirksam eine dem Kommittenten nicht gehörige Sache, haftet der Kommissionär gegenüber dem Eigentümer nach einer Ansicht auf Grund § 816 I 1 BGB, weil er die Verfügung vorgenommen habe.[115] Andernfalls wäre der Kommissionär, der im Rechtsverkehr als Veräußerer auftrete, unter Berufung auf sein fremdnütziges Handeln von bereicherungsrechtlichen Folgen befreit. Sofern der Kommissionär den Erlös an den Kommittenten weiterreicht, kann sich der Kommissionär auf Entreicherung nach § 818 III BGB berufen und haftet der Kommittent nach § 822 BGB. Nach anderer Ansicht[116] besteht wegen § 392 II HGB lediglich ein Anspruch gegen den Kommittenten nach § 816 I 1 BGB, weil die Verfügung „wirtschaftlich" ihm zuzurechnen sei.

2. Dingliche Rechtslage (Eigentum)

117 Im Hinblick auf die dingliche Rechtslage ist zu unterscheiden zwischen Einkaufskommission und Verkaufskommission.

---

[113] So z. B. Baumbach/Hopt/*Kumpan,* § 383 Rn. 21 und *Canaris,* § 30 Rn. 85 f.

[114] *Peters,* AcP 180 (1980), 329, 351 ff.; *Steding,* JuS 1983, 29 f.; *Strauch,* JuS 1982, 823, 825.

[115] Großkomm/*Koller,* § 383 Rn. 6; Palandt/*Sprau,* § 816 Rn. 9; *K. Schmidt,* § 31 VI 2c; *G. Hager,* AcP 180 (1980), 239, 258 f.; *Plambeck,* JuS 1987, 793, 796 f.

[116] MünchKomm-BGB/*Schwab,* § 816 Rn. 11; Staudinger/*Lorenz,* § 816 BGB Rn. 4; *Canaris,* § 30 Rn. 90.

a) Einkaufskommission

Der Kommissionär erlangt, da er in eigenem Namen handelt, Eigentum an der   118
gekauften Sache. Er muss allerdings im Innenverhältnis das Eigentum auf den Kommittenten nach §§ 929 ff. BGB übertragen (§ 667 BGB). Vielfach ist eine antizipierte
Einigung vereinbart (§ 930 BGB), so dass der Kommissionär nur eine logische
Sekunde im Wege des Durchgangserwerbs Eigentümer ist. Der Kommittent erwirbt
nur dann unmittelbar Eigentum, wenn der Kommissionär bei der Übereignung in
fremdem Namen, also im Namen des Kommittenten auftritt, oder ein Geschäft für
den, den es angeht, vorliegt.

b) Verkaufskommission

Das Kommissionsgut bleibt zunächst im Eigentum des Kommittenten. Jedoch ist der   119
Kommissionär ermächtigt (§ 185 BGB), darüber in eigenem Namen zu verfügen, insbesondere das Eigentum nach § 929 S. 1 BGB zu übertragen. Da der Kommittent
Eigentümer bleibt, kann er gegenüber Gläubigern des Kommissionärs Drittwiderspruchsklage nach § 771 ZPO erheben und bei Insolvenz des Kommissionärs nach
§ 47 InsO aussondern. Hinsichtlich des erlangten Kaufpreises gilt das gleiche wie bei
der Einkaufskommission. Der Erlös aus dem Veräußerungsgeschäft fällt danach
grundsätzlich in das Eigentum des Kommissionärs.

3. Forderungen aus dem Ausführungsgeschäft

a) Forderungsinhaberschaft des Kommissionärs, Zuweisung der Forderung im Innenverhältnis an den Kommittenten (§ 392 I HGB)

Die Forderungen aus dem Ausführungsgeschäft stehen, da der Kommissionär in ei-   120
genem Namen handelt, zunächst nur ihm zu. Daher bestimmt § 392 I HGB folgerichtig, dass der Kommittent diese Forderungen erst nach Abtretung geltend machen
kann. Der Kommissionär könnte daher über die Forderung wirksam etwa durch Abtretung – auch an andere Personen als den Kommittenten, wobei dies regelmäßig eine
Schadensersatzansprüche begründende Pflichtverletzung darstellt – verfügen. Auch
könnten Gläubiger des Kommissionärs nach §§ 829, 835 ZPO auf Forderungen des
Kommissionärs aus dem Ausführungsgeschäft zugreifen.

b) Schutz des Kommittenten (§ 392 II HGB)

Zum Schutze des Kommittenten ordnet § 392 II HGB an, dass Forderungen des   121
Kommissionärs gegen Dritte aus Ausführungsgeschäften schon vor der Abtretung an
den Kommittenten im Verhältnis zwischen Kommittent und Kommissionär oder dessen Gläubigern als Forderungen des Kommittenten gelten. Die Forderung gilt danach
im Innenverhältnis schon sogleich als Forderung des Kommittenten. Verfügungen
über diese Forderung zu Gunsten der Gläubiger des Kommissionärs braucht der Kommittent nicht gegen sich gelten zu lassen.

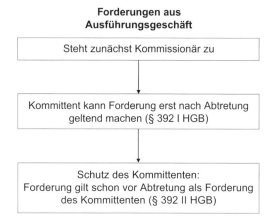

Abbildung 21: Forderungen aus dem Ausführungsgeschäft

Beispiele: Kommissionär K hat aus dem Ausführungsgeschäft eine Kaufpreisforderung gegen den Käufer D in Höhe von 10 000,– Euro. Tritt K diese Forderung an seinen Gläubiger G ab, ist die Abtretung gegenüber G wirksam, gegenüber dem Kommittenten A aber unwirksam. Tritt K die Forderung danach an A ab, ist diese Abtretung wirksam. Das Prinzip, dass bei mehrfacher Abtretung ein und derselben Forderung die zeitlich frühere Abtretung zum Rechtsübergang führt, gilt nämlich nicht, wenn die zeitlich frühere Abtretung aus Rechtsgründen – hier wegen § 392 II HGB – im Verhältnis zu dem nachfolgenden Zessionar A unwirksam ist.[117] – Pfändet G die Forderung des K gegen D, kann A Drittwiderspruchsklage (§ 771 ZPO) erheben.[118] – Fällt K in Insolvenz, kann A die Forderung aussondern (§ 47 InsO). – Eine Aufrechnung des K mit einer eigenen Forderung aus dem Ausführungsgeschäft gegenüber einer Forderung des D aus dem Ausführungsgeschäft ist gegenüber A unwirksam.

122 Es stellt sich jedoch die Frage, ob § 392 II HGB auch für den Fall gilt, dass der Gegner des Ausführungsgeschäfts gegen die Forderung des Kommissionärs aus dem Ausführungsgeschäft mit einer anderen Forderung gegen den Kommissionär (z. B. § 280 I BGB) aufrechnet oder ein Zurückbehaltungsrecht geltend macht. Soweit es sich um eine konnexe Forderung[119] handelt, steht die teleologisch zu reduzierende Vorschrift des § 392 II HGB nicht entgegen. Dies gilt auch dann, wenn der Dritte weiß, dass die andere Vertragspartei in Kommission handelt; § 390 BGB bezieht sich nämlich nur auf die Gegenforderung[120]. Zwar kommt nach dem Wortlaut eine Aufrechnung des Dritten mit einer Forderung gegen den Kommissionär nicht in Betracht. Denn die Forderung des Kommissionärs gegen den Dritten ist durch § 392 II HGB dem Kommittenten zugewiesen, so dass eine Aufrechnung der Gläubiger des Kommissionärs mit einer ihnen gegen den Kommissionär zustehenden Forderung an sich ausgeschlossen ist. Doch ist der Wortlaut des § 392 II HGB für diesen Fall der Aufrechnung eines Dritten zu weit und infolgedessen teleologisch zu reduzieren. § 392 II HGB ist danach auf einen Gläubiger des Kommissionärs, der zugleich dessen Schuldner ist, nicht anzuwenden. § 392 II HGB gilt nämlich grundsätzlich nicht für das Außenverhältnis zwischen dem Kommissionär und Dritten. Dieses Außenverhältnis ist, wie stets bei Geschäften für fremde Rechnung, rechtlich von den Beziehungen zwi-

---

[117] BGHZ 104, 123, 128.
[118] BGHZ 104, 123, 127.
[119] Zum Begriff der konnexen Forderung vgl. § 13 Rn. 33.
[120] *BGH* NJW 1969, 276, 277.

schen Kommittent und Kommissionär zu trennen. Auch der Kommissionär schließt einen Vertrag nicht im Namen des Kommittenten, sondern im eigenen Namen. Das Innenverhältnis zwischen Kommittent und Kommissionär darf die Rechte Dritter nicht beeinträchtigen. Die zu Lasten der Gläubiger des Kommissionärs in § 392 II HGB getroffene Regelung enthält zwar eine Ausnahme von diesen Grundsätzen. Sie ist aber nicht auf die Fallkonstellation, dass der Dritte sowohl Gläubiger als auch Schuldner des Kommissionärs ist, auszudehnen. Anders kann es bei einer Aufrechnung des Dritten liegen, wenn er eine Aufrechnungslage herbeiführt, um sich zu Lasten des Kommittenten wegen seiner Forderung gegen den Kommissionär zu befriedigen. Auch kann es wegen Rechtsmissbrauchs gegen Treu und Glauben verstoßen (§ 242 BGB), wenn der Dritte den Kommissionär in den Glauben versetzt, er werde bar bezahlen und nicht aufrechnen.

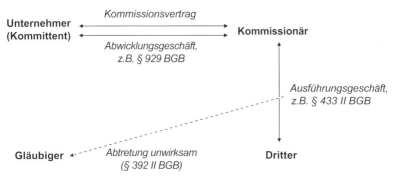

Abbildung 22: Personenverhältnisse bei Kommission

Beispiel: In dem unter Rn. 121 geschilderten Beispiel steht D gegen K ein Schadensersatzanspruch wegen Verletzung einer Pflicht aus dem Ausführungsgeschäft (§ 280 I BGB) in Höhe von 8000,– Euro zu. D rechnet mit dieser Forderung gegen die Kaufpreisforderung des K aus dem Ausführungsgeschäft auf. Diese Aufrechnung des D greift voll durch, so dass K gegen D nur noch ein Zahlungsanspruch in Höhe von 2000,– Euro zusteht. K kann nur noch diese Forderung an A abtreten. Im Hinblick auf 8000,– Euro hat A gegen K einen Anspruch nach § 285 BGB i.V.m. § 275 BGB auf „Herausgabe" der Schuldbefreiung, die K durch die Aufrechnung erlangt hat. Außerdem kommen Ansprüche des A gegen K nach § 816 II BGB oder zumindest § 812 I 1 Alt. 2 BGB in Betracht.

Weiter stellt sich die Frage, ob dies auch für inkonnexe Forderungen[121] gilt.   **123**

Beispiel: In dem unter Rn. 121 geschilderten Beispiel steht D gegen K aus einem anderen Geschäft eine Forderung in Höhe von 8000,– Euro zu. D rechnet mit dieser Forderung gegen die Kaufpreisforderung des K aus dem Ausführungsgeschäft auf.

Eine Auffassung bejaht das Recht zur Aufrechnung oder Zurückbehaltung zutreffend   **124** generell, sofern sich der Dritte die Gegenforderung nicht arglistig verschafft. Danach ist die Aufrechnung oder die Geltendmachung eines Zurückbehaltungsrechts durch den Dritten uneingeschränkt zulässig.[122] Hierfür sprechen zunächst die zur Aufrechnung mit konnexer Forderung angestellten Erwägungen. Der Dritte ist nicht nur als

---

[121] Zum Begriff der inkonnexen Forderung vgl. § 13 Rn. 34.
[122] *BGH* NJW 1969, 276, 277; Großkomm/*Koller,* § 392 Rn. 20; Baumbach/Hopt/*Kumpan,* § 392 Rn. 12; Koller/Kindler/Roth/Drüen/*Roth,* § 392 Rn. 6; *Canaris,* § 30 Rn. 78.

Gläubiger, sondern auch als Vertragspartei betroffen. Diese Doppelrolle ist von § 392 II HGB nicht erfasst.[123] Hinzu kommt, dass eine Ausnahmevorschrift wie § 392 II HGB eng auszulegen ist. Außerdem sprechen die Wertungen der §§ 404, 406 BGB für dieses Ergebnis. § 392 II HGB ist danach auf einen Gläubiger des Kommissionärs, der zugleich dessen Schuldner ist, nicht anzuwenden.

Beispiel: In dem unter Rn. 123 geschilderten Beispiel greift die Aufrechnung des D in vollem Umfang durch, so dass K gegen D nur noch ein Zahlungsanspruch in Höhe von 2000,– Euro zusteht. K kann nur noch diesen Anspruch an A abtreten. Im Hinblick auf 8000,– Euro hat A gegen K einen Anspruch nach § 285 BGB i. V. m. § 275 BGB auf „Herausgabe" der Schuldbefreiung, die K durch die Aufrechnung erlangt hat. Außerdem kommen Ansprüche des A gegen K nach § 816 II BGB oder zumindest § 812 I 1 Alt. 2 BGB in Betracht.

125 Andere nehmen an, dass der Dritte nicht zur Aufrechnung oder Geltendmachung eines Zurückbehaltungsrechts befugt ist, soweit es sich um eine inkonnexe Forderung handelt. Denn der Dritte habe bei einer nicht auf dem Ausführungsgeschäft beruhenden Forderung eine ähnliche Stellung wie ein Drittgläubiger.[124]

Beispiel: In dem unter Rn. 123 geschilderten Beispiel greift die Aufrechnung des D nicht durch, so dass K gegen D weiterhin ein Zahlungsanspruch in Höhe von 10 000,– Euro zusteht.

126 Schließlich ist zu fragen, ob der Rechtsgedanke des § 392 II HGB auch dann heranzuziehen ist, wenn der Kommissionär für die Forderung ein Surrogat erhält.

Beispiel: A gibt K einen Pkw in Kommission. K veräußert den Pkw an B. B bezahlt den Kaufpreis an K. Damit erlischt die Kaufpreisforderung des K gegen B und an deren Stelle tritt das erlangte Geld. Kann A hier begründet Drittwiderspruchsklage nach § 771 ZPO erheben, wenn Gläubiger des K das von B erlangte Geld pfänden?

127 Rechtsprechung[125] und ein Teil des Schrifttums[126] lehnen dies ab, weil § 392 II HGB keine dingliche Surrogation anordne. Die vorzugswürdige Begründung der Gegenmeinung[127] geht dahin, eine auf den Rechtsgedanken von § 392 II HGB gestützte Rechtsfortbildung sei gesetzesnäher. Dies gilt umso mehr, als der Gesetzgeber §§ 422 II, 457 S. 2 HGB ausdrücklich als „Fortführung des in § 392 II HGB enthaltenen Rechtsgedankens" bezeichnet.[128] Außerdem ordnet der Gesetzgeber den, die Nachnahme einziehenden Frachtführer wie einen Kommissionär als Geschäftsbesorger in eigenem Namen auf fremde Rechnung ein. Schließlich bleibt der Schutz des Kommittenten ohne die Einbeziehung des Surrogats in einem wesentlichen Punkt unzureichend.

4. Selbsteintritt des Kommissionärs (§§ 400–405 HGB)

128 §§ 400–405 HGB regeln das Recht des Kommissionärs, an Stelle des Dritten selbst in das Ausführungsgeschäft einzutreten.

---

[123] *Canaris,* § 30 Rn. 78.

[124] *K. Schmidt,* § 31 VI 4c.

[125] BGHZ 79, 89, 94; *BGH* NJW 1974, 456, 457.

[126] *Gundlach/Frenzel/Schmidt,* DZWiR 2000, 449, 454f.

[127] Baumbach/Hopt/*Kumpan,* § 392 Rn. 7; Großkomm/*Koller,* § 392 Rn. 2 u. 19; Koller/Kindler/Roth/Drüen/*Roth,* § 392 Rn. 5; *Canaris,* § 30 Rn. 82; *K. Schmidt,* § 31 VI 4d.

[128] BT-Drs. 13/8445, S. 56, 100.

Beispiel: Kommittent A beauftragt Kommissionär B damit, seinen Pkw zu einem bestimmten Preis zu verkaufen. B kauft den Pkw selbst.

Dieses Recht zum Selbsteintritt ist ein gesetzliches Gestaltungsrecht. Seine Entstehung 129 setzt **(1)** keine andere Bestimmung des Kommittenten (§ 400 I HGB), **(2)** Waren, die einen Börsen- oder Marktpreis haben oder Wertpapiere, bei denen ein Börsen- oder Marktpreis amtlich festgestellt wird (§ 400 I HGB) und **(3)** die ausdrückliche Erklärung des Selbsteintritts durch den Kommissionär (§ 405 HGB) voraus. Fehlt diese Erklärung, ist der Selbsteintritt gegenstandslos.

Die wirksame Ausübung des Selbsteintrittsrechts hat zur Folge, dass neben den Kommis- 130 sionsvertrag ein Kaufvertrag zwischen dem Kommissionär und dem Kommittenten tritt. Das HGB schützt den Kommittenten dadurch, dass von den in § 400 II 1 HGB (zur Zeit der Kommissionsausführung bestehender Börsenpreis), § 401 I HGB (bei Anwendung pflichtgemäßer Sorgfalt für den Kommittenten erreichbarer Preis) und § 401 II HGB (bei einem Deckungsgeschäft mit Drittem vereinbarter Preis) genannten Preisen der für ihn günstigste in Rechnung zu stellen ist.

Da der Kommissionsvertrag bestehen bleibt, kann der Kommissionär die gewöhnliche 131 Provision verlangen (§ 403 HGB). Außerdem stehen ihm das Pfandrecht (§ 397 HGB) und das Befriedigungsrecht (§ 398 HGB) zu (§ 404 HGB).

V. Kündigung des Kommissionsgeschäfts

Qualifiziert man das Kommissionsgeschäft als Werkvertrag, besteht nach § 649 BGB 132 ein Kündigungsrecht nur für den Besteller, also den Kommittenten. Beurteilt man das Kommissionsgeschäft hingegen – wie hier – als einen Dienstvertrag, besteht ein Kündigungsrecht (nach § 627 BGB) auch für den Kommissionär.

D. Frachtgeschäft

I. Internationales Transportrecht

Für das internationale Transportrecht sind insbesondere drei völkerrechtliche Abkom- 133 men von Bedeutung. Sie betreffen **(1)** den grenzüberschreitenden Straßengüterverkehr (*Convention relative au contrat de transport international de marchandise par route*, kurz CMR), **(2)** den internationalen Luftfrachtverkehr (*Warschauer Abkommen zur Vereinheitlichung von Regeln über die Beförderung im Luftverkehr*, kurz WA) und **(3)** den grenzüberschreitenden Eisenbahnverkehr (*Convention relative aux transports internationaux ferroviaires*, kurz COTIF, mit ihrem Anhang, kurz CIM). Diesen Regelungen ist das deutsche Transportrecht, insbesondere das Frachtrecht, weit gehend nachgebildet.

II. Begriffe

Der Frachtvertrag verpflichtet den Frachtführer gegenüber dem Absender, das Gut 134 zum Bestimmungsort zu befördern und dort an den Empfänger abzuliefern (§ 407 I HGB).

135 Beförderung bedeutet rechtzeitige und schadensfreie Ortsveränderung in Richtung auf
den Empfänger, auch wenn dies nur über geringfügige Entfernungen geschieht (z. B.
mittels Krans).[129] Der Verwendung eines technischen Transportmittels bedarf es nicht.
Es genügt bereits das Tragen durch eine Person.[130] Auch die Ablieferung muss rechtzeitig (§ 423 HGB) und schadensfrei (§ 425 HGB) erfolgen.

136 Der Absender als Auftraggeber des Frachtführers ist verpflichtet, die vereinbarte Fracht
zu bezahlen (§ 407 II HGB). Fracht bedeutet danach entgegen der Verwendung im
alltäglichen Sprachgebrauch die entgeltliche Gegenleistung des Absenders. Sie hat bei
Ablieferung des Gutes zu erfolgen (§ 420 I 1 HGB). Ihre Höhe unterliegt der Vertragsfreiheit. Ist die Fracht vereinbarungsgemäß nach Zahl, Gewicht oder anders an-
gegebener Menge des Gutes zu berechnen, begründet § 420 V HGB eine Vermutung
für die Richtigkeit der Angaben im Frachtbrief oder Ladeschein.

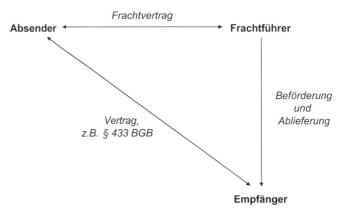

Abbildung 23: Personenverhältnisse bei Frachtgeschäft

137 Der Empfänger des Gutes ist in das Rechtsverhältnis zwischen dem Frachtführer und
dem Absender insoweit einbezogen, als ihm § 421 HGB gegenüber dem Frachtführer
Rechte einräumt und Pflichten auferlegt.

III. Anwendbares Recht und Rechtsnatur

138 Der Frachtführer ist nicht *ipso jure* Kaufmann, sondern nur dann, wenn die Voraussetzungen eines Tatbestands der §§ 1 ff. HGB erfüllt sind. §§ 343–373 HGB gelten aber
mit Ausnahme der §§ 348–350 HGB auch dann, wenn der Frachtführer nicht Kaufmann ist (§ 407 III 2 HGB).

139 Die Verpflichtung des Frachtführers zur Beförderung und Ablieferung gegen Zahlung
der vereinbarten Fracht ist auf die Herbeiführung eines Erfolgs gerichtet. Der Frachtvertrag ist daher als Werkvertrag i. S. d. § 631 BGB einzuordnen.[131] Daher sind
§§ 407 ff. HGB durch §§ 631 ff. BGB zu ergänzen. Kommissionsrecht ist nicht entsprechend anwendbar.

---

[129] *BGH* NJW-RR 1995, 415.
[130] *K. Schmidt,* § 32 II 2b bb.
[131] BT-Drs. 13/8445, S. 53; Baumbach/Hopt/*Merkt,* § 407 Rn. 13.

IV. Vertragsschluss

Der Frachtvertrag kommt – ggf. formfrei – durch Antrag und Annahme nach §§ 145 ff. BGB, 362 HGB zu Stande. Die Ausstellung eines Frachtbriefs nach § 408 HGB ist nicht konstitutive Voraussetzung für den Abschluss eines Frachtvertrags. Ein Frachtbrief, auf dessen Ausstellung der Frachtführer nach § 408 I 1 HGB einen Anspruch hat, begründet eine widerlegliche Vermutung über Abschluss und Inhalt des Frachtvertrags sowie für die Übernahme des Gutes durch den Frachtführer (§ 409 I HGB). Der Frachtbrief ist daher eine Beweisurkunde. Er ist jedoch – anders als der Ladeschein i. S. d. § 444 I HGB – kein Wertpapier, weil er kein Recht verbrieft. **140**

V. Anwendungsbereich

Der sachliche Anwendungsbereich der §§ 408 ff. HGB setzt voraus, dass **(1)** das Gut zu Lande, auf Binnengewässern oder mit Luftfahrzeugen befördert werden soll (§ 407 III 1 Nr. 1 HGB) und **(2)** die Beförderung zum Betrieb eines gewerblichen Unternehmens gehört (§ 407 III 1 Nr. 2 HGB). **141**

1. Beförderung zu Lande, auf Binnengewässern oder mit Luftfahrzeugen (§ 407 III 1 Nr. 1 HGB)

Die verschiedenen Transportmittel können innerhalb ein und desselben Frachtvertrags kombiniert sein. §§ 408 ff. HGB enthalten zwar keine Regelungen zur Seefracht, da diese im fünften Buch des HGB (Seefrachtrecht; §§ 476–619 HGB) besonders geregelt ist. Doch gelten §§ 408 ff. HGB auch dann, wenn der Transport teilweise zur See stattfindet (§ 452 S. 2 HGB; multimodaler Transport). Gleichwohl ist hinsichtlich des Schadensortes zu unterscheiden (vgl. § 452a HGB). So gelten für eine Seestrecke Haftungsbeschränkungen nach § 504 I HGB. Bei einem multimodalen Transport unter Einschluss einer Seestrecke (z. B. Transport von Druckmaschinen von Bremerhaven nach Portsmouth/Virginia) gehört zur Seestrecke noch das Ausladen des Transportguts vom Schiff im Hafen. Doch endet die Seestrecke mit dem Beginn der Verladung des Gutes auf das Transportmittel, das den Landtransport durchführen soll.[132] Der Vorgang des Verladens auf das nächste Transportmittel ist daher nicht mehr der Seestrecke, sondern schon der sich daran anschließenden Landstrecke zuzuordnen. Tritt also beim Verladen auf das Mittel für den Landtransport ein Schaden ein, gelten daher nicht mehr die Regelungen für die Seestrecke. Für den Transport von Umzugsgut gelten ergänzend §§ 451–451h HGB. **142**

2. Beförderung gehört zum Betrieb eines gewerblichen Unternehmens (§ 407 III 1 Nr. 2 HGB)

Die Beförderung muss zum Betrieb eines gewerblichen Unternehmens gehören (§ 407 III 1 Nr. 2 HGB). Auf den Umfang des Gewerbebetriebs kommt es nicht an.[133] Es muss also insbesondere kein Handelsgewerbe gegeben sein (§ 407 III 2 HS 1 HGB). §§ 408 ff. HGB gelten daher auch für Kleingewerbetreibende. Ob die Beförderung gegen Entgelt erfolgt, ist unerheblich. **143**

---

[132] BGHZ 164, 394, 396 = NJW-RR 2006, 616 Rn. 15; *BGH* NJW-RR 2008, 549 Rn. 21.
[133] Koller/Kindler/Roth/Drüen/*Koller,* § 407 Rn. 1.

VI. Haftung des Frachtführers

1. Vertragliche Haftung des Frachtführers

144 Die vertragliche Haftung des Frachtführers setzt **(a)** die Verwirklichung des Haftungstatbestands von § 425 I HGB und **(b)** das Nichteingreifen eines Haftungsausschlusstatbestands (§§ 426 f. HGB) voraus (vgl. dazu auch *Lettl,* Fall 17).

a) Haftungtatbestand (§ 425 I HGB)

145 Der Frachtführer haftet für den Schaden, der durch Verlust oder Beschädigung des Gutes in der Zeit von der Übernahme der Beförderung bis zur Ablieferung oder durch Überschreitung der Lieferfrist entsteht (§ 425 I HGB). Ablieferung ist der Vorgang, durch den der Frachtführer die Obhut über die zur Beförderung erlangte Ware mit Einwilligung des Verfügungsberechtigten wieder aufgibt und diesen in die Lage versetzt, die tatsächliche Gewalt über das Gut auszuüben.[134] Die Einwilligung des Verfügungsberechtigten zur Aufgabe der Obhut durch den Frachtführer deckt sich regelmäßig mit der zwischen Absender und Frachtführer getroffenen Vereinbarung. Ist demnach vereinbart, dass der Frachtführer das Gut an einem bestimmten Platz absetzen muss, ist die Einwilligung des Verfügungsberechtigten erst dann anzunehmen, wenn der Frachtführer das Gut an diese Stelle verbringt. Erst dann ist das Gut abgeliefert. Dem Frachtführer sind Handlungen und Unterlassungen seiner Leute wie eigene zuzurechnen (§ 428 HGB). Auf ein Verschulden des Frachtführers oder seiner Leute kommt es nicht an.

b) Kein Haftungsausschluss (§§ 426 f. HGB)

aa) § 426 HGB

146 § 426 HGB schließt die Haftung des Frachtführers aus, wenn der Verlust, die Beschädigung oder die Überschreitung der Lieferfrist auf Umständen beruht, die der Frachtführer auch bei größter Sorgfalt nicht vermeiden und deren Folgen er nicht abwenden konnte. Dies setzt voraus, dass auch ein besonders gewissenhafter Frachtführer,[135] also ein „idealer", im Rahmen des Menschenmöglichen vorsichtiger Frachtführer, den Schaden nicht hätte vermeiden können.[136] Jene Voraussetzungen gehen über die nach § 347 HGB gebotenen Anforderungen hinaus.

Beispiele: Ein idealer Frachtführer kann einen Schaden an dem Transportgut, der sich auf Grund eines umstürzenden, auf die Fahrbahn fallenden Baumes infolge eines Sturms ergibt, durch Parken bei nächster Gelegenheit vor Ausbruch des Sturms vermeiden. Ein idealer Frachtführer kann hingegen einen Schaden an dem Transportgut, der sich auch bei optimaler Fahrweise auf Grund der Kollision mit einem kurzfristig auf der falschen Fahrbahn fahrenden Pkw ereignet, nicht vermeiden.

bb) § 427 HGB

147 § 427 HGB sieht weitere Tatbestände zum Ausschluss der Haftung des Frachtführers vor.

---

[134] *BGH* NJW 1980, 833; Baumbach/Hopt/*Merkt,* § 425 Rn. 3.

[135] BT-Drs. 13/8445, S. 61.

[136] *BGH* TranspR 2003, 303, 304; Koller/Kindler/Roth/Drüen/*Koller,* § 426 Rn. 1.

c) Haftungsumfang

aa) Güterschäden

Zu ersetzen ist zunächst ein Schaden an dem transportierten Gut (Güterschaden; z. B. 148
Verunreinigung zu transportierender Flüssigkeit auf Grund der Verunreinigung der
Ladefläche des Fahrzeugs des Frachtführers). § 429 I HGB beschränkt diese Ersatzpflicht des Frachtführers dem Umfang nach auf den Wert des Gutes. Dieser Wert ist
nach dem Marktpreis (§ 429 III 1 HGB), also dem objektiven Beschaffungswert aus
der Marktposition des Empfängers zu beurteilen. Dabei handelt es sich regelmäßig
um dessen Einkaufspreis (§ 429 III 2 HGB). Der Umfang der Haftung des Frachtführers ist darüber hinaus durch einen Haftungshöchstbetrag begrenzt (§ 431 HGB).
Dieser Betrag ist durch 8,33 Rechnungseinheiten für jedes Kilogramm des Roh-
gewichts der Sendung festgelegt (§ 431 I HGB). Weitere Haftungshöchstgrenzen enthalten § 431 III HGB und § 433 HGB. Zum Ausschluss oder einer Beschränkung der
Haftung des Frachtführers kann es außerdem dadurch kommen, dass bei der Entstehung des Schadens ein Verhalten des Absenders oder des Empfängers oder ein besonderer Mangel des Gutes mitwirkt. Hierfür kommt es entscheidend darauf an, inwieweit diese Umstände zu dem Schaden beitragen (§ 425 II HGB). Dadurch kann es zu
einer Schadensteilung nach den jeweiligen Verursachungsbeiträgen, aber auch zu
einem vollständigen Wegfall der Haftung des Frachtführers kommen.

Beispiele: (1) Ein Schadensersatzanspruch des Versenders kann gemindert sein, wenn der Versender einen
Frachtführer mit der Transportdurchführung beauftragt, von dem er weiß oder zumindest hätte wissen
müssen, dass es in dessen Unternehmen auf Grund von groben Organisationsmängeln immer wieder zu
Verlusten kommt. Der Versender übernimmt unter diesen Umständen ein Risiko, dessen Verwirklichung
wegen des dem § 425 II HGB zu Grunde liegenden Gedanken von Treu und Glauben nicht allein dem
Schädiger anzulasten ist.[137] Dies setzt aber voraus, dass der konkrete Sachverhalt dem Versender Anlass
für die Annahme bietet, der Unternehmer werde durch die ihm angetragenen Arbeiten überfordert, weil
er nicht über die erforderliche Ausstattung oder fachliche Kompetenz verfügt.[138] Denn ein Unternehmer,
der die entgeltliche Ausführung eines Werks – hier des Transports eines Gutes – anbietet, trägt regelmäßig
die alleinige Verantwortung. – Ein anspruchsminderndes Mitverschulden des Versenders kann darin liegen, dass er einen Hinweis auf die Gefahr eines – aus Sicht des Schädigers – ungewöhnlich hohen Schadens
unterlässt.[139]

(2) Ein Schadensersatzanspruch des Versenders kann gemindert sein, wenn der Versender mit dem Verzicht auf weiter gehende Schutzvorkehrungen wie Versicherungsschutz über die Haftungshöchstbeträge
des § 431 HGB hinaus bewusst ein ihm anteilig zuzurechnendes Verlustrisiko eingeht, wenn der Wert des
Transportguts die Haftungshöchstgrenze des § 431 HGB erheblich übersteigt.[140] Zwar ist es grundsätzlich
Sache des Frachtführers, eine Sache auch ohne vereinbarte zusätzliche Schutzvorkehrungen sicher zu befördern. Angesichts des bei Transportgut erfahrungsgemäß gegebenen Verlustrisikos legt aber der besonders
hohe Wert einer Sendung schon in eigenem Interesse des Versenders zusätzliche Schutzmaßnahmen nahe.

(3) Der Versender einer Ware hat Kenntnis davon, dass die zur Beförderung aufgegebene Sendung nach
den AGB des Frachtführers sog. Verbotsgut enthält. Klärt er den Frachtführer hierüber vor Vertragsschluss
nicht auf, kann dies bei Verlust der Sendung im Rahmen der Abwägung der Verursachungsbeiträge einen
vollständigen Ausschluss der Haftung des Frachtführers rechtfertigen.[141]

---

[137] BGHZ 149, 337, 355 f.; *BGH* NJW-RR 2006, 1264 Rn. 29.
[138] *BGH* NJW-RR 2006, 1264 Rn. 35.
[139] BGHZ 149, 337, 353; *BGH* NJW 2002, 2553, 2554; NJW-RR 2006, 1264 Rn. 47.
[140] *BGH* NJW-RR 2006, 1264 Rn. 41.
[141] *BGH* NJW-RR 2007, 179 Rn. 35.

bb) Folgeschäden

149   Die Ersatzpflicht erfasst grundsätzlich auch Folgeschäden, sofern diese mit dem schä-
digenden Ereignis in einem adäquaten Ursachenzusammenhang stehen und in den
Schutzbereich der verletzten Norm fallen. Die Verpflichtung desjenigen, der ein schä-
digendes Ereignis zu vertreten hat, erstreckt sich mithin regelmäßig auch darauf, den
durch dieses Ereignis mittelbar verursachten Schaden (z. B. Verunreinigung zu transportierenden Tierfutters auf Grund der Verunreinigung der Ladefläche des Fahrzeugs
des Frachtführers führt zu Krankheit der gefütterten Tiere) zu ersetzen. Dieser Umstand spricht von vornherein gegen die Annahme, §§ 425 ff. HGB regelten von vornherein nur den Ersatz des unmittelbaren Schadens, der durch den Verlust oder die Beschädigung des Frachtguts entstanden ist.[142]

150   Folgeschäden und entgangener Gewinn sind aber nur unter den besonderen Voraussetzungen des § 435 HGB zu ersetzen (§ 432 HGB). Vertragliche Ansprüche des Absenders oder Empfängers auf Ersatz der auf Grund der Beschädigung des Transportguts eingetretenen Folgeschäden sind daher nach § 432 S. 2 HGB ausgeschlossen,
wenn kein qualifiziertes Verschulden i. S. d. § 435 HGB in der Person des Frachtführers oder seiner Leute (§ 428 HGB) gegeben ist.[143] Diese Abweichung von §§ 249 ff.
BGB beruht darauf, dass der Frachtführer die Höhe solcher Schäden kaum abschätzen
und sich infolgedessen insoweit nicht angemessen versichern kann. Dem Frachtführer
sollen die ihm wegen vertragstypischer Risiken eingeräumten Haftungsprivilegien
nicht zugutekommen, wenn ihn oder eine Person, derer er sich bei der Ausführung
der Beförderung bedient, qualifiziertes Verschulden trifft.[144] Die gesetzlichen Haftungsbefreiungen und -begrenzungen gelten daher dann nicht für vertragliche Ansprüche, wenn der Schaden auf eine Handlung oder Unterlassung zurückzuführen ist,
die der Frachtführer oder einer seiner Leute i. S. d. § 436 HGB **(1)** vorsätzlich oder
leichtfertig und **(2)** in dem Bewusstsein, dass ein Schaden mit Wahrscheinlichkeit eintreten werde, begeht (§ 435 HGB). Anhaltspunkte für ein solches qualifiziertes Verschulden können sich etwa aus der Art und dem Ausmaß der Beschädigung des Gutes
ergeben. Ein Geschädigter muss vortragen, dass der Schaden auf ein qualifiziertes Verschulden des Frachtführers oder seiner Leute i. S. d. § 436 HGB zurückzuführen ist.
Der Frachtführer muss sich auf diesen Vortrag einlassen und mitteilen, welche Kenntnisse er über den konkreten Schadensverlauf hat und welche Schadensursachen er ermitteln konnte. Ihn trifft insoweit eine Recherchepflicht, da meist nur er Angaben zu
den näheren Umständen der Schadensentstehung machen kann.[145] Kann ein Frachtführer trotz angemessener Recherchen nichts zur Entstehung der Beschädigung des
Gutes beitragen, ergibt sich daraus keine Vermutung für das Vorliegen eines qualifizierten Verschuldens. Vielmehr bleibt der Ersatzberechtigte für das Vorliegen der Voraussetzungen eines qualifizierten Verschuldens des Frachtführers oder seiner Leute be-
weisfällig.

151   **(1) Leichtfertigkeit.** Das Tatbestandsmerkmal der Leichtfertigkeit erfordert einen besonders schweren Pflichtenverstoß, bei dem sich der Frachtführer oder seine Leute in

---

[142]   *BGH* NJW 2007, 58 Rn. 18.
[143]   BT-Drs. 13/8445, S. 68–70; *BGH* NJW 2007, 58 Rn. 15; **a. A.** *Heuer*, TranspR 2005, 70, 71.
[144]   BGHZ 158, 322, 328.
[145]   *BGH* NJW-RR 2007, 32 Rn. 33.

krasser Weise über die Sicherheitsinteressen der Vertragspartner hinwegsetzen.[146] So begründet das Herbeiführen eines Verkehrsunfalls durch ein „Einnicken" des Fahrers am Steuer nur dann den Vorwurf eines leichtfertigen Handelns, wenn sich der Fahrer bewusst über von ihm erkannte deutliche Anzeichen einer Übermüdung hinweggesetzt hat.[147] Bei einer Betriebsorganisation des Frachtführers, die Ein- und Ausgangskontrollen beim – besonders schadensanfälligen – Umschlag von Transportgütern nicht durchgängig vorsieht, ist im Regelfall der Vorwurf eines leichtfertigen Verhaltens gerechtfertigt, weil es sich bei diesen Kontrollen um elementare Vorkehrungen gegen Verlust der Ware handelt.[148] Danach besteht das Erfordernis der Schnittstellenkontrolle, derer es insbesondere bei Einbindung rechtlich selbständiger Drittunternehmen in die Erbringung der Transportleistung bedarf. Denn ohne ausreichende Ein- und Ausgangskontrollen kann der Frachtführer grundsätzlich keinen verlässlichen Überblick über Lauf und Verbleib der in den einzelnen Umschlagstationen ein- und abgehenden Güter gewinnen und den Schadensbereich nicht eingrenzen.

Beispiel: Frachtführer F ist von Absender A mit dem Transport einer Computeranlage von X nach Y beauftragt. F beauftragt den Nahverkehrsunternehmer F1, der die Sendung von A übergeben erhält. F1 soll die Computeranlage zunächst in das Depot von F in X bringen. Von dort soll F die Computeranlage nach Y transportieren. Die Computeranlage erreicht Y nicht. Ihr Verbleib ist ungeklärt. Führt F keine Ein- und Ausgangskontrollen durch, besteht ein Anspruch auf Schadensersatz von A gegen F nach §§ 425 I, 429 I, 435 HGB, ohne dass sich F auf gesetzliche oder vertraglich vereinbarte Haftungsbeschränkungen berufen könnte. Diese Grundsätze sind auf den Versand von Briefen und briefähnlichen Sendungen nicht zu übertragen.[149] Bei der Briefbeförderung steht nämlich die Übermittlung der in dem Brief enthaltenen individuellen Gedankenerklärung im Vordergrund. Dem Versender eines Briefs erwächst aus dessen Verlust im Allgemeinen kein materieller Schaden. Deshalb besteht bei Briefsendungen für Dritte im Allgemeinen kein Anreiz, sich den Inhalt der Sendungen anzueignen, um sich zu bereichern. Beim Versand von Paketen geht es hingegen um die Beförderung der verpackten werthaltigen Gegenstände. Folgerichtig ermöglicht § 449 I 1 HGB für Briefe und briefähnliche Sendungen weiter gehende Haftungsbeschränkungen als bei anderen Sendungen, um den Besonderheiten des postalischen Massenverkehrs Rechnung zu tragen. Dies schließt es allerdings nicht aus, dass der Frachtführer für den Verlust bestimmter Briefsendungen ebenso haftet wie bei einem Abhandenkommen von Paketsendungen, wenn er – z. B. in seinen AGB – die Beförderung bestimmter Briefe der Paketbeförderung gleichstellt.[150]

(2) Bewusstsein der Wahrscheinlichkeit des Schadenseintritts. Ein Frachtführer, der elementare Sorgfaltspflichten verletzt, handelt im Allgemeinen in dem Bewusstsein, dass es auf Grund des Mangels dieser Vorkehrungen zu einem Schadenseintritt kommen kann.[151]   152

2. Außervertragliche Haftung des Frachtführers

Die Haftungsbefreiungen nach §§ 426 f. HGB und die Begrenzungen des Haftungsumfangs nach §§ 429 ff. HGB gelten auch für außervertragliche Ansprüche des Absenders oder Empfängers gegen den Frachtführer (oder seine Leute; § 436 HGB) wegen Verlusts oder Beschädigung des Gutes oder wegen Überschreitung der Lieferfrist (§ 434 I HGB). Damit ist sichergestellt, dass sämtliche der in §§ 425 ff. HGB enthaltenen Regelungen, die den Haftungsinhalt und den Haftungsumfang betreffen, auch   153

---

[146] BT-Drs. 13/8445, S. 61; BGHZ 145, 170, 183; 158, 322, 328.
[147] *BGH* NJW-RR 2007, 1630 Rn. 20.
[148] BGHZ 158, 322, 330.
[149] *BGH* NJW-RR 2007, 96 Rn. 16.
[150] *BGH* NJW-RR 2006, 1210 Rn. 2; NJW-RR 2007, 96 Rn. 19.
[151] BGHZ 158, 322, 333.

für außervertragliche Ansprüche gegen den Frachtführer gelten. Dies soll verhindern, dass außervertragliche Ansprüche das gesetzlich für vertragliche Ansprüche vorgesehene Haftungssystem entwerten.[152] Daher sind insbesondere Ansprüche aus unerlaubter Handlung – etwa wegen Eigentumsverletzung i. S. d. § 823 I BGB – weit gehend ausgeschlossen. Die gesetzlichen Haftungsbefreiungen und -begrenzungen gelten aber dann nicht für außervertragliche Ansprüche, gleich ob Güterschaden oder Folgeschaden, wenn der Schaden auf eine Handlung oder Unterlassung zurückzuführen ist, die der Frachtführer oder einer seiner Leute i. S. d. § 436 HGB qualifiziert verschuldet i. S. d. § 435 HGB (vgl. dazu schon Rn. 150–152).[153] § 434 II 1 HGB erstreckt die Haftungsbefreiungen und -begrenzungen auch auf außervertragliche Ersatzansprüche Dritter gegen den Frachtführer, sofern **(1)** die Einwendung auf eine Vereinbarung gestützt wird, die von den in § 449 I 1 HGB genannten Vorschriften zu Lasten des Absenders abweicht (§ 434 II 2 Nr. 1 HGB), **(2)** der Dritte der Beförderung nicht zugestimmt hat und der Frachtführer die fehlende Befugnis des Absenders, das Gut zu versenden, kannte oder infolge grober Fahrlässigkeit nicht kannte (§ 434 II 2 Nr. 1 HGB) oder **(3)** das Gut vor Übernahme zur Beförderung dem Dritten oder einer Person, die von diesem ihr Recht zum Besitz ableitet, abhandengekommen ist (§ 434 II 2 Nr. 3 HGB).

3. Haftung des ausführenden Frachtführers (§ 437 HGB)

154 Wird die Beförderung ganz oder teilweise durch einen Dritten ausgeführt (ausführender Frachtführer), haftet dieser für den Schaden auf Grund Verlusts oder Beschädigung des Gutes oder Überschreitung der Lieferfrist während der durch ihn ausgeführten Beförderung in gleicher Weise wie der Frachtführer (§ 437 I 1 HGB). Dieser Regelung liegt die Konstellation zu Grunde, dass sich der Frachtführer (Hauptfrachtführer) zur Ausführung des Transports eines anderen Unternehmers (ausführender Frachtführer) bedient. Die Haftung des ausführenden Frachtführers erstreckt sich nicht auf Schäden, für die der Hauptfrachtführer verantwortlich ist. Die Haftung des ausführenden Frachtführers ist nämlich auf Schäden begrenzt, die er selbst nach §§ 425 f. HGB zu verantworten hat (vgl. auch „während der durch ihn ausgeführten Beförderung").[154] Vertragliche Vereinbarungen mit dem Absender oder Empfänger, durch die der Frachtführer seine Haftung erweitert, wirken gegen den ausführenden Frachtführer nur, soweit er ihnen schriftlich zugestimmt hat (§ 437 I 2 HGB).

4. Abweichende Vereinbarungen (§ 449 HGB)

155 Zum Nachteil eines Verbrauchers als Absender kann der Frachtvertrag nicht von den in § 449 I 1 HGB genannten Vorschriften abweichen, sofern es nicht um die Beförderung von Briefen oder briefähnlichen Sendungen geht (§ 449 III HGB). Gegenüber einem Unternehmer als Absender kann der Frachtvertrag von den in § 449 I 1 HGB genannten Vorschriften nur abweichen, soweit die Vereinbarung im Einzelnen ausgehandelt ist, auch wenn sie für eine Mehrzahl von gleichartigen Verträgen zwischen denselben Vertragsparteien getroffen ist (§ 449 I 1 HGB). Es muss also eine Individualvereinbarung i. S. d. § 305b BGB gegeben sein. Aushandeln setzt mehr als bloßes Verhandeln voraus. Erforderlich ist vielmehr, dass der Verwender den gesetzesfremden

---

[152] BT-Drs. 13/8445, S. 69; *BGH* NJW 2007, 58 Rn. 19.
[153] *BGH* NJW 2007, 58 Rn. 23.
[154] *Canaris,* § 31 Rn. 45.

Kerngehalt seiner AGB inhaltlich ernsthaft zur Disposition stellt und dem anderen Teil Gestaltungsfreiheit zur Wahrung eigener Interessen einräumt. Der Kunde muss ernsthaft die Möglichkeit erhalten, den Inhalt der Vertragsbedingungen zu ändern.[155] Es ist dem Verwender aber unbenommen, den Kunden von der Sachgerechtigkeit der Regelung zu überzeugen. Bei einem Unternehmer sind die an das Aushandeln zu stellenden Anforderungen weniger streng. Hier kann eine Individualabrede daher schon dann vorliegen, wenn der Verwender erklärt, auf eine bestimmte Regelung könne er nicht verzichten.[156] Da eine von den in § 449 I 1 HGB genannten Vorschriften abweichende Regelung „nur" durch eine im Einzelnen ausgehandelte Vereinbarung zulässig ist, sind AGB in diesem Bereich grundsätzlich unzulässig. Eine Ausnahme hiervon enthält § 449 II 1 HGB für die Änderung von Haftungshöchstbeträgen nach § 431 HGB. Sie darf unter bestimmten Voraussetzungen auch durch AGB vereinbart sein. Dasselbe gilt nach § 449 II 2 HGB auch für die vom Absender nach § 414 HGB zu leistende Entschädigung (§ 449 II 2 HGB).

5. Verjährung

Ansprüche auf Grund einer Beförderung i. S. d. § 407 HGB verjähren grundsätzlich in einem Jahr (§ 439 I 1 HGB), bei Vorsatz oder einem dem Vorsatz nach § 435 HGB gleichstehenden Verschulden in drei Jahren (§ 439 I 2 HGB). Die Verjährung beginnt mit dem Ablaufe des Tages, an dem das Gut abgeliefert ist (§ 439 II 1 HGB). Ist das Gut nicht abgeliefert, beginnt die Verjährung mit dem Ablauf des Tages, an dem der Frachtführer das Gut hätte abliefern müssen (§ 439 II 2 HGB). Auf die Kenntnis des Geschädigten kommt es daher im Gegensatz zu §§ 195, 199 BGB nicht an. Die Verjährungsregelung des § 439 HGB erfasst sowohl Ansprüche aus Frachtvertrag (z. B. wegen Pflichtverletzung) als auch Ansprüche aus Delikt und ungerechtfertigter Bereicherung, da § 439 I 1 HGB nur „Ansprüche aus einer Beförderung" nennt.[157] Die Anwendung von § 439 HGB setzt jedoch das Zustandekommen eines wirksamen Frachtvertrags voraus, da diese Regelung für alle Ansprüche aus einer Beförderung gilt, die „den Vorschriften dieses Unterabschnitts" (§§ 407 bis 450 HGB) unterliegen.[158] Darin zeigt sich eine Anknüpfung nicht nur an die tatsächliche Beförderung von Gütern, sondern an das Erfordernis der Anwendbarkeit der speziellen frachtrechtlichen Vorschriften.[159] Diese Anwendbarkeit ist nur beim Abschluss eines wirksamen Frachtvertrags erfüllt. § 439 HGB ist danach nicht anwendbar, wenn der Frachtvertrag z. B. wegen Schmiergeldabrede nichtig ist nach § 138 I BGB.[160]

156

VII. Übergang der Vergütungsgefahr

Der Anspruch auf die Fracht entfällt, soweit die Beförderung unmöglich ist (§ 420 II 1 HGB). Wird die Beförderung infolge eines Beförderungs- oder Ablieferungshindernisses vorzeitig beendet (Distanzfracht), hat der Frachtführer Anspruch auf anteilige Fracht für den zurückgelegten Teil der Beförderung, sofern die Beförderung für den Absender von Interesse ist (§ 420 II 2 HGB).

157

---

[155] BGHZ 104, 232, 236; *BGH* NJW 2000, 1110.
[156] *BGH* NJW 1992, 2283, 2285.
[157] BGHZ 201, 129 Rn. 28; *Canaris,* § 31 Rn. 43.
[158] BGHZ 201, 129 Rn. 29.
[159] BGHZ 201, 129 Rn. 29.
[160] BGHZ 201, 129 Rn. 31.

Beispiel: Der Lkw des Frachtführers F bleibt wegen Motorschadens liegen. Absender A beauftragt Frachtführer F1, das Gut die verbleibende Strecke zu befördern. F behält den Anspruch auf anteilige Fracht.

158 Im Umkehrschluss ergibt sich daraus, dass dem Frachtführer kein Anspruch auf Fracht für die noch nicht geleistete Beförderung zusteht. Insoweit trägt der Frachtführer die Vergütungsgefahr.

159 Abweichend von § 420 II HGB behält der Frachtführer den Anspruch auf die Fracht, wenn die Beförderung aus Gründen unmöglich ist, die dem Risikobereich des Absenders zuzurechnen sind oder die zu einer Zeit eintreten, zu der der Absender in Annahmeverzug ist (§ 420 III 1 HGB). § 420 III 1 HGB ist eng an § 326 II 1 BGB angelehnt, ohne dass es bei § 420 III 1 HGB auf ein Vertretenmüssen ankäme. Der Abgrenzung nach § 420 III 1 Alt. 1 HGB dienen vielmehr Risikobereiche. Zum Risikobereich des Frachtführers i. S. d. § 420 III Alt. 1 HGB gehören Hindernisse, die seiner Sphäre zuzurechnen sind (z B. Liegenbleiben des Lkw des Frachtführers wegen Motorschadens). Zum Risikobereich des Frachtführers gehören aber nicht Hindernisse, die nicht aus seiner Sphäre, sondern aus „neutraler" Sphäre stammen. Denn § 420 III Alt. 1 HGB soll den in § 645 I 1 BGB angelegten Gedanken einer Sphärentheorie aufgreifen und fortentwickeln.[161]

Beispiel: Die weitere Beförderung ist wegen eines allgemeinen Fahrverbots nicht möglich und auch zu einem späteren Zeitpunkt wegen der Verderblichkeit der Ware ausgeschlossen. Der Frachtführer hat Anspruch auf anteilige Fracht.

160 Ob der Absender in Annahmeverzug ist, beurteilt sich nach den §§ 293 ff. BGB.

161 Auch wenn der Frachtführer den Anspruch auf die Fracht nach § 420 III 1 HGB behält, muss er sich dasjenige anrechnen lassen, was er an Aufwendungen erspart oder anderweitig erwirbt oder zu erwerben böswillig unterlässt (§ 420 III 2 HGB; vgl. auch § 326 II 2 BGB).

VIII. Sicherung der Frachtforderung

162 Nach § 440 HGB steht dem Frachtführer an dem Gut ein gesetzliches Pfandrecht zu, das auch unbestrittene inkonnexe Forderungen[162] sichert.

IX. Fracht und Verzögerung der Beförderung

163 Tritt nach Beginn der Beförderung und vor Ankunft an der Ablieferungsstelle eine Verzögerung ein und beruht die Verzögerung auf Gründen, die dem Risikobereich des Absenders zuzurechnen sind, hat der Frachtführer neben einem Anspruch auf Fracht einen Anspruch auf angemessene Vergütung (§ 420 IV HGB). Diese Vergütung soll einen Ausgleich dafür darstellen, dass der Absender die Kapazitäten des Frachtführers über die vertraglich vereinbarte Zeit hinaus in Anspruch nimmt und der Frachtführer diese Kapazitäten nicht anderweitig einsetzen kann. Besteht keine anderweitige Einsatzmöglichkeit in diesem Sinne, besteht auch kein Anspruch des Frachtführers nach § 420 IV HGB. Aus § 420 IV HGB ergibt sich im Umkehrschluss,

---

[161] BT-Drs. 13/8445 S. 53 (noch zu § 420 II 2 HGB a. F.).
[162] Zum Begriff der inkonnexen Forderung vgl. § 13 Rn. 34.

dass ein Anspruch des Frachtführers nach § 420 IV HGB nicht besteht, wenn das Hindernis nicht dem Risikobereich des Absenders zuzurechnen ist.

X. Verspätetes Verladen oder Entladen

Wartet der Frachtführer auf Grund vertraglicher Vereinbarung oder aus Gründen, die nicht seinem Risikobereich zuzurechnen sind, über die Lade- oder Entladezeit hinaus, hat er nach § 412 III HGB Anspruch auf eine angemessene Vergütung (Standgeld). **164**

XI. Haftung des Absenders

Der Absender hat dem Frachtführer verschuldensunabhängig Schäden und Aufwendungen zu ersetzen, die auf Grund eines der in § 414 I HGB genannten Umstände wie ungenügender Verpackung oder Kennzeichnung der Fracht (§ 414 I Nr. 1 HGB) eintreten. Die Haftung des Absenders nach § 414 I HGB besteht jedoch nur, wenn der Absender nicht Verbraucher ist. Denn die Haftung des als Verbraucher handelnden Absenders setzt das Verschulden des Absenders voraus (§ 414 III HGB). Hat bei der Verursachung der Schäden oder Aufwendungen ein Verschulden des Frachtführers mitgewirkt, hängen die Verpflichtung zum Ersatz sowie ggf. der Umfang des zu leistenden Ersatzes davon ab, inwieweit dieses Verhalten zu den Schäden und Aufwendungen beigetragen hat (§ 414 II HGB). Insoweit kommt es zu einer Anspruchskürzung (nicht: Entfallen des Anspruchs) wie nach § 254 BGB. **165**

XII. Rechtsstellung des Empfängers

1. Erfüllungsanspruch des Empfängers (§ 421 I HGB)

a) Normzweck

Dem Empfänger steht nach Ankunft des Gutes an der Ablieferungsstelle ein Anspruch gegen den Frachtführer auf Ablieferung des Gutes gegen Erfüllung der Verpflichtungen aus dem Frachtvertrag zu (§ 421 I 1 HGB). Der durch § 421 I 1 HGB begründete eigenständige Anspruch des Empfängers entspricht dem Ablieferungsanspruch des Absenders (§ 407 I HGB). § 421 I HGB begründet daher eine Doppellegitimation von Empfänger und Absender für frachtvertragliche Ansprüche gegenüber dem Frachtführer. Denn auch dem Empfänger stehen als Drittbegünstigtem Rechte aus dem Frachtvertrag zu, die er in eigenem Namen geltend machen kann.[163] **166**

Ist das Gut beschädigt oder verspätet abgeliefert oder verloren gegangen, kann der Empfänger die Ansprüche aus dem Frachtvertrag in eigenem Namen gegen den Frachtführer geltend machen (§ 421 I 2 HS 1 HGB). Der Absender ist alternativ weiterhin zur Geltendmachung der Ansprüche i. S. d. § 421 I 1 HGB befugt (§ 421 I 2 HS 2 HGB), so dass Absender und Empfänger Gesamtgläubiger i. S. d. §§ 428 f. HGB sind. Unerheblich ist, ob der Empfänger oder der Absender in eigenem Namen oder fremdem Interesse handelt (§ 421 I 3 HGB). Die Berechtigung sowohl des Empfängers als auch des Absenders zur Geltendmachung von Ansprüchen aus dem Frachtvertrag, soll die Gefahr des Anspruchsverlusts bei Vorgehen der falschen Partei vermeiden. **167**

---

[163] *BGH* NJW-RR 2006, 181 Rn. 13.

b) Rechtsnatur des § 421 I 2, 3 HGB

aa) Drittschadensliquidation

168 Eine Auffassung sieht in § 421 I 2, 3 HGB eine gesetzliche Regelung der Drittschadensliquidation.[164] Danach könne der Absender, soweit auf Grund der Gefahrtragungsregelung des § 447 I BGB oder sonstiger Abrede Anspruchsinhaber und tatsächlich Geschädigter nicht personenidentisch seien, den Schaden des Empfängers auf Grund seines vertraglichen Anspruchs nach § 425 I HGB (nicht nach § 823 I BGB, da § 421 I HGB nur vertragliche Ansprüche nennt) geltend machen. Der Schaden des Empfängers sei insoweit zur Anspruchsgrundlage des Absenders zu ziehen.

Beispiel: Unternehmer A und Unternehmer B vereinbaren einen Versendungskauf i. S. d. § 447 I BGB. Unternehmer A übergibt das Gut dem als zuverlässig geltenden Frachtführer C zum Zwecke der Auslieferung an B. Auf dem Transport wird das Gut auf Grund eines von C grob fahrlässig verschuldeten Unfalls zerstört. A hat zwar einen Anspruch gegen C aus Frachtvertrag (§ 425 I HGB). Bei A entsteht aber kein Schaden, da er wegen der Gefahrtragungsregelung des § 447 I BGB den Anspruch auf Kaufpreiszahlung (§ 433 II BGB) gegen B entgegen § 326 I BGB behält. Im Wege der Drittschadensliquidation kann A aber den Schaden des B geltend machen.

169 Darüber hinaus könne – und darin liege eine Abweichung von den allgemeinen ungeschriebenen Regeln der Drittschadensliquidation – auch der Empfänger die Ansprüche des Absenders in eigenem Namen geltend machen.

bb) Eigener vertraglicher Anspruch des Empfängers

170 Nach anderer Auffassung ist der Empfänger nicht darauf beschränkt, Ansprüche des Absenders geltend zu machen. Vielmehr stehe dem Empfänger ein eigener materieller vertraglicher Anspruch zu.[165] Hierfür spreche insbesondere, dass der Empfänger nach § 421 I 1 HGB auch Inhaber des primären Erfüllungsanspruchs sei. Infolgedessen bedürfe es keiner Drittschadensliquidation im Verhältnis zwischen Absender und Empfänger,[166] da der geschädigte Empfänger seinen Schaden selbst gegen den Frachtführer geltend machen könne.

Beispiel: In dem unter Rn. 168 geschilderten Beispiel hat B einen eigenen Anspruch gegen C aus Frachtvertrag (§ 425 I HGB i. V. m. § 421 I 2 HS 1 HGB), so dass kein Bedürfnis nach einer Liquidation des Schadens von B durch A besteht.

171 Der Empfänger sei vor dem Zugriff der Gläubiger des Absenders geschützt. Außerdem könne der Empfänger seinen Anspruch – etwa für Finanzierungszwecke – abtreten.

172 Der Drittschadensliquidation bedürfe es lediglich im Verhältnis Absender – Dritter oder Empfänger – Dritter.

Beispiel: Unternehmer A und Unternehmer B vereinbaren einen Versendungskauf i. S. d. § 447 I BGB. Unternehmer A übergibt das Gut dem als zuverlässig geltenden Frachtführer C zum Zwecke der Auslieferung an B. Auf dem Transport wird das Gut auf Grund eines von D grob fahrlässig verschuldeten Unfalls zerstört. A hat zwar keinen Anspruch gegen D (§§ 7 I StVG, 823 I BGB). Denn er erleidet keinen Schaden, da er nach § 447 I BGB entgegen § 326 I BGB den Anspruch gegen B auf Kaufpreiszahlung behält. B hat ebenfalls keinen Anspruch gegen D, da er nicht Eigentümer des Gutes ist. B darf aber im Wege der

---

164 BT-Drs. 13/8445, S. 55; Koller/Kindler/Roth/Drüen/*Koller*, § 421 Rn. 2; *Canaris*, § 31 Rn. 61.
165 Baumbach/Hopt/*Merkt*, § 421 Rn. 2; *Oetker*, JuS 2001, 833, 841.
166 Baumbach/Hopt/*Merkt*, § 421 Rn. 3; *Becker*, AcP 202 (2002), 722, 736 ff.

Drittschadensliquidation den (hypothetisch ohne Vereinbarung eines Versendungskaufs i. S. d. § 447 I BGB, d. h. infolge des dann weggefallenen Kaufpreisanspruchs bestehenden) Schaden des A gegenüber D geltend machen.

2. Verpflichtung des Empfängers zur Leistung der Fracht (§ 421 II HGB)

Macht der Empfänger den Ablieferungsanspruch nach § 421 I 1 HGB gegenüber dem Frachtführer geltend, hat er die noch geschuldete Fracht bis zu dem Betrag zu zahlen, der aus dem Frachtbrief hervorgeht (§ 421 II 1 HGB).[167] Außerdem schuldet der Empfänger dann nach § 421 III HGB bei Überschreitung der Ladezeit Standgeld (§ 412 III HGB) oder eine Vergütung nach § 420 IV HGB. Dieser Anspruch erstreckt sich jedoch nicht auch auf den Ersatz durch Entladeverzögerungen entstandener Schäden.[168]   **173**

Da der Absender zur Zahlung der nach dem Vertrag geschuldeten Beträge verpflichtet bleibt (§ 421 IV HGB), begründen § 421 II 1 und III HGB einen gesetzlichen Schuldbeitritt des Empfängers, der durch das Erfordernis der freien Entscheidung des Empfängers zur Geltendmachung des Ablieferungsanspruchs nach § 421 I 1 HGB gerechtfertigt ist. Absender und Empfänger sind daher nach dem Ablieferungsverlangen des Empfängers Gesamtschuldner hinsichtlich der Verpflichtungen aus dem Frachtvertrag.[169] Der Frachtführer erhält durch die zusätzliche Haftung des Empfängers Ersatz für den infolge der Ablieferung eintretenden Verlust des Pfandrechts am Gut nach § 440 II, III HGB.   **174**

XIII. Ladeschein

Der Ladeschein i. S. d. § 443 I 1 HGB verbrieft das Versprechen des Frachtführers, das Gut abzuliefern. So darf nur der aus dem Ladeschein Berechtigte die im Ladeschein verbrieften frachtvertraglichen Ansprüche geltend machen (§ 444 III 1 HGB). Nach Ankunft des Gutes an der Ablieferungsstelle ist der legitimierte Besitzer des Ladescheins berechtigt, vom Frachtführer die Ablieferung des Gutes zu verlangen (§ 445 II 1 HGB). Macht er von diesem Recht Gebrauch, ist er entsprechend § 421 II und III HGB zur Zahlung der Fracht und einer sonstigen Vergütung verpflichtet (§ 445 I 2 HGB). Der Frachtführer ist zur Auslieferung des Gutes nur gegen Rückgabe des Ladescheins, auf dem die Ablieferung bescheinigt ist, verpflichtet (§ 445 II 1 HGB). Der sich aus dem Ladeschein ergebende Anspruch ist unabhängig vom Frachtvertrag. Die Übergabe des Ladescheins an den Empfangsberechtigten hat dieselben Wirkungen wie die Übergabe des Gutes (§ 448 S. 1 HGB). Der Ladeschein ist daher ein Traditionspapier (*traditio* = Übergabe). Dessen Übergabe ermöglicht unter der weiteren Voraussetzung der Einigung über den Eigentumsübergang den Eigentumserwerb i. S. d. § 929 S. 1 BGB. Eine Eigentumsübertragung, bei der an die Stelle der Übergabe der Sache die Abtretung des Herausgabeanspruchs nach § 931 BGB tritt, kommt nur in Betracht, wenn gleichzeitig der Ladeschein übergeben wird. Denn der Anspruch auf Herausgabe des Gutes ist im Ladeschein verkörpert, bleibt also untrennbar mit der Urkunde verbunden und kann deshalb auch nicht gesondert   **175**

---

[167] Die bloße Übernahme des Frachtguts stellt jedoch keine konkludente Geltendmachung des Rechts auf Ablieferung dar; vgl. *BGH* NJW-RR 2007, 1326 Rn. 13.

[168] *BGH* NJW-RR 2006, 181 Rn. 12.

[169] *BGH* NJW-RR 2006, 181 Rn. 14.

von ihr geltend gemacht werden. Der mittelbare Besitz an dem Gut wird durch den unmittelbaren Besitz an dem Ladeschein repräsentiert **(Repräsentationstheorie).**[170] Daher ist die Übereignung des Gutes durch Einigung und Abtretung des Herausgabeanspruchs nach § 931 BGB ausgeschlossen, wenn der Veräußerer dem Erwerber nicht auch den Besitz an dem Ladeschein verschafft. Die Übereignung des Gutes durch Einigung und Abtretung des Herausgabeanspruchs ist auch dann ausgeschlossen, wenn der Veräußerer nicht (mehr) mittelbarer Besitzer des Gutes ist. Denn mittelbarer Besitz, der nicht besteht, ist nicht übertragbar.

E. Speditionsgeschäft

I. Begriffe

176 Der Speditionsvertrag verpflichtet den Spediteur, die Versendung des Gutes zu besorgen (§ 453 I HGB). Den Inhalt der Pflicht zur Besorgung der Versendung konkretisiert beispielhaft („insbesondere") § 454 I HGB. Danach hat der Spediteur die Beförderung zu organisieren, also etwa Beförderungsmittel und Beförderungsweg zu bestimmen (§ 454 I Nr. 1 HGB). Der Spediteur muss die Beförderung grundsätzlich nicht selbst durchführen. Darin liegt der wesentliche Unterschied zum Frachtvertrag. Zum Zwecke der Beförderung schließt der Spediteur als sachkundiger Organisator des Transports regelmäßig Verträge mit Dritten. Dies kann in eigenem Namen (mittelbare Stellvertretung) oder, bei Einräumung von Vertretungsmacht durch Vollmacht, im Namen des Versenders geschehen (§ 454 III HGB).

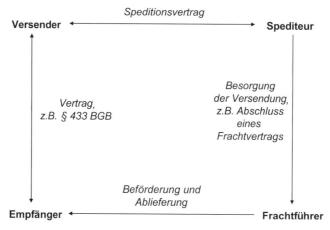

Abbildung 24: Personenverhältnisse bei Speditionsgeschäft

177 Der Spediteur hat bei Erfüllung seiner Pflichten das Interesse des Versenders wahrzunehmen und dessen Weisungen zu befolgen (§ 454 IV HGB). Der Versender ist verpflichtet, die vereinbarte Vergütung zu bezahlen (§ 453 II HGB).

---

[170] BGHZ 49, 160, 163.

II. Anwendbares Recht und Rechtsnatur

Der Spediteur ist nicht *ipso jure* Kaufmann, sondern nur dann, wenn die Voraussetzungen eines Tatbestands der §§ 1 ff. HGB erfüllt sind. §§ 343–372 HGB gelten aber mit Ausnahme der §§ 348–350 HGB auch dann, wenn der Spediteur nicht Kaufmann ist (§ 453 III 2 HGB).   178

Wegen der Pflicht des Spediteurs zur Organisation der Beförderung ist der Speditionsvertrag ein Geschäftsbesorgungsvertrag i. S. d. § 675 I BGB.[171] Auf Grund der Erfolgsbezogenheit hat die Geschäftsbesorgung Werkvertragscharakter i. S. d. §§ 631 ff. BGB.[172] Neben §§ 454 ff. HGB gelten daher ergänzend (subsidiär) §§ 663, 665–670, 672–674, 631 ff. BGB.   179

Auf einen Vertrag ist je nach Zuordnung zu einem bestimmten Vertragstyp entweder Frachtrecht oder Speditionsrecht anzuwenden. Eine Kombination von Speditions- und Frachtrecht ist ausgeschlossen. Das Frachtrecht, d. h. §§ 408 ff. HGB, gilt auch dann, wenn der Spediteur sein gesetzlich durch § 458 S. 1 HGB eingeräumtes Recht zum Selbsteintritt wirksam ausübt (§ 458 S. 2 HGB). Dann tritt neben den Speditionsvertrag ein Frachtvertrag als zusätzliches Rechtsverhältnis, auf Grund dessen der Spediteur neben der Vergütung für seine Tätigkeit als Spediteur die gewöhnliche Fracht verlangen kann (§ 458 S. 3 HGB). Die Anwendung des Frachtrechts beschränkt sich auf die Durchführung der Beförderung, wohingegen für deren Organisation weiterhin Speditionsrecht gilt. Der Spediteur ist auf Grund seiner Interessenwahrnehmungspflicht nach § 454 IV HGB an der Ausübung des Selbsteintrittsrechts gehindert, wenn der Abschluss eines Vertrags mit einem Dritten (z. B. Frachtführer) die Interessen des Versenders besser wahren kann.   180

III. Vertragsschluss

Ob die Parteien einen Speditionsvertrag oder einen Frachtvertrag schließen, ist anhand des erkennbaren Parteiwillens (§§ 133, 157 BGB) zu ermitteln. Eine Falschbezeichnung ist unschädlich. Zu den Rechtsgrundlagen des Speditionsgeschäfts gehören neben §§ 453 ff. HGB auch die Allgemeinen Deutschen Spediteurbedingungen (ADSp). Letztere sind AGB i. S. d. § 305 I BGB und auf Grund ihrer überragenden Bedeutung im Spediteurwesen bereits kraft Handelsbrauchs Vertragsbestandteil.   181

IV. Anwendungsbereich

Die Besorgung der Versendung muss zum Betrieb eines gewerblichen Unternehmens gehören (§ 453 III 1 HGB). Auf den Umfang des Gewerbebetriebs kommt es nicht an.[173] Es muss insbesondere kein Handelsgewerbe gegeben sein. §§ 454 ff. HGB gelten daher auch für Kleingewerbetreibende.   182

---

[171] *K. Schmidt*, § 33 II 1 b.
[172] *Canaris*, § 31 Rn. 70.
[173] Koller/Kindler/Roth/Drüen/*Koller*, § 407 Rn. 1.

V. Haftung des Spediteurs

183 Für den Schaden, der durch Verlust oder Beschädigung des in der Obhut des Spediteurs befindlichen Gutes eintritt, haftet der Spediteur gleich einem Frachtführer (§ 461 I HGB). Er haftet also verschuldensunabhängig. Die Haftungsbefreiung nach § 461 I 2 HGB i. V. m. § 426 HGB erfordert die Anwendung größtmöglicher Sorgfalt aus Sicht eines „idealen" Spediteurs. Die für den Frachtführer geltenden Haftungsbeschränkungen nach §§ 429, 431, 434f. HGB gelten auch für den Spediteur (§ 461 I 2 HGB).

184 Für den Schaden, der nicht durch Verlust oder Beschädigung des in der Obhut des Spediteurs befindlichen Gutes entstanden ist, haftet der Spediteur der Höhe nach uneingeschränkt, wenn er eine ihm nach § 454 HGB obliegende Pflicht verletzt (§ 461 II 1 HGB). Im Hinblick auf die Beförderung selbst haftet der Spediteur lediglich für eigenes Auswahlverschulden. Denn da der Spediteur die Beförderung grundsätzlich nicht selbst durchführen muss, ist ein vom Spediteur beauftragter Dritter (z. B. Frachtführer) nicht Erfüllungsgehilfe des Spediteurs i. S. d. § 278 BGB.[174] Auch gehört ein vom Spediteur beauftragter Dritter (z. B. Frachtführer) nicht zu den „Leuten" des Spediteurs, deren Verhalten sich der Spediteur nach § 462 HGB zurechnen lassen muss. Der Spediteur darf einen Schaden des Versenders gegenüber dem Dritten (z. B. Frachtführer) im Wege der Drittschadensliquidation geltend machen, sofern – wie regelmäßig – nur zwischen dem Spediteur und dem Dritten ein Vertragsverhältnis besteht und dem Spediteur gegenüber dem Dritten zwar ein vertraglicher Anspruch auf Schadensersatz dem Grunde nach zusteht, mangels Eintritts eines Schadens beim Spediteur jedoch keine Ersatzverpflichtung des Dritten besteht.[175] Deliktische Ansprüche etwa wegen Eigentumsverletzung nach § 823 I BGB kann und muss der Versender selbst geltend machen, sofern der Spediteur hierzu nicht ermächtigt ist.[176] Liegt eine solche Ermächtigung vor, geht es insoweit nicht um eine Drittschadensliquidation, sondern um die Frage gewillkürter Prozessstandschaft (Geltendmachung eines fremden Rechts in eigenem Namen). Diese Ermächtigung kann der Spediteur grundsätzlich nicht auf Dritte übertragen.[177]

185 Die Haftung des Spediteurs nach § 461 II 1 HGB ist ausgeschlossen, wenn der Schaden durch die Sorgfalt eines ordentlichen Kaufmanns (§ 347 HGB) abgewendet werden konnte (§ 461 II 2 HGB). Die kurze Verjährungsfrist des § 439 HGB[178] ist entsprechend anwendbar (§ 463 HGB).

VI. Haftung des Versenders

186 Der Versender hat dem Spediteur verschuldensunabhängig Schäden und Aufwendungen zu ersetzen, die auf Grund eines der in § 455 II 1 HGB genannten Umstände wie ungenügender Verpackung oder Kennzeichnung des Speditionsgutes (§ 455 I 1 Nr. 1 HGB) eintreten. Die Haftung des Versenders nach § 455 II 1 HGB besteht jedoch

---

[174] *K. Schmidt,* § 33 II 2b.
[175] *BGH* NJW 1974, 1614, 1616; Baumbach/Hopt/*Merkt,* § 462 Rn. 1.
[176] *BGH* NJW 1998, 3205, 3206.
[177] BGHZ 4, 153, 165.
[178] Vgl. dazu Rn. 156.

nur, wenn der Absender nicht Verbraucher ist. Denn die Haftung des als Verbraucher handelnden Absenders setzt das Verschulden des Absenders voraus (§ 455 III HGB). § 455 II 2 HGB verweist zur Begrenzung der Haftung des Versenders auf § 414 II HGB.[179]

F. Lagergeschäft

I. Begriffe

Der Lagervertrag verpflichtet den Lagerhalter, das Gut zu lagern und aufzubewahren 187 (§ 467 I HGB). Die bloße Bereitstellung von Lagerraum auf Grund eines Mietvertrags genügt daher nicht. Vielmehr erfordert die Aufbewahrungspflicht auch einen Schutz des Gutes gegen Gefahren. Der Einlagerer ist verpflichtet, die vereinbarte Vergütung zu zahlen (§ 467 II HGB).

II. Anwendbares Recht und Rechtsnatur

Der Lagerhalter ist nicht *ipso jure* Kaufmann, sondern nur dann, wenn die Vorausset- 188 zungen eines Tatbestands der §§ 1 ff. HGB erfüllt sind. §§ 343–372 HGB gelten aber mit Ausnahme der §§ 348–350 HGB auch dann, wenn der Lagerhalter nicht Kaufmann ist (§ 467 III 2 HGB).

Der Lagervertrag ist eine Erscheinungsform des Verwahrungsvertrags i. S. d. § 688 189 BGB.[180] Neben §§ 468 ff. HGB gelten daher ergänzend (subsidiär) §§ 688 ff. BGB.

III. Anwendungsbereich

Die Lagerung und Aufbewahrung muss zum Betrieb eines gewerblichen Unterneh- 190 mens gehören (§ 467 III 1 HGB). Auf den Umfang des Gewerbebetriebs kommt es nicht an.[181] Es muss also insbesondere kein Handelsgewerbe gegeben sein (§ 467 III 2 HS 1 HGB), so dass Lagerhalter auch ein Kleingewerbetreibender sein kann.

IV. Haftung des Lagerhalters

Nach § 475 S. 1 HGB haftet der Lagerhalter für den Schaden, der durch Verlust oder 191 Beschädigung des Gutes in der Zeit der Übernahme bis zur Auslieferung entsteht. Dies gilt nur dann nicht, wenn der Schaden durch die Sorgfalt eines ordentlichen Kaufmanns abgewendet werden konnte. Es besteht daher eine Vermutung für das Vertretenmüssen des Lagerhalters, die er widerlegen muss (vgl. auch § 280 I 2 BGB). Da eine Haftung für „eigene Leute" ähnlich wie in §§ 428, 462 HGB in §§ 468 ff. HGB nicht enthalten ist, muss der Lagerhalter für das Verschulden seiner Erfüllungsgehilfen nach §§ 691 S. 3, 278 BGB einstehen. Die Haftung des Lagerhalters nach § 475 S. 1 HGB ist der Höhe nach nicht begrenzt. Die Ansprüche des Einlagerers gegen den

---

[179] Vgl. dazu Rn. 165.
[180] *Canaris,* § 31 Rn. 87; *K. Schmidt,* § 34 I 2 b.
[181] Koller/Kindler/Roth/Drüen/*Koller,* § 407 Rn. 1.

Lagerhalter verjähren nach § 439 HGB[182] (§ 475a S. 1 HGB). Dies gilt wie bei § 439 HGB sowohl für Ansprüche des Einlagerers aus Lagervertrag als auch für deliktische Ansprüche des Einlagerers („Ansprüche aus einer Lagerung").

V. Haftung des Einlagerers

192 Der Einlagerer hat dem Lagerhalter verschuldensunabhängig Schäden und Aufwendungen zu ersetzen, die auf Grund eines der in § 468 III 1 HGB genannten Umstände wie ungenügender Verpackung oder Kennzeichnung des Lagergutes (§ 468 I 1 Nr. 1 HGB) eintreten. Da diese Haftung der Haftung des Absenders nach § 414 HGB nachgebildet ist, gelten die hierzu angestellten Erwägungen entsprechend.[183]

VI. Lagerschein

193 Der Lagerschein i. S. d. § 475c I HGB verbrieft das Versprechen des Lagerhalters, das Gut auszuliefern. Die im Lagerschein verbrieften lagervertraglichen Ansprüche darf nur der aus dem Ladeschein Berechtigte geltend machen (§ 475d III 1 HGB). Der Lagerhalter ist zur Auslieferung des Gutes nur gegen Rückgabe des Lagerscheins, auf dem die Auslieferung bescheinigt ist, verpflichtet (§ 475e II 1 HGB). Der sich aus dem Lagerschein ergebende Anspruch ist unabhängig vom Lagervertrag.

---

[182] Vgl. dazu Rn. 156.
[183] Vgl. dazu Rn. 165.

§ 13. Handelsgeschäfte und Sachenrecht

A. Gutgläubiger Eigentumserwerb (§ 366 I HGB)

I. Normzweck

§ 366 HGB erweitert im Interesse des Verkehrsschutzes die Möglichkeiten des gut- 1
gläubigen Eigentums- und Pfandrechtserwerbs gegenüber dem BGB. Nach Bürgerlichem Recht ist beim Erwerb des Eigentums oder Pfandrechts an einer beweglichen
Sache nämlich nur der gute Glaube an das *Eigentum* des Veräußerers oder des Verpfänders und das Fehlen von Rechten Dritter geschützt (§§ 932 ff., 1207 BGB). Grundlage
dieses Vertrauens ist die Besitzverschaffungsmacht des Veräußerers. Den guten Glauben an die *Verfügungsbefugnis* des Veräußerers, d. h. die Rechtsmacht zur Verfügung in
eigenem Namen mit Wirkung zu Lasten des wahren Berechtigten, schützt das BGB
hingegen nicht. Ein solcher Schutz ist aber auf Grund der besonderen Anforderungen
des Handelsverkehrs notwendig. Denn Kaufleute verfügen häufig über fremde Sachen
in eigenem Namen. Beim Erwerb einer Sache oder eines Pfandrechts von einem Kaufmann weiß oder vermutet der Vertragspartner regelmäßig, dass der Kaufmann nicht
Eigentümer der zu übereignenden oder zu verpfändenden Sache ist. Denn Verfügungen eines Kaufmanns wie einem Antrag i. S. d. § 145 BGB auf Übertragung des Eigentums i. S. d. § 929 S. 1 BGB an einer fremden Sache liegt häufig eine Einwilligung des
Berechtigten nach § 185 I BGB zu Grunde.

Beispiele: Eine Einwilligung des Eigentümers in die Veräußerung der Ware durch einen Dritten ist gegeben bei verlängertem Eigentumsvorbehalt oder Verkaufskommission nach § 383 HGB.[1]

Liegt eine solche Einwilligung nicht vor und ist die andere Vertragspartei im Hinblick 2
auf das fehlende *Eigentum* des Verfügenden bösgläubig, könnte sie nicht wirksam Eigentum oder ein Pfandrecht erwerben. Zur Sicherheit und Leichtigkeit des Handelsverkehrs erweitert § 366 I HGB den Gutglaubensschutz nach §§ 932–936 BGB und
§§ 1207 f. BGB, indem er den guten Glauben des Erwerbers an das Vorhandensein der
Verfügungsbefugnis schützt.[2] Ein Erwerber muss danach regelmäßig keine Ermittlun-
gen über die Verfügungsbefugnis des Veräußerers anstellen,[3] sondern darf auf deren
Bestehen vertrauen. Grundlage dieses Vertrauens des Erwerbers ist die Kaufmannseigenschaft des Veräußerers, also dessen Stellung im Handelsverkehr, da sie eine Wahrscheinlichkeit für das Bestehen der Verfügungsbefugnis begründet.

II. Voraussetzungen

Gutgläubiger Erwerb nach § 366 I HGB (vgl. dazu auch *Lettl,* Fall 18) setzt voraus 3
(1) die Kaufmannseigenschaft des Veräußerers, **(2)** die Veräußerung oder Verpfändung einer beweglichen Sache **(3)** im Betrieb des Handelsgewerbes, die **(4)** dem Kaufmann nicht gehört, **(5)** die Gutgläubigkeit des Erwerbers im Hinblick auf die Verfügungsbefugnis des Veräußerers oder Verpfänders i. S. d. § 932 II BGB und **(6)** die

---

[1] MünchKomm/*Welter,* § 366 Rn. 22.
[2] Koller/Kindler/Roth/Drüen/*Koller,* § 366 Rn. 1.
[3] Denkschrift, S. 207.

übrigen Erwerbsvoraussetzungen nach §§ 929 ff., 1205 ff. BGB (mit Ausnahme der Gutgläubigkeit im Hinblick auf das Eigentum des Veräußerers oder Verpfänders).

1. Kaufmannseigenschaft des Veräußerers

4 Nur der verfügende Veräußerer muss Kaufmann sein, nicht hingegen auch der Erwerber. Obwohl nicht bei allen Kaufleuten eine Wahrscheinlichkeit für ihre Verfügungsbefugnis besteht (z. B. bei Frachtführer oder Lagerhalter), ist der Gutglaubensschutz des § 366 I HGB nicht auf den Erwerb von bestimmten Kaufleuten beschränkt.[4] Unerheblich ist, auf welcher Regelung die Kaufmannseigenschaft des Verfügenden beruht. Sie kann durch §§ 1 ff. HGB begründet sein. Bei Veräußerung oder Verpfändung durch einen Stellvertreter ist auf die Kaufmannseigenschaft des Vertretenen abzustellen, da er der Verfügende ist.[5] Die Kaufmannseigenschaft muss, da diese Eigenschaft Voraussetzung für den Schutz des guten Glaubens an die Verfügungsbefugnis ist, zu dem nach §§ 932 ff. BGB für den guten Glauben maßgeblichen Zeitpunkt des Erwerbsaktes vorliegen.[6]

5 Für bestimmte Personen wie den Kommissionär gilt § 366 I HGB, auch wenn sie nicht Kaufmann sind, weil §§ 383 II 2, 407 III 2, 453 III 2, 467 III 2 HGB auf § 366 I HGB verweisen. Für Handelsvertreter und Handelsmakler, die nicht Kaufmann sind, gelten zwar die handelsrechtlichen Regelungen über den Handelsvertreter (§ 84 IV HGB) und den Handelsmakler (§ 93 III HGB). Ein Verweis auf §§ 343 ff. HGB fehlt indes. Auch für kleingewerbliche Warenhändler findet sich keine den §§ 383 II 2, 407 III 2, 453 III 2, 467 III 2 HGB entsprechende Verweisung. Doch ist eine analoge Anwendung von § 366 I HGB geboten, da diese Regelung auch auf Handelsvertreter, Handelsmakler und kleingewerbliche Warenhändler zugeschnitten ist.[7] In den übrigen Fällen fehlender Kaufmannseigenschaft kommt eine Anwendung von § 366 I HGB hingegen nicht in Betracht.[8] § 366 I HGB ist daher nicht auf alle Unternehmensträger und insbesondere nicht auf die freien Berufe anwendbar.

6 Auf Verfügungen eines Scheinkaufmanns ist § 366 I HGB nicht anwendbar.[9] Andernfalls würde der Eigentümer auf Grund eines Rechtsscheins belastet, den nicht er, sondern der Scheinkaufmann gesetzt hat. Dies wäre mit den Grundsätzen der Zurechenbarkeit eines selbst gesetzten Rechtsscheins unvereinbar. Der gute Glaube an die Kaufmannseigenschaft ist daher nicht geschützt. Der gute Glaube an die Kaufmannseigenschaft ist insbesondere dann nicht geschützt, wenn er auf der negativen Publizität nach § 15 I HGB beruht. So, wenn trotz vollständiger Einstellung des Gewerbebetriebs eine Löschung im Handelsregister nicht erfolgt, der Veräußerer also zu Unrecht durch das Handelsregister als Kaufmann ausgewiesen ist. § 15 I HGB wirkt nämlich nur zu Lasten desjenigen, in dessen Angelegenheiten die Tatsache einzutragen ist. Eine „Reflexwirkung" zu Lasten des Eigentümers, dem die unterbliebene Löschung nicht zuzurechnen ist, muss ausgeschlossen sein.

---

[4] Großkomm/*Canaris*, § 366 Rn. 3.
[5] MünchKomm/*Welter*, § 366 Rn. 33.
[6] Großkomm/*Canaris*, § 366 Rn. 15.
[7] Für kleingewerbliche Warenhändler auch Baumbach/Hopt/*Leyens*, § 366 Rn. 4.
[8] Großkomm/*Canaris*, § 366 Rn. 10.
[9] *OLG Düsseldorf* DB 1999, 89; Baumbach/Hopt/*Leyens*, § 366 Rn. 4; **a. A.** Großkomm/*Canaris*, § 366 Rn. 12; Koller/Kindler/Roth/Drüen/*Koller*, § 366 Rn. 2; MünchKomm/*Welter*, § 366 Rn. 28 f.

Beispiel: A ist als Kaufmann in das Handelsregister eingetragen. Er betreibt einen Elektrohandel. Mangels Wirtschaftlichkeit des Geschäfts beschließt er die Einstellung seiner gewerblichen Tätigkeit, ohne dass eine Löschung der Eintragung im Handelsregister erfolgt. Allerdings hat A noch Ware seines Lieferanten L, die dieser unter Eigentumsvorbehalt übereignete. Als L von der Betriebseinstellung durch A erfährt, widerruft er die gegenüber A erteilte Veräußerungsermächtigung. Gleichwohl verkauft A von der noch vorrätigen Ware einen Kühlschrank an den Kunden K zu dem auch bisher geforderten Listenpreis und übereignet den Kühlschrank an K. Hat K Eigentum an dem Kühlschrank erworben?

K hat nicht Eigentum nach § 929 S. 1 BGB i. V. m. § 185 I BGB erworben, weil auf Grund des Widerrufs der Veräußerungsermächtigung A nicht zur Abgabe eines Antrags i. S. d. § 145 BGB auf Übertragung des Eigentums nach § 929 S. 1 BGB berechtigt war. Auch ein gutgläubiger Eigentumserwerb nach §§ 929 S. 1, 932 I 1 BGB i. V. m. § 366 I HGB scheidet aus, da die nach § 15 I HGB bestehende Kaufmannseigenschaft nicht zu Lasten von L wirkt.

2. Veräußerung oder Verpfändung einer beweglichen Sache

§ 366 I HGB erfasst nur Verfügungen über bewegliche Sachen, nicht aber Verfügungen über Grundstücke und Rechte. 7

3. Im Betrieb eines Handelsgewerbes

Die Veräußerung oder Verpfändung muss im Betrieb des Handelsgewerbes des Kaufmanns erfolgen. Sie muss für den Kaufmann (nicht notwendig auch für den Erwerber) ein Handelsgeschäft (§§ 343 f. HGB) sein. Es genügt ein einseitiges Handelsgeschäft (§ 345 HGB). Tritt der Kaufmann erkennbar als Privatperson auf, ist kein gegenüber dem Bürgerlichen Recht gesteigerter Verkehrsschutz erforderlich. 8

4. Fehlendes Eigentum des Kaufmanns

Die Sache darf nicht im Eigentum des Veräußerers oder Verpfänders stehen. Es muss sich also für den Veräußerer oder Verpfänder um eine fremde Sache handeln. Auf bewegliche Sachen, die im Eigentum des verfügenden Kaufmanns stehen, ist § 366 I HGB nicht anwendbar. § 366 I HGB greift schon seinem Wortlaut nach auch dann nicht ein, wenn die Sache zwar im Eigentum des veräußernden Kaufmanns steht, er aber absoluten Verfügungsbeschränkungen im Hinblick auf das eigene Vermögen etwa nach §§ 1365, 1369 BGB oder § 81 InsO unterliegt. Auch eine entsprechende Anwendung von § 366 I HGB kommt nicht in Betracht,[10] zumal absolute Verfügungsbeschränkungen jeglichen Gutglaubensschutz ausschließen.[11] § 366 I HGB ist hingegen dann unmittelbar anwendbar, wenn der Kaufmann als Eigentümer einer Sache, die einer absoluten Verfügungsbeschränkung unterliegt (z. B. Sache ist ein Haushaltsgegenstand), einen anderen Kaufmann (z. B. Kommissionär) mit der Veräußerung der Sache in dessen Namen beauftragt.[12] Denn insoweit ist im Hinblick auf die Veräußerung allein auf den Beauftragten abzustellen, der bei der Veräußerung über eine nicht in seinem Eigentum stehende Sache verfügt und keiner absoluten Verfügungsbeschränkung im Hinblick auf die Sache unterliegt. 9

[10] Großkomm/*Canaris,* § 366 Rn. 24 f.
[11] *Petersen,* Jura 2004, 247, 248.
[12] Großkomm/*Canaris,* § 366 Rn. 35.

5. Gutgläubigkeit des Erwerbers

a) Gegenstand

aa) Verfügungsbefugnis

10 § 366 I HGB nennt als geschützten Gegenstand den „gute[n] Glauben" des Erwerbers an „die Befugnis des Veräußerers oder Verpfänders, über die Sache für den Eigentümer zu verfügen". § 366 I HGB vermag danach nur Mängel der Verfügungsbefugnis zu überwinden, nicht aber allgemein erkennbare Hinweise auf das Eigentum Unbeteiligter.[13] Die Verfügungsbefugnis des Veräußerers oder Verpfänders bezieht sich auf die vom Eigentümer rechtsgeschäftlich oder gesetzlich (z.B. §§ 383 BGB, 373, 389 HGB) abgeleitete Berechtigung des Veräußerers oder Verpfänders (also im Innenverhältnis), gerade für den Eigentümer über dessen Sache *in eigenem Namen* zu verfügen.

Beispiel: A bringt seinen vor kurzem gekauften Vorführwagen zum Pkw-Händler B, der außerdem eine Werkstatt betreibt, damit B die Bremsen neu installiert. B verkauft den Pkw des A an C im eigenen Namen. C weiß auf Grund der Einsicht in den Kfz-Brief zwar, dass A der Eigentümer des Pkw ist. C geht aber davon aus, dass B zur Verfügung über das Eigentum befugt ist, weil B das auch schon in einigen anderen, dem C bekannten Fällen war.

bb) Vertretungsmacht

11 Nach dem Wortlaut des § 366 I HGB und bürgerlich-rechtlicher Terminologie ist der Erwerber nur geschützt, wenn der veräußernde Kaufmann in eigenem Namen handelt. Fraglich ist, ob der Erwerber auch dann nach § 366 I HGB geschützt ist, wenn er statt auf die Verfügungsbefugnis auf eine tatsächlich nicht vorhandene Vertretungsmacht des Kaufmanns, der in fremdem Namen handelt, vertraut.[14]

Beispiel: Zunächst wie Beispiel bei Rn. 10. B verkauft den Pkw des A an C, aber nicht im eigenen Namen, sondern im Namen von A. C geht davon aus, dass B mit Vertretungsmacht handelt.

12 Zwar sind dem Wortlaut zu dieser Frage keine eindeutigen Anhaltspunkte zu entnehmen. Denn das HGB unterscheidet nicht klar zwischen Handeln in fremdem Namen einerseits und Handeln in eigenem Namen andererseits (z.B. §§ 49, 54, 56, 126 HGB). Der Erwerber bedarf bei Handeln des Veräußerers in fremdem Namen nicht in gleicher Weise des Schutzes durch § 366 I HGB wie bei Handeln des Veräußerers in eigenem Namen. Denn der Scheintatbestand ist bei Handeln in fremdem Namen wesentlich schwächer als bei Handeln in eigenem Namen. Außerdem hat der Erwerber bei Handeln des Veräußerers in fremdem Namen zumeist die Möglichkeit, sich beim Eigentümer über das Bestehen der Vertretungsmacht zu vergewissern.

Beispiel: In dem unter Rn. 11 geschilderten Beispiel erwirbt C das Eigentum an dem PC von A weder nach §§ 929 S. 1, 164 I BGB noch nach §§ 929 S. 1, 932 I 1 BGB i. V. m. § 366 I HGB.

13 Nach anderer Auffassung ist § 366 I HGB in den Fällen des guten Glaubens an die Vertretungsmacht direkt oder analog anzuwenden, weil der Rechtsverkehr nicht genau zwischen Verfügungsbefugnis (Handeln in eigenem Namen) und Vertretungsmacht (Handeln in fremdem Namen) unterscheide.[15]

---

[13] BGHZ 119, 75, 92 f.

[14] Ablehnend Großkomm/*Canaris*, § 366 Rn. 27; Koller/Kindler/Roth/Drüen/*Koller*, § 366 Rn. 2; **a. A.** Denkschrift, S. 207; *K. Schmidt*, § 23 IV 1 a.

[15] *K. Schmidt*, § 23 III.

Beispiel: In dem unter Rn. 11 geschilderten Beispiel erwirbt C das Eigentum an dem PC von A nach §§ 929 S. 1, 932 I 1 BGB i. V. m. § 366 I HGB.

Unter Zugrundelegung dieser Auffassung kann der bisherige Eigentümer von dem   14
nunmehrigen Eigentümer Herausgabe nach § 812 I BGB verlangen. Denn mangels
Vertretungsmacht des Vertreters ist zwischen diesen beiden Personen kein schuldrechtliches Rechtsgeschäft zu Stande gekommen, so dass es am Rechtsgrund für das Behal-
ten fehlt. Auch § 366 I HGB begründet keinen solchen Rechtsgrund, weil er das Interesse des Rechtsverkehrs nur im Hinblick auf das dingliche Rechtsgeschäft schützt.
Schuldrechtlich verbleibt es hingegen bei § 177 BGB.[16] Auch § 179 I BGB begründet
keinen Rechtsgrund im Verhältnis zwischen Vertretenem und Drittem.

cc) Weitere Gegenstände

Nicht geschützt ist der gute Glaube an **(1)** die Geschäftsfähigkeit des Veräußerers   15
(§§ 104 ff. BGB),[17] **(2)** die Genehmigung des Berechtigten (§ 185 II BGB),[18] **(3)** das
Zustandekommen einer Einigung nach §§ 929 ff., 932 ff. BGB,[19] **(4)** die Wahrung der
Mindestanforderungen beim Pfandverkauf (vgl. §§ 1243 f. BGB),[20] **(5)** die formell
ordnungsgemäße Anordnung der Versteigerung durch die Vollstreckungsbehörde,[21]
(6) das Fehlen gesetzlicher bzw. behördlicher Veräußerungsverbote etwa nach
§§ 135 f. BGB,[22] **(7)** die Kaufmannseigenschaft, **(8)** die objektiv nicht gegebene Betriebszugehörigkeit[23] und **(9)** das Fehlen absoluter Verfügungsbeschränkungen.

b) Maßstab

Der gute Glaube an die Verfügungsbefugnis kann darauf beruhen, dass der Erwerber   16
einen Sachverhalt annehmen darf, bei dessen Vorliegen Verfügungsbefugnis bestünde.[24] Gutgläubig ist im Hinblick auf die Verfügungsbefugnis des Veräußerers ferner, wer trotz Kenntnis eines Sachverhalts, der keine Verfügungsbefugnis begründet,
auf Grund eines entschuldbaren Rechtsirrtums Verfügungsbefugnis des veräußernden
oder verpfändenden Kaufmanns annimmt.[25] Bösgläubigkeit im Hinblick auf das fehlende Eigentum des Veräußerers schließt Gutgläubigkeit im Hinblick auf die Verfügungsbefugnis des Veräußerers nicht aus.[26] § 366 I HGB verweist auf §§ 932 ff. BGB.
Daher ist der Maßstab für den guten Glauben des Erwerbers § 932 II BGB zu entnehmen. Der Erwerber ist also dann nicht in gutem Glauben, wenn ihm bekannt oder
infolge grober Fahrlässigkeit unbekannt ist, dass der Veräußerer oder Verpfänder nicht
zur Verfügung über die Sache befugt ist. Positive Kenntnis des Erwerbers ist in den
meisten Fällen nicht nachweisbar.

---

[16] Baumbach/Hopt/*Leyens*, § 366 Rn. 5; *Canaris*, § 27 Rn. 17.
[17] Baumbach/Hopt/*Leyens*, § 366 Rn. 3; MünchKomm/*Welter*, § 366 Rn. 41.
[18] Koller/Kindler/Roth/Drüen/*Koller*, § 366 Rn. 4.
[19] Baumbach/Hopt/*Leyens*, § 366 Rn. 3.
[20] Großkomm/*Canaris*, § 366 Rn. 29.
[21] BGHZ 119, 75, 93.
[22] Koller/Kindler/Roth/Drüen/*Koller*, § 366 Rn. 4.
[23] Baumbach/Hopt/*Leyens*, § 366 Rn. 4.
[24] BGHZ 2, 37, 52.
[25] BGHZ 2, 37, 52.
[26] *BGH* NJW 1980, 2245 f.; MünchKomm/*Welter*, § 366 Rn. 47.

17 **Grob fahrlässig** ist ein Handeln, bei dem die erforderliche Sorgfalt nach den gesamten Umständen in ungewöhnlich großem Maße verletzt ist und bei dem dasjenige unbeachtet bleibt, was im gegebenen Falle jedem hätte einleuchten müssen.[27]

18 Danach lassen sich allgemein gültige Grundsätze dafür, welche Anforderungen an die Sorgfaltspflicht des Erwerbers zu stellen sind, nicht aufstellen. Zwar ist der gute Glaube des Erwerbers zu vermuten, doch kommt es stets auf die Umstände des Einzelfalls an.[28] Ein entscheidender Umstand in diesem Sinne ist die Berufsstellung des Verfügenden.

Beispiele: Bei einem Kommissionär und einem Händler ist ein Schluss auf ihre Verfügungsbefugnis wesentlich eher gerechtfertigt als bei einem Frachtführer oder Spediteur.

19 Grobe Fahrlässigkeit ist gegeben, wenn das Fehlen der Verfügungsbefugnis auf Grund massiver Verdachtsmomente geradezu evident ist.

Beispiel: Verkauf von Vorbehalts- oder Kommissionsgut zu Schleuderpreisen.[29]

20 Es besteht aber keine allgemeine Nachforschungspflicht des Erwerbers,[30] da nach § 366 I HGB der gute Glaube des Erwerbers zu vermuten ist.[31] So trifft den Erwerber grundsätzlich keine Nachforschungspflicht im Hinblick darauf, ob der Veräußerer die Sache zur Sicherheit übereignet hat.[32] Erst wenn der Erwerber konkrete Anhaltspunkte für das Fehlen der Verfügungsbefugnis hat, muss er Nachforschungen anstellen.[33] Soweit die Veräußerung außerhalb des gewöhnlichen oder ordnungsgemäßen Geschäftsbetriebs des Veräußerers liegt, muss sich der Erwerber nach der Verfügungsbefugnis des Veräußerers erkundigen, weil hier eine geringere Wahrscheinlichkeit dafür besteht, dass der Veräußerer verfügungsbefugt ist.[34] Daher sind, wenn ein Kaufmann Waren außerhalb seines nicht auf Veräußerungsgeschäfte angelegten Geschäftsbetriebs veräußert, erhöhte Anforderungen an den guten Glauben des Erwerbers zu stellen.

Beispiele: Der Verkauf von mehreren hochwertigen und fabrikneuen Baumaschinen durch ein Baumaschinenvermietungsunternehmen liegt außerhalb des gewöhnlichen Geschäftsbetriebs des Veräußerers.[35] Daher besteht für den Erwerber Anlass zu weiteren Nachforschungen.

Beim Kauf eines Gebrauchtfahrzeugs begründet der Besitz des Fahrzeugs allein nicht den für den Gutglaubenserwerb nach § 932 BGB bzw. § 366 HGB erforderlichen Rechtsschein.[36] Vielmehr muss sich der Käufer zumindest den Kraftfahrzeugbrief vorlegen lassen, um die Berechtigung des Veräußerers prüfen zu können. Denn bei *gebrauchten* Kraftfahrzeugen muss jeder Teilnehmer im Rechtsverkehr wissen, dass Kraftfahrzeuge häufig als Sicherheit für einen bei ihrer Anschaffung gewährten Kredit dienen und der Sicherungseigentümer den Fahrzeugbrief bei sich behält. Kann der Veräußerer den Kraftfahrzeugbrief

---

[27] Grundlegend dazu BGHZ 10, 14, 16; vgl. auch *BGH* NJW 2005, 1365, 1366.
[28] BGHZ 2, 37, 53.
[29] *BGH* NJW 1999, 425, 426.
[30] *BGH* NJW 1975, 735, 736.
[31] BGHZ 2, 37, 53.
[32] BGHZ 86, 300, 311 f.; Großkomm/*Canaris*, § 366 Rn. 45.
[33] BGHZ 86, 300, 312.
[34] Großkomm/*Canaris*, § 366 Rn. 55.
[35] *BGH* NJW 1999, 425, 426.
[36] BGHZ 30, 374, 380; 47, 207, 213; *BGH* NJW 1996, 2226, 2227.

nicht vorlegen, gibt dies Anlass zu weiteren Nachforschungen. Beim Erwerb eines *fabrikneuen* Kraftfahrzeugs von einem autorisierten Vertragshändler fehlt die Gutgläubigkeit des Erwerbers hingegen nicht schon deshalb, weil er sich nicht den Kraftfahrzeugbrief vorlegen lässt, etwa weil der Brief zunächst noch ausgefertigt werden muss.[37] Doch kann dem Erwerber auch beim Kauf eines Neufahrzeugs der gute Glaube an die Verfügungsbefugnis des Händlers fehlen. So, wenn sich eine gewerbliche Leasinggesellschaft, zu deren üblichen Geschäften die Finanzierung von Lastkraftwagen mit einem erheblichen wirtschaftlichen Wert gehört, beim Kauf eines solchen Fahrzeugs von einem Vertragshändler des Herstellers den Kraftfahrzeugbrief nicht übergeben lässt.[38] Denn auf Grund ihrer zahlreichen einschlägigen Geschäfte weiß die Leasinggesellschaft oder muss zumindest darum wissen, dass sich der Hersteller das Eigentum an dem Fahrzeug bis zur vollständigen Weiterleitung des Kaufpreises an ihn vorbehält, der Hersteller die Verfügungsbefugnis des Händlers entsprechend einschränkt und den Kraftfahrzeugbrief zur Verhinderung eines gutgläubigen Eigentumserwerbs durch Dritte zurückhält.

Aus diesem Grunde besteht auch bei bloßen Sicherungsgeschäften (z. B. Sicherungsübereignung) regelmäßig böser Glaube.[39]   21

Beispiel: Ein Kommissionär übereignet die Ware des Kommittenten zum Zwecke der Sicherung eigener Verbindlichkeiten.

c) Kausalität

Die Verletzung einer Nachforschungspflicht führt nur dann zur Bösgläubigkeit des Erwerbers, wenn er bei ordnungsgemäßer Durchführung der erforderlichen Nachforschungen Kenntnis von der wahren Sachlage erlangt hätte („*infolge* grober Fahrlässigkeit").[40] Der Erwerber kann sich daher darauf berufen, dass auch gebotene Nachforschungen nichts an seiner Gutgläubigkeit geändert hätten.   22

6. Allgemeine Voraussetzungen des gutgläubigen Erwerbs

Die Gutglaubensvorschriften des BGB einerseits und § 366 I HGB andererseits sind grundsätzlich nebeneinander anwendbar. Doch ist ein Rückgriff auf § 366 I HGB entbehrlich, wenn bereits gutgläubiger Erwerb nach Bürgerlichem Recht gegeben ist. § 366 I HGB ist gerade dann von Bedeutung, wenn der Erwerber im Hinblick auf das Eigentum des Veräußerers oder Verpfänders bösgläubig ist. Neben den Tatbestandsmerkmalen des § 366 I HGB müssen die Erwerbsvoraussetzungen nach §§ 929–936 BGB oder §§ 1205 ff. BGB (mit Ausnahme der Gutgläubigkeit im Hinblick auf das Eigentum des Veräußerers oder Verpfänders) vorliegen. Es bedarf also einer wirksamen Übereignung. Daher gelten auch die sonstigen bürgerlich-rechtlichen Grenzen des Vertrauensschutzes für § 366 I HGB: Gutgläubiger Erwerb ist ausgeschlossen, wenn die Sache gestohlen worden, verloren gegangen oder sonst abhandengekommen war (§§ 935 I, 1207 BGB), es sei denn, es handelt sich hierbei um Geld, Inhaberpapiere oder öffentlich versteigerte Sachen (§ 935 II BGB).   23

---

[37] BGHZ 30, 374, 380; *BGH* WM 2005, 761, 762.
[38] *BGH* WM 2005, 761, 763.
[39] Großkomm/*Canaris,* § 366 Rn. 35.
[40] MünchKomm/*Welter,* § 366 Rn. 48.

B. Lastenfreier Erwerb einer Sache (§ 366 II HGB)

I. Normzweck

24 § 366 II HGB erweitert § 936 BGB. Denn Gegenstand der Gutgläubigkeit des Erwerbers kann danach auch die Befugnis des Veräußerers oder Verpfänders sein, ohne Vorbehalt des Rechts eines Dritten über die Sache zu verfügen. § 366 II HGB ermöglicht daher in Parallele zu § 366 I HGB den lastenfreien Erwerb einer beweglichen Sache, auch wenn der Erwerber die Belastung der Sache kennt. Mit dem Eigentumserwerb geht nämlich die Belastung unter bzw. verliert ihren Vorrang gegenüber dem gutgläubigen Erwerber (§ 1208 S. 1 BGB). Allerdings können für den Dritten Ansprüche nach § 816 BGB entstehen.

II. Voraussetzungen

25 Anders als bei § 366 I HGB muss es sich nicht um eine für den Veräußerer oder Verpfänder fremde Sache handeln.[41] Es kann also auch eine eigene Sache des Veräußerers oder Verpfänders sein. Die Gutgläubigkeit des Erwerbers muss sich nicht wie bei § 936 BGB auf die Lastenfreiheit, sondern auf die Befugnis des Veräußerers (Verpfänders), über die Sache ungeachtet des Rechts des Dritten zu verfügen, beziehen. Sie muss im Zeitpunkt der Vollendung des Rechtserwerbs vorliegen. Darüber hinaus müssen alle sonstigen Voraussetzungen eines gutgläubigen Erwerbs nach § 936 BGB erfüllt sein. Selbst wenn die Voraussetzungen nach § 366 II HGB vorliegen, kann daher § 936 III BGB lastenfreiem Erwerb entgegenstehen.

III. Rechtsfolgen

26 Nach § 936 BGB kann der Erwerber, der hinsichtlich des Fehlens einer Belastung der übereigneten Sache gutgläubig ist, lastenfreies Eigentum erwerben. Nach § 366 II HGB ist ein solcher Erwerb auch dann möglich, wenn der Erwerber zwar die Belastung der Sache mit dem Recht eines Dritten kennt, er jedoch gutgläubig im Hinblick auf die uneingeschränkte Verfügungsbefugnis des Veräußerers oder Verpfänders ist.

C. Gutgläubiger Erwerb bestimmter Pfandrechte (§ 366 III HGB)

I. Normzweck

27 Nach § 366 III HGB können die gesetzlichen Pfandrechte des Kommissionärs (§ 397 HGB), Frachtführers (§ 440 HGB) oder Verfrachters (§ 495 HGB), Spediteurs (§ 464 HGB) und Lagerhalters (§ 475 b HGB) grundsätzlich wie vertragliche Pfandrechte gutgläubig vom Nichtberechtigten erworben werden. § 366 III HGB erweitert daher die Möglichkeit gutgläubigen Pfandrechtserwerbs auf diese gesetzlichen Pfandrechte, um dem berechtigten Sicherungsbedürfnis der genannten Personen Rechnung zu tragen und ihnen Nachforschungen zu ersparen. Denn Kommissionär, Frachtführer etc.

---

[41] Koller/Kindler/Roth/Drüen/*Koller,* § 366 Rn. 5.

tätigen oftmals Massengeschäfte, die hierfür keine Zeit lassen. Vielfach ist auch eine Vorleistung ihrerseits nicht zu vermeiden.[42] Die von § 366 III HGB geschützten Personen sollen daher grundsätzlich darauf vertrauen dürfen, dass ihnen das Kommissionsgut, Frachtgut etc. als Sicherheit dient. Sie erwerben ein Pfandrecht an der Sache für die in §§ 397, 464, 475 b und 441 HGB genannten Forderungen auch dann, wenn sie die in Wahrheit nichtberechtigte andere Vertragspartei (Kommittent, Absender etc.) gutgläubig für den Eigentümer oder zumindest für gegenüber dem Eigentümer befugt halten, das Gut einem Kommissionär, Frachtführer etc. zu übergeben (Verfügungsbefugnis).[43]

II. Voraussetzungen

Für den Gutglaubensschutz des Kommissionärs nach § 366 III HGB ist erforderlich, 28 dass **(1)** das gesetzliche Pfandrecht des Kommissionärs nicht entsteht, weil der Kommittent nicht Eigentümer des Kommissionsgutes ist oder nicht befugt ist, das Gut in Kommission zu geben, und **(2)** der Kommissionär gutgläubig im Hinblick auf das Eigentum des Kommittenten oder dessen Befugnis, das Gut in Kommission zu geben, ist. Dasselbe gilt für den Frachtführer, den Spediteur und den Lagerhalter. Die Kaufmannseigenschaft desjenigen, der den Entstehungstatbestand des Pfandrechts schafft (also Kommittent, Absender etc.), ist nicht Voraussetzung.[44]

1. Gesetzliches Pfandrecht

§ 366 III HGB findet nur Anwendung auf die genannten und durch Verweisungen 29 einbezogenen gesetzlichen Pfandrechte, nicht jedoch auf Vertragspfandrechte. Für Letztere gelten bei gutem Glauben an das Eigentum des Verpfänders §§ 1207 f. BGB, bei gutem Glauben an dessen Verfügungsbefugnis § 366 I und II HGB.

2. Gutgläubigkeit

a) Gegenstand

aa) Eigentum

Ist der Kommissionär, Frachtführer, Spediteur oder Lagerhalter gutgläubig im Hin- 30 blick auf das Eigentum der anderen Vertragspartei (Kommittent, Absender, Versender, Einlagerer), erwirbt er ein gesetzliches Pfandrecht an der Sache, die Gegenstand des Vertrags ist.

bb) Verfügungsbefugnis

Der Verweis auf § 366 I HGB nimmt auf den guten Glauben an die Verfügungsbefug- 31 nis Bezug, obwohl gesetzliche Pfandrechte nicht durch Verfügung, sondern allein bei Vorliegen der gesetzlichen Voraussetzungen entstehen. „Verfügungsbefugnis" bedeutet insoweit lediglich, dass der Kommittent, Absender, Versender oder Einlagerer einen schuldrechtlichen Vertrag (Kommissions-, Speditions-, Lager- oder Frachtvertrag) über eine fremde Sache schließen darf, der zusammen mit der Einbringung oder Überlassung der Sache trotz fehlender Eigentümerstellung des Kommittenten, Absenders

---

[42] Großkomm/*Canaris,* § 366 Rn. 96.
[43] MünchKomm/*Welter,* § 366 Rn. 64–66; Koller/Kindler/Roth/Drüen/*Koller,* § 366 Rn. 6.
[44] Denkschrift, S. 208; Großkomm/*Canaris,* § 366 Rn. 73.

etc. das Pfandrecht begründet.[45] Der Kommissionär, Frachtführer etc. ist daher auch dann geschützt, wenn er zwar das fehlende Eigentum des Kommittenten, Absenders etc. kennt, aber gutgläubig annimmt, der Berechtigte sei mit den Handlungen des Kommittenten, Frachtführers etc. („Verfügung") einverstanden.

b) Maßstab

32 Auch im Hinblick auf den Maßstab des guten Glaubens verweist § 366 III HGB auf § 366 I HGB, der wiederum auf § 932 II BGB verweist.

III. Rechtsfolgen

1. Sicherung konnexer Forderungen

33 Bei gutem Glauben des Kommissionärs, Frachtführers etc. an das Eigentum des Kommittenten, Absenders etc. oder dessen „Verfügungsbefugnis" sind konnexe Forderungen durch das gutgläubig erworbene Pfandrecht gesichert (§ 366 III 2 HGB). Konnexität bedeutet, dass die Sache, an der der Kommissionär, Frachtführer etc. das Pfandrecht erwirbt, Gegenstand des rechtlichen Verhältnisses ist, auf dem auch die zu sichernde Forderung beruht.

Beispiel: Konnexe Forderungen sind etwa die Forderungen des Frachtführers aus einem bestimmten Frachtvertrag auf Vergütung seiner Leistung (Fracht) im Hinblick auf das Frachtgut dieses Frachtvertrags (§ 440 I 1 HGB).

2. Sicherung inkonnexer Forderungen

34 Bei inkonnexen Forderungen besteht kein Bezug zwischen der Sache, an der der Kommissionär, Frachtführer etc. das Pfandrecht erwirbt, und dem rechtlichen Verhältnis, auf dem die zu sichernde Forderung beruht.

Beispiel: Inkonnexe Forderungen sind Forderungen des Frachtführers aus einem bestimmten Frachtvertrag auf Vergütung seiner Leistung (Fracht) im Hinblick auf das Frachtgut eines anderen Frachtvertrags (§ 440 I 2 HGB).

35 Das gesetzliche Pfandrecht des Kommissionärs, Frachtführers etc. steht hinsichtlich des Schutzes des guten Glaubens einem nach § 366 I HGB erworbenen Pfandrecht dann nicht gleich, wenn das Gut nicht Gegenstand des Vertrages ist, aus dem die durch das Pfandrecht zu sichernde Forderung herrührt (§ 366 III 2 HGB). Gutgläubiger Erwerb eines Pfandrechts an Gut, das nicht Gegenstand des Vertrags ist, der die zu sichernde Forderung begründet hat, ist daher nur insoweit möglich, als der gute Glaube des Erwerbers das Eigentum der anderen Vertragspartei betrifft. Der gute Glaube an die bloße Verfügungsbefugnis der anderen Vertragspartei genügt hier nicht, da der Eigentümer andernfalls unzumutbar belastet wäre.[46]

36 Ein gutgläubiger Erwerb gesetzlicher Pfandrechte des HGB ist nur in dem jeweiligen Umfang dieser Pfandrechte möglich. Diese bestehen aber grundsätzlich lediglich für konnexe Forderungen des Pfandgläubigers. Lediglich die gesetzlichen Pfandrechte des Frachtführers (§ 440 HGB), Spediteurs (§ 464 HGB) und Lagerhalters (§ 475 b

---

[45] MünchKomm/*Welter,* § 366 Rn. 67.
[46] Baumbach/Hopt/*Leyens,* § 366 Rn. 10; krit. Großkomm/*Canaris,* § 366 Rn. 104: Verstoß gegen Art. 14 GG.

HGB) erstrecken sich auch auf inkonnexe Forderungen zwischen denselben Parteien.[47]

IV. Analoge Anwendung auf andere gesetzliche Pfandrechte?

Die h. M. im Schrifttum überträgt den Rechtsgedanken des § 366 III HGB zu Recht auf andere gesetzliche Besitzpfandrechte, insbesondere das Pfandrecht des Werkunternehmers (§ 647 BGB), da eine Rechtsscheingrundlage auf Grund der Sachübergabe vorhanden ist und eine vergleichbare Interessenlage besteht.[48] Denn auch ein Werkunternehmer muss vorleisten und kann die Eigentumsverhältnisse nicht hinreichend übersehen. Der BGH[49] beurteilt § 366 III HGB hingegen als eine Sondervorschrift des Handelsrechts, deren Rechtsgedanke nicht verallgemeinerungsfähig sei. Danach kann der Unternehmer nicht gutgläubig ein Werkunternehmerpfandrecht erwerben. **37**

D. Gutgläubiger Erwerb gewisser Wertpapiere (§ 367 HGB)

Beim Erwerb beweglicher Sachen ist der gute Glaube an die Eigentümerstellung, im Handelsrecht zusätzlich an die Verfügungsbefugnis des Veräußerers oder Verpfänders zu vermuten (vgl. §§ 932 II BGB, 366 I HGB). § 367 I HGB enthält demgegenüber für Verfügungen über abhandengekommene Inhaberpapiere und ihnen gleichgestellte Wertpapiere, die in hohem Maße verkehrsfähig sind, die **Fiktion der Bösgläubigkeit** des erwerbenden Kaufmanns, sofern er Bankier- oder Geldwechslergeschäfte betreibt („so gilt dessen guter Glaube als ausgeschlossen"). Diese – nur unter den Voraussetzungen des § 367 II HGB zu widerlegende – Fiktion konkretisiert die Sorgfaltspflichten nach §§ 932 II BGB, 366 I HGB.[50] § 367 HGB kehrt daher die Beweislast gegenüber § 932 II BGB um: Der erwerbende Kaufmann muss im Bestreitensfall seine Gutgläubigkeit beweisen. Eine Regelung für die hier genannten abhandengekommenen Wertpapiere ist deshalb erforderlich, weil insoweit gutgläubiger Erwerb möglich ist (z. B. für Inhaberpapiere §§ 935 II, 1207 BGB). **38**

E. Pfandverkauf (§ 368 HGB)

§ 368 HGB erleichtert die Pfandverwertung und trägt damit dem Bedürfnis des Handelsverkehrs nach rascher Abwicklung Rechnung.[51] Das BGB sieht für den Pfandkauf eine Wartefrist von einem Monat zwischen Androhung des Verkaufs und dem Pfandverkauf vor (§ 1234 II BGB); diese Frist verkürzt § 368 HGB auf eine Woche und schränkt infolgedessen den von § 1234 BGB bezweckten Schutz des Schuldners, den Pfandverkauf noch abzuwenden, ein. § 368 HGB ist lediglich eine Ordnungsvorschrift, die das Pfandverwertungsverfahren regelt. **39**

---

[47] Baumbach/Hopt/*Leyens*, § 366 Rn. 10; krit. Großkomm/*Canaris*, § 366 Rn. 104: Verstoß gegen Art. 14 GG.

[48] Großkomm/*Canaris*, § 366 Rn. 113 ff.; **a. A.** Koller/Kindler/Roth/Drüen/*Koller*, § 366 Rn. 6.

[49] BGHZ 34, 153, 154 ff.; 87, 274, 280; 100, 95, 101.

[50] Koller/Kindler/Roth/Drüen/*Koller*, § 367 Rn. 1.

[51] Großkomm/*Canaris*, § 368 Rn. 1; Röhricht/v. Westphalen/Haas/*Steimle/Dornieden*, § 368 Rn. 1.

Sachverzeichnis

(Die *kursiv* gesetzten Zahlen verweisen auf die Paragrafen des Buches, die mageren auf deren Randnummern. Hauptfundstellen sind **fett** gesetzt.)